U0629673

本书受到中国社会科学院登峰计划优势学科项目"中国社会结构与社会分层"的资助

中国私营企业
调查综合报告

（1993~2016）

从高速增长到高质量发展

REPORTS OF
CHINESE PRIVATE ENTERPRISE SURVEY (1993-2016)
FROM HIGH-SPEED GROWTH TO HIGH-QUALITY DEVELOPMENT

陈光金　吕　鹏　主编

社会科学文献出版社
SOCIAL SCIENCES ACADEMIC PRESS (CHINA)

目 录

1993 年中国首次私有企业抽样 调查数据分析综合报告[*]

中国私有企业主阶层研究课题组

　　自从 20 世纪 70 年代末 80 年代初中国实行改革开放政策以来，私有企业在大陆重新出现并发展起来。1988 年 4 月，全国人民代表大会通过宪法修正案规定："国家允许私营经济在法律规定的范围内存在和发展……国家保护私营经济的合法权利和利益，对私营经济实行引导、监督和管理。"同年 6 月，国务院颁布了《中华人民共和国私营企业暂行条例》，工商行政管理部门开始对私营企业进行登记、注册工作。根据条例，"私营企业是指企业资产属于私人所有、雇工 8 人以上的营利性的经济组织"。1993 年年底，私营企业在法律文件中改称为私有企业。

　　从 1989 年起，私有企业的经营状况在国家工商行政管理统计中单列（见表 1、表 2）。

表 1　全国私有企业户数和从业人员的变化情况

	户数（户）	投资者人数（人）	雇工人数（人）
1989 年	90581	214224	1640051
1990 年	98141	224131	1478062
比上年增/减幅（%）	+ 8.3	+ 4.6	− 9.9
1991 年	107843	241394	1597556
比上年增/减幅（%）	+ 9.9	+ 7.7	+ 8.1

---

　　* 原调查报告题为《全国首次私有企业抽样调查数据及分析》。

续表

	户数（户）	投资者人数（人）	雇工人数（人）
1992 年	139633	303095	2015347
比上年增/减幅（%）	+ 29.5	+ 25.6	+ 26.2

资料来源：根据国家工商局统计数据整理。

从表 1、表 2 可以看出：

第一，几年来，私有企业的户数、从业人员数不断增长，1992 年更是一个飞跃，递增速度大大超过前几年，标志着私有企业进入了一个发展新高潮。

第二，由于农村在提供多余劳动力、经营场地、天然资源等方面条件比较好，因此农村私有企业所占比重较大，但近年来，城镇私有企业数量增长更快，截至 1993 年中期，城镇私有企业户数已占私有企业总户数的半数以上。

第三，在私有企业行业分布中，第二产业（工业、建筑业）所占比例较高，但第三产业（流通、服务部门各业）所占比例逐年上升，尤其一些高新科技咨询业发展更快。

第四，私有企业的地区分布很不平衡。经济比较发达的东部沿海省份私有企业起步早、发展快，仅广东一省私有企业户数即占全国私有企业总户数的 23.9%，是整个西部地区各省、自治区总和的 2.1 倍。这种地区之间的发展差距，近年来未见缩小。

由于私有经济已经成为我国经济生活中重要的组成部分，发展迅猛而且内部差异又很大，因此有必要比较准确、全面地了解私有企业发展现状。为此，由中国社会科学院社会学研究所和全国工商联研究室牵头组成了"中国私有企业主阶层研究"课题组，进行了本次私有企业调查。

本次调查分为三个阶段：1993 年 5～6 月，设计调查方案和问卷，组织各省、自治区、直辖市的调研队伍并进行必要的培训；7～9 月，实施入户调查，由调查员走访私有企业主并填写调查问卷；10～12 月，问卷集中到北京进行数据统计和分析。本次调查共发放 1700 份问卷，回收有效问卷 1440 份，回收率为 84.7%。调查、统计的时点统一为 1992 年年底。

本次调查具有如下特点：

表 2 私有企业的城乡、地区和行业分布

单位：户，%

年份		按城乡分		按地区分			按行业分								
		城镇	乡村	东部	中部	西部	工业	建筑业	交通运输业	商业	饮食业	服务业	修理业	科技咨询业	其他
1989	户数	32952	57629	—	—	—	62795	3342	1113	17089	1454	1322	1595	524	1347
	占总户数比例	36.4	63.6	—	—	—	63.9	3.8	1.2	18.9	1.6	1.5	1.8	0.6	1.5
1990	户数	37701	60440	67903	19681	10539	67293	3141	1295	19372	1594	1617	1831	537	1495
	占总户数比例	38.4	61.6	69.2	20.1	10.7	68.6	3.2	1.3	19.7	1.6	1.6	1.9	0.5	1.5
1991	户数	45190	62653	76009	19918	11916	72585	3194	1347	22378	2002	2157	1942	936	1302
	占总户数比例	41.9	58.1	70.5	18.5	11.0	67.3	3.0	1.2	20.8	1.9	2.0	1.8	0.6	1.2
1992	户数	65987	73646	97508	26520	15615	87143	4088	1612	33626	2934	3878	2138	2348	1866
	占总户数比例	47.3	52.7	69.8	19.0	11.2	62.4	2.9	1.2	24.1	2.1	2.8	1.5	1.7	1.3

注：东部地区包括：北京、天津、河北、辽宁、上海、江苏、浙江、山东、福建、广东、海南 12 个省、直辖市；中部地区包括：吉林、黑龙江、内蒙古、山西、江西、河南、湖北、湖南、安徽 9 个省、自治区；西部地区包括：陕西、甘肃、宁夏、青海、新疆、四川、贵州、云南、西藏 9 个省、自治区。

资料来源：根据国家工商局统计数据整理。

第一，这是自私有企业恢复以来，首次在全国进行的大规模抽样调查。抽样方案规定各省、自治区、直辖市按照私有企业城乡、行业分布比例，并按照企业生产、经营规模抽取样本单位。

第二，调查由各省、自治区、直辖市的工商联研究室负责实施，由于其不代表行政管理部门，并且相当一部分私有企业主为工商联成员，因此被调查业主思想顾虑较少，反映情况较为真实，使得本次调查得到许多以前不为人察知的重要信息。

第三，本次调查内容不仅包括私有企业的经营状况，而且把私有企业主的社会属性作为调查的重点之一。为了比较完整地把握私有企业现状，我们对调查结果进行了社会学和经济学的综合分析。

一 私有企业主群体构成和社会流动

（一）性别

被调查私有企业主中，男女性别比为900∶100，在城镇这一比例为857∶100，在农村为1463∶100。

（二）年龄

私有企业主平均年龄为42.9岁，比1990年全国人口普查15～64岁在业人口的平均年龄33.1岁①高出近10岁，说明领导一个企业需要比较丰富的阅历和经验，因此企业主年龄普遍偏大，以中年人为主。但东部地区私有企业主的年龄结构较为年轻（见表3）。

表3 私有企业主年龄构成

年龄（岁）	25以下	25～35	35～45	45～55	55及以上	合计
所占比例（%）	1.6	20.5	43.0	23.6	11.3	100.0

注：本调查报告统计表中组界含下界不含上界，如25～35岁，是指25岁（含25岁）以上，35岁（不含35岁）以下，下同。

（三）文化程度

私有企业主群体与全国在业人口相比较，文化素质是比较高的（见表4）。

---

① 根据《中国1990年人口普查10%抽样资料》第290页表6-3计算。

表 4 私有企业主文化程度及与全国在业人口比较

单位：%

文化程度	文盲	小学	初中	普通高中	职业高中	中专	大专	大学本科	研究生	合计
被调查私有企业主	1.0	9.9	36.1	26.3	2.7	6.9	11.7	4.9	0.6	100.0
全国在业人口	16.9	37.8	32.3	9.0		2.1	1.2	0.7		100.0

资料来源：全国在业人口文化程度情况根据《中国统计年鉴1993》第87页表3-7计算。

农村私有企业主文化水平比城镇的要低，60%以上是初中及以下文化。从地区分布来看，东部地区私有企业主文化素质普遍较高，但其中受过高等教育的比例反较中、西部低一些。文化程度与年龄有关，年龄组越大，文化水平越低，最高的是25～35岁组。

（四）社会流动和社会关系网络

1. 社会流动

私有企业主在创办企业前的职业是什么（见表5），这是引起关注的问题。

表 5 城乡私有企业主开业前原职业分布情况

单位：%

原职业	专业技术人员	各级干部	工人	商业、服务业人员	军人	农民	个体户	其他	合计
城镇企业主	12.1	22.1	25.2	7.6	1.2	17.2	9.2	5.5	100.0
农村企业主	4.1	17.0	11.6	2.7	0.7	53.5	6.1	4.1	100.0

在城镇开业的私有企业主中，有7.9%的人曾任过机关、企事业单位科级及以上干部职务，21.9%的人曾任企业中高级管理人员，6.6%的人曾是企业供销人员，2.5%的人曾经承包承租过国有、集体企事业，4.2%的人曾任过村干部；在农村开业的私有企业主中，曾在机关、企事业单位中任过科级及以上干部职务的占2.5%，18.7%的人曾在企业（多数为乡镇企业）中做过管理人员，6.4%的人曾是企业供销人员，1.9%的人有过承包承租国有、集体企业（主要是乡镇集体企业）的经验，17.3%的人是原来的村干部。

由于城乡所有制结构有很大差别，因此城乡私有企业主开业前的单位所有制有很大不同（见表6）。

表 6　城乡私有企业主开业前原单位所有制结构

单位：%

原单位所有制	国有企业	城镇集体企业	三资企业	乡镇企业	联营企业	民办、私有企业	无工作	农户、农村集体	合计
城镇企业主	36.4	19.3	0.9	7.4	12.3	9.5	3.2	11.0	100.0
农村企业主	7.4	8.1	0.0	12.2	13.5	6.8	2.0	50.0	100.0

　　原来有工作的人离职开业最主要的原因是感到自己的能力没有得到施展的机会，尤其在国有企业中，这一比例竟高达 3/4，再加上感到人际关系难处的比例，4/5 的人才流失是出于管理体制上的原因。农民和城镇无业人员最主要的创业动机是寻求一个稳定的工作（见表 7）。

表 7　私有企业主开办企业的目的

单位：%

开业目的		在原单位无法发挥自己的能力	多挣钱	寻找一个稳定的工作	与原单位领导关系不好处	合计
所占比例		56.8	19.9	18.0	5.3	100.0
原单位所有制	国有企业	74.0	16.6	3.9	5.5	100.0
	城镇集体企业	58.4	25.9	10.7	5.1	100.0
	乡镇企业	48.9	20.5	23.9	6.8	100.0
	私有企业	23.8	27.5	43.8	5.0	100.0
	无业或农民	21.8	10.9	66.0	1.7	100.0

　　为了达到创业目的，他们通过表 8 所列的途径离开了原来的工作单位（见表 8）。

表 8　私有企业主离开原单位的方式

单位：%

离职方式		辞职	自行离职	离、退休	病退	被除名	被开除
所占比例		30.4	19.2	5.9	2.2	1.1	0.1
原单位所有制	国有企业	38.9	18.2	10.8	3.5	1.6	0.2
	集体企业	41.0	28.2	6.6	1.8	0.9	0.0
	乡镇企业	30.0	38.0	5.0	2.0	0.0	0.0
	私有企业	19.8	14.3	0.0	0.0	0.0	0.0

2. 社会主要关系网络

（1）父亲

私有企业主父亲的职业分布情况如表 9 表示。

表 9　私有企业主父亲的职业分布

单位：%

职业	专业技术人员	各级干部	工人	商业、服务业人员	军人	农民	个体户	其他	合计
城镇企业主父亲	9.4	19.4	17.4	10.1	1.6	35.2	3.1	3.8	100.0
农村企业主父亲	3.3	7.9	7.9	6.0	2.6	68.9	2.0	1.3	100.0

注：如私有企业主父亲已离、退休，则按其最后一个职业统计。

（2）配偶

私有企业主配偶的职业分布情况如表 10 所示。

表 10　私有企业主配偶的职业分布

单位：%

职业	专业技术人员	各级干部	工人	商业、服务业人员	军人	农民	个体户	其他	合计
男企业主的妻子	7.0	17.0	20.0	9.6	0.1	18.9	13.1	14.2	100.0
女企业主的丈夫	14.4	27.1	12.7	4.2	0.0	11.9	16.9	12.7	100.0
城镇企业主配偶	8.2	18.8	20.1	10.0	0.1	14.3	14.2	14.3	100.0
农村企业主配偶	3.6	10.1	13.7	2.9	0.0	49.6	7.2	12.9	100.0

（3）子女

私有企业主已就业子女的职业分布情况如表 11 所示。

表 11　私有企业主已就业子女的职业分布

单位：%

职业	专业技术人员	各级干部	工人	商业、服务业人员	军人	农民	个体户	其他	合计
城镇企业主子女	18.9	23.9	15.8	9.3	3.2	10.3	11.8	6.7	100.0
农村企业主子女	8.5	15.5	18.3	1.4	1.4	24.0	15.5	15.5	100.0

（4）关系最密切的亲戚

私有企业主关系最密切的亲戚的职业分布情况如表12所示。

表12 私有企业主亲戚的职业分布

单位：%

职业	专业技术人员	各级干部	工人	商业、服务业人员	军人	农民	个体户	其他	合计
城镇企业主亲戚	13.2	37.9	11.5	2.8	8.3	16.5	7.1	2.8	100.0
农村企业主亲戚	6.4	31.2	7.2	1.6	0.8	49.6	3.2	0.0	100.0

在这些亲戚中，任科级及以上干部的占21.9%，乡镇负责人占0.7%，村负责人占3.4%，企业负责人占14.2%，是国有与集体企业承租、承包人的占2.4%，企业中层管理人员占6.2%，一般管理人员占4.8%。

（5）往来最多的朋友

私有企业主往来最多的朋友的职业分布情况如表13所示。

表13 私有企业主朋友的职业分布

单位：%

职业	专业技术人员	各级干部	工人	商业、服务业人员	军人	农民	个体户	其他	合计
城镇企业主朋友	17.5	42.4	8.9	9.8	1.4	7.9	9.4	2.9	100.0
农村企业主朋友	12.9	39.4	3.0	6.1	0.8	28.8	6.8	2.3	100.0

私有企业主的朋友中，是科级及以上干部的占25.9%，乡镇负责人占0.8%，村负责人占1.3%，企业负责人占19.1%，是国有与集体企业承租、承包人的占2.9%，企业中层管理人员占5.9%，一般管理人员占5.7%。这些人占私有企业主关系最密切朋友的2/3。

（五）结论

第一，私有企业主中男性远远多于女性，在经办私有企业这样需要付出沉重的智力、体力代价，并具有较高风险的事业中，男性还是处于主导位置上。从私有企业主总体观察，年龄偏大、文化素质较好，是颇具特色的社会新群体。

第二，从20世纪50年代中期我国完成工商业社会主义改造以来，近

30 年时间里中国大陆没有私有企业，因此现在出现的这一代私有企业主与过去的有产者没有血缘关系，绝大多数人也不曾有过作为资产者的经历。恰恰相反，在过去计划经济体制下无论经济收入、社会声望都居全社会前列的是干部、技术人员，私有企业主中相当多的一批人曾是这些队伍中的成员（在城镇高达 1/3，在农村也有 1/5）。城镇企业主另一重要来源是工人及商业、服务业人员，城市无业闲散人员所占比重是很低的。无论城乡，来自农民的私有企业主比例都相当高（尤其在农村企业主中要占一半以上）。这反映了农村推行家庭联产承包责任制以后，农业生产发展了，农民收入水平提高了，出现了剩余资金并投向农业以外的行业，部分家庭经营规模扩大，出现了雇佣劳动形式，雇工人数增多后，发展成为私有企业，一部分农民就成为私有企业主。如果从时间上看，部分工人，尤其是农民在计划经济向市场经济转型之初，后顾之忧相对较少，在 1988 年以前就已开始个体经营，规模扩大后较早转变成私有企业主，而原来的干部、专业技术人员进入私有企业主行列较晚，是在 1989 年以后才逐渐增多的。

虽然相当多的私有企业家族制管理色彩很浓，但真正开"夫妻店"的比例并不高，农村企业主的配偶多数仍是农民，而城镇企业主的配偶多数仍在其他所有制单位从事原来的职业。作为一个家庭，相当多的情况下仍是"一家两制"，脚踩在两只船上，仍未摆脱与原职业、原单位所有制的联系。

私有企业主下一代中成为专业技术人员和干部的比例相当高，子承父业的比例也不低，但这并不是子女们的第一选择。当然，由于私有企业主的子女多数尚未成年，因此，他们是否继承父辈的事业和财产还有待进一步观察。

第三，无论在城镇，还是在农村，私有企业主的社会关系网络中，干部比例都相当高，政府各部门的干部和企业管理干部大约各占一半。从这一侧面可以看出，私有企业的发展在很大程度上取决于政府、国有企业与私有企业之间的互动关系。因此，私有企业主在刻意织造这张以各级各类干部为主的关系网络。由于专业技术人员可以在技术与管理方面帮助私有企业，因此也就成为私有企业主关系最密切的第二大职业群体。倒是私有企业主自身之间往来联系相当有限，目前尚不具备建立自己的意识形态和独立组织的前提条件。

二 私有企业经营状况

研究私有企业经济指标时，需要选用代表性数据来表示一般水平，通常选用的是平均数。但是由于私有企业之间存在着很大差异，不同企业的同一指数往往呈偏态分布，少量畸大或畸小的极端数据往往使平均数值受过大影响而失去代表性，因此本报告在分析数据时，较多选用了中位数，即用所有数据中大小居中的值来表示一般水平。在一些指标中同时列出了平均数与中位数，两个数值的差异可以在一定程度上提示数据分布的偏斜程度。

（一）私有企业的发展变化

1. 开业年数

在 1988 年《私营企业暂行条例》颁布前，私有企业被称为"雇工大户""雇工企业"等，隐形在专业户、个体工商户、新经济联合体等名下，本次被调查的私有企业中有 51.9% 就是开办于 1988 年之前，属于这种情况的。截至 1992 年年底，所有被调查的私有企业平均开办 5.8 年，中位数为5.1 年（见表 14）。

表 14 被调查私有企业开办年份

单位：%

开办年份	1988 年以前	1988 年	1989 年	1990 年	1991 年	1992 年	合计
所占比例	51.9	12.2	11.7	7.9	7.4	9.0	100.0

2. 注册资金变化

私有企业开办时的注册资金情况如表 15 所示。开办时注册资金中位数是 5.2 万元。

表 15 私有企业开办时注册资金

注册资金（万元）	2 以下	2~5	5~10	10~20	20~50	50~100	100 及以上	合计
所占比例（%）	23.1	18.4	15.2	16.1	15.2	8.0	4.0	100.0

私有企业 1992 年的注册资金情况如表 16 所示。1992 年注册资金中位数是 31.0 万元，较开办时注册资金中位数增加了 5 倍。

表 16　私有企业 1992 年注册资金

注册资金（万元）	5 以下	5~10	10~20	20~50	50~100	100~500	500 及以上	合计
所占比例（%）	12.2	9.4	14.5	21.2	19.0	19.8	4.0	100.0

3. 实际使用资金变化

（1）实际使用资金

私有企业实际使用资金可分为固定资产与流动资金两大部分。私有企业开办时和 1992 年实际使用资金情况分别如表 17 和表 18 所示。

表 17　私有企业开办时实际使用资金

实用资金（万元）	2 以下	2~5	5~10	10~20	20~50	50~100	100 及以上	合计
所占比例（%）	11.8	18.5	16.5	20.7	19.0	11.4	2.1	100.0

私有企业开办之初，实际使用资金中位数是 10.0 万元，是当时注册资金中位数的 1.9 倍。

表 18　私有企业 1992 年实际使用资金

实用资金（万元）	5 以下	5~10	10~20	20~50	50~100	100~500	500 及以上	合计
所占比例（%）	0.5	6.8	15.0	25.3	18.7	31.6	2.1	100.0

私有企业 1992 年实际使用资金中位数为 55.0 万元，已相当于企业开办时实际使用资金中位数的 5.5 倍，也相当于 1992 年当年注册资金中位数的 1.8 倍。

在不同类型企业中，有限责任公司实际使用资金最多，合伙企业次之，独资企业最少（见表 19）。在不同行业中，以交通运输业、服务业[①]、科技咨询业[②]实际使用资金最多，工业、建筑业次之，饮食业和修理业较少（见表 20）。不同地区和城乡私有企业之间在实际使用资金方面没有显著的统计学差异。

---

① 服务业中包含旅馆业等。

② 一部分从事科技研究、开发、生产一体化的企业也列在这一行业中。

表19　不同类型私有企业实际使用资金分布

单位：%

实用资金（万元）	10 以下	10~20	20~50	50~100	100~200	200~500	500及以上	合计	中位数（万元）
独资企业	18.4	13.8	20.6	18.4	15.8	10.8	2.2	100.0	45.9
合伙企业	15.0	11.5	23.5	18.5	19.5	9.5	2.5	100.0	50.0
有限责任公司	11.6	3.3	13.5	20.0	27.4	18.6	5.6	100.0	105.8

表20　不同行业私有企业实际使用资金分布

单位：%

实用资金（万元）	10 以下	10~20	20~50	50~100	100~200	200~500	500及以上	合计	中位数（万元）
工业	15.8	10.4	18.2	18.4	15.8	10.8	2.2	100.0	65.2
建筑业	11.8	11.8	17.6	29.4	11.8	11.8	5.9	100.0	65.0
交通运输业	12.0	4.0	20.0	24.0	16.0	16.0	8.0	100.0	79.2
商业	11.9	17.9	23.8	19.1	13.6	11.9	1.7	100.0	45.5
饮食业	26.5	14.5	22.9	16.9	14.5	4.8	0.0	100.0	31.8
服务业	23.3	10.1	6.7	23.3	33.3	3.3	0.0	100.0	71.5
修理业	26.3	18.4	28.9	10.5	13.2	2.6	0.0	100.0	25.5
科技咨询业	17.0	4.3	21.3	19.1	19.1	10.6	8.5	100.0	69.4
其他	20.0	5.2	19.1	18.0	21.9	13.7	2.1	100.0	68.6

在实际使用资金中，固定资产中位数为 33 万元，流动资金中位数为 22 万元。

（2）固定资产

固定资产值在不同地区和城乡之间并无显著差异，在不同类型企业中，有限责任公司远较其他两种形式的企业多。不同行业私有企业拥有固定资金量也有很大差异，仍以交通运输业、科技咨询业、服务业较多，工业企业固定资金投入也很大，修理业最少（见表21）。

表21　不同类型、不同行业私有企业固定资产分布

单位：%

	固定资产（万元）	5 以下	5~10	10~20	20~50	50~100	100~500	500及以上	合计	中位数（万元）
按企业类型分	独资企业	16.6	10.5	14.2	22.5	12.0	19.3	4.8	100.0	31.6
	合伙企业	15.9	7.2	14.0	22.7	15.0	20.3	4.8	100.0	37.0
	有限责任公司	7.2	4.1	12.6	20.7	19.8	29.7	5.9	100.0	63.5

续表

固定资产 （万元）		5 以下	5～10	10～20	20～50	50～100	100～ 500	500 及 以上	合计	中位数 （万元）
按行 业分	工业	12.2	8.3	13.7	22.0	13.5	25.0	5.7	100.0	42.9
	建筑业	8.1	8.1	24.3	21.6	5.4	21.6	10.8	100.0	33.2
	交通运输业	0.0	3.7	7.4	33.3	22.2	22.2	11.1	100.0	62.6
	商业	22.5	11.7	14.6	23.3	9.2	15.8	2.9	100.0	21.5
按行 业分	饮食业	20.3	10.1	8.7	17.4	24.6	17.4	1.4	100.0	26.6
	服务业	20.3	10.1	8.7	17.4	24.6	17.4	1.4	100.0	38.8
	修理业	28.2	10.3	15.4	23.1	17.9	5.1	0.0	100.0	17.5
	科技咨询业	15.4	9.6	11.5	21.2	11.5	25.0	5.8	100.0	39.1
	其他	18.6	5.2	9.3	25.8	18.6	19.6	3.1	100.0	39.7

（3）流动资金

流动资金在不同类型、不同行业的私有企业之间也有明显差别。其中商业流动资金额较固定资产额差额不大，这是由于私有商业较多地采取了代销、赊销方式，节省了流动资金，并且一般都建有店铺、仓库，因此固定资产投入相对较高（见表22）。

表 22　不同类型、不同行业私有企业流动资金分布

单位：%

流动资金 （万元）		5 以下	5～10	10～20	20～50	50～100	100～ 500	500 及 以上	合计	中位数 （万元）
按企 业类 型分	独资企业	19.5	14.3	18.6	24.5	10.8	10.8	1.3	100.0	18.7
	合伙企业	17.4	10.1	18.8	27.5	13.5	12.1	0.5	100.0	24.0
	有限责任 公司	2.7	5.5	7.8	32.4	18.7	27.9	5.0	100.0	54.3
按行 业分	工业	13.6	11.6	14.9	26.9	12.6	17.8	2.6	100.0	31.0
	建筑业	8.8	14.7	11.8	29.4	26.5	8.8	0.0	100.0	35.0
	交通运输业	8.0	8.0	24.0	20.0	24.0	16.0	0.0	100.0	35.0
	商业	12.6	12.1	23.5	23.1	17.4	10.1	1.2	100.0	22.3
	饮食业	36.9	15.5	19.0	19.0	4.8	2.4	2.4	100.0	9.2
	服务业	30.8	10.8	16.9	26.3	12.3	3.0	0.0	100.0	15.0
	修理业	39.5	10.5	21.1	26.3	0.0	2.6	0.0	100.0	10.0
	科技咨询业	11.8	11.8	7.8	39.2	3.9	21.6	3.9	100.0	23.7
	其他	16.8	11.6	20.0	26.3	9.5	14.7	1.1	100.0	21.8

（4）资金来源

下面我们分析私有企业资金来源和变化情况。私有企业开办时资金来源分布情况如表 23 所示。

表 23　私有企业开办时资金来源分布

单位：%

资金来源	继承家业	劳动、经营积累	合伙集资	亲友借贷	银行贷款	信用社贷款	集体贷款	私人借贷	海外投资	其他	未答	合计
主要来源	7.8	45.3	12.1	16.2	5.5	5.2	1.0	1.4	3.0	1.0	1.6	100.0
次要来源	1.8	16.6	11.0	22.3	8.3	5.5	1.6	3.4	1.7	0.8	27.0	100.0
第三来源	2.1	6.5	4.6	10.8	6.5	5.0	1.7	7.7	11.1	0.8	53.2	100.0
合计	11.7	68.4	27.7	49.3	20.3	15.7	4.3	12.5	5.8	2.6	—	—
位次	7	1	3	2	4	5	9	6	8	10	—	—

注：私人借贷不同于亲友借贷之处在于私人借贷的贷方是专门从事私人之间资金融通的经纪人或出资者，这种借贷要收取远高于银行、信用社的利息，至今这种借贷方式仍然大量存在，但它不是公开的、合法的。

私有企业开办资金最重要的来源是此前劳动、经营的积累，这与我们前面分析私有企业来源最早是农业家庭承包——劳动收入积累——→经营他业（个体户）——雇工增多——→私营企业这一过程相一致。有 1/3 的私有企业主在创业时，得到过银行、信用社的信贷支持。

到了 1992 年，经过几年的生产、经营，私有企业自有资金已经大大增加，而银行、信用社向私有企业发放信贷被控制得越来越严格，所以资金结构也发生了很大变化（见表 24）。

表 24　私有企业 1992 年资金来源分布

单位：%

资金用项		企业自有资金	亲戚朋友借贷	银行、信用社借贷	私人借贷	其他
资金用项	基建	55.9	14.8	18.2	7.8	1.4
	固定资产购置	66.6	15.9	16.4	8.6	1.3
	流动资金	68.3	24.2	38.5	18.6	2.1
	位次	1	3	2	4	5

注：由于资金并不仅限于一个来源，因此比例合计可能超过 100%。

由于私有企业自有资金率高，对银行的依赖性相对较小，因此，国家利用金融杠杆进行宏观调控对它的作用就较弱，每当银根紧缩时，私有企业受到的冲击相对较小。

但银行贷款仍然是私有企业正常生产周转和扩大再生产的最重要的资金来源之一。中、西部私有企业得到银行贷款的比例比东部高，其资金来源比较狭窄。农村私有企业又比城镇私有企业的银行借贷比例高。从行业上看，可以利用当地资源并且与当地群众生活直接关联的行业向银行贷款时会受到优先支持，如养殖业、种植业就有 46.7% 的企业得到银行贷款，其次是加工业等。近年来兴起的房地产业，需要大量投资，凡涉足其中的私有企业，22.2% 利用了银行贷款。

（5）资金增长率

截至 1992 年年底，35% 的私有企业拥有债权，中位数为 10.0 万元，同时有 32% 的企业负有债务，中位数为 20.0 万元。债权债务互抵后，相当于每个私有企业负债 6.86 万元。

如果在企业实际使用资金中减去纯债务，则企业固定资产和自有流动资金与开业时相比，平均每年增长 31%，在不同地区、城乡、行业之间没有显著的统计差异。这是一个相当高的资金增长率。

4. 经营方式变化

（1）企业类型

如按企业资金组织类型来分类，有限责任公司比例越来越大，而从前面的分析中已可看出，有限责任公司在资产、资金的积累和运用上，规模要比独资企业和合伙企业大得多（见表 25）。

表 25　私有企业资金组织形式的变化

单位：%

企业类型	独资企业	合伙企业	有限责任公司	其他情况	合计
开业之初	65.1	22.3	7.5	5.1	100.0
1992 年	63.8	16.0	16.5	3.7	100.0

私有企业的资金组织形式在城乡和不同行业之间，存在明显差异（见表 26）。

表 26　城乡和不同行业私有企业资金组织形式构成

单位：%

企业类型		独资企业	合伙企业	有限责任公司	其他情况	合计
按城乡分	城镇企业	64.1	14.8	17.4	3.7	100.0
	农村企业	60.6	26.5	9.0	3.9	100.0
按行业分	工业	61.9	16.6	17.4	4.2	100.0
	建筑业	50.0	31.6	18.4	0.0	100.0
	交通运输业	62.1	20.7	13.8	3.4	100.0
	商业	65.1	15.7	15.7	3.4	100.0
	饮食业	75.0	14.8	6.8	3.4	100.0
	服务业	78.8	6.1	6.1	9.1	100.0
	修理业	78.0	17.1	2.4	2.4	100.0
	科技咨询业	43.1	19.6	37.3	0.0	100.0
	其他	73.7	9.1	24.2	3.0	100.0

城镇有限责任公司比例较农村高。工业、建筑业、交通运输业、商业这样一些投资额较大的行业，采取有限责任公司更有利于资金的筹集和运用。

（2）经营范围

随着经营规模的扩大、资金的增多，部分私有企业经营范围也在扩大，由单一行业经营发展成跨行业经营，这样对于组织销售、增加利润、减少单一经营风险都是有利的（见表27）。

表 27　私有企业兼营情况

单位：%

经营范围	单营一业	兼营两业	兼营三业或更多	合计
开业之初	84.7	12.6	2.7	100.0
1992 年	68.3	23.7	8.0	100.0

统计表明，高达93.4%的私有企业经营范围都曾有过变化或扩大，原因在于一些外部制约因素已经消失或发生了变化，而内部自身实力增强，在经营中有了更多的主动权和选择权。对照表28和表29可以看出这种变化。生产经营方向最主要的是取决于市场需求，但在市场发育远未成熟的

今天，各种社会关系网络是企业不可或缺的外部条件。此外政府的产业引导，对于私有企业的发展是十分重要的。

表 28　私有企业开办之初选择经营方向的考虑因素

单位：%

选择经营方向的条件	自己具备技能	市场需求	具备社会关系	政策鼓励所选方向	政策限制其他方向	其他	未答	合计
最重要	54.5	29.8	6.4	4.7	2.0	1.7	0.8	100.0
次重要	10.8	35.3	12.3	9.6	2.1	0.9	29.1	100.0
第三重要	4.3	8.6	15.2	18.1	2.3	1.7	49.9	100.0
合计	69.6	73.7	33.9	32.4	6.4	4.3	79.8	—

表 29　私有企业经营范围变化或扩大的原因

单位：%

经营范围变动原因	出现新的市场需求	建立新的社会关系	经济实力增强	政策变化	其他	合计
最重要	39.1	6.1	40.0	12.2	2.2	100.0
次重要	19.8	29.7	32.2	17.4	0.9	100.0
第三重要	20.1	26.1	22.0	26.7	5.1	100.0
合计	79.0	61.9	94.2	56.3	8.2	100.0
位次	2	3	1	4	5	—

随着经济规模扩大，生产、经营机构网点也相应有所增加（见表 30）。

表 30　私有企业分支机构数量分布

单位：%

分支机构个数（个）	0	1~4	5~9	10 及以上	合计	平均数（个）
开业之初	90.9	8.6	0.4	0.1	100.0	0.15
1992 年	73.6	21.3	4.5	0.6	100.0	0.79

（3）对外开放程度

已有产品销往国际市场或参与涉外服务的私有企业，已占全部被调查户的 14%。这一比例在大城市中更高，达 20%。

私有企业对外开放的另一重要趋势是直接与外资或外商进行合资、合作生产或经营（见表31）。

表31 私有企业对外合资、合作现状与意向

单位：%

	已经合资、合作	正在联系合资、合作	准备三五年内合资、合作	不准备合资、合作	尚未考虑	合计
所占比例	11.9	17.2	29.3	7.0	34.7	100.0

东部地区已经与外资或外商合资、合作的私有企业比例最高，但中、西部也正在奋起直追，正在准备或准备在三五年内与外资建立关系的户数比例甚至比东部地区还高。但也有一些私有企业的所谓外资，实际上是本企业自己转移或保存在境外的资金，借"合资"之名，争取减免税的实惠。但从总体上看，私有企业逐步与外资建立直接联系，是一个重要动向。

城市规模越大，与外资、外商联系越多（见表32）。

表32 城市化与私有企业对外开放的关系

单位：%

企业所在区域	已建立合资、合作关系	正在建立合资、合作关系	合计
大城市	19.2	33.1	52.3
中等城市	16.3	17.4	33.7
小城市	11.9	16.6	28.5
镇	9.0	15.5	24.5
农村	7.9	18.3	26.2

在不同类型企业中，有限责任公司对外开放程度远高于其他两类企业（见表33）。

表33 不同类型私有企业对外开放程度

单位：%

企业类型	已建立合资、合作关系	正在建立合资、合作关系	合计
独资企业	7.1	17.6	24.7
合伙企业	14.9	18.9	33.8
有限责任公司	30.6	30.6	61.2

文化艺术业，广告业，养殖、种植业是已建立合资、合作关系较多的行业。房地产业需要大量投资，与外资、外商联系最为迫切（见表 34）。从外资、外商投放资金方向来看，最多的是工业（占已建立关系户数的 62.3%）；其次是商业（17.4%）、科技咨询业（5.4%）；正在建立联系过程之中的，最多的仍是工业（占正在联系户数的 49.6%），其次是商业（19.4%）、科技咨询业（8.3%），其余各业较少。

表 34　不同行业私有企业对外开放程度

单位：%

企业所属行业	已建立合资、合作关系	正在建立合资、合作关系	合计
工业	16.1	18.5	34.6
建筑业	2.9	20.6	23.5
交通运输业	9.5	23.8	33.3
商业	12.3	20.0	32.3
饮食业	6.8	12.2	19.0
服务业	13.8	24.1	37.9
修理业	3.0	12.1	15.1
科技咨询业	18.0	40.0	58.0
房地产业	0.0	62.5	62.5
养殖、种植业	20.0	0.0	20.0
广告业	22.2	33.3	55.5
文化艺术业	22.2	44.4	66.6

5. 从业人员数量变化

（1）投资者

私有企业投资者人数在开业之初至 1992 年的变化情况如表 35 所示。

表 35　私有企业投资者人数变化

投资者人数（人）	1	2	3~4	5~9	10 及以上	合计	平均人数（人）
开业之初（%）	65.5	14.0	13.2	5.9	1.3	100.0	1.89
1992 年（%）	66.3	13.8	12.3	6.4	1.1	100.0	1.87

从表 35 可以看出，每户私有企业投资者平均人数基本没有变化。

在不同类型的私有企业中，独资企业中有 91% 确实为 1 人投资，另有 4.7% 的实际投资者是 2 人，4.2% 的实际投资者是 3 人或更多。而合伙企业中也有 12.9% 实为 1 人独资，有限责任公司中近 1/4 也只有 1 位投资者。因此，相当一批私有企业到底注册为何种类型，取决于怎样经营方便，怎样利益比较多，与实际资金投入组织形式有很大差距。

从行业看，每一户私有企业投资者平均为：工业 2.1 人，建筑业 2.3 人，交通运输业 3.3 人，商业 1.8 人，饮食业 2.5 人，服务业 1.9 人，科技咨询业 2.4 人，其他行业 1.7 人。

（2）雇工

私有企业雇工人数在开业之初至 1992 年的变化情况如表 36 所示。

表 36　私有企业雇工人数变化

雇工人数（人）	8以下	8～9	10～14	15～19	20～29	30～49	50～99	100～499	500及以上	合计	中位数（人）
开业之初（%）	27.9	13.5	17.5	8.2	11.6	11.1	6.6	3.3	0.2	100.0	11
1992 年（%）	7.2	5.8	11.0	9.1	11.7	18.8	19.8	15.9	0.8	100.0	31

注：私有企业规定雇工应在 8 人以上，但一部分企业用工人数与季节或生产经营周期有关，因此在调查时点上，雇工有可能不足 8 人。

私有企业雇工人数中位数，1992 年比开业之初增加了 1.8 倍，这是生产经营规模扩大的最明显标志之一。

6. 生产经营用房变化

私有企业生产经营用房在开业之初至 1992 年的变化情况如表 37 所示。

表 37　私有企业生产经营用房变化

生产经营用房（平方米）	20以下	20～50	50～100	100～200	200～500	500～1000	1000～5000	5000及以上	合计	中位数（平方米）
开业之初（%）	5.6	16.7	14.3	19.7	23.3	8.9	10.3	1.3	100.0	167
1992 年（%）	1.5	4.7	7.6	12.5	27.3	14.1	27.5	4.8	100.0	459

1992 年私有企业生产经营用房中位数比开办之初增加了 1.7 倍。

生产经营用房大小与企业经营所在地关系密切。城市规模越大，用地越紧张。但用地最多的企业多在镇上，并不在农村。

不同行业用房多少差别也很大（见表 38）。

表 38　城乡、不同行业私有企业生产经营用房比较

单位：%

生产经营用房（平方米）		20以下	20 ~ 50	50 ~ 100	100 ~ 200	200 ~ 500	500 ~ 1000	1000 ~ 5000	5000及以上	合计	中位数（平方米）
按城乡分	大城市	3.3	5.4	12.4	15.8	27.8	10.8	20.3	4.1	100.0	340
	中等城市	2.1	7.8	9.9	13.0	25.2	13.0	25.5	3.6	100.0	403
	小城市	1.2	3.3	7.1	11.9	31.5	13.4	26.7	5.0	100.0	451
	镇	0.0	0.9	2.2	8.8	25.1	20.3	37.9	4.8	100.0	819
	农村	0.0	2.8	3.5	13.4	24.6	15.5	31.7	8.5	100.0	683
按行业分	工业	0.7	1.3	3.4	10.1	26.8	15.6	35.4	6.7	100.0	747
	建筑业	0.0	0.0	15.2	12.1	21.2	12.1	27.3	12.1	100.0	562
	交通运输业	4.3	4.3	4.3	21.7	21.7	13.0	30.4	0.0	100.0	413
	商业	2.4	13.6	15.6	14.8	28.4	9.6	13.6	2.0	100.0	238
	饮食业	1.1	3.4	13.8	17.2	37.9	10.3	14.9	1.1	100.0	315
	服务业	0.0	5.8	11.6	17.4	26.1	18.8	20.3	0.0	100.0	375
	修理业	7.9	13.2	15.8	10.5	13.2	15.8	21.1	2.6	100.0	259
	科技咨询业	2.0	8.0	8.0	10.0	34.0	18.0	18.0	2.0	100.0	394
	其他	3.3	1.7	6.7	20.0	23.3	13.3	25.0	6.7	100.0	436

（二）私有企业重要经济指标

1. 企业人数及构成

被调查私有企业包括经营、管理、技术、生产人员在内，人数中位数是 32 人。各种私有企业人数分布情况如表 39 所示。

表 39　各种私有企业人数分布

单位：%

企业人数（人）		10以下	10 ~ 19	20 ~ 49	50 ~ 99	100 ~ 199	200及以上	合计	中位数（人）
按城乡分	大城市	6.7	24.1	37.1	15.2	12.1	4.9	100.0	30
	中等城市	12.9	22.2	29.6	18.9	11.1	5.4	100.0	29
	小城市	14.0	22.2	32.1	21.0	4.1	6.7	100.0	27
	镇	6.4	20.1	28.4	26.5	11.8	6.9	100.0	38
	农村	3.7	17.6	33.8	21.3	19.9	7.2	100.0	38

续表

企业人数（人）		10 以下	10~19	20~49	50~99	100~199	200 及以上	合计	中位数（人）
按类型分	独资企业	13.1	23.8	31.7	18.7	8.0	4.7	100.0	27
	合伙企业	5.0	22.6	35.2	22.1	9.5	5.5	100.0	33
	有限责任公司	3.2	12.4	31.2	24.2	21.5	7.5	100.0	48
按行业分	工业	3.7	15.3	33.0	26.2	14.6	7.3	100.0	40
	建筑业	3.2	16.1	32.3	12.9	12.9	22.6	100.0	40
	交通运输业	9.1	13.6	31.8	22.7	13.6	9.1	100.0	38
	商业	27.4	32.3	25.1	9.4	4.5	1.3	100.0	14
	饮食业	15.4	33.3	28.2	12.8	6.4	3.8	100.0	17
	服务业	10.2	28.8	35.6	18.6	5.1	1.7	100.0	24
	修理业	21.6	37.8	29.7	8.1	2.7	0.0	100.0	14
	科技咨询业	12.2	18.4	42.9	16.3	8.2	2.0	100.0	28
	其他	2.6	28.9	47.4	15.8	0.0	5.3	100.0	26

从表 39 可以看出，在城乡分布中，村和镇私有企业人数规模要比城市大。在行业分布中，第二产业中的企业人数较多，普遍比第三产业用人多将近一倍（交通运输业除外）。与资金积聚程度高相一致，有限责任公司在人数上也远比另两类企业要多。

在企业人员构成中，管理人员占 6.6%。位于城乡、类型不同的企业没有显著的不同，但不同行业的企业比例不等：工业企业中管理人员占 5.8%，建筑业占 6.0%，交通运输业占 4.1%，商业占 9.3%，饮食业占 7.2%，服务业占 4.8%，修理业占 5.5%，科技咨询业占 6.7%，其他行业占 6.1%。技术人员占企业人数的 4.1%，其中工业企业为 3.8%，建筑业为 4.3%，交通运输业为 3.6%，商业为 2.6%，饮食业为 4.4%，服务业为 3.4%，修理业为 4.7%，科技咨询业为 5.1%，其他行业为 4.5%。国有企事业单位中工程技术人员比例为 4.8%。[1] 相比之下，私有企业技术力量要差一些，但差距不是很大，随着近年来私有企业愈加感到技术力量的重要和国有企业中技术人员流动率的增高，这种差距还会进一步缩小。

---

[1] 国家统计局编《中国统计年鉴1993》，中国统计出版社，1993，第 761 页。

2. 产值、营业额和利税额

被调查私有企业 1992 年产值、营业额中位数为 100 万元，超过 1000 万元的特大户占 5.9%（见表 40）。

表 40　不同行业私有企业 1992 年产值、营业额分布

单位：%

产值、营业额（万元）		10 以下	10～50	50～100	100～500	500 及以上	合计	中位数（万元）
按行业分	工业	4.0	26.4	24.4	34.4	11.7	100.0	90.2
	建筑业	6.3	9.4	18.8	43.8	21.9	100.0	170.5
	交通运输业	0.0	25.9	7.4	48.1	18.5	100.0	168.0
	商业	3.4	22.2	19.7	41.9	12.8	100.0	121.4
	饮食业	12.2	41.2	17.1	23.2	7.3	100.0	46.7
	服务业	17.5	28.6	23.8	25.4	4.8	100.0	58.2
	修理业	24.3	35.1	16.2	24.3	0.0	100.0	39.3
	科技咨询业	15.7	7.8	17.6	37.3	21.6	100.0	149.4
	其他	6.8	27.1	16.9	32.2	16.9	100.0	97.6
	其中：房地产业	0.0	33.4	0.0	16.7	50.0	100.0	500.0
	文化艺术	18.2	27.3	18.2	27.3	9.1	100.0	62.4

产值、营业额的大户，集中在房地产业、工业、建筑业、交通运输业和商业。科技咨询业大户比例虽高，但行业小，绝对数量不大。城乡之间以及东、西部之间企业产值、营业额无显著的统计差异。

不同类型私有企业 1992 年产值、营业额的分布情况如表 41 所示。

表 41　不同类型私有企业 1992 年产值、营业额分布

单位：%

产值、营业额（万元）	10 以下	10～50	50～100	100～500	500 及以上	合计	中位数（万元）
独资企业	7.9	30.5	20.2	33.4	7.9	100.0	78.7
合伙企业	4.6	26.4	19.8	39.6	9.9	100.0	98.0
有限责任公司	1.0	10.5	12.4	50.2	25.8	100.0	151.0

在不同类型的私有企业中，有限责任公司的产值、营业额远高于另两类企业。

私有企业雇工人数与产值、营业额的关系如表42所示。

表42　私有企业雇工人数与产值、营业额的关系

单位：%

产值、营业额（万元）		10以下	10~50	50~100	100~500	500及以上	合计	中位数（万元）
雇工人数	8~9人	9.6	44.2	21.2	21.2	3.8	100.0	46.6
	10~14人	4.9	55.4	19.0	19.0	0.8	100.0	42.6
	15~19人	4.8	46.7	18.1	26.7	3.8	100.0	48.7
	20~49人	0.3	32.4	28.2	36.3	2.8	100.0	80.7
	50~99人	0.4	12.4	19.1	62.2	5.8	100.0	156.6
	100~499人	0.0	2.2	7.2	66.9	23.7	100.0	342.8
	500人及以上	0.0	0.0	0.0	60.0	40.0	100.0	433.3

产值、营业额与雇工人数有关，一般情况下，雇工人数越多，产值、营业额越高。随着进一步分析发现，虽然私有企业的雇工人数增多，但是生产率并没有相应增高，即没有明显的规模效益。

从产值、营业额中去除成本，即为利税额，私有企业利税额中位数为15万元。

3. 经济效益

对于私有企业而言，经营成功与否，不能简单地看产值、营业额，也不能只用利税额来表示，主要是看经济效益，可以用产值、营业额利税率，资金利税率和人均利税额等指标来衡量。

（1）产值、营业额利税率

被调查户产值、营业额利税率中位数是18.9%，不同行业产值、营业额利税率差别不大（见表43、表44）。

表43　私有企业产值利税率分布

单位：%

产值利税率（%）	10以下	10~15	15~20	20~30	30及以上	合计	中位数（%）
工业	19.0	26.8	17.7	23.4	16.1	100.0	16.4
建筑业	16.7	8.3	12.5	37.5	25.0	100.0	23.3
交通运输业	21.4	0.0	21.4	35.7	21.4	100.0	22.0

表 44　私有企业营业额利税率分布

单位：%

营业额利税率（%）	10 以下	10～15	15～20	20～30	30 及以上	合计	中位值（%）
商业	23.3	24.2	32.4	13.2	6.8	100.0	16.2
饮食业	8.8	8.8	26.3	43.8	12.5	100.0	32.8
服务业	3.4	22.4	32.8	25.9	15.5	100.0	26.1
修理业	10.0	10.0	40.0	26.7	13.3	100.0	26.3
科技咨询业	26.2	9.5	31.0	14.3	19.0	100.0	21.9
其他	22.0	22.0	22.0	22.0	11.0	100.0	19.1

虽然不同行业的产值、营业额利税率不同，但户数比较集中的工业和商业的利税率几乎是一样的。国有企业工业产值利税率为 11.4%、建筑业为 4.7%、商业（利税额与商品零售额之比）为 9.9%[①]，私有企业与其相比都分别高出不少，尤其是建筑业。

（2）资金利税率

资金利税率是指利税额与固定资产、流动资金总和之比。全部被调查私有企业资金利税率为 31%。不同地区之间私有企业资金利税率没有显著性差异。城乡比较，则呈马鞍形，大城市与农村私有企业资金利税率高，中小城市低，镇上企业最低。行业之间差别较大（见表 45）。

表 45　城乡、不同行业私有企业资金利税率分布

单位：%

资金利税率（%）		10 以下	10～20	20～50	50～100	100～200	200 及以上	合计	中位数（%）
按城乡分	大城市	10.8	11.8	32.8	20.0	15.4	9.2	100.0	45.1
	中等城市	18.7	22.0	28.3	16.7	7.7	6.7	100.0	29.9
	小城市	14.5	20.4	39.1	14.9	7.6	3.5	100.0	31.6
	镇	19.5	33.3	28.2	9.2	8.2	1.5	100.0	19.2
	农村	12.4	30.2	29.5	14.7	6.2	7.0	100.0	37.7

① 国家统计局编《中国统计年鉴 1993》，中国统计出版社，1993，第 437、562、612、627 页。

续表

资金利税率（%）	10 以下	10～20	20～50	50～100	100～200	200 及以上	合计	中位数（%）
工业	16.1	25.8	32.6	14.0	7.1	4.4	100.0	27.5
建筑业	7.4	18.5	22.2	22.2	14.8	14.8	100.0	54.3
交通运输业	11.1	16.7	44.4	11.1	16.7	0.0	100.0	35.0
商业	12.1	21.4	33.0	17.5	11.2	4.9	100.0	35.0
饮食业	15.6	9.1	29.9	16.9	18.2	10.4	100.0	45.6
服务业	14.3	23.2	33.9	16.1	7.1	5.4	100.0	31.1
修理业	17.2	6.9	48.3	10.3	3.4	13.8	100.0	36.1
科技咨询业	19.0	19.0	31.0	19.0	7.1	4.8	100.0	31.6
其他	28.6	22.9	11.4	17.1	14.3	5.7	100.0	19.3

（按行业分）

国有企业工业资金利税率为 9.7%[1]，只及私有企业的 1/3。另一个衡量资金利用率的指标为流动资金周转次数，1992 年私有工业企业流动资金周转次数为 5.53 次，国有工业企业为 1.65 次[2]，差 3.3 倍；私有商业为 7.11 次，国有商业为 2.15 次[3]，也差 3.3 倍。

（3）人均资金占用量

私有企业人均资金占用量为 1.61 万元，主要行业分别是：工业 1.26 万元、建筑业 1.46 万元、交通运输业 2.09 万元、商业 1.58 万元、饮食业 1.38 万元、服务业 1.65 万元、修理业 0.89 万元、科技咨询业 1.68 万元、其他行业 1.60 万元。同期国有工业企业人均资金占用量为 2.43 万元[4]，建筑业 0.67 万元、公路运输业 7.57 万元[5]、商业 7.02 万元[6]。除建筑业外，私有企业各行业的人均资金占用量都要比国有企业低得多[7]，一方面说明私有企业的技术装备仍较落后，另一方面则说明私有企业的效益更多来自生

---

[1] 国家统计局编《中国统计年鉴1993》，中国统计出版社，1993，第440页。
[2] 国家统计局编《中国统计年鉴1993》，中国统计出版社，1993，第440页。
[3] 国家统计局编《中国统计年鉴1993》，中国统计出版社，1993，第626页。
[4] 根据《中国统计年鉴1993》第429、421页计算，不含流动资金。
[5] 根据《中国统计年鉴1993》第562、535页计算，不含流动资金。
[6] 根据《中国统计年鉴1993》第626、593页计算，含供销合作社系统。
[7] 这里也有不可比因素，私有企业流动资金以自有资金为主，故资金占用量中含有流动资金。国有企业流动资金中银行贷款比例很高，计算时未列入流动资金，若仅以固定资金占用量比较，二者差距将更大。

产管理和经营方式。

（4）全员劳动生产率与人均利税额

与国有工业企业人均产值 3.60 万元[①]、建筑业 2.05 万元[②]、饮食业人均零售额 1.23 万元[③]相比，私有企业分别高出 1.10 倍、2.57 倍和 2.10 倍。

但需要再次指出，私有企业的规模效益并不明显，无论是资金还是人员规模的扩大，都未能使人均产值显著增加，在第三产业的私有企业中，人数较少的企业，人均营业额反而较多。

私有企业 1992 年全员劳动生产率分布情况如表 46 所示。

表 46　私有企业 1992 年全员劳动生产率分布

单位：%

全员劳动生产率 （万元）		1 以下	1 ~ 2	2 ~ 5	5 ~ 10	10 ~ 20	20 及以上	合计	人均值 （万元）
按行业分	工业	23.7	24.4	32.2	11.6	4.9	3.1	100.0	4.00
	建筑业	28.6	17.9	21.4	14.3	14.3	3.6	100.0	5.27
	交通运输业	33.3	4.8	42.9	14.3	0.0	4.8	100.0	4.01
	商业	6.7	12.4	26.7	21.0	14.3	19.0	100.0	9.61[①]
	饮食业	30.6	27.8	27.8	13.9	0.0	0.0	100.0	2.58
	服务业	37.0	31.5	13.0	11.1	5.6	1.9	100.0	3.26
	修理业	35.3	23.5	38.2	2.9	0.0	0.0	100.0	2.09
	科技咨询业	20.8	6.3	27.1	25.0	10.4	10.4	100.0	7.23
	其他	27.8	19.4	22.2	16.7	0.0	13.9	100.0	5.93

注：①中位数为 6 万元。由于一些私有商业从事大宗批发，人均营业额被大大提升，此处列出的为人均值，二者偏离程度很大，可知少数企业的营业额对整体一般水平的影响，同时从中位数也可看出一般私有商业机构的效益。

在不同行业的私有企业中，商业、科技咨询业、建筑业的全员劳动生产率较高。人均利税额是最能说明效益的指标。

虽然城乡之间利税额并无显著的统计差异，但是镇与农村私有企业用工较多，因此人均利税额较城市低。

---

① 根据《中国统计年鉴 1993》第 433、601 页计算。
② 根据《中国统计年鉴 1993》第 562、563 页计算。
③ 根据《中国统计年鉴 1993》第 443、601 页计算。

国有工业企业人均利税额为 0.40 万元①，建筑业为 0.09 万元②，商业为 0.11 万元③，效益均不及私有企业（见表 47）。

表 47　私有企业 1992 年人均利税额分布

单位：%

人均利税额 （万元）	0.1 以下	0.1～ 0.2	0.2～ 0.5	0.5～ 1.0	1.0～ 2.0	2.0 及 以上	合计	平均值 （万元）	中位数 （万元）
按行业分 工业	13.2	18.7	32.9	19.2	15.6		100.0	0.53	—
建筑业	24.0	0.0	36.0	12.0	28.0		100.0	0.65	—
交通运输业	0.0	11.1	22.2	33.3	33.3		100.0	0.84	—
商业	2.5	6.1	25.3	22.2	19.2	24.7	100.0	1.17	0.86
饮食业	13.9	16.7	19.4	33.3	12.5	4.2	100.0	0.64	—
服务业	8.0	18.0	32.0	22.0	8.0	12.0	100.0	0.73	—
修理业	18.5	7.4	40.7	22.2	11.1	0.0	100.0	0.50	—
科技咨询业	5.1	12.8	15.4	20.5	15.4	30.8	100.0	1.23	0.91
其他	21.2	3.0	24.2	21.2	12.1	18.2	100.0	0.90	—
按城乡分 大城市	3.7	9.9	24.6	20.4	41.4		100.0	0.88	—
中等城市	12.4	12.4	30.0	23.2	22.1		100.0	0.63	—
小城市	11.5	15.8	27.0	22.3	23.4		100.0	0.64	—
镇	15.2	18.5	33.2	17.4	15.8		100.0	0.52	—
农村	9.9	17.4	40.5	24.0	8.3		100.0	0.48	—

国有企业的效率不能笼统地说都很低下，因为它替社会分担着为退休职工提供生活保障的任务，让职工享有较好的福利待遇，并且还承担着一部分亏损性、社会公益性的生产、经营任务。但是在各种效益指标上国有企业都较私有企业有很大的差距，这确实反映出国有企业改变经营、管理体制的迫切性，以及如何发挥自己在资金、技术条件等方面的优势，建立起国有企业与私有企业之间互补互益新格局的必要性。

---

① 根据《中国统计年鉴 1993》第 433、601 页计算。
② 根据《中国统计年鉴 1993》第 562、563 页计算。
③ 根据《中国统计年鉴 1993》第 590、627 页计算。

4. 税、费和摊派

（1）国家税收

此处统计的税收主要指私营企业所得税和企业主的个人收入调节税，其他流转税（产品税、营业税、增值税）、城市维护建设税等已纳入成本，不计在内。

被调查私有企业 1992 年每户税负中位数为 5 万元，占产值、营业额中位数的 5.0%（见表 48、表 49）。

表 48　私有企业 1992 年税负分布

税负（万元）	1 以下	1～5	5～10	10～50	50 及以上	合计
所占比例（%）	9.5	38.2	21.2	25.4	5.7	100.00

表 49　不同行业私有企业税负占产值、营业额比重分布

单位：%

税负占产值、营业额比重（%）	2 以下	2～3	3～5	5～7	7～10	10 及以上	合计	中位数（%）
工业	10.5	6.7	17.2	26.9	17.3	21.4	100.0	6.2
建筑业	25.9	18.5	22.2	18.5	7.4	7.4	100.0	3.5
交通运输业	10.5	10.5	5.3	36.8	15.8	21.1	100.0	6.3
商业	24.7	18.4	27.9	14.2	7.4	7.4	100.0	2.2
饮食业	12.7	7.3	23.6	21.8	10.9	23.6	100.0	5.6
服务业	6.8	11.9	20.3	25.4	10.2	25.4	100.0	5.9
修理业	0.0	8.3	29.2	33.4	25.0	4.2	100.0	5.7
科技咨询业	5.4	16.2	16.2	27.0	2.7	32.4	100.0	5.9
其他	12.5	12.5	20.8	29.2	16.7	8.3	100.0	5.3

私有企业税负与《中华人民共和国私营企业所得税暂行条例》比照是偏低的，也就是说法定税率较高，而实际征收额较低。根据调查得知，私有企业 1992 年利税额中位数为 15 万元，应按 35% 税率征收 5.25 万元私有企业所得税。在后面的分析中还可得知企业主从企业经营取得的工资性收入中位数为 2 万元，依照《中华人民共和国个人收入调节税暂行条例》规定应征收个人收入调节税 1.16 万元。企业主从税后利润中取得收入的中位数为 7.2 万元，其中大部分用于生产发展基金，用于个人消费部分为 2.3 万元。依照《国务院关于征收私营企业投资者个人收入调节税的规定》应按照 40% 的比例征收个人收入调节税 0.92 万元。上述三项税额合计为 7.33 万

元，现实缴 5 万元，占应缴税额的 68%。

（2）各种收费

目前各管理部门向私有企业收费的项目繁杂，标准不一。被调查私有企业 1992 年每户向各主管部门交费中位数为 1.2 万元，占产值、营业额中位数的 1.2%（见表 50）。

表 50　私有企业 1992 年交费金额分布

交费金额（万元）	1 以下	1~5	5~10	10~50	50 及以上	合计
所占比例（%）	32.3	54.9	8.0	4.0	0.9	100.0

不同行业交费金额占产值、营业额的比重如下：工业为 1.3%，建筑业为 0.9%，交通运输业为 3.0%，商业为 1.1%，饮食业为 1.9%，服务业为 2.2%，修理业为 2.3%，科技咨询业为 1.7%，其他行业为 1.0%。

（3）各种摊派

1992 年被调查私有企业被摊派金额中位数为 0.8 万元，占产值、营业额的 0.8%。不同地区、城乡、行业的私有企业被摊派比例没有统计意义上的显著差别。

从以上收费、摊派情况来看，私有企业的负担不是太重，与目前个体户和私营企业普遍反映的"一税轻、二费重、第三摊派无底洞"似乎有一定距离。初步分析有如下原因：一是私有企业比个体户实力强、影响大，容易成为不合理收费和摊派的对象，但其抵制能力也相对强一些，而个体户对此几乎没有任何自我保护能力，一些收费、摊派"按户头"交，私有企业损失不大，而个体户已难以忍受，因此不堪承受乱收费、乱摊派的呼声个体户比私有企业更强烈；二是一些摊派，如社区以资助社会福利的形式提出，私有企业主反感较小，认为这是自己自愿捐助而不是摊派；三是收费、摊派中金额不太大而次数频繁的，难以全部记住，调查时有遗漏。

5. 扩大再生产

被调查私有企业 1992 年中投入扩大再生产的资金中位数是 8 万元，一般以两种形式出现：一是在税后分红之前，从纯利润中划出一块投入生产发展基金；二是先分红，将纯利润分割到各位投资者名下，再由投资者投入生产发展基金。当然两种方法的实质是相同的（见表 51）。

表 51　不同类型、行业的私有企业扩大再生产金额分布

单位：%

扩大再生产投入（万元）		0 ~ 1	1 ~ 5	5 ~ 10	10 ~ 50	50 及以上	未答	合计
按类型分	独资企业	1.6	15.6	9.5	22.8	12.4	38.9	100.0
	合伙企业	0.9	11.1	9.3	27.6	9.3	41.8	100.0
	有限责任公司	0.0	5.6	7.3	31.6	20.5	35.0	100.0
按行业分	工业	1.0	13.6	9.3	27.4	16.2	32.5	100.0
	建筑业	24.2	6.5	8.1	16.1	21.0	24.2	100.0
	交通运输业	0.0	23.3	10.0	10.0	10.0	46.7	100.0
	商业	0.4	13.7	6.5	22.1	9.9	47.3	100.0
	饮食业	35.8	9.5	5.1	10.2	3.6	35.8	100.0
	服务业	2.8	12.7	15.5	23.9	7.0	38.0	100.0
	修理业	2.4	13.2	4.9	22.0	2.4	56.1	100.0
	科技咨询业	1.8	3.6	12.5	25.0	23.2	33.9	100.0
	其他	1.5	7.5	6.0	23.9	17.9	43.3	100.0

6. 各项指标间的比例关系

为了对上述各项指标做一个形象的说明，用各项指标的代表性数据，设想出一个"典型"的私有企业。

这个企业已开业 5.8 年，拥有人员 32 人，其中投资者 1.87 人。1992 年企业注册资金 31 万元，实际使用资金 55 万元（其中固定资产 33 万元，流动资金 22 万元），债务 6.9 万元。

产值（或营业额）	100 万元
利税总额（按产值利税率计）	18.9 万元
扣除：税	5 万元
费	1.2 万元
摊派	0.8 万元
纯利润	11.9 万元
减去：投入扩大再生产	8.0 万元
企业投资者收益（用于消费或转入家庭财产）	3.9 万元

（三）私有企业内部经营、管理机制

1. 管理权

在私有企业内部，所有权与管理权紧密结合。全体所有者都参与经营、管理的企业占被调查户的 73.2%，另有 4.1% 是多数投资者参与管理，15.0% 是投资者中少数人参与管理（一般发生在有限责任公司里），至于投资者不参与管理、经营的企业，只有 2.0%。即使是投资者较多的有限责任公司，也仍由主要投资者或由投资者中的一部分人管理，极少会出现聘请专职经理全权管理的现象，这不同于现代化的股份公司（见表52）。

表52　不同类型私有企业两权结合情况

单位：%

企业类型	全部投资者参与经营	多数投资者参与经营	少数投资者参与经营	投资者不参与经营
独资企业	85	1.5	10.4	2.3
合伙企业	68.3	7.3	22.0	2.3
有限责任公司	57.8	10.2	30.7	1.3

在私有企业内部存在着不同性质的多种组织形式（见表53）。

表53　私有企业内部组织

单位：%

组织名称	党支部	工会	职工代表大会	董事会	经理办公会
所占比例	4.0	8.0	11.8	26.0	45.9

在私有企业里设立党支部仍是个别现象，设有工会组织的也很少。董事会严格意义上并不是由股东选出的，一般是投资者联席会议。

但企业的经营管理权并不会因为这些组织的存在而受影响，做出重大决策的仍是投资者，一般是最主要的投资者，即企业主本人（见表54）。

只有在有限责任公司里，由董事会决策的企业多于企业主个人决策的企业。在合伙企业中，主要管理人员参与决策的机会较大（见表55）。

对于比较具体的管理问题，如工资制度的制定和执行、奖励与惩罚的实施等，权力就相对分散一些，管理人员分享比例更大一些。

表 54　私有企业决策者分类

单位：%

决策人		企业主本人	董事会	企业主和主要管理人员	企业主和其他组织
所占比例		63.6	15.2	20.7	0.6
按类型分	独资企业	76.9	4.8	17.8	0.4
	合伙企业	39.3	25.0	34.8	0.9
	有限责任公司	37.9	44.4	17.2	0.4
按城乡分	城镇	63.5	16.2	19.7	0.6
	农村	62.7	7.8	28.8	0.7

表 55　私有企业管理权分属情况

单位：%

管理人		企业主本人	董事会	企业主和主要管理人员	企业主和其他组织
按类型分	独资企业	69.3	5.1	25.3	0.3
	合伙企业	30.9	22.9	45.7	0.4
	有限责任公司	28.4	37.6	34.1	0.0
按城乡分	城镇	55.0	14.9	29.8	0.2
	农村	56.2	3.9	39.8	0.7

　　决策权和管理权高度集中在投资者，尤其是企业主本人手中。党支部、工会、职工代表大会等组织基本上处于无权状况，这种情况与国有企业完全不同，这是私有企业的一个特点。

　　私有企业内部管理上的另一重要特点是广泛存在着家族制管理，即管理人员与雇工同企业主存在着亲族关系，在企业管理中利用血缘关系进行管理。至于亲友介绍进厂，在一定程度上是血缘关系的扩大，而在相对封闭的农村，邻居等地缘关系往往也和血缘关系交织在一起（见表 56、表 57）。

表 56　管理人员进入私有企业渠道

单位：%

进入企业渠道	与企业主或其他投资者关系		企业主亲友介绍	社会招聘	其他	合计
	宗亲	姻亲				
所占比例	19.2	10.2	15.7	46.6	8.3	100.0

表 57　工人进入私有企业渠道

单位：%

进入企业渠道	企业主的亲戚	企业主的邻居、朋友	企业主亲友介绍	官员、关系户介绍	社会招聘	其他
最主要	26.4	9.5	12.4	2.1	48.5	1.1
次主要	16.5	30.8	29.9	8.4	14.3	1.1
第三主要	16.4	17.6	25.7	13.5	23.3	3.5

在农村私有企业中，工人中有 36.5% 与企业主沾亲，14.4% 是企业主的邻居或朋友。在城镇里，有这两种关系的也占 1/3。无论是城市，还是农村，中国传统社会的家族观念仍起着不同程度的作用，企业内部的人际关系模仿着家族内部的上慈下从，企业用血缘、地缘关系增强企业内部的凝聚力。但企业毕竟不是家族，工商业经营不同于农耕劳作，外面这个充满商业竞争的现代社会也已完全不同于传统社会，因此企业对人才的需求和工业化生产中必不可少的技术分工，使得社会招聘等方式终究要成为私有企业人员最主要的进入渠道。

2. 劳资关系

私有企业内部劳资关系主要取决于：一是工人的工资待遇、劳保福利和工作条件；二是决策、管理权力的分享；三是雇工人格受到尊重。目前特别重要的是第一条。

一般私有企业工人工资与同行业国有企业职工持平或相近。一般私有企业实行 8 小时工作制，但因生产周期或经营需要，加班比较多。私有企业工人劳动强度较大，劳动保护条件不及国有企业。在劳保福利方面，私有企业与国有企业差别很大（见表 58）。

表 58　私有企业提供劳保福利状况

单位：%

已提供企业	医疗保险	养老保险	住房
城镇企业	56.9	24.7	30.4
农村企业	62.8	27.6	19.9

从表 58 中可以看出提供各种劳保福利的企业比例并不高，并且提供的内容与国有企业相比差距也很大。如医疗补助一般采取每月定额、大病补

助的办法；私有企业职工一般还很年轻，还极少出现年老职工退休领养老金的问题；私有企业一般只向职工本人提供集体宿舍（职工家在外地的情况下），只有极少数规模较大的企业向主要管理、技术人员提供家属宿舍。

目前私有企业中劳资关系还比较正常。如果出现紧张关系，一般的解决办法是老板辞退工人或工人自己辞职，采取极端行动的事例曾有发生，但不普遍，因此雇工离去人数的多少可以从一个侧面反映出劳资之间的关系（见表59）。

表 59　私有企业开业以来工人离去情况

离去工人人数（人）	1~4	5~9	10~19	20~49	50~99	100 及以上	合计
所占比例（%）	23.6	16.7	19.4	22.1	10.6	7.6	100.0

每个企业离去工人的中位数是 11 人，每年约 2 人，占雇工人数的 $1/15~1/10$。这里不排除一些企业因季节性或周期性生产而辞退的工人，但这也从侧面说明了这类雇工的工作是没有保障的。

（四）私有企业的外部联系

私有企业与外部发生的联系，最重要的有三个方面：一是与国有、集体企业的经济来往；二是与当地政府及各主管部门的联系；三是和企业所在社区的联系。

1. 私有企业与国有、集体企业的关系

（1）人员

私有企业一半以上的管理、技术人员和近 1/10 的工人（尤其是技术工人）来自国有、集体企业，这些人带来了私有企业亟须的管理经验、工艺技术和供销渠道等（见表60）。

表 60　私有企业管理、技术人员和工人的主要来源

单位：%

人员来源	国有单位	集体单位	学校毕业生	民营企业	农民	无业人员	其他	合计
管理人员	36.4	17.6	3.6	8.1	18.0	13.3	2.8	100.0
技术人员	38.9	18.0	8.1	7.4	14.4	9.7	3.5	100.0
工人	9.7	7.8	6.9 *	3.0	41.6	28.7	2.2	100.0

注：* 指从小学以上学校毕业。

国有企事业相对集中在城镇，因此城镇私有企业中管理、技术人员来自国有企业的更高，达40%。农村私有企业管理、技术人员一半是原来的农民，工人多半来自农民，进入私有企业做工已成为农村大量剩余劳动力越来越重要的一条出路。

（2）原料供应和产品销售

国有企业是私有企业最重要的原料供应者和产品购买者（见表61、表62）。

表61　私有企业原料或进货主要来源

单位：%

原料进货来源	国有企业	正式交易市场	私有企业	其他	合计
所占比例	42.6	44.7	7.2	5.5	100.0

表62　私有企业产品销售或服务对象

单位：%

销售服务对象	国有企业	私有、乡镇企业	直接供应消费者	出口或涉外服务	其他
所占比例	65.4	49.8	58.0	14.0	3.4

注：因为同一私有企业的销售或服务对象并不是单一的，调查时未做限制，因此各项百分比之和超过100%。

对比私有企业的购与销，可以发现生产资料价格基本放开，市场交易已成为私有企业最主要的购货渠道，但国有企业基本与交易市场平分秋色，并且仍然是私有企业产品和服务的最大主顾。

不同行业的私有企业购销渠道很不相同（见表63）。私有工业企业很大程度上都是面向国有企业，实际上是国有企业的中间加工环节。商业、饮食业、服务业主要面向市场，直接面向消费者，但仍有28.7%的私营饮食业和59.2%的私营服务业的主要服务对象是国有企事业和机关单位。

中国正处于传统计划经济体制向社会主义市场经济体制转换的过程中，两种体制都在起作用。同时，由于市场规范远未建立健全，还存在着大量不规范的交易行为。对于私有企业而言，计划经济体制的影响已经很小，但市场交易和非规范交易是并存不悖的。

表 63　私有企业购买原料、进货主要方式

单位：%

购货渠道		纳入国家计划	正式交易市场	利用人际关系	采用各种手段打通关节	合计
企业所占比例		1.8	63.4	17.3	17.5	100.0
按地区分	东部	1.3	63.2	19.3	16.1	100.0
	中部	3.2	64.4	9.9	22.5	100.0
	西部	2.1	63.3	18.1	16.5	100.0
按行业分	工业	1.7	61.7	19.3	17.3	100.0
	建筑业	2.9	60.0	11.4	25.7	100.0
	交通运输业	4.0	64.0	8.0	24.0	100.0
	商业	1.6	59.8	19.3	19.3	100.0
	饮食业	1.1	83.9	6.9	8.0	100.0
	服务业	7.8	62.5	10.9	18.8	100.0
	修理业	0.0	63.4	22.0	14.6	100.0
	科技咨询业	0.0	72.0	10.0	18.0	100.0
	其他	1.6	68.8	12.5	17.2	100.0

2. 私有企业与当地政府、管理部门的关系

政府和管理部门是否给予支持，是私有企业能否发展的至关重要的外部条件。在调查中，我们征询了私有企业主能否得到各种支持，并以此来反映被调查企业与政府及管理部门的相互关系。

（1）与政府的关系

私有企业主对政府支持的评价情况如表 64 所示。

表 64　私有企业主对政府支持的评价

单位：%

政府对企业的态度	支持	一般	不支持	未回答	合计
所占比例	68.6	23.5	2.2	5.7	100.0

无论在不同地区，还是在城市与农村，大多数私有企业主都感受到政府对自己的企业是支持的，说明双方基本关系是好的。

（2）与主管部门的关系

政府对私有企业的管理是通过一系列管理部门来实施的，其中具体主

管部门是工商行政管理局（见表65）。

表65　私有企业主对工商局支持的评价

单位：%

工商局对企业的态度	支持	一般	不支持	未回答	合计
所占比例	84.4	14.8	0.8	2.4	100.0

企业主感受到工商局对自己是支持的占绝大多数。在不同行业里，工业、建筑业、交通运输业的企业主比饮食业、服务业的评价更好一些。

（3）与其他管理部门的关系

除工商局外，税务局与私有企业联系最为密切。随着私有企业经营范围不断拓宽，参与对私有企业管理的部门也不断增多，调查只涉及其中比较主要的一些部门（见表66）。

表66　私有企业主对管理部门支持的评价

单位：%

管理部门对企业的态度	支持	一般	不支持	未回答	合计
税务局	62.0	29.5	4.4	4.1	100.0
公安局	44.0	34.3	3.2	18.5	100.0
环境保护	30.0	34.4	3.0	32.5	100.0
质量监督	39.2	27.4	1.9	31.6	100.0
物价监督	33.3	27.8	2.3	36.6	100.0
卫生防疫	30.0	24.5	2.2	43.3	100.0
海关	10.2	9.6	0.9	79.3	100.0
新闻出版管理	32.1	11.1	0.6	55.5	100.0
人事管理	18.4	13.1	1.6	66.8	100.0
计量监督	26.9	19.6	1.0	52.5	100.0

由于经营范围不同，一些私有企业不与某个管理部门直接发生联系，因此未回答率较高。总体而言，私有企业主对各管理部门的感觉较好，可以反映出双方相互关系也是较好的。相比之下，规模较大的私有企业在发展过程中得到的各管理部门的支持和帮助更多一些，相互关系要更紧密一些。

3. 私有企业与当地社区的关系

私有企业一般注意和企业所在社区维持良好的关系，经常通过修桥铺路、安装水电、支援学校、照顾孤寡等形式支持社区建设。在所有被调查的私有企业中，62% 的企业曾对社区福利做过捐助，捐助款额中位数为 1.1 万元（见表 67）。

表 67 私有企业主捐助目的

单位：%

捐助目的	对社会多做贡献	答谢政府	报效乡亲	搞好社区关系	提高声望	名为捐助，实为摊派	其他
主要目的	78.8	6.2	4.5	3.3	3.1	3.0	1.1
次要目的	7.6	36.5	16.7	14.5	17.9	5.4	1.5
第三目的	6.0	10.9	20.5	16.7	27.1	17.8	1.0
合计	92.4	53.6	41.7	34.5	48.1	26.2	3.5
位次	1	2	4	5	3	6	7

注：捐助目的不是唯一的，因此百分比之和超过 100%。

（五）私有企业经营中的困难

虽然私有企业发展速度很快，但生产中也存在不少困难。被调查企业中有 12.3% 曾经歇业，而在近期歇业的有 11.5%（见表 68、表 69）。

表 68 私有企业最近一次歇业原因

单位：%

歇业原因	资金短缺	政策限制	行政处罚	经营不善	其他	合计
所占比例	39.6	20.1	2.4	9.1	28.7	100.0

表 69 私有企业生产经营困难的内容和原因

单位：%

困难内容	困难程度		困难原因				
	有些困难	很困难	政策限制	管理部门刁难	市场竞争激烈	企业自身原因	其他
购买原材料	22.4	3.4	4.2	1.3	15.6	3.8	4.2
生产用水	6.6	2.0	1.5	2.6	0.6	0.9	2.5
生产用电	15.9	3.9	4.2	4.6	1.6	0.9	5.4
经营场所	25.2	19.7	18.7	7.0	5.7	8.2	4.7
招聘技术人员	19.3	4.3	8.1	1.0	6.9	4.9	2.4
产品销售	25.0	2.0	3.3	1.2	18.5	2.7	2.6
交通运输	14.0	4.5	3.5	2.6	2.2	4.1	3.8

困难内容中居第一位的是缺乏经营生产场所、场地，尤其是在大中城市里，这使企业进一步发展受到很大限制，这个问题需要由市政规划、乡村发展规划统筹解决。销、购在困难中居第二、三位，但是原因不同，销售困难是市场竞争压力造成的，购买困难是由一些紧俏物资得不到计划指标，竞争不公等所致。造成困难的原因集中在政策限制和主管部门的刁难上。

（六）几点结论

第一，作为中国经济体制改革的产物，私有企业已度过了初生年月，进入了稳定发展阶段。单一的国有、集体所有制结构已被打破，多种所有制并存的格局已经形成。在一个正在向现代化社会过渡的国家里，私有企业的出现，对于资金、劳动力、技术等生产因素的重新配置，尤其是吸纳传统农业大量多余劳动力向第二、第三产业转移方面，发挥着积极、有效的作用。因此，在整个社会主义初级阶段，私有企业的存在和发展符合生产力发展的客观需要。直到今天，私有企业仍受到政府政策导向的强大影响，从整体上看，其仍处在国有经济的从属位置上。

第二，私有企业之间的差异非常大，无论是资产、产值、收益都呈现偏态分布，即大多数企业相对接近，但少量企业远远超出一般水平。不同地区的私有企业发展不平衡，东部地区私有企业起步早、数量大，但在经济效益方面并未显示出普遍优势。中、西部地区具有劳动力价格低、资源相对丰富等诸多优势，作为发展地方经济、摆脱贫困的一条途径，应进一步鼓励和支持私有企业的发展。城乡之间，农村私有企业相对城市的发展优势正逐渐消失，农村剩余劳动力的大量流动已使城乡劳动力价格差缩小，农村当地资源曾为加工业提供了原料，但在市场急速变化的形势下，反而不利于农村私有企业的转产改行。行业之间，第三产业的平均利润率高于第二产业，城镇又具有较大的消费市场，因此今后几年，商业、饮食业、服务业私有企业的比例将上升，并进一步向城镇集聚。在不同的资金组织类型中，有限责任公司积聚资金数量多，生产规模大，扩大再生产投入也高，发展速度将大大高于另两类企业，并且组织形式比较接近现代化公司制度，有可能比较自然、平衡地向股份制公司过渡。

第三，私有企业资本增值异常迅速，主要原因在于：市场形成初期体制机制不完善、不规范，发展空间大，平均利润高；企业产权明确，机制灵活，生产经营效益良好；劳动力价格低，剩余价值率高；税收征管力量薄弱、手段落后，偷漏税现象是大量存在的。在今后一段时间内，私有企业资本增值的绝对量仍会很高，但由于资本基数已增大，资本增值率将会下降到 20% 以下。

第四，私有企业内部管理是灵活有效的。家族制管理制度大量存在，正好说明它适应今天私有企业的发展水平和企业员工的素质。这种现象在许多国家私有企业早期发展过程中都存在过，即使是在现代企业制度建立并比较完善后，在中小型企业中仍然存在。对此不必简单褒贬，留待企业进一步发展后自己去调节改造。中国现代化过程中必然带有传统乡土社会的印记，现代生产方式将对此加以扬弃。在一个资金短缺、劳动力大量过剩的发展中国家，资本与劳动之间是不平衡的。目前私有企业中这对矛盾并未激化，劳资关系一般是正常的。但是国家应该通过立法来明确、维护劳动者的基本权利，可以在私有企业中试行组织行业工会。

第五，私有企业的发展前景取决于几个因素。中国共产党已经明确了建立社会主义市场经济的总方向，保证了改革开放政策的稳定性，因此即使暂时的波折仍有可能出现，但从历史角度观察，私有经济在现阶段的发展是不可逆转的。国有企业的改革动向是私有企业发展最重要的外部条件。如果国有大中型企业通过体制转变适应了市场经济的要求，私有企业将遇到最强劲的竞争对手，因此在竞争中要提高自身的素质；反之，则将此消彼长，未来格局殊难预料。私有企业将在不断的市场竞争中，在市场规则的建立和完善过程中，在经营、管理方式、技术驾驭能力等诸方面受到考验，也将有一个优胜劣汰的不断分化的过程。成功者将会发展成为跨地区、跨行业的巨大规模的集团公司，同时，它们的社会影响力也将同步扩大。

三　私有企业主的财产、日常生活、自我评价和组织状况

（一）婚姻与家庭人口

私有企业主中未婚者占 3.6%，已婚者占 91.4%，再婚者占 2.7%，丧偶者占 0.5%，离异者占 1.8%。女性企业主中未婚与离异的比例均高于男性。

私有企业主家庭中在一起吃饭、经济上不分开的成员平均为 4.70 人，

与 1990 年人口普查中全国城乡家庭户平均 3.97 人①相比，家庭规模较大（见表 70）。

表 70　私有企业主与全国人口家庭户规模比较

单位：%

户别	1 人户	2 人户	3 人户	4 人户	5 人户	6 人户	7 人户	8 人及以上户	合计
人口普查户	6.3	11.1	23.7	25.8	17.7	8.4	3.9	3.1	100.0
私有企业主户	1.1	3.5	24.9	24.2	18.0	11.3	5.4	11.8	100.0

注：人口普查户比例根据《中国 1990 年人口普查 10% 抽样资料》第 380 页表 8-1 计算。

私有企业主保持较大规模家庭的原因：一是家族制管理的需要；二是避免因过早分家而造成资产分散。

（二）私有企业主的财产规模

私有企业主的财产分为生产资料与家庭财产两大部分。前者包括企业固定资产、流动资金以及债权、债务中应属企业主名下的部分。后者包括生活用房、家庭储蓄、证券、借入借出款项、手持现金及耐用消费品等。但在具体分析时，经常很难将各项截然划分开。例如，房屋往往不易区分是生产用房（应属固定资产部分）还是生活用房（应属家庭财产部分），原因在于房屋的使用功能不是单一的。例如，私有企业主的生活用房往往供给外地雇工居住，还经常挪作库房，实际上成了生产辅助用房。又有许多企业主就居住在厂里或店里，办公用房又兼作起居用房。因此在下面分析时，房产单独开列，主要是生活用房，包括供职工居住部分。与此类似的还有小汽车、摩托车、电话、电脑等，在其他居民家庭中这些仅仅是耐用消费品，但在私有企业主这里也是用于经营的工具，因此应归入固定资产之中。

1. 生产资料

在上文分析中，私有企业固定资产中位数为 33 万元，流动资金中位数为 22 万元，每个企业债务约为 6.86 万元，企业净资产应在 48.1 万元，而每个私有企业平均投资者是 1.87 人，每个投资人平均拥有生产资料

---

① 根据《中国 1990 年人口普查 10% 抽样资料》第 380 页表 8-1 计算。

25.7 万元，实际上企业主往往是主要投资人，其拥有生产资料中位数为 32 万元。

2. 生活用房

（1）面积

城乡、不同地区私有企业主自有生活用房面积分布情况如表 71 所示。

表 71　城乡、不同地区私有企业主自有生活用房面积分布

单位：%

自有生活用房面积（平方米）		20 以上	20～50	50～100	100～200	200～500	500 及以上	合计	中位数（平方米）
按城乡分	城镇	2.4	14.7	21.9	23.5	24.2	13.3	100.0	148.1
	农村	0.0	6.8	21.1	33.1	24.8	14.3	100.0	166.8
按地区分	东部	1.4	15.0	22.3	25.8	24.9	10.6	100.0	143.8
	中部	2.5	11.4	21.1	22.4	22.4	20.3	100.0	167.0
	西部	5.1	12.7	19.6	22.8	24.1	15.8	100.0	155.3

在被调查私有企业中，城镇（尤其是在大中城市里）企业主还有 20.7% 没有自住房，仍在租房居住，但这个比例比开业之初已降低了 16.7%。所有被调查私有企业主的生活用房中位数为 100.0 平方米，若仅计算拥有自住房的企业主，则中位数为 149.8 平方米，是开业之初自有生活用房中位数 56.3 平方米的 2.7 倍。

城乡之间，生活自住房拥有量有一定差别，城市规模越大，住房越紧张。镇上的私有企业主自住房面积很大，不比农村私有企业主住房小。东部地区自住房就面积而言，仍不如中、西部。

（2）价值

全体被调查私有企业主的自有生活用房价值中位数为 10.0 万元，如仅计算拥有自住房的私有企业主，则他们自住房价值中位数为 19.3 万元（见表 72）。

在大中城市，无自有房的私有企业主比例较高。对照表 71 和表 72，可以看出在城市里自有房面积虽小，但价格高。在东部地区也存在着类似情况。

私有企业主一旦在经营中站稳脚跟，开始改善生活时，首先就是要改

善居住条件。农村的企业主主要是建新房、翻盖老房，从企业利润中转移出来的资金，主要用于造房。中国传统农民一向重视住房，必须有了自己的房屋，才算安下家，才算在土地上扎下了根，因此近十几年来，农村景观最显著的变化就是居住条件的改善。当然部分私有企业主在建造住房时一味追求豪华、高大，也有炫耀心理在作祟，甚至出现了建了拆，拆了再建，不断求新、求大的怪事。城市企业主一般采用购买其他居民自有房和商品房两种办法。对于私有企业主来说，住房价值已相当于资产价值的1/5，是家庭财产中最重要的部分。

表 72　城乡、不同地区私有企业主自有生活用房价值分布

单位：%

自有生活住房价值（万元）		0（无房）	5以下	5～10	10～20	20～50	50～100	100及以上	合计	全体被调查户住房中位数（万元）	有房户中位数（万元）
按城乡分	大城市	45.3	3.1	6.7	11.4	13.4	9.4	10.6	100.0	6.2	33.8
	中等城市	32.7	6.1	12.4	11.7	17.8	7.3	12.0	100.0	9.5	25.8
	小城市	12.5	13.6	13.3	19.0	19.8	11.0	10.8	100.0	15.6	18.9
	镇	7.1	17.2	13.8	19.7	22.6	12.1	7.5	100.0	16.0	17.8
	农村	7.1	28.2	17.9	17.3	15.4	6.4	7.7	100.0	9.1	10.2
按地区分	东部	24.0	10.6	10.3	14.3	19.4	11.1	10.3	100.0	13.6	24.4
	中部	16.3	12.9	15.6	18.4	18.0	7.8	10.9	100.0	12.8	17.3
	西部	29.3	15.2	17.3	16.2	11.0	3.1	7.9	100.0	6.6	11.8

3. 其他家庭财产

（1）证券及净借出款

私有企业主1992年年底证券及借出款额如表73所示。

表 73　私有企业主 1992 年年底证券及借出款额

证券价值及借出款（万元）	0	1以下	1～2	2～5	5～10	10～50	50及以上	合计
所占比例（%）	54.9	5.9	8.2	12.2	7.5	8.7	2.5	100.0

私有企业主拥有证券价值及净借出款平均数为5.1万元，其中证券与借款约各占一半。

目前大陆正式上市的证券种类不多，且数额有限，许多证券都是一些公司的债券。私人借贷在不公开场合是大量存在的，尤其是在资金格外紧张的中、西部地区，一半以上私有企业主有净借出款。

（2）个人储蓄

私有企业主 1992 年年底个人储蓄余额如表 74 所示。

表 74　私有企业主 1992 年年底个人储蓄余额

储蓄余额（万元）	1 以下	1～2	2～5	5～10	10～20	20～50	50～100	100 及以上	未答	合计
所占比例（%）	4.1	7.7	13.8	8.9	6.4	3.4	1.0	1.0	53.9	100.0

个人储蓄属于个人主要隐私内容，因此未做回答的人数较多。已回答者每人平均储蓄额为 3.4 万元。不同地区、城乡之间无显著差别。由于目前储蓄利息不高，并且私有企业经常会有资金短缺的情况发生，因此私营企业主的存款额不是很高。

（3）耐用消费品

私有企业主 1992 年年底耐用消费品拥有情况如表 75 所示。

表 75　私有企业主 1992 年年底耐用消费品拥有量

耐用品种类	彩电	录像机	摄像机	高级音响	空调器
每百户拥有量（台）	136	76	20	45	63
每户平均价值（万元）	0.55	0.25	0.21	0.25	0.62

注：小汽车、摩托车、电话、计算机既是耐用消费品，也是生产工具，已归入固定资产之中，现列出拥有量。

种类	小汽车（辆）	摩托车（辆）	电话（台）	计算机（台）
每百户拥有量	38	55	140	15
每户平均价值（万元）	6.46	0.60	0.68	0.21

可与一般居民家庭做一比较：1992 年全国城镇居民每百户拥有彩电 75 台[1]，城镇私有企业主每百户拥有 135 台；农村居民每百户拥有 8 台[2]，农村私有企业主每百户拥有 140 台。

---

[1]　国家统计局编《中国统计年鉴 1993》，中国统计出版社，1993，第 289 页。
[2]　国家统计局编《中国统计年鉴 1993》，中国统计出版社，1993，第 320 页。

4. 财产总规模

全部被调查私有企业财产总规模中位数为 52.7 万元。不同地区、城乡、不同类型、不同行业的私有企业主财产规模有差别（见表76）。

不同地区之间私有企业主的财产规模差异不大，造成财产规模差异的重要因素是拥有房产价值不同，同时东部地区私有企业起步早，经营、生产时间较长，财产积累的时间也已久远，因此家庭财产总规模较大。

不同年龄组、不同文化素质的企业主由于经营业绩不同，财产规模拉开了档次（见表77、表78）。

表76 私有企业主财产规模分布

单位：%

财产（万元）		0以下（资不抵债）	0～20	20～50	50～100	100～200	200～500	500～1000	1000及以上	合计	中位数（万元）
按地区分	东部	0.7	20.9	25.0	18.9	19.3	9.9	4.0	1.5	100.0	59.0
	中部	0.4	24.6	25.4	16.2	15.8	11.4	4.8	1.3	100.0	49.5
	西部	0.6	25.9	29.1	20.3	13.3	8.2	1.3	1.3	100.0	44.2
按城镇分	大城市	0.5	21.9	31.4	15.7	13.8	7.6	7.1	1.9	100.0	46.4
	中等城市	0.0	22.5	22.5	18.4	19.7	11.1	4.8	1.0	100.0	63.6
	小城市	0.7	21.7	28.3	17.7	16.3	11.0	2.7	1.7	100.0	49.3
	镇	2.1	17.8	23.8	23.8	20.5	8.6	2.2	1.1	100.0	62.5
	农村	0.0	29.8	18.5	17.7	19.4	11.3	1.6	1.6	100.0	54.8
按类型分	独资企业	0.5	22.0	25.0	18.0	18.1	10.6	5.1	1.7	100.0	56.9
	合伙企业	1.6	34.1	23.8	19.5	12.4	7.0	1.1	0.5	100.0	38.0
	有限责任公司	0.0	12.7	30.6	18.5	22.5	8.6	5.8	1.2	100.0	68.1
按行业分	工业	0.5	21.3	25.1	17.9	20.1	9.5	4.0	1.7	100.0	58.7
	建筑业	0.0	21.4	21.4	17.9	17.9	10.7	10.7	0.0	100.0	70.1
	交通运输业	0.0	20.0	15.0	25.0	20.0	15.0	0.0	5.0	100.0	80.0
	商业	0.5	20.3	30.4	22.2	10.1	12.1	3.9	0.5	100.0	48.8
	饮食业	0.0	28.4	35.1	20.3	5.4	6.8	4.1	0.0	100.0	38.5
	服务业	3.4	25.9	24.1	13.8	25.9	6.9	0.0	0.0	100.0	45.8
	修理业	0.0	44.4	19.4	16.7	13.9	5.6	0.0	0.0	100.0	28.7
	科技咨询业	0.0	19.1	25.5	14.9	19.1	10.6	8.5	2.1	100.0	68.1
	其他	1.9	17.3	13.5	15.4	26.9	15.4	3.8	5.8	100.0	107.1

表 77　不同年龄组私有企业主的财产中位数

年龄组（岁）	25 以下	25～35	35～45	45～55	55 及以上
财产中位数（万元）	34.9	53.7	48.9	63.0	56.1

表 78　不同文化程度私有企业主的财产中位数

文化程度	文盲	小学	初中	高中	中技	中专	大专	大学及以上
财产中位数（万元）	35.0	51.2	46.1	49.5	64.4	68.7	74.7	80.0

在不同年龄组中，正当盛年而社会经验又较丰富的 45～55 岁组财产最多，这也是过去几年比较成功经营的体现。各文化程度中除了小学这一组外，文化程度高低与财产积累的多少几乎成正比例关系。三种文化程度相似的高中、中技、中专毕业生中，已掌握有实用技术的中专、中技毕业生更容易成功。

5. 财产构成

私有企业主财产及构成，用一般代表性资料来表示，解析如表 79 所示。

表 79　私有企业主财产及构成情况

财产构成	金额（万元）	占财产总额比例（%）
企业资产	32.0	60.7
家庭资产	20.4	38.8
其中：		
生活用房	10.0	19.0
证券、借出款	5.1	9.7
储蓄	3.4	6.5
耐用消费品	1.9	3.6
财产总额	52.7	100.0

注：因选用了中位数为代表性资料，进一步运算后，有 0.3 万元的误差。

（三）私有企业主个人收入及日常支出

1. 收入

私有企业主收入主要分为两部分：一是从企业得到的收入；二是企业外其他收入。前者又分为两部分，其一是工资、奖金等，可在企业财务上列入税前成本，另一部分是企业产值、营业额减去成本、税收、收费、摊派后纯利润应分到企业主个人名下的净收益，即资本投资回报部分。这后一部分收入大多（如前文中分析，约占2/3）又作为个人投资留给企业作生产发展基金，真正用于消费或转入家庭财产部分的只是其中一小部分。

（1）从企业得到的工资性收入

1992年，私有企业主从企业得到的工资性收入如表80所示。

表80　私有企业主1992年工资性收入

年工资（万元）	1 以下	1～2	2～5	5～10	10～20	20～50	50～100	100 及以上	未答	合计
所占比例（%）	28.8	6.8	22.3	12.0	12.4	6.3	1.7	2.2	7.7	100.0

私有企业主的工资性收入中位数为2万元。1988年国家税务局颁发的《私营企业财务管理暂行办法》中规定：私有企业厂长（经理或董事长）的工资可以在本企业职工平均工资10倍以内确定，并列入成本。至少有1/3私有企业主的工资性收入超过规定标准。

（2）从企业纯利润中得到的投资者净收益

1992年，私有企业主从企业纯利润中得到的投资者净收益如表81所示。

表81　私有企业主1992年投资净收益

年净收益（万元）	亏损	0～2	2～5	5～10	10～20	20～50	50 及以上	未答	合计
所占比例（%）	13.4	15.0	16.0	12.7	12.1	9.6	10.9	20.3	100.0

私有企业主投资净收益中位数为7.2万元。根据前文测算，一般投资者比企业主低，为4.7万元。企业主的这一部分收入减去投入生产发展基金之后，约2.3万元将转入消费。实际上，私有企业主间个人投资净收益差距很大，还有13.4%的私有企业亏损，负债运行，投资净收益为负值。

（3）其他收益

私有企业主从证券、储蓄、私人借贷等方面的年收入一般为0.7万元。

（4）年总收入

私有企业主1992年所有个人收入之和的中位数为5.0万元。其中城乡和不同地区企业主收入有差异，而不同类型和不同行业企业主收入差异无明显的统计意义（见表82）。

表82 私有企业主1992年总收入分布

单位：%

年总收入 （万元）		0~1	1~2	2~5	5~10	10~20	20~50	50及以上	合计	中位数 （万元）
按地区分	东部	12.5	13.7	20.9	15.8	16.3	10.2	10.7	100.0	5.9
	中部	15.1	14.3	24.5	13.9	14.3	12.7	5.3	100.0	4.5
	西部	24.0	17.0	25.7	12.9	11.1	5.8	3.5	100.0	3.1
按城乡分	大城市	16.6	12.6	18.4	11.2	11.7	13.5	16.1	100.0	6.3
	中等城市	19.0	13.1	21.4	13.4	16.7	7.7	8.6	100.0	4.5
	小城市	13.0	14.0	25.7	16.5	16.5	10.2	4.1	100.0	4.7
	镇	10.9	12.9	24.3	17.8	16.3	11.4	6.4	100.0	5.5
	农村	9.6	23.5	19.9	16.9	13.2	7.4	9.6	100.0	4.5

不同文化水平的企业主收入有差距（见表83）。

表83 不同文化程度私有企业主1992年总收入分布

单位：%

年总收入 （万元）	0~1	1~2	2~5	5~10	10~20	20~50	50及以上	合计	中位数 （万元）
文盲	57.1	7.1	28.6	7.1	0.0	0.0	0.0	100.0	0.9
小学	21.4	9.5	27.8	14.3	11.9	7.9	7.1	100.0	4.1
初中	11.3	16.9	23.7	16.7	15.8	9.7	5.9	100.0	4.8
高中	13.2	15.2	22.6	14.5	16.1	10.6	7.7	100.0	4.9
中技	6.7	16.7	20.0	10.0	20.0	20.0	6.7	100.0	8.3
中专	20.2	15.5	13.1	14.3	14.3	11.9	10.7	100.0	5.4
大专	13.3	8.0	24.0	15.3	14.0	10.7	14.7	100.0	6.5
大学及以上	21.5	13.8	7.7	12.3	16.9	7.7	20.0	100.0	7.8

私有企业主的收入与文化水平紧密相关，文化水平越高，收入越高。

在表 78 中，小学文化程度的企业主财产反而比初中毕业的企业主多，这是一个存量，可能与开业时间长短有关，而现在的收入是个流量，如果按这样的比例关系持续下去，初中毕业的企业主的财产存量也将超过小学毕业的企业主。

2. 日常支出

（1）日常生活费支出总额

1992 年，私有企业主家庭每月生活费支出情况如表 84 所示。

表 84　私有企业主家庭 1992 年每月生活费支出

月支出（元）	0～500	500～1000	1000～2000	2000～5000	5000～10000	10000 及以上	合计
所占比例（%）	7.9	23.7	28.9	27.8	8.7	3.1	100.0

被调查私有企业主家庭月均生活费支出为 1400 元。

1992 年，私有企业主日常生活费占总收入的比重情况如表 85 所示。

表 85　私有企业主 1992 年日常生活费占总收入比重

比重（%）	10 以下	10～20	20～50	50～80	80 及以上	合计	中位数（%）
所占比例（%）	36.5	13.8	27.4	13.5	8.8	100.0	30.0

一般私有企业主用总收入的 30% 来维持全家日常生活。根据目前中国家庭关系而言，日常生活消费的单位是家庭而不是个人，在分析家庭收支时，应计入家庭中所有成员的收入，因此私有企业主家庭的实际收入还要更高一些，生活费支出占全体收入的比重会更低一些。

（2）人均生活费

1992 年，私有企业主家庭每人每月生活费支出情况如表 86 所示。

表 86　私有企业主家庭 1992 年每人每月生活费支出额

人均月生活费（元）	200 以下	200～300	300～400	400～500	500～1000	1000 及以上	合计
所占比例（%）	24.8	23.9	14.0	6.8	21.2	9.3	100.0

私有企业主家庭每人每月生活费支出的中位数是 300 元。东部地区每人每月生活费为 371 元，中部地区为 250 元，西部地区为 286 元。

城乡私有企业主家庭每人每月生活费支出与其他居民家庭的比较情况如表 87 所示。

表 87　城乡私有企业主家庭每人每月生活费支出与其他居民家庭比较

家庭所在地	大城市	中等城市	小城市	镇	农村
私有企业主家庭（元）①	368	362	311	359	203
其他居民家庭（元）②	152	168	151	129③	57
倍数（倍）	2.4	2.2	2.1	2.8	3.6

注：①中位数值；②平均数值，根据《中国统计年鉴 1993》第 287 页表 8－11、第 311 页表 8－21 计算；③仅为县城，即城关镇。

从表 87 的比较中可以看出，私有企业主家庭生活水准要比其他居民家庭高得多，他们确实已经成为"先富起来"的一部分人了。

（3）生活费分项支出

下面仅考察部分主要支出项目，如伙食与服装。应酬支出往往是为了在经营中联系业务、搞好关系而付出的，由于应酬支出经常采用请吃饭或去娱乐场所的形式，因此又与伙食、娱乐支出有交叉之处（见表 88）。

表 88　私有企业主家庭部分重要支出

支出项目	伙食	服装	应酬	娱乐
每月全家支出（元）	600	235	300	50
每月每人支出（元）	125	50	—	—
占全家生活费比重（%）	42.9	16.8	21.4	3.6

伙食费仍是私有企业主全家生活费中最大开支项目，每人每月 125 元，是全国城镇居民家庭每人每月伙食开支 74 元①的 1.7 倍，但仍不算太高。只是私有企业主之间差别很大，生活方式很不相同。例如，每人每月的伙食费，低的在 60 元以下（主要是在农村），占全体调查户的 5.6%，但也有 4.6% 的家庭人均伙食费在 500 元以上，更有 1.5% 家庭的人均伙食费超过 1000 元。每人每月服装置办费在 500 元以上的家庭占 1.1%。每月应酬费高达 1000 元以上

---

① 根据《中国统计年鉴 1993》第 286 页表 8－10 计算。

的占企业主总数的 24.4%，2000 元以上的占 12.0%，5000 元以上的占 3.5%，甚至有 1.0% 的企业主每月应酬在万元以上，这已不是吃吃喝喝这样的交际内容了。有 1/3 的企业主无暇光顾娱乐场所，但也有 6.4% 的企业主每月在此消费千元以上，更有 1.1% 的企业主花费在 3000 元以上。

（四）宗教信仰

一部分私有企业主置身于激烈的竞争之中，需要精神上的抚慰、交流和支持，因此寄希望于宗教生活。被调查的私有企业主中有 14% 具有宗教信仰（见表 89）。

表 89　私有企业主的宗教信仰

单位：%

宗教信仰	佛教	道教	伊斯兰教	天主教	基督教	其他宗教	无宗教信仰	未答	合计
所占比例	8.7	0.7	2.1	1.0	1.1	0.3	79.1	6.9	100.0

宗教信仰与这些人的年龄、性别未见有显著关联。在地区分布上有很大不同，佛教信徒比例最高的是东部地区，伊斯兰教徒多集中在中、西部地区。

（五）私有企业主对自身社会地位的评价

私有企业主是改革开放后出现的新群体。由于私有企业具有私有资产经营的种种特征，并且私有企业主的行为方式、思想意识相互差别很大，在社会上成为引人注目的一批人。他们对自身的地位是敏感的。

在调查中，我们分别请他们拿自己和社会中其他成员比较一下，然后在表示收入多少、社会声望高低、政治参与权利大小的三个阶梯上标出自己的位置，第一级表示最多或最高或最大，反之第十级表示最少或最低或最小。

1. 对自身经济地位的评价

私有企业主对自身收入的评价情况如表 90 所示。

表 90　私有企业主对自身收入的评价

收入评价（级）	较高位置			中间位置				较低位置			合计	平均级数（级）
	1	2	3	4	5	6	7	8	9	10		
所占比例（%）	29.3			64.9				5.7			100.0	4.5
	6.6	7.0	15.7	18.6	29.2	11.4	5.7	4.3	0.8	0.6		

从地区上分析，东部地区企业主对自己收入最不满意，而中部地区企业主对自己收入的满意程度较高。前面已分析过，不同地区之间企业主的收入无明显差距，但同样的收入水平，由于和周围群体相比感受不同，增加收入的机遇不同，因此自身感觉和评价是很不一样的。

还可以找到一些明显或不明显的相关因素。一个明显的事实是，自身资产总规模越大，对自身收入评价当然也要高一些。另一个有趣的事实是，凡对自身收入比较满意的企业主，一般是那些和政府关系良好的老板，换言之，搞好和政府的关系是获得比较满意收入的一个重要条件。

私有企业主对自己收入评价的平均级别是 4.5 级，他们并不认为自己收入高。

2. 对自身社会声望的评价

私有企业主对自身社会声望的评价情况如表 91 所示。

表 91　私有企业主对自身声望的评价

声望评价（级）	较高位置			中间位置				较低位置			合计	平均级数（级）
	1	2	3	4	5	6	7	8	9	10		
所占比例（%）	43.7			49.4				7.0			100.0	4.0
	9.3	15.6	18.8	14.9	22.9	7.6	4.0	4.6	1.5	0.9		

社会声望并不一定取决于经济地位，社会声望是用来衡量社会地位高低的。但私有企业主对自身经济地位和社会声望的评价是高度一致的，说明他们把社会地位和经济地位紧密联系在一起了。私有企业主中年纪越轻，对自身社会地位评价越低，要求改变现有社会地位的呼声越响亮；而 45 岁以上的企业主半数以上对自身社会地位是满足的。

3. 对自身政治参与权利的评价

私有企业主对自身政治参与权利的评价情况如表 92 所示。

表 92　私有企业主对自身政治参与权利的评价

政治参与评价（级）	较高位置			中间位置				较低位置			合计	平均级数（级）
	1	2	3	4	5	6	7	8	9	10		
所占比例（%）	37.0			48.1				14.8			100.0	4.6
	7.6	11.6	17.8	14.1	20.4	7.8	5.8	7.2	4.8	2.8		

在过去传统计划经济体制下，政治参与受到高度控制，改革开放以后，随着经济权利的分散化，政治参与程度也得到提高。私有企业主认为自身政治参与程度处于中间位置上，尤其 35 岁以下的企业主有 1/4 认为自己是处在最底下的阶梯上，45 岁以上的企业主有近一半人认为自己是处在较高的阶梯上。

（六）组织状况

私有企业主参加的团体组织可分为政治性的与经济性的两大类。

1. 政治组织

私有企业主参加政治组织状况如表 93 所示。

表 93　私有企业主参加政治组织状况

单位：%

组织名称	中国共产党	中国共青团	各民主党派
所占比例	13.1	7.3	6.5

私有企业主中有 13.1% 是中共党员。其中，11.7% 开业前原是专业技术人员，32.8% 原来是机关企事业中的干部，11.8% 曾是工人，5.0% 是商业服务人员，军人占 3.9%，农民占 22.8%；52% 来自国有、集体单位；15.5% 曾经担任过科级及以上负责人，24.6% 曾是企业中的管理人员，11.7% 当过乡、村两级负责人和干部。这些党员接受过中国共产党的长期教育，他们对自身社会地位和政治地位的评价远高于其他私有企业主。这批党员是中国共产党和政府团结、引导、帮助、教育私有企业主的得力助手。

2. 经济组织

私有企业主参加各种组织的状况如表 94 所示。

表 94　私有企业主参加各种经济组织状况

单位：%

组织名称	私营企业协会	个体劳动者协会[1]	工商联	同业公会	私营企业家联谊会[2]
所占比例	39.5	39.9	90.2	9.0	14.0

注：①一些地区至今尚未成立私营企业协会，因此部分私有企业主仍参加个体劳动者协会的活动；②这并不是一个正式组织的名称，而是指由当地主管部门或私协出面组织私有企业主不定期活动以增进彼此的联系，组织形式不固定，也不是正式的团体。

随着经济管理体制的转换和私有企业的进一步发展，许多私有企业主希望能够成立自我管理、自我服务程度较高的行业公会等经济组织。在被调查的私有企业主中有一半以上（57%）认为很有这种必要。

（七）结论

第一，私有企业主是今日中国大陆最富有的社会群体之一，他们形成了自己较高的消费水准和独特的生活方式，受到其他群体的关注。但他们之间在财产规模、收入支出水平等诸方面，差异很大。一些引起其他群体反感的炫耀性消费也并不能代表这一群体的整体形象。今后仍应鼓励他们不断扩大再生产，把消费控制在一个合理的水平上。

第二，随着市场经济的发育、成熟，私有企业主的社会地位和政治地位正在提高，这有利于他们消除种种疑虑，安心发展生产。私有企业主对自身经济地位的估价与其他群体对他们的估价有不小距离。随着他们财富的积聚、自信心的增强，将必然提出提高社会声望和政治参与的要求，尤其是年轻的企业主们。

第三，私有企业主要求成立自律性的经济组织，对此应给予充分重视。在社会主义市场经济基础之上，多元的利益主体正在出现，政府的经济管理职能正在发生根本性转变，行业公会等中介组织的出现，有利于私有企业之间，私有企业和其他性质的企业沟通、协调，有利于促进市场秩序和职业道德的建立，缓和社会矛盾，调整利益格局，也会成为政府与企业之间的新型纽带。

第四，私有企业主群体相互之间缺乏有机联系，没有形成独立的意识形态，也没有明确的政治诉求，组织需求主要是经济方面而不是政治方面的，因此，仍然处在一种中间过渡的状态。如何在发展市场经济的新形势下，协调私有企业主和其他社会群体的利益关系，不断调整不同群体间的互动联系，在建设"四化"的一致目标下，建立起新的社会结构，是需要不断解决的大问题。

四　继续深入开展对私有企业和企业主的调查研究工作

多年来，对于私有企业的数量与规模，始终若明若暗，底数不清。由于市场经济发展迅速，私有企业在成长中的新问题也层出不穷，对于这样处于动态变化中的社会经济现象，我们需要把调研工作做得更深入一步。当前应该进一步摸清这样几个问题。

第一，私有企业的数量。由于历史的原因，大量私有企业始终未从个体户中划出来，还存在着"挂靠"集体企业，形成"假集体、真私有"的企业。近年来又出现了挂靠政府办公司或搞"假合资"企业等现象，有必要通过调研具体分析，还私有企业真面目。

第二，私有企业的规模。已登记的私有企业注册资金与实际使用资金差距很大，产值、营业额摸不实。

由于在数量、规模两方面都存在问题，因此对于私有企业的实际力量，在各种经济成分中所占的比重，都很难确切掌握，有可能被大大低估，从而使得政策制定、日常管理出现偏差。

第三，大型私有企业的发展机制。应把抽样调查和典型调查结合起来，摸实这些私有企业高速发展的内部动因、外部环境和后果。

1995 年中国第二次私营企业抽样调查数据分析综合报告

全国私营企业抽样调查数据及分析课题组

从 1992 年起，我国的私营企业进入了一个新的发展阶段。至 1994 年年底，全国登记注册的私营企业已达 43.2 万户，比 1992 年同期增长 2.1 倍，净增 29.3 万户；雇工人数为 559.5 万人，比 1992 年同期增长 2.4 倍；全国私营企业共创产值 1154 亿元，实现销售总额 758.5 亿元，商品零售额 512.6 亿元。

根据国家工商局的统计，1994 年私营企业的发展有如下几个特点。

第一，第三产业发展迅速。全国从事第三产业的私营企业共计 19.8 万户，比上年增长 86.8%，占私营企业总户数的 45.8%，比上年增长了 5.5 个百分点。在第三产业中，又以从事流通的私营企业发展最快，其中商业增长 95.4%，饮食业增长 98.2%。第三产业的雇工人数和投资者人数分别比上年增长了 82.7% 和 78.8%，高出私营企业平均增长水平 5~10 个百分点。

第二，私营企业中有限责任公司发展较快。1994 年私营企业中有限责任公司达 13.2 万户，比上年同期增长 1 倍多，占私营企业总户数的比重由上年的 27.5% 上升为 31.5%。有限责任公司注册资金 932.3 亿元，比上年增长 113.8%，占私营企业注册资金总数的 64.4%。

第三，私营企业的整体规模扩大、效益增加。1994 年全国私营企业注册资金首次超过个体工商户 1318.6 亿元的注册资金；户均注册资金 33.5 万元，比上年增长 17.1%。

第四，内陆省份私营企业发展迅速。1994 年私营企业户数增长超过 80% 的省份有 14 个，其中属内陆省份的有 8 个，占 57%；私营企业超万户的省份有 15 个，内陆省份占 6 个，而 1993 年私营企业超万户的 7 个省份中仅有四川一省为内地省份。但是，必须看到，私营企业的发展在沿海、内地，东、中、西部地区仍然是非常不平衡的。

为了不断跟踪了解私营经济及其私营企业主阶层的发展动向，继1993年进行的首次全国范围内的私营企业抽样调查后，中国民（私）营经济研究会在中国大陆30个省、自治区和直辖市范围内再次进行了大规模的私营企业抽样调查。

本次调查在1995年5~6月进行了调查总体设计和调查员培训。调查对象与1993年调查相同，按私营企业的地区分布和行业分布抽取。第三和第四季度在全国范围内对3025家企业进行了入户调查，共得到有效调查表2564份，回收率为84.4%。1996年第一季度在北京对数据进行了初步统计分析。本次调查的重点不仅包括私营企业的经营状况、私营企业家的社会属性，而且还包括私营企业家的社会态度和社会意识等。为了比较完整地把握私营企业的状况，我们在这里对调查结果进行了经济学和社会学的分析。为了便于将1993年的调查和本次调查进行对比，本报告基本上按照1993年报告的体例进行分析，希望借此更好地揭示私营企业的发展变化，同时文中也相应增加了新的内容。

一　私营企业经营状况

由于私营企业之间存在较大差距，不同企业的同一指标很多呈偏态分布，少数畸大畸小的极端数据往往使平均数值受过大影响而失去代表性。因此，在本报告中，我们较多地使用了中位数，较少使用平均数，即用所有数据中大小居中的值来表示一般水平；在一些指标中同时列出了平均数和中位数，两个数值的差距可以在一定程度上提示数据分布的偏斜程度。统计表中各组界含下界不含上界，调查统一时点为1994年年底（1993年调查的统计时点为1992年年底）。

（一）私营企业资金及其变化情况

1. 企业注册资金

私营企业的注册资金情况如表1所示。

表1　私营企业注册资金

开业时注册资金（万元）	3以下	3~10	10~30	30~100	100及以上	—	合计
所占比例（%）	21.2	22.4	21.6	23.3	11.6	—	100.0

续表

1994 年注册资金（万元）	10 以下	10 ~ 30	30 ~ 50	50 ~ 100	100 ~ 500	500 及以上	合计
所占比例（%）	15.6	20.6	16.0	16.4	21.7	9.7	100.0

1995 年的调查表明，私营企业开业时注册资金的中位数为 16 万元，1994 年年底注册资金中位数是 50 万元，比开业时增加 3.13 倍，比 1993 年调查数据增加 1.6 倍。

2. 实际使用资金

实际使用资金可分为固定资产和流动资金两大部分。

（1）企业实用资金

私营企业实际使用资金情况如表 2 所示。

表 2　私营企业实际使用资金

开办时实用资金（万元）	3 以下	3 ~ 10	10 ~ 30	30 ~ 100	100 及以上	—	合计
所占比例（%）	17.6	19.5	22.1	24.8	16.0	—	100.0
1994 年实用资金（万元）	30 以下	30 ~ 100	100 ~ 200	200 ~ 500	500 ~ 1000	1000 及以上	合计
所占比例（%）	20.1	28.5	16.4	15.9	7.6	11.4	100.0

1995 年的调查表明，被调查企业开业时实际使用资金的中位数为 20 万元，1994 年年底为 110 万元，比开业之初的实用资金增加了 4.5 倍，年增长率为 44.3%；与 1993 年调查数据相比，两年之中增加了 1 倍。这说明，私营企业不仅户数发展速度较快，而且每个企业的规模增长速度也比较快。

在不同类型和不同行业的私营企业中，实用资金的数量有很大差别（见表 3、表 4）。

表 3　不同类型私营企业实际使用资金分布

单位：%

实用资金（万元）	30 以下	30 ~ 100	100 ~ 200	200 ~ 500	500 ~ 1000	1000 及以上	合计	中位数（万元）
独资企业	25.9	30.0	15.5	14.6	6.9	7.2	100.0	86.2
合伙企业	23.5	31.1	15.0	14.2	7.7	8.4	100.0	89.6
有限责任公司	7.3	23.9	19.0	19.3	9.1	21.3	100.0	198.9

有限责任公司实用资金最多，其中近 1/5 公司的实用资金超过 1000
万元，而其他两种类型的企业只有 7% 或 8% 进入这一档次。有限责任公
司的实用资金中位数超过其他类型企业 1 倍多，合伙企业次之，独资企业
最少。

表 4　不同行业私营企业实际使用资金分布

单位：%

实用资金 （万元）	30 以下	30 ～ 100	100 ～ 200	200 ～ 500	500 ～ 1000	1000 及 以上	合计	中位数 （万元）
农林牧渔业	8.2	21.4	18.4	22.4	10.2	19.4	100.0	226.8
采掘业	18.2	27.3	15.2	21.2	6.1	12.1	100.0	129.6
制造业	15.4	27.2	16.8	18.7	8.9	13.0	100.0	144.0
电力煤气	5.3	15.8	15.8	21.1	5.3	36.8	100.0	386.3
建筑业	21.7	28.3	13.0	15.9	8.7	12.3	100.0	100.0
地质水利	100.0	0.0	0.0	0.0	0.0	0.0	100.0	15.0
交通运输业	19.3	28.1	22.8	15.8	3.5	10.5	100.0	111.4
商业、饮食业	28.0	31.3	16.6	10.5	5.4	8.2	100.0	79.2
金融保险业	0.0	16.7	33.3	33.3	0.0	16.7	100.0	350.5
房地产业	0.0	4.5	4.5	4.5	18.2	68.2	100.0	1133.4
社会服务	37.2	35.3	12.2	10.9	3.2	1.3	100.0	55.4
卫生体育	10.0	30.0	30.0	0.0	10.0	20.0	100.0	133.3
教育文化	33.3	50.0	16.7	0.0	0.0	0.0	100.0	53.4
科研技术	19.6	28.6	10.7	23.2	8.9	8.9	100.0	116.8
其他	18.4	29.3	17.7	16.3	11.6	6.8	100.0	113.0

在房地产行业中，私营企业实用资金数额最大；其次是电力煤气和金
融保险业；除地质水利对于私营企业较为特殊外，实用资金较小的主要是
社会服务业以及教育文化行业。

房地产业是 1992 年以后迅速崛起的行业。相当一部分私营企业将以往
从事其他产业的资金转投其中，从而使其资产增值迅速，可以说在这个行
业里所集中的大型私营企业比例最高。如果对照表 6 和表 8 也可看出，从事
房地产业的私营企业，其资产约有一半以上为向银行贷款或拆借来的流动
资金，这些企业向房地产的高投入是与银行的输血功能密不可分的。另一

个值得注意的现象是，相当一批大型私营企业投资于农林牧渔业，形成了集约化的大型农业生产组织，这一现象在东部地区尤为明显。

（2）固定资产和流动资金

①固定资产

被调查企业固定资产净值中位数为 60 万元。但是，在城乡、不同地区、行业和类型的企业之间有较大差异。

一个有意思的情况是，中部地区的私营企业其固定资产中位数是最低的，并非同人们所想象的那样，西部地区是最不发展的；同时，小城市中私营企业的固定资产中位数是最低的，甚至村一级私营企业的固定资产中位数也要略高于小城市，而乡镇一级的私营企业，其固定资产中位数则要远远高于小城市（见表 5）。

表 5　不同地区和城乡之间私营企业固定资产净值分布

单位：%

固定资产（万元）		10 以下	10～50	50～100	100～500	500 及以上	合计	中位数（万元）
地区	东部	14.1	30.9	16.6	24.8	13.7	100.0	65.1
	中部	22.2	35.2	14.8	18.6	8.7	100.0	41.0
	西部	9.9	38.5	13.4	24.4	13.7	100.0	56.0
城乡	大城市	13.7	29.7	16.2	25.5	14.8	100.0	70.4
	中等城市	16.6	26.8	15.8	22.8	18.0	100.0	70.9
	小城市	18.4	35.5	16.6	18.8	10.8	100.0	45.6
	乡镇	13.5	32.1	16.5	24.9	13.0	100.0	63.3
	村	15.2	36.8	14.0	26.3	7.9	100.0	48.0

小城市私营企业固定资产的水平较低，主要是因为：第一，大中城市在筹资、市场、技术、信息等诸多方面都占有优势地位，其企业规模较大不足为奇；第二，乡镇和农村虽然在很多方面不如城市，但劳动力便宜，土地及许多生产原料较易得到，因而生产成本相对较低，这同样有利于企业发展；第三，小城市的问题在于，它既缺乏大中城市那样的有利条件，但又属于城市，大中城市的优势它并不占有很多，而城市及其体制上的弊端它又同样具备。

固定资产在不同类型和不同行业的私营企业之间也存在较大差别（见表6）。有限责任公司的固定资产规模最大，超过其他两类一倍多，这主要是因为有限责任公司这种形式本身就有利于聚集资金。私营企业的迅速发展和规模的日益扩大，在很大程度上得益于这种企业组织形式，也恰恰是这种类型的私营企业增长速度最快。在行业方面，则是房地产业的私营企业拥有的固定资产规模最大；其中引起我们特别重视的是农林牧渔行业的私营企业，其固定资产的规模超过了许多其他行业，包括制造业、采掘业和交通运输业等。这在一定程度上说明，从事农林牧渔行业的私营企业，一般都是具有一定规模经营效益的企业，否则人们就没有必要突破现行的农业生产体制。

表6　不同类型与行业私营企业固定资产规模分布

单位：%

固定资产（万元）		10 以下	10~50	50~100	100~500	500 及以上	合计	中位数（万元）
类型	独资企业	18.7	35.2	15.6	20.7	9.8	100.0	45.6
	合伙企业	18.5	36.5	14.2	21.0	9.8	100.0	44.5
	有限责任公司	7.4	25.9	17.3	29.8	19.6	100.0	98.3
行业	农林牧渔业	5.2	28.1	12.5	33.3	20.8	100.0	149.2
	采掘业	12.5	18.8	25.0	34.4	9.4	100.0	87.4
	制造业	11.3	32.5	16.1	26.0	14.0	100.0	69.3
	电力煤气	0.0	30.0	10.0	25.0	35.0	100.0	260.0
	建筑业	15.3	30.7	13.9	24.1	16.1	100.0	64.4
	地质水利	100.0	0.0	0.0	0.0	0.0	100.0	5.0
	交通运输业	11.3	34.0	13.2	30.2	11.3	100.0	67.8
	商业、饮食业	24.9	32.8	15.6	18.0	8.7	100.0	40.6
	金融保险业	0.0	0.0	20.0	60.0	20.0	100.0	300.0
	房地产业	0.0	9.5	4.8	33.3	52.4	100.0	518.0
	社会服务	21.1	48.0	15.1	13.8	2.0	100.0	34.1
	卫生体育	18.2	27.3	27.3	9.1	18.2	100.0	58.2
	教育文化	33.3	33.3	16.7	16.7	0.0	100.0	30.0
	科研技术	19.3	29.8	17.5	22.8	10.5	100.0	52.6
	其他	15.3	33.6	17.6	21.4	12.2	100.0	53.1

②流动资金

流动资金在城乡和不同地区、不同类型、不同行业的私营企业之间也有明显差别。在地区和城乡之间,这种差别与固定资产的差别有惊人的相似性,即中部地区和小城市的私营企业在流动资金占有量上最小,其原因也可能是相似的(见表 7)。

表 7 不同地区和城乡之间私营企业流动资金规模分布

单位:%

流动资金(万元)		10 以下	10 ~ 50	50 ~ 100	100 ~ 500	500 及以上	合计	中位数(万元)
地区	东部	18.6	35.5	14.0	21.8	10.2	100.0	45.4
	中部	30.1	36.4	13.7	14.7	5.1	100.0	31.9
	西部	19.6	36.7	14.1	20.4	9.3	100.0	43.1
城乡	大城市	13.9	35.4	14.5	22.8	13.4	100.0	52.4
	中等城市	21.4	31.1	13.1	22.3	12.1	100.0	46.8
	小城市	23.3	40.5	13.4	16.7	6.1	100.0	36.4
	乡镇	21.6	32.7	14.1	22.0	9.6	100.0	44.7
	村	22.9	38.0	14.9	18.3	5.9	100.0	38.5

流动资金在不同类型和不同行业之间的规模分布,与固定资产的状况相似,即房地产业最高,其次是金融保险业,农林牧渔业也相当高,最低的是地质水利(见表 8)。

表 8 不同类型与行业私营企业流动资金规模分布

单位:%

流动资金(万元)		10 以下	10 ~ 50	50 ~ 100	100 ~ 500	500 及以上	合计	中位数(万元)
类型	独资企业	27.3	36.3	14.0	17.3	5.3	100.0	35.0
	合伙企业	24.3	37.2	14.2	16.6	7.8	100.0	37.6
	有限责任公司	7.8	33.5	14.0	27.5	17.2	100.0	81.1
行业	农林牧渔业	7.2	34.0	19.6	24.7	14.4	100.0	72.4
	采掘业	18.8	40.6	12.5	18.8	9.4	100.0	40.7
	制造业	15.1	33.9	15.2	25.3	10.5	100.0	53.3

续表

流动资金（万元）	10 以下	10～50	50～100	100～500	500 及以上	合计	中位数（万元）
电力煤气	10.0	15.0	35.0	10.0	30.0	100.0	85.7
建筑业	19.1	36.8	16.2	21.3	6.6	100.0	43.6
地质水利	100.0	0.0	0.0	0.0	0.0	100.0	5.0
交通运输业	36.8	38.6	7.0	12.3	5.3	100.0	23.7
商业、饮食业	27.1	41.2	11.7	13.8	6.2	100.0	32.1
金融保险业	0.0	25.0	25.0	25.0	25.0	100.0	100.0
房地产业	4.8	0.0	9.5	14.3	71.4	100.0	619.6
社会服务	46.1	36.4	9.1	7.1	1.3	100.0	14.3
卫生体育	27.3	27.3	9.1	18.2	18.2	100.0	43.3
教育文化	40.0	40.0	20.0	0.0	0.0	100.0	20.0
科研技术	21.1	35.1	10.5	26.3	7.0	100.0	42.9
其他	19.1	36.0	15.4	23.5	5.9	100.0	44.3

将 1993 年的调查数据和本次调查数据相比较，观察一下流动资金与固定资产之间的比例关系，可看出较为明显的变化（见表 9）。

表 9　1992～1994 年流动资金与固定资产比例变化

单位：%

行业	1992 年	1994 年
工业	0.70	0.76（制造业）
建筑业	1.05	0.67
交通运输业	0.56	0.35
商业	1.04	0.79
饮食业	0.35	
服务业	0.39	0.42
科研技术	0.61	0.81

由于统计口径的差异，只能将上述几个行业进行对比。从表 9 中可以看出，交通运输业和建筑业流动资金与固定资产的比例有所下降，其他行业则有所上升。这在一定程度上说明，私营企业不同行业的经营状况差别较大。

3. 债权、债务

不同行业私营企业的债权、债务关系如表 10 所示。

表 10　不同行业私营企业债权、债务关系

单位：万元，%

行业	债权	债务	债务/固定资产	债务/债权
农林牧渔业	26.7	39.9	0.27	1.49
采掘业	26.0	10.0	0.11	0.38
制造业	29.3	30.8	0.44	1.05
电力煤气	540.3	74.7	0.44	0.13
建筑业	32.3	27.3	0.42	0.84
地质水利	0.0	0.0	0.0	—
交通运输业	14.0	24.6	0.36	1.76
商业、饮食业	6.0	8.7	0.21	1.45
金融保险业	75.0	40.4	0.14	0.54
房地产业	328.8	340.9	0.66	1.04
社会服务	3.1	5.3	0.16	1.71
卫生体育	30.0	34.0	0.58	1.73
教育文化	0.0	0.0	0.0	—
科研技术	6.7	54.0	1.02	8.06
其他	31.7	38.6	0.73	1.22

私营企业在债权、债务关系上与全国其他类型企业的情况有相似之处，即三角债非常严重。电力煤气行业的私营企业，其用户所欠资金已超过企业的固定资产，这种情况若长期持续下去，这些行业的私营企业将难以维持。从事房地产行业的私营企业，其债权和债务的规模都相当高，可以想象它们的资金周转将是多么困难。而科研技术产业的私营企业，其债务已超过企业的固定资产，债务、债权比高达 8.06%，可见这类企业面临的风险十分巨大。

4. 企业资金来源

1995 年被调查的私营企业，其企业开办时的资金来源情况如表 11 所示。

表 11　私营企业开业时资金来源分布

单位：%

资金来源	继承家业	原来劳动积累	股票、房地产收益	海外投资	亲友借款	向集体借款	银行贷款	信用社贷款	个人借款	其他	合计
主要来源	6.2	56.3	0.4	1.8	16.3	1.6	5.1	6.7	4.7	0.8	100.0
次要来源	3.0	20.2	1.3	1.8	36.9	3.5	8.8	11.3	12.3	0.9	100.0
第三来源	3.0	14.1	1.5	1.3	17.4	7.1	11.5	12.2	30.9	1.0	100.0
合计	12.2	90.6	3.2	4.9	70.6	12.2	25.4	30.2	47.9	2.7	—
位次	6	1	9	8	2	6	5	4	3	10	—

从表 11 可以看出，私营企业的开业资金最主要来自本人原来的劳动或经营积累，这与 1993 年的调查结果一致；有超过 50% 的企业在开业时曾从银行和信用社得到过贷款，而 1993 年的调查数据显示，只有近 1/4 的企业在开业时得到过银行和信用社的支持。私营企业经过几年的发展，企业自有资金的数量有了很大提高，企业的资金结构与开业时相比有了很大变化（见表 12）。

表 12　私营企业 1994 年资金来源分布

单位：%

资金来源	银行、信用社贷款	民间借贷	企业自己积累	亲戚朋友筹款	其他
基本建设	15.6	5.6	71.1	7.3	0.4
固定资产投资	9.8	3.7	80.7	5.6	0.3
流动资金	31.7	8.2	49.0	10.5	0.6

从表 12 中可看出，私营企业经营时最主要的资金来源依然是企业自身的积累，特别是在企业的基本建设和固定资产投资方面。但在企业流动资金方面，银行和信用社的贷款占有较大比例。

5. 私营企业的资本构成

私营企业的资本构成情况如表 13 和表 14 所示。

对比表 13 和表 14 可发现，私营企业开业时的资本结构与 1994 年年底相比没有很大变化，看起来，私营企业与其他所有制企业之间还存在着明确的界限。从私营企业的总体上看，个人、外资和群众在私营企业中的投资略有增加，其他主体有所下降，下降幅度最大的是乡、镇、街道集体的投资。

表 13 私营企业开业时资本构成

单位：%

投资来源	占被调查企业户数比例	占投资企业全部资本比例	占被调查企业总资本比例
政府	2.7	35.8	1.0
乡、镇、街道集体	3.6	43.8	1.6
其他企业	2.8	44.6	1.3
个人	96.0	92.4	90.1
外资	2.8	48.8	1.4
群众集资	5.2	34.6	1.8
其他	5.2	46.0	2.8

表 14 1994 年年底私营企业资本构成

单位：%

投资来源	占被调查企业户数比例	占投资企业全部资本比例	占被调查企业总资本比例
政府	2.8	26.5	0.8
乡、镇、街道集体	2.4	28.3	0.7
其他企业	3.4	37.1	1.3
个人	96.0	92.4	90.8
外资	5.5	37.2	2.1
群众集资	6.1	30.4	1.9
其他	6.1	36.9	2.4

（二）私营企业从业人员

1. 投资者人数

私营企业投资者人数在开业之初和1994年年底的变化情况如表15所示。

表 15 私营企业投资者人数变化

单位：%

投资者人数（人）	1	2	3	4~5	6~10	10以上	合计	平均人数（人）
开业之初	56.1	16.4	12.4	8.5	4.6	1.9	100.0	2.4
1994 年年底	55.3	17.8	11.6	7.6	5.2	2.5	100.0	2.6

从表15中可看出，每户投资者的平均人数基本没有变化；与1993年的调查相比，仅略有增加。

不同类型和不同行业的私营企业投资者人数分布情况如表 16 和表 17 所示。

表 16 不同类型私营企业投资者人数分布

单位：%

投资者人数（人）	1	2	3	4~5	6~10	10以上	合计	平均人数（人）
独资企业	91.8	3.6	2.2	1.0	1.1	0.3	100.0	1.2
合伙企业	4.7	33.1	27.8	16.8	12.9	4.7	100.0	3.9
有限责任公司	18.5	34.3	19.5	14.2	8.3	5.2	100.0	3.4

表 17 不同行业私营企业投资者人数分布

单位：%

投资者人数（人）	1	2	3	4~5	6~10	10以上	合计	平均人数（人）
农林牧渔业	46.3	20.0	12.6	7.4	9.5	4.2	100.0	2.8
采掘业	50.0	10.0	3.3	20.0	6.7	10.0	100.0	3.4
制造业	52.9	15.7	13.8	8.5	5.7	3.4	100.0	2.5
电力煤气	52.6	21.1	0.0	10.5	15.8	0.0	100.0	2.7
建筑业	53.1	20.8	9.2	8.5	4.6	3.8	100.0	2.4
地质水利	0.0	0.0	100.0	0.0	0.0	0.0	100.0	3.0
交通运输业	62.3	9.4	17.0	9.4	1.9	0.0	100.0	1.9
商业、饮食业	62.8	18.0	8.6	5.6	4.3	0.7	100.0	1.9
金融保险业	66.7	33.3	0.0	0.0	0.0	0.0	100.0	1.3
房地产业	27.3	36.4	9.1	9.1	9.1	9.1	100.0	3.5
社会服务	65.3	19.7	6.8	4.1	3.4	0.7	100.0	1.8
卫生体育	45.5	45.5	9.1	0.0	0.0	0.0	100.0	1.6
教育文化	60.0	20.0	20.0	0.0	0.0	0.0	100.0	1.6
科研技术	39.6	20.8	22.6	11.3	3.8	1.9	100.0	2.5
其他	53.1	20.0	10.3	7.6	6.9	2.1	100.0	2.4

2. 雇工

私营企业雇工人数在开业之初和 1994 年年底的变化情况如表 18 所示。

表 18 私营企业雇工人数变化

单位：%

雇工人数（人）	8~10	10~20	20~50	50~100	100及以上	合计	中位数（人）
开业之初	28.7	28.9	26.3	9.4	6.7	100.0	18
1994年年底	31.8	28.6	17.0	19.4	3.2	100.0	38

私营企业的雇工人数1994年年底比开业之初增加了1.1倍,与1992年年底相比增加了23%。尽管相当多的私营企业经营规模比较小,近1/3的企业雇工仅8~10人,但从表18中可以看出,随着私营企业的发展和逐渐稳定,私营企业的雇工规模在不断扩大。统计结果表明,71.4%的企业增加了员工,增加了生产工人的企业有73.2%,增加了管理人员的企业有58.6%,增加了技术人员有54.9%。不仅如此,私营企业人员结构也在经历一个上档次的变化(见表19)。

表19 私营企业从业人员结构变化

单位:%

从业人员构成	1992 年	1994 年
管理人员	6.6	8.9
技术人员	4.1	8.8
工人	89.3	82.3

在私营企业所增加的员工中,技术人员增加的速度最快,增加了一倍多。这一方面说明私营企业的技术水平在提高和对技术人员的需求在增加;另一方面也说明,有相当多的技术人员进入了私营企业,这种变化有助于从整体上提高私营企业的水平,增强它们的生命力和竞争力。但是,不同行业的私营企业其雇工人数有较大差别(见表20)。

表20 不同行业私营企业雇工人数分布

单位:%

雇工人数(人)	8~20	20~50	50~100	100~500	500 及以上	合计	中位数(人)
农林牧渔业	30.6	29.6	22.4	16.3	1.0	100.0	40.3
采掘业	12.5	28.1	25.0	31.3	3.1	100.0	68.8
制造业	19.2	30.3	21.1	25.8	3.6	100.0	51.2
电力煤气	38.1	14.3	9.5	28.6	9.5	100.0	45.0
建筑业	25.7	26.4	17.9	22.9	7.1	100.0	47.6
地质水利	0.0	100.0	0.0	0.0	0.0	100.0	35.0
交通运输业	37.9	36.2	12.1	12.1	1.7	100.0	30.0
商业、饮食业	52.3	23.8	11.6	9.6	2.7	100.0	19.5
金融保险业	16.7	50.0	0.0	33.3	0.0	100.0	40.0
房地产业	22.7	31.8	13.6	22.7	9.1	100.0	45.8
社会服务	55.6	28.4	8.0	7.4	0.6	100.0	18.8
卫生体育	18.2	63.6	0.0	18.2	0.0	100.0	35.0

续表

雇工人数（人）	8～20	20～50	50～100	100～500	500及以上	合计	中位数（人）
教育文化	40.0	60.0	0.0	0.0	0.0	100.0	40.0
科研技术	50.8	28.6	11.1	9.5	0.0	100.0	19.8
其他	22.1	30.5	20.8	22.7	3.9	100.0	47.4

雇工人数中位数超过50人的行业只有采掘业和制造业，其他多数行业接近50人。从总体上说，企业人员规模的大小与行业特点有很大关系，如商业、饮食业和科研技术型企业，就以小型、精干更能适应行业灵活性的要求。

（三）私营企业的经营管理

1. 企业类型

如果按企业资金组织类型来分类，可以明显看出私营企业的发展轨迹，即有限责任公司的比例越来越大（见表21），而前面的分析已经表明，有限责任公司在资产、资金积累和运用上，规模都要比独资企业和合伙企业大得多。

表21 私营企业资金组织形式变化

单位：%

企业类型	独资企业	合伙企业	有限责任公司	其他	合计
1992年年底	63.8	16.0	16.5	3.7	100.0
1994年年底	55.8	15.7	28.5	0.9	100.0

与1993年调查时相比，可看出有限责任公司增加了12个百分点。但是，在不同行业和城乡之间，又存在着明显的区别（见表22）。

表22 城乡和不同行业私营企业资金组织形式构成

单位：%

企业类型		独资企业	合伙企业	有限责任公司	合计
城乡	大城市	39.9	8.3	51.8	100.0
	中等城市	51.3	13.5	35.3	100.0
	小城市	63.3	14.6	22.2	100.0
	乡镇	58.9	18.8	22.3	100.0
	村	59.3	21.6	19.1	100.0

续表

企业类型		独资企业	合伙企业	有限责任公司	合计
行业	农林牧渔业	47.1	26.5	26.5	100.0
	采掘业	54.5	21.2	24.2	100.0
	制造业	53.7	15.9	30.4	100.0
	电力煤气	47.6	9.5	42.9	100.0
	建筑业	51.4	18.6	30.0	100.0
	地质水利	0.0	100.0	0.0	100.0
	交通运输业	59.3	16.9	23.7	100.0
	商业、饮食业	63.2	10.6	26.2	100.0
	金融保险业	33.3	16.7	50.0	100.0
	房地产业	18.2	13.6	68.2	100.0
	社会服务	63.4	12.2	24.4	100.0
	卫生体育	54.5	18.2	27.3	100.0
	教育文化	66.7	16.7	16.7	100.0
	科研技术	39.3	14.8	45.9	100.0
	其他	59.5	23.4	17.1	100.0

在大中城市里，有限责任公司占有较大的比例，其中尤以大城市突出，有限责任公司占私营企业的一半以上。大中城市在任何社会中，都是现代化的聚集点和推动者，这里的私营企业率先向现代企业制度进行过渡是正常的。有限责任公司在农村私营企业中比例最低，尽管农村私营企业的规模等指标并不是最低的，但农村浓厚的传统氛围在一定程度上会约束它们向现代企业制度转变。

不同的企业类型在不同行业之间有较大区别，具有明显的行业特点。房地产、金融保险、科研技术、电力煤气等行业，或者由于投资的特点，或者由于企业运行的特点，都对资金有较大需求，而有限责任公司的形式有利于筹集或组织资金，其他行业则不一定能如此。

2. 企业经营范围

私营企业的经营范围由于多种原因在不断变化，如市场的变动、生产经营规模的扩大、资金的增多等。许多企业的经营范围，或者扩大，由单一行业经营发展成跨行业经营，或者改变原有的经营范围，这样对于组织销售、增加利润、减少经营风险都是有利的（见表23）。

表 23 私营企业兼营情况

单位：%

兼营范围	单营一业	兼营两业	兼营三业	兼营三业以上	合计
开业之初	26.5	3.4	0.6	0.3	30.8
1994 年年底	35.5	7.7	2.7	1.0	46.9

统计表明，高达 75% 的私营企业其经营范围都曾有过变化或扩大。对于私营企业来说，主要原因在于企业内部自身实力有所增强，在企业经营中有了更多的主动权和选择权；第二位的原因是出现了新的市场需求；第三位的原因是政策发生了变化，外部一些制约条件已经消失或发生变化。导致私营企业经营范围发生变化的主要原因是市场的因素，人们通常看重的人际关系在其中的作用其实是次要的（见表 24）。

表 24 私营企业经营范围变化或扩大原因

单位：%

经营范围变动原因	出现新的市场需求	原行业竞争激烈	建立新的社会关系	经济实力增强	政策变化	其他	合计
最重要	33.6	6.6	6.0	40.4	12.5	0.9	100.0
次重要	20.8	13.6	17.8	28.2	19.0	0.5	100.0
第三重要	20.2	11.1	24.8	16.9	25.4	1.7	100.0
合计	74.6	31.3	48.6	85.5	56.9	3.1	——
位次	2	5	4	1	3	6	——

3. 对外开放程度

私营企业的对外开放程度，从一个侧面反映了它们的生产经营规模和特点，是衡量企业发展的一个重要指标。不同类型私营企业对外合作的现状和意向如表 25 所示。

表 25 不同类型私营企业对外合作现状和意向

单位：%

对外合作状况	已同外资合资合作	正在联系合资合作	准备同外资合作	尚未考虑	不准备合资合作
总体情况	12.1	11.8	28.5	43.2	4.4
独资企业	5.7	9.7	29.1	50.0	5.5

续表

对外合作状况	已同外资 合资合作	正在联系 合资合作	准备同外 资合作	尚未 考虑	不准备合 资合作
合伙企业	10.0	11.7	23.4	51.3	3.7
有限责任公司	25.0	16.0	30.5	25.8	2.7

在已同外资合资合作的企业中，有限责任公司所占比例最高，有和外资合作意向的有限责任公司可占这类公司总数的近 3/4，而其他类型的企业仅占一半左右。

不同地区和行业私营企业对外合作的差别状况如表 26 所示。

表 26　不同地区和行业私营企业对外合作差别

单位：%

	对外合作状况	已同外资 合资合作	正在联系 合资合作	准备同外 资合作	尚未 考虑	不准备合 资合作
地区	东部	14.1	12.1	28.4	41.1	4.2
	中部	7.9	11.6	25.1	50.2	5.2
	西部	8.3	11.1	34.9	41.3	4.4
行业	农林牧渔业	10.4	16.7	34.4	33.3	5.2
	采掘业	3.7	18.5	25.9	51.9	0.0
	制造业	14.9	11.7	29.1	40.3	4.0
	电力煤气	18.8	25.0	25.0	31.3	0.0
	建筑业	6.9	11.5	32.1	45.0	4.6
	地质水利	0.0	0.0	0.0	100.0	0.0
	交通运输业	2.0	8.0	26.0	58.0	6.0
	商业、饮食业	8.7	10.5	26.6	49.4	4.8
	金融保险业	25.0	0.0	25.0	50.0	0.0
	房地产业	40.0	30.0	25.0	5.0	0.0
	社会服务	4.3	7.2	27.3	54.0	7.2
	卫生体育	20.0	10.0	20.0	40.0	10.0
	教育文化	16.7	0.0	33.3	50.0	0.0
	科研技术	13.8	25.9	32.8	24.1	3.4
	其他	15.9	9.1	28.0	43.2	3.8

从地区角度看，东部地区目前已与外资合资合作的企业比例最高，这一方面是由地理优势造成的，另一方面也必须看到，私营企业的对外开放程度与整个地区的改革开放程度有密切关系。正在联系合作事宜的比例在东、中、西部都差不多，但在对外联系或合作的意向等几个方面，可以看出中部地区是比较落后的，这与前面所反映出来的中部地区私营企业发展规模相对较小等相互联系在一起，成为一个值得考虑的因素。

4. 产值、营业额和利税额

（1）产值、营业额

1995 年所调查的私营企业，在 1994 年年底的产值中位数为 182 万元，营业额中位数为 100 万元。其产值的中位数比 1993 年调查时增加了 82%，这两年的增长率高达 35%，增长速度是十分快的；营业额的中位数与 1993 年的调查持平。产值超过 1000 万元的大户占到 15.7%，比 1993 年调查时增加了近 10 个百分点；营业额超过 1000 万元的大户占 5.1%。

特别值得重视的是，在农林牧渔行业中，有 17.6% 的私营企业其产值超过了 1000 万元，这与人们对这类企业的通常想象是不一致的，同时也说明这类企业在我国的发展是大有前途的。产值或营业额规模主要为 100 万 ~ 1000 万元的企业，多集中在农林牧渔业、采掘业、制造业、电力煤气、建筑业、房地产业、卫生体育和科研技术等行业，而有相当比例企业产值、营业额在 1000 万元或以上的行业主要是电力煤气、农林牧渔业、制造业、建筑业、房地产业等（见表 27）。

表 27　不同类型、不同行业和不同规模私营企业
产值、营业额分布

单位：%

		产值、营业额（万元）					
		0	10 以下	10 ~ 100	100 ~ 1000	1000 及以上	合计
类型	独资企业	4.8	6.8	40.2	40.4	7.8	100.0
	合伙企业	5.0	3.6	38.5	41.4	11.5	100.0
	有限责任公司	6.1	3.5	21.2	50.6	18.5	100.0

		产值、营业额（万元）					
		0	10 以下	10～100	100～1000	1000 及以上	合计
行业	农林牧渔业	2.5	5.0	23.8	51.3	17.6	100.0
	采掘业	0.0	7.4	25.9	55.6	11.1	100.0
	制造业	0.4	3.5	29.7	48.7	17.7	100.0
	电力煤气	0.0	0.0	13.3	46.7	40.0	100.0
	建筑业	1.7	6.8	33.1	42.4	16.1	100.0
	地质水利	0.0	0.0	100.0	0.0	0.0	100.0
	交通运输业	3.2	9.7	51.6	32.3	3.2	100.0
	商业、饮食业	1.0	4.5	44.2	45.4	4.9	100.0
	金融保险业	0.0	0.0	0.0	100.0	0.0	100.0
	房地产业	9.1	9.1	0.0	63.6	18.2	100.0
	社会服务	3.6	15.2	57.1	23.2	0.9	100.0
	卫生体育	0.0	25.0	0.0	75.0	0.0	100.0
	教育文化	0.0	33.3	33.3	33.3	0.0	100.0
	科研技术	0.0	5.9	41.2	47.1	5.9	100.0
	其他	14.6	22.5	33.3	19.2	10.4	100.0
雇工人数	8～20 人	7.4	11.6	55.3	21.4	1.3	100.0
	20～50 人	4.2	3.4	40.2	49.1	3.0	100.0
	50～100 人	3.4	0.9	21.5	66.1	8.1	100.0
	100～500 人	4.8	0.6	8.2	50.9	35.5	100.0
	500 人及以上	1.3	1.3	3.9	14.3	79.2	100.0

从私营企业的雇工人数多少和企业产值、营业额大小的关系来看，二者之间有明显的联系。那些雇工人数超过 500 人的大型企业，有 79.2% 的产值超 1000 万元。在产值或营业额超过 1000 万元的档次中，企业规模大小和所占比例呈明显的梯次关系。

（2）经济效益

对于私营企业来说，产值或营业额固然重要，但企业经营成功与否，不能简单地看产值或营业额，也不能简单地用利税额来表示，更为重要的是企业的经济效益。企业的经济效益可用产值、营业额利税率，资金利税率和人均利税额等指标来表示。

若干行业私营企业的产值利税率分布情况如表 28 所示。

表 28　若干行业私营企业产值利税率分布

单位：%

产值利税率（%）	0 以下	0~5	5~10	10~20	20~50	50 及以上	中位数（%）
农林牧渔业	1.5	24.6	16.9	29.2	23.1	4.6	12.4
采掘业	9.5	4.8	19.0	23.8	42.9	0.0	17.0
制造业	3.0	17.3	26.2	34.2	17.2	2.1	11.0
电力煤气	0.0	9.1	18.2	36.4	27.3	9.1	16.2
建筑业	7.3	12.5	27.1	32.3	17.7	3.1	11.0

产值利税率较高的是采掘业和电力煤气行业，这与其资源的紧缺性有一定关系。表 28 中的另外一些行业产值利税率相差不大，而其他一些行业的营业额利税率也无显著统计差异。由此可见，利、税在同行业之间有平均分配的特征。

与此相关的是，据分析，城乡之间、不同行业之间的私营企业，在资金利税率的分布上也无统计上的显著差异，两个指标正好吻合。

利税率的这种情况是与市场经济相适应的。在私营经济领域中，基本上不存在某些拥有特权或固定垄断性地位的企业。因此，相对自由地进入市场和资金相对自由地流动，使上述差别在很大程度上消失了。

虽然从资金角度上看利税率的差别不显著，但城乡和不同行业之间在人均利税额方面却存在着差距。就其中位数来说，大城市的人均利税额在地区中最高，这与大城市私营企业人员的较高素质有一定关系。房地产行业的人均利税额在众行业中位居榜首，这与房地产业的高投入和高收益特点密切相关（见表 29）。

表 29　城乡和不同行业之间私营企业人均利税额分布

单位：%

人均利税额（元）		0 以下	0~1000	1000~5000	5000~10000	10000~50000	50000 及以上	合计	中位数（元）
城乡	大城市	5.1	5.1	28.7	19.7	35.0	6.3	100.0	7800
	中等城市	4.1	8.2	40.7	21.6	23.9	1.5	100.0	4700
	小城市	2.0	9.1	42.6	25.4	19.6	1.3	100.0	4700
	乡镇	1.7	8.8	44.8	23.6	18.9	2.1	100.0	4500
	村	2.5	9.9	48.1	21.3	17.5	0.6	100.0	4100

续表

人均利税额 （元）	0 以下	0 ~ 1000	1000 ~ 5000	5000 ~ 10000	10000 ~ 50000	50000 及 以上	合计	中位数 （元）
农林牧渔业	2.7	5.3	28.0	24.0	34.7	5.3	100.0	7900
采掘业	8.3	12.5	29.2	29.2	16.7	4.2	100.0	5000
制造业	2.3	8.1	45.8	22.8	20.0	1.0	100.0	4400
电力煤气	0.0	0.0	21.4	28.6	35.7	14.3	100.0	10000
建筑业	3.8	15.1	49.1	18.9	13.2	0.0	100.0	4500
地质水利	0.0	100.0	0.0	0.0	0.0	0.0	100.0	500
交通运输业	4.5	2.3	34.1	31.8	25.0	2.3	100.0	6400
商业、饮食业	2.4	6.8	38.3	23.4	25.4	3.7	100.0	5500
金融保险业	0.0	0.0	0.0	50.0	50.0	0.0	100.0	10000
房地产业	7.1	0.0	7.1	21.4	50.0	14.3	100.0	27200
社会服务	3.5	15.0	40.7	19.5	18.6	2.7	100.0	4100
卫生体育	12.5	0.0	50.0	12.5	25.0	0.0	100.0	4000
教育文化	0.0	0.0	33.3	0.0	66.7	0.0	100.0	2000
科研技术	2.6	5.1	25.6	23.1	38.5	5.1	100.0	8600
其他	2.1	11.3	51.5	19.6	15.5	0.0	100.0	3800

（行业）

（3）税、费

从 1991 年起，不同所有制企业已经统一了税率，按同一企业所得税暂行条例规定纳税，同时在流转中实行新的增值税法。

被调查企业 1994 年每户税负中位数为 7 万元，为产值中位数的 3.8%（见表 30）。

表 30　1994 年私营企业税负分布

税负（万元）	0	1 以下	1 ~ 5	5 ~ 10	10 ~ 50	50 及以上	合计
所占比例（%）	0.9	13.4	30.4	16.9	27.4	10.9	100.0

据调查，目前私营企业的交费问题是一个较为复杂的问题，各个管理部门的收费标准不一。被调查企业 1994 年向各主管部门交费的中位数为 1.2 万元，占产值中位数的 0.6%，比 1993 年调查时增加了 33%（见表 31）。

表31　1994年私营企业交费金额分布

交费金额（万元）	0	0.5以下	0.5~1	1~5	5~10	10及以上	合计
所占比例（%）	3.1	27.4	18.4	35.2	7.1	8.7	100.0

无论是企业规模大小不同还是所处行业不同，它们缴纳的税额与产值、营业额的比例关系都是接近的，没有统计上的显著差异。

（4）企业利润分配

私营企业生产经营的利润分配，一般包括以下8个方面，被调查企业1994年利润分配情况如表32所示。

表32　1994年私营企业利润分配结构

利润分配	再生产	公益金	公积金	摊派	捐赠	所有权收益	应酬	其他
利润分配占比（%）	68.5	3.8	5.3	1.9	2.5	7.7	5.5	1.8
位次	1	5	4	7	6	2	3	8

从表32中可以看出，私营企业是将绝大部分利润投入了企业的扩大再生产，其比例高达2/3，占第二位的是所有权收益，但其比例远远低于扩大再生产。同时还可以看出，企业应酬费用占到了第三位，这表明私营企业的生产经营在很大程度上还要依赖打通各种关系。对比1993年调查时的情况，企业所获得的利润用于扩大再生产的比例有了很大提高（提高了5.5个百分点）。

（四）企业内部经营管理机制

1. 私营企业管理权

目前，在私营企业内部，管理权和经营权紧密结合。投资者完全不参与企业管理、经营的企业，只占3.1%，其余绝大部分企业的投资者都或多或少地参与了企业的经营管理。

私营企业内部组织的状况，反映了企业的权力关系（见表33）。

表33　私营企业内部组织

单位：%

组织名称	党支部	工会	职代会	董事会	经理办公室
1993年调查所占比例	4.0	8.0	11.8	26.0	45.9
1995年调查所占比例	7.7	14.1	14.0	30.7	50.5

从表 33 中可以看出，在私营企业中，设有党支部、工会和职代会等还是个别现象，这与国有企业完全不同。就投资者和企业经营管理一方来说，设立董事会和有经理办公会议形式的企业也不是大多数。但是，如果与 1993 年的调查相比，在私营企业中设立上述组织的比例已经有了一定程度的提高，特别是企业中的工会组织，提高了 6 个百分点，这表明，私营企业作为一种企业组织，正在逐步走向完善。

从私营企业中两权结合与内部组织状况来看，私营企业真正的经营管理权并未因是否存在这些组织而受很大影响，企业中重大决策权力高度集中在投资者，尤其是最主要的投资者手中。虽然在被调查的私营企业中部分存在着其他如党支部或工会等组织，但企业主在做出重大决策时几乎都将这些组织排除在外。独资企业绝大多数是由企业主本人单独做出决策的，这是必然的。在由董事会共同做出重大决策的企业中，有限责任公司所占比例最高，其次是合伙企业，都大大超出了全部被调查企业 19.7% 的平均水平；城镇私营企业中由董事会共同做出重大决策的比例超过了平均水平，而农村的私营企业则低于平均水平。当然，无论是城镇还是农村的私营企业，由企业主独自做出重大决策的都要占到一半以上（见表 34）。

表 34　私营企业决策权分属方式

单位：%

决策人		企业主本人单独决策	董事会共同决策	企业主和主要管理人员共同决策	企业主和其他组织共同决策
总体情况		54.4	19.7	25.6	0.0
类型	独资企业	70.6	5.2	24.1	0.0
	合伙企业	34.1	31.3	34.6	0.0
	有限责任公司	33.9	42.2	23.8	0.0
城乡	城镇	53.5	20.7	25.8	0.0
	农村	58.4	16.0	25.3	0.0

当然，在企业中的一般管理问题上，如关于工资制度的制定和执行、奖惩决定和实施等，权力要相对分散一些，管理人员和其他组织分享权力的比例要相对大一些。但与重大决策不同，企业主在这些问题上更多地征求管理人员的意见，与他们共同做出决定（见表 35）。

表35　私营企业一般管理权分属方式

单位：%

决策人		企业主本人单独决策	董事会共同决策	企业主和主要管理人员共同决策	企业主和其他组织共同决策
总体情况		47.3	15.1	37.3	0.3
类型	独资企业	60.9	4.9	33.6	0.3
	合伙企业	33.9	22.0	44.1	0.0
	有限责任公司	28.2	31.0	40.8	0.0
城乡	城镇	46.7	15.7	37.4	0.3
	农村	50.5	12.4	36.9	0.2

从表34和表35中可以看到，虽然在独资企业和农村企业中，个人独断专行的倾向十分严重，但是在真正成功发展起来的企业中可以发现，企业规模越大，决策权力就越明显地由个人手中转向董事会，决策方式由个人独断转向共同决定（见表36）。

表36　不同规模私营企业决策方式

单位：%

企业规模（实有资产总额：万元）	企业主本人单独决策	董事会共同决策	企业主和主要管理人员共同决策	企业主和其他组织共同决策
30 以下	68.9	5.3	25.6	0.2
30～100	62.0	13.4	24.5	0.0
100～200	51.1	20.4	28.5	0.0
200～500	50.1	24.9	24.9	0.0
500～1000	45.4	26.5	28.1	0.0
1000 及以上	28.8	47.8	23.4	0.0

人们不应该忽视，这种相对的共同决定并不是一种对企业主权力的制约，董事会成员大多属于所有者，而管理人员的参与大多是根据企业主的意志。在私营企业里，还缺乏对企业主权力或对资本权力的制约，也缺乏对员工权益的有效保障。

2. 私营企业内部人际关系状况

企业内部的人际关系状况，在一定程度上反映了企业经营管理的思想或模式。私营企业在其经营管理上的另一个重要特点是，在企业内部存在着较为浓厚的家族制关系，即企业主同管理、技术人员，包括工人之间存在着各种各样的特殊性关系，如亲缘、血缘、地缘以及其他特殊的关系。与 1993 年调查相比，管理人员从社会招聘的比例略有降低，而在这方面工人的比例则上升了近 20 个百分点（见表 37）。

表 37　私营企业员工进入企业渠道

单位：%

进入 企业渠道	与企业主 有亲属关系	与企业主 是邻居或朋友	亲朋好友 介绍	官员、关系户 介绍	社会招聘
管理人员	29.5	9.5	8.0	1.6	45.4
技术人员	17.6	8.5	10.3	1.2	62.7
工人	11.4	10.1	11.8	2.4	64.5

但是，对于不同的人员，这种特殊性关系的情况又不一样。对于管理人员来说，关系密切、可以信任是第一位的考虑，而有技术则是雇用技术人员的最主要标准，工人只要老实可靠就足够了。这些不同的标准和重点，在私营企业主那里是非常清楚的（见表 38）。

表 38　私营企业主对不同人员的雇用标准

单位：%

雇用标准	老实可靠	关系密切、可信任	关系户	有技术	有关系网	其他
管理人员	32.2	43.1	0.8	21.8	1.0	1.0
技术人员	12.8	11.3	0.8	74.4	0.4	0.3
工人	65.7	10.8	4.6	15.5	1.9	1.5

家族制管理方法的普遍应用，是中国传统家族观念和制度刻在私营企业上的印记。但是，企业毕竟不是家族，充满商业竞争和一定程度市场化的现代社会，也毕竟不是传统的家族社会，企业内部的人际关系必然要向着注重人才的素质、技术和受教育水平等各种普遍主义的标准发展，像社会招聘这种方式将逐渐成为人们进入私营企业的最重要渠道。1995 年的调查和 1993 年的调查相比，在私营企业内人际关系状况和员工进入企业的渠道中，带有普遍主义特征的社会招聘比例从总体上已有所提高。

3. 私营企业劳资关系

私营企业内部的劳资关系主要包括三个基本方面，即决策、管理权的分享，劳资双方的组织化程度，工人的工资待遇、劳保福利和工作条件。

前两个方面在前文已有所论及，这里主要讨论第三个方面的情况，也是当前私营企业劳资关系中最重要的一个方面。

被调查私营企业工人年均收入为 6027.66 元（其中，城镇企业工人为6249.23 元，农村企业工人为 4978.45 元），要高于国有企业工人的年均收入。但是，私营企业工人一般劳动强度比较大，劳动时间也比较长，劳动保护条件差，特别是私营企业工人的劳保福利较少（见表 39）。

表 39　私营企业提供劳保福利状况

已提供劳保福利项目		医疗费或医疗保险	劳保费	养老保险	人身保险	住房补贴
全部企业	比例（%）	46.3	53.6	15.3	22.9	12.4
	元/（人·年）	266.07	254.24	385.99	184.02	893.76
城镇企业	比例（%）	46.1	52.5	16.4	22.6	13.8
	元/（人·年）	292.34	275.28	403.68	205.12	944.35
农村企业	比例（%）	46.6	58.2	9.5	24.1	6.1
	元/（人·年）	146.38	1665.71	258.46	107.02	268.18

从表 39 中可以看出，在约 1/2 已向职工提供医疗费、医疗保险和劳保费的私营企业中，年人均医疗费或医疗保险为 266 元，年人均劳保费用为 254 元；在那些向职工提供养老保险和人身保险的私营企业中，年人均养老保险为 386 元，年人均人身保险为 184 元。与 1993 年的调查相比，由于私营企业数量增加很快，提供医疗保险的城、乡私营企业的比例分别下降了 10 个百分点和 16 个百分点，为职工办理了养老保险的城、乡企业的比例分别下降了 8 个百分点和 10 个百分点，这是一个值得引起重视的信号。私营企业的发展不能以损害雇工的利益与健康为代价，这样不利于私营企业稳定、持续的发展，归根结底将损害劳资双方的根本利益。同时，私营企业向职工提供的这些福利保障在内容上与国有企业相比还有较大差距，如医疗一般是采取每月定额补助的方法。另外，私营企业向职工提供集体宿舍的比例高达 61.1%，提供住房补贴的比例也有 12.4%，这表明，私营企业现在也越来越多地采取措施稳定自己的职工。

（五）私营企业外部联系

私营企业与外部的联系主要是指三个方面：第一，企业和外部的经济联系；第二，企业和外部的人员联系；第三，企业和政府的关系。

1. 私营企业与外部的经济联系

在调查中，我们从三个方面考察了私营企业与外部的经济联系。

（1）进货渠道和销售服务对象

私营企业的进货渠道和销售服务对象情况如表 40 所示。

表 40　私营企业进货渠道和销售服务对象

单位：%

购销对象	国有企业	私营、乡镇企业	正式交易市场	国外	其他
进货	37.8	17.3	41.8	2.4	0.8
销售服务	27.7	11.0	53.7	6.7	0.9

从表 40 中可以看出，私营企业最主要的进货和销售渠道均是正式的交易市场，这说明，我们的市场经济已经发展到了一定的程度，市场交易已成为私营企业进行经济活动的主要渠道。国有企业仍然在私营企业的经济活动中占有重要地位，二者之间存在着广泛的经济联系。但是，这种情况与 1993 年的调查相比有了相当程度的变化，当时，私营企业是以国有企业作为重要进货来源的，仅低于正式交易市场约 2 个百分点，而销售或服务的对象是国有企业的则高达 65.4%。

不同地区与不同行业的私营企业在购销方式和购销对象上有很大不同（见表 41、表 42）。

表 41　不同地区与不同行业私营企业进货对象分布

单位：%

	进货对象	国有企业	私营、乡镇企业	正式交易市场	国外	其他
地区	东部	36.8	17.2	42.4	3.1	0.4
	中部	39.0	19.6	39.9	0.6	1.0
	西部	42.1	13.7	41.0	1.5	1.8
行业	农林牧渔业	22.8	20.8	52.5	2.0	2.0
	采掘业	20.0	50.0	23.3	0.0	6.7
	制造业	38.1	19.8	39.5	2.3	0.4
	电力煤气	47.6	14.3	38.1	0.0	0.0
	建筑业	38.3	21.1	40.6	0.0	0.0
	地质水利	100.0	0.0	0.0	0.0	0.0
	交通运输业	47.9	10.4	37.5	2.1	2.1

续表

进货对象		国有企业	私营、乡镇企业	正式交易市场	国外	其他
行业	商业、饮食业	40.4	11.6	45.3	2.2	0.5
	金融保险业	66.7	16.7	16.7	0.0	0.0
	房地产业	21.1	10.5	63.2	5.3	0.0
	社会服务	39.5	14.0	42.7	2.5	1.3
	卫生体育	60.0	0.0	30.0	0.0	10.0
	教育文化	33.3	16.7	33.3	16.7	0.0
	科研技术	41.7	10.0	38.3	10.0	0.0
	其他	32.7	19.0	43.1	3.3	2.0

表42　不同行业私营企业的销售服务对象分布

单位：%

销售服务对象		国有企业	私营、乡镇企业	正式交易市场	国外	其他
行业	农林牧渔业	15.0	11.0	62.0	11.0	1.0
	采掘业	35.5	9.7	48.4	6.5	0.0
	制造业	35.4	11.2	43.7	8.9	0.8
	电力煤气	45.0	0.0	55.0	0.0	0.0
	建筑业	27.2	17.6	49.3	2.9	2.9
	地质水利	0.0	0.0	100.0	0.0	0.0
	交通运输业	25.5	18.2	54.5	1.8	0.0
	商业、饮食业	13.8	9.3	74.0	2.2	0.7
	金融保险业	66.7	0.0	33.3	0.0	0.0
	房地产业	13.6	0.0	86.4	0.0	0.0
	社会服务	21.9	11.9	61.9	2.5	1.9
	卫生体育	30.0	20.0	50.0	0.0	10.0
	教育文化	33.3	16.7	33.3	16.7	0.0
	科研技术	49.2	7.9	39.7	1.6	1.6
	其他	32.1	9.6	41.7	16.0	0.0

从表41和表42所反映出来的不同地区和不同行业私营企业在购销对象上的差别中，我们可以看出，首先，由于地区发展的差异，东部地区改革开放进行得较早，市场经济比西部和中部地区相对比较发达和完善，因而私营企业的购货渠道更多的是依靠正式交易市场，但是在销售方面，地区

之间的差异并不大。其次，将不同行业在进货和销售两方面的情况做一比较，我们可以看出，私营企业由于自身在经济链条中的位置不同而进货渠道和销售服务对象有所不同。有些类型的企业进货尚有国有渠道，因而在很大程度上依靠国有渠道，如地质水利、电力煤气等行业；有些类型的企业属于经济链条中的下游企业，其销售或服务对象几乎完全依靠市场，如服务业、商业和饮食业等；有些类型的企业在购销对象上表现得比较平衡，如制造业或教育文化等。

尽管市场经济的发展为私营企业与外部的经济联系开拓了较大的活动空间，但从私营企业购销经营活动的主要方式中，我们仍然可以看到，这种市场经济的发展是非常不完善的，即使是通过正式的交易市场进行相应的经济活动，许多活动方式也还是非市场的（见表 43）。

表 43　私营企业购销经营活动的主要方式

单位：%

购销方式	纳入国家计划	正式交易市场	利用人际关系	利用互惠手段打通各种渠道
所占比例	2.1	39.4	26.8	31.7

尽管正式的市场交易所占比例最高，但并不占主导地位，利用各种互惠手段打通各种渠道的非规范交易，仍然是私营企业进行购销活动的重要方式之一。

不同地区和不同行业私营企业进行购销活动的主要方式存在着差别（见表 44、表 45），从中也可以看出发展市场经济和建立市场规则的不一致性。

表 44　不同地区私营企业购销主要方式分布

单位：%

购销方式	纳入国家计划	正式交易市场	利用人际关系	利用互惠手段打通各种渠道
东部地区	2.3	36.6	28.1	33.0
中部地区	1.4	47.1	23.8	27.7
西部地区	2.3	40.4	24.9	32.5

调查数据反映出一个值得特别注意的问题，即与购销对象相反，在购销方式上，越是经济较为发达的东部地区，交易越不具有规则性。这从一个方面反映出我国市场经济的发展和市场规则的不配套和不同步，建立一

个规范的、成熟的市场经济社会还要走一段很长的路。目前，私营企业应该说正在逐渐适应这种具有中国特色的市场经济体制。

表 45　不同行业私营企业购销主要方式分布

单位：%

购销方式	纳入国家计划	正式交易市场	利用人际关系	利用互惠手段打通各种渠道
农林牧渔业	2.0	35.7	23.5	38.8
采掘业	3.2	41.9	19.4	35.5
制造业	1.7	36.3	32.8	29.2
电力煤气	0.0	31.6	26.3	42.1
建筑业	1.5	36.1	28.6	33.8
地质水利	0.0	0.0	100.0	0.0
交通运输业	3.8	42.3	25.0	28.8
商业、饮食业	1.8	47.7	20.4	30.1
金融保险业	16.7	50.0	0.0	33.3
房地产业	19.0	38.1	4.8	38.1
社会服务	0.0	41.4	24.8	33.8
卫生体育	0.0	50.0	12.5	37.5
教育文化	0.0	20.0	60.0	20.0
科研技术	6.7	28.3	11.7	53.3
其他	2.1	40.3	24.3	33.3

与上面的购销对象相适应，在私营企业的主要购销方式中，利用各种互惠手段进行正常的经济活动是较为突出的特点，甚至对于某些行业来说成了主要的方式。特别是当私营企业与国有企业发展各种经济关系时，如向国有企业推销产品时，这种非正式的、私下授受的所谓互惠方式为许多企业所采用。

私营企业产品销售和服务范围，反映了私营企业经济活动的空间联系，同时也是衡量私营企业开放程度的一个重要指标（见表 46）。

表 46　私营企业产品销售和服务范围

单位：%

销售地和服务对象	企业所在县（市）	企业所在省	外省	境外
所占比例	39.6	27.0	24.4	8.9

2. 私营企业与外部的人员联系

这里，私营企业与外部的人员联系是指私营企业的员工主要来自什么样的单位，由此反映私营企业与其他性质的单位之间在人员流动上的关系（见表 47）。

表 47　私营企业的人员来源

单位：%

人员来源		国有单位	集体单位	学校毕业生	私营企业	原来无业	农民	其他
城镇	工人	5.9	6.9	7.1	2.2	18.9	58.9	0.4
	技术人员	28.8	17.1	13.5	15.6	5.4	17.1	2.5
	管理人员	27.3	19.1	6.9	13.2	8.8	19.9	2.3
农村	工人	0.3	2.3	1.2	0.0	8.4	87.7	0.0
	技术人员	11.0	14.7	11.0	6.1	4.3	49.9	3.1
	管理人员	5.7	11.0	0.3	5.3	7.4	63.6	6.5

　　无论是城镇还是农村的私营企业，其工人主要来自农民，即使在城镇，这一比例也高达 58.9%。由此可以看出，私营企业对于安排富余劳动力、实现农村工业化具有重要意义。同时，数据显示出，特别是城镇的私营企业，在管理人员和技术人员方面，与国有企业之间存在着较多的人员流动。

　　3. 私营企业与政府的关系

　　政府和有关管理部门是否对私营企业给予支持，是它们发展的至关重要的外部条件。在调查中，我们主要是通过私营企业对政府和管理部门的评价来反映被调查企业和政府及有关管理部门之间的相互关系，所以，我们将在后面分析私营企业主的社会态度时详细讨论。

　　（六）私营企业经营中的困难

　　虽然私营企业在这几年发展较快，我国的市场经济体制也有了较大发展和完善，但是私营企业在生产和经营中还存在许多困难（见表 48）。

表 48　私营企业生产经营困难的内容和最主要原因

单位：%

困难内容	困难程度			困难原因				
	没困难	有些困难	很困难	政策限制	市场竞争	有关部门刁难	自身原因	其他
购买原材料	71.4	25.6	2.9	20.9	47.4	5.0	18.1	8.7
销售产品	54.5	42.3	3.2	11.2	76.0	3.8	5.7	3.3

续表

困难内容	困难程度			困难原因				
	没困难	有些困难	很困难	政策限制	市场竞争	有关部门刁难	自身原因	其他
生产用电	73.5	20.9	5.7	27.4	7.2	34.6	8.2	22.5
生产用地	59.3	26.8	13.9	42.8	8.0	19.2	24.5	5.4
招聘技术人员	74.4	21.1	4.5	27.4	34.4	1.7	28.5	8.0
招聘管理人员	76.7	19.1	4.2	28.7	28.7	1.3	32.1	9.3
交通运输	83.9	12.7	3.5	22.8	11.7	33.2	21.8	10.4
获得生产资金	29.5	46.1	24.4	67.2	6.9	7.7	12.8	5.4
其他	77.4	13.0	9.6	44.4	6.7	17.8	11.1	20.0

在这些困难中，反映较多的首先是获得生产资金，而造成这种困难的最主要的原因被认为是政策限制；产品销售困难也是一个主要的困难，但主要是市场竞争激烈所致，这是正常的；还有一个主要的困难是获得生产用地的困难，其最主要的原因仍然是政策限制。如果全面地看企业的困难，可以看到许多困难是由政策原因造成的，这说明私营企业的发展还缺乏一个完善的政策环境。

（七）几点结论

第一，作为中国经济体制改革的产物，中国私营企业的发展已经走过了初生年代，进入了一个高速发展的时期。单一的国有集体所有制结构早已被打破，多种所有制并存、相互作用、相互联系的格局已经基本形成。私营企业和国有企业之间已经形成了多种多样、相互促进的复杂联系。同时，私营企业的发展，对于资金、劳动力、技术等生产要素的重新配置，尤其是推动我国国民经济的全面高速增长，吸纳劳动力就业等，具有重要的战略意义，发挥着积极、有效的作用。因此，在社会主义的初级发展阶段，私营企业的健康发展完全有利于经济发展，有利于人民生活改善。私营企业经过这几年的发展，其规模、技术、行业以及企业的管理等方面都有了长足的进步，从总体上显示出良好的发展势头。

第二，私营企业之间存在着极大的差异，无论是资产、产值，还是收益等方面，都呈偏态分布，大多数企业属中小型企业，相对比较接近，少数大企业远远超出一般水平。首先，东部地区私营企业起步较早、发展数量较大，但是在带动其他地区发展、推动建立适应市场经济需要的规则、自己企业本身上档次等众多方面并未显示出强劲的势头。其次，过去人们都将西部地区当作经济发展比较落后的地区，在私营企业的发展上也是如此，但是这次调查的一个重要结果是，在一些相当重要的经济指标上，西部地区私营企业的发展已经超过中部地区。而地处内陆的中部地区在周边发展的压力下，私营企业的发展将面临更为严峻的形势。再次，虽然大中城市私营企业在质量上、规模上、技术上以及发展速度上都是全国私营企业发展的排头兵，但这次调查显示，农村地区私营企业的发展也越来越显示出可喜的趋势，在某些经济指标方面，农村地区私营企业已超过了小城市的私营企业。

第三，私营企业的部门管理方式还带有很多的家族制色彩，但比较私营企业发展的初期来说，这种情况已经有了较大的改变。随着私营企业的发展进入稳定期，私营企业内部的现代化管理问题日益提上了日程。从调查中可以看到，很多私营企业在企业经营管理的很多方面开始向现代企业管理的方向转变。

第四，近几年私营企业发展的另一个重要特点是多元化发展，特别是在人们通常认为不具有经营或发展潜力的行业，私营企业也取得了较大的成功，如在农林牧渔等行业中。一些颇有眼光的私营企业家，包括农村和城镇的私营企业家，开始在农林牧渔等产业上大量投资，并取得了较好的经济效益。已经有相当多的从事农林牧渔业的私营企业进入了大型私营企业的行列。这也从一个侧面反映出，私营企业今后的发展将更多地取决于经营管理和技术，未来的企业竞争力将从管理、技术和经营中产生。从事哪个行业在一定意义上并不是决定性的，关键是用什么方式和技术去经营和开发这些行业。

第五，当然，随着国家经济政策的调整和其他经济成分的发展，再加上私营企业自身所有的弱点，一些私营企业的发展也遇到了困难，与1993年的调查相比，很多私营企业的经济效益下降。如何提高私营企业的内在素质，对私营企业的发展给予积极的支持和切实有效的帮助，保持私营企业发展的势头，是摆在人们面前的重要课题。

二 私营企业主的群体构成

（一）性别

在被调查的私营企业主中，男性占90.6%，女性占9.4%。

（二）年龄

私营企业主的年龄结构分布如表49所示。

表49 私营企业主年龄结构

年龄（岁）	30以下	31～35	36～40	41～45	46～50	50及以上
所占比例（%）	8.4	16.9	20.8	21.9	15.3	16.7

（三）文化程度

私营企业主的文化程度及1993年和1995年调查的比较情况如表50所示。

表50 私营企业主的文化程度及比较

单位：%

文化程度	文盲	小学	初中	高中	职高	中专	大专	本科	研究生
1993年调查	1.0	9.9	36.1	26.3	2.7	6.9	11.7	4.9	0.6
1995年调查	0.3	8.2	34.9	28.9	2.5	6.7	13.1	4.5	0.8

与1993年调查相比，私营企业主群体的文化水平又有所提高。城市和农村相比较，城镇企业主的文化水平比农村企业主要高，但是农村企业主的文化水平在我国的农村地区已属于相当高的程度，远远超出平均文化水平（见表51）。

表51 城乡私营企业主文化程度

单位：%

文化程度	文盲	小学	初中	高中	职高	中专	大专	本科	研究生
城镇企业主	0.3	7.6	31.8	29.8	2.5	6.9	14.9	5.3	0.9
农村企业主	0.5	11.4	50.0	24.9	2.5	5.7	4.1	0.7	0.2

（四） 社会来源及社会关系网络

1. 社会来源

私营企业主的社会来源是什么，这是引起关注的问题。这种社会来源主要是指他们在开办私营企业之前的职业和工作单位性质（见表52、表53）。

表 52　私营企业主开业前的职业分布

单位：%

原职业	专业技术人员	机关事业干部	企业干部	工人	军人	商业、服务业员工	农民	专业户、手艺人	个体户	其他	无职业
城镇企业主	13.0	8.9	15.3	18.8	0.6	6.5	11.0	8.1	10.5	2.5	4.8
农村企业主	5.5	4.0	13.3	16.4	0.7	2.1	31.7	10.5	10.0	4.0	1.7

在城镇，私营企业主的主要来源之一是工人、机关企事业单位干部和专业技术人员，有1/2的私营企业主过去是干部、知识分子或工人。在中国长期禁止私营企业发展的时期，他们是我们社会中较有能量的一批人。私营企业主另一个主要来源，特别是农村的私营企业主，是农民。中国的经济体制改革是从农村地区率先开始的，农民最早进入商品经济和市场经济的轨道。在农村实行家庭联产承包责任制和农村劳动生产率逐步提高的基础上，大批农民转向非农产业，走上了企业家的道路。对于广大农民来说，他们在传统体制中几乎不享受任何特殊地位，因而转向私营企业对他们来说是一条崭新的道路，也是一条改变自己生活机会、提高社会地位的道路，他们不像城里人那样背着既得利益和后顾之忧的沉重包袱。

表 53　私营企业主开业前的工作单位性质分布

单位：%

原单位所有制	全民所有制	城镇集体所有制	乡镇集体企业	联营企业	三资企业	私营企业	个体户	农户或农村集体	无工作
城镇企业主	33.3	14.2	11.1	4.9	1.0	2.9	13.2	13.1	6.3
农村企业主	10.4	5.4	19.5	3.3	0.5	3.3	16.2	37.4	4.0

私营企业主离开原来的工作单位和职业去开办私营企业，其目的和方

式因个人情况的不同而有所不同（见表54、表55、表56）。

表54　原不同职业私营企业主开办企业目的

单位：%

开业目的	与原单位领导关系不好	在原单位无法发挥才能	增加收入	工作稳定	自我实现	离开土地
专业技术人员	2.1	19.4	4.9	3.9	68.9	0.7
机关事业单位干部	3.1	16.8	3.1	2.8	74.0	0.5
企业干部	3.8	20.6	5.8	3.3	65.9	0.5
普通工人	3.4	19.5	10.1	8.8	58.2	0.8
军人	0.0	26.7	6.7	6.7	60.0	0.0
商业、服务业员工	0.7	15.9	11.8	5.8	65.9	0.0
农民	0.3	4.8	2.8	11.5	71.3	9.3
专业户或手艺人	0.5	7.7	2.4	11.1	0.0	8.3
个体户	1.2	4.3	4.3	15.4	72.3	2.4
其他	4.5	13.4	1.5	11.9	62.7	6.0
无职业	1.0	6.7	1.9	22.9	62.9	4.8

表55　离开原不同所有制单位的私营企业主开办企业目的

单位：%

开业目的	与原单位领导关系不好	在原单位无法发挥才能	增加收入	工作稳定	自我实现	离开土地
全民所有制	3.2	21.9	7.1	2.7	64.9	0.3
城镇集体所有制	3.6	18.0	9.8	5.9	62.4	0.3
乡镇集体企业	2.0	17.7	5.8	4.8	67.2	3.0
联营企业	1.8	11.7	6.3	10.8	68.5	0.9
三资企业	0.0	22.7	13.6	0.0	63.6	0.0
私营企业	2.8	8.3	1.4	5.8	80.6	1.4
个体户	0.9	5.1	3.6	14.1	73.1	3.3
农户或农村集体	0.7	6.2	3.1	12.1	70.8	7.3
无工作	0.7	4.9	1.4	23.9	59.9	9.2

表56　私营企业主离开原单位的方式

单位：%

原工作单位或工作性质	辞职	被除名	离职	离、退休	留职停薪	病退	被开除	本无正式工作
全民所有制	36.3	1.6	13.7	6.1	34.5	2.8	0.4	4.6
城镇集体所有制	26.9	0.7	29.6	5.1	24.6	1.3	0.3	11.4
乡镇集体企业	34.5	1.0	31.1	0.7	5.8	0.0	0.3	26.6

续表

原工作单位 或工作性质	辞职	被除名	离职	离、退 休	留职 停薪	病退	被开除	本无正式 工作
联营企业	25.0	2.0	21.0	6.0	14.0	0.0	1.0	31.0
三资企业	50.0	0.0	25.0	0.0	25.0	0.0	0.0	0.0
私营企业	10.9	0.0	23.4	0.0	6.3	0.0	0.0	59.4
个体户	15.3	0.7	10.8	0.7	3.1	1.0	0.0	68.4
农户或农村集体	8.9	0.0	11.1	0.0	2.2	0.0	0.0	77.8
无工作	8.1	0.8	6.5	0.0	1.6	0.8	0.0	82.1

2. 主要社会关系网络

既然私营企业的购销、生产、管理与政府或社区交往等各方面都存在大量非制度化的因素，因此，企业主是否拥有一张广泛的社会关系网络，对于企业是至关重要的。

（1）父亲

私营企业主父亲的职业分布情况如表 57 所示。

表 57　私营企业主父亲的职业分布

单位：%

父亲（原） 职业	专业 技术 人员	机关 事业 干部	企业 干部	工人	军人	商业、 服务 业员工	农民	专业户、 手艺人	个 体 户	其他	无 职 业
城镇企业主父亲	7.6	12.7	9.6	13.9	1.6	7.6	32.6	4.3	3.2	2.2	4.6
农村企业主父亲	1.8	6.1	5.1	7.8	0.3	2.8	59.6	7.6	2.5	2.0	4.5

（2）配偶

私营企业主配偶的职业分布情况如表 58 所示。

表 58　私营企业主配偶的职业分布

单位：%

配偶职业	专业 技术 人员	机关 事业 干部	企业 干部	工人	军人	商业、 服务 业员工	农民	专业户、 手艺人	个 体 户	其他	无 职 业
城镇企业主配偶	7.0	8.5	14.8	15.6	0.2	7.6	7.1	3.7	11.4	4.7	19.5
农村企业主配偶	3.4	1.7	11.6	15.5	0.0	3.4	31.6	4.8	7.2	3.9	16.9

（3）子女

私营企业主已就业子女的职业分布情况如表 59 所示。

表 59　私营企业主已就业子女的职业分布

单位：%

子女职业	专业技术人员	机关事业干部	企业干部	工人	军人	商业、服务业员工	农民	专业户、手艺人	个体户	其他	无职业
城镇企业主子女	12.0	11.1	14.9	11.7	2.6	7.2	1.4	6.9	12.5	5.3	14.1
农村企业主子女	10.6	5.1	14.1	12.1	2.5	3.0	7.1	9.1	12.1	8.6	16.2

（4）关系最密切的亲戚

私营企业主关系最密切的亲戚的职业分布情况如表 60 所示。

表 60　私营企业主关系最密切的亲戚的职业分布

单位：%

亲戚职业	专业技术人员	机关事业干部	企业干部	工人	军人	商业、服务业员工	农民	专业户、手艺人	个体户	其他	无职业
城镇企业主亲戚	12.6	22.9	16.2	10.4	2.4	6.5	13.4	3.8	8.1	1.5	2.1
农村企业主亲戚	7.0	15.8	10.6	9.6	1.6	2.1	37.4	5.2	7.0	1.6	2.1

在这些关系最密切的亲戚中，任科级及以上干部的占 23.3%，乡镇负责人占 0.7%，村负责人占 2.5%，企业负责人占 12.5%，国有或集体企业承租或承包人占 2.2%，企业中层管理干部占 8.8%，企事业单位一般干部占 7%，企业供销人员占 2.5%。

（5）来往最多的朋友

私营企业主来往最多的朋友的职业分布情况如表 61 所示。

表 61　私营企业主来往最多的朋友的职业分布

单位：%

朋友职业	专业技术人员	机关事业干部	企业干部	工人	军人	商业、服务业员工	农民	专业户、手艺人	个体户	其他	无职业
城镇企业主朋友	16.2	26.6	19.6	6.2	0.9	8.3	2.9	5.4	10.6	2.2	1.0
农村企业主朋友	12.3	18.9	23.3	4.6	0.5	2.6	13.8	9.2	11.0	3.1	0.8

在这些交往最多的朋友中，有 28.2% 任科级及以上干部，乡镇负责人占 0.9%，企业负责人占 23.4%，国有、集体企业承包或承租人占 2.9%，企业中层管理人员占 8.6%，企事业单位一般干部占 6.1%，企业供销人员占 3.3%。

从以上分析我们可以发现，无论在城镇还是在农村，在私营企业主的社会关系中，干部都占有相当高的比例。从这一点上就可以看出，今天私营企业的发展在很大程度上与企业同政府、国有企业之间的互动关系有关。因此，大量的私营企业主刻意织造这样一张社会关系网络，其中干部是核心，同时技术人员也是必不可少的联系对象。这样一张社会关系网络不仅与中国社会在传统上就重视人际关系网络有关，而且和中国社会的现实有密切联系。虽然中国的体制改革已经进行了 10 多年，经济体制和社会生活的许多方面都发生了巨大变化，但国家仍然在很大程度上控制着一些重要的社会资源和机会，如生产经营土地、银行资金等；私营企业的经营还远不能完全自我保证，因而在许多生产和经营方面其机会受到限制。在这种状况下，私营企业主希望通过这张社会关系网络，采用非制度化的手段，从而获得一些机会或占有一些社会资源。

三　私营企业主财产状况和生活方式

（一）家庭人口

私营企业主家庭中在一起吃饭、经济上不分开的家庭人口平均为 4.79 人，与 1990 年全国人口普查中的全国城乡家庭户平均 3.97 人相比，家庭规模要大一些，这也许是同私营企业主供养的人口比较多有关（见表 62）。

表 62　私营企业主家庭与全国人口家庭规模比较

单位：%

户别	1～3 人户	4 人户	5 人户	6～7 人户	8 人及以上户
人口普查户	41.1	25.8	17.7	12.3	3.1
私营企业主户	29.3	25.7	19.9	15.6	9.4

（二）财产规模

私营企业主的财产可分为两个基本部分，即生产资料和家庭财产。前者包括企业固定资产、流动资金以及债权、债务中应属企业主名下的部分；后者包括自有住宅、家庭储蓄、证券等。当然，在实际中，这两者往往很难绝对地分开。

1. 生产资料

根据前文的分析，被调查私营企业的实有资产总额中位数为110万元，企业债权中位数为18万元，债务中位数为20万元。这样，企业的净资产应为108万元。而每个企业平均投资者为2.58人，每个投资者平均拥有生产资料价值应为41.9万元。与1993年调查相比，每位投资者平均拥有的生产资料价值增加了36.3%，这从一个侧面说明了私营企业的发展。

2. 自有住房及房地产价值（时价）

全体私营企业主的平均房产价值中位数为20万元（见表63）。

表63　城乡私营企业主房产价值

房产价值（万元）	1~5	5~10	10~30	30~100	100及以上
城镇企业主（%）	15.8	19.6	30.2	23.5	11.0
农村企业主（%）	30.1	20.8	27.3	16.5	5.3

3. 证券及存款

个人拥有的证券或存款价值属私人秘密，因此未回答此题的人较多，而且答案也有可能存在虚假性。但是，这些数字可在一定程度上反映私营企业主证券或存款的情况，作为我们估计其个人财产的一个参考数据。

私营企业主的证券等中位数为3.7万元，家庭储蓄的中位数为3.6万元，具体分布情况如表64所示。

表64　私营企业主证券和家庭储蓄分布

证券和家庭储蓄（万元）	1以下	1~5	5~10	10~50	50及以上	合计	回答人数（人）
拥有证券所占比例（%）	26.2	34.9	15.3	20.1	3.4	100.0	587
家庭储蓄所占比例（%）	20.9	44.8	19.1	12.9	2.3	100.0	645

4. 财产总规模

全部被调查私营企业的财产总规模中位数为 69.2 万元，与 1993 年的调查相比，增加了约 1/3。

（三）私营企业主的个人收入和支出

1. 个人收入

私营企业主的个人收入在这里主要是指个人所得到的工资性收入和用于个人生活所需的投资收益。这部分个人收入的中位数为 2.4 万元（见表 65 和表 66）。

表 65　1994 年私营企业主个人总收入

年总收入（万元）	1 以下	1~2	2~5	5~10	10~50	50~100	100 及以上	合计
所占比例（%）	26.6	22.6	23.9	14.2	11.0	0.7	1.0	100.0

表 66　城乡私营企业主个人总收入分布

年总收入（万元）	1 以下	1~2	2~5	5~10	10~50	50~100	100 及以上	中位数（万元）
城镇企业主（%）	26.2	22.0	24.5	14.6	11.1	0.7	0.8	2.22
农村企业主（%）	28.5	25.3	21.3	11.7	10.7	0.7	1.7	1.85

2. 日常生活支出

被调查企业主月平均生活费支出为 3234 元，其中包括伙食费、服装费、娱乐费和个人应酬费用等。具体分布情况如表 67 所示。

表 67　私营企业主家庭月生活费支出

月支出（元）	1000 以下	1000~2000	2000~3000	3000~5000	5000~10000	10000 及以上	未答	合计
所占比例（%）	24.5	28.4	14.1	12.1	6.9	4.0	9.6	100.0

无论是私营企业主的个人收入水平还是生活支出，都远远高于全国人均水平。

四 私营企业主的组织状况和社会地位、社会态度

（一）私营企业主的组织状况

1. 私营企业主参加各种政治或社会组织状况

私营企业主参加各种政治或社会组织的状况如表 68 所示。

表 68 私营企业主参加组织状况

单位：%

组织名称	个体劳动者协会	私营企业业协会	私营企业家联谊会	同业公会	工商联	中共	共青团	民主党派
所占比例	24.6	43.7	16.2	6.4	77.0	17.1	4.5	5.0

与 1993 年的调查相比，已参加私协、私营企业家联谊会和中国共产党的比例都有所增长，其中私营企业主是中共党员和私协会员的比例上升了 4 个百分点，其他组织成员的比例都有所下降。工商联会员在私营企业主中所占比例是最高的，比占第二位的私协高出近 1 倍。

党员私营企业主原职务分布情况如表 69 所示。

表 69 党员私营企业主原职务

单位：%

原职务	科级干部	处级干部	局级干部	事业单位负责人	企业负责人	企业中层干部	供销人员	企业一般干部	乡镇负责人	村干部	其他
所占比例	4.4	2.2	1.0	0.2	18.1	9.1	5.1	7.1	1.0	13.0	1.7

从表 69 中可以看到，党员私营企业主中有相当一部分人过去是企业负责人和村干部，他们的这种经历和关系对于私营企业经营是大有助益的。

2. 私营企业主的组织愿望

如果我们将私营企业主目前的组织状况和他们希望参加的组织相对照，可以发现一些有意思的情况。工商联仍然在他们希望参加的组织中名列榜首，希望参加中共的私营企业主的比例占到了第二位；与目前高达 43.7% 的私协参加率相反，仅有 17.7% 的人还希望参加私协，而希

望参加私营企业家联谊会和同业公会的人，其比例都有较大的增长（见表 70）。

表 70　私营企业主希望参加的组织

单位：%

组织名称	个体劳动者协会	私营企业协会	私营企业家联谊会	同业公会	工商联	中共	共青团	民主党派
所占比例	8.3	17.7	25.9	19.2	44.7	26.5	0.9	10.4

与这种组织化程度和组织愿望相联系的是，有 81.1% 的私营企业主认为有必要建立自己的组织，如此高的组织化要求和目前相对较低的组织化程度和愿望形成了对比。当问及如果有必要建立私营企业主自己的组织，这种组织应发挥什么样的作用时，占最大比例（33.7%）的是认为应保护同业权益（见表 71）。

表 71　私营企业主组织应发挥的作用

单位：%

组织作用	保护同业权益	协调经营活动	在社区发挥影响	向政府反映意见	向国外发展业务	制定行规自我约束	未答	合计
所占比例	33.7	18.5	11.2	11.7	6.1	3.0	15.8	100.0

超过 60% 的私营企业主将这种所谓私营企业主自己的组织定位在经济活动上；同时值得注意的是，有近 16% 的人未回答此问题，表明他们对这一问题不感兴趣，或者说其组织意识较低。将表 71 与表 68、表 70 联系起来看，我们可以在一定程度上理解私营企业主在组织化现状、参加组织的取向和组织意识方面的差别和相互关系。

（二）私营企业主对自身的评价

有一些调查已经反映了其他社会群体对私营企业主群体的评价。这里，看看他们对自己的评价可能是更有意思的。在调查中，我们分别请他们拿自己和其他社会成员比较一下，然后在表示收入多少、社会声望高低、政治参与权利大小的三个阶梯上标示出自己的位置。第一级表示最高、最大和最多，第十级表示最低、最小和最少。

1. 对自身经济地位的评价

私营企业主对自身经济地位的评价情况如表 72 所示。

表 72　私营企业主对自身经济地位的评价

评价等级 （级）	较高位置			中间位置				较低位置			合计	平均级数 （级）
	1	2	3	4	5	6	7	8	9	10		
所占比例 （%）	26.5			66.5				6.9			100.0	4.5
	3.7	5.5	17.3	19.2	32.0	10.3	5.0	4.9	1.4	0.6		

2. 对自身社会声望的评价

私营企业主对自身社会声望的评价情况如表 73 所示。

表 73　私营企业主对自身社会声望的评价

评价等级 （级）	较高位置			中间位置				较低位置			合计	平均级数 （级）
	1	2	3	4	5	6	7	8	9	10		
所占比例 （%）	39.2			53.8				6.9			100.0	4.2
	6.3	12.6	20.3	15.2	25.9	8.3	4.4	3.6	2.2	1.1		

社会声望本不一定取决于经济地位，但我们从表 72 和表 73 中可以看出，私营企业主对自身经济地位和社会声望的评价高度一致，这说明他们将社会地位和经济地位紧密联系在一起了。

3. 对自身政治参与权利的评价

私营企业主对自身政治参与权利的评价情况如表 74 所示。

表 74　私营企业主对自身政治参与权利的评价

评价等级 （级）	较高位置			中间位置				较低位置			合计	平均等级 （级）
	1	2	3	4	5	6	7	8	9	10		
所占比例 （%）	28.7			50.1				21.2			100.0	5.1
	4.8	8.5	15.4	12.1	21.6	9.7	6.7	9.6	5.8	5.8		

与上两方面的自我评价类似的是，有一半的人认为自己是处于中间的位置上，但是值得重视的是，认为自己处于较高位置上的人比 1993 年的调查下降了近 9 个百分点，而认为自己处于较低位置的人则增加了 5 个百分点。

当问及什么是提高自身社会地位的有效方法时，选择比例最高的是尽量扩大自己企业的规模，这与上文所说的私营企业主的评价取向是一致的（见表75）。

表75　私营企业主认为提高社会地位的有效方法

单位：%

方法	入党	担任人大代表等	担任政府职务	利用媒体宣传自己	尽量扩大企业规模	支持社会公益事业	与政府领导多联系	树立良好日常生活形象	经组织向政府反映意见	通过选举担任社区领导	其他
所占比例	18.1	34.2	6.0	21.8	83.3	55.9	27.6	60.0	22.2	5.0	1.2

这里特别值得注意的是，60%的私营企业主（占第二位）认为，树立良好的日常生活形象是提高自己社会地位的有效方法。这表明，私营企业主在经过了初期发展之后，对社会形象有了比较清醒的认识，开始逐渐走向成熟。

（三）私营企业主的社会态度及社会评价

上文主要涉及的是私营企业主对自身的评价，而他们的社会态度及对相关的社会环境的评价同样是人们关注的问题，这也是我们这次调查的重点之一。

1. 对党的统战政策及工作的看法

中国共产党制定了对非公有制经济"团结、帮助、引导、教育"的"八字方针"，在调查中我们着重了解了私营企业主对"八字方针"的看法。将"八字方针"具体化为若干项指标，私营企业主的主要评价结果和要求如表76所示，从中我们可以清楚地看出他们的主要需求。

表76　私营企业主对"八字方针"的评价

与"八字方针"有关的工作内容	评价位次	要求位次
团结：领导与私营企业主交朋友	2	3
政治上不歧视	1	4
经济上一视同仁	3	1

续表

与"八字方针"有关的工作内容	评价位次	要求位次
经常开座谈会听取意见	4	2
增加人代会和政协代表名额	6	6
正面宣传报道	5	5
帮助：提供产业发展和经济信息	4	4
建立市场经济的规范	5	3
保护合法权益	1	1
在企业经营和扩大市场上提供帮助	3	2
保护企业主及家属的人身安全	2	5
引导：在政治上给渠道（如入党）	3	4
在经济上引方向（如产业选择）	4	1
向现代企业组织发展	5	2
引导塑造企业和企业家形象	2	3
评优树典型	1	5
教育：办班学政策	3	5
国内外考察	6	4
宣传失败和成功典型	5	3
发挥媒体作用	2	6
发放学习材料	4	7
专业培训	7	2
党政培训	7	2
党政部门和商会领导与企业家谈心	1	1

2. 对企业经营环境的评价

私营企业的经营环境可包括许多方面。在调查中，我们主要是从三个方面进行考察，即一般的社会环境、国家的制度环境以及企业经营中的特定环境。

（1）一般的社会环境

一般的社会环境主要是指那些在社会中受到普遍关注的社会问题。这些重大社会问题的存在或发展，会给企业的经营活动造成一定的影响（见表77）。

表 77   私营企业主对现实中最严重社会问题的评断

社会问题	分配不公	权钱交易	治安恶化	"三乱"	官倒和军队经商	敲诈勒索
所占比例（%）	5.1	37.3	20.6	31.4	2.6	2.9
位次	4	1	3	2	6	5

也许是因为私营企业首当其冲的原因，私营企业主将权钱交易和"三乱"视为最大的两个社会问题。对于权钱交易，很多人认为于私营企业有利，但私营企业主恰恰将其作为排在第一位的社会问题。不管怎么说，当市场体制逐渐形成、私营企业发展逐步进入正轨的时候，权钱交易将是对市场体制和企业发展损害最严重的因素。而"三乱"自始至终都是破坏企业正常经营、推动权钱交易和腐败的一个重要因素。

（2）宏观制度环境

这里所说的宏观制度环境主要是指那些对企业经营有较直接影响的制度。在调查中，我们将报刊宣传也包括在这方面的问题中，因为我国的报刊宣传往往具有直接的政策作用（见表78）。

表 78   私营企业主认为对企业经营影响最大的宏观制度

宏观制度	产权法律	报刊宣传	税收政策	借贷政策	宏观调控	工商管理	劳动力管理	户口制度	社会保障	所有制
所占比例（%）	5.1	5.0	18.8	31.8	23.6	2.6	3.3	0.6	4.3	5.0
位次	4	5	3	1	2	9	8	10	7	5

与通常的一些认识不同，私营企业主从他们的经营实际出发，认为国家现行的借贷政策对他们的经营活动影响最大。对私营企业有限制的借贷政策，使得宏观调控对私营企业的影响更为突出。借贷政策被私营企业主如此强调出来，从一个方面说明了私营企业在我国的经济生活中还不具有平等的社会地位。正因为如此，私营企业在近几年所表现出的快速发展更是值得人们重视和研究了。

（3）特定环境

企业在经营过程中，与外部环境发生纠纷是一种正常现象，或者说，是不可避免的。这里重要的问题是纠纷的类型和解决纠纷的方法，它往往能更深刻地揭示企业经营的社会环境问题（见表79）。

表 79　私营企业的纠纷及其解决方式

最常发生纠纷的对象	占比（%）	位次	通常的解决方式	占比（%）	位次	对解决结果的评价	占比（%）	位次
供货单位	17.8	2	不理解	1.9	5	非常不满意	5.1	3
买方	61.4	1	尽量协商	79.8	1	不太满意	24.2	2
消费者	12.1	3	上告政府	3.2	4	比较满意	66.2	1
政府部门	8.6	4	上告法院	9.5	2	很满意	4.5	4
—	—	—	通过私人关系解决	5.6	3	—	—	—

　　私营企业在经营活动中最经常发生纠纷的对象是买方，其性质是不付款或晚付款，而企业所采取的最主要的解决办法是尽量协商，并且大部分人对目前的纠纷解决结果还比较满意。这就是在现阶段全国私营企业经营活动的实际环境。这种状况反映出：对于市场经济的规则，很多企业主体没有去遵守已有的规则（或者是被迫采取不规范的方法），私营企业在遇到这些纠纷时，只有很少的人上告法院或政府，绝大部分人是采取双方协商的方式来解决纠纷的。归根结底，这是向市场经济体制过渡的特点。从长远来看，这种状况不利于所有企业的发展。

　　3. 对政府及其管理部门的评价

　　政府及其管理部门是否对私营企业的发展给予支持，是它们能否发展的重要条件。在调查中，我们征询了私营企业能否得到各种支持，并以此来反映被调查企业和政府及其管理部门的相互关系（见表80）。

表 80　私营企业主对政府及其管理部门的评价

单位：%

政府及有关部门	支持	一般	不支持	未答	合计
地方政府	71.9	24.4	2.1	1.6	100.0
公安	45.2	44.8	4.3	5.7	100.0
环保	27.4	54.1	6.2	12.2	100.0
质量监督	40.4	46.6	2.8	10.1	100.0
税务	63.2	31.6	3.4	1.8	100.0
物价	29.4	54.0	3.5	13.0	100.0
卫生	27.0	53.5	3.9	15.5	100.0

续表

政府及有关部门	支持	一般	不支持	未答	合计
海关	14.7	30.0	3.7	51.5	100.0
工商行政	76.6	20.0	1.6	1.8	100.0
计量	31.4	48.8	2.9	16.9	100.0

　　总的来看，私营企业主对地方政府和有关管理部门的评价是比较好的，这反映出它们之间的相互关系是比较融洽的。真正认为政府或有关部门不支持私营企业发展的数量极少。特别是那些规模较大的私营企业，在发展过程中曾多方面得到有关部门的支持或帮助，因而它们的评价更好一些。由于经营范围上的差别，某些私营企业与某个管理部门的接触较少，因而导致对某些部门的未答率较高，这也是可以理解的。

　　与此问题相关的是，若干私营企业在某些方面遇到了困难，它们寻求帮助的对象同样反映出私营企业经营的社会环境。在调查中我们设计了一组问题以便了解这方面的情况（见表 81）。

表 81　私营企业在遇到困难时的求助对象

单位：%

遇到的困难	党政领导	政府部门	个协、私协	工商联或同业公会	其他经营者	亲属	朋友	其他有影响的人物	诉诸法律舆论	开发新市场或产品
缺乏资金	6.1	29.6	1.2	7.7	6.6	12.7	25.2	3.4	0.2	7.0
销售不畅	0.7	3.0	0.5	2.8	8.2	0.9	13.5	2.9	0.2	67.4
管理困难	3.2	19.9	3.1	16.2	13.5	6.5	19.5	9.6	0.5	7.9
缺乏技术	0.9	11.1	1.7	11.3	18.7	3.5	28.9	12.6	0.3	10.9
难以扩大规模	11.5	48.5	1.6	7.3	4.7	1.6	9.4	4.1	0.3	11.0
权益受损	8.1	26.5	2.9	15.6	0.2	0.3	1.5	2.0	42.9	0.2
人身安全受到威胁	9.7	39.9	0.3	2.2	0.0	0.5	2.4	2.5	42.2	0.1

从表81中我们至少可以看出这样几条结论：第一，当私营企业主遇到权益或安全问题时，寻求法律保护是第一位的，但找政府的也不在少数；第二，当遇到经营管理等方面的问题时，更多的私营企业主会去找政府，找政府有可能解决资金问题，或者找政府比找其他人更容易解决问题，或者说能解决找其他人没有办法解决的问题；第三，只有当问题基本上表现为完全的市场问题时，才有更多的私营企业主依赖自己的力量去解决问题，如产品销售不畅的问题。上述问题在一定程度上表现出我国的市场体制和私营企业发展的相对不成熟。

（四）私营企业主对未来发展前景的看法

这个问题也许可以成为这篇报告的自然结尾。上述的所有问题，都在某种程度上反映了私营企业现状，包括它们的生存环境、发展道路、自身状况、社会态度等众多方面。如果说上述数据在一定程度上是通过私营企业投射了中国的社会转型过程，特别是向市场经济体制的重大转变过程，那么，这些私营企业主对自身未来发展的看法就在一定程度上代表了这一转型过程的未来。

私营企业主对未来发展的看法如下。

一是认为私营企业在未来大有发展前途。被调查的私营企业主对决定这一乐观前景的因素表达了自己的看法（见表82）。

表82　私营企业主积极预测的原因

影响因素	占比（％）	位次
政治稳定	32.0	2
政策稳定	42.9	1
非公有制经济已不可替代	20.3	3
法制健全	4.8	4

二是认为私营企业在未来可能无法维持。被调查的私营企业主同样对决定这一悲观前景的因素表达了自己的看法（见表83）。

表83　私营企业主消极预测的原因

影响因素	占比（％）	位次
政策不稳定	33.0	2
非公有制经济地位不明	8.3	4

影响因素	占比（%）	位次
竞争激烈	24.8	3
政策上歧视	33.8	1

五　结束语

私营企业在中国的存在和发展已成为无可争辩的事实。作为我国经济的一个新的增长点和我国社会的一个有机组成部分，私营企业和私营经济正在经历重要的发展时期。如果考虑到私营经济在目前的重要地位和未来的发展，我们认为，对私营经济在发展中出现的新问题，对处于重大社会转型过程中的这一特定社会经济现象，应当持续地进行深入的调查和研究。特别是像这样的全国性调查，更应该定期进行。只有如此，我们才能有根据地、科学地对私营经济乃至对中国的社会转型做出科学的判断和解释，才能在此基础上提出有价值的政策性对策。

附：私营企业雇工及劳资关系调查报告

1993 年下半年，中共中央政策研究室为摸清我国私营经济现状，组织、协调了全国工商联、中国社会科学院社会学所、中国私营经济研究会等单位，在全国 30 个省、自治区、直辖市进行了大规模抽样调查，共调查了 1440 户私营企业，被调查对象是企业主或主要投资者，主要调查内容是企业的经营状况和企业主的社会属性。为了全面掌握私营企业状况，有必要在调查企业主的同时掌握雇工的情况，因此又组织了 13 个调研组分别赴北京、河北、河南、湖北、湖南、广东、浙江、福建、四川、宁夏、云南、吉林等 12 个省区市，深入 36 个不同城乡、行业分布的私营企业，采用访问面谈、填写问卷的方法，调查了近 300 名各类雇工，最后实得问卷记录 248份。其中，男性 142 人，女性 106 人；18 岁以下 2 人，18～25 岁 138 人，26～35 岁 62 人，36～55 岁 34 人，55 岁以上 12 人。被调查者中从事生产、运输第一线的工人 70 人，占 28.2%；后勤、服务人员 32 人，占 12.9%；工程师、技术员 28 人，占 11.3%；领班 26 人，占 10.5%；专职管理人员

18 人，占 7.3%；财会、出纳、仓库保管等"要害部门"人员 48 人，占 19.3%，此外还有其他人员 26 人，占 10.5%。有 144 人所在企业位于城市，占 58.1%；56 人在镇上，占 22.6%；48 人在农村，占 19.3%。本文主要依据这两次调查数据进行分析，在对比中运用到其他调查或统计资料时将分别注明出处。

私营企业主是指占有生产资料（生产和经营的工具、设备、房屋、土地、资金等），并占有扣除全部生产费用、税费之后的纯利润者。雇工是指不占有生产资料，受雇于企业主并付出体力、脑力劳动，领取工资者。由于现实中存在的现象是复杂的，因此进一步界定：第一，雇佣劳动既包括体力劳动，也包括脑力劳动，因此雇工中既包括生产第一线的工人，也包括技术人员和一般管理人员；第二，在一些合伙、有限责任公司形式的私营企业中，部分工人、技术人员、一般管理人员拥有少量股金，只要在他们的收入中劳动收入（工资）占主要部分，而资产收益是微不足道或次要的，其仍属雇工范畴；反之，主要合伙人或多量股金持有人虽然也参加生产劳动，但其主要收入来自资产收益，则其仍属于企业主；第三，绝大多数企业主既是投资者又兼为企业经营者，但仍有少量企业的主要经营者（厂长、经理）是被聘用而不占有资本，由于他们的工作就是运用资本、增值资本，全权为资本负责，因此不列入雇工之内；第四，部分企业主的直系亲属也参加企业生产、管理工作，不列入雇工范畴。

一 私营企业雇工规模与总人数估计

1989 年以来，私营企业户数增加很快，从业人员数基本上是在同步递增（见附表 1）。

附表 1 全国私营企业户数和从业人员的变化

年份	户数（万户）	投资者人数（万人）	雇工人数（万人）	每户平均雇工人数（人）
1989	9.1	21.4	164.0	18.1
1992	14.0	30.3	201.5	14.4
1993	23.8	51.4	321.3	13.5
1994	43.2	88.9	559.0	12.9

以上数字系全国工商统计资料，雇工人数逐年上升，但每户的平均雇工人数则呈下降趋势。但据 1993 年全国私营企业抽样调查结果显示，私营企业的平均雇工人数也在逐年增多，被调查私营企业平均开业以来实际雇工人数每年递增 22.5%。为了不使少数雇工人数特别多的企业数据破坏整体的集中量度，我们选用中位数结构来表示每户实际雇工人数，为 31 人，较 1992 年工商统计数据高 2.15 倍。

从劳动力角度观察，私营企业在国民经济中所占份额有多大呢？1992 年，私营企业雇工占全国非农业生产从业人员的 0.8%，1993 年为 1.2%，若按私营企业全部从业人员计（包括投资者和雇工两部分人），则上述两年分别为 0.9% 与 1.4%。这一数据似乎与人们头脑中对非公有制经济规模的估计有较大差距，这里原因有三。第一个原因是人们在谈及非公有制经济时，容易混淆私营经济与个体经济，而后者从业人员高达 2467.7 万人（1992 年）、2939.3 万人（1993 年），分别占这两年非农从业人员的 10.0% 与 11.2%，大约是私营经济从业人员的 10 倍。第二个原因则是相当数量的私人投资企业登记为乡镇集体企业、个体户，近些年来又有些登记为"三资企业"，即所谓戴"红帽子""小帽子""洋帽子"，这样做除了经济上可以享有一些贷款、税收、购销方面的好处外，在政治上也自认为"保险"一些。这类企业的数量目前尚未有深入调查后得出的权威性报告，一些政府管理部门和学术团体根据典型调查得出的数字差别也很大，一般将其视作与现已登记为私营企业的数量相同，是比较稳妥的估计。第三个原因仍如上面所讲的，在一个一度消灭了私营经济的国度里，即使许多企业主已经登记为私营企业，但是出于政治上降低风险的考虑，不希望雇工人数申报过多，加之目前工商管理力量相当薄弱，管理工作难以深入细致地开展，因此实际雇工人数要比工商统计中多，如 1993 年私营企业抽样调查表明的那样，要相差两倍多。但即使将上面各种因素都考虑在内，私营企业雇工人数在全国非农从业人员中的比例也不会超过 8%。这从一个侧面反映了私营经济仍处在生长期，现有规模相当有限，与庞大的公有制经济不可同日而语。如果考虑到农村还有 3 亿多劳动力在从事农业，潜在并在近 10 年内还将暴露出来的剩余劳动力仍将以亿计，因此通过私营经济吸纳劳动力的作用还应增强。

二 私营企业雇工群体构成和社会流动

（一）城乡分布

由于中国经济体制改革首先是从农村寻找到突破口的，农业生产实行承包制后，市场机制首先在农村地区出现，资金和劳动力的流动、再结合出现了可能性，私营企业是先在农村地区诞生的。但是随着城市经济体制改革的深化，农村私营企业的发展优势被逐步抵消。农村剩余劳动力的大量流动已使城乡劳动力价格差缩小，城市作为国家和各省、市、县的经济中心，资金流通、借贷更为迅速方便，资本积聚率更高，集中的城镇人口提供了巨大的消费市场，并且城镇居民的消费能力更强一些，因此伴随着私营企业中商业、饮食业、服务业的增多，出现了私营企业向城镇集中的明显趋势，到1993年下半年，城镇私营企业户数既已超过农村私营企业户数。但因使用雇工最多的工业企业仍以农村居多，因此就雇工人数分布而言，50.8%在农村，49.2%在城镇，基本上是城乡平分秋色。

（二）文化

私营企业雇工的文化程度及与其他所有制职工的比较情况如附表2所示。

附表2 私营企业雇工文化程度及与其他所有制职工比较

单位：%

企业所有制	不识字或识字不多	小学	初中	高中	中技	中专	大专	大学本科	研究生	平均受教育年数（年）
私营企业	2.4	8.1	49.2	25.8	2.4	3.2	7.3	1.6	10.12	—
国有企业	0.7	4.6	29.9	21.7	5.0	13.8	15.1	8.5	0.6	11.79
集体企业	1.2	7.3	45.8	28.2	2.1	8.1	6.2	1.1	0.1	10.38
三资企业	0.4	4.4	33.7	32.5	4.8	8.5	11.6	3.6	0.4	11.30

资料来源：表中第一行数据来自1993年私营企业雇工调查；其余数据引自《走向社会主义市场经济的中国工人阶级——1992年全国工人阶级队伍状况调查文献资料集》，中国工人出版社，1993。

从整体上看，私营企业雇工的文化水平明显低于国有企业和三资企业职工，稍低于集体企业职工。

私营企业雇工中的城镇居民，平均受教育年数为11.33年，家住农村者为 8.81 年，远远高于中国农村劳动力的平均受教育年数。实际上离开农业进入私营企业当雇工的，并不是所谓的农村"剩余"劳动力，恰恰是农村劳动力中的文化精英。受教育越多，文化素质越高，离农的主观驱动力和离农后再就业的适应力就越强，离开农业劳动的可能性也就越大。这一方面为城乡工业化输送了较高质量的劳动力，但另一方面也削弱了农村劳动力的总体素质，给农业可持续发展造成一定困难。

私营企业中不同职能岗位上的雇工文化水平是不同的，就平均受教育年数而言：生产、运输工人为 8.80 年，后勤、服务人员为 9.81 年，工艺、技术人员为 9.57 年，领班为 9.31 年，财会、保管为 11.21 年，管理人员为 12.33 年。其中工艺、技术人员受教育水平偏低，从一个侧面反映出私营企业的技术力量比较薄弱，产品技术含量偏低，这是私营企业进一步发展的薄弱环节。

（三）行业分布

雇工由于所在私营企业位于城乡位置不同，因此行业分布有所差异。

1997 年中国第三次私营企业抽样调查数据分析综合报告

"中国私营企业研究"课题组

由中国社会科学院社会学所、全国工商联研究室牵头并联合中央和地方部分政策研究人员、科学研究机构和高等院校的理论工作者所组成的"中国私营企业研究"课题组,已对中国私营企业和企业主持续调查近十年之久,并在 1993 年、1995 年两度在全国范围内对私营企业进行了大规模抽样调查,获得了大量资料与数据。① 从 1997 年到 1998 年,课题组又开展了第三次私营企业抽样调查。1997 年上半年,课题组开始调查前期的组织工作,下半年进入企业实施调查,1998 年完成了数据整理和分析工作。这次调查具有以下特点。

第一,根据地区经济社会发展水平以及私营经济规模、数量的差异,在全国 31 个省、自治区、直辖市中(台湾省除外)抽取了北京、河北、山东、浙江、广东、江西、安徽、河南、湖北、广西、陕西、重庆等 12 个省、自治区、直辖市,共 83 个县、区。为了保证调查样本的代表性,在被抽中的县、区内根据企业城乡、行业分布比例再进行分阶段抽样,最后走访调查了 1171 家私营企业。

第二,调查采用填答问卷的方式。问卷主要内容有两方面:企业经营状况和企业主的社会属性,为后期进行经济学和社会学分析提供事实和数据。问卷设计时做了两点考虑:一是此次调查主要内容要与 1993 年、1995 年调查内容相同或可比;二是要反映出近两年来私营企业发展中的新情况、

---

① 这两次调查的报告分别登载在《中国私营经济年鉴》1994 年、1996 年版上。

新问题。

第三，被调查人是私营企业的企业主或主要投资人，调查员则从当地工商联、工商局、农村工作部、政策研究室等部门中选用并予以培训，他们由于日常工作的性质对私营企业有较多的了解，这样就能够从双方人选上尽量保持调查的效度。

第四，由于课题组每两年进行一次大型调查，迄今已有 1992 年年底、1994 年年底、1996 年年底三个时点上的大量数据，这就使今天进行数据分析时，不仅能够描写 1997 年一个时间断面上的情景，也可以通过对一些指标时间序列上的分析，反映出我国私营企业发展变化的过程，这就有可能为私营经济研究提供更生动、全面的依据。

一　私营企业经营状况

（一）开业年份与城乡分布、行业分布

1. 开业年份

自从 1956 年完成对资本主义工商业的社会主义改造之后，中国大陆上就不存在公开的私营企业了，极少数"地下工厂""地下包工队"是属于不合法的地下经济范畴的。1979 年十一届三中全会之后，我国进入了改革开放的历史新时期，私营经济以"雇工大户""雇工企业"的形式重新出现，并且逐渐增多。1988 年宪法修正案正式"允许私营经济在法律规定的范围内存在和发展"，承认"私营经济是社会主义公有制经济的补充"。但 1989 ~ 1991 年由于受国家宏观政治、经济环境的影响，私营企业的数量增加不是很多。中国私营经济真正迅速发展是在 1992 年以后，本次调查企业的开业年份也显示了这一状况（见表 1）。

表 1　被调查私营企业开业年份

单位：%

开业年份	1957 ~ 1978 年	1979 ~ 1988 年	1989 ~ 1991 年	1992 年以来
所占比例	0.4	10.4	15.2	74.1

注：这些企业平均开业 4.2 年。

2. 城乡分布

被调查企业有 16.5% 在大、中城市里，55.2% 在小城镇中，28.2% 在

农村。与开业时相比，有2%的企业由农村迁往城镇。

已有1/3被调查企业在不同的城乡地区办厂、开店，设立了分支机构，扩大了生产、经营区域范围。

3. 行业分布

被调查私营企业主营行业仍以制造业、商业、餐饮业、服务业、建筑业居多。从城乡分布看，采掘业、制造业更多集中在小城镇与农村，这是距离原料产地较近，土地与劳动力价格便宜所致。而第三产业显然是大中城市的私营企业主营所在，这与城市人口集中、消费力较强，对商业、饮食服务各业有更大需求紧密相关（见表2）。

表2　被调查私营企业行业分布

单位：%

行业分类	主营行业				兼营行业
	大中城市	小城镇	农村	合计	
农林牧渔业	2.3	3.2	4.6	3.5	1.3
采掘业	0.6	1.8	5.0	2.5	0.6
制造业	22.8	44.2	57.7	44.3	1.9
电力煤气	1.2	0.5	0.0	0.5	0.3
建筑业	7.6	7.4	12.5	8.8	1.5
地质水利	0.0	0.2	0.0	0.1	0.1
交通运输业	8.2	3.6	0.4	3.5	1.2
商业、餐饮业	25.1	19.2	2.8	15.7	3.5
金融保险业	0.6	0.4	0.0	0.3	0.2
房地产业	1.8	0.9	0.0	0.8	0.8
社会服务	14.0	7.9	1.8	7.2	2.6
卫生体育	1.2	0.5	0.4	0.6	0.4
教育文化	2.3	2.7	9.3	4.5	0.3
科研技术	3.5	1.4	0.4	1.5	0.4
其他	8.8	5.9	5.3	6.3	3.2
合计	100.0	100.0	100.0	100.0	18.3

从表 2 中可以看出，有近 1/5 的企业跨行业经营，主要兼营第三产业。但农林牧渔业尤其是养殖业和特殊产品（如热带水果）等农林业近些年来为越来越多的私营企业所看重。

从调查中看出，随着市场经济的逐步成熟，行业、城乡间的经营条件和平均收益趋向稳定，因此私营企业在城乡间流动和频繁改换行业的现象比前些年大为减少，企业一旦开业，多采用增加兼营或产销点的办法拓宽业务，而不再轻易迁移和改行。近十年来，私营企业无论城乡分布还是产业分布都有很大变化，农村私营企业比例已从 60% 下降到不足 40%，而在行业分布中，制造业比例从 1989 年的近 70% 下降到 1997 年的约 40%，反之商业、饮食业、服务业比例由 20% 稍多上升到超过 50%，但是近年来这种变化的原因主要是由于新开业企业的城乡、行业分布发生了改变，已开业企业的变更则是不显著的。

（二）企业资金

创办私营企业需要原始资金，可以称为进入市场经济的"门槛"。1979 ~ 1988 年，私营企业的原始资金平均为 33.2 万元，1989 ~ 1991 年为 31.4 万元，1992 年之后为 50.8 万元，"门槛"显著变高，或者说 1992 年以后再创办私营企业已经不再是"小打小闹"，开始时就需要具备一定规模。从行业来说，采掘业、制造业的进入"门槛"有所降低，而养殖业、商业、餐饮业的原始资金快速增多，1992 年后出现了较多房地产业，所需资金是最多的。

发展到 1996 年年底，不同地区、城乡、行业的私营企业实有资金情况如表 3 所示。

表 3　1996 年年底被调查私营企业实有资金

分类		平均实有资金（万元）	相关比例 E^2
按地区分	东部	123.6	0.001
	中部	119.3	
	西部	91.0	
按城乡分	大中城市	196.9	0.011
	小城市、乡镇	89.3	
	农村	125.2	

续表

分类		平均实有资金（万元）	相关比例 E^2
按行业分	农林牧渔业	428.9	0.039
	采掘业	82.5	
	制造业	105.9	
	电力煤气	32.0	
	建筑业	85.3	
	地质水利	60.0	
	交通运输业	236.6	
	商业、餐饮业	119.5	
	金融保险业	43.7	
	房地产业	182.3	
	社会服务	57.2	
	卫生体育	62.3	
	教育文化	48.0	
	科研技术	132.2	
	其他	84.3	
合计		115.3	—

注：相关比例 E^2 与相关系数 r^2 的统计学意义是相似的，表示两个变量之间是否有关联。$E^2 > 0.5$，表示两个变量高度相关，即用一个变量的变化可以说明另一个变量 50% 以上变化的原因；$E^2 = 1$，表示一个变量完全可以说明另一个变量的差异；$E^2 = 0$，表示两个变量完全无关，即一个变量的变化原因完全不能由另外那个变量来解释。

从表 3 中可以看出，1996 年年底的实有资金在不同地区、城乡、行业中，平均数有所不同，但相关系数并不高，在我们解释为什么被调查私营企业的实有资金大小会有差异时，用地区、城乡、行业不同来解释并不能说明问题。如被调查的农林牧渔行业共有 41 家企业，平均每家企业实有资产 428.9 万元，远高于其他行业，主要原因在于这个行业要用很多资金长期租用（使用）大量土地，土地资本之高昂是其他行业无法比拟的。但是行业与资金的相关系数较低，说明并不是所有实有资金多的企业必定在某个行业。相关系数的平方值，表示用这个指标来做解释的能力有多高。如造成企业资金差异的原因多种多样，它们共同的作用是 100%，而从表 3 中可以看到，企业所在地区、城乡、行业这三个因素在多种因素的共同作用中，只占 5%。寻找这些显著的或隐蔽的原因，正是进行数据分析的一大任务。如开业时资金量与现有资金的相关系数：$r = 0.50$，$r^2 = 0.25$，即现有资金量的多少，有 25% 取决于开业时资金量的多少，但仍有 70% 以上是其他原因造成的，是有待解释的，本文在下面还会继续做出一些分析。

前面已给出被调查企业平均开业 4.2 年，企业资金年平均增长率为 35.2%，1993 年调查时，这一指标为 31%，1995 年调查时为 44%，本次调查有所回落，与近两年宏观经济环境偏紧，部分企业经营较为困难有关，但总体而言，这一数值仍是相当高的，这是私营企业经营规模在迅速增大的有力证明之一。就企业所在城乡分布而言，大中城市资金增长率（60.1%）要比小城市、乡镇（31.0%）与农村（32.1%）几乎高 1 倍；就地区而言，以中部地区增长率最高，为 47.7%，东部地区为 28.4%，西部地区最低，为 20.0%。资金增长率与企业所在行业与开办的年数没有统计意义上的显著差别。①

在考察企业资金时，另一个重要的角度是资金构成，比较企业开业时与 1996 年年底资金构成情况如表 4 所示。

表 4　被调查私营企业资金构成变化

单位：%

投资来源	开业时	1996 年年底	增减变化
企业主个人	69.0	82.7	+ 13.7
其他私人投资	24.9	13.1	− 11.8
群众集资	1.1	0.6	− 0.5
乡镇、街道集体	0.7	0.3	− 0.4
各级政府部门	1.0	0.3	− 0.7
其他企业投资	0.7	0.9	+ 0.2
海外投资	1.3	0.7	− 0.6
其他投资	1.3	1.4	+ 0.1

虽然近些年来，由多位投资者组成的有限责任公司在私营企业户数中

---

① 虽然从直观上看，不同行业、不同开业年数的企业平均资金增长率是不完全一样的，但利用统计学中的方差分析等手段，可以验证这些差别仅仅是抽取样本所允许的误差造成的，并不是行业、开业年数这些因素导致了真实的差距，因此称之为无统计意义。

比例不断上升，但从表 4 中可以看出，出资比例正在向主要投资者（企业主）集中；而投资者人数虽然增多，但企业主之外其他投资者投资比例迅速下降，这是资金构成的显著变化。投资集中于企业主一个人，势必增加企业主在企业决策及管理中的分量，这对于企业性质和运作方式有决定性意义，反之企业形式的变化（如由独资企业转变为合伙企业或有限责任公司）则带有很大的虚假成分。

（三）销售额、税、费、利润

1. 销售额、税、费、利润

为了了解私营企业的经济效益，1993 年调查使用了产值指标，1995 年调查使用的是产值、营业额与增值指标，为了更加明确、直接地表示企业将产品转换成商品的市场行为结果，本次调查改用销售额指标。

从地区来看，东部地区私营企业由于发展早、规模大，销售额要高一些。各地区之间的税负大体一致，说明国家在地区发展的税收政策上已是一视同仁，20 世纪 80 年代曾向东部沿海开放地区优惠倾斜的现象已经不存在了。但是各地方政府的收费标准不一，给企业造成的负担不同，越是西部地区，向私营企业收费越多，这是造成各地区私营企业最后平均纯利润多寡不同的重要因素。

大、中、小城市和农村之间销售额存在差距，这在很大程度上是由城乡私营企业的行业分布不同所致。在各行业间，引人注目的是销售额最大的农林牧渔业（更细致的分析是其中的养殖业），并且由于其税收低，因此利润率也是最高的，这就可以说明为什么有相当多的私营企业，扩大经营或改行到养殖业去，应当继续鼓励私营经济把农林牧渔业作为新的经济增长点。

由于宏观经济环境的限制，制造业、商业、饮食业的销售利润率在下降。文教业的税负相对较重，导致其利润大幅度减少，而科技业税负并不重，但收费过多，最终导致其利润并不高。一般科技产业投资风险较大，因此应以较高回报率鼓励私营企业在这方面投资，这样一方面可以加大"科教兴国"的投入力量，另一方面也有利于私营企业自身素质的提高（见表 5）。

表 5　不同地区、城乡、不同行业被调查私营企业的销售额、税、费、纯利润

单位：万元，%

企业分布		销售额	税		费		税与费之比	纯利润	
			税额	税额占销售额比例	费额	费额占销售额比例		利润额	利润占销售额比例
按地区分	东部	362.0	13.4	3.7	2.6	0.7	5.3 : 1	32.7	9.0
	中部	316.3	12.2	3.9	3.4	1.1	3.5 : 1	26.5	8.4
	西部	323.8	12.6	3.9	7.5	2.3	1.7 : 1	23.3	7.2
按城乡分	大中城市	414.9	16.8	4.0	7.2	1.7	2.4 : 1	30.4	7.3
	小城市、乡镇	353.9	12.7	3.6	3.8	1.1	3.3 : 1	22.7	6.4
	农村	300.6	11.9	3.9	2.9	0.9	4.4 : 1	40.1	13.3
按行业分	农林牧渔业	754.3	16.0	2.1	5.8	0.8	2.6 : 1	193.2	25.6
	采掘业	205.1	18.8	9.2	9.4	4.6	2.0 : 1	39.5	19.3
	制造业	394.7	13.6	3.4	2.7	0.7	4.9 : 1	24.4	6.2
	电力煤气	407.0	7.8	1.9	2.4	0.6	3.2 : 1	16.0	3.9
	建筑业	189.8	11.0	5.8	3.7	1.9	3.1 : 1	26.4	13.9
	地质水利	480.0	15.0	7.9	—	—	—	10.0	2.1
	交通运输业	473.4	37.9	8.0	33.9	7.2	1.1 : 1	42.4	9.0
	商业、餐饮业	274.6	7.0	2.5	2.5	0.9	2.8 : 1	14.9	5.4
	金融保险业	54.1	8.5	15.7	3.4	6.3	2.5 : 1	10.8	20.0
	房地产业	613.0	47.6	7.8	5.8	0.9	8.7 : 1	90.1	14.7
	社会服务	186.4	4.8	2.6	1.6	0.9	2.9 : 1	8.9	4.8
	卫生体育	255.2	17.9	7.0	2.5	1.0	7.0 : 1	10.1	4.0
	教育文化	83.4	16.4	19.7	1.3	1.6	12.3 : 1	13.0	15.6
	科研技术	126.2	5.4	4.3	8.5	6.7	0.6 : 1	14.1	11.2
	其他	460.5	10.1	2.2	2.6	0.6	3.7 : 1	23.3	5.2
平均		335.3	12.8	3.8	3.9	1.2	3.2 : 1	28.2	8.4

企业反映强烈的是各地各行业管理部门收费多而滥，虽然中央多年来三令五申反对"三乱"（乱收费、乱罚款、乱摊派），但是各级管理部门已经形成自身特殊的利益需求，因此成效并不明显。一些调查统计提到企业税负与非税负的比例大约是1:1，个体工商户甚至高达1:1.7，① 真是轻税重费，税费倒挂。

---

① 王兆敏：《费改税咋这么难?》，《工人日报》1998 年 11 月 19 日。

本次调查结果表明，税费比例尚未达到上述报道所说的那么高，比例为1:0.31，平均每户私营企业收费3.9万元，而1993年调查时为平均每户2.2万元，1995年调查时平均每户约为3.5万元，综合考察，收费水平与增加情况与事实较为接近。"十五"大以来，中央各部门加大力度规范市场经济的管理行为，至1998年6月底止，中央各部门已取消向企业不合理收费424项，各省区市政府取消2028项，地市以下取消18261项，[①] 这也将减轻私营企业的一大负担。

2. 经济效益

利润是企业经济效益的衡量标志，可以再做进一步分析。在私营企业投入的生产要素中，最重要的是资金和劳动力，表6分别给出了针对这两种要素的利润回报率。

表6　不同地区、城乡、不同行业被调查私营企业的经济效益

单位：%，万元

企业分布		资产利税率	人均利税
按地区分	东部	55.0	1.00
	中部	66.3	0.93
	西部	59.9	0.88
按城乡分	大中城市	73.4	0.87
	小城市、乡镇	56.1	0.99
	农村	65.7	0.93
按行业分	农林牧渔业	57.0	1.68
	采掘业	128.6	1.39
	制造业	62.9	0.67
	电力煤气	115.8	0.68
	建筑业	74.0	0.97
	地质水利	41.7	0.83
	交通运输业	54.9	1.57
	商业、饮食业	51.6	1.15
	金融保险业	26.2	0.36
	房地产业	45.7	2.19
	社会服务	45.8	0.84
	卫生体育	46.6	1.25
	教育文化	63.9	1.76
	科研技术	49.6	0.89
	其他	51.0	0.94
平均		61.2	0.94

① 海燕：《"空气密度费"之类》，《工人日报》1998年1月18日。

如果与国有企业做一个比较，1996 年全国国有采掘业企业资金利税率为 13.6%，人均利税为 0.58 万元；制造业资金利税为 12.5%，人均利税为 0.54 万元；电力煤气业资金利税率为 11.0%，人均利税为 2.07 万元（此一项比私营企业高得多，这一个行业主要分布在城市，并且基本上为国有企业所控制）；建筑业资金利税率为 11.8%，人均利税为 0.24 万元。[①] 造成这种差别的最重要原因：一是私营企业的资金、劳动力投入量小，而产出（销售额）高；二是国有企业由于管理不善等原因，虽然销售利润并不低，但企业最终真正能够实现的利润却相对较低。

3. 纯利润的分配情况

按照有关规定，应酬、交际、摊派、捐赠不能在成本中列支，需在税后利润中支出（见表 7）。摊派与某些收费性质是相近的，但前者名义上是用于某一项目，而收费则完全归于各个管理部门。这三项支出约占税后利润的 18%。私营企业税后利润有 2/3 用于扩大再生产，尤其西部地区私营企业投入再生产部分占 76%，高于中部地区的 69% 与东部地区的 59%。

表 7　被调查私营企业的利润分配

单位：万元，%

分配内容	金额	比例
扩大再生产	18.6	66.0
应酬、交际	2.8	9.9
应付摊派	1.1	3.9
各种捐赠	1.2	4.3
投资者分红	4.5	16.0
合计	28.2	100.0

（四）生产、经营范围

私营企业是随着我国市场经济的形成而逐步发展起来的，它的生产、经营范围也随着经济制度的转型而逐步扩大。20 世纪 80 年代改革初期，主要原材料还在国家的计划控制下，供应对象是国有企业，非国有企业主要靠给国有企业外加工或拾遗补阙，在计划经济的夹缝中求生存。随着市场

---

① 根据《中国统计年鉴 1997》第 102、429～431、468 页数据计算。

经济逐步成形，私营企业的生产活动越来越转向市场，市场成为它们越来越重要的活动舞台。由于国有企业仍是我国市场经济中最重要的力量，因此私营企业与国有企业的联系仍是紧密的，只是由计划体制中的上下游产业关系变成了市场关系。同时非国有制企业之间的联系也在增多（见表8）。

表8　被调查私营查企业主要采购、销售对象分布

单位：%

		国营企事业	私营企业、个体户	直接面向市场	国外	其他
采购进货	1993 年调查	42.8	7.2	44.5	—	5.5
	1995 年调查	37.9	16.9	42.2	2.2	0.8
	1997 年调查	40.3	24.4	32.9	1.4	1.1
销售服务	1993 年调查	34.4	26.0	30.5	7.3	1.8
	1995 年调查	26.4	21.1	45.2	6.2	1.0
	1997 年调查	28.9	20.1	46.7	3.8	0.6

近几年来，部分国有企业或因产业结构已不适应市场经济要求，或因管理不善，亏损、破产现象严重，而在市场经济中摸爬滚打，站住了脚跟的一些私营企业开始兼并、承包、租赁效益差的国有企业，这种此消彼长的现象在"十五大"前后渐成潮流（见表9）。

表9　被调查私营企业兼并、租赁国有企业的状况

单位：%

私营企业兼并、租赁国有企业状况	比例
已兼并、收买破产国有企业	2.0
准备兼并、收买破产国有企业	6.8
已承包、租赁亏损国有企业	3.5
准备承包、租赁亏损国有企业	10.8
不准备兼并、租赁国有企业	3.9

私营企业的生产、经营活动也已走出国门，已建立起与国外厂商的联系，成为中国经济对外开放的一个组成部分。有2.9%的企业接受了境外投资，这些资金主要来自我国香港、日本、北美和东南亚，另有5.8%的企业正在着手引资，10.4%的企业有这方面的设想。3.8%的被调查私营企业从

事出口加工和外贸生产业务以及对外服务。加强同境外的经济合作,逐步纳入全球一体化的世界经济市场,也是中国私营企业未来发展的一个方向。

(五) 人员构成

1. 投资者人数

被调查私营企业在开业时以独资形式经营占大多数,全体私营企业平均每户有 2.3 位投资者,若不把 30 人以上的集资人计算在内,则每个私营企业的投资者为 2.1 人。到 1996 年调查时点为止,投资者以独资居多,投资者人数没有发生大的变化,平均每户投资者为 2.5 人(不计集资人在内)。1993 年调查时,私营企业投资者人数平均每户为 1.9 人,1995 年调查时,投资者人数平均每户为 2.6 人,私营企业似有扩大投资规模和公司化的趋势。但如前文所说,企业主本人投资在企业资本总额中所占比例大为增加了,因此虽然私企登记有限责任公司的比例加大了,但其中许多实质上是个人独资,对于资本合作以及私企组织形式向现代企业公司制度发生转化,均不可估计过高(见表 10)。

表 10　被调查私营企业投资者人数

单位:%

企业投资者分布	1 人	2~5 人	6~30 人	30 人以上	平均(人)
开业之初	53.0	42.1	4.6	0.4	2.3
1996 年年底	51.8	40.3	7.0	0.9	3.7

在所有被调查私营企业投资者中,有 48.4% 的被调查者在企业里担任管理工作,在独资企业中,投资者同时又担任管理者的高达 97.2%;在所有被调查企业中,仅 2.9% 的企业没有投资者参与管理。有 55.1% 的投资者在企业中兼任技术工作;不在企业中工作的投资者占 21.9%。与 1993 年、1995 年调查相比,私营企业中投资者与管理者一身兼二任的现象没有改变。

2. 职工数量与来源

近年来私营企业规模的扩大,不仅表现在资本增值迅速,也表现在职工人数迅速增多。1993 年调查时,平均每个私营企业的职工数为 31 人,1995 年调查时约为 38 人,而本次调查则达到 49.9 人(见表 11)。与企业开业之初相比，职工人数每年平均增长 76.7%，同期这些企业的资金年增长率为 35.2%。不难看出，中国私营企业在资本原始积累时期，由于有大量廉价劳动力的充分供应，可变资本不断加大，这是企业资本快速增值的重要原因之一。

表 11　不同私营企业职工人数分布

分类		平均职工人数（人）	相关比例 E^2
按地区分	东部	45.2	0.001
	中部	53.0	
	西部	49.9	
按城乡分	大中城市	76.7	0.012
	小城市、乡镇	43.5	
	农村	48.9	
按行业分	农林牧渔业	49.1	0.014
	采掘业	50.2	
	制造业	54.6	
	电力煤气	73.0	
	建筑业	46.0	
	地质水利	30.0	
	交通运输业	92.8	
	商业、餐饮业	35.5	
	金融保险业	29.3	
	房地产业	100.9	
	社会服务	48.4	
	卫生体育	53.0	
	教育文化	33.0	
	科研技术	23.7	
	其他	38.7	
合计		49.9	

每个私营企业平均职工人数中，工人为 44.1 人，占 88.4%；管理人员为 2.8 人，占 5.6%；技术人员为 3.0 人，占 6.0%。如果按企业从业人员分析，即投资者加职工总数，则每户平均为 52.7 人，其中管理人员占

8.4%，技术人员占 9.7%，工人占 83.6%。[①]

被调查私营企业的管理人员、技术人员、工人主要来源如表 12 所示。

表 12　被调查私营企业职工来源

单位：%

职工来源	管理人员	技术人员	工人
国有企事业	18.7	17.9	5.4
集体企事业	20.3	15.2	5.7
学校毕业生	0.9	16.5	4.5
其他私营企业	15.8	19.6	2.9
原来无业	9.6	7.3	80.3
农民	25.6	22.5	—
其他来源	1.2	1.4	1.2

国有集体企事业为私营企业提供了 2/5 的管理人员和 1/3 的技术人员，这些人或因不满足于在原单位的处境，或被私营企业优厚的待遇所吸引，他们加入私营企业，为其带来了管理经验和技术技能，甚至带来了项目和销售渠道。人才的失得正是相当一部分国有、集体企业在市场中处境日益不佳，而一些私营企业能够以最小的代价在市场上争取份额、站稳脚跟的重要原因。私营企业技术人员有一部分是从高校和中专毕业生中选取的，越来越多的私营企业已经感受到技术含量在企业竞争中的重要作用，已经开始选送自己的子弟或一些职工去上学或培训。但是多数管理人员和技术人员仍是从其他企业"挖"过来的，从表 12 中可以看出私营企业之间管理、技术人员的争夺是相当激烈的，互挖人才的比例相当高。在调查中我们也听到私企老板们不同的看法，一些老板认为应参考日本企业管理模式，尽量留住本企业主要的管理者和技术人员，这些人的稳定也是企业稳定和发展最重要的因素，企业应该尽量为这些人的工作、发展创造条件和机会；另一些老板更欣赏美式人才市场机制，认为只有不断到人才市场上去"买"最合适的管理者和技术人员才是企业发展的最佳选择，而不断"跳槽"才

---

① 由于部分投资者兼任管理工作和技术工作，因此管理人员、技术人员、工人三者比例之和越过 100%。

能使人才价值得以实现，人力资源应该在市场机制下流动。孰是孰非，或在中国现实条件下如何使企业和人才实现最佳结合，还有待中国企业实践的验证。私营企业工人中很少有来自国有企业的，主要是些技术工人。工人不愿从国有企业流动到私营企业，这里主要不是观念的问题，而是利益保障问题，下文还将再谈。城市无业者和大量农民是私营企业工人的主要来源，这也证实了在中国解决城市就业问题和农民参与工业化、城市化这一发展根本问题时，私营企业正在发挥着无可替代的重要作用。

（六）企业发展的外部环境

私营经济为什么能在短短的十几年里，从无到有发展得如此迅猛，成为国民经济的一个重要组成部分呢？归根结底，是因为中国市场的形成和经济体制的改革，给它提供了生存的环境和发展的动力。中国人口众多，国土广阔，潜在的市场需求巨大，而中国的制度转型是渐进型的，不是对原计划经济体制内的企业实行"休克疗法"，而是先在制度外培养、发展新的经济结构，为制度转型创造条件、获得经验、争取时间、奠定基础。这样私营企业就有机会进入一个从零开始的市场，谁获得了进入市场的先机，谁就得到了迅速发展的优势。但是，随着近20年来市场的发育，新的矛盾和原有体制转型中的老问题交织在一起了。到目前为止，我国的市场经济体制尚待完善，还不够规范和成熟。在经济制度转型过程中，政府部门的领导、控制起着不可或缺的作用，但是在市场经济逐步建立的同时，部分政府管理部门、部分政府管理人员、一些国有的行业垄断部门凭借权力垄断和某些特殊条件，把权力商品化，形成自己特殊的利益集团。这些利益集团一方面破坏了政府形象，损害了政府全局调控的能力；另一方面把非市场的权钱交易凌驾于市场规则之上，使得刚刚建立起来的市场体制难以规范和完善，这是我国市场发育过程中一直未能解决的根本性问题。调查中私营企业经营者对此反映强烈，认为这已是今天我们所面对的最大社会问题之一。另一个被集中反映的社会问题就是社会治安恶化，已经威胁到企业的正常经营和企业主的人身安全。对这两大问题的激烈反映与1995年调查相比，更为突出，甚至平时私营企业主叫苦连天的"三乱"，相比之下都不是严重的问题了（见表13）。

表 13　对私营企业影响最大的社会问题

单位：%

社会问题	被调查人认为最严重的比例	
	1995 年调查	1997 年调查
分配不公	5.1	9.9
权钱交易	37.3	37.6
治安恶化	20.6	41.1
乱收费、乱罚款、乱摊派	31.4	6.3
政府、军队人员经商	2.6	3.9
其他	8.1	1.3
合计	100.0	100.0

　　但是还有更为本质的机制上的新问题也凸显出来了。由于中国还处在社会主义初级阶段，需要通过市场经济去实现工业化和现代化，但是市场经济并不是"人类历史的终结"，每个制度都有其自身固有的弊病。随着经济的增长，我国物资短缺的现象正在迅速改观，出现了商品过剩、生产能力过剩，甚至在一些地方出现了资本过剩（如调查中的浙江私营企业有相当一部分企业主握有资金而找不到可以投资的项目），但是这种过剩并不说明我们国家已经真正富足，国民整体购买力还很低，收入分配相对差距已经十分突出，农村还有艰难的"脱贫"问题，而城市又出现收入下降的新的贫困群体。相对和绝对的贫困与"过剩"共存，这是所有市场机制国家都没有解决的本质问题，即使是发达国家可以向国外转移贫困，但仍不能根本解决这个难题。大局之下，私营企业概莫能免。在调查中得知，一些企业生产中的困难，如用水用电、购买原材料、扩大用地等，已有好转或大有好转，但企业之间竞争非常激烈，销售困难、产品积压，寻找新的适销产品困难，成了普遍遇到的突出问题。新的机制问题与旧体制转型中的失范，是目前私营企业经营困难、纠纷增多的根源。在被调查企业中有 4/5 以上的企业已经遇到过种种麻烦（见表 14）。

　　私营企业遇到纠纷之后，采用什么方法解决呢？私营企业主仍多采用私下自行或请人协商解决的方法来解决纠纷，包括与主管部门发生了纠纷，也多采用这种不伤和气、不伤面子的做法，这是相当符合中国"和为贵"的传统文化思想的。解决的结果多为双方各做出让步，不输不赢（见表 15）。

表 14　被调查私营企业发生的主要纠纷类型

单位：%

纠纷对象	发生比例
与供货单位（产品质量差、送货误时等）	16.0
与买方（不付款、晚付款等）	46.7
与消费者（商品、服务质量，价格等）	9.1
与政府有关管理部门	8.0
与当地居民或单位	5.0
占全部被调查调查企业的比例	84.8

表 15　被调查私营企业解决纠纷的方法

单位：%

解决方法	与供、销方纠纷	与主管部门纠纷	与社区纠纷	合计
不予理睬	0.4	0.2	—	0.6
自行协商、解决	62.2	5.6	3.6	71.4
上告政府主管部门	3.4	1.8	0.9	6.1
诉诸法律	5.7	0.4	0.4	6.5
合计	71.8	8.0	5.0	84.8

对于"看不见的手"，这个世界上已经没有多少理论家和实践家完全相信和崇奉它了。政府必须实行干预或宏观调控几乎已成共识，只是主张程度不一而已。私营企业经营者对此也是相当敏感的（见表16）。

表 16　影响被调查私营企业经济活动最重要的因素

单位：%

影响因素	被调查企业认为受影响最大的比例	
	1995 年调查	1997 年调查
有关产权的法律保护	5.1	4.1
报刊宣传	5.0	6.0
税收政策	18.8	—
信贷政策	31.8	27.2
政府宏观调控政策	23.6	17.9
工商管理	2.6	31.9

续表

影响因素	被调查企业认为受影响最大的比例	
	1995 年调查	1997 年调查
户口制度	0.6	5.2
所有制性质	5.0	0.4
其他	7.5	7.2

两次调查都说明了，私营企业能否继续顺利发展，关键在于政府各项宏观调控政策。实践中提出的问题已经越来越接触到市场经济的深层机制问题了，真正的思想解放应该有勇气正视问题，反思改革开放 20 年来的经验与教训，不断寻求与调整发展的方向和道路。

二 私营企业主的社会属性

在当代中国各阶级、阶层中，私营企业主一定是最复杂、最难以分析把握的。一方面他们在社会生产体系中处于私人拥有生产资料的相同地位，在社会劳动组织中拥有共同的利益，因此逐渐形成了一个独特的社会阶层；但另一方面，没有任何一个其他社会阶层的内部成员，像他们这样存在着巨大的差异，无论是文化教养、生活方式，还是过去的社会地位，今天的理想抱负，都繁杂悬殊，如果不是因为中国正处在一个社会经济剧烈变动的时代，人们实在想象不出来他们怎么会有相同相近的社会属性。

改革开放前的中国，社会成员归属于几个不同的阶级、阶层，每个集团内部成员的政治、社会、经济地位高度一致，但集团之间却是壁垒分明的，整个社会侧看是一个金字塔结构，俯看好似一组同心圆。居于中央位置的是干部阶层，处在第二圈的是知识分子阶层，虽然他们在政治上经常处于被改造、被运动的位置，但经济收入和在社会生活中的位置总体上还是让人羡慕的。工人阶级只要保持政治上的忠诚，从生到死的教育、劳动、医疗、住房、养老的福利还是可以在低水平上得到保证的。农民则更居外层，价格剪刀差已在经济上强烈剥夺了他们，而人民公社制度又使他们失去了生产和生活的自主权，社会流动的可能性近乎为零。但是还有比他们更为边缘化的，那就是阶级斗争中的敌人和不可靠分子以及他们的家属和子弟。

正如上文所说的，中国的改革首先是从计划经济比较薄弱的农村，以实行农业联产计酬责任制开始的。首先去建立市场，到市场经济中去改善自己地位的，恰恰是原体制外和最边缘化的群体，直到 20 世纪 80 年代末，市场经济已基本建立起来，旧体制已经松动、瓦解时，在原制度下处境较好的核心成员们才开始大批"下海"，这是私营企业主阶层形成的大致脉络。

（一）社会流动

被调查企业主平均 40.0 岁，年纪最大的一人已 85 岁，最小的一人仅 20 岁，有 40.8% 的企业主集中在 36～45 岁年龄段内。

他们开办自己企业时的平均年龄为 35.7 岁，开业越早的，当时年龄越小，1988 年以前平均开业年龄是 31.5 岁，1989～1992 年开业时平均年龄为 34.0 岁，1992 年以后开业时平均年龄为 36.7 岁，这与他们在原体制内的地位、身份是有关的。

企业主开业时年龄较大，说明他们并不是初出茅庐者，已在社会上生活、闯荡了相当长的时期，或积累了经验，或学会了技术，这些都是他们以后管理企业的本钱。

在 1989 年前开业的私营企业主的"家庭出身"情况如表 17 所示。

相对而言，1988 年以前开业的企业主，在原体制内的职业比较"低微"，来自国有企事业单位的较少（见表 18、表 19）。

表 17　不同时期开业的企业主"家庭出身"

单位：%

不同出身	1989 年前开业	1989～1992 年开业	1992 年以后开业	合计
"红色"（贫下中农、工人、城市贫民、革命干部、军人）	78.6	84.6	79.3	71.2
"灰色"（中农、商贩、职员、知识分子）	10.7	9.1	12.7	21.4
"黑色"（地主、富农、资本家、反动军官或官吏）	10.7	6.3	8.0	7.1

表 18　被调查私营企业主开业前的职业

单位：%

原职业	1989 年以前开业	1989～1992 年开业	1992 年以后开业	合计
专业技术人员	1.9	4.3	4.9	4.6
企事业干部	19.8	16.0	25.5	23.5
工人、服务人员	13.2	8.6	10.8	10.7
农民	20.8	17.9	15.8	16.7
个体户	35.8	46.3	36.9	38.2
其他或无业	8.5	6.8	6.1	6.5

表 19　被调查私营企业主开业前所在单位所有制性质

单位：%

原单位所有制	1989 年以前开业	1989～1992 年开业	1992 年以后开业	合计
国有企事业	10.5	8.0	13.4	12.2
城乡集体企事业	13.3	16.7	15.4	15.3
非国有企事业、个体户	61.0	58.0	58.6	50.0
农户或农村集体	12.4	14.2	8.8	10.0
其他或无业	2.9	3.1	3.9	3.8

这些私营企业主同时受到了推力和拉力。在原体制下他们生活贫穷，社会地位低下，改变与上升的机会又十分渺茫；而改革在吸引他们，至少值得一搏。一推一拉，在历史合力作用下，他们首先跳出了原有的社会结构，走上白手起家、发展企业的道路。他们的动机最早是经济上的功利主义，要寻找比较宽裕的生活，他们半数以上是从农村专业户和城乡个体户做起的，本小利微，小打小闹，开始多从事商业，另一些人过去曾有过在工厂工作的经历，掌握一些生产技术，很自然地就从给国有企业或集体企业做外加工起步，技术性很强的专业工作是他们无缘问津的。今天的成功，并不是当年理性设计的结果，而是在历史潮流中应运而生、顺势而动取得的。一方面他们不怕吃苦，信奉"敢拼才能胜"，有冒险精神，也相当灵活；但另一方面，过去人生的痛苦、长期的贫穷也容易使人精神扭曲，表面上过高的"自尊心"和实质上过多的"自卑感"使他们中的一些人只要小有成就，便开始游戏人生，玩世不恭。

到了 1989 年以后，尤其是 1992 年邓小平发表南方谈话以后，一些过去在体制内处境很好的人也纷纷"下海"了。他们也受到了一推一拉合力的影响，经济制度转型已经深刻地触及了原有体制，"铁工资、铁饭碗、铁交椅"的裂缝已经显现，未来前景已由原先的清晰固定变得难以把握了；而先人"下海"者似乎是"干什么都来钱"，榜样的力量是无穷的。这时开办私营企业的人成分复杂，遍及各行各业，但引人注目的还是那些原来就"有头有脸"的人物。从表 18、表 19 中可以看出，党政机关里的专业技术人员、干部、国有集体企事业的管理者、承租承包人占了近 1/3。他们文化水平较高（见表 20），在政治地位方面有 17.7% 的人是中共党员。

表 20　被调查私营企业主的文化程度

单位：%

文化程度	1989 年以前开业	1989～1992 年开业	1992 年以后开业	合计
文盲和小学	14.7	7.1	6.4	7.3
初中	37.1	45.9	32.6	35.0
高中、中专	38.8	38.8	44.8	43.4
大学及以上	9.5	8.3	16.3	14.4

他们所开办的企业，制造业占 47.6%，科技、教育、文化、卫生业占 8.2%，都高于总体平均数；而商业、饮食业、服务业占 17.6%，则低于总体平均数；一半的房地产业，2/3 的保险金融业企业为这些人所开办。

令人十分感兴趣的是，那些在原有体制下身份、地位十分不同的人，"下海"几年后，各自业绩如何呢？原有地位的持续作用是否存在？我们按企业主原来职业划分（专业技术人员和干部、职工、农民、其他人），考察他们现在的企业资本金额以及资金年平均增长率，结果发现并无统计学意义上的显著差异。也就是说，各种人在市场经济海洋中搏击几年后，从业绩上看，原有身份的痕迹已被擦去，成功与否与过去的身份无关，市场经济在这一点上是公正的，每人要靠自己的能力在市场中生存、发展，过去的身份不再起作用。换言之，一位干部，虽然在原来的位置上占据种种优越条件，但只要"下海"了，身份改变之后，优势就消失了，这种优势仅仅在原体制下起作用，而市场是不认可它的。

另一个引人注意的问题是上下两代人在职业、技能上有无延续性，或者说当私营企业主开业时，他们从父辈那里有所继承吗？由于中国经过社会主义改造和历次政治运动，到了 20 世纪 80 年代私人资产是非常有限的，企业主最初的开业资金有可能是全家人劳动或经营的积累，但不太可能是以往家产的继承。到了 90 年代，社会成员的收入和资产已经分化，差别已经很大，企业主是否从父辈那里得到资金帮助，本次未做更细的调查。但是，我们发现在所有被调查私营企业主之中，有 10.0% 的人父辈是手工匠人（如木匠、瓦匠、裁缝等）和机械操作工，有 12.3% 的人父辈从事过与工业有关的工作（如自己开业、财会、采购销售、中介经纪等），这就使子辈从小耳濡目染，或掌握一门手艺，或学得一些商业运作规则，这些文化技艺上的传承增加了企业主的信心（"一招鲜、吃遍天""学会车铣刨，走遍天下都不怕"等），比别人多了一些实用技能和工商业经营的基础知识。这点不是一个企业家崛起的必要条件，但在开业之初，其帮助却是很大的。

（二）家族制企业

今日中国的私营企业，普遍采用家庭家族拥有的形式。

从资产上看，前文已谈到有 51.8% 的企业为企业主一人独资企业，在全部被调查企业中企业主本人投资占投资总额的 82.7%，而在所有其他投资者中，又有 16.8% 是企业主的亲属，这种产权结构是构成家族制企业的前提。

从决策权和管理权来看，前文也已提到 97.2% 的企业主同时又是企业的主要管理者，私营企业的产权与经营权是密切结合的。

在私营企业中经营决策和一般管理决定主要是由企业主单独或由企业主与其他人共同做出的。决策权与管理权高度集中在企业主手里（见表 21）。

表 21　被调查私营企业重大决策和一般管理决定的产生方式

单位：%

决策者	经营决策	一般管理决定
企业主本人	58.8	54.7
企业主和主要管理者	29.7	34.5
企业主和其他人	0.3	0.4
董事会	11.0	10.0
其他人	0.2	0.3

　　家庭成员在企业中占据着重要位置。在997位已婚企业主中，有187位的配偶在本企业工作，比例为18.8%。他（她）们有22.5%的人参与企业管理，11.8%的人负责供销，5.3%的人担任技术工作。有327位企业主已有成年子女，共有121位子女在本企业工作，25.6%的人参与管理，39.7%的人负责供销，9.9%的人担任技术工作。此外，企业管理人员中还有23.0%的人是企业主的其他亲属，技术人员中有9.8%的人是企业主的亲属。

　　由于企业主控制了企业的资金、决策、管理和人员构成，因此整个企业就被罩在了一张家庭、家族的大网之中。

　　企业由家族控制，在中外各国私营企业中是相当普遍的。即使最保守的估计也认为，由家庭所有或经营的企业在全世界企业中占65%~80%，①既包括世界500强中的40%，包括美国最著名的公司，也包括千万个注定无法扩展也不会被下一代继承下去的小公司；有些是拥有数万名雇员的跨国集团，有些只是仅有几位雇员的街头简易商店。在美国，家族企业创造了美国生产总值的一半，也雇用了美国一半的劳动力。② 那么中国的家族企业有什么自己的特性呢？

　　第一，中国的私营企业是在制度转型中诞生的，第一批吃螃蟹的人是需要特殊勇气和智慧的，他们在原体制中没有可利用的资源，只有靠个人和家庭的支持开始经营自己的企业。在这个过程中，成功的创始者是勇敢、坚定的，他们从自己过去的经历中理解要生存，只有苦拼，有困难，只能靠自强自立，企业的成功往往依赖于他们个人的毅力和决心，他们承受压力的韧性是别人无法相比的。而他们真正能够寻找到的支持和帮助，使他们感到安全的只有家庭。因此有42.6%的企业主认定："为了企业的稳定发展，必须由我本人或我的家人来经营管理。"

　　第二，中国家族制企业有其社会结构和文化价值观上的根源。中国数千年的传统社会结构对于现代中国人的社会生活仍有着深刻的影响。中国的封建社会完全不同于西方。西方的封建社会是封建庄园制度，而中国自秦始即为郡县制，强大的国家负责安全、大规模水利工程、远距离道路等公共事业，直接向家庭收取赋税（无论采用田亩制还是人头制），家庭是自给自足的自然

---

① 〔美〕克林·盖尔西克等：《家族企业的繁衍》，经济日报出版社，1998，第1~2页。
② 〔美〕克林·盖尔西克等：《家族企业的繁衍》，经济日报出版社，1998，第1~2页。

经济最好的生产单位,个人要依赖家庭的互助协作才能得以生存,因此每个人必须承担对家庭的义务和责任。这是今日家族企业在农耕社会中的鼻祖。因此传统中国社会结构是国家—家庭—个人,而不是西方的国家(弱)—领地(强)—家庭(弱)—个人。西方资本主义社会萌芽于领地和自由邦,领地和自由邦的传统演变成今日的社区,而现代资本主义公司制度正是在社区环境中发育起来的。而中国的村庄是扩大的家族或几个家族的联合,没有发育出社区这一层结构。中国传统文化适应与固化了这一社会结构,忠孝是中国礼制的基石,"忠"是个人对国家应尽的义务,"孝"是个人对家庭所承担的责任,但是缺乏国家与家庭之间的公共社会空间,在"重农轻商、以农为本"的国家里,缺乏公共的社会交往。在意识形态上有对朋友的信、义,但最后又转化为类似家庭中兄弟的关系,用"悌"来涵盖信、义,如《三国演义》中刘、关、张,《水浒》中的 108 将都要结拜成异姓兄弟,兄弟的情义是那样深深地打动着每个中国人的心并被人们牢牢地接受,固化为传统文化中又一根支柱,直到今天。当代中国曾经实行农村的公社和城市的单位制度,其实有可能逐步培养出社区感情,但实质上公社和单位只是国家的延伸,并没有诞生出现代商品经济基础上的"社会"形态。直至今天,改革开放解放了人,但是这个人是个人主义的人,个人形态的人,仍然不是现代社会意义上的人,因此像"股份公司"这样的经济合作形态,并不是中国人所熟悉的,公司股东们的关系是幼稚的,互相合作往往变成互相"利用"。商品经济要求人们在社会生活中践行契约关系,信任与平等,而我们对国家是忠实的,对家庭是无私的,对个人生活是自制、自律的,但对社会公共生活,则往往表现出自私和冷漠。今天的私营企业已经进入市场运作,但经营者的思想观念却很难与此相适应,社会—经济制度能够突变,思想—文化只能渐变,市场经济的物质交换形态容易建立,但基于文化的交换规则深入人心就需要假以时日,不可能毕其功于一役。

德国社会学家马克斯·韦伯认为以加尔文教派为代表的新教伦理对于早期资本主义发展起到了决定性的推动作用。像中国和印度这些东方国家不可能产生现代资本主义。确实,今天中国私营企业的发展不是一种宗教思想的产物。表 22 列出了企业主的开业目的(原因),第一类是制度边缘人和制度外的人要求改善生存条件,第二类是制度内的人逐渐失去了制度的庇护,要求改变现状,第三类是要求提高生活水准,值得考虑的是第四类，要求实现人生价值。价值的文化内涵是什么？肯定不是宗教的、超验的。调查中65.1%的企业主表示"对于我现在从事的行业，一定要坚持下去"，表现出他们对自己的事业有信心，不会轻易动摇而改变主意；但是另外有33.7%的企业主认为"哪个行业能赚钱，就转向哪个行业"，是出于商业成功的考虑，而不是把坚持一项工作看成一种"圣职"。虽然如此，对企业主的价值观还是应该再做深入研究。

表 22　被调查私营企业主的开业目的（原因）

单位：%

目的（原因）	比例
1. 没有工作或工作不稳定，	5.9
离开土地	2.0
2. 与原单位领导关系处不好	1.9
3. 增加收入	40.2
4. 在原单位无法发挥专长，	7.4
实现自己的价值	40.1

第三，采用"家族化"来增强企业的凝聚力，化解劳资矛盾。在家族制企业中以企业主为核心，家庭近亲占据财务、采购、销售等关键职位，家族成员分布在生产、技术、管理的各个环节上。对于非家庭成员，则用"家族化"的方法，把他们变为"准家庭""家族式"的成员。对于邻居、乡党、亲近的同学、同事、朋友，逐步植入家庭内部长幼、兄弟之间的"孝、悌"观念，把他们视为家人，以便他们也能信守互助、互惠和信任的家庭价值观，通过把公共关系变为私人关系，利用传统文化来促进企业的发展（见表23）。

表 23　被调查私营企业中投资者、管理人员和技术人员的"家族化"

单位：%

与企业主的关系	投资人	管理人员	技术人员
邻居	6.5	7.1	6.1
朋友	10.2	8.9	6.6
通过亲友介绍	3.5	6.9	9.0

续表

与企业主的关系	投资人	管理人员	技术人员
关系户	2.0	10.5	1.8
没有特殊关系	4.6	—	—
招聘而来	—	2.4	29.4

"家族化"建立起家庭内部式的保护—被保护关系，把工具性和情感性结合起来，将家庭模式强加在工作环境之中。

被调查私营企业职工的月平均工资是 463.61 元。有 73.5% 的企业不为职工支付医药费和医疗保险费，有 26.5% 的企业每年为每位职工支付 345.77 元的医疗费和保险费。有 34.2% 的企业每年为每位职工支付 238.02 元的劳保费用。只有 7.7% 的企业为职工买了养老保险，每人每年花费 689.66 元。有 82.5% 的企业不为职工投保人身保险，仅有 17.5% 的企业每年为每位职工花费 308.79 元用于人身保险。虽然私营企业劳动时间长、劳动强度大，而职工报酬尤其是劳动保护和社会保障程度很低，但是由于农村多余劳动力充斥，城市下岗工人增多，因此职工争取改善劳动条件和劳动保护的热情并不高，一般劳动争议的解决办法就是老板辞退工人或工人主动离去。1996 年一年之中在 719 家私营企业中，有 383 家（占 53.3%）企业中 12% 的职工离去，有一半以上是职工主动离去。相当多的企业主对职工也采用"父爱主义"对策，尽量给雇佣关系披上一些亲属、近邻等关系的外衣。但是归根结底，许多企业主讲，今天给工人工作机会，就是对他们最大的爱护和关心啦！

私营企业生活在社区之中，就如在传统村落中，富户要为修桥铺路做出贡献，这是一个家族的义务，也是一种荣耀，有 3/4 的私营企业为当地修建过学校、道路，为举办公众活动做出过贡献，平均每户捐赠 3.54 万元。他们这样做最主要的理由是：人应对社会多做贡献；报效父老乡亲；提高自己和企业的名声；答谢政府；和当地搞好关系。后三项出于工具理性，而前两项是带有文化价值观印记的。

一个私营企业家由自己个人奋斗到利用家族力量管理企业再到报效社区，总括起来他们心目中认为企业在经营管理中最为重要的是什么呢？也就是一个企业文化的核心是什么呢？他们认为依次有这样 6 项：自己品行端正，身体力行；考虑员工的生活和福利；注意为国家多做贡献；有利于所在社区的发展；把家庭和亲友关系摆在适当的位置上；开阔眼界，了解国际发展动向。

家族制管理的企业会怎样发展呢？这取决于企业发展周期和家庭生命周期的更迭、交错，以及企业主怎样应对由此带来的挑战。一个企业有初建期、正规发展期和成熟期。在初建期，创立者事必躬亲，无时不在参与每项决定，他是企业的总发动机，公司常因此一人的素质、能力而"成也萧何，败也萧何"。他的家人亲属是他最可靠、最忠诚的劳动力，为了家庭的义务和未来的利益，他支付报酬不多而得到的帮助是巨大的。当企业规模扩大到一定程度，有了稳定的产品、项目和市场占有率，内部管理趋向正规的科层体制时，创立者无论是主动还是被动，都要出让部分权力给专业化管理人员，这需要一个痛苦的磨合过程，这时企业已经进入正规发展期。再后，产品稳定并要逐步更新，企业是开辟新的发展领域还是固守原先的领域，战略决策逐渐变得迫切起来。企业管理层中已有大量家族外的专业人才负起责任了，企业成熟了。创立者已步入老年，孩子们长大了，父辈希望孩子们干得更好，子辈们接受了更好的教育，具有更好的知识，但是他们的经历完全不同，管理企业的理念已经变了，他们是另一个时代的人了。在家族内部，多个子女之间管理职位的传接与财产的继承并不完全一致，企业的继承危机出现了。中国今天的私营企业主平均年龄才40岁，企业也还在初创期。但他们对子女的期望值很高，4/5的企业主希望自己的孩子能上大学、考研究生，直至出国留学；16%的人希望孩子能继承自己的事业，35%的人希望至少有一个孩子会留在自己企业里接班。这种期望和设想，不也浸染着中国家族文化的浓厚色彩吗？

（三）社会地位

私营企业主对自己与其他社会成员相比的经济地位、社会地位、政治地位的评价，在三次调查中逐次下降（见表24）。

表 24　被调查私营企业主对自身地位的评价（平均值）

	经济地位	社会地位	政治地位
1993 年调查	4.5	4.0	4.6
1995 年调查	4.5	4.2	5.1

续表

	经济地位	社会地位	政治地位
1997 年调查	4.7	4.6	5.7

注：表中 1 为最高，10 为最低。

近几年，私营经济在国民经济中所起的作用越来越大，私营企业主为社会各界公认为高收入阶层，而其社会地位与政治地位也都在上升，尤其是在"十五大"召开之后。但是他们自身的感觉并未好转，不升反降，这是不是一种内心焦躁感的表现，是不是较高期望与现实矛盾的一种反映呢？怎样提高自己的社会影响呢？1995 年、1997 年两次调查并无显著变化（见表 25）。

表 25　被调查私营企业主认为提高自身影响的有效方法

单位：%

	入党	担任人大代表等	担任政府职务	利用媒体宣传自己	尽量扩大企业规模	支持社会公益事业	与政府领导多联系	树立良好形象	向政府多反映意见	通过选举担任领导	其他
1995 年调查	18.1	34.2	6.0	21.8	83.3	55.9	27.6	60.0	22.2	5.0	1.2
1997 年调查	11.8	15.6	6.4	25.1	81.6	60.8	21.5	50.0	10.5	2.2	0.4

在被调查的 1171 位私营企业主中，共有 75 位人大代表（占 6.4%），其中 6 位是省人大代表，一位任省人大常委会副主任；共有 149 位各级政协委员（占 12.7%），其中 14 位是省政协委员；有 7 名担任县级以上政府职务。

私企业主中的党员比例，1993 年调查为 13.1%，1995 年调查为 17.1%，本次调查为 16.6%。另有 24.1% 的企业主希望能够加入中国共产党。

被调查私营企业主中已有 70.8% 参加了私营企业协会与个体劳动者协会，34.5% 参加了各地工商联，参加了同业公会的仅有 4.4%。

对于建立非公有制经济的行业公会或企业家自己的联谊会、俱乐部等，68.6% 的企业主认为很有必要（1995 年调查这一数字为 81.1%），19.0% 的人认为无所谓，9.5% 的人认为没有这种必要。赞同成立的理由，主要是希望能有一个自己的组织做三件事："保护合法的私有财产"、"协调经营活动"和"提高私营企业家的社会地位"。

（四） 家庭与财产

这次抽样调查的私营企业主中，男性占 92%，女性占 8%。这些人中85.1% 已婚。

1996 年，企业主平均分红、工资收入共 104074 元，家庭收入为 119456元，企业主个人收入占全家收入的 87.1%。一起生活的家庭人数平均为 4.7人，家庭规模较一般家庭规模（3.7 人①）多 1 人。1996 年企业主平均每家生活费支出为 35365.56 元，每人月均 627.05 元，其中城镇 780.55 元（全国平均为 326.62 元②），农村 311.74 元（全国平均为 211.26 元③）。

每月人均几项主要开支为：伙食费 183.72 元，服装费 66.37 元，娱乐费 35.11 元，教育费 69.67 元，保健费 37.91 元。

被调查私营企业主基本上已有自己的住房。

1997 年 9 月，本次私营企业抽样调查正在进行中，中国共产党第十五次全国代表大会召开了。十五大报告中明确指出"非公有制经济是我国社会主义市场经济的重要组成部分。对个体、私营等非公有制经济要继续鼓励、引导，使之健康发展"。这是对私营经济作用的新评价，改变了 1988年宪法修正案中"私营经济是社会主义公有制经济的补充"这一沿袭至今的说法。理论上的更新，必将在实践中促起一个中国私营经济大发展的新高潮。一些有关所有制性质的顾虑可以打消，一些不同所有制不同对待的政策规定可以修正，私营经济的发展在理论上已经没有任何阻碍了。可以预见，伴随着国有企业抓大放小，积极改制，私营经济在数量上必将有一个新突破。

由于实践中的新发展比理论上的变化在时间上总会有所滞后，本次私营经济调查已不能描述这种新景象了，这一任务留待一两年后的下一轮调查来完成吧！

---

① 据《中国统计年鉴 1997》第 73 页数据计算。
② 据《中国统计年鉴 1997》第 296 页数据计算。
③ 据《中国统计年鉴 1997》第 312 页数据计算。

2000 年中国第四次私营企业抽样
调查数据分析综合报告

"中国私营企业研究"课题组

20 世纪最后十年，是中国私营企业恢复和蓬勃发展的十年。对于改革开放以来这一最为引人瞩目的现象，中央统战部、全国工商联、中国社会科学院以及中国民（私）营经济研究会及时组织了由政策制定部门、私营经济管理部门和科研部门人员参与的"中国私营企业研究"课题组，并在 1993 年、1995 年、1997 年进行了三次大规模的全国私营企业抽样调查，取得了大量的第一手材料和数据，记录了中国私营企业再生、壮大的历史过程，也为有关决策部门提供了大量基础资料。

2000 年，中央统战部和全国工商联及中国民（私）营经济研究会及时组织了第四次全国私营企业抽样调查。调查包括了中国大陆 31 个省、自治区、直辖市以及新疆生产建设兵团，由各地工商联研究室派出调查员进入各私营企业通过访谈填答问卷，调查时间为 2000 年 5～8 月，调查统计时点统一规定为 1999 年 12 月 31 日。1999 年年底全国共有私营企业 150 万户，按 2.4‰的比例发出问卷 3600 份，回收 3110 份，其中有效问卷 3073 份，有效回收率为 85.4%，有效问卷数约占全国私营企业总数的 2.0%。在中央统战部、全国工商联领导同志的指导和协调下，课题组全体成员密切合作，已完成了实地调查以及数据处理工作，现将主要调查数据做如下分项分析。

一 党的十五大以来，私营企业正在稳步发展

上一次全国私营企业抽样调查是在 1997 年进行的，距今整整三年。在这三年中，就私营企业的外部环境而言，发生了较大变化，因此比较这三

年私营企业的发展状况，首先需要分析环境的变化。

改革开放 20 年来，在党的政策的鼓励、引导下，私营企业的发展从无到有，从小到大。许多人在认识上有一个转变、深化的过程，其中 20 世纪 80 年代到 90 年代前期，有一些地方曾经有过"两头热、中间冷"的情况。但随着私营经济在国民经济发展中发挥出越来越重要的作用，尤其是 90 年代中期税制改革后，个体、私营经济为地方财政税收做出了不可忽视的贡献，地方政府发展私营经济的积极性空前高涨。在这一背景下，我们需要对包括私营经济在内的非公有制经济的地位做出新的估价。1997 年 9 月，党的十五大在实事求是地分析我国将在很长时期内仍处于社会主义初级阶段的基础上，明确指出："非公有制经济是我国社会主义市场经济的重要组成部分"，"公有制为主体、多种所有制经济共同发展，是社会主义初级阶段的一项基本经济制度"。从此，非公有制经济由社会主义市场经济的"必要补充"变为"重要组成部分"。其后，在 1999 年 3 月的九届全国人大二次会议上审议通过的《中华人民共和国宪法修正案》，第一次把"个体、私营经济等非公有制经济，是社会主义市场经济的重要组成部分"写进了国家的根本大法——宪法之中。此后各地政府制定了一系列鼓励私营经济发展的办法、措施，清理和调整了一批不符合宪法精神的原有政策，使私营经济得到了更加宽松的外部环境。这一系列政策导向无疑极大地鼓舞了私营企业从业人员，使投资者更加坚定了发展壮大私营企业的信心，这是三年来私营企业数量稳步增加、规模不断扩大的重要原因。

当然，私营企业发展的外部环境也并不全是"利好"。1997 年下半年开始，亚洲一些国家爆发金融危机，经济出现困难和倒退，许多亚洲国家受到很大程度的冲击。这场危机持续了两年，直到今年（2000 年）有些国家的经济才出现程度不同的回升现象。这场金融危机也对我国的经济活动造成了负面影响，出口受阻，外来投资减少，再加上内需不旺，这都程度不同地造成了我国各类企业包括私营企业在内出现资金紧张、销售不畅的现象。应该说，1997～1999 年是我国企业经受严峻考验的三年。但是私营企业显示了顽强的生命力，在这三年之中仍在稳步发展。下面是三年来，国家工商局公布的有关私营企业的一组数字（见表 1）。

表 1　1997 ~ 1999 年中国私营企业发展概况

年份	户数		投资者人数		雇工人数		注册资金		销售总额或营业收入		社会消费品零售额	
	（万户）	比上年增幅（%）	（万人）	比上年增幅（%）	（万人）	比上年增幅（%）	（亿元）	比上年增幅（%）	（亿元）	比上年增幅（%）	（亿元）	比上年增幅（%）
1997	96.1	17.3	204.2	19.8	1145.1	14.4	5140.1	37.0	3096.7	36.0	1854.7	27.2
1998	120.1	25.0	263.8	29.2	1445.3	26.2	7198.1	40.0	5323.7	71.9	3059.3	64.9
1999	150.9	25.6	322.4	22.2	1699.2	17.6	10287.3	42.9	7149.4	34.3	4191.4	37.0

资料来源：国家工商行政管理总局编《工商行政管理统计汇编》，中国工商出版社，1997、1998、1999。

从表 1 可以看出，各项绝对数三年全部保持快速上升态势，增幅以 1998 年最高。外界市场严峻形势的后果经过一段时间的滞后，在 1999 年反映比较明显，虽然私营企业经营效果的指标增幅有所减低，但企业主投资开业的热情不减，在已经较高的绝对数水平上仍然快速增长。

而本次抽样调查的数据也从多方面证实了私营企业稳步发展的现状。

（一）企业规模和经营效益

本次调查的私营企业平均已经经营了 5.5 年。其中在 1988 年前已经成为"雇工大户"①的占 12.8%，1989 ~ 1997 年成立的占 61.3%，1997 年以后成立的占 25.9%。

1. 从业人员、企业机构、实有资金

到 1999 年年底，被调查私营企业平均有 4.7 名投资者，雇工中位数②为 55 人，与 1997 年调查数据相比，分别增加了 2.2 人和 11 人。

在从业人员中，技术人员占 9.8%，与 1997 年调查的 9.7% 持平。从总体上看，三年来私营企业的增长形式主要仍是规模扩张，而非技术密集化。

许多私营企业除总部、主要生产经营场所外，另有分号、分支机构，

---

① 在党的正式文件中，1987 年 1 月 22 日，中共中央《关于把农村改革引向深入的决定》中第一次出现"私人企业"，1987 年 10 月党的十三大报告中第一次提出"私营经济"，在此之前，一般称"私营企业"为"雇工大户""雇工企业"等。

② 由于私营企业相互之间差异很大，许多统计数据在求平均数时经常受畸大数据的拉动而偏大，如人数、资金等的平均数受少数大户影响很大，代表性差，因此在本次调查报告中经常使用中位数，即用所有数据中大小居中的值来表示一般水平。

平均每户私营企业拥有 2.8 处生产、经营地点。

私营企业开业时的实有资金中位数为 40 万元，经过几年经营后，1999 年年底实有资金中位数已达 150 万元，平均每年资金增长率为 61.7%，由此可以看出私营企业的经济实力增长相当迅速。

与 1997 年调查数据相比，更可以看出三年来私营企业的生产、经营规模已经大为扩大（见表 2）。

表 2 私营企业规模比较

	投资者人数（人）	雇工人数（万人）	实有资金（万元）
1997 年调查	3.7	50	115.3
2000 年调查	4.7	55	150.0

2. 销售额、税、费与利润

1999 年被调查私营企业的销售额或营业收入每户的中位数为 400 万元，纳税额为 14 万元，各种收费为 2 万元，企业纯利润为 20 万元。如各以登记私营企业第二年数据为比较对象，[①] 年增长率分别为 21.1%、42.8%、19.2% 和 60.8%。

再比较两次调查数据（见表 3），可以看出三年来税收略有增加，而各种收费几乎减少一半，这反映了几年来治理"三乱"是有成效的。销售额虽然有所上升，但税后纯利润却降幅较大，确实可以看出这几年宏观经济环境存在不利因素，给私营企业的经营带来了很大困难。

表 3 私营企业经营效果比较

	销售额（万元）	税（万元）	费（万元）	纯利润（万元）
1997 年调查	355	12.8	3.9	28.2
2000 年调查	400	14.0	2.0	20.0
两次调查比较（%）	+12.7	+9.4	-48.7	-29.1

在纯利润的使用中，79.6% 投入扩大再生产，投资者分红占 7.1%，用

---

① 各私营企业注册月份不一样，因此注册第一年的数据不是完整的全年统计量，而注册后第二年的数据是全年统计量，可以与 1999 年全年统计量比较。

于应酬、交际的占 5.4%，用于各种捐赠占 4.5%，各种摊派占 1.8%。

（二）私营企业主对环境和自身地位的评价

几年来改革环境的好转与基础建设的改进，已对私营企业发展产生了良好的影响。我们可以分为四类分别进行观察（见表 4、表 5）。

第一类，有关企业发展的外部"硬"环境，已经大为改善。生产场地、用水和用电、原材料采购方面，多数企业认为"近两年有改进"，绝大多数企业认为已得到和国有企业、外资企业一样或基本一样的待遇，多数企业已不存在这方面的困难。

第二类，有关企业生存的外部"软"环境，如产品销售、寻找服务对象、开发和寻找新项目等方面，2/3 的企业感到困难和很困难，压力很大。

第三类，是企业内部环境，在引进技术人员、员工稳定性、企业主和家属人身安全方面已有很大改善（回答得到改善的比例分别是 45.6%、38.9% 和 39.7%），与国有企业和外资企业差别不大，仍感到有困难的已是少数企业（比例分别为 27.4%、22.6% 和 12.7%）。

第四类，仍然存在的较大问题还是税收太重、收费太多、集资和摊派太多，但即使这样，多年治理的"三乱"也已初见成效，近 30% 的企业认为两年来是有所改进的。

表 4　私营企业经营条件两年来的改善程度

单位：%

项目	有改善	没有改善
生产场地	47.4	16.3
用水、用电等	43.7	17.3
原材料采购	44.5	13.8
产品销售	46.4	11.6
寻找服务对象	38.3	10.3
开发、寻找新项目	44.4	13.6
引进技术人员	45.6	13.1
员工稳定性	38.9	17.8
企业主和家属人身安全	39.7	15.6

续表

项目	有改善	没有改善
税收太重	24.6	26.0
收费太多	28.6	23.8
集资、摊派太多	29.3	21.0

表5　私营企业经营条件的困难程度

单位：%

项目	没有困难	仍感困难
生产场地	54.7	21.3
用水、用电等	64.1	16.2
原材料采购	61.1	16.0
产品销售	38.6	38.7
寻找服务对象	37.9	31.9
开发、寻找新项目	33.3	40.9
引进技术人员	47.6	27.4
员工稳定性	50.8	22.6
企业主和家属人身安全	58.4	12.7
税收太重	29.6	47.0
收费太多	26.5	49.4
集资、摊派太多	33.0	38.9

在我们所做的四次抽样调查中，都在观察他们与全社会各种人进行的比较，私营企业主始终把自己排在中间位置，变化不大。可见虽然各种所有制经济已经取得平等地位，但真正让私营企业主普遍建立起自信心来，尚需时日（见表6）。

表6　私营企业主对自身地位的评价

	收入	社会声望	政治参与
1993年调查	4.5	4.0	4.6
1995年调查	4.5	4.2	5.1
1997年调查	4.7	4.6	5.7
2000年调查	4.7	4.3	5.0

注：在十个"台阶"中，1为最高，10为最低。

今天，私营企业主希望经营条件能够进一步改进，迫切程度依次为：信贷政策①（占总户数的 59.0%）；清除腐败（占总户数的 56.0%）；税收政策（占总户数的 52.4%）；进一步在法律上保护产权（占总户数的 39.0%）；同等对待不同所有制企业（占总户数的 38.0%）；推进政治体制改革（占总户数的 26.6%）；改进工商管理（占总户数的 24.2%）；改进舆论宣传（占总户数的 20.1%）；加强宏观调控（占总户数的 15.6%）；改变户口制度（占总户数的 10.6%）。

（三）私营企业生产、经营能力有所提高

由于内需不旺，企业在市场中面临激烈的竞争。54.1% 的私营企业感到自己的主产品、主要销售商品或主要服务项目在市场上竞争非常激烈，42.4% 的企业感到竞争比较激烈，两项合计占总户数的 96.5%。

面对市场竞争，私营企业主采取什么对策呢？最为集中使用的方法是"提高产品质量"；其次是"加强管理、降低成本"和"向消费者降低价格"；再次是"开发新产品"、"改善售后服务"、"多做广告"和"采取其他增加企业和产品知名度的做法"；最少采用的方法是"加大销售环节的回扣"和"转向其他行业"，但出此对策的企业比例要比 1997 年调查时增多。

采用上述系列对策的必要条件是提高企业接受信息和技术创新的能力。

私营企业经营者得到信息的渠道主要有：一是与买方交谈；二是与同业人员交谈；三是组织或委托专门的市场调查；四是阅读报纸、杂志；五是看电视、听广播。此外网上查询、市场中介组织提供信息等都还不是主要信息渠道。与 1997 年调查相比，私营企业主对市场调查重要性的认识增强了。

平均每个被调查企业有市场研究、开发人员 2.1 人，专职营销人员 9.3 人，与 1997 年相比，分别增加了 0.8 人和 5.3 人。激烈的市场竞争使得企业把更多的人力资源投向了市场开发和营销。

有 52.5% 的私营企业有自己的商标，较 1997 年增加了 6 个百分点，但一些商标没有正式注册。

私营企业加强了新产品、新技术、新项目的开发，每个企业平均有专

---

① 关于资金借贷问题将在第三部分中专门分析。

职人员 2.3 人，较 1997 年调查中同一项数据多了 0.7 人。39.1% 的企业与其他科研部门、科研人员有技术合作，主要采用的方式有：请技术人员在本企业兼职，购买或委托研制新产品、新技术，科研人员出让新产品、新技术换取利润分成。一些企业采取了技术参股分利等方式，但仍在摸索中，并不普遍。

私营企业加强了对工人的技术培训，以适应产品升级换代和高新技术的操作要求。91.2% 的企业曾经搞过职工技术培训，主要形式是上岗前培训、工作中以老带新和本企业利用业余时间进行技术培训。

私营企业主也抓紧了自身的学习。在私营企业发展初期，先机填补市场空白点是发展的要务，但当市场经济初步形成以后，提高管理企业能力，掌握市场运作规则就显得越来越重要了。一些名噪一时的私营企业"其兴也勃也，其亡也忽也"，正是从反面说明了这一点。因此，许多私营企业主越来越感到能不能通过学习提高自身的素质，已经关系到企业能不能继续发展，甚至能不能继续生存下去。在最近两三年内，有 71.0% 的被调查企业主曾经参加过学习。学习的主要形式是：考察或参加专项研讨会；业余时间系统自学；边工作边函授学习；听讲座；参加短期培训班；请专家讲授；还有 3.9% 的私营企业主参加过脱产学习。他们学习的内容是：企业管理（占学习人数的 97.5%）、市场营销（63.4%）、法律（51.8%）、财务管理（35.1%）、金融投资（28.9%）、其他知识（4.9%）。

二 私营企业发展中的一些新现象

（一）一些私营企业摘掉了"红帽子"

20 世纪 80 年代和 90 年代初，私营企业主对于多种所有制经济并存的政策尚有较大疑虑，同时在贷款、税收、购销以及人事管理等各方面还存在着对私营企业的一些歧视性做法。因此相当一部分私营企业纷纷挂靠乡镇集体企业（戏称戴"红帽子"，其实还有挂靠学校为"校办企业"、挂靠民政部门为"福利企业"等，花样翻新，不一而足），或设法造成合资假象（称为戴"洋帽子"），有的不愿登记为私营企业而诡称"个体户"（所谓戴"小帽子"），这样在生产、经营中可以得到很大方便，企业主心理上也自认为政治上更安全一些。在 20 世纪 80 年代末 90 年代初，工商行政管理部门为了便于管理，曾准备把戴"红帽子"的私营企业识别出来，还其本来面目，但因条件不成熟而作罢。当时有研究者认为隐藏在各种"帽子"下的私营企业数量不会少于正式登记为私营企业的数量。但近几年，私营经济已经在法律上得到平等地位，政策环境大为改善，因此又有许多私营企业要求脱帽还原，明确企业产权，在摘掉各种"帽子"的过程中，也产生了一些争执。这几年私营企业户数增加速度较快，与摘帽还原是有联系的。

本次调查识别出曾戴"红帽子"的企业有 771 户，占全部被调查企业的 1/4。

这些企业成立后戴"帽子"主要发生在 20 世纪 80 年代的占 46.3%，发生在 1989 ~ 1992 年的占 23.5%，1992 年以后发生的占 22.6%；另有 7.6% 是成立于 1979 年以前的企业，后来资产所有权发生了转移，但企业所有制登记迟迟未更改。

它们当初戴上国有企业"帽子"的占 5.2%，城镇集体企业的占 31.3%，农村集体企业的占 18.0%，联营企业的占 4.5%，股份制企业的占 7.9%，"三资"企业的占 1.0%，个体户的占 31.1%，其他的占 0.9%。

"摘帽"时间发生在 1989 ~ 1991 年的占 12.3%，1992 ~ 1996 年的占 48.1%，1997 年以来"摘帽"的占 39.6%。

"摘帽"的原因如表 7 所示。

表 7　私营企业摘去各种"帽子"的原因

单位：%

原因	比例
各种所有制企业税收已拉平	4.3
经营活动中的限制比较少了	17.5
社会地位有所提高	19.7
经营自主权交易得到保证	27.9
明晰产权避免出现纠纷	23.3
其他	7.3
合计	100.0

很明显，无论是"摘帽"的时机与原因，都与宏观政策环境的好转紧密联系。

这些"摘帽"私营企业的资产构成到底怎样？"摘帽"前后有无明显变化？（见表8）

表8　私营企业"摘帽"前后实有资产构成

单位：%

实有资产构成	企业成立时	1999年年底
主要投资者个人	71.6	71.0
其他投资者	19.7	16.0
群众集资	1.8	1.0
乡镇、街道集体	0.5	0.1
各级政府、军队、武警	0.1	0.3
其他企业	4.2	7.0
海外投资	0.5	5.0
其他投资	1.7	—

从资产构成看，企业始终是以主要投资者和其他投资者的资本为主，集体单位投资一向微乎其微，在"摘帽"过程中也没有出现集体资产流失的现象，而企业间投资和海外投资在增加。但是"戴帽"策略对于这些私营企业来说，仍是一种成功的策略，由于得到各种"帽子"后面的保护和便利，这些企业在"摘帽"之前发展基础较好，到1999年年底，这些企业实有资金中位数为200万元，职工人数62.5人，年销售额453万元，纳税17万元，交费3万元，纯利润22万元，无论是规模还是经济效益都超过全部被调查企业的总体水平（可对照表2、表3）。

"戴帽"发展确实造成产权不规范、不清晰，但是正是这种模糊性，使这些私营企业的发展在特定历史时期融入其生存背景之中，这正是在体制转型过程中一些私营企业的狡黠之处、高明之处、成功之处，这也算是一种"特色"吧。因此谈论产权清晰与否的利弊时，不能离开具体历史条件和时代背景，此一时彼一时，此一地彼一地，是不可教条主义地一概而论的。

（二）一些国营、集体企业改制为私营企业

我们从被调查的私营企业中识别出19户是近年来改制成私营企业的，其中2户是由国有企业改制而来，10户为城镇集体企业改制，2户为农村集

体企业改制,另有 2 户联营企业、3 户股份制企业改成私营企业。改制时间:3 户是在 1995 年以前改为私营企业的,8 户是在 1995～1996 年改制的,8 户是 1997 年以后改制的。

衡量改制的效果主要看两条,一是对企业生产是否有利,二是对投资者与工人是否有利(见表 9)。

表 9　改制而来的私营企业经济效益

单位:万元

	销售额	税	费	纯利润
改制后第二年	180	10	3.5	10
1999 年	700	20	3	21
1999 年全部被调查企业平均水平	400	14	2	20

从表 9 中可以看出企业改制后,生产效益好转,利、税额都在上升,销售额、税额和纯利润都高于全部被调查私营企业的平均水平。到 1999 年年末,这 19 个改制的企业每户实有资金的平均水平为 145 万元,略低于全部被调查企业实有资金的平均水平(150 万元),但销售额与企业资金比例以及纳税额与企业资金比例都比总体平均水平更高,说明这十几户的经济效益相当不错。

这些企业工人人数从改制后第二年平均每户 28 人,上升到 1999 年的平均每户 84.5 人,也高于全部被调查企业平均水平的 55 人,由于这些私营企业实有资金的平均水平还稍低于总体平均水平,因此可以看出这些企业在改制后,劳动密集程度更高了。

这些企业的职工在 1999 年年平均工资是 7179.7 元,相当于每月 598.3 元,由于在本次调查中没有涉及这些企业改制前的职工工资水平和改制前后劳动时间是否有变化,因此工资水平是上升还是下降,劳动强度是加大还是减轻,尚不能下结论。而 1998 年全国国有企业职工年平均工资为 7479 元,城镇集体企业为 5331 元,[①] 1999 年年平均工资都有所增长,但这些私营企业的工资水平仍介于二者之间,过去国有企业职工货币工资外的实际收入要比私营企业高得多,但现在差距在缩小。

---

① 国家统计局编《中国统计年鉴 1999》,中国统计出版社,1999。

（三）私营企业积极配合国有企业改革

1997～1999 年，正是国有企业减员增效、扭亏为盈的关键阶段，国有企业机制的转变给私营企业进一步发展创造了广阔的发展空间。有 23.9% 的被调查企业已经或正在兼并、收购、租赁、承包破产的或效益差的国有企业，表现出积极的姿态（见表 10）。

表 10　被调查私营企业对待国有企业改革的反应

单位：%

	比例
已兼并或收买破产的国有企业	7.9
正在着手兼并或收买破产的国有企业	8.3
已承包或租赁效益差的国有企业	3.4
正在着手承包或租赁效益差的国有企业	6.7
目前没有想过这个问题	67.7
将来也不打算这样做	6.1

在国有企业改革中，妥善解决下岗职工再就业是关乎社会稳定的大问题，对此私营企业做出了积极贡献。据《工商行政管理统计汇编》提供的资料，1997 年、1999 年两年中，私营企业分别吸纳了下岗职工 43.85 万人和 41.17 万人。在本次被调查企业中，有 67.0% 的企业吸纳了下岗职工，每户吸纳职工的中位数为 4 人。

我国改革开放一个有益的经验是，在原体制内经济成分稳妥改革的同时，积极扶持了原体制外的非公有制经济，这样就为公有制经济其后更为深刻的改革准备了经验，争取了时间，积蓄了物质力量，避免了经济全局的被动和社会整体的震荡。

（四）私营企业大户已具有很强的实力

企业的大与小是相对的，在不同行业、不同地区标准是不同的。本次调查是全国性抽样调查，目的是想反映私营企业的总体情况，因此仍需要一个相对的标准。本次调查中，有 339 户私营企业的实有资产在 1000 万元以上，占所有被调查企业的 11%，下面就以实有资产千万元为标准，分析这些实力较强的私营企业。

1. 行业分布

私营企业大户聚集在什么行业里呢？1999 年私营企业大户主营仍以传

统的制造业居多，其次为商业，再次为房地产业、建筑业。兼营行业之中，最多的是商业和餐饮业、房地产业、建筑业，可见大户是相对集中在这几个行业中的。

在私营企业大户中还有实有资产在亿元以上的特大户 45 户，这些特大户的主营、兼营集中在制造业（26 户，占 58%），房地产业（19 户，占 42%），商业、饮食业（16 户，占 36%），建筑业（10 户，占 22%），交通运输业（7 户，占 16%），社会服务业（6 户，占 13%）和科研技术业（4 户，占 9%），[①] 其他各业都只有 1 户。这些特大户中有 17 户（38%）仅有主营行业，其他户不仅有主营行业，还有兼营行业，主营行业主要集中在制造业、商业和房地产业（分别有 20 户、8 户和 6 户）。

从以上分析可以看出，大户，尤其是特大户的主营行业相对集中在三四个行业内，从产业来看，今天主营行业仍以第二产业居多，但大多数企业兼营第三产业。

2. 地区分布

私营企业大户的总部或主要经营、生产地点位于东部地区的占 47.7%，在中部地区的占 27.3%，西部地区的占 25.0%。如果从省份看，东部各省份都分布有大户，以广东最多，占我们这次调查大户的 1/7，其次为江苏、山东、吉林等省；中部大户较为集中在山西、河南两省；西部的重庆、四川、贵州和陕西大户较为集中。结合行业看，东、中、西部各行业分布没有明显差别，即便是西部各省份也有房地产大户，而东部各省份制造业大户也仍占第一位，并未见东、中、西部在产业上呈梯度分布。

在城乡分布方面，大户集中在大、中城市的达 64%，在小城镇的占 27%，在农村的仅占 9%，而且在农村的主要是制造业，其余各行业都集中在城市。

3. 规模效益

私营企业大户、特大户的年销售额、税、费、利润与一般企业户相比，绝对量差别是巨大的（见表 11）。

---

① 由于是主业、兼业合并计算，故合计百分比超过 100%。

表 11　1999 年不同规模私营企业经济活动比较（中位数）

单位：万元

企业实有资金	销售额	税	费	利润
1000 万元以下	295	10	2	15
1000 万~1 亿元	2400	103.5	15	150
1 亿元及以上	12750	500	11.5	700

但是如果从资金利用率来看，则小型企业相对效益更好。不过分析销售收益，则发现大户又占了上风。因此，可以看出小型企业的生命力在于资金流动率高，也就是钱要快进快出，而大户资金底数已经很大，虽然资金流动速度慢一些，但资金流动量大，是以量大获利（见表12）。

表 12　1999 年不同规模私营企业效益比较

单位：%

企业实有资金	资金利用状况			销售获利状况	
	资金销售率	资金利润率	资金利税率	销售利润率	销售利税率
1000 万元以下	430	19.5	34.9（40.2）	4.5	8.1（9.3）
1000 万~1 亿元	180	12.4	20.2（22.4）	6.9	11.2（12.4）
1 亿元及以上	70	4.8	6.8（7.0）	6.8	9.7（9.9）

　　注：资金销售率＝年销售总额/年末实有资金×100%；资金利润率＝年纯利润/年末实有资金×100%；资金利税率＝（年纯利润＋年纳税额）/年末实有资金×100%；销售利润率＝年纯利润/年销售额×100%；销售利税率＝（年纯利润＋年纳税额）/年销售额×100%；括号中为把交费计算在内的利税率。

4. 大户发展原因初探

　　一些私营企业大户为什么能够发展得这么快，这始终是一个谜，引起了政策制定者、管理者、一部分学者和广大群众的很大兴趣。

　　20 年来我国经济体制转型肯定是最关键的外部因素，前面分析的不同地区之间大户数量的差异，实际上就是改革开放政策倾斜度不同以及随之社会经济发展水平拉开的表现。至于这一背景下行业之间的差异，我们将在下一部分专门论述。但是在相同地区、相同行业中，在大致相似的外部环境中，总是有一些企业脱颖而出，原因到底何在呢？

　　古典经济学家发现了土地、劳动力和物质资本是促进经济增长的三个要素。新古典经济学家（如舒尔茨和贝克尔）在 20 世纪 60 年代以后引入了"人力资本"的概念,认为教育和培训提高了劳动者的素质,从而决定了古典生产要素的利用率。而 20 世纪 80 年代以后出现的"社会资本"理论,强调人是处在广泛的社会结构之中的,他动员周围存在的社会网络资源,能够提高物质资本和人力资本的收益。[①] 从"三种资本"理论分析角度出发,可以分析私营企业大户的发展原因。

首先,看物质资本,主要指资金。在登记为私营企业时,即开业之初,一般企业和大户的实有资金中位数分别为 38 万元和 100 万元,考虑到一般企业平均是在 10 年前开业的,而大户平均已开业 12 年,在 20 世纪 80 年代后期,是市场开始形成、市场空白大量存在的年代,资金的多寡具有特殊而且重要的意义。在开业后第一个完整财政年度末(开业第二年末),一般企业银行贷款余额占企业实有资金的 26%,大户占 26.4%,特大户则高达76.2%。初始资金和行业的不同,使得这三类企业的发展速度大不相同(见表 13),这其中银行贷款的贡献不可低估,那么为什么一些企业可以在银行贷到款而另一些却不能呢?

表 13　不同规模私营企业发展速度比较（中位数）

单位: %

企业实有资金	资金增长率	销售额增长率	纳税额增长率	交费增长率	利润增长率
1000 万元以下	20	20	18	6	17
1000 万~1 亿元	49	33	33	16	26
1 亿元及以上	96	62	49	16	51

其次,看人力资本。在 1989 年前,私营企业发展之初,人力资本差异并不明显,但时至今日(1999 年),随着企业的产业升级和一批年轻、高学历管理者后来居上,人力资本的重要性日益凸显出来。这三种企业主要投资者(也是主要管理者)的文化水平有相当大的差异,半数以上大户企业主都有大学或研究生文化水平(见表 14)。

---

① 社会资本理论是跨越社会学、经济学、政治学等学科的重要学术前沿,系统介绍这一理论的最新出版物有《社会资本与社会发展》(李惠斌、杨雪冬主编,社会科学文献出版社2000 年 8 月出版),其汇集了国内外的主要相关论文。本文参照了这本书的内容。

表 14　不同规模私营企业主的文化水平

单位：%

企业规模	企业主文化水平					
企业实有资金	不识字	小学	初中	高中	大学	大学以上
1000 万元以下	0.2	2.8	22.6	40.7	31.7	1.9
1000 万~1 亿元	0.0	1.4	8.8	30.8	49.9	9.1
1 亿元及以上	0.0	2.2	2.2	20.0	53.3	22.2

最后，再来考察不同企业主的社会资本（见表 15、表 16、表 17）。

表 15　不同规模私营企业主开业前职业

单位：%

企业实有资金	专业技术人员	机关单位负责人	企业负责人①	办事人员	工人、服务人员	农民	专业户、个体户	其他职业
1000 万元以下	12.7	3.8	20.9	7.2	17.5	7.9	24.2	5.8
1000 万~1 亿元	13.8	8.6	26.9	8.2	13.4	3.4	18.3	7.5
1 亿元及以上	12.1	18.2	24.2	6.1	12.1	3.0	21.3	3.0

注：①包括乡镇企业负责人。

表 16　不同规模私营企业主开业前工作单位性质

单位：%

企业实有资金	机关企事业	城乡集体企业	农村	其他
1000 万元以下	24.8	30.7	9.8	34.7
1000 万~1 亿元	34.9	31.8	3.7	30.4
1 亿元及以上	51.6	9.0	3.0	36.4

表 17　不同规模私营企业主开业前职务

单位：%

企业实有资金	各级干部	乡、村干部	国有、集体企业承租、承包人	其他
1000 万元以下	20.5	4.3	22.0	53.2
1000 万~1 亿元	29.1	3.2	25.1	42.6
1 亿元及以上	45.7	3.2	9.7	41.4

从表 15、表 16、表 17 中可以看到，大户，尤其是特大户企业主开业前多担任国家、集体机关企事业负责人、干部，或国有、集体企事业承租承包人，这样的经历，有利于其在原有体制下建立各种社会网络，而社会网络的扩大为其"下海"开业后提供了更多调动物质资本的便利。当然这并不等于反过来推论，凡具有这些条件的负责人、干部"下海"后一定成功，也并不能得出结论说，凡不具备这些条件的人开办私营企业就不能成功。社会资本需要在一定条件下运用。

1989 年以前，经济体制转型尚在起始阶段，开办私营企业的主要是在原体制内相对利益较少的农民、工人、一般服务人员和体制边缘地带的个体户。1992 年以后，市场经济基本确立，原体制内相对受益的群体也逐步找到一条适应体制变化的"下海"之路，专业技术人员，原机关、企业的负责人逐渐成为开办私营企业的主要组成部分（见表 18）。由于他们具有较多的社会资本，因此能将私营企业迅速做大，而且后来居上的发展空间比较大。

表 18　原不同职业私营企业主开业年份

单位：%

开业年份	专业技术人员	机关单位负责人	企业负责人	办事人员	工人、服务人员	农民	个体户	其他	无业
1989 年以前	10.3	4.3	15.0	4.3	20.3	14.0	25.7	5.1	1.0
1989~1991 年	13.5	5.7	20.3	5.7	17.8	5.9	26.3	4.6	0.2
1992~1995 年	14.0	5.6	20.8	8.4	16.0	6.6	22.6	5.3	0.7
1995 年以后	12.2	4.6	24.6	7.9	16.1	6.9	21.1	5.5	1.1

运用"三种资本"的理论来分析大户的形成基本可以得到数据的支持。

（五）产业机构转换

从国家工商行政管理统计中可以看到私营企业的主营行业在发生变化：采掘业，尤其是制造业的户数比重一直在下降，第三产业中的商业、饮食业、服务业的户数比重在上升（见表 19）。

表 19　近十年私营企业主营行业的变化

单位：%

年份	农林牧渔业	采掘业	制造业	建筑业	交通运输业	商业、饮食业	社会服务	科研技术	其他
1989	—	2.9	66.4	3.7	1.2	20.5	3.8	—	1.5
1992	—	3.0	59.4	2.9	1.2	26.2	4.3	1.7	1.3
1997	1.9	1.5	41.0	2.3	1.0	42.9	7.1	—	2.3
1999	2.3	1.1	36.8	2.8	1.1	42.5	8.8	—	4.6

随着中国市场经济体制的逐步建立，行业的兴盛不再由计划操控而由市场来决定。一个企业选择某一个行业固然是和自身条件、信息来源、地方特点等诸多条件有关，但最重要的是和行业资金回报率（资金利润率）以及行业进入资金有关，前者随市场需求而变化，后者则取决于行业的规模和容量，其如同一条门槛拦在每一个想进入的企业面前。比较 1997 年和2000 年两次调查数据，我们可以发现各行业的资金利润率都在下降，一些行业下降得很快，充分说明一个高利润的卖方市场已经迅速过去，有限的需求使得业内竞争加剧，进入的门槛已经越来越高了（见表 20）。

表 20　部分行业资金利润率的变化

单位：%

年份	农林牧渔业	采掘业	制造业	建筑业	运输业	商业、饮食业	房地产业	服务业	卫生	教育文化	科研技术
1996	17.1	31.8	15.5	15.2	14.1	10.1	16.9	11.4	39.7	23.5	54.4
1999	8.9	6.8	12.1	11.7	11.1	3.1	11.1	10.0	19.8	16.8	10.5

从表 20 中可以看出，私营企业的生产、经营利润空间已经越来越小，而行业的平均资金却越来越高（见表 21），这使一些经营者不得不退出某些行业，而新来者进入就更加困难了。

表 21　1999 年年底部分行业私营企业实有资金（中位数）

单位：万元

行业	农林牧渔业	采掘业	制造业	建筑业	运输业	商业、饮食业	房地产业	服务业	卫生	教育文化	科研技术
实有资金	170	145	200	200	200	100	1050	60	150	150	150

在此二者合力作用下，部分企业就会发生产业转换，在 2000 年调查中发现有 5.4% 的私营企业的主业已经发生变化。采掘业资金利润率迅速下降，制造业相对较高的资金门槛，说明这两个行业的经营遇到了相当大的困难，房地产业较高的企业投入资金，正好反映了被"套牢"的尴尬。商业、饮食业利润下降到最低水平，正说明人们消费能力是有限的，但其进入的门槛在各行业中仍然相对较低，因此近年来商业、饮食业的数量比例相对稳定。建筑业和运输业尚有利可图，但进入的门槛较高，都呈稳定状态。可以预计在今后几年内，将会有相当数量的私营企业进入卫生、教育、文化、科研技术领域，因为这些行业准入门槛相对较低而资金回报率较高，反映了其背后存在着较强劲的市场需求。

就在这三四年内，高新技术产业呼声甚高，由于高新技术的具体标准不一，本次调查无法针对每一个企业一一识别，如以上述科教文卫企业代表高新技术产业，则其较高的资金利润率反映出这些产业还有很大的发展余地。但是这些产业的人力资源投入较大，尤其是科研技术业，企业主有大学及以上学历的高达 82.3%，由此可见一斑。

无论是微观上的企业发展设计，还是宏观上指导私营企业扬长避短，在经济结构中选准位置，都需要对行业的发展走势做出全面的观察和冷静的分析。

三 当前私营企业发展中存在的主要问题

许多制约私营企业发展的问题随着外部政治环境的不断好转，市场经济的逐步完善，已经或正在得以解决，如戴"红帽子"引起的产权、法律地位等问题。但也有一些是私营企业刚刚出现就存在的问题，目前仍需各有关方面高度重视，为解决问题共同做出努力。例如，东中西部私营经济的地区差距问题、大部分私营企业的资金借贷问题、私营企业内部管理问题等，还有一些新问题，私营企业现状远远不能达到形势的要求，"人无远虑，必有近忧"，因此一定要引起警惕。例如，对于我国参加 WTO 是否有清醒认识，是否有所准备？对于上述问题，本报告将分述如下。

（一）私营企业发展的地区差异未有明显改变

十年来，私营企业总的发展还是相当快的，如 1999 年与 1990 年相比，户数增加了 15.4 倍，注册资金增加了 108.1 倍。中、西部私营企业也有很大进步，但与东部相比，相互差距的比例未见缩小，由于基数扩大，实际上差距的绝对数量还在扩大（见表 22）。

表 22　私营经济地区差别比较

年份	东中西部之比			
	户数	从业人员	注册资金	销售额或营业收入
1990	65.4∶20.1∶14.6	60.4∶22.1∶17.5	58.2∶21.0∶20.9	69.4∶19.1∶11.6
1997	63.5∶23.4∶13.0	60.9∶25.2∶13.9	68.1∶19.5∶12.5	65.3∶22.9∶11.8
1999	65.8∶20.0∶14.0	61.6∶22.9∶15.5	68.7∶17.2∶14.2	69.3∶20.6∶10.1

注：东部地区指北京、天津、上海、辽宁、河北、山东、江苏、浙江、福建、广东、海南 11 个省市；中部地区指黑龙江、吉林、内蒙古、山西、河南、湖北、湖南、安徽、江西 9 个省区；西部地区指重庆、四川、贵州、云南、广西、西藏、陕西、甘肃、宁夏、青海、新疆 11 个省区市。

资料来源：国家工商行政管理总局编《工商行政管理统计汇编》（1990、1997、1999），中国工商出版社，1990、1997、1999。

比较我们 1997 年、2000 年所做的两次调查也可清楚地看到这种差别。在 1997 年以前的调查中完全采取企业匿名方式，虽然这有利于减轻被调查企业主对敏感问题的心理压力，但是在不同年份调查时，无法对同一企业进行追踪调查，因此在 1997 年调查时留下了部分企业名单。本次调查再去追踪这些企业时，比较了东部地区两个省 8 个县（93 家企业）与中部地区两个省 5 个县（174 家企业），时隔三年，这些企业的现状如表 23、表 24 所示。

表 23　不同地区私营企业追踪调查（1）

单位：%

现状	东部	中部
正常营业	52.7	55.7
迁往外地	23.7	6.3
倒闭、被兼并	23.7	37.9

表 24　不同地区私营企业追踪调查（2）（中位数）

指标	1996 年			1999 年			东中部差距的变化
	东部	中部	东中部差距	东部	中部	东中部差距	
实有资产（万元）	60	30	30	181.5	60	121.5	增加 91.5
职工人数（人）	23	12	11	30	25	5	减少 6

续表

指标	1996 年			1999 年			东中部差距的变化
	东部	中部	东中部差距	东部	中部	东中部差距	
销售额（万元）	275	70	205	500	80	420	增加 215
税（万元）	10	2	8	24.5	2.5	22.0	增加 14.0
纯利润（万元）	12.5	6	6.5	30.0	3.0	27.0	增加 20.5
资金利润率（%）	18.7	19.3	-0.6	12.5	5.9	6.6	增加 7.2
销售利润率（%）	4.6	8.0	-3.4	5.3	3.6	1.7	增加 5.1

从表 23、表 24 中可以看出：中部企业更不稳定，歇业、倒闭比例较东部高 50% 以上；即使仍在营业，东、中部企业规模都有增加，但差距在加大，而从经济效益来看，各部分地区企业效益都有所下降，而中部更甚。

可惜这次调查没有得到西部私营企业的追踪信息。本次调查记录下了大部分被调查私营企业的名称，以期在两三年后下一次调查中可以得到更多的追踪信息。

自 1999 年以来，党中央和国务院把西部大开发放到了国家经济社会发展的关键位置上来，如何使西部私营企业更为健康发展，缩小地区之间的差距，为西部开发发挥更大的促进作用，是私营经济研究中应该单独着力研究的题目。造成地区差距的外在发展环境制约和企业本身的缺陷到底是什么，需要更深入的分析。

（二）私营企业借贷资金难的问题仍然普遍存在

在被调查的 3073 户私营企业中，没有债务负担的占 9.1%，其余企业债务中位数为 74 万元，债务总额占资金总额的 39.7%。在债务构成中，银行贷款余额占 62.9%，民间借贷占 4.7%，其余为企业间欠款，约占 32.4%。

企业日常生产所需流动资金的中位数为 60 万元（见表 25）。

表 25 私营企业流动资金来源

单位：%

资金来源	占被调查企业总数的比例
企业自有资金	95.6

续表

资金来源	占被调查企业总数的比例
向银行借款	70.1
民间借贷	52.4

有76.7%的被调查企业为扩大再生产需要进一步投入资金，中位数为80万元（见表26）。

表26　私营企业发展资金来源

资金来源	占被调查企业总数的比例
企业自身积累	86.0
向银行借款	76.7
民间借贷	52.9
发行债券	3.5
募集股份	11.4

私营企业向银行贷款，感到困难和很困难的占63.3%，时难时易的占22.1%，比较容易贷到款的占14.6%（见表27）。

表27　私营企业向银行贷款难的原因

单位：%

原因	占被调查企业总数的比例
担保条件难以满足	59.3
信用等级评定过严	10.6
贷款数量太少	22.4
贷款利息太高	14.3
贷款期限太短	25.0
企业不愿公开财务信息	2.8

私营企业很少能找到其他实力雄厚的国有企业来做借款担保人，而银行对抵押物的要求也是极为严格的。因此，私营企业很难满足银行借贷的抵押担保要求。仅有42.8%的被调查企业能按国家规定利率（平均年息5.86%）向银行借到钱，平均借期为9.5个月；有8.9%的企业以高于国家规定的利率（平均年息8.85%）向银行借到钱，平均借期为9.4个月。

65.5%的企业没有要求评定过自己的信用等级，而在评定等级的企业中，分别被评为以下信用等级（见表28）。

表28 私营企业被评定的信用等级

单位：%

信用等级	AAA	AA	A	BBB	BB	B	C
占被调查企业总数的比例	5.5	7.5	6.9	0.1	0.1	0.6	0.2

觉得需要权威的中介机构来给企业评定信用等级，树立企业信用形象的企业仅占40.7%，16.4%的企业认为无须这么做，另有31.8%的企业从来没有考虑过这个问题。

在向银行借款很困难时，32.1%的被调查企业向民间借贷，利率平均为8.16%，由于没有法律保护，时有欺诈、纠纷出现，但由于这种方式能够解决企业的一部分需求，因此民间借贷仍是禁而不止，广泛存在。为了解决资金问题，0.4%的企业发行了债券，还有3.4%的企业准备这么做，72.1%的被调查企业表示近期不考虑这样做。发行股票是另一种筹集资金的方法，已经发行股票和准备发行的，各占被调查企业总数的0.2%和4.3%，76.8%的企业没有这种打算。

向银行借贷难是个老大难问题，现在已不存在制度上歧视私营企业的问题，而商业银行也必须保证放贷安全，不能允许大量坏账的出现。因此解决借贷难的问题，既有银行在制度上放宽限制，适当增强灵活性的问题，也有私营企业自身建立起透明、真实的财务制度的必要性问题。任何地方的银行都不会愿意把钱借给那些财务不透明的企业。但是信用体系的建立并非一朝一夕可以毕其功于一役的，需要政府、银行、企业三方长期共同努力才有希望做到这一点。刘永好等一批私营企业家在中央统战部的鼓励、支持下提出"信誉宣言"，这就是一个良好的开端。讲信誉、讲诚信，不仅包括在企业和消费者之间抵制假冒伪劣产品和蒙骗欺诈行为，也包括企业、政府之间的诚实纳税与公正清廉关系，还包括建立企业与银行之间的资信制度。只有这样，健康的市场体系和规则才能真正建立起来，否则"坏的市场"交易只能分化社会凝聚力，使社会结构解体，最终使包括私营经济在内的经济发展失去基础，经济增长的成果被侵蚀。因此解决私营企业借贷难的问题，不仅是一个政策问题、技术问题，背后还存在着长远的传统文化背景、社会结构背景，这是问题真正复杂、困难的根源所在。因此，既要从现在起逐步在制度化上有所推进，也需要从改变民族特性上做长时间的努力。

（三）管理素质有待提高，劳资关系需要改善

1. 投资结构造成所有权与经营权不分离

与前几次抽样调查结果一样，私营企业内部所有权与管理权集中在主要投资人身上。

私营企业的投资人是相当集中的。在 3073 户私营企业中（被调查人为企业主或主要投资人），有 1102 户（占 35.9%）是一人投资，虽然这些私营企业登记为合伙、有限责任公司和股份有限公司等各种类型，但实际上与真实投资人数并不相符。11.1% 的独资企业并不独资，投资者有 2 人及 2 人以上，相反，4.6% 的合伙企业、15.3% 的有限责任公司、6.0% 的股份有限责任公司是一个人投资的。因此登记为什么形式的公司在很大程度上取决于企业投资者认为怎样对经营方便。在一部分被调查的企业中存在集资情况，集资人多为本厂职工。在仅有 1～3 位投资者的企业中，这些投资者有 61.9% 在本企业担任管理人，其中 13.4% 的人在本企业担任技术工作，3.8% 的人在本企业参加一般生产劳动，只有 7.6% 的人不在本企业工作。

投资金额集中在主要投资人手中（见表 29）。

表 29　私营企业投资构成

单位：%

投资来源	企业注册时	1999 年年底
主要投资人	74.5	63.0
其他投资人	20.4	9.5
群众集资	0.7	0.7
乡镇、街道集体	0.3	0.1
政府、军队等	0.1	0.1
其他企业	2.1	4.1
海外投资	0.7	1.4
其他投资	0.2	12.7
未指明	1.0	8.4

因此，权力高度集中在主要投资人手里。在总经理、厂长之中，93.2%由主要投资人担任，6.7%由其他投资人担任，0.1%由非投资人担任。

在这些企业中，设有"老三会""新三会"的情况如表30所示。

表30　私营企业中已有组织状况

单位：%

组织	股东会	董事会	监事会	党组织	工会	职代会
比例	27.4	43.8	23.1	17.2	33.9	25.9

决策权和管理权仍集中在主要投资人手中，这一情况在儿次调查中基本上是一样的，但就总体而言，略有权力分散的趋势（见表31）。

表31　历次调查中私营企业权力结构比较

单位：%

决策者	重大经营决策				一般管理决定			
	1993 年	1995 年	1997 年	2000 年	1993 年	1995 年	1997 年	2000 年
主要投资人决定	63.6	54.4	58.8	43.7	69.3	47.3	54.7	35.4
董事会决定	15.2	19.7	11.0	26.3	5.1	15.1	10.0	18.2
主要投资人和主要管理人共同决定	20.7	25.6	29.7	29.1	25.3	37.3	34.5	41.8
主要投资人和其他组织共同决定	0.6	0.0	0.3	0.5	0.3	0.3	0.4	0.8
专职经理决定	—	—	0.2	—	—	—	0.3	3.4

2. 管理素质有待提高

由于买方市场的出现，96.5%的私营企业主认为企业面临着非常激烈的市场竞争。他们选择的对策，依次为（括号中为选择此项的百分比）：第一，提高产品质量（71.3%）；第二，加强管理、降低成本（67.6%）；第三，开发新产品（40.6%）；第四，向消费者降价（31.2%）；第五，改善售后服务；此外还有多做广告、加大回扣、其他增加知名度的方法等。虽然占前几位的对策是积极的，但是在具体环节上的管理能力却是相当有限的。

信息渠道。重要的消息来源有买主（30.8%）、组织和委托专门的市场调查（14.4%）、看电视和听广播（12.9%）、与同行交谈（11.2%）、读报纸或杂志（8.0%）、互联网（5.1%）、中介组织（4.3%）等，消息来源杂乱、专业化程度低。1/4 的企业未设有专职营销人员，43.7% 的企业未设专职市场研究、开发人员。

技术创新。在本企业内有专职新产品、新技术、新项目开发人员的企业仅占 52.6%，与其他科研部门、科研技术人员有合作关系的企业也仅有 39.1%，合作方式主要是请科研人员在本企业任职和购买、委托研制新产品、新技术，而采用利润分成、参股分利等方法的极少。在被调查私营企业中，技术人员仅占企业全部从业人员的 8.7%。

人力资源开发。在这点上私营企业主一般还是比较注意的，包括自身接受再教育和抓紧对职工进行培训。

有 71.0% 的企业主在最近两三年内抓住了各种各样的再学习的机会。一般形式为：考察或参加专项研讨会（占被调查者的 29.9%）、业余时间系统自学（26.6%）、函授学习（24.7%）、听讲座（24.5%）、参加短训班（20.0%）、请专家讲授（19.5%）和脱产学习（3.9%）。学习内容包括：企业管理（占被调查者的 69.2%）、市场营销（45.0%）、法律（36.8%）、财务管理（24.9%）和金融投资（20.5%）。这种再学习对于提高他们的管理素质帮助很大。

有 91.2% 的私营企业对员工进行过技术培训，采用的主要方式是：上岗前培训（占被调查企业的 39.6%）、工作中以老带新（33.7%）、本企业业余培训（10.5%）、送到其他企业培训（4.0%）、企业出资送到学校学习（3.2%）和企业资助职工业余学习（2.1%）。

管理规范化。在被调查的私营企业中，许多企业主是从开业之初就主持管理，他们在工作中学会管理，因此往往采用灵活多变的、现场直接参与式的管理，带有很大的个人风格、经验的色彩。许多重要的管理环节，甚至没有以文字形式制定下规章、制度，如：39.2% 的企业（公司、工厂）没有组织章程（或董事会章程），33.7% 的企业没有人事、劳动任用和管理章程，43.3% 的企业没有工资、福利章程，29.0% 的企业没有岗位管理条例，11.7% 的企业没有财务管理章程，47.7% 的企业没有供销管理章程。管理中的个人随意性往往造成企业生产、经营中的混乱。

许多私营企业经营者已经感到管理的担子越来越重、心有余而力不足，越来越难以胜任了。原因主要是：随着企业规模扩大，原先经验型、随意型的管理已经不能适应管理的需求了；市场激烈竞争要求产品、技术更新换代，随之对管理的要求提高了；部分创业者已到了或快到权力交替、选择接班人的年龄了。部分私营企业主逐渐抛弃家族制管理办法，开始建立权力分散、授权经营的科层制管理方式，甚至响亮地提出："以资产换取管理"，聘用社会上的专业人士来担任主要管理者。但是家族制管理方式具有特定的政治、历史和文化背景，这些丰富的内涵塑造出了不同的经济行为。在现实中，私营企业采用了一些改进管理的对策，例如：把生产过程剥离出来让"外人"去管理，而财务、销售等环节牢牢地抓在自己手中；送子女去接受最好的教育，甚至送往国外名校去读 MBA；把收益权均分给子女，而把管理权完整地交给其中一人等。

我们强调私营企业管理需要改进，并不是要用单一的、曾经在其他社会中成功运用过的模式去生搬硬套，在管理中所追求的"理性化"，在不同文化内涵中并不具有唯一的内容，因此要在这些企业具体的社会环境中寻找管理优化的方法，否则想当然地提出别人的"合理模式"套在自家企业头上，无异于拔苗助长、缘木求鱼。

3. 劳资关系需要改善

目前，私营企业的雇工最直接的劳动动力在于改善物质生活，因此工资水准的高低往往是造成劳资关系和谐或紧张的最重要的原因。本次被调查企业职工月平均工资为 666.67 元，中位数为 583.33 元，与国有企业职工工资基本持平而高于集体所有制企业职工。

问题在于国家要求不论什么所有制企业都必须参加职工的医疗、养老保险，而在这方面私营企业存在很大问题。有 43.8% 的企业没有为职工投保医疗保险，有 51.0% 的企业没有参加职工养老保险；还有一部分企业即使参加了，也并没有为每一个职工投保，这样一旦职工出现伤病或从较长远时间看，职工一旦付出青春进入老年，将会给社会带来沉重的负担，也会使职工自身陷入困境，这方面已有惨痛教训。今年（2000 年）广东江门一家私营烟花厂不慎发生爆炸，全厂有 200 名职工，企业为省下一年 1.8 万元的工伤保险，只给 15 名员工购买了保险，结果 90% 以上伤亡职工得不到社保机构赔付的丧葬费、抚恤金、医药费和残病补助金。许多私营企业主不给职工投保的理由是职工流动率高，不值得为他们投保。但反过来想一想，不也正是因为企业不按法律规定投保，职工的后顾之忧不能解决，其就不会有真正的劳动积极性，企业也就没有凝聚力，留不住人，职工流动率自然就会高。其实企业工人流失率高，正是职工无言抗议的一种形式，对企业、对职工都是不利的。

（四）对中国加入WTO后的变局没有准备

中国将在近期加入WTO，这会产生新的机遇，也会遇到新的挑战。随着"关税壁垒"的降低，外国产品长驱直入，将使现在私营企业依靠廉价劳动力取得的价格优势一步步失去，尤其一些外国企业规模大、成本低、技术先进、市场经验丰富，因此市场竞争带给私营企业的压力将更大。虽然我们也将更方便地进入国际市场，但私营企业严重缺乏了解国外市场的人才，要把可能变成现实还需要付出很多努力。

被调查私营企业把谁看成是自己的主要对手？第一位是其他私营企业（占61.5%），第二位竟是个体户（占18.0%），第三位是国有企业（占17.5%），认为是"三资"企业和国外企业的仅占12.8%和7.5%。他们对于我国加入WTO后的局面很少估计，只有7.5%的企业主考虑到外国产品大量涌进，可能会给自己的企业带来不利影响，只有6.6%的私营企业主认识到可能会出现更多的外资企业，成为自己的竞争对手，12.0%的企业主表示说不清，10.0%的企业主根本没有考虑过这个问题。

就目前来看，私营企业对于进入国际市场的经验和准备极为不足。已有向海外投资经验的企业仅占被调查企业总数的6.1%，其中还有1/10是指在海外购买房地产和股票；根本没有考虑过这个问题的占51.5%。而有过与国外企业合资、合作经验的私营企业仅占9.3%，46.9%的企业没想过这个问题，3.4%的企业表示将来也不考虑。

有一半企业表示不怕与外来企业、外来产品一决高低，其勇气可嘉，但准备不足。我们很快就要加入WTO了，如何在冲击到来之前，对形势有一个正确全面的估计，需要迅速补上什么知识，企业需要在什么方面做些准备，这不仅是私营企业应该努力去做的，也需要政府、商会等组织引起重视，积极介入引导。

四　私营企业主群体状况

这次调查的3073位被调查人，都是这些私营企业的企业主或主要投资人，与已往几次调查一样，我们不但关注私营企业的发展，也同样关心私营企业主这一社会群体的状况。

（一） 性别、年龄和文化

被调查私营企业主的性别比例为：男∶女 = 100∶12.5，女性比重比前几次调查略高（1993 年调查为 100∶11.1，1995 年调查为 100∶10.4，1997 年调查为 100∶8.9）。

私营企业主平均年龄为 43.3 岁，与 1993 年、1995 年、1997 年调查中企业主平均年龄 42.9 岁、41.9 岁、40.5 岁相仿。

私营企业主的文化水平如表 32 所示。

表 32　私营企业主的文化水平

单位：%

文化水平	调查的总体比例	企业资金在千万元以上的企业主比例	1997 年后破产的企业主比例
不识字	0.2	0.0	0.0
小学	2.7	1.5	3.8
初中	19.6	8.1	48.7
高中	39.2	29.6	34.7
大学	35.0	50.3	12.8
研究生	3.4	10.6	0.0

从表 32 的比较中可以看出，大户之所以做大，破产户之所以破产，和企业主的文化水平是高度相关的。

在表 33 中比较了历次调查私营企业主的文化水平，非常明显地看出越来越高。这说明在近年来开业的企业主中，高学历已经是普遍趋势了。

表 33　历次调查私营企业主的文化水平

单位：%

文化水平	1993 年调查	1995 年调查	1997 年调查	2000 年调查
不识字	1.0	0.3	0.3	0.2
小学	9.9	8.2	6.3	2.7
初中	36.1	34.9	31.5	19.6

续表

文化水平	1993 年调查	1995 年调查	1997 年调查	2000 年调查
高中	35.9	38.1	41.7	39.2
大学	16.6	17.6	19.5	35.0
研究生	0.6	0.8	0.7	3.4

（二）社会流动

私营企业主开业前从事什么职业、是否担任过职务，对于开业以后企业发展所拥有的社会资源、所采用的管理方式等都有深远的影响（见表34、表35、表36）。

表 34　被调查私营企业主开业前的职业

单位：%

开业前的职业	1997 年调查	2000 年调查
专业技术人员	4.6	10.5
企事业干部	23.5	43.4
工人、服务人员	10.7	14.0
农民	16.7	9.6
个体户	38.2	17.4
其他或无业	6.5	5.1

表 35　被调查私营企业主开业前所在单位所有制性质

单位：%

开业前所在单位所有制	1997 年调查	2000 年调查
国有企事业	12.2	22.9
城乡集体企事业	15.3	24.5
非公有制企业、个体户	50.0	41.2
农户或农村集体	10.0	7.4
其他或无业	12.5	4.0

表 36　被调查私营企业主开业前职务

单位：%

开业前职务	比例
国家干部	21.5
乡、村干部	3.6

续表

开业前职务	比例
国有、集体企业承包、承租人	22.9
无职务	23.4
其他或无业	28.6

对比 1997 年和 2000 年的调查，可以明显看到国家企事业干部、专业技术人员开办私营企业的越来越多，这直接说明了私营企业发展的政治环境改善，干部、技术人员已经打消了种种顾虑，在制度转型中，找到了自己的较好位置。

（三）组织状况

在被调查的私营企业主中，已参加和希望参加各类组织的情况如表 37 所示。

表 37　私营企业主组织状况

单位：%

	个体劳协	私企协会	私企联谊会	同业公会	工商联	中共	民主党派
已参加	19.5	41.4	18.6	9.7	85.3	19.8	6.7
希望参加	1.2	5.5	15.6	10.3	5.3	10.8	5.1

由于部分地区尚未建立私企协会，因此一部分私营企业主参加的是个体劳协。

与前几次调查相比，私营企业主中党员比例又有所上升，1993 年调查时占全体被调查企业主的 13.1%，1995 年调查时为 17.1%，1997 年调查时为 16.6%，本次调查为 19.8%。党员企业主有哪些特点呢？他们的平均年龄为 45.6 岁，较一般企业主年龄大 3 岁左右，文化水平更高一些，有大学学历的为 41.9%，有研究生学历的为 3.5%（可与表 33 比较）。这些企业主开办私营企业较晚，在 1989 年前开业的仅占 9.0%，1989～1993 年开业的占 15.8%，1993～1995 年开业的占 27.4%，1995 年以后开业的占 44.2%。开业前是企事业干部的较全体样本高 13.1 个百分点，曾为国家干部的较全体样本高 3.3 个百分点，曾为乡、村干部的较全体样本高 4.4 个百分点（可分别与表 34、表 35、表 36 比较）。开业后经营效果要比一般私营企业较好，

1999 年末实有资金中位数为 180 万元（比总样本高 30 万元），销售额中位数为 500 万元（比总样本高 100 万元），纳税额中位数为 23 万元（比总样本高 9 万元），利润中位数为 30 万元（比总样本高 10 万元）。总括起来说，党员企业主开业较晚，但占有人力资源、社会资源较为丰富，所拥有的企业经济效益要比一般企业水准高。

对于工商联组织，有 87.1% 的企业主希望得到帮助和服务，主要内容如表 38 所示。

表 38　私营企业主对工商联组织的希望

位次	内容	希望者比例（%）
1	疏通与政府管理部门的关系	42.3
2	举办企业管理培训班	38.0
3	市场调查研究	33.9
4	法律咨询	31.0
5	组织企业家进行联谊、交流活动	30.2
6	市场营销、信息的中介工作	28.5
7	扩大宣传企业和企业家知名度	28.3
8	组织考察或举办专项研讨会	22.5
9	帮助制定行业经营规范	16.8

他们的回答对于工商联今后开展工作具有参考价值。最迫切的要求是希望工商联能更好地充当政府和私营企业之间的桥梁，占第 2、3、6、8 位希望得到的帮助都是直接与经营活动有关。因此工商联开展活动，要寓思想政治工作于经济活动之中，充分发挥商会和同业公会等中介组织的作用，开展形式多样的服务活动，反映会员的意见和合理要求，维护会员的合法权益，为私营企业主排忧解难，在帮助他们解决发展中的困难和问题，促进私营经济健康发展的同时，提高他们的政治思想素质。占第 5 位的是加强企业家之间的交流，对照表 37，表中私企联谊会并不是制度化的组织，但参加的人数比例并不低，而且还有许多人希望参加，可以看出私营企业主之间有加强联系、增加沟通的强烈要求。

此外，高达 80.2% 的企业主认为需要由非公有制企业成立自己的行业公会或由企业家自己建立的俱乐部等，其目的如表 39 所示。

表 39　成立非公有制企业行业公会或联谊会的目的

位次	目的	同意者比例（%）
1	提高私营企业家的社会地位	55.3
2	协调经营活动	44.3
3	保护合法的私有财产	42.9
4	向党和政府反映意见、要求	42.2
5	彼此联络感情	22.0
6	在所在地区发挥积极影响	21.5
7	制定行规民约，进行自我约束	17.3
8	向国外发展	7.9

从表 39 中可以看出私营企业主最为迫切的仍是提高自己的社会地位。除了建立自己的联谊会、俱乐部外，被调查者认为比较有效的办法还有很多（见表 40）。

表 40　私营企业主认为提高社会地位的办法

位次	办法	同意者比例（%）
1	尽量把企业规模办大	81.6
2	多支持社会公益事业	61.1
3	在日常生活中，注意树立良好形象	52.0
4	争取当人大代表、政协委员	30.9
5	在报刊、电视、广播中多宣传自己的事业	18.9
6	与政府领导人经常联系	15.7
7	通过组织不断向政府反映问题	11.4
8	入党	7.6
9	担任政府中的职务	4.6
10	通过日常选举担任社区领导人	2.1

在这些办法中，私营企业主的注意力主要集中在办好企业、搞好形象上，"在商言商"，对带有政治色彩的做法，同意者的比例都在 20% 以下，位次处在最后几位，在目前阶段，多数人无意涉足其间。

私营企业主很注意要在日常生活中树立良好形象，支持公益事业是通常的做法。自从开办私营企业以来，有 84.9% 的私营企业捐助过公益事业，捐款中位数为 3 万元。捐款的目的中，第一位是"为社会多做贡献"（占 91.8%），第二位是"报答父老乡亲"（占 56.9%），第三位是"答谢政府"（占 54.5%），第四位是"提高自己企业名声"（占 45.0%），第五位是"和当地搞好关系"（占 25.0%），第六位是"实为摊派，不得不捐"（占 7.4%）。从总体看，他们支持公益事业仍是以富而思源、回报社会为主流的。

（四）财产和生活水平

私营企业主无疑是改革开放中"先富起来"的群体，对此既不需要遮遮掩掩，也无须夸张渲染，应该有个比较切实可靠的估计。

私营企业主的财产主要分为三部分：一是生产资料，二是生活资料（主要是住房），三是一部分存款、现金。

从调查结果看，在企业总资产（实有资金）中，属于企业主或主要投资人（此次调查的被调查人）个人所有的，中位数为 100 万元，其中超过千万元的占 12.0%，亿元以上的占 1.1%。关于私营企业主的生活住房，租住房屋的占 12.7%；自己拥有平房的占 17.9%，平均价值为 28 万元；自有单元楼房的占 39.3%，平均价值为 33 万元；自有独立楼房的占 24.6%，平均价值为 37 万元；拥有别墅的占 3.5%，平均价值为 163 万元。私营企业主拥有其他企业证券及存款的中位数为 2 万元。作为一个私营企业主，个人存入银行的钱是相当有限的，资金一般都投入自己的企业之中。

如果把生产资料、住房、证券、存款加起来，则私营企业主财产中位数为 130 万元，超过千万元的占 12.6%，超过亿元的仍为 1.1%。

私营企业主平均每家有 4.6 人。全家全年生活费平均为 61250 元，其中主要支出如下：伙食费用 16143 元（占 26.4%），每月人均 292 元；服装费用 7114 元（占 11.6%），每月人均 129 元；娱乐费用 5894 元（占 9.6%），每月人均 107 元；教育费用 11536 元（占 18.8%）；医疗保健费每月人均 109 元。教育费用所占比例相当高，其中企业主自己接受教育的费用为 3726 元，由此可见企业主很注重对自己和子女的教育进行投资。

（五）非公有制代表人士状况

工商联是中国共产党领导下具有统战性、经济性、民间性的人民团体和民间商会，是党和政府联系非公有制经济人士的桥梁、政府管理非公有制经济的助手，做好非公有制经济代表人士的思想政治工作是其主要职责。为了更好地履行这一职责，工商联必须准确掌握非公有制经济代表人士的特点。非公有制经济代表人士具有一定经济实力、社会影响和参政议政能力。在本次调查中界定以下三种人为非公有制经济代表人士，各级人大代表、政协委员和各级工商联执委以上人士，并对这些代表人士单独进行了分析研究。

代表人士平均年龄和全体样本持平，文化水平中大学与研究生比例稍高。

他们在开办私营企业前的职业、职务，即他们社会流动的轨道与全体样本状况没有统计意义上的显著差别。

他们之中党员占 21.6%，比全体样本多 1.8 个百分点；参加民主党派的比例为 8.8%，比全体样本高 2.1 个百分点。本次调查中未问及他们参加的是哪个民主党派，是不是民主建国会等。

这些代表人士中同时担任各级党政职务的占 4.2%，在各级群众组织中任职的占 13.5%。

1999 年年底这些代表人士的企业实有资金中位数为 200 万元，1999 年销售额中位数为 500 万元，纳税中位数为 20 万元，纯利润中位数为 25 万元，以上数字分别比全体样本高 50 万元、100 万元、6 万元和 5 万元。他们个人拥有财产（包括生产资料、住房、证券和存款在内）的中位数为 169.5 万元，较全体样本多 39.5 万元，千万元以上的比例为 16.0%，亿元以上的比例为 1.3%，比全体样本多 3.4 个百分点与 0.2 个百分点。由此看出，代表人士确实是非公有制经济人士中经济实力较为雄厚者。

这些企业中已建有党组织的占 20.7%，建有工会组织的占 40.4%，有职工代表大会的占 29.0%，而样本总体相应数据为：有党组织的占 17.2%，有工会组织的占 33.9%，有职工代表大会的占 25.9%。今年（2000 年）以来，中华全国总工会要求在私营企业组建工会，无论是党建，还是工会建设，代表人士的企业做得都比较好。这些企业为个人支付医疗费、医疗保险和养老保险的要比样本总体各高 3.3 个百分点和 2.2 个百分点。这样做对于缓和劳资矛盾、建立新型劳动关系、维护职工的合法权益都是比较有利的。

这些企业已经兼并、收购或准备兼并、收购国有企业的各占 9.1% 和 9.0%，也比样本总体各高 1.2 个百分点和 1.7 个百分点。对于参加国有企业改革和再就业工程，其态度也更为积极一些。代表人士中有 93.1% 在开办企业后捐助过公益事业，比样本总体几乎高 10 个百分点，捐助额中位数为 4 万元。

代表人士对于自己所处的经济、社会、政治地位，自我感觉都比样本总体更好，说明他们的自信心更足一些。他们之中有 82.1% 的人赞成建立非公有制经济的行业公会或企业家自己的联谊会、俱乐部，希望发挥的各项作用与样本总体相仿，唯"向党和政府反映意见、要求"一条比样本总体高 5 个百分点。他们对工商联的希望与样本总体相仿，但在最为希望的"疏通与政府管理部门的关系"这一点上比样本总体高 3.2 个百分点。对于"由谁来负责职工的政治思想教育"这一问题的回答，代表人士更依靠党、工会和企业负责人（见表 41）。

表 41 非公有制经济代表人士和一般人士对职工
政治思想教育的认识

单位：%

	由谁负责职工政治思想教育工作				
	党组织	工会	专职人员	企业负责人	企业是生产单位，不管政治思想工作
代表人士	14.5	17.6	9.5	49.3	5.4
样本总体	12.9	15.7	8.9	54.1	7.3

综合起来看，非公有制经济代表人士比非公有制经济一般人士具有更高的政治素质，是接受党组织、工商联组织思想政治教育的带头人。

三年来，我国经济体制转型的步伐迈得很快，其中私营经济发展的新气象也是让人目不暇接的，这次调查希望能够尽量全面地描述这种变化，并揭示一些内因和外因。因此与前几次调查报告比较，增加了时间序列上的分析，并且辟出专节研究了私企大户、企业破产原因、私企追踪观察、非公有制经济代表人士等问题，做了私企研究中的新尝试。中央统战部与全国工商联已经决定，今后每两三年开展一次全国性的私营企业抽样调查并形成制度，这是非常有远见的做法，既可以动态地观察私营经济的变化，及时为政策制定和执行提供多方面信息，同时又可以给私营企业发展立此存照，供理论工作者从历史发展角度出发，寻找私营经济成长的外部条件和内部动力，探索它的发展规律。如果我们伴随一种经济成分的产生、兴起，坚持对它做系统化的调查研究，也将是经济史、社会史上不多见的创举，让我们一起来把这项工作做好。

2002 年中国第五次私营企业抽样调查数据分析综合报告

"中国私营企业研究"课题组

由中央统战部、全国工商联、中国民（私）营经济研究会组织的"中国私营企业研究"课题组，分别在 1993 年、1995 年、1997 年、2000 年进行了四次大规模的全国私营企业抽样调查，获得了大量的数据。根据这些数据所做的分析，同其他相关资料、文献收录在一起编辑出版了《中国私营经济年鉴》。它们记录了中国私营企业再生、壮大的历史过程，也为有关决策部门提供了大量基础资料。

从 2000 年的第四次调查算起，又有两年过去了。在这新世纪开始的两年里，对于中国私营企业来说，最重大的历史性事件莫过于 2001 年 7 月 1 日江泽民总书记在庆祝中国共产党成立八十周年大会上发表的讲话，江泽民同志明确指出，私营企业主是我国改革开放以来出现的新的社会阶层之一，"在党的路线方针政策指引下，这些新的社会阶层中的广大人员，通过诚实劳动和工作，通过合法经营，为发展社会主义社会的生产力和其他事业作出了贡献。他们与工人、农民、知识分子、干部和解放军指战员团结在一起，他们也是有中国特色社会主义事业的建设者"，他们中的优秀分子也可以被吸收到中国共产党里来。江泽民同志的这一讲话精神已经写进了党的十六大报告和新修改的党章里面。这是继党的十五大肯定了私营经济是社会主义市场经济的重要组成部分之后，进一步肯定了私营企业主的社会地位。这无疑将成为中国私营经济发展史上重要的里程碑。

两年来我国私营经济继续高速增长，2001 年年底私营企业户数已经突破 200 万户，从业人员达 2714 万人。一大批国有企业、集体企业通过改制变成新的私营企业，它们一般规模都比较大；原来公有企业的负责人也成为新的私营企业主，其中很多人是共产党员，学历和综合素质都较高，给私营企业主队伍增添了新鲜血液。

从 2001 年年底开始，中央统战部、全国工商联和中国民（私）营经济研究会及时组织了第五次全国私营企业抽样调查。中央统战部、全国工商联领导同志多次召开会议，征求了有关部门、专家学者的意见并反复论证，问卷设计四易其稿。2002 年 3 月，全国工商联在北京召开了各省区市工商联调研室主任会议，对实地调查进行了部署。这次调查包括中国大陆 31 个省、自治区、直辖市以及新疆生产建设兵团，由各地工商联研究室派出调查员进入私营企业通过访谈填答问卷，调查时间为 2002 年 4 ~ 7 月，调查统计时点统一规定为 2001 年 12 月 31 日。2001 年年底全国共有私营企业 203 万户，按 1.8‰的比例发出问卷 3635 份，回收有效问卷 3258 份，有效回收率为 89.6%，有效问卷数约占全国私营企业总数的 1.6‰。为了对部分私营企业进行动态研究，这次问卷调查还对 840 户在 2000 年已经调查过的私营企业进行了跟踪调查。在中央统战部、全国工商联领导同志的指导和协调下，课题组全体成员密切合作，已完成了实地调查以及数据处理工作，现将主要调查数据做如下分项分析。

一 两年来私营经济的发展

（一）私营企业数量增加，规模扩大

自党的十五大明确了"非公有制经济是我国社会主义市场经济的重要组成部分"，"公有制为主体、多种所有制经济共同发展，是社会主义初级阶段的一项基本经济制度"以来，私营企业无论在数量上还是在规模上都取得了飞速发展。进入新世纪，江泽民同志关于非公有制经济的一系列重要论述使全社会对私营经济有了一个全新的认识。"七一"讲话，肯定了民营科技企业的创业人员和技术人员、个体户、私营企业主等新的社会阶层中的广大人员，也是有中国特色社会主义事业的建设者。这一重大理论突破，无疑使广大私营企业主备受鼓舞，私营企业的发展进入了一个新的发展时期。

以下是国家工商行政管理总局公布的数字（见表 1）。

表 1　2000～2001 年中国私营企业发展概况

年份	户数		投资者人数		雇工人数		注册资金		销售总额或营业收入		社会消费品零售额	
	（万户）	比上年增幅（%）	（万人）	比上年增幅（%）	（万人）	比上年增幅（%）	（亿元）	比上年增幅（%）	（亿元）	比上年增幅（%）	（亿元）	比上年增幅（%）
2000	176.18	16.76	395.35	21.50	2011.15	18.36	13307.69	29.36	9884.06	38.25	5813.48	38.7
2001	202.85	15.14	460.83	16.56	2253.03	12.03	18212.24	36.86	11484.24	16.19	6245.00	7.42

资料来源：国家工商行政管理总局编《工商行政管理统计汇编》，中国工商出版社，2000、2001。

从表 1 中可以看出，各项指标的绝对数量都有了较大的增长，由于近两年国内需求不太旺盛，所以除注册资金增幅上升外，其他指标的增幅均略有下降。但总体来看，两年中私营企业的发展依然呈稳步增长的态势。

本次抽样调查的数据也证实了这一点。

（1）资本规模和经营状况

私营企业的资本规模及变化情况如表 2 和表 3 所示。

表 2　2001 年私营企业实收资本总额分组

单位：%

资本总额分组	20 万元以下	20 万～50 万元	50 万～100 万元	100 万～200 万元	200 万～500 万元	500 万～1000 万元	1000 万元及以上
所占比重	4.6	12.1	16.1	15.2	19.2	14.0	18.8

注：本报告统计表中各组界含下界不含上界，下同。

表 3　私营企业规模比较（中位数）①

	投资者人数（万人）	雇工人数（万人）	实有资金（万元）
1997 年调查（1996 年年底数据）	3.7	50	115.3
2000 年调查（1999 年年底数据）	4.7	55	150
2002 年调查（2001 年年底数据）	4.7	60	250

---

① 由于私营企业之间存在较大差距，不同企业的同一指标很多呈偏态分布，少数畸大畸小的极端数据往往使平均数值受到过大影响而失去代表性，因此在本报告中，我们除使用平均数外，也使用了中位数，即用所有数据中大小居中的数值来表示一般水平，在一些指标中同时列出平均数和中位数，两个数值的差距可以在一定程度上提示数据分布的偏斜程度。

2001 年年底，被调查企业的实收资本总额中位数为 250 万元，比 1999 年年底增长了 66.7%；实收资本在 1000 万元及以上的企业比重是 18.8%，比 1999 年年底的 11% 增长了 7.8 个百分点。由此可见，近两年来私营企业不仅在数量上快速增长，其规模的扩大更是迅速。

由于私营企业规模的迅速扩大，其销售额和纳税均呈快速增长态势。值得注意的是，与 1999 年年底相比，2001 年的销售额增长了 45%，而缴税额却增长了 57%。这是近两年国家对私营企业的税收征管力度进一步加大，私营企业主的纳税意识逐步增强的缘故。由于市场竞争日益激烈，私营企业的销售利润率逐年下降，1996 年为 7.9%，1999 年为 5.0%，2001 下降到 3.6%，这是一个值得重视的信号（见表 4）。

表 4　私营企业经营状况比较

单位：万元

	销售额	缴税额	交费	税后净利润
1996 年年底	355	12.8	3.9	28.2
1999 年年底	400	14.0	2.0	20.0
2001 年年底	580	22.0	3.0	21.0

（2）行业和地区分布

比较五次调查、跨度为 12 年的私营企业主营行业变化可以看出，制造业和商业、饮食业依然比重最大，分别为 38.3%、21.4%。制造业基本上呈逐年递减的趋势，近年来其比重趋于稳定；商业、餐饮业原来一直呈增长趋势，但最近一次调查显示，其比重下降得很快，说明有相当大一批从事该行业的私营企业由于行业竞争过于激烈而倒闭或转业。从表 5 中还可以看出，第一产业所占比重虽小，但增幅较大；从事建筑业、交通运输业、科研技术的私营企业所占比重有所增加。

表 5　五次调查私营企业主营行业的变化

单位：%

年份	农林牧渔业	采掘业	制造业	建筑业	交通运输业	商业、餐饮业	社会服务	科研技术	其他
1989	—	2.9	66.4	3.7	1.2	20.5	3.8	—	1.5

续表

年份	农林牧渔业	采掘业	制造业	建筑业	交通运输业	商业、餐饮业	社会服务	科研技术	其他
1992	—	3.0	59.4	2.9	1.2	26.2	4.3	1.7	1.3
1997	1.9	1.5	41.0	2.3	1.0	42.9	7.1	—	2.3
1999	2.3	1.1	36.8	2.8	1.1	42.5	8.8	—	4.6
2001	5.6	1.3	38.3	5.9	2.5	21.4	5.6	2.1	9.9

私营企业的区域分布情况如表6所示。

表6 2001年年底私营企业区域分布情况

单位：%

区域分布	企业总部所在地	企业的最大生产或经营场地所在地
大城市	25.0	24.5
中小城市	34.8	32.9
镇	23.7	23.6
农村	10.3	12.4
开发区	6.1	6.5

从表6中可以看到，绝大部分被调查企业的总部及其生产或经营场地主要集中在城镇，在农村的比例依然很小，只有10.3%和12.4%，其中，中小城市所占比重最大，基本达到了1/3。

综上所述，私营企业的行业分布正逐步趋于合理，资本规模逐步扩大，偷税、漏税等现象逐渐减少，但企业的经营状况和效益却没有明显改善。企业的管理成本居高不下和产品的科技含量低下是目前私营企业普遍存在的问题。

（二）积极参与国有、集体企业重组与改制

近两年正是各地国有、集体企业改制的高潮时期，有8.0%的被调查企业已兼并或收购了破产的国有企业，有13.9%的企业准备兼并或收购破产的国有企业，有2.8%的企业已承包或租赁了效益差的国有企业，有6.6%的企业准备承包或租赁效益差的国有企业。

改制企业改制前的所有制性质分布如表7所示。

表 7　改制企业的原来类型分布

	国有企业	城镇集体企业	农村集体企业	改制企业合计	样本总数（个）
分类型改制企业数（个）	212	351	274	837	3256
改制企业类型构成（%）	25.3	41.9	32.7	100.0	—
改制企业占调查总企业数的比重（%）	6.5	10.8	8.4	25.7	—

有 25.7% 的被调查企业是国有、集体企业改制变为私营企业的，可见私营经济参与国有企业改制的数量之多。在这些企业中，以东部地区的被调查企业所占比重最大，占 45.6%，中部和西部基本上平分秋色，各为 26.6% 和 27.8%；改制以前原来是国有企业的占 25.3%，原来是城镇集体企业的占 41.9%，原来是农村集体企业的占 32.7%；有 60.6% 的企业主原来是该企业的负责人，有 9.8% 的企业主原来是该企业的一般职工，有 23.1% 的企业主与该企业没有关系，是通过外部收购来的，以其他方式收购的企业主占 6.5%。

（三）从业人员增加，对解决就业问题做出贡献

被调查企业 2001 年全年雇用员工人数的中位数是 60 人，雇用半年以上不足一年的员工人数为 20 人，雇用半年以下的员工人数为 2 人。在全年雇用员工中，有 90.6% 的企业雇用了国有企业下岗职工，下岗职工占员工总数的 20%（中位数）。西部地区的被调查企业在吸纳国有企业下岗职工方面低于一般水平，只有 17%，而西部地区是国有企业下岗职工最多的地方，两者反差很大。从企业的规模来看，实收资本在 100 万元以下的被调查企业吸纳下岗职工的能力较强；从部分行业来看，从事商业、餐饮业、房地产业和交通运输业的企业吸纳下岗职工的能力远远高于其他行业，而从事制造业和建筑业的被调查企业吸纳下岗职工比一般水平低很多，只有 13%～15%，这两个行业在地区分布上并没有畸形分布。这说明，下岗职工中具有一定技术的愿意转岗的人相对较少，建筑业用工多为农民工。

（四）向高科技产业发展

本次抽样调查显示，被调查私营企业中高科技企业占企业总数的 3.84%。与前几次调查相比，高科技企业所占比重明显增大。此外，2001 年有 43.6% 的被调查企业对新产品、新技术、新项目的研发投入了资金，

其投资金额的中位数为 30 万元，占 2001 年销售额的 4.5%；有 12.7% 的被调查企业拥有了自己的专利技术。

2001 年高科技企业销售额的中位数是 700 万元，比被调查私营企业整体水平高 20.7%，纳税 23 万元，比整体水平高 4.5%，税后净利润 41 万元，比整体水平高 95.2%。其资本增值率和利润增值率均高于整体水平，分别为 19% 和 22%（见表 8）。

表 8　2001 年高科技企业与被调查私营企业整体水平各项指标比较

	销售额（万元）	缴税额（万元）	税后净利润（万元）	资本增值率（%）	利润增值率（%）
高科技企业	700	23	41	19	22
私营企业整体水平	580	22	21	16	19

（五）多数企业有了参与外向型经济的愿望

由于中国已经成为 WTO 的正式成员国，所以本次问卷特别设置了与 WTO 有关的问题。值得欣喜的是，有 46.1% 的被调查企业认为"只要竞争是平等的，本企业就不怕"，有 35.3% 的被调查企业认为"本企业将在竞争中更好地发展"，只有 5.7% 的被调查企业认为我国加入 WTO 后会对本企业不利。

在与海外合作方面，问卷中有近 22% 的企业已经或正在着手同海外合资合作，近 30% 的企业打算在今后三五年内与海外合资合作，只有 6.2% 的企业不准备同海外合作，另有 41.9% 的被调查企业没有考虑过这个问题。已向海外投资的企业投资额平均为 2.73 万美元，占其资本总额的 3.1%。已同海外合资合作的企业最多的是制造业，其绝对数占到 47.8%；相对比重大的行业主要集中在卫生体育和交通运输业；正在着手与海外合资合作的企业，相对比重较大的集中在农林牧渔业和科研技术行业。从数据分析中我们还看出，企业规模越大，越希望与海外进行合资合作；企业规模越小，与海外合资合作的兴趣越低。

二　私营企业内部管理的改进

随着私营企业规模的扩大，随着近年来私营企业主阶层政治地位和社会地位的提高，私营企业主对企业的管理更加重视，并且取得了一些进步。这主要表现在企业经营管理的组织架构趋于完善，决策管理的机制更为规范。虽然企业主个人仍处于管理的中心位置，但一切都凭个人决断的色彩有所减弱。

（一）资本、风险、决策管理权三个"高度集中"是今天私营企业的普遍特征

现阶段我国私营企业资本高度集中于企业主本人，投资的收益和风险也高度集中于企业主本人。私营企业主不但握有决策权，还都直接掌握企业的经营管理权。虽然有关法律规定独资企业"由一个自然人投资"[1]，合伙企业"有两个以上合伙人"[2]，有限责任公司由"二个以上五十个以下股东共同出资"[3]，但事实上私营企业类型与投资人数并不完全相符。私营独资企业中一人投资的占 85.5%，14.5% 为两人或两人以上投资；而私营有限责任公司中有约 1/7 实际上是一个人投资（见表 9）。登记为何种类型的企营企业，完全取决于私营企业经营的需要。

表 9　不同类型企业投资者人数

企业类型	投资者平均人数（人）	同类型企业中投资者为 1 个人的比例（%）
独资企业	1.30	85.5
合伙企业	3.58	1.2
公司	7.59	16.1
总体	5.66	32.8

注：公司包括有限责任公司和股份有限公司。

无论什么类型的私营企业，企业主个人投资都占据投资总额的一半以上，包括有限责任公司在内，即便有多位股东共同投资，但企业主在大多数企业中都是"一股独大"的。多年来资本高度集聚的现象并没有很明显的变化。根据我们近三次调查，1996 年企业主个人资本占企业资本总量约 80.1%，1999 年为 80.0%，2001 年为 76.7%。

---

[1]　《中华人民共和国个人独资企业法》第二条。
[2]　《中华人民共和国合伙企业法》第八条。
[3]　《中华人民共和国公司法》第二十条。

　　根据国家工商行政管理总局统计，近两年来，在私营企业各种类型中，独资企业、合伙企业比例在减少，而有限责任公司比例增加很快。1999年这三种类型企业的比例是32.8%、8.8%、58.4%，到了2001年则变为25.5%、6.5%、68.0%。① 我们这次抽样调查得出的三种企业类型比例也与官方的统计很接近，为28.7%、5.7%、65.6%。

　　从表10中可以看出，私营企业主在独资企业和公司这两种类型企业中都占有资本的绝对多数，因此，虽然企业主可以从中得到企业收益的绝大部分，但也分别承担着"以其个人财产对企业债务承担无限责任"或"以其出资额为限对公司承担责任"，主要收益和风险都集中在企业主身上。

表10　不同类型企业自有资本及企业主本人拥有资本量

企业类型	企业自有资本（万元）	企业主本人拥有资本	
		占企业资本比例（%）	资本数量（万元）
独资企业	449.43	92.96	417.98
合伙企业	466.29	59.46	277.26
公司	1422.32	71.20	1012.69
总体	1082.03	76.65	829.38

　　随着公司型企业的迅速增加，公司内部治理结构趋于完善。从1993年第一次开展对私营企业的全国性抽样调查起，我们就一直在观察这一问题。十年来的变化趋势是组织架构越来越完备，企业治理结构在向规范化方向发展（见表11）。

表11　历次调查私营企业内部主要组织架构

单位：%

企业内部已有组织名称	调查年度			
	1993年	1995年	2000年	2002年
股东大会	—	—	27.8	33.9
董事会	26.0	15.8	44.5	47.5
监事会	—	—	23.5	26.6

① 国家工商行政管理总局编《工商行政管理统计汇编2001》，中国工商出版社，2001。

续表

企业内部已有组织名称	调查年度			
	1993 年	1995 年	2000 年	2002 年
党组织	4.0	6.5	17.4	27.4
工会	8.0	5.9	34.4	49.7
职工代表大会	11.8	6.2	26.3	27.4

在目前阶段，决策权与经营权，主要投资者与主要管理者的身份都仍呈现高度的二者合一态势。从我们连续三次调查中可以看出，1996 年有97.2% 的企业主兼任企业的厂长或经理，1999 年为 96.8%，本次调查为96%（2001 年），"一身二任"稍有减少的趋势，但不明显。

从历次调查数据中也可看出，虽然企业主直接掌握着管理权，但十年来无论是企业重大经营决策，还是一般管理决定，企业主个人独断专行的色彩已经减弱，董事会和其他管理人员的作用正在上升，组织构架的完善并不是毫无意义的表面文章，在权力结构中确实在发生某些实质性的变化（见表 12）。

表 12　历次调查中私营企业权力结构

单位：%

决策人	重大经营决策					一般管理决定				
	1993 年	1995 年	1997 年	2000 年	2002 年	1993 年	1995 年	1997 年	2000 年	2002 年
主要投资人决定	63.6	54.4	58.7	43.7	39.7	69.3	47.3	54.7	35.4	34.7
董事会决定	15.2	19.7	11.0	26.3	30.1	5.1	15.1	10.0	18.2	25.9
主要投资人和其他管理人共同决定	20.7	25.6	29.7	29.1	29.6	25.3	37.3	34.5	41.8	36.5
主要投资人和其他组织共同决定	0.6	0.0	0.3	0.5	0.2	0.3	0.3	0.4	0.8	0.7
其他	—	—	—	0.2	0.7	—	—	0.3	3.4	2.3

在今天，主要投资者同时扮演着企业具体管理舞台上的中心人物，有其一定的合理性，表 13 中给出了两个理由，一是为了企业稳定，二是难以找到可以信赖的专职经理人才。

表 13　投资者对自己直接参与管理的看法

单位：%

投资者直接掌握管理权的原因	同意者比例	
	1997 年	2002 年
为了企业稳定	37.6	38.1
找不到可信的管理者	61.5	67.1

私营企业始创阶段，经营管理机制必须灵活多变，才能适应中国制度转型的大气候，不正规的管理结构和管理方法正是在这种大背景下形成的。它一方面适应了"船小好调头"的需要，另一方面也深深留下了创业者个人行事特点的烙印。这种管理属于"个人魅力"型。今天一些私营企业规模扩大了，随着更多的干部、知识分子"下海"，海外留学生回国创业者增多，随着国有、集体企业的陆续改制，出现了一批文化水平较高的企业主。企业规模越大，具体管理越复杂、越专业化，决策的要求也越高，企业主对于直接管理就越由赞成转向反对。同样的情况也可在不同文化程度的私营企业主中看到（见表 14、表 15）。

表 14　不同资本规模私营企业主对直接掌握管理权的态度

单位：%

企业资本规模	企业主必须直接掌握管理权		合计
	同意	不同意	
20 万元以下	64.1	35.9	100.0
20 万～50 万元	51.0	49.0	100.0
50 万～100 万元	46.0	54.0	100.0
100 万～200 万元	40.1	59.9	100.0
200 万～500 万元	34.0	66.0	100.0
500 万～1000 万元	33.6	66.4	100.0
1000 万元及以上	26.7	73.3	100.0
总体	38.9	61.1	100.0

但是，今天绝大多数私营企业仍是小型企业。根据国家工商行政管理总局公布的数据，2001 年年底全国私营企业为 202.9 万户，雇工人数为 2253 万人。[①]

---

① 国家工商行政管理总局编《工商行政管理统计汇编 2001》，中国工商出版社，2001。

即使把 460.8 万名投资者加上去（从前几次调查中可以知道，私营企业投资者绝大多数在本企业工作），每个企业平均也仅为 13.4 人。这种企业规模，与其实行规范的科层制管理，叠床架屋，还不如老板一竿子插到底更为简捷高效。

表 15　不同文化程度私营企业主对直接掌握管理权的态度

单位：%

企业主文化程度	企业主必须直接掌握管理权		合计
	同意	不同意	
小学	64.3	35.0	100.0
初中	52.0	48.0	100.0
高中	41.3	58.7	100.0
大学	27.8	72.2	100.0
研究生	21.2	78.8	100.0
总体	38.2	61.8	100.0

至于表 13 中第二个原因，即"找不到可信的管理者"，这说明我国社会经济转型中还没有建立起完善的信用制度。缺乏诚信，确实是当前经济生活中的一大沉疴。职业经理人在监管制度失效或制度不完善时，利用企业经营管理中的信息不对称，侵占企业财产、挪用企业资金、泄露本企业商业秘密、私下从事与本企业相竞争的业务并转移本企业设备，挖走或挤走技术人员，转让订单等种种手法搞垮了相当一批国有企业，使得私营企业主看到了惨痛的前车之鉴，不敢贸然聘用职业经理人。可以预见，对于职业经理人的培养、选拔、聘用、考核、监管还有很多工作有待摸索，大部分私营企业今天并没有两权分离的迫切需求，即使是少数大型私营企业已有两权分离的要求，也还有很长的路要走，并不完全取决于私营企业本身。

在私营企业中，与"两权合一"伴随在一起的是家族制管理，我们在前几次的调查报告中都分析了这一现象。本次调查中私营企业主平均年龄为 42.9 岁，他们对于子女的教育是抓得很紧的，在 3258 名被调查私企业主中，就有 542 名学龄子女在国内上大学，有 182 名子女在国外上大学。这些子女学成后不一定就接父辈企业的班，但良好的教育毕竟能为他们在需要接班继任父辈的企业时打下知识基础。对于企业的延续来说，可以有两种策略，一是从社会上招聘优秀人才来管理企业，二是把可能的接班人（主要是子女）培养成优秀人才，而华人私营企业相当多的采用了后一种办法（见表16、表17）。

表16　不同文化程度私营企业主的成年子女在什么地方工作

单位：%

企业主的文化程度	子女工作				合计
	在父辈企业	自己办企业	其他工作	不工作	
小学	60.0	7.5	26.8	5.7	100.0
初中	66.2	5.0	25.0	3.8	100.0
高中	47.5	7.8	36.9	7.8	100.0
大学	42.2	10.7	42.4	4.4	100.0
研究生	23.5	17.6	47.1	11.8	100.0
总体	52.1	7.8	34.2	5.9	100.0

表17　不同资本规模私营企业主的成年子女在什么地方工作

单位：%

企业资本规模	子女工作				合计
	在父辈企业	自己办企业	其他工作	不工作	
20万元及以下	42.1	7.9	34.2	15.8	100.0
20万~50万元	48.4	4.4	39.5	7.7	100.0
50万~100万元	55.0	3.1	36.5	5.4	100.0
100万~200万元	54.2	4.2	37.4	4.2	100.0
200万~500万元	53.1	7.6	33.8	5.5	100.0
500万~1000万元	57.9	8.8	29.8	3.5	100.0
1000万元及以上	53.4	12.8	28.4	5.4	100.0
总体	53.3	7.0	34.0	5.7	100.0

企业主已成年子女中，有一半在父辈企业中工作，还有7%～8%自己开办企业。文化程度越高的企业主，子女越少在父辈企业中工作，而是出去自己创业。

（二）私营企业工会数量增多，但功能有待加强

从前面表11中已可看出，私营企业工会的建会率逐年增加。1999年以

后，中华全国总工会加强了在非公企业建会的力度，建会率大大提高。私营企业工会主要的功能是维护职工合法权益，争取改善职工在劳动收入、劳动安全、劳动卫生、劳动稳定性等方面的处境。

从表 18 中可以看出，对比已建工会与未建工会企业职工的收入、劳保、福利等，差别并不明显，组建了工会的企业职工在劳保费用等方面并不占优势，在三项保险的覆盖面上稍微大一些，距政府要求仍然相差很远。

表 18　私营企业工会对职工收入与福利的影响

		已建工会	未建工会	全体调查企业
职工人均年收入（元）		10051.60	10444.87	10240.8
人均年劳保费用（元）		210.24	228.76	217.75
企业人均年支出医疗费用（元）		77.60	51.58	68.90
医疗保险	人均年险费（元）	468.49	514.72	479.89
	覆盖面（%）	18.2	12.2	16.2
养老保险	人均年险费（元）	1064.39	1108.55	1075.07
	覆盖面（%）	24.9	16.3	22.1
失业保险	人均年险费（元）	304.02	675.09	393.14
	覆盖面（%）	9.5	6.1	8.4

在劳动力供大于求的大环境中，如何既使职工能有比较稳定、安全的工作，能有与生产率提高相适应的工资收入，又使企业能够发展、劳资关系相对平稳，这是中国工会需要努力探索的课题，又是企业主需要认真对待的课题。

（三）改制企业的内部管理

近两年私营企业数量快速增长，一个重要原因是大批国有、集体企业通过改制成为私营企业。江苏省私营企业总数已近 30 万户，超过广东而居全国各省区市私营企业户数第一位。其重要原因是苏南 93% 的乡镇集体企业已改制为私营企业，以发展乡镇集体企业为特征的"苏南模式"已不复存在。国有、集体企业改制往往分两步走：第一步是国有、集体资产减持变现，由企业职工出资购买；第二步是股份向原企业管理者个人和高层管理者倾斜，通过挂账、分期付款等方式一次性买断，国家、集体资本基本退出。

通过改制而成的私营企业有以下四个特点。

第一，企业资产存量多，与那些小打小闹、先当个体户积累而成的私营企业相比，起点高、规模大（见表19）。

第二，企业主本人拥有资本比例更高。将表19与表10比较一下，可以看出在资产总量中改制企业的企业主个人拥有的资产比例要比原本的私营企业主个人拥有的资产比例高1倍多，占到总量的2/3左右。

表19　改制成为私营企业后资本构成

单位：%

资本构成	原国有企业	原城镇集体企业	原农村集体企业
企业主本人资本	63.4	71.8	70.6
其他个人资本	21.2	16.2	16.5
全民资本	1.0	0.5	0.3
集体资本	0.9	1.3	2.1
其他法人资本	3.7	2.2	1.6
海外资本	0.8	0.4	0.9
其他资本	9.0	7.6	8.0
资本总额（万元）	1062.9	1642.7	1063.2

第三，改制企业主大多是原企业的经营管理者，"一身二任"现象同样突出（见表20）。

表20　改制成为私营企业后主要投资人资本构成

单位：%

主要投资者是否兼任厂长、经理	改制前企业类型		
	原国有企业	原城镇集体企业	原农村集体企业
是	95.6	96.7	97.0
否	4.4	3.3	3.0
合计	100.0	100.0	100.0

第四，在这些企业中，新、老"三会"组织比较齐全，既有改制前企业较强的政治工作机构和工作传统，有职工民主参与的途径和经验，又具有现代企业的治理架构，对于改进管理工作，推行规范化管理方式，具有

较好的组织基础（见表 21）。

表 21　改制成为私营企业后内部主要组织架构

单位：%

企业内部已有组织名称	改制成为私营企业	其他私营企业
股东大会	46	30
董事会	60	43
监事会	40	22
党组织	51	19
工会	65	44
职工代表大会	40	23

三　私营企业主的社会特征与职业经历

本部分主要分析私营企业主的基本社会特征和职业经历。基本社会特征包括他们的性别、年龄和文化程度，职业经历包括他们所经历的工作变动以及职业、职务变化。由于本项调查研究前后已经进行了五次，我们将适当地进行一些比较分析，对私营企业主的来源进行一些追踪。

（一）私营企业主的社会文化特征及其变化

1. 性别特征

此次调查共计获得 3256 个样本，男女性别比为 7.93∶1。历次全国抽样调查的样本性别比各不相同，1993 年（第一次）为 11.20∶1（亦即女性业主占 8.92%），1995 年（第二次）为 7.72∶1（亦即女性业主占 12.95%），1997 年（第三次）为 11.14∶1（亦即女性业主占 9.01%），2000 年（第四次）为 8.03∶1（亦即女性业主占 12.45%）。上述数据表明，在整个私营企业主队伍中，女性私营企业主所占比例一直较低。

2. 年龄结构

从私营企业主的年龄结构来看（见表 22），在历次调查中，年纪最轻的（19 岁及以下）和年纪较大的（60 岁及以上）所占比例都不大，且呈逐步减少的趋势，而中年人（30～59 岁）则是主体，其比例呈现逐年增加的趋势，尤以 30～49 岁的人居多，所占比例合计都超过了 70%，最高达到 77.2%。同时，平均年龄也呈现增加趋势。年纪过轻的人还缺乏必要的积累，包括人力资本（尤其是经验）的积累和物质资本的积累，所以，除了某些特殊情况，他们创业的条件是有限的。尽管近年来自主创业的青年专业技术人员不少，包括所谓的"海归"人士，但这似乎不足以改变上述趋势。随着市场经济机制的逐步建立和完善，这一趋势将会继续保持。

表22 历次调查的私营企业主年龄结构

单位：%

	1993 年	1995 年	1997 年	2000 年	2002 年
19 岁及以下	0.1	0.1	0	0	0.1
20～29 岁	6.0	6.7	9.0	3.0	2.0
30～39 岁	32.6	36.7	39.3	33.4	31.5
40～49 岁	37.7	38.3	37.9	40.3	42.5
50～59 岁	17.6	14.4	11.3	20.1	20.3
60 岁及以上	6.0	3.8	2.6	3.3	3.5
平均年龄（岁）	39.96	—	40.50	43.38	43.93
样本个数（个）	1394	1461	1918	3041	3221

从表23、表24可以看出，就创业（也就是企业首次登记为私营企业）时的年龄分布而言，20～39岁是主要的年龄段。

表23 历次调查的私营企业主创业时的年龄分布

单位：%，岁

年份	19 岁及以下	20～29 岁	30～39 岁	40～49 岁	50～59 岁	60 岁及以上	平均年龄
1993	1.8	20.5	42.9	24.3	9.4	1.2	33.89
1997	0.9	22.6	45.2	24.2	5.9	1.2	35.89
2000	0.4	20.1	43.0	28.8	6.9	0.7	36.82
2002	4.3	33.8	41.1	17.8	2.6	0.6	36.88

关于企业的寿命。几次调查的对比表明，私营企业的寿命有所延长。数据表明，经营年数集中于6～20年，平均经营年数从1993年到2002年增加了1.13年，而到调查时只经营1～5年的有明显减少。这说明，私营企业的生命力有所增强（见表24）。

表 24 历次调查的私营企业主经营年数分布

单位：% ，年

年份	1~5 年	6~10 年	11~15 年	16~20 年	20 年及以上	合计	平均年数
1993	59.4	33.7	6.5	0.3	0.1	100.0	5.91
1997	71.3	20.6	6.8	1.1	0.2	100.0	4.54
2000	46.8	36.0	13.7	3.2	0.3	100.0	6.50
2002	17.3	35.1	21.7	18.9	6.9	100.0	7.04

图 1 所显示的是 2002 年调查时被调查企业首次登记注册为私营企业的时间轨迹，可以看到，1993~2000 年是被调查私营企业首次注册的高峰年，尤以 1998 年最为明显。具体而言，1998 年登记注册的私营企业有 348 家；1996 年次之，为 306 家；1995 年略少于 1996 年，为 305 家。

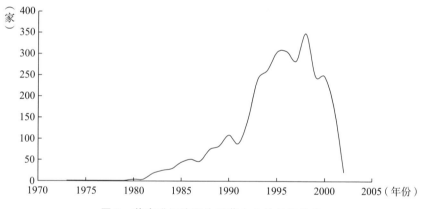

图 1 首次登记注册为私营企业的年份分布

3. 受教育程度

历年调查结果比较显示，中国私营企业主的文化程度基本呈上升趋势（见表 25）。具体地说，没有上过学的人原本不多，并且日益减少，直至为 0；小学和初中文化程度的企业主也明显减少。高中、中专生的比例从 1993 年到 1997 年是上升的，2000 年有所减少，2002 年又回升到 1997 年的水平。从 1993 年到 2000 年，大学毕业生的比例上升了 1.1 倍，2002 年的这一比例有所下降，但仍然比 1993 年高出 1 倍多。上升最为明显的是研究生所占比例，从 1993 年到 2002 年，共计上升了约 7.2 倍。私营企业主文化程度的这些明显变化表明，中国私营企业主群体的文化素质在提高。2002 年的调查数据显示，获得硕士学位的企业主占 3.2% ，获得博士学位的企业主也占到

0.5%。此外，分性别看，女性企业主的文化程度略高于男性企业主（见表26，表中括号里的数据为百分比），这似乎暗示，女性创业所需要的文化素质可能要高一些。

表25　私营企业主的文化构成

单位：%，个

年份	没上过学	小学	初中	高中、中专	大学	研究生	合计	样本数
1993	1.0	9.9	36.1	35.9	16.6	0.6	100.0	1419
1995	0.3	8.2	34.9	38.1	17.6	0.8	100.0	1467
1997	0.3	6.3	31.5	41.7	19.5	0.7	100.0	1937
2000	0.2	2.7	19.6	39.2	35.0	3.4	100.0	3066
2002	0	2.2	17.5	41.9	33.5	4.9	100.0	3249

表26　2002年私营企业主分性别文化构成

单位：人，%

性别	小学	初中	高中、中专	大学	研究生	合计
男	63（2.2）	525（18.2）	1203（41.8）	953（33.1）	137（4.8）	2881（100.0）
女	7（1.9）	45（12.4）	156（42.9）	135（37.1）	21（5.8）	364（100.0）

4. 政治身份

表27反映了最近三次调查中共产党员在私营企业主中所占比例的变化情况。公有制企业改制为非公有制企业是党员企业主比例提高的一个重要原因。统计结果显示，在通过公有制企业改制而产生的私营企业主中，中共党员所占比例高达50.7%。从党员企业主加入中国共产党的时间来看，党龄在10年以上的人占74.2%。图2显示了党员企业主入党的时间分布轨迹。从图2可以看出，20世纪80年代以来入党的人数占了绝大多数。

表27　党员企业主比例变化情况

	1997年	2000年	2002年
党员企业主人数（人）	353	609	972
党员企业主比例（%）	18.1	19.9	30.2
有效样本个数（个）	1496	3060	3220

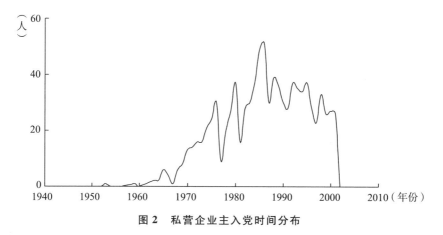

图 2　私营企业主入党时间分布

综合以上的分析，可以看出，中国私营企业主群体的整体素质在逐步提高，政治上越来越向党靠拢。

（二）私营企业主的代内社会流动

1. 私营企业主首次工作的情况

从统计结果看，此次调查的企业主大多数是从 20 世纪 70 年代开始陆续参加工作的，首次就业高峰从 20 世纪 70 年代一直延续到 1989 年前后（见图 3）。

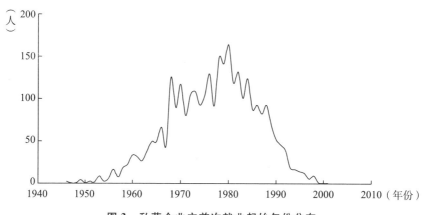

图 3　私营企业主首次就业起始年份分布

2. 私营企业主历次工作变动的职业状况分析

表 28 反映了私营企业主的职业变动分布状况。大多数企业主在开办私营企业以前的职业变动次数不算很多：变动 7 次的仅占 0.42%，变动 6 次

的占 0.82%，变动 5 次的占 2.94%，变动 4 次的占 7.60%，变动 3 次的占 14.65%，变动 2 次的占 18.21%，变动 1 次的占 39.84%，没有变动过工作的人也较少，占 15.53%。

表 28　私营企业主首次工作及历次工作变动的职业分布

单位：%，个

职业	首次工作	第一次变动	第二次变动	第三次变动	第四次变动	第五次变动	第六次变动	第七次变动
专业技术人员	15.9	8.1	8.1	6.3	6.6	3.9	2.6	7.7
机关、事业单位负责人	4.0	4.9	4.9	6.7	5.3	3.1	2.6	0.0
企业负责人	6.4	48.9	48.9	60.6	69.3	71.9	68.4	76.9
办事人员	8.6	6.3	6.3	3.3	3.3	2.3	5.3	0.0
普通工人	17.0	5.9	5.9	3.8	0.8	1.6	0.0	7.7
商业、服务业员工	5.2	4.6	4.6	2.3	2.5	0.8	0.0	0.0
农民	26.2	1.8	1.8	1.6	1.1	0.0	0.0	0.0
个体户	5.9	13.9	13.9	10.6	8.0	12.5	15.8	0.0
军人	3.5	0.9	0.9	0.4	0.6	1.6	2.6	7.7
其他	6.4	4.5	4.5	3.7	1.9	2.3	2.6	0.0
无职业	1.2	0.2	0.2	0.6	0.6	0.0	0.0	0.0
合计	100.0	100.0	100.0	100.0	100.0	100.0	100.0	100.0
样本个数	3065	2589	1368	810	361	128	38	13

从表 28 还可以看出，私营企业主们的职业变动有以下两个特点：第一，最初的职业以农民和专业技术人员居多；第二，在历次的变动过程中，企业负责人和个体工商户变动频繁，其中，向企业负责人集中的趋势尤其明显。这似乎表明，多数私营企业主在开办私营企业前的职业对企业主们开办私营企业有较大影响。换句话说，企业负责人的经历可以为他们创办自己的企业提供经验和动力。

伴随着私营企业主开办私营企业前职业的变化，他们工作单位的性质也有一定的变化。根据表 29 我们可以总结出以下几种变化趋势：第一，在变动中，向本企业和其他私营企业集中的趋势明显，也就是说，相当一部分私营企业主在开办自己的私营企业之前，曾在非公有制企业里操练过自己；第二，在党政机关和"三资"企业工作过的人,也有一定的增加趋势,不过其所占比例都不大,因而其只是少部分私营企业主的操练场所;第三,在其他性质的工作单位里,普遍存在离弃趋势,公有制经济单位上的离弃趋势尤为明显;第四,个体工商户的变动处于一种波动趋势。

表 29　私营企业主首次就业及历次工作变动的工作单位性质分布

单位:%,个

工作单位性质	首次工作	第一次变动	第二次变动	第三次变动	第四次变动	第五次变动	第六次变动	第七次变动
党政机关	4.0	4.7	4.6	5.4	5.2	3.1	5.3	7.7
国有企事业	29.3	21.9	17.6	13.5	15.7	11.5	10.5	7.7
城镇集体企事业	12.2	14.6	13.1	13.0	11.8	9.2	5.3	7.7
农村集体企业	6.9	11.0	9.1	8.1	5.8	5.4	5.3	0.0
"三资"企业	1.0	1.8	2.6	2.3	3.6	4.6	5.3	7.7
本企业	1.7	9.6	17.9	22.5	27.3	26.2	28.9	38.5
其他私营企业	3.3	10.2	14.0	18.6	18.7	20.8	21.1	23.1
个体户	7.2	15.8	14.5	10.4	7.7	14.6	13.2	0.0
农户或农村集体	25.0	3.9	2.5	2.5	1.7	0.0	0.0	0.0
其他	7.4	5.9	3.9	3.3	1.9	4.6	5.3	7.7
无工作	1.9	0.7	0.4	0.4	0.2	0.0	0.0	0.0
合计	100.0	100.0	100.0	100.0	100.0	100.0	100.0	100.0
样本个数	2976	2562	1646	814	363	130	38	13

　　在私营企业主开办自己企业前的历次工作变动中,职务的变化同样存在一些有趣的趋势(见表 30)。值得注意的情况有以下几个。第一,尽管干部比例越来越少,但仍有不少私营企业主出身于干部,从首次工作的职务来看,当过各种干部的人所占比例合计达 31.2%(科技干部除外)。这种职务经历对私营企业主群体的形成具有重要意义,一方面,他们通过这种经历增加了自己的人力资本;另一方面,很可能也增加了他们的社会政治资本,这是以往很多研究者得出的一个共同结论。第二,一部分人曾经是国有、集体企业单位的承租、承包人,这种职务经历有利于他们增加经济资本。第三,相当一部分人的职务及其变动情况属于"其他",这或许

意味着他们不太愿意把自己的职务情况暴露出来，也或许意味着他们无法给自己曾经担任过的职务归类，但他们绝不是无职务的平民百姓。

表30　私营企业主首次就业及历次工作变动的工作职务分布

单位：%，个

工作职务	首次工作	第一次变动	第二次变动	第三次变动	第四次变动	第五次变动	第六次变动	第七次变动
一般干部	18.9	12.8	8.7	6.1	6.7	3.3	8.1	10.0
股级干部	2.2	2.9	3.6	2.6	2.6	0.8	0.0	0.0
科级干部	4.0	5.0	7.5	9.6	9.9	9.2	10.8	20.0
县、处级干部	0.7	0.8	1.3	2.7	5.3	6.7	2.7	0.0
厅、局级干部	0.1	0.1	0.1	0.0	0.3	0.0	0.0	0.0
乡镇（公社）负责人	0.5	0.5	0.8	0.8	0.9	1.7	0.0	0.0
村（大队）主要干部	4.8	2.5	2.3	2.9	2.0	0.8	0.0	0.0
国有、集体企业单位承租、承包人	2.6	10.4	17.5	18.3	21.6	16.7	10.8	0.0
企业供销人员	5.9	7.7	5.7	4.8	2.6	1.7	0.0	0.0
军官	1.3	0.5	0.5	0.4	0.3	0.8	2.7	10.0
其他	41.6	47.9	46.0	47.2	42.7	54.2	59.5	60.0
无职务	17.3	8.9	5.9	4.6	5.0	4.2	5.4	0.0
合计	100.0	100.0	100.0	100.0	100.0	100.0	100.0	100.0
样本个数	2831	2411	1358	769	342	120	37	10

我们把这次调查结果与1997年的调查结果相比后发现，在职业方面，比重较大且增加明显的职业仍然是企业负责人。此外，专业技术人员、机关和事业单位负责人、办事人员、普通工人、商业和服务业员工也有所增加，但比例都较小，而个体工商户和农民则下降较大。在职务方面，国有、集体企业单位承租、承包人的比重增加较为明显，科级干部、县处级干部和村（大队）主要干部的比重较小但增加幅度较大，股级干部和企业供销人员也有所增加，一般干部和厅局级干部则有所减少，无职务的人所占比重减少最为显著（见表31）。

表 31　私营企业主开办本企业前的职务和职业分布

单位：%，个

职务	1997 年	2002 年	职业	1997 年	2002 年
一般干部	9.70	7.55	专业技术人员	4.26	6.36
股级干部	1.18	1.97	机关、事业单位负责人	2.57	3.18
科级干部	3.53	5.28	企业负责人	23.48	55.95
县、处级干部	0.50	1.50	办事人员	1.42	3.98
厅、局级干部	0.11	0.07	普通工人	3.88	4.87
乡镇（公社）负责人	0.62	0.53	商业、服务业员工	3.82	4.01
村（大队）主要干部	1.46	2.04	农民	4.31	1.88
国有、集体企业单位承租、承包人	12.78	14.82	个体户	39.87	15.11
企业供销人员	4.15	4.47	军人	0.05	0.45
军官	0.06	0.33	其他	15.18	3.75
其他	42.77	55.39	无职业	1.15	0.48
无职务	23.15	6.04	合计	100.00	100.00
合计	100.00	100.00	样本个数	1831	3144
样本个数	1784	2995			

3. 公有制企业改制与新私营企业主的形成

在被调查的私营企业中，属于通过公有制企业改制而形成的私营企业共计有 837 家，占全部被调查企业的 25.7%。从全国的情况看，这个比例是比较接近现实的。

公有制企业改制形成新的私营企业主。统计结果表明，公有制企业的改制方式以企业内部人购买为主。从表 32 的不完全统计结果来看（部分企业主拒绝说出其改制方式），70.4% 的企业是以这种方式改制为私营企业的，其中作为本企业负责人通过购买本企业而成为私营企业主的占 60.6%，公有制企业原企业负责人在改制后的企业主中占有绝对优势。

表 32　公有制企业改制方式分布

单位：个，%

改制方式	样本个数	所占比例
自己是本企业负责人，通过改制买下来	491	60.6
自己是本企业一般职工，通过改制买下来	79	9.8

续表

改制方式	样本个数	所占比例
原来不是企业内职工，通过外部收购买下来	187	23.1
其他方式	53	6.5
合计	810	100.0

从图 4 还可以看出，公有制企业改制从 1992 年起逐步增加，而 1997年、1998 年、1999 年和 2000 年更是高潮时期。

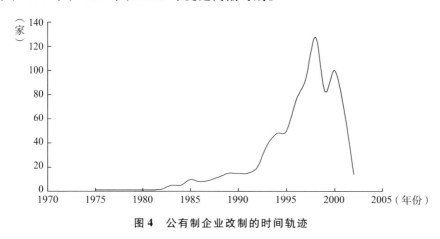

图 4 公有制企业改制的时间轨迹

四 私营企业主财产的获得与分配

私营企业主的财产获得与分配，一直是人们较为关心的问题。此次调查的结果将有助于人们正确理解私营企业主群体的收入与分配状况，进而纠正一些不正确的看法。

（一）资本与财富的增长

1. 企业开办时实收资本与 2001 年年底所有者权益的比较分析

在进行实收资本与所有者权益分析时，我们尽可能使整个分析具有可比性。为此，在进行计算时，我们分别剔除了实收资本和所有者权益构成不清楚的样本，剔除了实收资本总额和所有者权益总额不清楚的样本，还剔除了实收资本构成和所有者权益构成中包含全民法人及集体法人资本和权益的样本，分别得到有效提供实收资本及其构成的样本 2297 个，有效提供所有者权益总额及其构成的样本 2130 个。表 33 分别反映了被调查私营企

业开业时实收资本和 2001 年年底的所有者权益的分组分布。比较之下可以
看到，所有者权益有较大的增长：开业时的实收资本分组分布主要集中在 1
万 ~ 10 万元与 10 万 ~ 50 万元两个组，而所有者权益分布则相对集中于 10
万 ~ 50 万元与 100 万 ~ 500 万元两个组，而介于 500 万 ~ 5000 万元之间的
企业也显著增加，所有者权益在 5000 万元以上的企业所占比例不大但增长
幅度非常显著，合计增长了 8.5 倍，这说明私营企业中出现了一些大企业。
开业时实收资本最大的为 2.68 亿元，而 2001 年年底所有者权益最大的高达
12.5 亿元。

表 33　私营企业实收资本与所有者权益的分组分布

单位：个，%

	开业时实收资本		2001 年年底所有者权益	
	样本数	百分比	样本数	百分比
1 万元以下	35	1.52	4	0.19
1 万 ~ 10 万元	521	22.68	127	5.96
10 万 ~ 50 万元	970	42.23	572	26.85
50 万 ~ 100 万元	281	12.23	360	16.90
100 万 ~ 500 万元	391	17.02	686	32.21
500 万 ~ 1000 万元	63	2.74	204	9.58
1000 万 ~ 5000 万元	34	1.48	158	7.42
5000 万 ~ 1 亿元	1	0.04	12	0.56
1 亿元及以上	1	0.04	7	0.33
合计	2297	100.00	2130	100.00

为了更好地进行比较分析，我们使开业时的实收资本构成、实收资本
总额与 2001 年年底的所有者权益构成、所有者权益总额的有效数据完全匹
配，并且剔除所有包含全民和集体法人资本（权益）的样本，这样，剩余
有效样本 1898 个，其资本、权益、投资人数变动情况如表 34 所示。可见，
在不考虑物价因素的情况下，私营企业的资本和所有者权益的增长还是较
为明显的。

表 34　私营企业资本与权益规模的完全匹配比较

	资本（权益）总金额（万元）	总投资人数（人）	人均金额（万元）
开业时	460627	6631	69.47
2001 年年底	1663424	8228	202.17
增长倍数（倍）	3.61	1.24	2.91

　　但要注意，开业时的实收资本与 2001 年年底的所有者权益的相关性不是很大，其皮尔逊相关系数为 0.34（$Sig = 0.000$，双侧检验，$N = 2723$）。在所有相关信息完全匹配的情况下，其皮尔逊相关系数为 0.401（$Sig = 0.000$，双侧检验，$N = 1898$）。当然，这些相关系数还是表明，在开业时的实收资本与 2001 年年底的所有者权益之间，存在着不可忽视的相关性。

　　2. 企业开办时实收资本构成与 2001 年年底所有者权益构成的比较分析

　　表 35 分别反映了企业开办时的实收资本构成与所有者权益构成。在不考虑借贷的情况下，无论就开业时的实收资本而言，还是就 2001 年年底的所有者权益而言，公共所有的部分所占比例都不大。在实收资本中，全民法人和集体法人所拥有的比例合计仅为 2.6%；在所有者权益中，这一合计比例更低，仅为 1.1%。而企业主个人所占有的比例分别高达 19.0% 和 79.7%，远远高于其他个人所拥有的份额。

表 35　私营企业实收资本构成与所有者权益构成的比较分析

单位：%，个

	企业开办时实收资本构成统计分析					2001 年年底所有者权益构成统计分析				
	百分比平均值	百分比标准差	百分比中位数	占 0 者比例	占 95% 及以上者比例	百分比平均值	百分比标准差	百分比中位数	占 0 者比例	占 95% 及以上者比例
企业主个人	79.0	26.4	95.0	0.5	50.10	79.7	25.5	93.0	0.3	49.70
国内其他个人	16.8	24.2	0	56.7	0.01	16.3	23.5	0	56.3	0.01
全民法人	0.3	3.6	0	99.3	0	0.3	3.6	0	99.1	0
集体法人	1.0	7.5	0	97.4	0	0.8	6.2	0	97.7	0
其他法人	1.6	8.8	0	95.6	0	1.6	8.8	0	95.3	0
海外投资者	0.6	5.5	0	98.6	0	0.6	5.3	0	98.3	0
其他	0.7	6.1	0	98.1	0	0.7	5.5	0	98.0	0

续表

	企业开办时实收资本构成统计分析					2001 年年底所有者权益构成统计分析				
	百分比平均值	百分比标准差	百分比中位数	占 0 者比例	占 95% 及以上者比例	百分比平均值	百分比标准差	百分比中位数	占 0 者比例	占 95% 及以上者比例
合计	100	—	—	—	—	100	—	—	—	—
有效样本数	2229									

注：本表也是完全匹配分析。

更具体地说，就 2792 个样本的有效数据而言，企业主个人占有 0 份额的样本只有 20 个，占 0.72%；而企业主个人拥有 90% 及以上份额的样本有 1599 个，占 57.27%；100% 为企业主个人自有资本的样本有 1373 个，占 49.2%。另据 2996 个样本的数据，在 2001 年年底的企业所有者权益总额中，企业主个人权益份额为 0 的样本仅有 5 个，占 0.16%；企业主个人权益份额在 90% 及以上的样本有 1500 个，占 50.07%；而企业所有者权益完全为企业主所有的样本也有 1257 个，占 41.96%。

3. 企业主开业时自有资金的来源分析

调查表明，自我积累仍然是大多数企业主自有资金的主要来源。表 36 中的资金来源分布是多重选择的结果。如果把所有的选择加总，我们就可以计算出各种来源选择对私营企业主自有开业资金的总体重要性。表 36 中各项选择在总选择结果中所占比例分别为：小生意积累占 28.76%，小作坊生产积累占 9.71%，亲友馈赠占 8.38%，工资或农业生产积累占 16.71%，民间借贷占 18.75%，银行借贷占 13.85%，遗产继承占 0.77%，其他占 2.90%。可见，总体上看来，私营企业主开业时所主要依靠的既不是银行贷款，也不是继承遗产，而是主要依靠各种积累以及民间借贷。

表 36　私营企业主个人开业资金的来源分布

	小生意积累	小作坊生产积累	亲友馈赠	工资或农业生产积累	民间借贷	银行借贷	继承遗产	其他
选择样本数（个）	1587	533	460	917	1029	760	42	159

续表

	小生意积累	小作坊生产积累	亲友馈赠	工资或农业生产积累	民间借贷	银行借贷	继承遗产	其他
选择人数占总答题人数的百分比（%）	48.8	16.4	14.1	28.2	31.6	23.4	1.3	4.9
总样本数（个）	3253	3253	3253	3252	3253	3252	3252	3249

进一步考察表明，73.4%的私营企业主开业时的银行贷款额在100万元以下（见表37）。

表37　私营企业主开业时从银行、信用社借款的分组分布

借贷分组	样本个数（个）	百分比（%）	借贷分组	样本个数（个）	百分比（%）
1000 元以下	5	0.52	30 万～50 万元	113	11.84
1000～5000 元	30	3.14	50 万～100 万元	112	11.74
5000～1 万元	23	2.41	100 万～200 万元	43	4.51
1 万～5 万元	128	13.42	200 万～500 万元	148	15.51
5 万～10 万元	112	11.74	500 万～1000 万元	30	3.14
10 万～15 万元	29	3.04	1000 万～5000 万元	29	3.04
15 万～20 万元	86	9.01	5000 万～1 亿元	4	0.42
20 万～30 万元	62	6.50	合计	954	100.00

除了向银行、信用社借款外，还有5.35%的企业主在开业时向其他国有、集体企事业单位借款，平均借款93.85万元，中位数为20万元。

（二）生产经营情况

反映私营企业生产经营情况的指标主要是它们的销售额、纳税、交费与税后净利润。表38运用这些指标初步反映了最近三年私营企业的生产经营情况。总的来看，增长是明显的，但各企业的生产经营情况差别很大。为了便于比较，我们同样采取了完全匹配的方法，来分析私营企业生产的增长情况。

表 38　私营企业生产经营情况分析

单位：万元，个

	销售额	纳税额	交费额	税后净利润
1999 年				
平均值	1531.27	55.26	12.99	69.89
中位数	400.00	15.00	2.00	15.00
标准差	4996.55	139.65	46.72	322.02
最小值	0	0	0	−200
最大值	118813	2100	826	12000
样本个数	2637	2562	2073	2406
2000 年				
平均值	1941.99	67.17	16.12	80.13
中位数	500.00	20.00	3.00	19.00
标准差	6047.51	157.51	97.63	257.28
最小值	0	0	0	−290
最大值	122231	2868	4000	6016
样本个数	2785	2699	2172	2529
2001 年				
平均值	2845.94	87.58	18.17	109.70
中位数	580.00	23.00	3.00	21.00
标准差	21674.66	223.37	77.61	388.68
最小值	0	0	0	−730
最大值	1100000	5126	2500	7654
样本个数	2930	2847	2281	2663

在表 39 中，完全匹配的样本共计有 1874 个，而所谓的"总计比例"，是指 1874 个企业的总纳税额、总交费额和总税后净利润与总销售额之比。如果不扣除物价因素，则在近三年中，销售额、纳税额、交费额和税后净利润等 4 个指标的年均增长率分别为 24.02%、24.65%、22.74% 和 19.50%，可见它们的增长都超过了两位数，但税后净利润的增长却很小。

表 39 私营企业生产经营情况的完全匹配分析

单位：万元，%

	销售额	纳税额	交费额	税后净利润额
1999 年				
平均值	1377. 89	50. 42	12. 71	61. 81
总计值	2582172	94482	23813	115826
总计比例	—	3. 66	0. 92	4. 49
2000 年				
平均值	1767. 09	62. 05	16. 76	71. 90
总计值	3311522	116283	31406	134745
总计比例	—	3. 51	0. 95	4. 07
2001 年				
平均值	2116. 69	78. 33	19. 04	88. 20
总计值	3966680	146786	35677	165286
总计比例	—	3. 70	0. 90	4. 17

在使各项指标都完全匹配以后，我们对 1874 个有效样本的销售额、纳税额、交费额和税后净利润进行了相关分析，其统计分析结果如表 40 所示。可以看到，在最近三年里，纳税额与销售额的相关程度是比较高的，而且呈现逐年增高的趋势；税后净利润与销售额的相关性也较高，但有一种下降的趋势；而交费额与销售额的相关性是最低的，且同样呈下降趋势。由此可见，总的来说，私营企业规模越大，其纳税、交费也越多，只是从税后净利润与销售额的关系看，虽然两者相关性显著，但大企业的生产经营情况需要不断改善，才能避免这种相关性进一步降低。

表 40 私营企业生产经营指标相关分析

	纳税额·销售额	交费额·销售额	税后净利润·销售额
1999 年			
Pearson 相关系数	0. 580	0. 347	0. 676
显著性水平（双侧）	0. 01	0. 01	0. 01
2000 年			
Pearson 相关系数	0. 584	0. 215	0. 476
显著性水平（双侧）	0. 01	0. 01	0. 01

	纳税额·销售额	交费额·销售额	税后净利润·销售额
2001 年			
Pearson 相关系数	0.718	0.295	0.571
显著性水平（双侧）	0.01	0.01	0.01

虽然私营企业的纳税额、交费额和税后净利润存在上述相关性，但这并不意味着私营企业的纳税率、交费率和税后净利润率都很高。相反，统计分析表明，这三个比率都比较低（见表41，完全匹配分析，有效样本1874个）。从表41中所反映的平均情况来看，纳税率在5.4%上下波动。而交费率则在1.7%上下波动，由此看来，私营企业的税费负担似乎并不像私营企业主公开宣称得那样大，两者合计仅为7%左右。当然，它们的差距很大，尤其是交费的负担，一般私营企业的交费负担在6.5%上下波动，而税负的中位数则在4.5%上下变动，两者合计为11%左右。这也许可以被视为私营企业内部存在税费负担不均现象的一个证据。至于税后净利润与销售额的比率，则有轻微的下降趋势，但并不算太低：近三年它们的税后净利润率一直在7%以上。

表 41　私营企业税、费及税后净利润与销售额之比的统计分析

单位：%

	纳税率	交费率	税后净利润率
1999 年			
平均值	5.42	1.78	7.20
中位数	4.46	6.58	5.00
标准差	5.15	4.02	9.30
最小值	0	0	−118
最大值	0.67	0.60	0.78
2000 年			
平均值	5.38	1.67	7.06
中位数	4.52	6.47	4.84
标准差	4.79	3.57	9.52
最小值	0	0	−159
最大值	0.59	0.53	0.72

续表

	纳税率	交费率	税后净利润率
2001 年			
平均值	5.53	1.70	7.01
中位数	4.79	6.39	5.00
标准差	5.03	3.72	11.73
最小值	0	0	-319
最大值	0.61	0.54	0.70

调查问卷的统计结果还反映出，近三年来，部分私营企业处于亏损状态（见表42），还有一部分企业没有利润，但这样的企业所占比例都很小，并且呈现下降趋势。这种状况应当被视为一种正常现象，在市场经济条件下，不能指望所有企业都能赢利。

表 42　私营企业亏损及无利润情况分析

年份	报亏损样本情况				报零净利润样本情况	
	样本数（个）	占有效样本量百分比（%）	报亏损额（万元）	平均亏损额（万元）	样本数（个）	占有效样本量百分比（%）
1999	55	2.28	1532	27.85	123	5.11
2000	64	2.53	1939	30.30	106	4.19
2001	69	2.59	2904	42.90	99	3.72

（三）财富分配状况

1. 私营企业的支出状况分析

私营企业的各项支出包括新增投资、投资者分红、应付各种摊派、支付各种捐赠、应酬交际费用以及其他等。表43反映了私营企业这些支出的分配情况。

从表43中可以看出，企业新增投资是企业支出的主体部分，其次是投资者分红，但其规模从平均值看远远不能与新增投资相比。这说明中国的私营企业还处在迅速扩张的阶段，企业主的扩张动机非常强烈。其他各种支出，对于大的企业来说，可能不算什么，但对于中小企业来说，则可能是很大的负担，或者说是一种很大的社会成本。即使排除主要出于自愿的捐赠，一个企业用于应付各种摊派、应酬交际和其他方面的费用，平均来看已经超过 20 万元。不过，不同企业之间的差异是非常大的，从中位数来看，各种费用的分布就非常偏畸，而标准差也远远大于平均值。

表 43　2001 年私营企业支出状况分析

单位：万元，个

	新增投资	投资者分红	各种摊派	各种捐赠	应酬交际费	其他支出
平均值	322.70	14.67	4.38	6.25	10.04	6.52
中位数	40.00	0.00	1.00	1.00	3.00	0.00
标准差	1490.66	67.73	19.33	23.19	26.05	78.45
最小值	0	-50	0	0	0	0
最大值	60000	1500	400	500	630	1878
样本数	2691	1823	2074	2462	2537	800

如果把企业的各种支出与企业的税后净利润相比较，可以得到表 44 的结果。如果企业主们的回答属实，那么，表 44 的结果再一次展示了私营企业的扩张动机。平均来看，新增投资与税后净利润之比达到了 5.22∶1，也就是说，前者是后者的 5 倍多。此外，应酬交际费用与税后净利润之比甚至超过了投资者分红与税后净利润之比，这令人惊讶。总之，这一统计结果既反映了私营企业主的发展冲动，也反映了其发展过程中存在的难题。

表 44　2001 年私营企业各种支出与净利润的比较和统计分析

	新增投资 比净利润	投资者分红 比净利润	摊派比 净利润	捐赠比 净利润	应酬交际费 比净利润	其他支出 比净利润
平均值	5.22∶1	0.20∶1	0.11∶1	0.14∶1	0.30∶1	0.15∶1
中位数	1.46∶1	0	1.32∶1	4.23∶1	0.13∶1	0
标准差	16.39∶1	0.45∶1	0.33∶1	0.41∶1	0.61∶1	1.42∶1
最小值	0	0	0	0	0	0
最大值	363.64∶1	7.61∶1	5.56∶1	10.00∶1	15.00∶1	31.03∶1
样本数（个）	2024	1356	1542	1872	1933	580

分析私营企业资本构成时，我们发现，在 8.1% 的私营企业中有人拿"干股"，"干股"占资本总额的 18.53%，"干股"的多少与企业规模大小

没有统计意义上的相关性，即无论企业大小，都存在拿"干股"的现象。值得继续关注研究的是：什么人拿"干股"？"干股"的交换物是什么？"干股"现象的后果是什么？这种"干股"现象值得进一步研究。

有30.3%的私营企业的高层管理人员与主要技术人员持有企业股份，共持有企业资本总额的9.0%，这一现象与企业规模有某种程度的相关性，即企业规模越大，则管理人员与技术人员持股越多一些，但比例差别不是很大。

2. 私营企业员工收入、福利与持股情况分析

表45反映了私营企业员工的收入、福利与持股情况。从表45来看，私营企业员工的工资收入水平不是太低。例如，据统计，2000年，全国各行业劳动者的年平均劳动报酬为9371元，即便按7%的增长率计算，到2001年也不过为10027元。因此，所调查的私营企业员工的平均工资水平可能略高于全国各行业劳动者的平均报酬。这一点，应该视为私营企业的一种重要的社会贡献。但是，私营企业员工收入的内部差异很大，而能够获得的各种福利水平也不高。

表45　私营企业员工收入、福利与持股情况统计分析

	平均值	中位数	标准差	最小值	最大值	样本数（个）	0值样本数（个）
职工年均收入（元）	10250.73	8000.00	8560.91	1000	150000	3153	—
全年劳保费用（元）	52655.23	16000.00	139375.38	1	2670000	2007	1021
医疗保险人数（人）	76.41	25.00	152.04	1	2000	1039	1844
医疗保险支出（元）	19661.13	1000.00	87742.54	1	18619086	947	1844
其他医疗费（元）	30430.53	9410.00	98658.51	1	1800000	1109	1796
养老保险人数（人）	80.01	20.00	248.54	1	5000	1350	1626
养老保险支出（元）	86662.69	25000.00	227028.09	8	3600000	1340	1646
失业保险人数（人）	67.45	23.00	139.90	1	1600	607	2313
失业保险支出（元）	27144.25	6000.00	144638.82	2	3258720	593	2328
持股人数（人）	5.44	2.00	10.95	1	200	883	2250
持有股份比例（%）	34.32	30.00	24.22	1	100	878	2248

3. 企业主个人和家庭的收支情况

与私营企业员工的收入与福利相比，私营企业主们的收入当然是很高的（见表 46、表 47）。相应的，他们的生活支出规模也更为可观。不同企业主的情况在这里也表现出巨大的差异。

私营企业主的家庭生活支出构成也反映出他们的富裕程度（见表 48、表 49）。例如，根据对 2158 个完全匹配样本的统计分析，他们生活费支出的恩格尔系数的平均值为 30.43%，而教育费用所占比重则达到 19.88%。这种支出分布表明，私营企业主群体，包括他们的后代，将在占有较多经济资源的同时，占有较多的人力资本，这将使他们在今后的市场竞争中处于优势地位。尤其是私营企业主本人，普遍比较重视继续学习，其个人教育投入占家庭教育投入的比重达到了 28.66%。从企业经营管理的需要来看，私营企业家的这种自我教育投入是非常理性的行为，将来的竞争优势一定会证明他们的明智。

表 46　2001 年私营企业主的家庭收支情况统计分析

	家庭规模（人）	个人总收入（万元）	家庭总收入（万元）	家庭金融资产（万元）	家庭全年生活费（万元）
平均值	5.11	13.77	18.47	65.41	7.09
中位数	5.00	5.00	8.00	15.00	4.00
标准差	1.72	43.78	49.92	366.54	11.74
最小值	1	-50	-46	1	1
最大值	15	1000	1000	10000	300
样本个数（个）	3096	2790	2796	1167	2729

表 47　2001 年私营企业主家庭人均收入、金融资产和
生活支出统计分析

	平均值	中位数	标准差	最小值	最大值	样本个数（个）
家庭人均收入（万元）	3.88	1.67	10.96	-7.67	333.33	2785
家庭人均金融资产（万元）	14.51	3.29	103.17	0.09	3333.33	1161
家庭人均生活费支出（万元）	1.49	0.90	2.66	0.09	52.50	2718

表 48　2001 年私营企业主家庭生活费支出构成统计分析

（2158 个完全匹配样本）

单位：万元

	伙食费用	服装费用	娱乐费用	保健费用	教育费用	企业主个人学习费用	其他费用
平均值	1.82	0.93	0.62	0.50	1.49	0.39	2.07
中位数	1.20	0.50	0.20	0.20	0.90	0.15	0.80
标准差	2.09	1.27	1.44	1.04	2.48	0.86	5.78
最小值	0.10	0.00	0.00	0.00	0.00	0.00	0.00
最大值	30.00	20.00	30.00	30.00	36.00	20.00	121.00

表 49　2001 年私营企业主家庭生活费支出的比重与统计分析

单位：%

	伙食费用	服装费用	娱乐费用	保健费用	教育费用	其他费用
平均值	30.43	13.89	6.78	6.60	19.88	22.44
中位数	30.00	12.50	5.00	5.00	16.67	20.00
标准差	14.42	7.91	7.68	6.81	14.91	16.98
最小值	1.00	0.00	0.00	0.00	0.00	0.00
最大值	100.00	50.00	70.00	77.00	89.00	98.00

五　私营企业主的政治地位

私营企业主参加了哪些组织及组织状况如何？这是许多人关注的问题。这次抽样调查显示：在社会团体中他们加入最多的是工商联，有 79.0% 的人加入；在政治机构中进入最多的是政协，有 35.1% 的人是各级政协委员；在政党组织中加入最多的是中共，有 29.9% 的人是中共党员（见表 50）。这种情况说明，私营企业主的组织状态是纳入了现有政治体制框架之中的，他们参与政治的主要途径是通过党领导的统一战线，工商联、政协以及人大是党引导他们参政议政的重要机构和途径。表 51 是他们参加各级工商联、政协和人大的情况。

表 50　私营企业主参加组织的状况

单位：%

	个协、私协	工商联	政协	人大	中共	民主党派	团员
2002 年	48.0	79.0	35.1	17.4	29.9	5.7	2.0

表 51　私营企业主进入各级工商联、政协、人大的情况

单位：人，%

	工商联		政协		人大	
	人数	百分比	人数	百分比	人数	百分比
区	178	5.5	12	0.4	191	5.9
县	1436	44.1	702	21.6	187	5.7
市	983	30.2	374	11.5	161	4.9
省	113	3.5	53	1.6	24	0.7
全国	7	0.2	2	0.1	2	0.1
总数	2717	83.4	1143	35.1	565	17.4

　　按照中共中央 1991 年 15 号文件的规定，工商联不仅是党领导下的具有统一战线性质的人民团体，要配合党和政府对非公有制经济代表人士进行思想政治教育，成为党和政府联系非公有制经济人士的桥梁，而且还是在经济上为非公有制企业服务的民间商会，要反映他们的正确意见，维护他们的合法权益，帮助他们解决经营中的困难。从这次抽样调查来看，随着市场竞争的加剧，有 81.4% 的企业主希望工商联增强为企业咨询和服务的职能与能力。目前私营企业主最希望得到的咨询和服务依次是：进行市场调研；举办企业管理培训班；开展市场营销、信息中介工作；疏通与政府管理部门的关系；扩大宣传企业和企业家的知名度；帮助制定行业经营规范。在进入 21 世纪后，随着市场经济的发展和中国加入 WTO，工商联的统战性、经济性、民间性如何体现，工商联如何按照市场的规律和企业的要求，加强对企业特别是会员企业的服务和帮助，的确是一个值得认真研究的问题。

　　与前四次抽样调查相比，这次抽样调查中的私营企业主的党员人数所占比例最大，达 29.9%。前几次抽样调查中的私营企业主的党员人数比例分别是：1993 年为 13.1%、1995 年为 17.1%、1997 年为 16.6%、1999 年为 19.8%。为什么这次会出现私营企业主党员人数达到 29.9% 的高比例？主要原因是这几年有大量的国有和集体企业改制变成了私营企业，而改制企业的负责人多是中共党员。这次调查共有 833 个从国有和集体企业改制而来的企业，其中有 422 个改制后的企业主为中共党员，占党员总数的 13.1%。如果减去这 13.1% 的比例，私营企业主中的党员人数基本与前几次抽样调查的人

数持平。

值得一提的是，这次有 192 人是在创办企业后入党的，占到党员总数的 5.9%。这表明在江泽民同志"七一"讲话前就有一些地方允许私营企业主入党了。另外，有 16 人是在江泽民同志"七一"讲话后入党的，占党员总数的 0.5%。

这次抽样调查的数据显示，有 884 家企业建立了党组织，占被调查企业总数的 27.5%。值得注意的是，在 972 名党员企业主中，只有 483 名党员企业主的企业建立了党组织，占被调查企业总数的 15%，占党员企业主总数的 49.7%。另有 489 名党员企业主，50.3% 的企业尚未建立党组织。显然，在这些党员企业主的企业中尽快建立起党组织，是今后党建工作的重点。

江泽民同志"七一"讲话在广大非公有制经济人士中引起了强烈反响，激发了他们爱党爱国、回报社会、为祖国建设多做贡献的热情。问卷设计了这样的问题，"在您看来，为了成为合格的建设者，私营企业主最主要应该做好哪些事？"前 6 位的回答如表 52 所示。

表 52　为了成为合格建设者，私营企业主认为最应该做的事（前 6 位）

单位：%

位次	1	2	3	4	5	6
选项	讲究诚信	纳税	努力发展生产	善待员工	解决就业	多做公益事业
所占比例	80.2	68.2	56.8	29.0	23.9	13.4

这表明大多数私营企业主已经认识到了，讲究诚信、积极纳税、努力发展生产、善待员工、帮助政府解决就业、多做公益事业，是做一位合格的社会主义建设者的最基本的任务；也说明在党的教育、引导和我国市场规则不断完善的情况下，他们的思想觉悟在不断提高，经营行为在不断规范，回馈社会的意愿在不断增强。

私营企业主作为一个比较特殊的社会阶层，平时主要考虑什么问题和忙于什么事情呢？前几次抽样调查得出的基本结论是：企业的经营和发展是他们绝大多数人思虑的中心与活动的重点。私营企业主人生舞台的基础就在于企业的发展，因此他们把企业的发展看得比什么都重。他们的主要时间和精力基本上都放在了企业的经营方面，包括企业重大问题的决策、经营管理、投资方向等。与此相应，他们反映最强烈的问题是，要求尽快形成更宽松的发展环境。同时，他们也要求在贷款、征地、经营范围、产品进出口权等关系到企业发展的各方面享有与国有企业同等的权利和公平的国民待遇，以减轻竞争中的压力。当然，随着经济实力的增长，一些非公有制经济代表人士也产生了较强的参政需求。但从总体上说，目前非公有制经济代表人士仍处在积极增强经济实力、努力在市场竞争中站稳脚跟的阶段，虽然有些人已有了相当的经济实力，但并未表现出强烈的政治欲望；相反有相当一部分人更愿意成为社会贤达，"为社会多做贡献"。这次调查中，在提问"江总书记'七一'讲话后，您有什么具体打算"时，回答最突出的有两个：一个是"在商言商，把企业办好"，达 80.6%；另一个是"在日常生活中树立良好的个人和企业形象，做一名社会贤达"，为 68.3%。其余的回答均未超过 30%。具体情况如表 53 所示。

表 53 江总书记"七一"讲话后，您有什么具体打算？

单位：%

位次	1	2	3	4	5	6	7	8
选项	在商言商，把企业办好	树好形象，做社会贤达	争当人大代表和政协委员	与党政领导人经常联系	在媒体上多宣传自己	争取入党	争取担任社区各种领导	暂无具体打算
所占比例	80.6	68.3	25.5	22.4	17.6	11.1	2.9	2.8

在回答"江总书记'七一'讲话后，您还有什么要求"的问题时，回答最集中的是"尽快落实讲话精神，营造更宽松的企业发展环境"，占 74.8%；其次是"在法律上明确保护私有生产资料"，占 45.6%。对这两个问题的回答与前几次的调查情况基本相同。党的十五大尤其是江泽民同志"七一"讲话后，党关于非公有制经济方面的政策不断完善，排除了私营企业主心中的多种顾虑，激发了他们继续创业的热情。目前他们最关注的问题是"继续创业"，从小规模、低层次、科技含量低、管理落后向大规模、高层次、科技含量高、管理先进的方向发展，因此希望有更宽松的环境以及能得到政府部门的帮助和支持。值得注意的是，这次要求"社会舆论对私营企业更为理解"的选择只有 21.2%，明显比前几次调查要低。这种情况说明，由于私营经济在解决就业、发展生产、方便人民生活等方面发挥了重要作用，因此绝大多

数的人已经能正确对待私营经济的发展了。关于以上问题的具体回答如表 54
所示。

表 54 江总书记"七一"讲话后，您还有什么要求？

单位：%

位次	1	2	3	4	5	6
选项	尽快落实讲话精神，营造更宽松的企业发展环境	在法律上明确保护私有生产资料	加快政治体制改革	社会舆论对私营企业更为理解	在劳动价值等理论上有新突破	其他要求
所占比例	74.8	45.6	26.4	21.2	11.4	0.8

从 1993 年的第一次抽样调查到 2002 年的第五次抽样调查，我们发现一
个有趣的现象，即不论私营企业发展程度和外在环境如何，多数私营企业
主都认为自己在经济、社会和政治参与方面处于中间位置。这次调研与以
往一样，在经济、社会和政治参与三个方面设置了从高至低的 1~10 个台
阶，让私营企业主确认自己的位置。有 64.1%、48.9% 和 50.6% 的人分别
认为自己在收入、社会声望和政治参与程度上处于 4~7 的中间位置，中位
数分别是 4.7、4.1 和 5.0。历年抽样调查中位数的对比情况如表 55 所示。

表 55 私营企业主对自身三项地位的评价中位数

	收入	社会声望	政治参与
1993 年调查	4.5	4.0	4.6
1995 年调查	4.5	4.2	5.1
1997 年调查	4.7	4.6	5.7
2000 年调查	4.7	4.3	5.0
2002 年调查	4.7	4.1	5.0

尽管有半数的私营企业主认为自己的地位处于中间状态，但是通过对
统计资料的进一步分析我们发现，不同资产的私营企业主对自身地位的评
价有相当大的差别。资产在 1000 万元及以上的与资产为 50 万~100 万元的
企业主相比，认为自己地位是处于前两位的：在收入方面，前者比后者要
分别高出 42 个百分点和 27 个百分点；在社会声望方面，前者比后者要分别
高出 17 个百分点和 11 个百分点；在政治参与方面，前者比后者也要分别高

出 14.3 个百分点和近 10 个百分点。

另外，党员企业主与非党员企业主在对自身地位评价方面也有一定的差别。党员企业主中认为自己社会地位处于前两位的分别为其总数的 11.3% 和 16.1%，而非党员企业主只有 6.7% 和 12.8%；在政治参与方面，党员企业主认为自己处于前两位的分别为其总数的 6.7% 和 12.3%，而非党员企业主只有 4.2% 和 9.2%。

非公有制经济代表人士的价值观和社会行为有一定的趋同性。非公有制经济人士在致富后，多数人没有忘记回报社会。前几次的问卷调查均表明，有 85% 以上的私营企业主捐助过社会福利和公益事业。1994 年，10 位民营企业家响应"国家八七扶贫攻坚计划"发起光彩事业，在统战部和工商联的关心、支持下，大力倡导致富思源、富而思进、扶危济困、共同富裕、义利兼顾、德行并重、发展企业、回馈社会，成了吸引广大私营企业主共同参与的事业。这次问卷调查表明，有近 80% 的人参加了光彩事业，其中有 57.7% 的人"为光彩事业捐过款"，有 39.3% 的人做过"修桥铺路等公益事业"，有 16.5% 的人"投资兴办过光彩小学"，有 10.6% 的人参与过"国土绿化"，有 8.6% 的人参与了"市场建设"，有 7.3% 的人到"老少边穷地区办企业"，还有 5.8% 的人"利用农产品开发新项目"。

通过上述的调查分析，我们可以得出这样的结论：我国私营企业主阶层的主流是健康的，是积极向上的，是有中国特色社会主义事业的一支建设力量。

六　私营企业发展中的问题、私营企业主的要求与希望

（一）私营企业发展环境中存在的问题

私营企业的发展环境与以往相比，有了很大的改善，但是仍然存在一些问题，集中反映在以下几个方面。

社会治安问题。对于如何加强和维护社会治安，有 82% 的被调查人认为应加强立法工作，有 15.4% 的被调查人认为应转变政府职能，有 2.6% 的被调查人认为应依靠行业组织。这说明，绝大多数人认为社会治安问题的解决还是要靠加强立法、执法工作。在调查中还有不少人认为社会治安问题是影响企业发展的最大问题，有些地区的社会治安问题非常突出，被调

查人对此深感忧虑。

行业准入、行业竞争不规范问题。对于打破行业垄断的问题，有26.1%的被调查人认为应加强立法工作，有45.4%的被调查人认为应转变政府职能，有28.4%的被调查人认为应依靠行业组织。有近半数的人认为应该靠转变政府职能来解决这个问题。由此可见，转变政府职能是打破垄断、规范行业竞争的关键。

政府对企业管理不规范的问题。这集中反映在"三乱"问题上。对于如何解决"三乱"问题，有35.4%的被调查人认为应加强立法工作，有59.8%的被调查人认为应转变政府职能，有4.8%的被调查人认为应依靠行业组织。"三乱"问题集中反映在政府执法方面，因此，大部分被调查人认为应转变政府职能，还有相当一部分人认为应加强立法、规范收费。

假冒伪劣产品问题。对于如何打击假冒伪劣的问题，有67.7%的被调查人认为应加强立法工作，有19.0%的被调查人认为应转变政府职能，有13.2%的被调查人认为应依靠行业组织。对于合法的生产经营者保护得不够，对于假冒伪劣产品生产者的打击力度不够，说明我们的法律还不是很完善，给生产假冒伪劣产品者留下了空子。立法是解决这一问题的根本所在。

（二）私营企业发展中的资金需求

在被调查企业中，企业发展（扩大再生产、扩大经营）的资金需求量平均为883.85万元，中位数为100万元，最小资金需求量是0元，最大资金需求量是10亿元。私营企业对企业发展资金需求量普遍较大，而且各私营企业对企业发展资金的需求量还很不平衡。

在调查中，私营企业普遍反映融资难。这是一个老问题，政府、银行、企业、工商联以及其他中介组织都做过很多努力，但成效还不是很明显。从调查中可以看出私营企业贷款还存在一定难度，私人借贷还占相当比例。

（三）缺乏诚信是私营企业发展的严重障碍

在调查中，企业之间相互拖欠的情况十分普遍（见表56）。

表 56　私营企业之间相互拖欠情况

单位：万元

	其他企业拖欠了您的企业 多少货款、借款？	您的企业拖欠了其他企业 多少货款、借款？
平均数	164.13	46.29
中位数	24.00	0.00
最小值	0	0
最大值	19000	5000

从表 56 中，我们大致可以看出其他企业拖欠被调查企业货款、借款的现象相对严重，而被调查企业对外拖欠现象则相对较少。从绝对数量上来看，被调查企业被拖欠的最大值是 19000 万元，而被调查企业对外拖欠的最大值是 5000 万元。这是一个很惊人的数字，企业间的拖欠现象已经需要引起重视了。

对于如何提高信用、诚信经营的问题，有 26.7% 的被调查人认为应加强立法工作，有 12.2% 的被调查人认为应转变政府职能，有 61.1% 的被调查人认为应依靠行业组织。随着我国市场经济的逐步完善，行业组织作为规范行业行为和协调业界关系的重要组织越来越被企业家所认同，他们对于行业组织在宣传、引导方面发挥的作用寄予很大期望。

（四）应发挥政府和行业组织在拓展国际市场和对外贸易中的作用

对于如何开拓国际市场的问题，有 5.7% 的被调查人认为应加强立法工作，有 39.0% 的被调查人认为应转变政府职能，有 55.3% 的被调查人认为应依靠行业组织。在开拓国际市场方面，行业组织和政府都被认为可以发挥大作用。政府作为国际交往的一个重要主体，其地位不可替代，一个国家在国际上的影响力越大，其所属企业进行国际贸易的机会相对就越大。这从我们几次调查的结果中也可以看出，随着中国国际地位的不断提高，中国广大私营企业的对外交流与合作也不断增多。行业组织在协调、解决国际贸易争端方面发挥的作用开始逐渐凸显。

（五）私营企业主的希望

私营企业主最希望得到的服务是市场调查研究（占 22.2%）和举办企业管理培训班（占 20.2%）。这从一个侧面反映了私营企业主对有价值的市场调查研究的渴望，对提高企业管理水平的迫切需求。有 88.3% 的被调查人希望工商联组织为企业做咨询服务工作，这表明工商联在私营企业中有较高的认同率。

从地区分布来看，东部地区私营企业主最希望得到的服务依次是：市场调查研究、举办企业管理培训班和市场营销、信息的中介工作；中部地区私营企业主最希望得到的服务依次是：市场调查研究、举办企业管理培训班和疏通与政府管理部门的关系；西部地区私营企业主最希望得到的服务依次是：举办企业管理培训班、市场调查研究和疏通与政府管理部门的关系。由此可以看出，东部发达地区的私营企业已经有明显的市场经济的主体意识，而中西部地区的私营企业还有依赖政府的倾向，政府对企业的发展还有着很大的影响。东、中、西部地区私营企业主普遍都希望工商联组织为企业做咨询服务工作。

2004 年中国第六次私营企业抽样 调查数据分析综合报告

"中国私营企业研究"课题组

由中央统战部、全国工商联、中国民（私）营经济研究会组织的"中国私营企业研究"课题组，分别在 1993 年、1995 年、1997 年、2000 年、2002 年进行了五次大规模的全国私营企业抽样调查，获得了大量的数据与资料。这一坚持了十年以上时间跨度的系列调查，为私营经济的研究工作提供了大量基础资料，全国工商联根据这五次调查和其他一些调查结果，曾三次向全国政协提交有关"保护公民合法私有财产"的提案，终于在 2004 年宪法修正案中得到实现；问卷调查的成果，记录了私营企业的成长史，为私营企业自我定位和确定发展方向提供了可靠的参照系，也为国内外学术界、舆论界和社会公众提供了准确、清晰的认识中国私营经济、私营企业和私营企业家的系统资料。中国的私营经济是在 20 世纪 80 年代再生重现的，1989 年才列入国家统计之中，而我们的调查研究在 90 年代初即已开始。一种新的生产方式、一个新兴的社会阶层，从它一开始出现，就处在科学的同步观察与研究之中，这在经济学史和社会学史上都是罕见的；问卷调查所积累的一系列跟踪研究资料，是极其珍贵的，也是唯一的。

从 2002 年的第五次全国私营企业抽样调查算起，又有两年过去了，在这两年中，发生了许多对于中国私营经济发展具有重大意义的事情，其中最重要的、意义最深远的就是把"公民的合法的私有财产不受侵犯"写进了宪法。为了把握私营企业和私营企业主的最新动态，中央统战部、全国工商联、国家工商行政管理总局和中国民（私）营经济研究会及时组织了第六次全国私营企业抽样调查。

这次调查与前几次相比，有两个新的特点：一是国家工商行政管理总局承担了将近一半的问卷调查任务，这是过去历次调查中未曾有过的，此举大大增加了调查的广泛性和数据的准确性，使调查质量得到了提升；二是在保持与以往调查的连续性和可比性的基础上，将问卷调查内容分为私营企业和私营企业主两大部分，大大扩充了调查的经济指标，以加强对私营企业经营状况的了解。

从 2003 年年底开始到 2004 年 3 月，中国民（私）营经济研究会按照有关部门负责同志的意见，多次召开会议就本次抽样调查问卷的设计进行了研究，同时，还征求了党政领导机关、专家学者、各地工商联研究部门的意见，经过反复论证，五易其稿，最终完成了问卷设计。全国各地的入户调查工作由各省、自治区、直辖市的工商局、工商联完成。2004 年 4 月，国家工商行政管理总局和全国工商联分别召开了各省区市工商局、工商联系统调研室主任会议，对实地调查进行了部署。调查工作在 2004 年 4 月至8 月完成。共发出问卷 3670 份，回收有效问卷 3012 份，有效回收率为82.1%，有效问卷数约占 2003 年年底全国私营企业总数 300.55 万户的1.0‰。工商局在本系统 23 个省、市的 29 个长年观测点上有效调查了 1399户私营企业（每个观测点覆盖一个区、县，具体的长期观测户是在这个区、县内随机抽取并固定下来的）；工商联系统在全国 31 个省、自治区、直辖市按行政区域和行业分布选取调查对象，有效调查了 1613 户私营企业。为了对部分私营企业进行动态研究，工商联系统还对在前两次（2000 年、2002 年）调查中已经调查过的部分私营企业进行了跟踪调查，以了解企业成立、发展或歇业的变化历程及其原因，这类企业回收问卷 581 份。2004年 8 月至 9 月，全国工商联研究室完成了全部问卷的编码、录入工作。

本次抽样调查的全部统计时点统一规定为 2003 年 12 月 31 日。

本次调查把工商局和工商联分别采集的数据分列。工商局是依法对私营企业进行行政管理的权力部门，工商局的调查数据反映了政府对私营企业所掌握的情况。工商联是中国共产党领导下的兼有统战性、经济性、民间性的人民团体，又担当着民间商会的任务，联系着非公有制经济中有一定影响力的代表性人士，因此工商联的调查数据反映了私营企业主中代表性人士的情况。通过两个渠道进行调查，能够比较全面地反映不同类型私营企业的真实状况。

私营企业的发展相当不平衡，企业规模相差甚大，同一项指标在不同企业里呈偏态分布。因此，在一些表示私营企业一般发展水平的数据中，受到少数畸大畸小（主要是畸大）的极端数据的影响，往往使平均数值偏离一般水平而失去代表性。为了避免这种情况，我们在本报告中，经常使用"中位数"这个概念。所谓"中位数"，就是指同一指标所有数据里大小居中的数值，用它来表示一般水平。为了便于比较，在表明一些指标时，我们同时列出平均数和中位数，两个数值的差距可以在一定程度上提示数据分布的偏斜程度。

现将主要调查数据做如下分项分析。

一 关于私营企业的情况分析

（一）近两年来私营企业数量持续快速增长

本次调查显示，自 2001 年以来，中国私营经济持续快速健康发展，首先是私营企业数量有了明显增长。2003 年年底，私营企业已超过 300 万户，达到 300.55 万户，比 2001 年增加了 97.7 万户，增长了 48.16%。

1988 年 4 月，《中华人民共和国宪法》确立了私营经济的合法地位，同年 6 月国务院出台了《中华人民共和国私营企业暂行条例》（以下简称《私营企业暂行条例》）。1989 年，国家工商行政管理总局根据《中华人民共和国宪法》和《私营企业暂行条例》，开始了对私营企业的登记注册工作，当年共登记私营企业 90581 户。1992 年邓小平南方谈话，迎来了私营企业发展的春天。1993～2003 年的十年间，私营企业快速发展。到 2003 年年底，私营企业已达300.55 万户，十年间增长了 32 倍多，年均增长 28.87%（截至 2004 年上半年，私营企业累计登记已达到 334 万户）；私营企业注册资本由 1993 年年底的681 亿元增加到 2003 年年底的 35305 亿元，增长了 51 倍，年均增长 48.41%（截至 2004 年上半年，注册资本已达 42146 亿元）；私营企业从业人员由 1993年年底的 372 万人增加到 2003 年年底的 4299 万人，增长了近 11 倍，年均增长 27.72%（截至 2004 年上半年，从业人员已达 4714 万人）；私营企业创产值由 1989 年的 422 亿元增加到 2003 年的 20083 亿元，增长了 47 倍，年均增长 47.15%；私营企业实现的社会消费品零售额由 1989 年的 190 亿元增加到 2003 年的 10603 亿元，增长了近 55 倍，年均增长 49.51%。

私营企业发展极不平衡，东部沿海地区数量增长迅速，而中西部地区增长缓慢。2003年年底，全国私营企业户数超过10万户的地区有8个，分别为：江苏（343680户）、广东（323077户）、浙江（302136户）、上海（291711户）、山东（228554户）、北京（186805户）、辽宁（114415户）和四川（110359户）。以上8个地区私营企业共有1900737户，占私营企业总户数的63.24%。

近两年来，由于私营企业的基数越来越大，发展的相对指标虽有所减缓，但绝对数增长却是历史上最快的。2003年，私营企业户数300.55万户，比2001年增加97.7万户，增长48.16%；2003年，私营企业注册资本35305亿元，比2001年增加17093亿元，增长93.86%；2003年，私营企业从业人员4299万人，比2001年增加1589万人，增长58.40%。2003年，私营企业共创产值20083亿元，实现销售总额或营业收入18652亿元，社会消费品零售额10603亿元，分别比2001年增长63.05%、62.42%、69.78%，均高于私营企业户数的增长速度。

私营企业经营规模继续扩大，经济实力明显增强。到2003年年底，全国私营企业户均雇工11.73人，户均从业人员14.3人，分别比2001年增长5.68%和6.88%。雇工人数100～500人的有34617户，雇工人数500～1000人的有3334户，雇工人数1000人及以上的有1130户；2003年私营企业户均注册资本达117.47万元，比2001年增长24.16%，注册资本500万～1000万元的有84620户，1000万元及以上的有51830户，注册资本1亿元及以上的有1156户，比2002年同期增加498户。2003年出口创汇的私营企业有74443户，出口创汇折合人民币约1749.68亿元，分别比2001年增长了355%和91.68%。

（二）近两年来私营企业规模稳步扩大

1. 资本规模稳步扩大，销售额有所增长

本次调查收回的问卷分两部分显示：工商局调查企业的所有者权益总额的中位数为92万元，而它们在开业时的实收资本总额中位数为50万元，资本增值了84%。工商联调查企业的所有者权益总额的中位数为300万元，而它们在开业时的实收资本总额中位数为100万元，资本增值了2倍。这说明，无论是一般性私营企业（工商局调查的对象），还是代表性私营企业

（工商联调查的对象），它们在开办企业后，资本构成都有增值，区别仅仅在于增值多少而已。

一批大型企业已经发展起来。2003 年年底，在工商局调查的企业中，所有者权益超过 1000 万元的占 15.2%，超过 5000 万元的占 3.6%，超过 1 亿元的占 1.2%。也就是说，所有者权益超过 1000 万元的私营企业，约占 20%。在工商联调查的企业中，相应的比例更大，所有者权益超过 1000 万元的占 26.0%，超过 5000 万元的占 6.9%，超过 1 亿元的占 3.5%。也就是说，工商联系统的私营企业的所有者权益超过 1000 万元的户数占到 36.4%。

企业的销售额也随之增长。2003 年年底，工商局调查企业的销售额中位数为 200 万元，工商联调查企业的销售额中位数为 640 万元。

与前几次工商联调查数据相比，私营企业资本规模和销售额的扩大趋势更为明显（见图 1）。本次调查的私营企业资本规模中位数比 2002 年调查时上升了 20%，销售额中位数比 2002 年调查时上升了 10%。

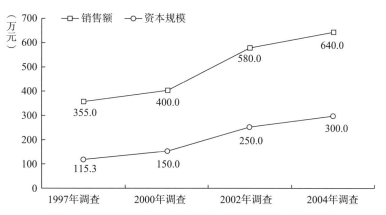

图 1　工商联调查的私营企业资本规模的扩展（中位数）

分行业看，资本规模中位数在 1000 万元及以上的行业是地质水利业、房地产业、电力煤气业，这些都是对资本规模要求严格、进入门槛较高的行业。资本规模中位数在 300 万～1000 万元的行业主要是采掘业、农林牧渔业、建筑业、交通运输业、制造业，这些行业对于资本规模要求适中。资本规模中位数在 300 万元以下的行业有科研技术、商业和餐饮业、卫生体育、社会服务、教育文化，这些行业对于资本规模的要求较低（见表 1）。

表1 私营企业各个行业的资本规模中位数

单位：万元

行业	地质水利	房地产业	电力煤气	采掘业	农林牧渔业	建筑业	交通运输业	制造业	科研技术	商业、餐饮业	卫生体育	社会服务	教育文化
资本规模中位数	3150	2000	1200	930	510	500	420	399	299	265	200	170	150

至2003年年底，私营企业的开业年数为5年及以下的占32.9%，6～10年的占42.3%，在10年以上的占24.8%。也就是说，被调查企业开业6年以上的占了67.1%。开业年数的中位值为7年，2002年调查时，这个数值是7.04年。考虑到这次调查有一半是通过工商局向一般私营企业调查的，不同于上次仅仅调查代表性企业，所以不能得出私营企业存活年数下降的结论。

根据企业的开业年数、企业开业时的实收资本、企业2003年年底所有者权益三个数据，我们计算出私营企业的资本年增长率，其中位数为8.8%。

各个行业的资本年增长率各不相同。中位数高于被调查私营企业总体资本年增长率（8.8%）的行业有：地质水利（31.4%）、农林牧渔业（13.9%）、卫生体育（12.4%）、制造业（11.7%）、房地产业（11.1%）、交通运输业（10.7%）、采掘业（10.3%）。低于总体资本年增长率（8.8%）的行业有：商业和餐饮业（7.3%）、社会服务（7.2%）、科研技术（6.8%）、电力煤气（6.2%）、建筑业（5.3%）、教育文化（5.3%）。

2. 利润略有回升，销售利润率趋于平稳

2002年调查发现，由于市场竞争日益激烈，私营企业的销售利润率有逐年下降的趋势。此次调查发现，销售利润率已经逐渐趋于平稳。

2003年年底，工商局调查企业的税后净利润的中位数为7万元，与前面的销售额中位数相比，可得出销售利润率约为3.5%。2003年年底，工商联调查企业的税后净利润的中位数为25万元，与前面的销售额中位数相比，可得出销售利润率约为3.9%。两个数据相差不大。

与前几次工商联调查数据相比，私营企业利润略有回升，但销售利润率趋于平稳（见图2）。被调查私营企业的税后净利润（中位数）从2002年调查时的21万元上升到本次调查的25万元，但销售利润率只回升了0.3个百分点。

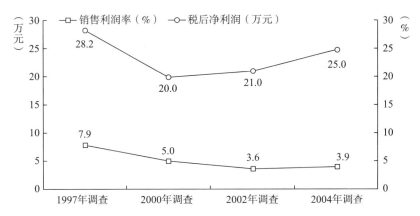

图 2　工商联调查的私营企业税后净利润和销售利润率的变化（中位数）

表 2 显示，房地产业的利润大大高于其他行业，税后净利润的中位值为 132.5 万元，比处于第二位的电力煤气行业的利润高一倍多。其他利润较高的行业还有卫生体育、建筑业、采掘业、科研技术等行业，而利润较低的行业为交通运输业、社会服务业、商业和餐饮业。可以看出，科研技术行业虽然资本规模处于平均水平之下，但其利润中位数却是高于平均水平的，这与其技术含量高有直接关系。社会服务业、商业和餐饮业的资本规模不大，技术含量较低，而且行业竞争相当激烈，这是行业利润较低的重要原因。

表 2　私营企业各个行业的税后净利润中位数

单位：万元

行业	房地产业	电力煤气	卫生体育	建筑业	采掘业	科研技术	地质水利	制造业	农林牧渔业	教育文化	交通运输业	社会服务	商业、餐饮业
税后净利润中位数	132.5	60	52	50	50	50	44	39	35.5	30	25.5	20	18

3. 雇工人数基本稳定

2003 年，工商局调查企业的全年雇工人数的中位数为 24 人，而工商联调查企业（工商代表性人士）的全年雇工人数的中位数为 60 人。从纵向来看，私营企业的全年雇工人数基本稳定。本次调查企业的全年雇工人数的中位数与 2002 年调查企业的全年雇工人数的中位数持平，都是 60 人（见图 3）。

除了全年雇工之外，企业还雇用一些季节性工人，而且这些工人的数

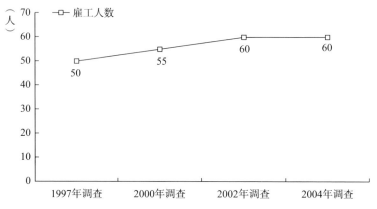

图3　工商联调查的私营企业雇工人数的变化（中位数）

量也不少。2003 年，工商局调查企业雇用的半年以上不足一年的工人数的中位数为 5 人，工商联调查企业中这类雇工人数的中位数为 8 人。2003 年，在工商局调查企业中，被雇用半年以下的工人数的中位数为 3 人，工商联调查企业中这类雇工人数的中位数也为 3 人。

（三）近两年来私营企业行业和地区分布呈扩张之势

1. 主营行业出现多元化趋势

与以往几次调查不同的是，本次调查中企业的主营行业不是单选题，而是最多可以选择三项的多选题。这样的设计考虑到了企业可能会涉及多个行业，从而形成主营业务多元化的现象。2003 年年底，调查企业的主营行业为两项的比例为 16.73%，主营行业为三项的比例为 6.42 %。也就是说，在调查企业中有近 1/4 的企业的主营行业已经多元化了。

2. 行业分布随着市场准入的放宽而延伸

图 4 显示，调查企业中以制造业和商业、餐饮业所占比重最大：制造业比重达到 38.2%，商业、餐饮业达到 24%，这两项合计超过了 60%。与上一次调查相比，这两项所占比例基本未变，商业、餐饮业的比例略有提高。

农林牧渔业、采掘业、交通运输业所占比重较小，与上一次调查相比，农林牧渔业和交通运输业比重都略有上升，而采掘业比重基本未变。

值得注意的是，社会服务、科研技术等新兴行业的比重增长迅速。如社会服务业从 5.6% 增长到了 11.1%，几乎增长了一倍；科研技术业从 2.1% 增长到了 5.5%，几乎增长了一倍半。建筑业虽然算不上是新兴行业，但其增长率也较高,从 5.9% 增长到了 9.1%,增长了近一半。这些行业虽然现在所占比重仍然不算太大,但其增长势头值得关注。

此次调查中还把一些在以往调查中未单独立项的行业列了出来,如房地产业、教育文化行业等。房地产业的比例不小,达到了 8.5%。将教育文化与卫生体育作为主营行业的企业合计也达到了 4%,还有 1.6% 的企业将电力煤气等公用事业作为主营行业,这些都是一些新变化。这些变化说明,近两年,民间资本的进入领域有明显的拓展和延伸。

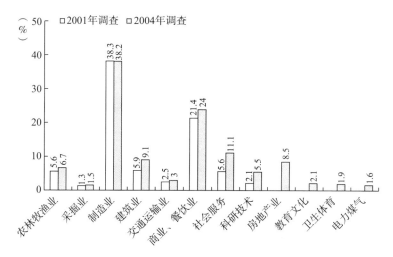

图 4 私营企业主营行业的变动情况

3. 企业的总部和生产经营场地逐步从农村和城镇向大城市转移

图 5 显示了私营企业总部所在地和生产经营场地所发生的变化。可以看出,企业总部和生产经营场地在"大城市"和"开发区"的比例提升,在"镇"和"农村"的比例降低,在"中小城市"这一级的比例则基本保持不变。

企业总部所在地和生产经营场地的变动情况,是同企业规模的不断扩大、企业涉足行业的不断调整以及企业的发展战略相关的,也是同大城市不断改善投资环境,吸引投资者的努力分不开的。

4. 相当比重的企业注重技术开发

调查显示,16.7% 的企业有自己的技术专利,其中 10.9% 的企业有多项专利。30.8% 的企业有自己设计的产品,其中 14.1% 的企业自己设计的产品超过了三项。另外,有 35.2% 的企业产品经过了质量认证(如 ISO9000 系列、UL、长城、CE 等)。2003 年,有 42.3% 的被调查企业进行了新产

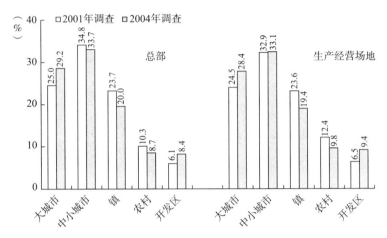

图 5　私营企业总部和生产经营场地的变动情况

品、新技术、新项目的研发投资。在这些进行了研发投资的企业中，研发投资金额的中位数为 30 万元。上述数据表明，私营企业在激烈的市场竞争中，更加注重产品质量和品牌。

5. 企业的市场开拓能力逐步增强

企业的产品销售范围（或服务提供范围）逐步扩大。2003 年，产品销售县外的比重超过一半的企业占 60.0%；产品销售省外的比重超过一半的企业占到了 30.3%；产品销售国外的比重超过一半的企业占到了 8.1%。

市场开拓能力的另一项指标是企业在广告宣传方面的投入情况。2003 年，私营企业在广告宣传方面的投入金额的中位数为 2 万元，有 20.0% 的企业在广告宣传方面的投入金额超过了 10 万元。

6. 外向型企业数量增加

企业参与国际竞争表现在两个方面：一是产品销售到国外；另一个是向海外投资。在 2003 年，被调查企业中有 21.4% 的企业的产品销售范围（或服务提供范围）涉及了国外，有 8.1% 的企业的国外销售额占本企业总销售额的一半以上；有 2.0% 的企业已经向海外投资，有 0.3% 的企业在海外的投资额超过了 100 万美元。

大多数企业对我国加入 WTO 后的市场竞争环境做出了积极反应。从数据中看出，在我国加入 WTO 后，被调查企业使用最多的应对措施依次为：与国内其他企业联合做强做大（25.1%）、引进技术（21.9%）、申请自营进出口权（19.0%）。但是，仍有30.7%的企业根本没有想过如何应对我国加入WTO以后的国际竞争环境，还有17.2%的企业认为这个问题与本企业没有什么直接关系。

7. 相当一部分企业有上市打算

在被调查企业中，有近1.0%的企业已经上市，有0.7%的企业已经进入上市辅导期。可以看出，已经上市和即将上市的企业比例仍然很小。但是另一方面，有26.5%的企业虽然目前没有上市，但有上市的打算，这一比例是较高的。上市既是一种融资渠道，也是企业本身的改造，有助于企业成为公众公司，有利于企业提高管理水平、提高企业透明度。

（四）近两年来私营企业的治理结构与内部管理正在发生变化

本次抽样调查的私营企业，最早登记注册的是1985年，最晚的是2004年。它们在治理结构与内部管理上既具有市场经济中一般企业成长的共同特性，表现为企业在成长阶段"股权和决策中心相对集中"，也因为处于中国经济社会转型的环境中，而具有"企业群体差异特征明显"与"'组织形式'早熟于'管理内容'"等特殊性。

1. 企业所有者权益的相对集中程度几乎没有改变

私营企业的资本构成情况如表3所示。

表3 私营企业资本构成

	私营企业开业时实收资本			2003年年底所有者权益		
	样本比例 （%）	中位数 （万元）	分布区间 （万元）	样本比例 （%）	中位数 （万元）	分布区间 （万元）
企业主个人	93.7	70	0~100	86.6	70	0~100
其他国内个人	84.4	20	0~100	78.4	20	0~100
其他国有企业	81.9	0	0~100	75.9	0	0~100
其他集体企业	81.7	0	0~100	75.8	0	0~100
其他私营企业	81.8	0	0~100	75.9	0	0~100
外资	81.8	0	0~100	75.8	0	0~100
各级政府	81.7	0	0~100	75.8	0	0~35
其他	82.3	0	0~100	76.0	0	0~100
总体平均水平	74.3	70	0~42766	68.6	185	-9~262606

注：此表综合了工商局与工商联的调查数据，这里的样本比例是指有效样本数占样本总数的比例，下同。

综合工商局与工商联的问卷调查数据，从表3中可以看出，无论是私营企业开业时的实收资本，还是2003年年底的所有者权益，企业主所占份额的比例都是70%（中位数）。经过近20年的发展，私营企业在2003年年底的所有者权益（中位数为185万元）与开业时的实收资本（中位数为70万元）比较，净增长1.6倍，但从中位数反映的自然人所占比例而言，企业主仍是70%，其他国内个人仍是20%，其他投资者所占比例总和仍是10%。这个比例，同2002年调查时所得数据相比，基本没有什么变化。2002年私营企业主的实收资本和所有者权益占76%。考虑到上次是工商联所调查的代表性人士的企业，数据可能偏高，这一次是综合工商局与工商联两家的数据，误差小些，可能更接近实际。可见，私营企业投资主体相对明确且集中，投资者承担投资风险，分享投资收益。这是私营企业数量增多、实力增强、社会影响不断扩大的根本动力之所在。

2. 私营企业群体差异更趋明显

总体上看，除投资主体相对明确这一鲜明特征外，在私营企业群体内部，企业与企业之间的差异是非常明显的。换言之，私营企业群体绝非"铁板一块"。它们的差异主要表现在以下相互联系的两个方面。

首先，在企业规模上，私营企业绝大多数是中小企业，但也出现了少数特大型企业。由表4可知，就中位数而言，2003年私营企业销售额为439.5万元、税后净利润为15万元、所有者权益为185万元、投资者人数为2人（见表6）、企业员工数为45人、企业主的年薪为3.89万元。私营企业主体为中小企业，是一个不争的事实，但上述指标的标准差至少都在三个数量级以上，最小为557（企业员工数标准差），最大为146982（企业主的年薪标准差）。上述指标的极值表现得更明显，销售额最多为40亿元，最少为0元；税后净利润最大值超过2亿元，最小的是亏损820万元；所有者权益最多为26亿元，最少净负债9万元；企业员工数最多为18000人，最少为1个人；企业主的年薪最高为200万元，最低为0元。可见，私营企业群体分化趋于明显，少数"巨型"企业脱颖而出。由此可以推断，差异如此明显的私营企业群体，不可能只采取一种组织形式和管理模式。

表 4   2003 年私营企业群体差异特征

	样本比例（%）	中位数	标准差	分布区间
2003 年销售额（万元）	87.3	439.5	15287.5	0～400192
2003 年税后净利润（万元）	79.9	15	941.7	－820～22297
2003 年所有者权益（万元）	68.6	185	7622.4	－9～262606
2003 年企业员工数（人）	96.1	45	557.0	1～18000
企业主的年薪（万元）	86.0	3.89	146982	0～200

其次，私营企业对稀缺资源的获取能力差异显著。本次抽样调查结果显示，只有不到 1% 的私营企业获准公开上市或买壳上市。由表 5 可知，私营企业从国有银行、股份制银行、城市商业银行和信用社获得贷款的中位数都是 0 元，而贷款最高额度分别达 39 亿元、2 亿元、1.4 亿元，三项标准差分别为 7329.2 万元、610.1 万元、604.1 万元。由此可知，绝大多数私营企业"融资难"，而只有极少数私营企业能从上述银行获得巨额资金支持。

表 5   2003 年私营企业从银行获取贷款的能力差异

	样本比例 （%）	中位数 （万元）	标准差 （万元）	分布区间 （万元）
来自国有银行（工行、农行、建行、中行）的贷款余额	83.4	0	7329.2	0～390000
来自股份制银行（民生、招商、光大、华夏、深发、广发、福建兴业）的贷款余额	78.5	0	610.1	0～20000
来自城市商业银行和信用社信用的贷款余额	81.2	0	604.1	0～14000

私营企业群体差异特征的出现，既有企业本身的原因，又与市场经济的发育程度和体制转型的环境密不可分。例如，不少地方政府通过行政手段"鼓励"非公有制企业做大做强，甚至有些地方政府沿用国有企业改革中实行的"抓大放小"的老办法，或一个领导人负责联系几个私营企业，或整个领导班子联合起来支持几个龙头企业。政府部门出于好心的过分"父爱"，反而导致了私营企业之间的不公平竞争。

3. 私营企业股权集中于"控制性股东"手中

世界范围内，"控制性股东"的存在是减小"代理问题"的主要方法之一。表 6 显示了 2003 年私营企业的投资者情况。

表 6　2003 年私营企业投资者情况

	样本比例（%）	中位数（位）	标准差（位）	分布区间（位）
企业注册登记为私营企业时共有几位投资者	95.9	2	17.4	1~690
2003 年企业投资者有几位	91.4	2	17.9	1~690
上述投资者中，在本企业做管理工作的有几位	73.9	2	3.7	0~80
上述投资者中，在本企业做技术工作的有几位	54.7	1	6.2	0~150
上述投资者中，参加一般生产劳动的有几位	44.0	0	21.5	0~470
上述投资者中，不在本企业工作的有几位	45.0	0	8.8	0~338
上述投资者中，有几位是开业时的投资者	67.6	2	18.6	0~690

从表 6 中可以看出，私营企业投资者的中位数为 2 位，这与两年前的调查数据完全一致。这些投资者主要在企业中从事管理工作（中位数为 2 位，标准差仅为 3.7 位）；一部分投资者在本企业中从事技术工作（中位数为 1 位，样本比例仅为 54.7%）；投资者参加一般生产劳动的与不在本企业工作的都很少（中位数都为 0 位，样本比例分别只有 44.0% 和 45.0%）；67.6% 的有效样本显示，上述投资者中有 2 位（中位数）为开业时的投资者。

上述投资者都是哪些人，他们是如何发挥"控制性股东"作用的呢？

首先，家族成员是私营企业主体的"控制性股东"。这点可以从以下两个方面的调查数据中得到印证：一是已婚企业主的配偶 45.8% 在本企业工作（样本比例为 93.9%）；二是企业股东中有一位（中位数）是企业主的父母、配偶兄弟姐妹或子女等家族成员（样本比例为 60.6%，其中家族成员最多高达 14 人）。换言之，两个股东的私营企业中，有 60.6% 的企业中一位是企业主，另一位是其家族成员。

其次，投资者是企业的主要决策者，但他们的决策日趋由个人决策转变为团队决策。调查表明，92.9% 的主要投资者兼任本企业的总裁、（总）经理（样本比例为 97.4%），企业主既是投资主体，又是经营主体。表 7 显示，企业的重大决策者，排在前三位的是：企业主本人（36.4%）、董事会（26.0%）、企业主与主要管理人员（19.7%）。而董事会成员的中位数为 3

位（样本比例为 55.4%），其中家族成员有 1 位（中位数，样本比例为 57.3%）。这说明，除企业主外，从数据上可以看出董事会中还有一个"职业经理人"的空缺。在未来企业代际传承中，职业经理人也将"浮出水面"。当问及"为了企业长久发展，您希望将来经营管理的接班人是谁"时，企业主在回答中，填写"没有想过"的占 38.3%，填写"职业经理人"的占 32.4%，填写"子女"的占 28.2%。上述数据表明，私营企业的决策机制正在由"老板一个人说了算"的个人决策，逐步让渡为团队决策。这里，团队成员中既有家族成员，也有作为非家族成员的"职业经理人"。促成上述转变的原因是多方面的，但主要是由于企业面临的市场竞争日趋激烈，企业决策面对的不确性因素越来越多，个人决策转向团队决策是一种必然。

表 7　私营企业的重大决策者

单位：%

决策者	比例
企业主本人	36.4
股东大会	17.1
董事会	26.0
企业主和主要管理人员	19.7
企业主和其他组织	0.4
其他	0.3

对于转轨时期中国家族企业普遍兴起的客观事实，目前有两种颇为流行的解释性观点：一是"文化决定论"，认为家族企业是由中国传统儒家文化决定的；二是"市场不完善论"，认为市场不完善才导致家族企业的产生，而当市场完善之后，家族企业就会被"两权分离"的现代企业制度所取代。这些解释固然有一定的道理，但经不起事实的推敲。因为家族企业不是中国所独有，世界各国普遍存在；不仅市场经济不发达的国家有，市场经济发达的国家也有，而且在发达的市场经济国家中家族企业数量更多、规模更大。

市场经济发达国家的家族企业演变表明，企业所有权与经营权分离至少需要以下四个条件：其一，企业需要达到相当的规模，以至于超出了所有者直接管理的能力范围；其二，企业股权必须高度分散且能毫无困难地转让；其三，经理人市场发育成熟；其四，法律上有明确规定的产权保护及其相应的社会文化氛围。在这些基本条件大都难以满足时，"两权分立"就难以行得通，家族企业就是适应企业发展的一种制度安排。

4. 有限责任公司成为私营企业的主要组织形式

这次调查发现，私营企业由以独资企业为主的形式迅速转变为以有限责任公司为主的形式。市场经济发达的国家中，企业从无限责任公司向有限责任公司变迁，用了100多年的时间。伴随着这漫长的历程，有限责任公司生存的市场的土壤相继发育成熟，包括市场信誉制度、经理人职业理念、相应的法律制度逐步确立，政府公共服务职能也逐步完善。比较而言，中国私营企业组织形式的变化呈现"跨越式"。表8显示，从1993年到2004年的10余年间，独资企业比例由63.8%下降为22.5%，而有限责任公司比例由16.5%上升至62.9%。私营企业在改革开放之后的中国得以重生，具有一定的内生性，但它们缺少自发演化的市场环境，表现为"组织形式"早熟于企业的"管理内容"。换句话说，不少私营企业虽然在组织形式上登记为有限责任公司，但同发达的市场经济社会里那些有限责任公司的内部管理相比，相去甚远。

表8　被调查私营企业组织形式变化情况

单位：%

	独资企业	合伙企业	有限责任公司	其他	合计
1993 年调查	63.8	16.0	16.5	3.7	100
1995 年调查	55.8	15.7	28.5	0.9	100
2002 年调查	28.7	5.7	65.6	0	100
2004 年调查	22.5	7.4	62.9	7.2	100

私营企业内部的组织化程度迅速提高。由表9可知，1993年，私营企业中董事会比例为26.0%，股东大会与监事会无相关记录，党组织、工会和职代会的比例也不高；而到2004年时，六种组织形式的比例都在30%以上，其中最高的前三位是：董事会（74.3%）、股东大会（56.7%）、工会（50.5%）。这些内部组织的发育对于完善企业治理结构将起到有力的支撑作用，但对这些数据也要做具体分析。以私营企业中的工会为例，广东、

浙江、福建三省总工会的分管负责同志认为，现在私营企业工会能够发挥作用的不到总数的 1/3。[①]

表 9　私营企业内部的组织状况

单位：%

	股东大会	董事会	监事会	党组织	工会	职代会
1993 年调查	—	26.0	—	4.0	8.0	11.8
1995 年调查	—	15.8	—	6.5	5.9	6.2
2000 年调查	27.8	44.5	23.5	17.4	34.4	26.3
2002 年调查	33.9	47.5	26.6	27.4	49.7	27.4
2004 年调查	56.7	74.3	35.1	30.7	50.5	31.0

5. 私营企业中员工管理问题不少

综合工商局、工商联的抽样问卷调查数据，2003 年私营企业雇用员工中位数为 45 人（工商局调查的中位数是 24 人，工商联调查的中位数是 60 人）。其中，农民工 20 人，下岗工人 10 人。私营企业已经成为农民工和下岗工人就业的主要场所。表 10 显示了私营企业中的员工管理情况。76.4% 的有效样本显示，私营企业与员工签订劳动合同的中位数为 30 人，占就业人数的 66%。私营企业为员工支付医疗保险、养老保险、失业保险等三项指标中，除养老保险中位数为全年 0.23 万元外，其他都为 0 元。种种情况表明，私营企业的员工特别是农民工的权益缺乏相应的保障。

表 10　2003 年私营企业员工管理情况

	样本比例（%）	中位数	标准差	分布区间
有多少员工与企业签订了劳动合同（人）	76.4	30	547.64	0 ~ 18000
企业全年支付员工工资、奖金、分红等有多少（万元）	90.0	36	554.72	0 ~ 21528
企业全年支付劳保费用有多少（万元）	84.8	1	29.56	0 ~ 750
企业全年为多少员工支付医疗保险（人）	73.6	0	140.72	0 ~ 3200
企业全年支付医疗保险费有多少（万元）	83.2	0	18.99	0 ~ 545
企业全年支付其他医疗费用有多少（万元）	79.7	0	12.69	0 ~ 315

[①]　赵东辉、吴亮：《农民工融入城市有多难》，《社会学》2003 年第 8 期。

续表

	样本比例（%）	中位数	标准差	分布区间
企业全年为多少员工支付养老保险（人）	75.4	0	222.52	0~8000
企业全年支付养老保险费用有多少（万元）	83.9	0.23	33.65	0~770
企业全年为多少员工支付失业保险（人）	74.9	0	111.63	0~3200
企业全年支付失业保险费用有多少（万元）	80.5	0	5.34	0~100

6. 企业文化建设普遍受到重视

提升现有的管理水平，注重文化建设，是私营企业健康发展的内在要求与现实选择。由表11可以看出，绝大多数私营企业主已经认识到"企业文化"的作用，特别是"提高员工素质，是增强企业竞争力的关键"，得到八成以上（82.9%）企业主的赞同。

表11 私营企业主对企业文化建设的认识

单位：%

	样本比例	企业主选择比例
企业经营理念的重要标志	97.1	63.8
凝聚企业员工，推动企业发展的动力	97.2	77.6
提高员工素质，是增强企业竞争力的关键	97.2	82.9
其他	97.1	1.3

但是，我们不能不看到，私营企业主的认识水平与私营企业的文化建设目标有相当大的差距。对如何加强文化建设的回答，排在前三位的是："加强管理层建设"（73.8%）、"加强培训"（70.8%）、"建立表彰激励机制"（68.3%）（见表12）。这说明，私营企业主从企业实用角度看待企业文化建设的居多。从一定意义上讲，企业文化就是企业家的文化。在私营企业中"加强管理层建设"，关键在于企业家经营理念与管理水平的提升。对于现阶段私营企业而言，用"好家风""好人品"塑造"优良的企业文化"，具有鲜明的时代特征。

表 12　如何加强企业文化建设

单位：%

	样本比例	企业主选择比例
提出一整套标语、口号	97.1	38.8
加强管理层建设	97.2	73.8
经常开展活动	97.1	46.4
建立表彰激励机制	97.2	68.3
加强培训	97.2	70.8
其他	97.1	1.9

（五）近两年来私营企业的贡献逐渐被社会认可

1. 纳税增加

随着企业规模的扩大，私营企业的纳税额也在同步增加。2003 年年底，工商局调查企业的缴税金额的中位数为 8 万元，与销售额中位数（200 万元）的比率约为 4.0%。工商联调查企业的缴税金额的中位数为 25 万元，与销售额中位数（640 万元）的比率约为 3.9%（见图 6）。

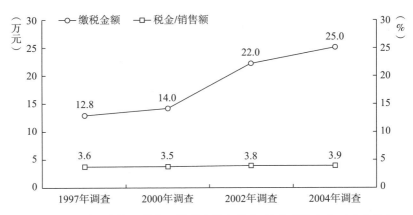

图 6　工商联调查的私营企业缴税金额和税金/销售额的变化（中位数）

纳税大户的比例也在提高。2003 年年底，在工商局调查企业中，缴税金额在 100 万～200 万元的占 15.0%，在 200 万～500 万元的占 9.1%，在 500 万元及以上的占 3.7%。也就是说，纳税在 100 万元以上的企业占了 27.8%。工商联调查企业中的相应比例更高，缴税金额在 100 万～200 万元的占 23.9%，在 200 万～500 万元的占 14.9%，在 500 万元及以上的占

7.3%。在工商联调查的企业中，纳税在100万元以上的占了46.1%。

与前几次调查相比，企业缴税金额不断上升。本次调查比2002年调查时的中位数上升了13.6个百分点。税金与销售额的比率基本稳定，保持在4.0%以下。

2. 交费未减

企业除了需要缴纳国家征收的各种税以外，还要缴纳各管理部门、各种组织收的费用。2003年年底，工商局调查企业的交费金额的中位数为1万元，与销售额中位数（200万元）的比率约为0.50%。2003年年底，工商联调查企业的交费金额的中位数为3万元，与销售额中位数（640万元）的比率约为0.47%（见图7）。

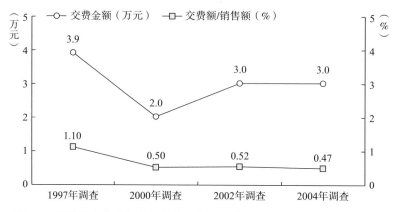

图7　工商联调查的私营企业交费金额和交费额/销售额的变化（中位数）

与上次调查相比，企业的交费金额基本保持不变，交费额与销售额的比率略有下降。这表明了企业的交费负担没有减轻。

3. 就业贡献大

私营企业雇用的工人中有相当一部分是下岗职工和农民工。2003年年底，工商局调查企业雇用的下岗职工的中位数为6人，占总员工数的中位数（24人）的25.0%。工商联调查企业雇用的下岗职工的中位数为14人，占总员工数的中位数（60人）的23.3%。2003年年底，工商局调查企业雇用的农民工的中位数为12人，占总员工数的中位数（24人）的50.0%。工商联调查企业雇用的农民工的中位数为30人，占总员工数的中位数（60人）的50.0%。

根据上述数据推断，中国私营企业所雇用的员工中，有一半以上是农民工，有 1/4 是下岗职工。私营企业对就业的贡献由此可见。

4. 参与国有企业改制

私营经济的发展也有效地推进了国有企业改革。本次调查发现，有 6.3% 的企业已经兼并或收购了破产国有企业，还有 10.2% 的企业正在准备兼并或收购破产国有企业。本次调查还发现，有 18.3% 的被调查企业是由国营、集体企业改制为私营企业的。据此推断，300.55 万户私营企业中约有 55 万户是改制而来的。这也从另一个侧面证明了私营企业参与国有企业改制的力度。私营企业在解决国有企业资本金不足、下岗职工再就业难等方面发挥了重要作用。私营经济的发展，为国有企业改革的顺利推进提供了条件。

（六）企业—市场—政府的关系尚须进一步调整

此次调查从若干方面探讨了现阶段我国企业—市场—政府之间的关系。调查表明，随着我国市场经济体制的逐步完善，尤其是自中国共产党第十六次全国代表大会以来，企业、市场与政府三者之间的关系已经得到了显著的改善。但是，毋庸讳言，不协调的方面仍然不少，需要通过深化改革进一步调整三者之间的关系。在现阶段的中国，这种关系的核心，是企业与政府的关系。

1. 透过企业的三项支出看企业与政府的关系

在社会主义市场经济条件下，政府应当为企业的健康发展提供有序有效的公共环境，包括良好的市场秩序、法律保障和其他必需的公共产品供给；企业则应依法经营、依法纳税、善待员工，为发展国民经济、创造就业和税收做贡献。但在我国现阶段，这种良好的企业—政府关系尚在建构过程之中。政府与企业的关系不够协调，更多地集中在企业的各种交费、企业应付来自政府部门的各种摊派以及为了搞好与政府的关系而不得不付出的各种并非合理合法的公关、招待费用等方面。为了简便起见，这些支出简称为"三项支出"。

表 13 是此次调查所获得的有关企业的三项支出的统计分析结果。需要说明的是，对于各种"费"的支出，有 1384 位被访企业主没有提及，有 89 位被访企业主称 2003 年无此项支出；对于应付摊派的支出，有 1537 位被访

企业主没有回答，有443位被访企业主称2003年无此项支出，其余1032家企业有此项支出；对于公关和招待支出，有869位被访企业主没有回答，有102位被访企业主称2003年无此项支出。不回答和自称无某项支出的，并不一定意味着该企业实际没有发生这项支出，很可能是由于其他原因，被访企业主不愿意提及该项支出。不管怎样，这里的分析仍然基于被访企业主所提供的信息。

表13　2003年被访企业用于交费、应付摊派与公关和招待支出分析

单位：万元，个

三项支出	总支出	平均值	中位数	标准差	最小值	最大值	样本量
交费支出	88793.1	48.8	2.0	640.5	0	25688.0	1819
应付摊派支出	8438.9	5.7	1.0	20.9	0	390.0	1475
公关和招待支出	30438.6	14.2	3.0	133.4	0	6000.0	2143

从表13中可以看出，被访企业的三项支出是相当可观的。如果假定一个企业没有回答某项支出意味着该企业2003年真的没有发生这项支出，那么，我们可以把这三项支出加总，这样，2003年被访企业的三项支出之和至少有12.8亿元。个别企业在2003年的交费支出额高达25688.0万元，这种支出完全是同政府部门相关的；个别企业的公关和招待支出也达到6000.0万元，尽管这种支出可能并非全部与政府部门有关，但至少有相当一部分是与政府部门相关的；还有个别企业应付摊派的支出达390.0万元，这笔支出也完全与政府部门相关。当然，不同私营企业间的差别也非常大，标准差比平均值高出2.7～12.1倍，平均值比中位数高4.7～15.3倍。

被访企业的三项支出，存在一定的地区差异。从表14的数据看，东部私营企业的这种负担最大，三项支出总计达87383.3万元。由于回答三项支出信息的企业数不同，因此我们不能计算三项总支出的企业平均值，但从分项计算的支出情况看，东部每个被访企业的三项支出的平均值都比中部地区和西部地区大。当然，这可能并不意味着东部地区企业的相对负担也更大，因为东部地区的较大规模私营企业相对较多。

表 14 分地区私营企业 2003 年三项支出比较

单位：万元，个

		总支出	平均值	中位数	标准差	最小值	最大值	样本量
东部	交费支出	61921.5	68.3	3.0	888.7	0	25688.0	907
	摊派支出	4863.4	6.6	1.0	25.1	0	390.0	732
	公关和招待支出	20598.4	19.1	5.0	186.5	0	6000.0	1077
中部	交费支出	11066.2	22.9	2.0	189.3	0	3500.0	484
	摊派支出	1417.4	4.0	1.0	11.5	0	100.0	358
	公关和招待支出	5036.4	9.8	2.0	23.9	0	205.0	516
西部	交费支出	15805.9	36.9	2.4	169.6	0	2542.0	428
	摊派支出	2158.2	5.6	1.0	18.9	0	177.0	385
	公关和招待支出	4803.9	8.7	3.0	24.5	0	400.0	550

注：本表中的东部地区包括北京、天津、辽宁、上海、江苏、浙江、山东、福建和广东等 9 个省市；中部地区包括黑龙江、吉林、河北、山西、安徽、江西、河南、湖北、湖南、海南等 10 个省；西部地区包括内蒙古、广西、重庆、四川、贵州、云南、西藏、陕西、甘肃、青海、宁夏、新疆等 12 个省区市。后文出现的区域划分，与此处相同，不再赘述。

这三项支出对企业是否构成一种负担，必须把它们与企业的正常收支进行比较。在这里，我们用来比较的指标主要是 2003 年企业的纳税、税后净利润和企业投资人分红三个指标。选择这几个指标进行比较的理由在于，纳税是企业的正常贡献，税后净利润是企业的正常经营，投资人分红是投资人的正常资本收入。比较的结果如下。

首先，根据 1382 位企业主提供的信息，2003 年他们总计纳税 112808.4 万元，交费 55044.5 万元，后者相当于前者的 48.8%；据 819 位被访企业主提供的信息，2003 年他们总计纳税 78301.6 万元，应付摊派支出 7207.4 万元，后者相当于前者的 9.2%；据 1554 位被访企业主提供的信息，2003 年他们总计纳税 145064.5 万元，用于公关、招待的支出 26465.9 万元，后者相当于前者的 18.2%。

其次，据 1351 位被访企业主提供的信息，2003 年他们企业的税后净利润总计 116273.5 万元，交费总计 79009.6 万元，后者相当于前者的 68.0%；据 779 位被访企业主提供的信息，2003 年他们企业的税后净利润总计 86905.8 万元，应付各种摊派支出 6812.5 万元，后者相当于前者的 7.8%；据 1478 位被访企业主提供的信息，2003 年他们企业的税后净利润为 168022.3 万元，用于公关、招待的支出为25573.6万元，后者相当于前者的15.2%。

最后，根据1002位被访企业主提供的信息，2003年他们企业出资人分红总计25123.9万元，交费总计29394.1万元，后者相当于前者的116.6%；据754位被访企业主提供的信息，2003年他们企业出资人分红总计22652.9万元，应付摊派支出6646.1万元，后者相当于前者的29.3%；据1257位被访企业主提供的信息，2003年他们企业出资人分红总计36655.3万元，用于公关、招待的支出总计16240.3万元，后者相当于前者的44.3%。

显而易见，与被调查企业的纳税、税后净利润和投资人分红相比较，三项支出所造成的负担确实不轻。这就从一个方面反映了私营企业与政府之间的利益关系中存在着较为严重的问题。

2. 透过借贷难题看私营企业与政府、市场的关系

私营企业向银行借贷难的问题，既反映出企业与市场尤其是金融市场的关系没有理顺，也反映出企业与政府在金融领域的关系还没有理顺，因为银行的主体是国有的，受国家支配的多，受市场支配的少。

从此次调查的统计分析结果看，有2458位被访企业主认为他们的企业向银行借贷困难，占全部被访企业主的81.6%。根据他们的分析，导致企业向银行借贷难的原因是多方面的。表15总结了他们的看法。

表15 导致私营企业向银行借贷难的原因分析

单位：%，人

	手续繁杂	贷款抵押、担保条件太严	公开财务信息的要求过高	信用等级评定过严	贷款成本太高	其他	合计	人数
总体	33.8	46.5	1.3	2.8	12.7	2.8	100.0	2458
东部	34.9	46.7	1.1	2.9	12.1	2.4	100.0	1228
中部	32.3	46.7	2.0	3.0	11.8	4.3	100.0	604
西部	33.4	46.0	0.8	2.7	14.7	2.4	100.0	626

从表15看，大多数被访企业主把他们的企业所面临的贷款困难归咎于手续繁杂、贷款抵押和担保条件太严以及贷款成本太高这三个因素，而很少有人将其归咎于企业自身公开财务信息的要求过高以及信用等级的评定过严，在这方面，几乎不存在地区差异。后面两个因素可以被视为金融市场的正常规则，银行真正按市场规则办事，一般不会刁难企业。而前三个

问题，则主要不是市场问题，而是与银行体制有关。手续繁杂表明银行的贷款程序不适应金融市场的要求；贷款的抵押和担保条件太严意味着银行的相关条款带有霸王条款性质，不容谈判协商；而贷款成本太高则暗含着银行经营管理人员可能存在寻租行为，迫使企业除了支付贷款利息外还要付出其他"公关"成本。这些我们在日常的社会舆论中也可以感受到。

3. 企业之间"三角债"严重，企业信用堪忧

本次调查发现，企业之间的拖欠现象日益严重。被调查企业应收货款和被其他企业拖欠的借款，最高的达 30 亿元；被调查企业拖欠其他企业的货款和借款，最高的达 4 亿元。"三角债"所表现出的市场信用危机，影响着私营企业的健康发展。

4. 企业纠纷解决机制尚未形成，民间协调机制缺乏，法律运用成本高

在生产经营过程中，任何一个企业都难免碰到各种各样的纠纷。在健全的市场经济体制下，解决纠纷主要遵循法律的规定，通过法律的途径。而在现阶段的我国，纠纷的解决途径五花八门，多种多样，形成了中国式的企业纠纷解决机制。

表 16 所揭示的这种机制的特点主要是，在发生一般经济纠纷时，私下协商成为较多企业运用的纠纷解决途径。诉诸仲裁或向法院起诉的也较多，寻求政府或上级主管部门行政介入的较少，请求工商联或私营企业协会出面协调的也较少，默默忍受的却占一定比例（尽管总体而言 71.3% 的被访企业主对默默忍受的结果不满意），更少有人通过组织起来的商会调解纠纷或者诉诸媒体评判是非。

在与管理部门发生纠纷时，请求上级政府行政介入、请求工商联或私营企业协会出面协调，则是最重要的途径，不然，只能默默忍受。因为在现实条件下，这种纠纷多数不是可以通过诉诸法律就能有效解决的，私下协商的办法也不容易奏效（而且可能会产生较大的协商成本），组织商会争取解决之道或者向媒体披露，往往也难得有好的结果。

值得注意的是，上述纠纷解决机制几乎不存在地区差别。东部地区并未因为经济发展较快、市场化程度较高而形成与相对落后的中西部地区不同的纠纷解决机制。其中的原因是无论东部还是西部，依法解决纠纷所需要的法律制度环境、社会环境和文化环境都未真正形成。

表 16　私营企业纠纷解决机制分析

单位：%

纠纷解决机制	地区	不同纠纷的采样人数比例		满意程度分布	
		一般经济纠纷	与管理部门的纠纷	较满意	不满意
默默忍受	总体	8.4	9.9	28.7	71.3
	东部	7.4	10.8	28.0	78.0
	中部	11.1	9.5	30.6	69.4
	西部	7.9	8.3	28.3	71.7
私下协商，自行解决	总体	48.9	5.9	87.8	12.2
	东部	48.0	5.3	88.5	11.5
	中部	51.4	5.9	88.2	11.8
	西部	48.5	7.4	86.1	33.9
请求当地政府或上级主管部门解决	总体	14.6	20.8	83.0	17.0
	东部	13.5	21.5	83.2	16.8
	中部	15.4	17.8	78.5	21.5
	西部	16.4	22.4	86.4	13.6
提请仲裁机构仲裁或向法院提起诉讼	总体	30.3	3.9	88.7	11.3
	东部	32.6	3.6	79.4	20.6
	中部	27.7	3.6	70.1	29.9
	西部	28.1	4.6	76.6	23.4
请工商联和私营企业协会协助解决	总体	11.5	9.2	93.8	6.2
	东部	10.6	10.1	94.1	5.9
	中部	11.8	9.5	95.8	4.2
	西部	13.1	6.8	91.0	9.0
自发联合起来争取解决	总体	2.4	2.2	62.2	37.8
	东部	2.3	2.1	59.4	40.6
	中部	2.5	2.7	57.6	42.4
	西部	2.5	2.1	72.7	27.3
找报纸等舆论工具反映	总体	2.8	2.3	61.0	39.0
	东部	2.9	1.6	48.6	51.4
	中部	3.1	1.8	71.0	29.0
	西部	3.8	2.5	50.0	50.0

纠纷解决机制	地区	不同纠纷的采样人数比例		满意程度分布	
		一般经济纠纷	与管理部门的纠纷	较满意	不满意
其他	总体	0.3	0.1	57.1	42.9
	东部	0.3	0.2	66.7	33.3
	中部	0.1	0.0	50.0	50.0
	西部	0.4	0.1	50.0	50.0

5. 私营企业对完善立法和政府转变职能的期盼很高

总的来说，此次调查表明，尽管还存在上述种种问题，但被访企业主普遍认为，党的十六大以来，私营企业的发展环境已经有了不同程度的改善（见表17）。对于表17所列举的与私营企业发展环境相关的问题，认为有改善的被访企业主所占比例，绝大多数在70%以上，只有在私营企业信用制度的建设上面，认为有改善的人所占比例略低于70%。

表 17　被访私营企业主对于相关环境近两年有无改善的判断

单位：%，个

	有改善	无改善	合计	样本数
保护私人财产的相关法律法规	85.9	14.1	100.0	2284
社会治安与私营企业主人身安全	76.8	23.2	100.0	2069
放宽经营领域，降低市场准入的门槛	79.6	20.4	100.0	2030
简化政府部门审批过程	77.8	22.2	100.0	2167
管理执法部门工作作风	76.8	23.2	100.0	2076
"三乱"问题（乱收费、乱摊派、乱集资）	75.3	24.7	100.0	2185
投融资环境	72.8	27.2	100.0	1969
私营企业信用制度	69.4	30.6	100.0	2089
私营企业家的社会政治地位	83.1	16.9	100.0	2163

当然，说这些环境有改善，并不意味着它们已经尽善尽美，相反，其仍然有着进一步加以改善的需要。那么，如何进一步改善私营企业的发展环境呢？此次调查的被访企业主也进行了积极的思考。他们的对策选择，如表18所示。

表 18　被访私营企业主对进一步改善私营企业发展环境的对策选择

单位：%，个

	完善立法工作	转变政府职能	加强行业组织	加强企业自律	合计	样本数
健全保护私人财产的相关法律法规	70.6	17.0	4.3	8.1	100.0	1650
维护社会治安与保障私营企业主人身安全	60.7	28.7	4.1	6.5	100.0	1449
放宽经营领域，降低市场准入的门槛	23.3	59.3	13.4	3.9	100.0	1362
简化政府部门审批过程	13.5	80.9	3.6	2.0	100.0	1516
改进管理执法部门工作作风	23.7	67.6	6.0	2.7	100.0	1435
治理"三乱"问题	32.7	56.7	7.7	2.9	100.0	1497
改善投融资环境	22.6	60.5	12.1	4.7	100.0	1335
完善私营企业信用制度	21.7	17.3	24.9	36.1	100.0	1467
提高私营企业家的社会政治地位	28.6	28.5	22.7	20.1	100.0	1342

　　从表18可以看到，被访企业主的对策选择有几个重要特点。首先，在真正属于法律建设问题的方面，被访企业主们更多地强调要完善立法工作。其次，在涉及政府行为的方面，私营企业主们的注意力更多地集中在转变政府职能上，尽管政府职能的转变实际上也涉及政府依法行政的问题。再次，在更多地涉及企业行为或者既涉及政府也涉及企业自身行为的方面，虽然要求企业自律的人所占比例是最大的，但也不过1/3。最后，被访企业主对于建立维护自身权益的行业组织，大多缺乏认识。实际上，在许多方面，行业组织可以起到非常重要的作用。当然，这种状况既同成立行业组织的种种限制有关，也与一些行业组织在维护企业权益方面所发挥的作用不明显有关。

　　尽管如此，多数被访企业主对改善企业发展环境还是比较关心的（见表19）。对于表19中所列举的关系到私营企业发展环境好坏的10项主要工作，都有七八成的被访企业主表示最关心和关心，最高达到69.0%（税收制度改革）。尤其值得注意的是，表示最关心和关心的方面是："税收制度的改革"（87.4%）、"贯彻落实宪法中明确保护私有财产的规定"（83.1%）、"转变政府经济管理职能"（81.7%）和"建立社会信用体系，规范市场秩序"（80.7%）。这几项都是直接关系到私营企业的经济利益的重大问题。关心社会保障体系完善的企业主所占比例较低，关心行业协会、商会等自律组织发展的企业主所占比例也比较低,这些都是值得我们关注的问题。建立良好的企业—市场—政府关系,并不仅仅是政府或社会的事,也是企业主们自己的事。私营企业主如何加强自身建设,提高自身素质,也是一个不容忽视的问题。

表 19　被访私营企业主对改善私营经济发展环境的关心程度分布

单位:% , 个

	最关心	关心	一般	不关心	最不关心	合计	样本数
转变政府经济管理职能	59.5	22.2	13.6	2.9	1.8	100.0	2284
税收制度改革	69.0	18.4	9.7	1.5	1.5	100.0	2413
完善社会保障体系	43.8	26.9	21.7	4.5	3.0	100.0	2088
营造干事业和能干成事业的舆论环境	43.1	25.0	21.7	6.5	3.7	100.0	2066
投资、融资制度改革	53.8	22.4	15.3	5.0	3.5	100.0	2153
建立社会信用体系,规范市场秩序	58.1	22.6	14.1	3.0	2.2	100.0	2165
发展行业协会、商会等自律组织	45.5	25.3	18.8	6.8	3.5	100.0	2128
贯彻落实宪法中明确保护私有财产的规定	59.4	23.7	12.8	2.5	1.7	100.0	2180
贯彻落实宪法中尊重和保障人权的规定	54.9	22.9	15.4	4.5	2.3	100.0	2108
打破垄断,放宽市场准入	55.1	18.9	17.7	4.5	3.8	100.0	2247
其他方面	7.3	44.0	12.8	16.5	6.4	100.0	109

二　关于私营企业主阶层的情况分析

(一) 私营企业主基本特征

1. 基本人口特征

这一部分的分析,我们将把全国工商联和国家工商行政管理总局两家的问卷调查数据整合在一起进行。这里,首先简要讨论一下此次接受调查的私营企业主的基本人口特征,亦即他们的性别构成与年龄构成。

统计结果显示,在全部 3012 位接受调查的私营企业主中,有 13 人的性别不明,其余 2999 人中,男性 2581 人,占 86.1%;女性 418 人,占 13.9%。这表明,私营企业主仍然是一个以男性为主导的阶层。

有 19 人在问卷中没有报告其出生年份，其余 2993 人的平均年龄为 43.4 岁，年龄中位数为 42 岁（亦即有 50% 的人年龄在 42 岁以下，50% 的人年龄在 42 岁以上），年龄标准差为 8.1 岁，可见他们的年龄差别不是很大。表 20 反映了他们的年龄分组分布态势，可以看到，36～50 岁的中年人士是这个阶层的主体，所占比例合计达到 65%。而图 8 则告诉我们，被访企业主的年龄结构大致呈正态分布。

表 20 2004 年被调查私营企业主的年龄结构

年龄分组	20 岁及以下	21～25 岁	26～30 岁	31～35 岁	36～40 岁	41～45 岁	46～50 岁	51～55 岁	56～60 岁	60 岁以上	合计
人数（人）	3	14	94	361	673	688	583	365	146	66	2993
比例（%）	0.1	0.5	3.1	12.1	22.5	23.0	19.5	12.2	4.9	2.2	100

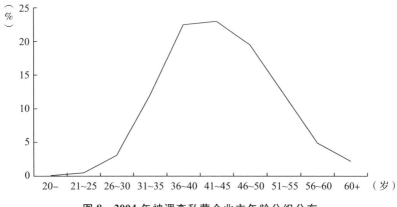

图 8 2004 年被调查私营企业主年龄分组分布

2. 私营企业主的文化程度

此次调查表明，私营企业主阶层普遍拥有较多的文化资源，这一点主要表现在他们的文化程度普遍较高上。从表 21 可以看到，在 2998 位提供了其文化程度信息的被访企业主中，拥有大专及以上文化程度的人占 51.8%，超过了一半；而具有小学和初中以下文化程度的人仅占 14.6%。可以说，这是一个文化素质较高的阶层。

本次调查所获得的数据还呈现一个有趣的现象。人们一般认为，东部地区人才聚集，私营企业主的文化程度将会比中西部地区的企业主文化程度高一些。然而，我们的统计分析结果显示，中部地区的企业主文化程度最高，西部次之，东部又次之（见表 21）。以小学和初中文化程度来说，中部地区具有这一文化程度的被访企业主所占比例合计为 10.7%，西部地区的这一比例为 13.8%，而在东部地区这一比例为 16.7%；相应的，大专及以上文化程度的被访企业主所占比例，在中部地区为 55.2%，在西部地区为 53.7%，在东部地区为 49.5%。对于这种现象，可能有两个解释。首先，来自东部地区的有效样本的数量是来自中西部地区的有效样本数量的两倍多，因而其中可能存在的系统偏差相对较小；其次，中西部地区私营经济的起步晚于东部地区，因而对企业主个人的文化素质的客观要求相对高一些。

表 21　被访私营企业主的文化程度分布

单位：%，个

	小学	初中	高中、中专	大专	大学	研究生	合计	样本数
总体	1.7	12.9	33.6	31.1	15.0	5.7	100.0	2998
东部	1.5	15.2	33.9	30.3	13.1	6.1	100.0	1568
中部	1.7	9.0	34.2	31.0	18.4	5.8	100.0	713
西部	2.1	11.7	32.5	32.9	15.8	5.0	100.0	717

另外，我们还注意到，在这些企业主中，有 461 人获得了学士以上学位，占被调查企业主总人数的 15.3%。其中，获得学士学位者 296 人，占 9.8%；获得硕士学位者 132 人，占 4.4%；获得博士学位者 33 人，占 1.1%。186 人有海外学习经历，占被调查企业主总人数的 6.2%。157 人有海外进修、培训的经历，培训时间最短的不到 1 个月，最长的达 4 年之多。具体地说，进修、培训时间在 6 个月以下的居多数，有 122 人，7~12 个月的有 26 人，1~2 年的有 7 人，3 年的有 1 人，4 年的有 1 人。

3. 私营企业主的职业变迁

总的来看，私营企业主阶层的职业经历是比较丰富的。一方面，在这个阶层中，有来自社会所有阶层的成员；另一方面，不少企业主在开办私营企业之前，从事过不少其他职业。不过，统计结果显示，干部、知识分子和企业供销人员构成了这个阶层的主体来源（见表 22），这意味着，私营企业主阶层的职业素质是比较高的。

表 22　被访私营企业主的职业经历

单位：人，%

	毕业后的第一个职业		开业前最后的职业		从事过的职业		
	人数	比例	人数	比例	人数	比例	答题人数
一般干部	296	11.1	275	10.4	710	23.9	2965
县、处级干部	6	0.2	36	1.4	74	2.5	2966
机关、企事业负责人	89	3.3	412	15.6	641	21.6	2964
村（大队）干部	103	3.9	74	2.8	229	7.7	2964
国有、集体企业承租、承包人	72	2.7	377	14.2	601	20.3	2965
供销人员	171	6.4	280	10.6	539	17.9	2965
一般职员、工人、服务人员	942	35.4	416	15.7	1168	39.4	2968
专业技术人员	396	14.9	345	13.0	771	26.0	2967
其他	318	12.0	264	10.0	504	17.0	2964
下岗失业人员	2	0.1	76	2.9	184	6.2	2964
没有参加工作	103	3.9	67	2.5	—	—	—
军人	163	6.1	26	1.0	220	7.4	2963
合计	2661	100.0	2648	100.0	—	—	—

从表 22 中不难看到，首先，在私营企业主走出学校后从事的第一项职业中，属于干部的职业占了很大比重。如果把所谓的村镇干部、一般干部、县处级干部、机关和企事业单位负责人以及国有、集体企业承租承包人（他们在过去属于企业干部）都归入干部范畴，则被访企业主的第一个职业是干部的，所占比例为 21.2%；专业技术人员和供销人员合计占 21.3%。这说明，超过 40% 的人的职业起点是比较高的。相反，毕业以后处于无业状态的人所占比例极小。一般职员、工人、服务人员也超过了 1/3。其次，从他们开办私营企业前的职业来看，可以归入干部范畴的职业所占比重上升至 44.4%，升幅达到 110.4%；专业技术人员和供销人员的合计比重上升至 23.6%，升幅为 10.8%（其中专业技术人员的比例下降了一些）；一般职员、工人、服务人员的比例下降至 15.7%，降幅达 127.9%。再次，从他们在开办私营企业以前从事过的职业来看，私营企业主阶层的大多数成员来自原本较高的其他社会阶层的特点也很明显。由于一些人可能同时从事过几种职业，故表中比例数之和大于 100%，为 189.9%。如果把上述几类

职业在这一列中的比例数除以这个比例数之和，则可以得到它们的标准化比值。这样计算的结果为：干部类职业的比值为 40.0%，供销人员和专业技术人员职业的比值为 23.1%，一般职员、工人、服务人员职业的比值为 20.7%。总之，60% 以上被访企业主来自干部类职业、供销人员职业和专业技术人员职业。

从被访企业主开办私营企业以前的工作单位性质来看，党政机关、国有企事业单位以及城乡集体企事业单位是他们的来源单位的主体（见表 23）。

表 23　被访私营企业主在开办私营企业前的工作单位分布

	毕业后第一个工作单位		开业前最后一个工作单位		曾经工作过的单位		
	人数（人）	比例（%）	人数（人）	比例（%）	人数（人）	比例（%）	有效样本（个）
党政机关、国有企事业单位	1119	42.4	1028	39.5	1490	51.6	2886
城乡集体企事业单位	499	18.9	570	21.9	847	29.3	2887
"三资"企业	54	2.0	105	4.0	191	6.6	2887
其他私营企业	168	6.4	338	13.0	536	18.6	2887
个体户	202	7.7	405	15.6	649	22.5	2886
务农	425	16.1	118	4.5	549	19.0	2886
军队	173	6.6	38	1.5	222	7.7	2881
合计	2640	100.0	2602	100.0	—	—	—

从表 23 中可以看到，就毕业后的第一个工作单位而言，党政机关、国有企事业单位以及城乡集体企事业单位所占比重合计达到 61.3%；就开业前的最后一个工作单位而言，这一类单位所占比例为 61.4%；就曾经工作过的单位而言，这一类单位所占比例的标准化比值达到 52.1%（计算方法同上）。

4. 私营企业主的收入与财富状况

通过投资、经营管理和积累等活动，私营企业主阶层收入较高，掌握较多的财富，这是自然而然的事。这里将根据此次调查的数据资料，首先考察私营企业主的收入情况，然后考察他们的财富占有情况。

（1）企业主及其家庭的收入

统计分析表明，与上次的调查结果相比，2003 年私营企业主的个人年收入与家庭年收入都有所增长。例如，上次调查的企业主个人年收入平均值为13.8万元，中位数为5万元；这一次调查的2003年企业主个人年收入平均值为20.2万元，中位数为6.0万元（见表24），分别比前者高出46.7%与20%。被访企业主的家庭年收入同样呈现明显的增加趋势：上次被访企业主的家庭年收入平均值为18.5万元，中位数为8万元；这一次被访企业主的家庭年收入平均值为26.7万元，中位数为10万元，分别比前者高出44.3%与25%。家庭人均收入水平的提高也非常明显：上一次被访企业主家庭的人均收入为3.88万元，人均收入中位数为1.67万元；相比之下，这一次被访企业主家庭人均收入和人均收入中位数分别高出64.1%与37.7%。另外，值得注意的是，比较两次调查，我们还可以看到，私营企业主及其家庭的收入差距也在扩大。例如，上次的调查表明，被访企业主2001年的个人年收入、家庭年收入和家庭人均年收入的标准差分别为43.78万元、49.92万元与10.96万元；这一次调查则显示，2003年的这三个指标的数值分别比2001年高出33.4%、106.3%与67.0%。这在某种程度上表明，私营企业主阶层内部在经济方面出现了日益明显的分化。① 运用五等分法进行分析，可以更清楚地看出这种分化。从表24中可以清楚地看到，收入最高的20%的人（户）与收入最低的20%的人（户）的收入份额之比，在企业主个人年收入指标上为46.9∶1，在企业主家庭年收入指标上为38.8∶1，在企业主家庭人均年收入指标上为39.1∶1。

表24　2003年私营企业主及其家庭收入状况

	平均值（万元）	中位数（万元）	标准差（万元）	最低20%所占份额（%）	最高20%所占份额（%）	有效样本数（个）
企业主个人年收入	20.2	6.0	58.4	1.6	75.1	2762
企业主家庭年收入	26.7	10.0	103.0	1.9	73.8	2747
企业主家庭人均年收入	6.4	2.3	18.3	1.9	74.2	2724

另外，被访企业主的收入分布还存在一定的区域差异。例如，统计分析结果显示，2003年东部地区被访企业主个人年收入平均为22.1万元，其

---

① 当然，由于两次调查所涉及的企业主是不同的，所以，我们只能认为，这里的比较仅仅反映了一种大致的趋势。

中位数为 10 万元；中部地区被访企业主个人年收入平均为 19.7 万元，其中位数为 5 万元；西部地区被访企业主个人年收入平均为 16.6 万元，其中位数为 5 万元。这样，东部、中部、西部地区被访企业主的个人年收入平均值之比为 1.33∶1.19∶1（以西部地区为 1），其中位数之比为 2∶1∶1（以西部地区为 1）。

（2）企业主及其家庭的财富

被访企业主及其家庭掌握的财富，在本次调查中，主要由家庭金融资产、住房原值以及企业主个人在其企业中拥有的所有者权益这三项构成。当然，这可能并未把企业主及其家庭所掌握的全部财富包括在内，因此，下面对他们的家庭财富的统计分析，也只能是一种趋势性的分析，而不可能是精确的分析。

表 25 是对这一次调查所获得的企业主及其家庭财富数据的统计分析结果。需要说明的是，"家庭财富总额"的计算仅仅涉及那些完整地提供了家庭金融资产、住房原值以及企业主个人的所有者权益额的样本（我们称之为"信息完全匹配样本"）。同样，"人均家庭财富额"的计算也仅仅涉及完整地提供了所需要的信息的样本。

表 25　被访私营企业主的家庭财富状况

	平均值（万元）	中位数（万元）	标准差（万元）	最低 20% 所占份额（%）	最高 20% 所占份额（%）	最高与最低之比	有效样本数（个）
家庭金融资产	56.0	10.0	313.1	0.04	85.2	2130∶1	2001
住房原值	51.2	20.0	182.7	1.3	67.6	52∶1	2840
所有者权益	877.9	96.5	5491.1	0.2	89.1	445.5∶1	2000
家庭财富总额	748.8	140.0	2375.8	0.8	82.6	103.3∶1	1435
人均家庭财富额	194.7	37.1	691.6	7.3	82.7	11.3∶1	1428

从表 25 中不难看出，被访企业主在其企业所拥有的所有者权益，构成了家庭财富的主要组成部分。运用完全匹配样本提供的数据进行计算的结果表明，在家庭财富总额中，企业主在其企业拥有的所有者权益占 85.4%，住房原值占 8.3%，家庭金融资产占 6.3%。这说明，企业主的主要财富在其企业里。

根据表 25 的数据可知，被访企业主的各项财富的分布有着巨大的差别。标准差是平均值的 3.2～6.3 倍；最高的 20% 人（户）所拥有的财富是最低的20%人（户）的11.3~2130倍。可见，财富的差距远比收入的差距大。

5. 私营企业主阶层的工作与生活方式

限于调查数据的结构，这里所说的私营企业主的工作与生活模式，包括两个方面的内容：一是他们的时间分配模式；二是他们的家庭消费模式。下面根据对调查数据所做的统计分析结果，分别进行讨论。

（1）私营企业主的时间分配模式

一天24小时，人们总是会按照需要或自己的意愿，把这24小时分配给工作、学习、娱乐与休息等不同活动。这种分配方式，从一个侧面反映了人们的工作与生活方式，对私营企业主阶层而言也是如此。应当指出的是，此次调查要求被访企业主把他们在一个时间周期（比如一个星期、一个月或一年）中从事的各种活动所花费的时间平均分配到每一天，从而形成他们一天的作息模式，因此，不能认为他们真的每天在每一项活动上花费的时间都是相同的。

表26是运用信息完全匹配样本对被访企业主的每日时间分配进行统计分析的结果。在进行统计分析时，我们进行了严格的舍弃，经过科学的整理分析，我们得到了2133个信息完全匹配样本。

表 26　被访私营企业主每日工作时间分配

单位：小时

	平均值	中位数	标准差	最小值	最大值
经营管理工作	6.7	6	2.6	0	18
外出联系生意	2.2	2	1.5	0	12
外出参加会议	1.0	1	0.8	0	6
公关招待	1.5	1	1.0	0	7
学习	1.2	1	0.8	0	7
自己或陪伴家人娱乐、休闲	1.6	1	1.2	0	11
休息	7.8	8	1.7	0	16
其他活动	2.0	2	2.0	0	14

实际上，我们可以把表26中的前四项活动视为被访企业主的"工作时间"。由此可以看到，在一天中，被访企业主平均要把11.4小时的时间用于企业的运行和发展上，占一天24小时的47.5%，接近一半，少数企业主

的工作时间更长,最长的有 18 小时用于工作。娱乐、休息时间平均为 9.4 小时,占一天 24 小时的 39.2%。学习时间平均为 1.2 小时,占 5%,应该说,这个时间量并不是很多。尤其值得注意的是,有 296 位被访企业主没有时间进行学习或者不愿意花时间学习,占 2133 位被访企业主的 13.9%。总的来看,被访企业主的一天时间分配的差异不是很大,绝大多数活动的时间分配标准差都小于其平均值。

不过,进一步的分析表明,不同性别、文化程度的被访企业主的时间分配模式有一定的差异(见表 27)。例如,就性别而言,女性企业主直接参加企业经营管理工作的时间比男性企业主多 0.5 小时,而在其他三项工作上花费的时间则比男性少 0.5 小时。其他几项非工作活动上的时间分配差异不大。就文化程度不同的企业主而言,也有一个比较明显的趋势,即随着文化程度的提高,企业主直接花费在企业经营管理活动上的时间呈减少趋势:有大学和研究生学历的企业主直接参与企业经营管理活动的时间平均比小学毕业的企业主的相应时间少 1.8 小时,比初中毕业的企业主的相应时间少 1.3 小时。反过来,高学历企业主用于外出联系生意、参加会议以及进行公关招待活动的时间相对多一些,最高学历企业主与最低学历企业主在这些活动上的日均时间分配差别在 0.5 小时左右。这可能意味着,高学历企业主在经营企业的过程中更多地注意向外开拓,注意搞好外部关系。

表 27 被访私营企业主分性别和文化程度的平均每日工作时间分配

单位:小时

	经营管理工作	外出联系生意	外出参加会议	公关招待	学习	娱乐休闲	休息	其他活动
男	6.7	2.2	1.0	1.6	1.2	1.6	7.7	2.0
女	7.2	2.0	1.0	1.3	1.3	1.5	7.9	1.9
小学	7.9	1.9	0.8	1.3	0.9	1.7	8.1	1.4
初中	7.4	2.1	0.9	1.3	1.0	1.5	7.9	1.8
高中、中专	6.9	2.2	0.9	1.5	1.1	1.6	7.8	2.0
大专	6.5	2.2	1.0	1.6	1.3	1.6	7.7	2.0
大学	6.1	2.3	1.1	1.6	1.6	1.6	7.7	2.2
研究生	6.1	2.4	1.3	1.8	1.5	1.3	7.3	2.3

（2）私营企业主的生活模式

如上所述，我们主要用被访企业主的家庭消费模式来代表他们的生活模式。为使分析具有可比性，我们同样按照上面叙述的方法对样本进行了筛选，得到了 2547 个信息完全匹配样本。通过对这些样本数据进行总体分析，我们发现，在被访企业主的家庭生活消费支出中，平均而言，衣食住行支出占 43.2%，娱乐保健支出占 14.0%，教育学习支出占 25.7%，其他支出占 17.1%。在此基础上，我们对这些样本的数据进行了较为详细的统计分析，其结果如表 28 所示。

表 28　2003 年被访私营企业主家庭生活消费支出分布

单位：万元，%

	平均值	中位数	标准差	最低 20% 所占份额	最高 20% 所占份额	最高与最低之比
家庭生活消费	7.8	4.6	10.8	3.9	59.1	15.2∶1
家庭衣食住行消费	3.4	2.0	4.7	4.4	56.6	12.9∶1
家庭娱乐保健消费	1.1	0.5	1.9	1.1	66.4	60.4∶1
家庭教育学习消费	2.0	1.0	4.0	1.5	77.1	51.4∶1
家庭其他生活消费	1.3	0.5	3.4	0.5	72.3	144.6∶1
人均生活消费	1.9	1.0	2.8	3.9	58.2	14.9∶1

总的来说，被访企业主的家庭生活水平是比较高的，户均年生活消费支出达到 7.8 万元，人均年生活消费支出达到 1.9 万元；与此同时，不同企业主家庭的生活消费支出差异也非常显著。在所有指标上，标准差都比平均值大。更为重要的是娱乐保健支出与教育学习支出上的差距，因为这两方面的差异将造成企业主人力资本的累积性差异扩大。

为了分析各种可能影响企业主们的家庭娱乐保健支出与教育学习支出的因素，我们以这两个变量为因变量，以企业主的年龄、文化程度（上学年数）、个人年收入、家庭年收入、家庭财富额 5 个变量为自变量，进行了回归分析，得到表 29 的分析结果。尽管有关这两种支出的回归模型的解释力（由 R^2 的大小表示，其最大值为 1，表示回归模型具有 100% 的解释力）不够大，但仍显示了各个自变量对因变量的一定程度的影响。个人年收入的影响尤其大：对娱乐保健支出而言，企业主个人年收入增加 1 万元，该项支出将会增加 3800 元；对教育学习支出而言，企业主个人年收入增加 1 万元，该项支出将会增加 2740 元。显而易见，这种影响是具有累积性的。

表 29　私营企业主家庭娱乐保健支出和教育学习支出的回归分析

模型		未标准化系数		标准化系数	t	Sig.
		B	标准误	Beta		
因变量：娱乐保健支出	Constant	−196.826	2053.360		−0.096	0.924
	上学年数	572.346	152.924	0.088	3.743	0.000
	个人年收入	94.094	7.563	0.380	12.441	0.000
	家庭年收入	10.952	3.808	0.083	2.876	0.004
	家庭财富额	1.135	0.196	0.151	5.800	0.000
	模型总结	$R = 0.541$；$R^2 = 0.293$（年龄变量被排除）				
因变量：教育学习支出	Constant	−17224.792	7899.438		−2.181	0.029
	年龄	329.939	118.868	0.071	2.776	0.006
	上学年数	1292.133	373.656	0.090	3.458	0.001
	个人年收入	153.385	18.527	0.274	8.279	0.000
	家庭年收入	18.646	9.207	0.064	2.025	0.043
	家庭财富额	1.426	0.472	0.086	3.024	0.003
	模型总结	$R = 0.390$；$R^2 = 0.152$				

6. 私营企业主对其经济、社会、政治地位的自我评价

统计分析结果显示，被访企业主对其三种地位的自我评价，基本上是以中间地位自居的人居多（见表 30）。从表 30 的结果看，认为与周围的人相比，自己的经济地位居于较高的第一至第三等级的人合计占 19.4%，居于中间的第四至第七等级的人合计占 69.5%，而居于较低的第八至第十等级的人合计占 11.1%，数据表明，认为自己的经济地位居于中上等的人占 88.9%。

认为自己的社会地位居于较高的第一至第三等级的被访企业主占 20.1%，居于中间的第四至第七等级的人占 67.8%，居于较低的第八至第十等级的人占 12.1%。换言之，认为自己的社会地位与周围的人相比居于中上等的人合计占 87.9%。

在政治地位的自我评价方面，认为自己居于第一至第三等级的企业主

占 17.5%，居于中间的第四至第七等级的人占 56.8%，居于较低的第八至第十等级的人占 25.6%。这表明，认为自己与周围的人相比，在政治地位上居于中上等的人合计占 74.3%。

总结起来，可以看到一个趋势：从经济地位的自我评价到社会地位、政治地位的自我评价，认为自己居于中上等的人所占比例逐步下降，而认为自己居于较低地位的人所占比例逐步上升。这表明，不少经济地位自我评价较高的企业主不认为自己的社会地位和政治地位也较高。

表30　被访私营企业主的自我地位评价

单位：人，%

等级	经济地位		社会地位		政治地位	
	人数	比例	人数	比例	人数	比例
1	64	2.2	70	2.4	62	2.1
2	133	4.5	166	5.6	155	5.3
3	376	12.7	357	12.1	296	10.1
4	397	13.5	395	13.4	296	10.1
5	853	28.9	809	27.5	647	22.2
6	558	18.9	507	17.2	429	14.7
7	242	8.2	287	9.7	285	9.8
8	221	7.5	221	7.5	340	11.7
9	74	2.5	89	3.0	220	7.5
10	33	1.1	46	1.6	187	6.4
合计	2951	100.0	2947	100.0	2917	100.0

为了对被访企业主的自我地位评价进行解释，搞清楚为什么他们对自己的经济、政治地位做出这样评价的原因，我们以被访企业主自我评价的政治地位、经济地位和社会地位为因变量，以被访企业主 2003 年的年龄、文化程度（上学年数）、个人的所有者权益、个人总收入、全家总收入以及被访企业主企业的所有者权益总额、企业销售额、企业缴税额、企业税后净利润等为假定自变量，进行后向（backward）回归分析，得到表31至表33所示的结果。

从表31中可以看出，首先，三个模型的解释力都不大，最大的解释力也不过是 6.2% 而已；其次，对三种地位评价具有一定影响的因素有相同的，也有不同的。其中，全家总收入和企业缴税额两个变量都进入了三个模型；进入解释经济地位自我评价模型的变量全部是经济变量，而在解释社会地位与政治地位自我评价模型的变量中，都有两个人口特征变量，即年龄与文化程度。

进一步的分析表明，上述 9 个被假定为自变量的变量中，哪些变量对被访企业主的三种地位的自我评价产生影响，相关的回归模型的解释力有多大，与地区有一定的关系。例如，对上海市的被访企业主来说，这 9 个变量都与被访企业主的自我地位评价不存在回归关系，而在北京和陕西，总是会有某个或某些变量对被访企业主的自我地位评价产生回归影响。对北京的被访企业主来说，在我们所假定的 9 个自变量中，能够从统计上解释他们对三种地位的自我评价的，不过一两个而已，而且由它们所构成的回归模型的解释力差别很大。例如，解释他们的经济地位评价的回归模型由企业主个人的所有者权益额与其企业的所有者权益总额构成自变量，具有39.5%的解释力；而解释他们的政治地位的回归模型仅有一个自变量，即企业的税后净利润，该模型仅具有9.6%的解释力（见表32）。总的来说，能够对北京被访企业主的地位自我评价具有一定影响力的，都是经济变量，而且只是与他们个人、家庭以及他们的企业有关的经济变量，像缴税额这样的表示其对社会贡献的变量，不具有任何在统计上所具有的显著性影响。

表 31　被访私营企业主三种地位自我评价的回归分析

模型		未标准化系数		标准化系数	t	$Sig.$
		B	标准误	Beta		
因变量：经济地位自我评价	Constant	5.800	0.046		126.468	0.000
	个人总收入	0.002	0.001	0.069	2.106	0.035
	全家总收入	0.001	0.000	0.080	2.653	0.008
	企业销售额	0.000	0.000	0.096	2.710	0.007
	企业缴税额	0.000	0.000	0.083	2.185	0.029
	模型总结	R = 0.249；R^2 = 0.062				
因变量：社会地位自我评价	Constant	3.987	0.373		10.695	0.000
	年龄	0.024	0.006	0.104	4.179	0.000
	上学年数	0.061	0.017	0.089	3.531	0.000
	全家总收入	0.001	0.000	0.087	3.449	0.001
	企业缴税额	0.000	0.000	0.147	5.697	0.000
	模型总结	R = 0.240；R^2 = 0.058				

续表

| 模型 | 未标准化系数 | | 标准化系数 | t | $Sig.$ |
	B	标准误	Beta		
因变量：政治地位自我评价	Constant	1.810	0.453		3.997	0.000
	年龄	0.053	0.007	0.189	7.631	0.000
	上学年数	0.086	0.021	0.102	4.040	0.000
	全家总收入	0.001	0.000	0.067	2.631	0.009
	企业缴税额	0.000	0.000	0.093	3.588	0.000
	模型总结	R = 0.246；R^2 = 0.060				

表 32　北京市被访私营企业主三种地位自我评价的回归分析

| 模型 | 未标准化系数 | | 标准化系数 | t | $Sig.$ |
	B	标准误	Beta		
因变量：经济地位自我评价	Constant	5.738	0.158		36.315	0.000
	个人所有者权益	0.001	0.000	1.543	5.159	0.000
	企业所有者权益	0.000	0.000	− 1.306	− 4.367	0.000
	模型总结	R = 0.628；R^2 = 0.395				
因变量：社会地位自我评价	Constant	5.817	0.245		23.774	
	全家总收入	− 0.016	0.005	− 0.437	− 3.053	
	个人所有者权益	0.000	0.000	0.349	2.435	
	模型总结	R = 0.469；R^2 = 0.220				
因变量：政治地位自我评价	Constant	5.654	0.288		19.632	0.000
	企业税后净利润	− 0.001	0.000	− 0.310	− 2.140	0.038
	模型总结	R = 0.310；R^2 = 0.096				

对陕西的被访者来说，除了经济变量外，人口特征变量对他们的自我地位评价也有一定影响（见表33）。对其他省份被访企业主的三种地位自我评价进行回归分析的结果表明，存在着一种趋势，即从东部省份到西部省份，我们所列举的9个变量对被访企业主的地位自我评价的影响越来越大，相关回归模型的解释力也越来越大。由于此次调查涉及31个省份，因此，我们没有可能也没有必要在这里对各份省的情况一一进行讨论。

表 33 陕西省被访私营企业主三种地位自我评价的回归分析

模型		未标准化系数		标准化系数	t	$Sig.$
		B	标准误	Beta		
因变量：经济地位自我评价	Constant	0.517	1.736		0.298	0.767
	年龄	0.049	0.022	0.249	2.236	0.029
	上学年数	0.173	0.085	0.235	2.032	0.047
	全家总收入	0.008	0.004	0.253	2.114	0.039
	企业销售额	0.000	0.000	0.293	2.333	0.023
	模型总结	$R = 0.602$，$R^2 = 0.362$				
因变量：社会地位自我评价	Constant	−0.368	1.933		−0.190	0.850
	年龄	0.070	0.025	0.315	2.828	0.006
	上学年数	0.194	0.095	0.236	2.032	0.047
	企业销售额	0.000	0.000	0.394	3.505	0.001
	模型总结	$R = 0.586$，$R^2 = 0.343$				
因变量：政治地位自我评价	Constant	−1.325	2.179		−0.608	0.546
	年龄	0.079	0.028	0.325	2.825	0.006
	上学年数	0.217	0.107	0.241	2.016	0.048
	企业销售额	0.000	0.000	0.337	2.900	0.005
	模型总结	$R = 0.547$；$R^2 = 0.300$				

总结起来，上述分析表明，在现阶段，私营企业主对其经济地位、社会地位和政治地位的自我评价，主要不取决于他们的人口特征和经济状况，因为由这样的变量构成的回归模型的解释力普遍不高，而是取决于他们对自己在经济、社会、政治生活中的主观感受，或者是其他没有进入此次调查范围的因素，对此，尚须进行深入的社会学研究。

（二）私营企业主阶层内部的分化

市场经济既然使中国社会出现了阶层化，也就不可避免地使阶层内部出现进一步的分化。值得注意的新动向是，20 世纪 90 年代中后期以来这个阶层内部的分化现象日益明显。最深刻的变化在于经济、社会资源配置迅速向大企业主倾斜。90 年代中期，人们曾惊叹为什么这么快就出现了亿元富翁，现在时间过去了不足十年，富翁的财富不断跃上一个个新的数量级，已经出现十亿富翁、百亿富翁。①

1. 占有经济资源方面的差别很大

（1）企业资本规模差异很大

企业资本规模乃是衡量企业主经济地位最重要的指标，也是企业主的社会政治地位之"母"。本次调查按 2003 年年底企业资本规模的量级划分，可以在不同资本规模的私营企业主中相应地分出四个"亚层"：第一，小企业主，企业资本规模在 100 万元以下；第二，中等企业主，企业资本规模在 100 万～1000 万元；第三，大企业主，企业资本规模在 1000 万～1 亿元；第四，特大企业主，企业资本规模在 1 亿元及以上。

资本规模越大的企业，在销售额、纳税额、纯利润方面都占据优势（见表 34）。

表 34　不同资本规模私营企业 2003 年经营状况 （平均数）

单位：万元

企业资本规模	销售额	缴税金额	交费金额	税后净利润
100 万元以下	278	9	3	11
100 万～1000 万元	1841	72	17	87
1000 万～1 亿元	9989	417	68	484
1 亿元及以上	67808	2761	1091	3032
总体	2669	112	26	129

但如果考察它们的经营效益，则大企业并不占优，各项效益都是小企业更好一些（见表 35），小企业经营灵活，"船小好掉头"的优势相当明显。在各项指标中，千万元级的效益较差②，原因还有待进一步观察分析。

不同企业资本额的增长速度是大不一样的，大企业要快得多（见表 36），但是在表 35 中已经综合比较过，大企业的资本利润率并不比小企业高，所谓"规模效益"并不表现在相对效益上，大企业的资本增长主要不

---

① 《福布斯》中国富豪榜：2002 年首富荣智健，拥有 70 亿元财富，主营房地产业、电信业；2003 年首富丁磊，拥有 76 亿元财富，主营信息业；2004 年富豪榜尚未公布。另一个由胡润与《福布斯》分手后搞出来的 2004 年中国百富榜上首富为房地产、电器销售商黄光裕，拥有财富突破了百亿元，为 105 亿元。

② 在下文比较工人工资等指标时也有类似情况。

是来自本企业的自身积累。那么秘密在哪里呢？

表 35　不同资本规模私营企业 2003 年经营效益（中位数）

单位：%

企业资本规模	资本销售率	资本纳税率	资本利润率
100 万元以下	183	8.0	10.0
100 万～1000 万元	184	7.1	8.3
1000 万～1 亿元	169	5.8	5.8
1 亿元及以上	120	10.4	8.0
总体	178	7.5	8.0

表 36　不同资本规模私营企业资本增长率（平均数）

单位：%

企业资本规模	企业资本年增长率
100 万元以下	3
100 万～1000 万元	30
1000 万～1 亿元	40
1 亿元及以上	204
总体	19

首先，大企业融资相对比较容易，能够调动的资金更多（见表 37），这就大大增强了其市场竞争力。真正感到"贷款难"的是小企业，它们甚至主要靠地下钱庄式的私人借贷来解燃眉之急，而大企业根本不存在这个问题，它们到各类银行一般都能够贷到款，而且数量巨大。

表 37　2003 年年底不同资本规模私营企业各类贷款余额（平均数）

单位：%，万元

		100 万元以下	100 万～1000 万元	1000 万～1 亿元	1 亿元及以上	总体
国有银行	有贷款余额企业比例	9.0	26.8	47.1	63.6	20.0
	平均贷款余额	5.0	152.6	698.1	3632.3	195.5
股份制银行	有贷款余额企业比例	0.3	3.5	6.6	45.5	2.6
	平均贷款余额	0.7	45.7	74.2	2946.9	59.2

续表

		100万元以下	100万～1000万元	1000万～1亿元	1亿元及以上	总体
城市商业银行和信用社	有贷款余额企业比例	10.1	24.9	27.3	36.6	17.2
	平均贷款余额	12.8	83.2	333.3	617.1	86.1
民间借贷	有贷款余额企业比例	25.3	31.0	16.5	0.0	25.7
	平均贷款余额	12.3	43.1	56.8	0.0	28.7

其次，大企业中有相当一部分进入了金融保险、房地产、建筑等高利润行业（见表38）。

表38 2003年不同资本规模私营企业主要行业分布

单位：%

行业	企业资本规模			
	100万元以下	100万～1000万元	1000万元及以上	总体
农林牧渔业	3.1	7.0	9.9	5.3
采掘业	1.2	1.7	1.5	1.4
制造业	29.4	46.5	39.7	36.3
电力煤气	1.8	1.0	2.3	1.6
建筑业	3.1	6.6	20.6	6.7
地质水利	0.4			0.2
交通运输业	1.9	2.0	2.3	2.0
商业、餐饮业	26.5	16.9	9.9	21.2
金融保险业	—	—	0.8	0.1
房地产业	1.2	6.0	6.9	3.5
社会服务	12.5	2.7	—	7.6
卫生体育	2.5	1.0	1.5	1.9
教育文化	1.4	0.7	—	1.0
科研技术	2.9	1.0	2.3	2.2
其他	12.1	7.0	2.3	9.1
合计	100.0	100.0	100.0	100.0

最后，大企业有实力进行资本运作，以钱生钱。国有企业改制方式很多，也有许多政策优惠，大型私营企业远比中、小型私营企业更有实力参

与国有企业的改制，收购、兼并国有企业，扩大资产规模。从表 39 中可以看出，大型企业参与收购、兼并国有企业的比例要比小型私有企业高 10 倍以上。

表 39　不同资本规模私营企业兼并或收购国有企业情况

单位：%

企业资本规模	已兼并或收购国有企业比例
100 万元以下	1.1
100 万～1000 万元	3.9
1000 万～1 亿元	11.3
1 亿元及以上	36.4
总体	3.7

此外，还有一部分私营企业引进外资，使自身资产迅速扩大，当然这其中又是以大型私有企业捷足先登（见表 40）。

表 40　不同资本规模私营企业引进外资情况

单位：%

企业资本规模	私有企业同海外合资合作的比例
100 万元以下	3.2
100 万～1000 万元	9.3
1000 万～1 亿元	22.5
1 亿元及以上	20.0
总体	7.7

私营企业一般采取买壳上市的方式，但这只能局限在极少数大型私营企业的范围内，在本次调查样本中，上市企业数量不足 1%，因此这里就不做这方面的分析了。

（2）私人资本的数量差别也很大

在不同资本规模的企业中，企业投资人往往不止一人，作为主要投资人的企业主，本人占有资本的数量有多大呢？相互之间差别到底有多大呢？表 41 显示的是在不同资本规模企业里企业主本人资本的绝对数量，以及占企业总资本的相对比例。

表 41　不同资本规模私营企业主私人资本占有情况（平均数）

企业资本规模	企业主资本占总资本比例（%）	企业主私人资本（万元）
100 万元以下	69	30
100 万~1000 万元	62	250
1000 万~1 亿元	56	1752
1 亿元及以上	58	11745
总体	65	445

表 41 中的数据有两点十分引人注意：一是中国私营企业的资本高度集中在主要投资人手里，无论企业资本规模大小都是这样；二是亿元富翁企业主与小企业主平均资本相差近 400 倍、千万元富翁与小企业主也要相差近 60 倍，这两个倍数都比上次调查有所扩大（两年前是 300 倍和 45 倍），阶层内部大富小富的财富差别之大超出想象之外。

2. 不同时期的私营企业主的社会来源差异很大

在 12 年来的历次调查中，我们都考察了私营企业主的社会来源变迁（其中几次还考察了代际流动），目的在于研究在社会经济制度转型时代里，阶层结构发生了怎样的变化，新的阶层是怎样产生和成长起来的。我们发现，私营企业主的社会来源出现了很大变化。20 世纪 80 年代最早创办私营企业的，主要是原体制外和最边缘化的群体。这批人一般职业都比较"低微"，很少有来自国有企事业单位的。到了 20 世纪 80 年代末，尤其是 1992 年邓小平南方谈话以后，一部分机关干部和技术人员也开始"下海"了。1989~1997 年这几年是干部、技术人员"下海"的高峰时段。到 1997 年以后，随着国有和集体企业改制的锣鼓敲响后，大批原来国有和集体企业的管理者在改制中成为私营企业主。这些改制企业原来就有一定的资产规模，注册登记为私营企业时资本规模都是相对较大的，"半路出家"的老总们根本无须像 80 年代的个体户、私企业主那样做小买卖、跑单帮，小打小闹苦苦算计，也不必像十年前的"下海者"还要寻寻觅觅、踉踉跄跄，而现在是乘大船驾长风，直接跳过初始积累阶段了。表 42 显示，1999 年以来开业的私营企业中，有 25.7% 的企业主是原企事业单位的负责人，这表明国有、集体企业改制而来的私营企业数量之多、实力之强。

表 42 不同时期开业的私营企业主的职业流动

单位：%

企业主开业前职业	开业时期				总体
	1989 年以前	1989~1992 年	1993~1997 年	1997 年以后	
专业技术人员	7.0	8.3	6.8	5.1	6.5
企事业负责人	13.7	13.2	21.0	25.7	20.8
供销人员	2.2	1.5	1.7	1.1	1.3
职员、工人、服务员	15.9	13.7	12.8	11.6	12.8
村、乡干部	5.2	1.5	2.2	2.7	2.5
农民	37.6	42.5	39.5	41.5	40.4
个体户	18.1	18.8	15.4	12.1	15.1
军人	0.4	0.5	0.4	0.6	0.5
无业	0.0	0.0	0.1	0.1	0.1
合计	100.0	100.0	100.0	100.0	100.0

3. 占有文化资源与社会政治资源的差异也十分明显

私营企业资本规模的差异和私营企业主社会来源的差异，决定了他们之间文化资源的差异（见表 43）。

表 43 不同资本规模私营企业主的文化程度

单位：%

文化程度	100 万元以下	100 万~1000 万元	1000 万元及以上	总体
小学	2.4	2.3	0.0	2.0
初中	17.9	13.2	9.1	15.3
高中	38.8	34.8	23.5	35.5
大学	39.2	47.1	54.5	43.7
研究生	1.7	2.6	12.9	3.5
合计	100.0	100.0	100.0	100.0

在政治资源方面，虽然在 1989 年中共中央有文件规定私营企业主不能参加中国共产党，但因为私营企业主的社会来源相当复杂，许多人在开业之前就已经是党员，十多年来又有大量党员干部和党员知识分子"下海"经商，不断壮大了党内私营企业主的队伍。2001 年江泽民"七一"讲话公开承认了

这样一个社会事实。从表 44 中可以看到，私营企业主的党员比例上升很快，大型、特大型私营企业主中间的党员比例更高。其原因主要有两点：一是党员尤其是党员干部掌握的政治资源、社会资源相对较多，具有私人开业的先天优势，开业后与政治精英沟通的渠道也更为通畅，所以企业规模发展较大较快；二是近几年大量国有、集体企业管理者改制后加入了私营企业主的队伍，这些企业相对规模较大，而企业主一般原来就是党员。

表 44　不同资本规模私营企业主入党情况

单位：%

		100 万元以下	100 万～1000 万元	1000 万元及以上	总体
已入党企业主比例	1993 年调查数据	12.2	13.8	17.8	12.9
	1995 年调查数据	14.5	18.8	42.9	16.9
	1997 年调查数据	16.9	24.2	55.7	19.0
	2000 年调查数据	17.3	21.8	50.4	19.9
	2002 年调查数据	24.5	33.7	52.9	26.2
	2004 年调查数据	26.5	41.7	42.3	33.3

从以上分析中可以了解到：第一，私营企业主阶层内部，经济、政治、文化等各种资源的占有差别越来越大，而且资源更多地向同一批大私营企业主集中。第二，大企业主主要包含这样两种人，一种是各类"下海"的干部、转制企业的管理者，还有一些本土的和"海归"的专业技术人员；另一种是少数文化素质高、善于编织社会网络、经营成功的"草根型"企业家。

（三）私营企业主阶层同其他阶层的关系

1. 在社会上迫切希望与其他阶层和睦相处

伴随市场经济而来的是市场主体的多元化，因而形成了不同利益群体的阶层。私营企业主阶层在物质财富方面是"先富起来"的一部分人，但是作为一个阶层，他们整体上保持着相对的低调。他们目前的打算如表 45。

表 45　私营企业主目前打算做些什么

目前打算做什么	有迫切要求的比例（%）	位次
1. 争取入党	18.5	7
2. 争取当人大代表、政协委员	19.6	6

目前打算做什么	有迫切要求的比例（%）	位次
3. 与党政领导人经常联系	23.2	5
4. 在各种媒体上多宣传自己的事业	35.5	4
5. 在商言商，把企业办好	85.7	1
6. 在日常生活中树立良好的个人和企业形象，做一名社会贤达	69.2	2
7. 和社会上其他阶层成员和睦相处	63.9	3
8. 其他	2.8	8

"在商言商，把企业办好"，这是私营企业主高度集中的愿望，他们都把经营好企业看成立身之本。过去的两年，对于私营经济的舆论环境并不是很好，有关"原罪"等"声讨"之声时有所闻。因此，私营企业主表态第二多的是"在日常生活中树立良好的个人和企业形象，做一名社会贤达"，同时希望"在各种媒体上多宣传自己的事业"（第四位）。第三位诉求是"和社会上其他阶层成员和睦相处"，比重高达 3/5 以上，远超过其他带有政治内容的诉求。私营企业主是否可以入党，曾经在社会上引起过激烈争论，其实私营企业主对这个问题的认识是不尽一致的。2001 年江泽民"七一"讲话后入党的占私营企业主党员的 9.4%。在当时的非党员企业主中，3.6% 入党了，17.9% 正在争取入党，而其余 4/5 的企业主并不考虑入党或没有表态。

私营企业主作为先富的阶层，回报社会的主要方式是对公益事业的捐赠，这也是做社会贤达、同其他社会成员和睦相处的一种行之有效的方式。有 63.6% 的私营企业主曾经有过捐赠行动，但捐赠额相差很大，中位数是 5000 元。表 46、表 47、表 48、表 49 分别表示了不同资本规模、不同政治面目、不同文化程度、不同年龄组的企业主的捐赠数量。企业资本规模越大，企业主捐赠额越大。共青团员和民主党派企业主捐赠额也比较大。值得注意的是捐赠行为与文化水平成反比，文化水平越低越热衷捐赠，文化越高则捐赠积极性越低，可能他们的社会参与方式有所不同。不同年龄的企业主中，年龄大者一般较愿意捐赠。

表 46　不同资本规模的企业主捐赠额

企业资本规模	捐赠人数比例（%）	中位数（元）
100 万元以下	56	1000
100 万~1000 万元	78	20000
1000 万~1 亿元	88	100000
1 亿元及以上	91	800000
总体	64	5000

表 47　不同政治面目的企业主捐赠额

政治面目	捐赠人数比例（%）	中位数（元）
中共党员	72	10000
共青团员	87	1000
民主党派	80	20000
群众	60	3000
总体	64	5000

表 48　不同文化程度的企业主捐赠额

文化程度	捐赠人数比例（%）	中位数（元）
小学	67	4500
初中	65	5000
高中	63	3000
大学及以上	64	10000
总体	64	5000

表 49　不同年龄组的企业主捐赠额

年龄	捐赠人数比例（%）	中位数（元）
20 岁以下	50	10000
20~30 岁	64	2500
30~40 岁	63	3000
40~50 岁	65	5000
50 岁及以上	67	10000
总体	64	5000

表 50 表明有 44.0% 的企业主参与了光彩事业，参与方式最多的是"捐赠"和参加"修桥铺路等公益事业"。规模越大的企业参与光彩事业的比例越高：亿元级的企业参与率为 82%，千万元级的为 76%，百万元级的是 64%，而百万元以下的企业仅为 40%。出资修桥铺路的，以千万元级以上的企业比例较大。

表 50　私营企业参与光彩事业情况

	参与企业比例（%）	位次
曾经参与光彩事业	44.0	
其中：利用农产品开发新项目	5.4	6
到"老、少、边、穷"地区办企业	3.9	8
国土绿化	6.9	4
市场建设	6.8	5
投资兴办光彩小学	8.8	3
修桥铺路等公益事业	19.5	2
捐赠	27.9	1
其他	4.6	7

2. 企业内劳资关系问题较多且较复杂

私营企业中的劳资关系始终是个引人关注的话题。

（1）雇工工资有不升反降趋势

根据工商局调查数据，私营企业雇工 2003 年全年平均工资加奖金加部分企业给予的分红，总数是 8033 元。同年全国国有、国营单位在岗职工年平均工资是 14577 元，集体单位在岗职工年平均工资为 8678 元。[①] 在以往调查中，私营企业雇工工资虽然总比国有企业低，但国有单位工资比私营企业工资高出不超过 1.2 倍，而现在超过了 1.8 倍。此次调查还第一次发现私营企业工资低于集体企业。为了比较，我们再看工商联调查数据。由于工商联调查企业中的代表性人士较多，企业雇工年平均工资较高，为 9043 元，但仍低于当年国有企业工资水平，也低于 2002 年第五次私营企业抽样调查

[①]　劳动和社会保障部、国家统计局：《2003 年度劳动和社会保障事业发展统计公报》，2006 年 2 月 7 日。

的雇工年平均工资10250元。

从表51中可以看出，雇工工资并不一定与企业资本规模成正比。资本在千万元级的私营企业雇工工资反而比小私营企业工资更低；1亿元及以上规模的企业由于从事高科技行业较多，故员工工资较高。

表51　2003年不同资本规模私营企业雇工平均工资

单位：元

企业资本规模	全年工资＋奖金＋分红
100万元以下	8118
100万～1000万元	8105
1000万～1亿元	6817
1亿元及以上	12752
总体平均	8033

在各种行业中，科研技术行业雇工工资最高；本次调查样本中有一家金融保险业企业，雇工年工资为25000元，因仅有一家，样本单位数量过少而未列入表52中；制造业是私营企业最集中的行业，雇工工资较高，可能与技工比较缺乏有关；另两个私营企业集中的行业是商业、餐饮业和建筑业，雇工工资都很低，月均工资在500元以下。

表52　各行业私营企业雇工年平均工资

单位：元

行业	雇工年平均工资
农林牧渔业	8382
采掘业	7494
制造业	9442
电力煤气	3879
建筑业	5571
交通运输业	7322
商业、餐饮业	5661
房地产业	6141
社会服务	7650
卫生体育	9438

续表

行业	雇工年平均工资
教育文化	9795
科研技术	24030
其他	8830
总体平均	8033

（2）劳保费用的支付呈差异型变化

表 53 是不同资本规模私营企业支付劳动保护费用情况。表 53 显示，资产规模在 1000 万～1 亿元的企业所支付的劳保费用最低，可能与这些企业发展中的困难多有关。

表 53　2003 年不同资本规模私营企业劳保费用

单位：元

企业资本规模	为每个雇工支付的劳保费用
100 万元以下	448
100 万～1000 万元	509
1000 万～1 亿元	375
1 亿元及以上	529
总平均	439

（3）社会保险很不理想

按照国家统一规定，不论何种所有制企业，都要为职工交纳三项社会保险（医疗保险、养老保险和失业保险）。私营企业也必须为雇工投保，但私营企业参加医疗保险的仅占被调查企业的 33.4%，参加养老保险的仅占38.7%，参加失业保险的仅占 16.6%，而且这些企业并不是为全部长年雇用的工人投保，而仅是为很少的雇工（一般是企业想长期雇用的技术工人，或者是企业主的亲戚等）投保（见表 54）。实际上，参加医疗保险的雇工仅占被调查企业全年雇用工人总数的 14.5%，参加养老保险的为 22.7%，参加失业保险的占 6.0%，比例相当低。这对于雇工来说是非常不利的，一旦有伤病，一旦被解雇，将得不到任何法定的社会支援，在丧失劳动能力之后，将成为家庭或社会的负担。

表 54　2004 年不同资本规模私营企业为雇工投保情况

企业资本规模	医疗保险		养老保险		失业保险	
	投保雇工占雇工总数比例（%）	为每个投保雇工支付的保险费（元）	投保雇工占雇工总数比例（%）	为每个投保雇工支付的保险费（元）	投保雇工占雇工总数比例（%）	为每个投保雇工支付的保险费（元）
100 万元以下	7	878	20	1048	2	619
100 万~1000 万元	6	607	18	1543	2	383
1000 万~1 亿元	9	1467	12	1623	1	243
1 亿元及以上	7	355	37	1072	1	299
总平均	8	858	18	1273	1	382

参保率低有多方面原因。一是社会保险制度有待完善。例如，现在到东部地区打工的大量是中西部地区流出的劳动力，但个人账户无法在地区、省份之间转移支付，这就影响了他们要求参保的积极性。二是由于工人现在还年富力壮，疾病较少，离衰老还远，还无后顾之忧，对保险的关注程度还不够。三是雇工流动率很高，影响企业主的投保积极性。毋庸置疑，企业主不愿意投保，主要还是从节约劳动力成本、追求利润最大化的动机出发。以损害雇工利益而得一时之利，将不利于调动工人的劳动积极性，不利于稳定劳动力，从长远来说对企业也是不利的。

（4）劳动合同签订情况不理想

按照《劳动法》规定，企业必须与雇用的工人签订劳动合同。但本次调查发现，在私营企业中签了合同的雇工仅为 64%（见表 55），这就不能使所有的雇工的劳动权利得到法律保障，一旦发生工伤事故或出现有关劳动报酬、劳动条件、劳动时间的争议，雇工将陷于极为不利的境地。目前相当普遍出现的雇工被欠发工资甚至想离开都离开不了（许多雇工在入厂时被要求交抵押金，甚至被收缴身份证），其中一个原因就是企业主不同雇工签订劳动合同，雇工得不到《劳动法》的保护。

表 55　不同资本规模私营企业与雇工签订劳动合同情况

单位：%

企业资本规模	和企业签订劳动合同的雇工占全体雇工比例
100 万元以下	59

续表

企业资本规模	和企业签订劳动合同的雇工占全体雇工比例
100 万 ~ 1000 万元	60
1000 万 ~ 1 亿元	63
1 亿元及以上	66
总体平均	64

按《工会法》规定，"工会代表职工与企业进行平等协商，签订集体合同"，"协调劳动关系，维护企业职工劳动权益"。但目前在私营企业中集体合同签约率仅为 29.1%，而且多数还是原国有企业改制而来的私营企业（见表 56 和表 57）。

表 56　不同资本规模私营企业签订集体合同情况

单位：%

企业资本规模	是否签订集体合同	
	已签	未签
100 万元以下	24.6	75.4
100 万 ~ 1000 万元	34.8	65.2
1000 万 ~ 1 亿元	46.0	54.0
1 亿元及以上	50.0	50.0
总体平均	29.1	70.9

表 57　不同类型私营企业签订集体合同情况

单位：%

是不是改制企业	是否签订集体合同	
	已签	未签
是	42.5	57.5
不是	26.5	73.5
总体平均	28.9	71.1

为了改善劳资关系，在企业内建立工会，支持工会依法维护职工合法权益，显得十分重要。在私营企业建立工会，不仅是《工会法》的要求，而且是做到"劳资两利"的必要途径，发展生产、壮大企业，不仅是企业

主的愿望，同时也是工人的希望所在。表58生动地说明，建立工会，支持工会依法活动，可以真正做到"劳资两利"。已经建立工会的企业，不仅工人工资较高，而且企业的税后利润更高。工会的存在，确实是伴随着双赢结果的。

表58　私营企业是否建立工会的比较

是否建立工会	雇工平均工资（元）	2003年企业税后净利润（万元）
否	7378	49.30
是	8393	311.15

（四）私营企业主阶层的思想政治状况及政治参与状况

党的十五大确立了公有制为主体、多种所有制经济共同发展的基本经济制度，党的十六大又提出私营企业主和个体户等新的社会阶层是中国特色社会主义事业的建设者，这些论述还写入了宪法。应该说，私营经济的发展面临着从未有过的好形势和好环境。在此情况下，私营企业主日常最关心的是什么？

1. 私营企业主阶层最关心的还是本企业的发展，政治诉求并不明显

本次调查结果没有让人感到意外。调查数据显示，企业的经营和发展仍然是私营企业主中绝大多数人思虑的中心与活动的重点。被调查的私营企业主在回答"目前有什么具体打算"的问题时，选择"在商言商，把企业办好"的人数最多，达87.8%。排在其后的是选择"在日常生活中树立良好的个人和企业形象，做一名社会贤达"，达75.5%。这种情况与前几次的调查情况基本一致，具体数据如表59所示。这种情况说明，在激烈的市场竞争中，他们没有太多的选择，市场竞争的残酷，大浪淘沙的迅猛，尤其是近年一些重量级私营企业主的退场，更使他们明白了，只有把握住企业的发展，才能把握住自己的人生舞台；失去企业的发展，很有可能失去自己的一切。对照这一次和上一次调查的数据，注重企业发展的人比2002年的80.6%还要多出7.1个百分点。

表 59 私营企业主目前的具体打算

单位：%

位次	1	2	3	4	5	6	7	8
选项	在商言商，把企业办好	树好形象，做社会贤达	和社会上其他阶层和睦相处	在媒体上多宣传自己	与党政领导人经常联系	争当人大代表和政协委员	争取入党	其他打算
所占比例	87.8	75.5	69.8	35.7	31.6	15.3	11.8	2.2

私营企业主是拥有生产资料和较多个人财产的人群，他们在精心打理自己企业时，自然要关心政治，但是关心政治并不表明他们已经参与了实际的政治活动。这次调查的问卷在这方面也给出了一些答案。调查表明，私营企业主在政治参与方面的表现仍然保持了一定的稳定性。"随着经济实力的增长，一些私营企业主产生了较强的参政要求。但从总体上说，他们目前仍处在积极增强经济实力、努力在市场竞争中站稳脚跟的阶段，虽然有些已有了相当的经济实力，但并未表现出强烈的政治欲望。" 2002 年问卷调查得出的这个结论，今天依然可继续使用。本次问卷调查的数据显示，私营企业主在回答"目前有什么具体打算"的提问时，回答"争当人大代表和政协委员"和"争取入党"的人数仅为 15.3% 和 11.8%，分别排在第六位和第七位。

值得注意的是，此次问卷调查还反映了一些私营企业主对目前政治参与方式的看法。他们对统一战线为主的参政方式给予重视，但是又不是特别看重。从表 59 中可以看出，他们对"争当人大代表和政协委员"的选择不仅排在"把企业办好"和"做一名社会贤达"之后，而且还排在"在媒体上多宣传自己"和"与党政领导人经常联系"之后。可见，他们对"当人大代表和政协委员"这样的参政方式虽有相当的重视，但是在实际生活中，他们更看重"与党政领导人经常联系"，成为"当地知名人士"，有"好的形象"。值得一提的是，2002 年，正值人大代表和政协委员换届之年，在当年开展的问卷调查中，被调查的私营企业主把"争当人大代表和政协委员"排在第三位，位于"在媒体上多宣传自己"和"与党政领导人经常联系"之前（见表 60）。

表 60　江泽民"七一"讲话后，您有什么具体打算？（2002 年问卷调查）

单位：%

位次	1	2	3	4	5	6	7	8
选项	在商言商，把企业办好	树好形象，做社会贤达	争当人大代表政和协委员	与党政领导人经常联系	在媒体上多宣传自己	争取入党	争取担任社区各种领导	暂无具体打算
比例	80.6	68.3	25.5	22.4	17.6	11.1	2.9	2.8

2. 私营企业主在社会经济组织中的任职情况

对私营企业主在各种组织中实际任职情况的问卷调查，也可以印证他们目前在现实政治生活中的"少有作为"。在参与调查的 3593 个（有效问卷 3012 份，另加 581 份跟踪问卷）私营企业主中，回答担任各种社会职务的有 1279 人。其中，担任乡级党政职务的有 28 人，担任县级党政职务的有 11 人，担任地级党政职务的有 10 人，担任省级党政职务的有 3 人，分别占被调查总人数的 0.8%、0.3%、0.3% 和 0.1%。由于问卷的设计和填写都没有要求说明具体担任了何种党政职务，因此无法对此做进一步分析和研究。但是从问卷的上述数据可以看出，私营企业主中真正担任了县级以上党政职务的仅寥寥几人。与此形成对照的是，在经济组织中担任职务的人却很多，在县、地（市）、省三级经济组织中担任职务的人分别是 269 人、339 人和 130 人，为担任同级党政职务人的 24 倍、33 倍和 43 倍（见表 61）。

表 61　私营企业主在社会经济组织中的任职情况

单位：人，%

		人数	比例	有效百分比	累计百分比
有效数据	乡级党政职务	28	0.8	2.2	2.2
	乡级群众组织	1	0.0	0.1	2.3
	乡级经济组织	21	0.6	1.6	3.9
	乡级文体组织	1	0.0	0.1	4.0
	县级党政职务	11	0.3	0.9	4.8
	县级群众组织	5	0.1	0.4	5.2
	县级经济组织	269	7.5	21.0	26.3
	县级文体组织	3	0.1	0.2	26.5
	县级其他组织	2	0.1	0.2	26.7

续表

		人数	比例	有效百分比	累计百分比
有效数据	地级党政职务	10	0.3	0.8	27.4
	地级群众组织	18	0.5	1.4	28.9
	地级经济组织	339	9.4	26.5	55.4
	地级文体组织	8	0.2	0.6	56.0
	地级其他组织	2	0.1	0.2	56.1
	省级党政职务	3	0.1	0.2	56.4
	省级群众组织	13	0.4	1.0	57.4
	省级经济组织	130	3.6	10.2	67.6
	省级文体组织	7	0.2	0.5	68.1
	省级其他组织	1	0.0	0.1	68.2
	全国性群众组织	6	0.2	0.5	68.6
	全国性经济组织	29	0.8	2.3	70.9
	全国性文体组织	5	0.1	0.4	71.3
	全国性其他组织	4	0.1	0.3	71.6
	党政职务	16	0.4	1.3	72.9
	群众组织	15	0.4	1.2	74.0
	经济组织	323	9.0	25.3	99.3
	文体组织	6	0.2	0.5	99.8
	其他组织	3	0.1	0.2	100.0
	合计	1279	35.6	100.0	
未回答人数		2314	64.4		
总计		3593	100.0		

3. 企业主同其他阶层和睦相处的愿望强烈

本次问卷调查反映了私营企业主"和社会上其他阶层和睦相处"的强烈愿望。选择此项的人数排在"在商言商,把企业办好"和"在日常生活中树立良好的个人和企业形象,做一名社会贤达"的选择之后,为69.8%,居于第三位,比选择"在媒体上多宣传自己"和"与党政领导人经常联系"的人数要高出30多个百分点,比选择"争当人大代表和政协委员"和"争取入党"的人数更要高出50多个百分点。出现这种情况,一方面是因为党的十六大提出了"努力形成全体人民各尽其能、各得其所而又和谐相处的局面"的号召，另一方面是他们从现实生活的磨合中认识到，私营经济的发展不仅要有良好的政策、法制、舆论等环境，更要有与其他阶层和睦相处的社会环境。没有这个环境，企业的发展，甚至个人的生命安全都会遇到麻烦。

4. 私营企业主参加的政治性组织和社会团体仍以政协和工商联为主

私营企业主参加了哪些政治性组织和社会团体？与前几年相比有无明显变化？本次调查结果显示：在社会团体中，私营企业主加入最多的仍然是工商联，达到 66.1%；在政治性机构中，进入最多的仍然是政协，有 33.6% 的人是各级政协委员；在政治组织中加入最多的也还是中共，有 33.9% 的人是中共党员。这种情况说明，在现有政治体制框架中，私营企业主的组织状态具有相当的稳定性。表 62 是他们参与各级工商联、政协和人大及有关政治组织的情况。

表 62　私营企业主参加组织的状况

单位：%

组织名称	工商联	政协	人大	中共	民主党派	共青团
2002 年	79.0	35.1	17.4	29.9	5.7	2.0
2004 年	66.1	33.6	18.9	33.9	6.7	6.8

本次调查发现，私营企业主中的党员人数比例达到新高，为 33.9%，比 2002 年调查时的 29.9% 高出 4 个百分点。为什么会出现这种超高现象？主要原因是，这几年有许多国有和集体企业改制成为私营企业，而改制企业的负责人多是中共党员。本次调查共有 1027 家从国有和集体企业改制而来的私营企业，占了被调查企业（有效问卷）的 1/3 以上，其中有 334 个改制后的企业主为中共党员，占被调查私营企业主人数的 10%。如果减去 10% 的比例，私营企业主中的党员人数比 1999 年的 19.8% 要略高一些。

5. 私营企业主的政治要求多与其企业发展有关

党的十六大之后，私营企业主最关心什么问题？本次问卷调查在这方面提供了比较多的信息。在问卷提出的 10 个选项中，排在前 4 位的人数比例超过 80% 的分别是：第一，"税收制度改革"，为 86.8%；第二，"落实宪法中保护私有财产的规定"，为 82.8%；第三，"转变政府经济管理职能"，为 82.2%；第四，"建立社会信用体系，规范市场秩序"，为 80.5%。

此外，"落实宪法中尊重和保障人权的规定""投融资体制改革""放宽市场准入"等项选择也超出 70% 的比例。具体数据如表 63 所示。问卷中提出的 10 个选项，实际上是党的十六大、十六届三中全会提出的任务，也是我国经济和社会改革中的一些重点、难点问题。私营企业主关心这些问题，说明他们的利益诉求同党和国家的要求是一致的。

表 63 党的十六大以来，对于改善私营经济发展环境，
您最关心哪些问题？

单位：%

位次	1	2	3	4	5	6	7	8	9	10
选项	税收制度改革	落实宪法中保护私有财产的规定	转变政府经济管理职能	建立社会信用体系，规范市场秩序	落实宪法中尊重和保障人权的规定	投融资体制改革	放宽市场准入	发展行业协会、商会自律组织	完善社会保障体制	营造干事业和干成事业的舆论环境
人数比例	86.8	82.8	82.2	80.5	77.8	76.3	74	71.7	70.5	68.4

近两年，某些媒体对一些涉及私营企业主的事件进行炒作，在社会上产生了一些不良影响。本次问卷调查也关注了目前私营企业主所处的社会舆论环境。从问卷统计的数据看，虽然私营企业主中关心"营造干事业和干成事业的舆论环境"的人数排在 10 项选择的最后，但是比例还是较高的，为 68.4%。而在 2002 年的问卷调查中，要求"社会舆论对私营企业更为理解"的选择只有 21.2%，可见在近年一些媒体恶意炒作私营企业后，私营企业主对改善社会舆论的要求有了明显的提高。

五 私营企业主对进一步发挥工商联的商会作用寄予厚望

党的十六届三中全会要求：积极发展独立公正、规范运作的专业化市场中介服务机构，按市场化原则规范和发展各类行业协会、商会等自律性组织。本次问卷调查也从一个侧面表明，私营企业主对建立商会和行业组织给予了相当的重视。他们对这些组织在"代表本行业企业的共同利益，维护合法权利""协调同行业企业的经营行为""加强企业与政府有关方面的沟通"等方面有很多期待（见表 64）。

表64　如果您参加了商会或行业协会，希望它们做哪些事情？

位次	1	2	3	4	5	6
选项	代表本行业企业的共同利益，维护合法权利	加强企业与政府有关方面的沟通	制定行规、加强自律、维护信誉	提供信息、咨询、培训等服务	协调同行业企业的经营行为	不希望他们做不同于上述的事
人数比例（%）	86.1	75.1	65.3	64.7	63.6	99.1
样本人数（人）	3231	3229	3226	3225	3225	3217

在社会主义市场经济体制中建立有中国特色的商会体系，中国工商业联合会（简称工商联）应该占有一个特殊的地位。按照中共中央1991年15号文件的规定，工商联不仅是党领导的具有统一战线性质的人民团体，要配合党和政府对非公有制经济代表人士开展思想政治工作，成为党和政府联系非公有制经济人士的桥梁，而且还是在经济上为非公有制企业服务的民间商会，要反映它们的正确意见，维护它们的合法权益，帮助它们解决经营中的困难。本次问卷调查表明，在答问的3012份有效问卷中，有2280人参加了各级工商联组织，占答问人数的60%以上。另外，有1649人是各级工商联组建的行业协会和同业公会的成员，占答问人数的51.4%。参加问卷调查的企业多是当地经营较成功和较稳定的企业，而其中有一半以上的人是各级工商联的会员或是工商联组建的行业组织的成员，这说明工商联发展会员和组建行业组织的工作是有成效的。应该看到，自从改革开放以来，工商联通过自己的不懈努力，团结和吸纳了一批私营企业主中的代表人士，不仅使工商联具有团结私营企业主的统战性，而且还有代表和维护他们利益的民间性和经济性特点。可以说，拥有一批非公有制经济代表人士是工商联最大的财富，也是工商联在建设中国特色社会主义事业中所拥有的独特优势。在现阶段，参加工商联及其组建的行业商会，同参加政府部门主管的行业协会，实际上是交叉着的，并不相互排斥。本次调查在答问的私营企业主中也有1754人参加了政府部门主管的行业协会，人数比例为53.9%（见表65）。

表 65　私营企业主参加工商联和行业组织状况

工商联和行业组织	是否参加	人数（人）	比例（%）
工商联 （3449 人）	参加	2280	66.1
	未参加	1169	33.9
工商联组建的行业协会或同业公会 （3210 人）	参加	1649	51.4
	未参加	1561	48.6
政府部门主管的行业协会 （3252 人）	参加	1754	53.9
	未参加	1498	46.1

　　在 2002 年的问卷调查中曾有这样的分析：随着市场竞争的加剧，有 81.4% 的参与问卷调查的私营企业主希望工商联增强为企业咨询和服务的职能与能力。在本次问卷调查中，当问到"您的企业希望在哪些方面得到咨询、服务，由谁做这项工作"时，回答"法律咨询""政策解读""举办企业管理培训班""市场营销、信息中介""疏通与政府管理部门的关系""制定行业的管理规范"这些工作应由社团或民间自律性组织承担的人数都超过了 50%。这表明私营企业主对包括工商联在内的社会团体有较强的要求（见表 66）。

表 66　您的企业希望在哪些方面能得到咨询、服务？由谁做这项工作？

单位：%

位次		1	2	3	4	5	6	7	8	9	10
选项		法律咨询	政策解读	举办企业管理培训班	市场营销、信息中介	扩大宣传企业和企业家知名度	疏通与政府管理部门的关系	制定行业的管理规范	企业个案咨询	组织考察或研讨会	其他
人数比例		76.3	72.9	65.6	64.3	61.4	53.8	52.9	49.3	27.8	0.4
由谁做这项工作	社团	29.0	13.0	50.1	52.7	36.9	55.3	41.3	45.8	40.1	1.0
	民间组织	8.3	3.5	13.8	24.2	11.9	60.8	60.5	18.6	51.6	1.4
	政府	62.8	83.5	36.1	23.1	51.3	31.2	22.5	35.5	11.7	0.5

　　私营企业主愿意参加工商联组织的哪些活动？本次问卷调查表明，参加意愿较高的是"商贸活动"，比例为 30.6%；其次是"联谊"，比例为

23.6%；最低的是"参加论坛"，比例仅为12.0%（见表67）。

表67　您愿意参加工商联组织的哪些活动?

单位：%

位次	1	2	3	4	5
选项	商贸活动	联谊	投资考察	出国考察	参加论坛
人数比例	30.6	23.6	21.4	12.4	12.0

私营企业主对改进工商联工作有较高的期待。问卷数据显示，从"工商联机关改进作风，深入企业，听取意见"，到"希望提请中央制定新的文件，加强工商联工作"和"各级党委把工商联工作列入重要议事程，定期研究，帮助解决问题"，再到"工商联更好地体现商会作用，加强对企业的服务"，都有53.1%～77.2%的人数选择比例（见表68）。

表68　您对改进工商联工作的意见

单位：%

位次	1	2	3	4	5	6
选项	工商联更好地体现商会作用，加强对企业的服务	各级党委把工商联工作列入重要议事程，定期研究，帮助解决问题	希望提请中央制定新的文件，加强工商联工作	工商联机关改进作风，深入企业，听取意见	由民营企业家担任工商联会长	其他
人数比例	77.2	65.2	59.5	53.1	38.5	1.0

看了表68的统计数据，人们会问：为什么私营企业主选择"由民营企业家担任工商联会长"的人数比例只有38.5%，列在最后？这个问题确实需要做进一步的调查研究。可能的回答是，私营企业主对工商联的需求是多方面的，其中最重要的是帮助企业沟通和协调同党政部门及社会方方面面的关系，而大多数民营企业家还缺乏这方面的社会声望和历史背景。

2006 年中国第七次私营企业抽样调查数据分析综合报告

"中国私营企业研究" 课题组

由中共中央统战部、中华全国工商业联合会、国家工商行政管理总局、中国民（私）营经济研究会组成的"中国私营企业研究"课题组在 2006 年上半年实施了第七次全国私营企业抽样调查。

作为调查对象的那些私营企业，系指在各地工商管理局登记为"企业资产属于私人所有、雇工八人以上的营利性的经济组织"①。由于行业特点和季节用工等原因，一些私营企业雇工不足 8 人，本次调查也把它们列入了问卷调查对象。

从 2004 年第六次全国私营企业抽样调查到现在，又过去了整整两年。在此期间，有两件大事对私营企业的发展影响最大：一是 2004 年中国共产党十六届四中全会提出了构建社会主义和谐社会的战略任务，为包括私营企业主在内的新的社会阶层指明了进取的方向；二是 2005 年 2 月国务院发布了《关于鼓励支持和引导个体私营等非公有制经济发展的若干意见》，（国发〔2005〕3 号文件），为私营企业的发展系统地提出了相关的政策。以这两件大事作为大背景，本次调查内容在保持连续性的基础上，增加了相应的新条目。

为了保持数据的可比性，本次调查问卷与前六次一样，分为私营企业和私营企业主两大部分。前者包括企业发展历史、治理结构、资金构成、经营状况、劳资关系等内容；后者包括企业主的社会属性、组织状况、生

---

① 《中华人民共和国私营企业暂行条例》（1988 年 5 月 15 日国务院令第 4 号发布）。

活方式、政治诉求以及对统战部、工商联工作的期望等。课题组在 2006 年 1～2 月反复讨论问卷，六易其稿，并报全国工商联领导首肯。

本次调查仍分别由各地工商联和工商局实施。工商联在全国 31 个省、自治区、直辖市按 0.55‰ 的比例进行多阶段抽样，即按社会经济发展水平抽取县和（县级）市，再按城乡与行业分布随机抽取被调查企业，一共发放了 2360 份问卷，回收 2301 份，回收率为 97.5%；工商局在全国 15 个省、自治区、直辖市的常年观测点实施调查，一共发放了 1600 份问卷，共回收问卷 1536 份，回收率为 96.0%。全国工商联和国家工商行政管理总局于 2006 年 3 月分别培训了各地调查负责人；4～6 月实施入户调查；7～8 月进行了后期的数据统计处理。本次调查统计时点统一规定为 2005 年年底，其他数据延续到 2006 年 6 月底。

由于私营企业的发展相当不平衡，企业规模相差甚大，同一项指标在不同企业里呈偏态分布，因此，在表示私营企业一般发展水平的一些数据中，受到少数畸大畸小（主要是畸大）的极端数据的影响，往往使平均数偏离一般水平而失去代表性。为了避免这种情况，我们在本报告中经常使用"中位数"这个概念。所谓的"中位数"，就是用同一指标所有数据里大小居中的数值来表示一般水平。为了便于比较，我们在一些指标中同时列出了平均数和中位数，两个数值的差距可以在一定程度上提示数据分布的偏斜程度。

从 1997 年第三次全国抽样调查起，我们对部分私营企业进行了追踪调查，时至今日已坚持了十年、六个时点，这对于总结私营企业发展的经验与教训是十分宝贵的资料，课题组将另做全面分析。

一　近两年来私营经济宏观发展态势

（一）国发〔2005〕3 号文件出台后，从中央部门到地方各省区市都加强了对非公经济的鼓励支持和引导

2005 年 2 月出台的《国务院关于鼓励支持和引导个体私营等非公有制经济发展的若干意见》（国发〔2005〕3 号文件）共 7 章 36 条，它主要包括 7 个方面的重要政策，即放宽市场准入、加大财税金融支持、完善社会服务、维护企业和职工的合法权益、引导企业提高自身素质、改进政府监管、

加强发展指导和政策协调。它的核心内容是确立非公有制经济平等的市场主体地位，为非公有制经济发展创造一视同仁的法制环境、政策环境和市场环境。国发〔2005〕3 号文件在市场准入方面取得了根本性突破：第一次正式提出了要"贯彻平等准入、公平待遇原则"；第一次明确了允许非公有制经济进入垄断行业，并可参股自然垄断行业；第一次明确提出了非公有制企业可平等取得矿产资源的探矿权、采矿权和商业性勘查开发权；第一次明确了允许非公有制企业进入国防科技工业领域。同时，文件还明确要求各级政府部门和各级地方政府都要制定相应的配套措施和实施办法，修改和完善相关的法律法规。

文件正式颁布一年多以来，中央有关部门和单位相继出台了一系列配套法规，各级政府也依据地方实际纷纷出台了贯彻和落实的实施意见。

首先，国家发改委在国发〔2005〕3 号文件发布不久就提出了一个经国务院同意的贯彻落实该文件的分工方案。分工方案涉及 56 个相关部门和单位。

其次，截至 2006 年上半年，已有 10 多个部门和单位出台了 22 个配套文件，还有一部分配套措施正在研究制定之中。这些措施和办法涉及工商行政管理、法规规章清理、垄断行业准入、金融保险政策、国内国际商务、质量监督检验和新闻舆论宣传等各个方面。在市场准入方面，中宣部、文化部、国防科工委、国家民航总局、铁道部等部门先后出台文件，允许非公有资本进入本行业参与竞争。银监会发布了《银行开展小企业贷款业务指导意见》，针对小企业贷款难的问题制定了具体措施；证监会则针对创业板市场的建设和完善中的问题，为鼓励私营企业到境外资本市场融资出台了具体措施；商务部和中国出口信用保险公司为支持非公有制企业实施"走出去"战略，对开发适应中小企业的保险产品和承保模式等提出了新的措施；国家外汇管理局为扶持非公有制高新技术企业和创业投资企业发展，简化了境内居民通过境外特殊目的公司融资及返程投资的外汇管理相关程序；财政部增加了中小企业发展专项资金规模，加大了对社会化服务体系建设和中小企业技术进步的支持力度。

最后，截至 2006 年 6 月底，已经有 22 个省（市）出台了国发〔2005〕3 号文件的实施意见，累计出台促进非公有制经济发展的法规政策性文件200 多件。许多地区强调结合本地实际，在具体措施上有新的突破。

（二）两年来个体、私营经济呈快速增长趋势

根据国家工商行政管理总局提供的数字，我们可以清楚地看到，2004年12月至2006年6月这一年半的时间内，全国的个体、私营企业的数量、投资者人数、从业人员、雇工人数和注册资本（金）都呈快速增长态势。

个体工商户从2004年年底的23504911户增加到25057006户，一年半净增1552095户；从业人员从2004年年底的45871081人增加到51209396人，一年半净增5338315人；注册资金从2004年年底的50578962万元增加到61084138.33万元，一年半净增10505175.33万元。个体工商户数量结束了多年徘徊不前时有下降的态势，呈现了稳定增长趋势。这一年半之内，除海南省减少3000多户、陕西省减少10万户、甘肃省减少3万户、新疆维吾尔自治区减少2万户之外，其他各省区市都是增长的，其中增长最多的是广东省，一年半净增413186户。

私营企业从2004年年底的3650670户增加到4648297户，一年半净增997627户；投资者人数从2004年年底的9486288人增加到11841493人，一年半净增2355205人；注册资本（金）从2004年年底的479359634万元增加到686128992.40万元，一年半净增206769360.40万元；雇工人数从2004年年底的40686225人增加到49692520人，一年半净增9006295人。与个体工商户相比，私营企业增幅较大，各省区市都普遍增长，私营企业超过10万户的，已从2004年的12个省市增加为14个省市。它们分别是：江苏（547160户）、广东（510137户）、上海（493047户）、浙江（385763户）、山东（343892户）、北京（278918户）、四川（191795户）、辽宁（177699户）、河南（144933户）、湖北（140765户）、河北（138697户）、福建（135972户）、安徽（117375户）、陕西（102043户）（见表1、表2）。

表1　2006年6月全国个体私营经济基本情况

	个体工商户			私营企业			
	户数（户）	从业人员（人）	资金数额（万元）	户数（户）	投资者人数（人）	雇工人数（人）	注册资本（金）（万元）
合计	25057006	51209396	61084138.33	4648387	11841493	49692520	686128992.40
北京	686855	896866	976997.05	278918	669885	2321579	33972212.00
天津	181982	263506	608020.00	85263	207657	761682	17417838.00

	个体工商户			私营企业			
	户数（户）	从业人员（人）	资金数额（万元）	户数（户）	投资者人数（人）	雇工人数（人）	注册资本（金）（万元）
河北	1073656	2689959	2934623.70	138697	404582	2050476	15599441.25
山西	444274	877887	1860367.30	76765	174222	698725	11545562.80
内蒙古	491946	869698	1066010.72	52654	146060	572799	9103389.70
辽宁	1269441	3141415	5948905.43	177699	446512	2215275	26676900.84
吉林	460808	1407131	1050277.75	65437	136583	586789	8505597.60
黑龙江	706226	1539823	1892397.49	75671	205660	758703	10617208.00
上海	280904	340908	385396.28	493047	1031713	3796883	77334980.00
江苏	1777569	3592922	6292843.00	547160	1217419	7240296	83122517.21
浙江	1769368	3485164	5808497.00	385763	889766	4751869	61478576.00
安徽	1125181	2708277	1649909.23	117375	289660	1643641	12392971.22
福建	508951	1007567	2433178.18	135972	285434	1154650	28688290.41
江西	680478	1717538	1635334.00	77737	207287	1272714	11387832.00
山东	1726511	3699104	3719879.87	343892	1007130	3881567	47573609.01
河南	1300425	2768329	1996864.58	144933	372620	1145236	18752926.10
湖北	1028354	2326304	2326634.53	140765	369217	971819	22042716.00
湖南	984922	1899031	3348413.50	92476	261211	1857773	16274235.20
广东	2373534	5189853	5360641.04	510137	1349026	4479201	76496516.21
广西	990991	1602282	1474707.49	58217	162714	702043	7961607.00
海南	120430	230234	154305.86	34756	84098	304133	8512083.75
重庆	476468	834931	751234.60	75930	206079	803608	12126227.43
四川	1588164	2634933	2227796.49	191795	480295	2048969	21193060.00
贵州	457676	655891	696568.68	43937	130780	348359	5492827.31
云南	757263	1440699	1515740.46	69439	191803	832357	13011960.00
西藏	64751	124139	116655.75	3024	7240	47812	814475.00
陕西	735126	1496855	1008751.39	102043	554153	1041624	8832452.66
甘肃	311197	563897	511809.86	40722	104823	402190	5994203.64
青海	133213	285810	239507.99	11278	30596	253215	1935446.20
宁夏	107900	195801	200070.00	19996	54486	195754	2583067.00
新疆	442442	722642	891799.11	56889	162782	550779	8688262.82

表2　2004年全国个体私营经济基本情况

	个体工商户			私营企业			
	户数（户）	从业人员（人）	资金数额（万元）	户数（户）	投资者人数（人）	雇工人数（人）	注册资本（金）（万元）
合计	23504911	45871081	50578962	3650670	9486288	40686225	479359634
北京	526741	692670	675232	224659	571433	2156412	28413274
天津	178296	252146	558755	69644	172086	594468	12154017
河北	1019061	2554230	3200064	107782	299466	1940316	11594086
山西	439267	854441	1216118	55829	135452	818322	8645300
内蒙古	444101	779662	871072	42681	118669	493427	5935255
辽宁	1264041	2850297	4297324	136870	331378	1926337	18552017
吉林	424188	800871	787329	50858	87969	903518	6840797
黑龙江	697655	1476897	2176292	57836	167496	672750	7323121
上海	275082	334120	335044	384927	825889	3222721	56815082
江苏	1645193	2497583	4833179	418012	971585	4649402	53513473
浙江	1683906	3128056	4983037	333164	762270	4411215	39084030
安徽	1067271	2562432	1354644	89010	228734	1184465	8725006
福建	467994	858437	2444758	110185	232424	880728	18443530
江西	609098	1495379	1205002	60855	156612	984986	7531513
山东	1659869	3445278	3067216	276111	782087	3119438	31964023
河南	1231117	2579792	1743496	107616	290009	905008	10348557
湖北	991284	2144292	1846160	113751	295768	807541	16385462
湖南	945472	1963482	2324476	69002	300147	1439482	10722013
广东	1960348	4236911	4309975	389771	988161	3356489	55914316
广西	984583	1529361	1147158	43234	118886	544833	5164805
海南	123577	248169	140496	25316	60807	229278	6441315
重庆	455969	914909	687691	67991	186348	808271	8809214
四川	1447101	2307396	1679844	135724	365623	1517902	13714230
贵州	433096	630722	629003	36105	91943	275851	4183632
云南	694734	1258853	1295861	52026	143790	624083	8311885
西藏	56591	98155	81531	2218	5380	37982	511432
陕西	741789	1562709	937607	86641	507163	1014405	9775333
甘肃	341675	634048	482868	32504	84640	339689	3642199

续表

	个体工商户			私营企业			
	户数 （户）	从业 人员（人）	资金数额 （万元）	户数 （户）	投资者 人数（人）	雇工 人数（人）	注册资本 （金）（万元）
青海	131414	270506	237650	9892	26616	218648	1511972
宁夏	97814	167448	161661	17384	47507	165690	1956765
新疆	466584	741829	868419	43072	129950	442568	6431980

截至 2006 年 6 月底，个体工商户与私营企业的从业人员（含私营企业投资者）已达 112743409 人，占当年 27331 万城镇就业人口的 41.25%；注册资金已达 747213130.73 万元。

二　私营企业的发展状况和特点

（一）私营企业的发展状况

1. 私营企业规模稳步增长，销售收入进一步提高

本次抽样调查显示，2005 年年底私营企业的所有者权益中位数为 200 万元，比 2003 年年底的 185 万元增长了 8.1%；开办企业时的实收资本总额中位数为 98 万元，资本增值 1.04 倍。以经营时间长度的中位数 5 年来计算，年均资本规模增长 15.3%。

2005 年年底，所有者权益超过 1000 万元的企业占 24.5%，比 2003 年年底的 21.7% 增长了 2.8 个百分点；超过 5000 万元的企业占 5.2%，比 2003 年年底的 5.6% 下降了 0.4 个百分点；超过 1 亿元的企业占 2.2%，比 2003 年年底的 2.6% 下降了 0.4 个百分点。本次调查发现，中型私营企业在数量上有所增长，但较大规模的私营企业数量有所降低（见表 3）。

表 3　私营企业规模中位数比较

单位：万元，%

	所有者权益			
	中位数	>1000 万元比重	>5000 万元比重	>1 亿元比重
2003 年	185	21.7	5.6	2.6
2005 年	200	24.5	5.2	2.2

2005 年年底，私营企业销售额的中位数为 654 万元，比 2003 年年底的 440 万元增长了 48.6%，销售额大幅增长。销售额在 1000 万元以上的占企业总数的 42.7%，比 2003 年年底的 35.6% 增长了 7.1 个百分点；销售额在 5000 万元以上的占 17.7%，比 2003 年年底的 12.3% 增长了 5.4 个百分点；销售额在 1 亿元以上的占 10.0%，比 2003 年年底的 6.0% 增长了 4 个百分点（见表 4）。

表 4　私营企业销售额中位数比较

单位：万元，%

	销售额			
	中位数	>1000 万元比重	>5000 万元比重	>1 亿元比重
2003 年	440	35.6	12.3	6.0
2005 年	654	42.7	17.7	10.0

从行业分布来看，资产规模中位数在 500 万元以上的行业有房地产业、建筑业、电力煤气水、农林牧渔业和租赁业，100 万～500 万元的有采掘业、制造业、交通运输业、科研技术、卫生、批发零售业和住宿餐饮业，100 万元以下的行业有居民服务、文化体育和信息服务业。销售额中位数在 1000 万元以上的有房地产业、建筑业、农林牧渔业、电力煤气水、采掘业、制造业和租赁业；销售额中位数在 300 万～1000 万元的有卫生、交通运输业、科研技术、住宿餐饮业和批发零售业；销售额中位数在 300 万元以下的有信息服务、文化体育和居民服务业（见表 5）。

表 5　按行业分类的私营企业规模与销售额中位数比较

单位：万元

	农林牧渔业	采掘业	制造业	电力煤气水	建筑业	交通运输业	信息服务业	批发零售业	住宿餐饮业	房地产业	租赁业	科研技术	居民服务业	卫生	文化体育
资本规模	500	300	300	650	900	300	68	100	100	1030	500	200	70	130	69
销售额	1600	1100	1000	1250	1800	514	200	316	388	2130	1000	475	82	821	105

注：由于国家统计局对行业划分采用了新的标准，因此无法与 2003 年年底的数据做比较。

2. 企业纳税显著提高，利润有较大增长

与上次调查相比，2005 年私营企业纳税额的中位数为 25 万元，提高了

56 个百分点。纳税额在 100 万元以上的比例为 26.9%，提高了 6.5 个百分点；在 200 万元以上的占 17.5%，提高了 4.9 个百分点；在 500 万元以上的占 7.9%，提高了 2.9 个百分点；在 1000 万元以上的占 4.0%，提高了 1.5 个百分点。

本次调查发现，与上次调查相比，私营企业利润额有较大幅度增长，2005 年的中位数为 21 万元，比 2003 年提高了 40%。但是由于利润额的增幅低于销售额的增幅，因此销售利润率略有下降，亏损企业所占比例进一步扩大为 8.6%。这表明私营企业的经营状况有两极分化的趋势。2005 年私营企业的交费额虽上升了 50%，但由于销售额同时上升了 48.6%，因此企业负担加重不是十分明显（见表 6）。

表 6　私营企业纳税额、交费额、利润额中位数比较

	纳税额					交费额（万元）	利润额（万元）	亏损企业比例（%）
	中位数	>100 万元比重（%）	>200 万元比重（%）	>500 万元比重（%）	>1000 万元比重（%）			
2003 年	16	20.4	12.6	5.0	2.5	2	15	8.2
2005 年	25	26.9	17.5	7.9	4.0	3	21	8.6

从行业分布来看，纳税额最多的行业分别是房地产业、建筑业和采掘业，这些行业也是交费额最多的行业。纳税额最少的是居民服务业。利润额最高的行业分别是电煤气水、建筑业和农林牧渔业（见表 7）。行业中亏损最为严重的分别是制造业和批发零售业，占据了亏损样本总数的 59.1%。

表 7　按行业分类的私营企业纳税额、交费额、利润额中位数比较

单位：个，万元

行业		纳税额	交费额	利润额
农林牧渔业	样本数	165	129	170
	中位数	30	3	46.5
采掘业	样本数	47	37	48
	中位数	54	8	36
制造业	样本数	1241	904	1227
	中位数	45	5	34

续表

行业		纳税额	交费额	利润额
电力煤气水	样本数	33	25	34
	中位数	35	3	79.5
建筑业	样本数	146	103	144
	中位数	94	10	61
交通运输业	样本数	69	56	67
	中位数	16	4	25
信息服务业	样本数	90	69	93
	中位数	10	1	10
批发零售业	样本数	539	410	541
	中位数	8	1	10
住宿餐饮业	样本数	119	84	117
	中位数	24	4	15
金融业	样本数	2	2	2
	中位数	7	2	16.5
房地产业	样本数	63	44	59
	中位数	112	15.5	40
租赁业	样本数	23	18	21
	中位数	40	2.5	38
科研技术	样本数	39	30	40
	中位数	10	2	11.5
公共设施	样本数	9	5	9
	中位数	7	2	5
居民服务业	样本数	58	45	58
	中位数	4	1	10
教育	样本数	4	2	3
	中位数	38	0.15	6
卫生	样本数	16	12	18
	中位数	6	2	13
文化体育	样本数	22	15	22
	中位数	9.5	1	10
公共管理	样本数	2	1	2
	中位数	27	2	-71.5

本次调查还发现，2005 年私营企业纯利润中用于投资的中位数为 10 万元。根据调查中得出的企业利润中位数 20 万元来推算，可以看出，私营企业将 50% 的纯利润用于再投资，这与用单个样本计算利润投资支出率的中位数一致。这个数据有力地说明，私营企业用于投资的利润支出比例可靠度很高。

3. 雇工趋于稳定

本次抽样调查的数据表明，2005 年私营企业全年雇用人数中位数为 45 人，全年雇用下岗工人的中位数为 7 人，农民工的中位数为 15 人，雇用半年以上不足一年的员工数为 3 人，雇用半年以下的员工数为 1 人。与前次调查比较，全年雇用人数基本持平，临时雇用人数略有降低。这说明近几年私营企业户均雇工人数趋于稳定，变化不大（见表 8）。

表 8　私营企业雇工人数分析

单位：人，个

		全年雇用人数	全年雇用下岗工人数	全年雇用农民工数	雇用半年以上不足一年员工数	雇用半年以下员工数
样本	有效样本数	3579	3257	2989	2354	2160
	缺值	258	580	848	1483	1677
平均值		177	32	98	31	24
中位数		45	7	15	3	1
标准差		540.5	105.3	394.8	126.8	332.6

4. 主营行业集中于制造业和批发零售业，且主营行业有多元化趋势

由于国家统计局的行业分类发生变化，因此本次抽样调查数据不便与前次调查做比较。本次抽样调查表明，私营企业主营行业主要集中在制造业和批发零售业，比例高达 65.4%（见表 9）。由于填报时主营行业可以多选，因此我们发现房地产业和科研技术在第二选择中比例比较高。有 11.8% 的企业选择了两个以上的主营行业，有 3.7% 的企业选择了两个主营行业，说明私营企业主营行业有多元化的趋势。随着市场准入的逐步放开，已经有少数企业开始从事电力煤气水、公共设施等基础建设行业。

表9　私营企业主营行业分布

单位：%

行业	农林牧渔业	采掘业	制造业	电煤气水	建筑业	交通运输业	信息服务业	批发零售业	住宿餐饮业	金融业	房地产业	租赁业	科研技术	公共设施	居民服务业	教育	卫生	文化体育	公共管理
比例	6.3	2.0	43.5	1.1	5.4	2.5	3.9	21.9	4.1	0.1	2.5	0.9	1.5	0.4	2.1	0.3	0.8	0.7	0.1

5. 企业总部向大中城市转移，生产基地向开发区集中

2005 年私营企业总部在大城市的比例为 17.3%，在中小城市的占 35.0%，在乡镇的占 27.2%，在农村的占 10.2%，在开发区的占 10.3%，与开业时企业总部所在地比较，几乎没有多大差异。但仔细观察，还是可以发现私营企业有从农村、乡镇向城市迁移的趋势，尤其是向开发区迁移比较明显。这说明企业希望获得更及时的市场信息和更宽松的投资环境。如果与上次调查数据比较，这一趋势更加明显。而最大生产或经营场地又有向农村和开发区分散迁移的趋势。这表明，私营企业更愿意把使用廉价的劳动力和廉价的土地作为建设生产基地的重要条件（见表10）。

表10　私营企业总部及生产基地分布状况

单位：%

	开业时企业总部所在地	2005 年企业总部所在地	最大生产或经营场地所在地
大城市	16.9	17.3	17.5
中小城市	34.6	35.0	34.1
镇	28.6	27.2	26.4
农村	12.6	10.2	11.3
开发区	7.3	10.3	10.7
合计	100.0	100.0	100.0

在回答最近 3 年企业生产或经营场地面积有无变化时，有 50.6% 的企业表示有所增加，只有 1.8% 的企业回答减少了，这说明半数以上的企业在谋求更大的发展。

6. 重视专利产品和质量管理，但科技研发投入不足

本次调查显示，有 41.4% 的企业在 2005 年有研发费用的投入，与前次

调查基本持平。这些企业一般都是有一定实力的企业，它们的销售额和利润额中位数都远远超出整个样本的平均水平，分别是 1500 万元和 51 万元。有 36.0% 的企业近 3 年推出的新产品在 2005 年的销售额中位数为 350 万元。然而，本次调查的数据表明，其研发费用的中位数为 20 万元，与前次调查数据 30 万元比较有大幅度降低。

本次调查数据还表明，有 16.7% 的私营企业拥有自己的知识产权（包括技术专利、发明等），与前次调查的比例一致。拥有多项专利的企业占 12.1%，比前次调查高 1.2 个百分点。另外有 26.8% 的企业表示有自己设计的产品，其中，超过 3 种产品的占 14.4%，略高于前次调查数据。这表明，私营企业正在逐步重视自主创新。

有 40.9% 的企业的质量管理通过了 ISO9000 系列、UL、长城、CE 等认证，比前次调查数据高出 5.7 个百分点。这说明私营企业在激烈的市场竞争中越发重视质量管理。此外，有 4.9% 的企业拥有全国驰名品牌，11.2% 的企业拥有省级著名品牌，16.9% 的企业拥有市级知名品牌，可见相当一部分企业已开始发展自己的品牌战略。

7. 私营企业两成以上是国有、集体企业改制形成的

本次调查显示，有 20.3% 的私营企业是通过改制、收购原国有、集体企业而发展起来的，其中，以 1998～2003 年发生的最为频繁，该时间段改制、收购的原国有、集体企业占到改制企业总数的 70% 以上。在这些企业中，有 35.2% 是改制、收购的国有企业，42.4% 是改制、收购的城镇集体企业，22.4% 是改制、收购的农村集体企业。

在回答如何改制、收购的问题时，28.4% 的企业表示是通过社会公开竞标的，12.0% 是政府邀请特定购买人个别商谈的，19.7% 是原企业领导层购买的，20.4% 是原企业全体职工购买、经营者持大股的，5.5% 是先托管、后收购的，7.4% 是企业资产、债务相抵和负责安排原企业下岗职工后"零"收购的，还有 6.6% 是通过其他方式收购或改组的。

在问到收购、改制的资金来源时，69.2% 的私营企业表示收购资金部分来源于"个人积累"和"银行抵押贷款"，其余的则是"向亲友借贷"，还有的来源于"集资"。

改组、收购国有、集体企业时的作价是个比较敏感的话题。本次调查显示，被改组、收购的国有、集体企业作价的中位数为 160 万元，"零"收

购占 5.3%，超过 1 亿元的占 0.8%，最高的案例为 8 亿元。

8. 一半以上的私营企业希望在对外贸易合作中有所作为

本次调查显示，9.5% 的私营企业同海外企业建立了合资合作的关系；1.9% 的企业已在海外投资办厂，其投资平均值为 82 万美元，中位数为 45 万美元（标准差为 113.6781 万美元），半数集中在北美和东南亚；18.3% 的私营企业自营出口输出产品；15.6% 的私营企业委托贸易公司外销产品；5.0% 的私营企业代理外国厂商业务；5.5% 的私营企业承接了"三来一补"业务；3.4% 的私营企业购买了品牌使用权；16.1% 的私营企业引进了专利技术（包括技术专利和设备等）；55.5% 的企业希望将来能在对外经济贸易合作中有所作为。

本次调查显示，2005 年私营企业出口总额的中位数为 120 万美元，占它们销售总额的 25.3%，主要集中在制造业（比例高达 79.3%），其次是农林牧渔业和批发零售业。9.5% 的私营企业拥有自主品牌的产品出口，出口额中位数为 100 万美元，占其销售总额的 16.7%，这些企业也主要集中在制造业。

（二）私营企业内部管理机制

1. 私营企业的类型结构门类众多，且日趋复杂

对本次抽样调查的数据，依据不同的划分方法，可以将私营企业分成不同类型。按规模大小，可以分为普通企业和典型企业；按其来源可分为改制企业和非改制企业；按区域可分为东、中、西部企业；按城乡可分为大、中、小城市企业和乡镇企业；按行业分的类型则更多，如表 11 所示。

表 11　私营企业的类型结构

类型		企业数量（户）	2005 年所有者权益（万元）		样本（个）	2005 年企业销售额（万元）		样本（个）	2005 年企业税后净利润（万元）		样本（个）	2005 年企业雇工人数（人）		样本（个）
			均值	中位数		均值	中位数		均值	中位数		均值	中位数	
规模	普通企业	2131	1084	210	2131	3544	765	2131	173	25	2131	173	53	2131
	典型企业	15	32010	10000	15	173510	141000	15	4698	3266	15	3242	2560	15
	缺值	1691	845	100	370	4833	497	1024	162	14	774	151	30	1433

续表

类型		企业数量（户）	2005 年所有者权益（万元）		样本（个）	2005 年企业销售额（万元）		样本（个）	2005 年企业税后净利润（万元）		样本（个）	2005 年企业雇工人数（人）		样本（个）
			均值	中位数		均值	中位数		均值	中位数		均值	中位数	
改制	改制	730	1723	500	513	9152	1764	627	335	45	580	345	100	683
	非改制	2870	1121	170	1858	3725	510	2360	166	20	2169	136	36	2693
	缺值	237	939	150	145	3133	480	183	63	15	171	163	40	203
地区	东部	2528	1172	200	1637	5054	792	2080	219	24	1906	182	45	2336
	中部	800	864	180	526	4180	470	655	194	20	609	151	40	756
	西部	509	2069	380	353	4150	650	435	70	19	405	192	50	487
城乡	大城市	641	1388	126	396	4766	425	489	162	12	446	142	28	578
	中小城市	1295	1272	210	846	4540	720	1069	155	24	967	190	48	1220
	镇	1006	1088	200	728	4961	717	897	186	22	844	205	50	965
	农村	378	918	185	252	5103	600	336	273	20	316	152	40	366
	开发区	383	1777	488	242	5199	937	310	328	35	286	162	50	359
行业	农林牧渔业	212	2070	500	147	7590	1600	183	437	47	170	323	70	204
	采矿业	66	686	300	41	5222	1100	52	417	36	48	278	66	64
	制造业	1452	1491	300	1085	6040	1000	1331	271	34	1227	217	80	1393
	电力煤气水	36	2150	650	28	6213	1250	34	−370	80	34	213	50	33
	建筑业	180	2117	900	123	7364	1800	151	234	61	144	526	80	173
	交通运输业	85	967	300	56	3456	514	70	198	25	67	247	45	81
	信息服务业	129	455	68	83	2187	200	105	24	10	93	54	13	122
	批发零售业	733	440	100	472	3050	316	565	46	10	541	60	16	677

续表

类型	企业数量（户）	2005 年所有者权益（万元）		样本（个）	2005 年企业销售额（万元）		样本（个）	2005 年企业税后净利润（万元）		样本（个）	2005 年企业雇工人数（人）		样本（个）
		均值	中位数		均值	中位数		均值	中位数		均值	中位数	
住宿餐饮业	137	795	100	99	1027	388	120	55	15	117	140	50	132
金融业	3	3343	45	3	360	360	2	17	17	2	10	9	3
房地产业	83	4154	1030	51	7677	2130	67	319	40	59	144	40	80
租赁业	29	1310	500	21	2669	1000	23	254	38	21	201	30	28
科研技术	49	771	200	39	1097	475	42	84	12	40	69	36	47
公共设施	12	204	133	4	750	103	10	651	5	9	42	14	12
居民服务业	71	223	70	47	2658	82	61	25	10	58	36	20	67
教育	10	288	300	6	1567	578	4	40	6	3	79	38	10
卫生	26	2486	130	19	2158	821	19	179	13	18	128	50	25
文化体育	25	79	69	16	232	105	22	21	10	22	42	18	22
公共管理	3	890	890	1	210	210	2	−72	−72	2	64	50	3

按照规模不同，我们将私营企业分为普通企业和典型企业。从本次调查所得的 3837 个样本数据中，选取"2005 年所有者权益""2005 年企业销售额""2005 年企业税后净利润""2005 年企业雇工人数"等四项基本指标，通过聚类（K - Means Cluster）分析，将样本企业分为普通企业（2131户，占总样本 55.5%）和典型企业（15 户，占总样本 0.4%）两大类。所有者权益中位数在 1 亿元以下的普通企业在户数上占主体。从表 11 中可以看出，普通企业所有者权益中位数为 210 万元，销售额中位数为 765 万元，雇工人数中位数为 53 人。所有者权益中位数在 1 亿元以上的典型企业户数虽然不多，但属于大型私营企业。这类企业的销售额中位数为 14 亿元，雇工人数中位数为 2560 人。典型企业呈现数量少、规模巨大的特征。分析表明，典型企业与普通企业规模差异很大，四个聚类指标的均值比例分别为

30%、49%、27% 和 18%,四个聚类指标的卡方值分别为 1542、2074、1910、1029。进一步分析发现,本次抽样调查的典型企业中有 50% 是从国有企业改制、收购过来的,它们中 2 户已上市、1 户已进入上市辅导期、5 户有上市打算(表 12 交叉分析和相关分析结果都是显著的)。典型企业具有超强的银行融资能力(见表 13)。

表 12 企业规模与企业是否改制、是否上市的交叉分析和相关分析

		您企业是不是改制、收购过来的?			您企业是否已经上市?				
		是	不是	总数	已经上市	已进入上市辅导期	有上市的打算	暂时不想上市	总数
普通企业	数量(户)	442	1570	2012	9	9	206	1759	1983
	比例(%)	22	78	100	0.5	0.5	10.4	88.7	100
典型企业	数量(户)	7	7	14	2	1	5	7	15
	比例(%)	50	50	100	13.3	6.7	33.3	46.7	100
总体	数量(户)	449	1577	2026	11	10	211	1766	1998
	比例(%)	22.2	77.8	100	0.6	0.5	10.6	88.4	100
卡方值(P 值)		6.33(0.01)			66.74(0)				
相关分析结果		-0.06^*(0.01)			-1.61^{**}(0)				

表 13 典型企业和普通企业银行融资能力交叉分析

资金借贷来源	卡方值	自由度	P 值
四大国有银行	893.71	194	0.00
股份制银行	500.92	44	0.00
城市商业银行和信用社	788.62	128	0.00
民间金融机构	0.46	29	1.00
个人借贷	146.76	88	0.00
境外银行	0.03	3	0.99

卡方检验结果显示,典型企业在区域分布中,东部有 12 户,中部有 1 户,西部有 2 户;企业总部在大城市的有 3 户,在中小城市的有 6 户,在镇的有 5 户,在农村的有 1 户;行业分布,1 户是农林牧渔业,10 户是制

造业，1 户是建筑业，2 户是批发零售业，行业分布差异不显著。

本次调查样本中，改制企业 730 户，约占总样本的 1/5。改制企业和非改制企业在规模上差异很大，与"2005 年所有者权益""2005 年企业税后净利润""2005 年企业雇工人数"三项指标交叉分析的卡方值分别为 866、775、717。从表 14 中可以看出，典型企业改制前主要是国有企业，而普通企业改制前排在第一位的是城镇集体企业。企业的改制、收购方式包括：a. 社会公开竞标；b. 政府邀请特定购买人个别商谈；c. 原企业领导层购买；d. 原企业全体职工购买、经营者持大股；e. 先托管、后收购；f. 企业资产、债务相抵和负责安排原企业下岗职工后"零"收购；g. 其他。表 14 显示，典型企业主要是通过第四种方式完成的。典型企业和普通企业的作价，也相去甚远。

表 14　企业改制、收购基本情况

	原来企业类型（%）			改制、收购方式（%）							作价（万元）	收购资金来源（多选）（%）				
	国有企业	城镇集体企业	农村集体企业	a	b	c	d	e	f	g	（万元）	个人积累	银行贷款	亲友借贷	集资	其他
普通企业	34.5	41.7	23.8	28.0	11.8	20.7	19.3	5.8	8.2	6.3	514	70.2	54.1	41.4	23.4	5.4
典型企业	57.1	28.6	14.3	0.0	16.7	16.7	50.0	16.7	0.0	0.0	9217	83.3	50.0	16.7	50.0	0.0

本次调查样本，东部企业有 2528 户、中部有 800 户、西部有 509 户。比较三个区域私营企业的规模，销售额、税后净利润两项指标呈通常的"东中西"递减分布，而所有者权益、员工数两项指标出现了"西东中"递减分布特征。

2. 私营企业的治理结构有待改善

类型划分，有助于我们认识私营企业的群体特征，对于分析私营企业治理结构也有一定的帮助。本次调查的重点是私营企业资本结构、组织发育和决策机制等三个相互联系的治理结构内容。

表 15　配对样本检验结果

	配对差						t	自由度	双尾检验概率
	平均数	标准差	标准误	差之 95% 可信区间					
				下限	上限				
Pair1	0.73	1.88	0.03	0.01	0.14		2.14	2713	0.03（显著）
Pair2	− 0.13	9.82	0.18	− .47	0.22		− 0.71	3077	0.48（不显著）
Pair3	− 0.13	14.24	0.25	− 0.63	0.36		− 0.53	3225	0.59（不显著）
Pair4	0.79	10.33	0.19	0.41	1.17		4.05	2833	0.00（显著）
Pair5	0.16	3.45	0.07	0.03	0.29		2.42	2787	0.02（显著）
Pair6	0.08	2.43	0.05	− .01	0.17		1.72	2876	0.09（不显著）
Pair7	− 0.08	3.13	0.06	− 0.19	0.04		− 1.29	2785	0.20（不显著）
Pair8	0.40	2.86	0.05	− 0.66	0.15		0.74	2789	0.46（不显著）
Pair9	0.01	2.25	0.04	− .07	0.96		0.30	2783	0.77（不显著）

　　注：Pair1：您企业注册登记为私营企业时共有几位法人投资者（位）？2005 年年底您企业有几位法人投资者（位）？

　　Pair2：您企业注册登记为私营企业时共有几位自然人投资者（位）？2005 年年底您企业有几位自然人投资者（位）？

　　Pair3：在开办私营企业时，您自己的实收资本占资本总额的比例是多少（%）？2005 年年底，您的所有者权益占权益总额的比例是多少（%）？

　　Pair4：在开办私营企业时，其他国内个人的实收资本占资本总额的比例是多少（%）？2005 年年底，其他国内个人的所有者权益占权益总额的比例是多少（%）？

　　Pair5：在开办私营企业时，其他国有企业的实收资本占资本总额的比例是多少（%）？2005 年年底，其他国有企业的所有者权益占权益总额的比例是多少（%）？

　　Pair6：在开办私营企业时，其他集体企业的实收资本占资本总额的比例是多少（%）？2005 年年底，其他集体企业的所有者权益占权益总额的比例是多少（%）？

　　Pair7：在开办私营企业时，其他私营企业的实收资本占资本总额的比例是多少（%）？2005 年年底，其他私营企业的所有者权益占权益总额的比例是多少（%）？

　　Pair8：在开办私营企业时，外资的实收资本占资本总额的比例是多少（%）？2005 年年底，外资所有者权益占权益总额的比例是多少（%）？

　　Pair9：在开办私营企业时，各级政府的实收资本占资本总额的比例是多少（%）？2005 年年底，各级政府的所有者权益占权益总额的比例是多少（%）？

　　首先，私营企业所有者权益结构中，企业主的所有者权益占主体，而且这种主体地位并没有随着企业成长而出现明显的改变。

　　私营企业还处于成长时期。本次抽样调查的私营企业，平均登记时间是 1998 年，距今不到 10 年的时间。表 15 将 2005 年私营企业投资者人数和资本结构同开办私营企业时的情况进行了对比分析。结果表明，从投资者人数看，私营企业自然人投资者无明显变化（中位数为 2 人），法人投资者开始有增多的趋势（但显示的中位数都为 1 人）；从资本结构看，企业主所有者权益仍是主体（中位数为 70%），企业主所有者权益比例、其他集体企业所有者权益比例、其他私营企业所有者权益比例、外资所有者权益比例、各级政府所有者权益比例等五项指标都无明显变化，而其他个人所有者权益比例和其他国有企业所有者权益比例两项指标有差异。可见，企业自身的成长对资本结构的影响并不明显。

如表 16 所示，将典型企业与普通企业、改制企业与非改制企业两两进行比较，可以发现典型企业和改制企业企业主所有者权益比例小而其他企业个人所有者权益比例较大，交叉分析结果都是显著的。由此，我们可以看出，私营企业资本结构具有"路径依赖"的基本特征。

表 16　不同类型私营企业资本结构对比分析

单位：%

		普通企业	典型企业	改制企业	非改制企业
开业时企业主自己的实收资本占资本总额的比例	平均数	67.78	52.00	59.83	69.52
	中位数	70	51	60	70
	标准差	27.16	39.35	30.34	25.70
	卡方值（P 值）	220.17（0）		291.67（0）	
2005 年年底，企业主所有者权益占权益总额的比例	平均数	68.56	48.13	59.65	70.00
	中位数	70	51	60	70
	标准差	26.59	36.47	29.56	25.80
	卡方值（P 值）	276.01（0）		275.23（0）	
开业时其他国内个人的实收资本占资本总额的比例	平均数	26.89	37.47	32.50	24.80
	中位数	20	25	30	20
	标准差	25.74	36.92	29.24	24.70
	卡方值（P 值）	321.25（0）		275.56（0）	
2005 年年底，其他国内个人所有者权益占权益总额的比例	平均数	26.04	37.00	32.64	24.00
	中位数	20	33	30	20
	标准差	25.01	32.80	28.37	24.00
	卡方值（P 值）	251.75（0）		281.39（0）	

其次，私营企业组织机构不断发育，为形成完善的企业治理结构提供了组织基础。

如表 17 所示，与前几次调查相比，2006 年私营企业内部组织机构发育到较高的比例，其中，有股东大会的占 58.1%，有董事会的占 63.5%，有监事会的占 36.5%，有党组织的占 34.8%，有工会的占 53.3%，有职代会的占 35.9%。这些组织机构的发育，为规范企业相关利益主体的行为，保障各自的权益，形成完善的企业治理结构提供了重要的组织基础。

表 17　私营企业内部的组织状况

单位：%

	股东大会	董事会	监事会	党组织	工会	职代会
1993 年调查	—	26.0	—	4.0	8.0	11.8
1995 年调查	—	15.8	—	6.5	5.9	6.2
2000 年调查	27.8	44.5	23.5	17.4	34.4	26.3
2002 年调查	33.9	47.5	26.6	27.4	49.7	27.4
2004 年调查	56.7	74.3	35.1	30.7	50.5	31.0
2006 年调查	58.1	63.5	36.5	34.8	53.3	35.9

最后，私营企业的决策机制是以"企业主"为中心，且出现了大小企业"两头抓"的趋势。

私营企业之所以能迅速增长，并能在中国经济中扮演重要角色，与私营企业相对灵活的决策经营机制是分不开的，而这种灵活机制的核心是企业主的决定性作用。从表 18 中可以看出，90% 的私营企业主兼任企业总裁、（总）经理。上市私营企业的比例也超过 80%。企业重大决策主要由企业主负责（36.9%），其中 50% 的上市私营企业由"董事长说了算"。此外，企业日常管理也主要由企业主和主要管理人员（53.2%）、企业主（39.3%）负责。无论是"已经上市"的还是"暂时不想上市"的企业，都是如此。这种大小企业重大决策和日常管理均由企业主亲自抓的现象通称"两头抓"。这种"两头抓"现象的主要原因：一是企业主多年形成的集权式管理风格；二是公司上市后，经营风险扩大，"亲自挂帅"成为企业主的自然反应；三是市场经济发育不完善，"放权"的委托代理风险很高。

表 18　私营企业的决策机制

单位：户，%

			已经上市	已进入上市辅导期	有上市的打算	暂时不想上市	总数	卡方值（P）
您是否兼任本企业总裁、总经理		是	38（84.4）	19（73.1）	309（89.8）	2673（90.4）	3039（90.2）	14.5（0.02）
		不是	7（15.6）	7（26.9）	35（10.2）	283（9.6）	332（9.8）	
		总数	45（100）	26（100）	344（100）	2956（100）	3371（100）	
您企业的重大决策者		您本人	21（47.7）	2（8.7）	66（19.6）	1134（38.9）	1223（36.9）	136.6（0）
		股东大会	10（22.7）	5（21.7）	60（17.9）	521（17.9）	596（18.0）	
		董事会	6（13.6）	14（60.9）	151（44.9）	674（23.1）	845（25.5）	
		您和主要管理人员	3（6.8）	2（8.7）	58（17.3）	554（19.0）	617（18.6）	
		您和党组织	2（4.5）	0（0）	0（0）	11（0.4）	13（0.4）	
		您和工会组织	2（4.5）	0（0）	0（0）	11（0.4）	13（0.4）	
		其他	0（0）	0（0）	1（0.3）	5（0.2）	6（0.2）	
		总数	44（100）	23（100）	336（100）	2910（100）	3313（100）	
企业日常管理者		您本人	18（39.1）	5（20.0）	80（23.3）	1222（41.3）	1325（39.3）	59.0（0）
		您和主要管理人员	23（50.0）	15（60.0）	225（65.7）	1534（51.9）	1797（53.2）	
		您和党组织	1（2.2）	0（0）	0（0）	1（0.03）	2（0.06）	
		您和工会组织	0（0）	0（0）	1（0.3）	10（0.3）	11（0.3）	
		职业经理人	4（8.7）	5（20.0）	36（10.5）	189（6.4）	234（6.9）	
		其他	0（0）	0（0）	0（0）	6（0.2）	6（0.2）	
		总数	46（100）	25（100）	342（100）	2962（100）	3375（100）	

续表

		已经上市	已进入上市辅导期	有上市的打算	暂时不想上市	总数	卡方值（P）
为促进企业规范经营和持续发展，您认为哪个方面重要程度排第一	由主要投资者亲自抓	24 (58.5)	8 (33.3)	132 (39.9)	1532 (53.5)	1696 (52.0)	41.7 (0)
	尽快培养子女接班	4 (9.8)	2 (8.3)	24 (7.3)	249 (8.7)	279 (8.6)	
	逐步引进职业经理	13 (31.7)	12 (50.0)	167 (50.5)	996 (34.8)	1188 (36.4)	
	从亲友中选择把关	0 (0)	1 (4.2)	5 (1.5)	68 (2.4)	74 (2.3)	
	其他	0 (0)	1 (4.2)	3 (0.9)	19 (0.7)	23 (0.7)	
	总数	41 (100)	24 (100)	331 (100)	2864 (100)	3260 (100)	

3. 私营企业的人才结构中，家族成员比例较大

企者，人去止也。私营企业从创立到发展，离不开优秀人才的作用。早期的创业者，虽然正规学历不高，但他们凭借敏锐的市场意识和坚韧不拔的开拓精神，加上家族成员的鼎力相助，在资源稀缺的环境中得以起步并艰难地成长起来。从表 19 中可以看出，"家族成员"在私营企业人才结

表 19 私营企业人才结构与股份化的关系

单位：户，%

		已经上市	已进入上市辅导期	有上市的打算	暂时不想上市	总数	卡方值
股东里有几位是您的父母、配偶、兄弟姐妹或子女	0 位	9 (29.0)	10 (58.8)	110 (41.8)	1145 (50.8)	1274 (49.7)	46.0 (0)
	1 位	15 (48.4)	6 (35.3)	98 (37.3)	797 (35.4)	916 (35.7)	
	2 位	3 (9.7)	1 (5.9)	32 (12.2)	216 (9.6)	252 (9.8)	
	3 位	1 (3.2)	0 (0)	14 (5.3)	54 (2.4)	69 (2.7)	
	3 位以上	3 (9.7)	0 (0)	9 (3.4)	40 (1.8)	52 (2.0)	
	总数	31 (100)	17 (100)	263 (100)	2252 (100)	2563 (100)	

续表

		已经上市	已进入上市辅导期	有上市的打算	暂时不想上市	总数	卡方值
董事会里有几位是您的父母、配偶、兄弟姐妹或子女	0 位	10 (38.5)	10 (66.7)	116 (46.4)	1292 (62.3)	1428 (60.4)	52.3 (0)
	1 位	13 (50.0)	4 (26.7)	87 (34.8)	560 (27.0)	664 (28.1)	
	2 位	1 (3.8)	1 (6.7)	30 (12.0)	154 (7.4)	186 (7.9)	
	3 位	2 (7.7)	0 (0)	8 (3.2)	37 (1.8)	47 (2.0)	
	3 位以上	0 (0)	0 (0)	9 (3.6)	30 (1.4)	39 (1.6)	
	总数	26 (100)	15 (100)	250 (100)	2073 (100)	2364 (100)	
企业高层管理人员中有几位是您的父母、配偶、兄弟姐妹或子女	0 位	11 (45.8)	11 (78.6)	118 (45.0)	1146 (53.5)	1286 (52.6)	33.0 (0.1)
	1 位	10 (41.7)	3 (21.4)	88 (33.6)	678 (31.7)	779 (31.9)	
	2 位	1 (4.2)	0 (0)	35 (13.4)	229 (10.7)	265 (10.9)	
	3 位	2 (8.3)	0 (0)	9 (3.4)	52 (2.4)	63 (2.6)	
	3 位以上	0 (0)	0 (0)	12 (4.6)	37 (1.7)	49 (2.0)	
	总数	24 (100)	14 (100)	262 (100)	2142 (100)	2442 (100)	
如果您已婚，您的配偶在哪里工作	本企业	19 (45.2)	7 (30.4)	171 (52.1)	1257 (44.0)	1454 (44.8)	37.9 (0)
	自己开办其他企业	6 (14.3)	3 (13.0)	22 (6.7)	203 (7.1)	234 (7.2)	
	国有企事业	6 (14.3)	6 (26.1)	30 (9.1)	350 (12.3)	392 (12.1)	
	其他企业	1 (2.4)	2 (8.7)	29 (8.8)	345 (12.1)	377 (11.6)	
	务农	1 (2.4)	0 (0)	4 (1.2)	64 (2.2)	69 (2.1)	
	无业	7 (16.7)	2 (8.7)	42 (12.8)	486 (17.0)	537 (16.5)	
	其他	2 (4.8)	3 (13.0)	30 (9.1)	150 (5.3)	185 (5.7)	
	总数	42 (100)	23 (100)	328 (100)	2855 (100)	3248 (100)	

构中占有重要的比例。在已上市的企业中，高层管理人员中的亲属占
54.2%，在有上市打算的企业中，高层管理人员中的亲属占 55.0%。企业
成长过程中，"亲情"与"制度"依然处于两难境地。

在深入分析私营企业的人才结构后，我们发现，普通企业雇用管理人员
的中位数是 6 人，雇用技术人员的中位数是 5 人；典型企业雇用管理人员的中
位数是 100 人，雇用技术人员是 80 人（见表 20）。典型企业在管理人员和技
术人员的力量方面，明显高于普通企业。对于普通企业来说，除引进管理人
才和技术人才之外，更需要在内部建立一套员工成长的机制，创造良好的各
类人才发挥作用的"微生态"环境；同时要做好下岗工人的转岗和农民工的
上岗培训，提升他们的生产技能；对于流动性工种的工人，也要探索出相应
的管理办法。良好的人才结构是私营企业持续成长的基础和未来竞争力的
保障。

表 20　私营企业的人才结构

单位：人

	普通企业			典型企业			卡方值
	平均数	中位数	标准差	平均数	中位数	标准差	
登记时，企业员工数	69	20	262.59	2221.87	100	3764.19	791.88
2005 年，企业全年雇用员工数	173	53	414.86	3242.93	2560	3644.26	1029.21
2005 年，企业雇用下岗工人数	34	10	106.70	105.00	49	150.36	330.54
2005 年，企业雇用农民工人数	98	20	274.08	2321	380	3798.81	716.29
2005 年，企业雇用管理人员数	16	6	35.52	161	100	248.00	901.02
2005 年，企业雇用技术人员数	17	5	40.53	255	80	368.33	828.31
2005 年，企业雇用半年以上不足一年的员工人数	29	3	113.60	295	2	623.95	434.20
2005 年，企业雇用半年以下的员工人数	27	0	401.00	183	11	383.95	374.00

（三）私营企业发展的外部环境问题

本次抽样调查的另一个重点是私营企业发展与作为外部环境的政府管

理的关系。重点问题之一是，私营企业主如何评价《国务院关于鼓励支持和引导个体私营等非公有制经济发展的若干意见》在各地方的贯彻落实情况、私营企业的非税收负担（所谓的"三项支出"）、贷款难题、债务问题以及社会环境治理问题等。

1. 对国发〔2005〕3 号文件的贯彻落实情况总体评价较好

调查表明，对于国发〔2005〕3 号文件，被调查的私营企业主中表示"知道"的有 3012 人，占 78.5%；708 人表示"不知道"，占 18.5%；还有 117 人没有回答，占 3.0%。那么，有哪些因素会影响私营企业主对国务院文件的了解情况呢？从表 21 所反映的 Logistic 分析结果来看，知情与否，与企业主的年龄、政治面貌、文化程度和企业规模成正相关关系，即年龄每增加 1 岁，可增加 0.037 个知情者；上学年数每增加 1 年，知情者可以增加 0.122 人；民主党派企业主的知情率明显高于一般党外群众企业主；销售额每增加 100 万元，知情者可以增加 0.078 人。

表 21 企业主对国务院文件是否知情的影响因素 Logistic 回归分析

	回归系数	标准误	Wald 系数	自由度	显著度	Exp（B）
常数	-1.366	0.480	8.114	1	0.004	0.255
中部地区	-0.385	0.205	3.532	1	0.060	0.680
东部地区	-0.608	0.181	11.246	1	0.001	0.544
男性企业主	-0.010	0.155	0.005	1	0.946	0.990
企业主年龄（岁）	0.037	0.007	29.297	1	0.000	1.038
上学年数（年）	0.122	0.021	34.774	1	0.000	1.129
中共党员（团员）	0.080	0.112	0.513	1	0.474	1.084
民主党派	0.816	0.378	4.658	1	0.031	2.262
2005 年销售额（百万元）	0.078	0.016	23.872	1	0.000	1.081

注：地区变量以西部地区为参照；性别变量以女性为参照；政治面貌变量以群众为参照。

表 22 企业主是否"看过"国发〔2005〕3 号文件的
影响因素 Logistic 回归分析

	回归系数	标准误	Wald 系数	自由度	显著度	Exp（B）
常数	-0.917	0.583	2.476	1	0.116	0.400
中部地区	0.029	0.225	0.016	1	0.898	1.029

续表

	回归系数	标准误	Wald 系数	自由度	显著度	Exp（B）
东部地区	− 0.256	0.193	1.755	1	0.185	0.774
男性企业主	− 0.094	0.190	0.244	1	0.621	0.910
企业主年龄（岁）	0.049	0.009	33.308	1	0.000	1.050
中共党员（团员）	0.326	0.138	5.579	1	0.018	1.386
民主党派	0.494	0.350	1.992	1	0.158	1.639
上学年数（年）	0.031	0.025	1.444	1	0.229	1.031
500 万 ~ 1000 万元	0.105	0.186	0.321	1	0.571	1.111
1000 万 ~ 5000 万元	0.349	0.156	4.997	1	0.025	1.418
5000 万 ~ 1 亿元	0.863	0.299	8.332	1	0.004	2.369
1 亿元及以上	0.861	0.262	10.848	1	0.001	2.366

注：地区变量以西部地区为参照；性别变量以女性为参照；政治面貌变量以群众为参照。

国发〔2005〕3 号文件颁布以后，各地的贯彻落实情况如何？本次抽样调查分 9 个专题考察了私营企业主对各地贯彻落实国务院文件情况的分项评价，最后请他们对地方政府贯彻落实的总体情况做一个总评价（见表 23）。可以看到，在不考虑那些没有回答的情况下，如果把"有改进"与"明显改进"合并为"改进评价比率"，并按这一比率从高到低排序，那么，"改进评价比率"最高的是"放宽市场准入"方面，比率达到 86.6%；最低的是"加大财税支持，改善融资环境"方面，该比率仅为 67.5%；总的"改进评价比率"约为 75%。也有极少数人对这些方面很不满意，认为不仅没有改善，反而出现倒退，其中，对"改进政府的监管方式，规范收费行为"感到不满意的人最多，其比例达到 2.5%。如果把没有回答的问卷视作不满意的话，那么，这个比例会更高。

表 23　企业主对国发〔2005〕3 号文件颁布以后私营企业发展的外部环境改善情况的看法分布

单位：%

	倒退	没有改进	有改进	明显改进	合计	改进评价比率
放宽市场准入	0.5	12.9	62.9	23.7	100.0	86.6
规范、发展行业协会、商会等组织	0.5	16.5	62.8	20.2	100.0	83.0

续表

	倒退	没有改进	有改进	明显改进	合计	改进评价比率
完善私有财产保护，维护企业合法权益	0.8	18.4	63.1	17.7	100.0	80.8
营造良好的舆论氛围方面	0.9	18.3	64.4	16.3	100.0	80.7
支持科技创新，完善社会服务	0.3	20.0	62.9	16.8	100.0	79.7
推进企业信用制度建设	0.6	21.6	60.8	17.0	100.0	77.8
加强指导和政策协调方面	0.7	22.1	64.6	12.7	100.0	77.3
改进政府的监管方式，规范收费行为	2.5	22.9	58.8	15.7	100.0	74.5
加大财税支持，改善融资环境	1.3	31.1	55.6	11.9	100.0	67.5
地方政府认真落实国发〔2005〕3号文件的措施	1.0	24.2	60.7	14.2	100.0	74.9

考虑到对"地方政府认真落实国发〔2005〕3号文件的措施"的总评价具有整体性，因此我们专门从这个角度分析了影响企业主评价的因素。由于评价的尺度难以被改造为"二分"形式，因此我们运用交互表方式而不是Logistic回归分析方法进行分析。为了判别是否存在交互关系，我们同时进行了卡方检验，并针对等级变量计算了等级相关系数，针对类别变量计算了列联系数，结果表明地区之间的差别比较明显，西部与总体的差异较大，也就是说，与总体情况相比，西部地区企业家对地方政府贯彻落实国发〔2005〕3号文件的措施的评价要差一些。就企业销售额来说，与总体对照，销售额在1亿元及以上的企业主对地方政府贯彻落实国发〔2005〕3号文件的评价更加正面、更加积极。在该规模的企业主中，认为地方政府的措施"有改进"和有"明显改进"的人所占比例合计达到了83.9%，高出总体中这一比例（74.9%）9个百分点。这表明，地方政府对销售额达到亿元级的私营企业更加重视（见表24）。

表24　不同地区和企业销售额对企业主的总体评价的影响分析

单位：%

	倒退	没有改进	有改进	明显改进	合计
东部	0.4	23.6	63.7	12.4	100.0
中部	1.1	22.7	56.0	20.2	100.0
西部	3.2	29.5	54.2	13.1	100.0

	倒退	没有改进	有改进	明显改进	合计
总体	1.0	24.2	60.7	14.2	100.0
统计检验	$\chi^2 = 61.992$，$df = 6$，$N = 2932$，$sig. < 0.001$； $Gamma = -0.015$，$sig. = 0.631$； 列联系数 $= 0.144$，$sig. = 0.000$				
500 万元以下	0.8	25.7	57.9	15.6	100.0
500 万 ~ 1000 万元	1.8	21.9	63.5	12.9	100.0
1000 万 ~ 5000 万元	0.6	26.5	59.0	13.9	100.0
5000 万 ~ 1 亿元	0.5	25.1	60.5	14.0	100.0
1 亿元及以上	1.0	15.0	67.1	16.8	100.0
总体	0.9	24.2	60.1	14.8	100.0
统计检验	$\chi^2 = 23.981$，$df = 12$，$N = 2561$，$sig. = 0.020$； $Gamma = 0.039$，$sig. = 0.150$； 列联系数 $= 0.096$，$sig. = 0.020$				

2. 企业三项支出负担出现不同程度的下降

在 2004 年分析第六次全国私营企业抽样调查数据时，我们曾经提出企业 "三项支出" 的概念，据以分析企业与政府的关系。所谓的 "三项支出" 是指，企业的各种交费，企业应付来自政府部门的各种摊派，以及企业为了搞好与政府的关系而付出的各种不一定合理合法的公关、招待费用。在本次调查中，我们继续要求企业主们提供 2005 年其企业的这三项支出。统计结果表明，在全部被调查企业中，未提供这方面支出情况的企业数分别为：交费方面 1702 户，摊派方面 1660 户，公关、招待方面 1142 户。在其余企业中，明确表示不存在这样的费用支出的企业分别为：交费方面 244 户，摊派方面 956 户，公关、招待方面 395 户。因此，在回答了有无这些支出的企业中，真正发生了这些支出的企业分别为：交费方面 1891 户，占 88.6%；摊派方面 1221 户，占 56.1%；公关、招待方面 2300 户，占 85.3%。就提供了三项支出信息的企业而言，这三项支出的发生率还是比较高的，但与 2004 年调查时相比有所下降。第六次抽样调查表明，在不考虑没有提供相关信息的企业的情况下，2003 年，交费支出发生率为 95.1%，摊派支出发生率为 70.0%，公关、招待支出发生率为 95.2%；本次调查发现，到 2005 年，这三项支出的发生率分别下降了 6.8 个百分点、19.9 个百分点与10.4个百分点。从三项支出的数额来看，虽然总额有所增加，但平均负担额都有所下降，最大值也小了许多。其中，公关、招待费用的平均值下降幅度最大，为23.9%；其他两项的平均支出下降幅度很小，平均交费支出下降1.6%，平均摊派支出下降7.0%。因此，从绝对支出额来看，私营企业的负担总体上是下降的（见表25）。

表25　2003年与2005年私营企业三项支出情况分析

单位：万元

		总额	平均值	中位数	标准差	最少	最多
2003年	交费支出	88793.1	48.8	2	640.5	0	25688
	摊派支出	8438.9	5.7	1	20.9	0	390
	公关、招待支出	30438.6	14.2	3	133.4	0	6000
2005年	交费	102378.3	48.0	3	365.0	0	11272
	摊派支出	11429.8	5.3	1	26.1	0	500
	公关、招待支出	29171.7	10.8	3	30.9	0	566

资料来源：2003年的数据来自中华全国工商业联合会，中国民（私）经济研究会主编《中国私营经济年鉴（2002年—2004年6月）》，中国致公出版社，2005。下同。

被调查企业三项支出仍然存在一定的地区差异，就三项支出的发生率而言，东部地区交费支出发生率为92.0%，摊派支出发生率为53.2%，公关、招待支出发生率为85.3%；中部地区三项支出的发生率分别为79.1%、60.0%与82.3%；西部地区三项支出的发生率分别为89.5%、63.8%、90.2%。这样，中部地区的三项支出发生率比较而言是最低的，西部地区的交费支出发生率低于东部地区，其他两项支出的发生率高于东部地区。因此，总的来讲，西部地区私营企业的各项负担发生率较高。

从表26看，三项支出的平均水平在两年间的变化也有特点。东部地区企业三项支出的平均水平始终最高，但也都有较大幅度的下降；中部地区企业三项支出平均水平居于最低位置，但两年之间有两项是上升的；西部地区企业三项支出平均水平总体上继续居于第二位，且也有两项处于上升态势。这些情况表明，中西部尤其是西部地区私营企业的负担问题有加重的趋势。

表 26　2003 年与 2005 年不同地区私营企业三项支出平均值比较

单位：万元

地区	2003 年			2005 年		
	交费支出	摊派支出	公关、招待支出	交费支出	摊派支出	公关、招待支出
东部	68.3	6.6	19.1	58.3	5.5	11.4
中部	22.9	4.0	9.8	26.6	4.6	9.3
西部	36.9	5.6	8.7	39.4	5.1	10.3

与以前的分析一样，对三项支出是否真的成为企业负担，需要把它们与企业正常收支情况进行比较，用于比较的指标，本应还是企业的纳税额、税后净利润以及企业投资者的分红。但是，本次调查关于企业分红的数据缺失值较多，与交费支出、摊派支出以及公关、招待支出之间存在的数据交叉缺失也比较多，因而剩下能够匹配起来进行统计分析的样本过少，因此，这里仅仅用三项支出与企业的纳税额和税后净利润额进行比较。相关比较结果如表 27 所示。不难看出，就 2005 年的情况来说，私营企业的三项支出所形成的企业负担确实还是比较重的，不过，与 2003 年的调查结果相比，负担还是下降不少。结合表 25 的数据来看，这种下降可能意味着企业的经营绩效在提高，因此，即使支出的绝对额下降幅度不大，但由于企业收入增长，其负担程度的下降也比较明显。不过，我们仍然要看到，从 2005 年三项支出总额分别相当于企业纳税额和税后净利润的 35.6% 与 30.1% 来看，企业的负担应当还有下降的空间，这表明，政府转变职能，改革企业税费收度的任务仍然相当艰巨。

表 27　2003 年与 2005 年私营企业三项支出相当于纳税额和
税后净利润的比例比较

单位：%

	2005 年		2003 年	
	相当于纳税总额的比例	相当于税后净利润总额的比例	相当于纳税总额的比例	相当于税后净利润总额的比例
交费总额	27.7	26.1	48.8	68.0
摊派总额	3.1	2.6	9.2	7.8
公关、招待总额	5.9	5.7	18.2	15.2

	2005 年		2003 年	
	相当于纳税总额的比例	相当于税后净利润总额的比例	相当于纳税总额的比例	相当于税后净利润总额的比例
三项支出总额合计	35.6	30.1	—	—

注：在计算三项支出总额合计并与企业纳税额或税后净利润额进行比较时，我们对数据进行了全匹配处理，保证所有数据都来自相同的样本；而在比较单项支出与纳税额或税后净利润时，分别进行两两匹配，仅保证被比较的两个数据来自相同的样本。因此，单项比例之和不等于三项支出总额比例。

3. 企业贷款难问题依然突出

私营企业向银行借贷是一个老大难问题。从此次调查结果来看，85.5%的企业主感到贷款存在这样那样的困难，14.5%的人没有回答这个问题，也许他们根本不指望银行贷款。从表 28 的结果看，贷款难的原因分布确实发生了一定程度的变化，手续繁杂问题的影响面缩小了，但是抵押、担保条件太苛刻等问题更加突出了，贷款成本太高，其影响面扩大了 37.8% 。

表 28　2003 年与 2005 年私营企业贷款难的原因分布比较

单位：%

	手续繁杂	贷款抵押、担保条件太严	公开财务信息的要求过高	信用等级评定过严	贷款成本太高	其他	合计
2003 年	33.8	46.5	1.3	2.8	12.7	2.8	100.0
2005 年	24.4	49.3	2.0	4.5	17.5	2.4	100.0

为了剖析不同类别的私营企业在贷款时是否受到不同因素的影响，我们运用交互分析加卡方检验的方法，分析了企业成立方式（是否属于改制企业）、企业所在地区、企业经营规模以及企业主的性别、政治面貌、年龄（分组）和文化程度等因素的影响。结果表明，不同地区企业贷款难的原因分布有所不同（见表 29），最突出的差别是，与总体分布相比，手续繁杂的影响面在中部地区最大，贷款抵押、担保条件太严的问题在西部地区影响面最大。

表 29　不同地区私营企业贷款难的原因分布

单位：%

	手续繁杂	贷款抵押、担保条件太严	公开财务信息的要求过高	信用等级评定过严	贷款成本太高	其他	合计
东部	23.6	50.2	2.0	3.7	18.4	2.2	100.0
中部	26.7	43.6	2.1	6.1	18.3	3.2	100.0
西部	24.4	54.1	1.8	5.5	12.2	2.0	100.0
总体	24.4	49.3	2.0	4.5	17.5	2.4	100.0
统计检验	$\chi^2 = 28.736$，$df = 10$，$N = 3281$，$sig. < 0.001$，列联系数 $= 0.093$						

4. 企业之间的"三角债"问题依然严重

企业之间的"三角债"也是一个老大难问题。从此次调查结果看，没有提供外企业拖欠本企业债务（包括货款和借款）和本企业欠外企业债务的企业分别有 375 户与 392 户，在其余企业中，有外企业欠债的企业 1960 户，占 53.8%，户均被欠 369.8 万元，被欠最多的达 5 亿元；有外欠其他企业债务的企业 1003 户，占 29.1%，户均欠债 217.3 万元。

在全部被调查企业中，共有 1786 户企业既提供了本企业欠外企业货款、借款的信息，也提供了外企业拖欠本企业货款、借款的信息，其中，770 户企业只有外企业拖欠本企业的货款、借款，占 43.1%，户均被拖欠货款、借款 281.4 万元；59 户只有拖欠其他企业的货款、借款，占 3.3%，户均拖欠其他企业货款、借款 209.3 万元；957 户企业同时既有外企业所欠货款、借款，也有拖欠外企业的货款、借款，占 53.6%，户均被拖欠 517.4 万元，同时拖欠 214.3 万元，总体上还是债权大于债务。如果把同时被其他企业拖欠又拖欠其他企业的企业视为陷入了"三角债"之中，那么，在不考虑那些没有提供完整信息的企业的情况下，这种"三角债"的发生面达到了 53.6%；这 1786 户企业的企业间债权和债务总计 92.9 亿元，其中属于"三角债"性质的占 75.4%。私营企业间的"三角债"问题之严重由此也可见一斑。

三　私营企业主阶层状况

本次抽样调查十分关注私营企业主的社会特征、收入与财产、工作生活方式、社会政治参与、阶层意识、企业劳资关系状况以及企业主们对党和国家的统战工作、工商联工作与行业协会（商会）工作的希望。

（一）私营企业主的社会特征

1. 基本人口特征：男性为主，年龄增大，学历提高

此次调查的 3837 个私营企业主中，有男性 3293 人，占 85.8%；女性 535 人，占 14.0%；9 人未报告其性别属性，占 0.2%。这一结构与第六次调查的结果近似，差别很小。这说明，私营企业主阶层仍然以男性为主。

私营企业主的年龄有增大的趋势。在本次调查中，除了 29 人未报告其出生年份外，其余 3809 名私营企业主的平均年龄为 44.4 岁，比上次调查增加 1 岁；年龄中位数为 44 岁，比上次调查增加 2 岁；年龄标准差为 8.3 岁，也比上次调查略有提高（上次调查结果为 8.1 岁）。从图 1 的年龄分布曲线看，私营企业主的年龄结构基本上呈正态分布，并且集中在 33～57 岁，这一年龄段的企业主合计占 87.5%。

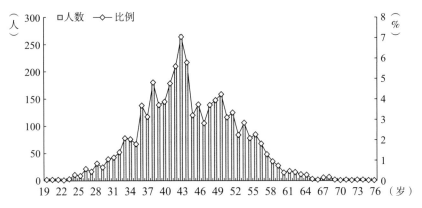

图 1　私营企业主年龄分布情况

私营企业主的文化程度较高。与第六次调查结果相比，本次调查的结果变化不大。除 22 人未提供其文化程度信息外，在其余企业主中，小学占 1.5%，初中占 12.6%，高中、中专占 36.6%，大专占 31.7%，大学本科占 13.1%，研究生占 4.5%，大专以上占 49.3%。从学位情况看，本次调查中有学士 273 人，占 7.1%；硕士 164 人，博士 15 人，合计占 4.7%。高中生、中专生的比例比第六次调查的结果有所提高，其他文化程度企业主的比例均有轻微下降。

2. 私营企业主的职业变迁表明，机关干部、经营管理人员和专业科技人员已成为队伍主体

本次调查分别对私营企业主从学校毕业后的第一个职业、开办私营企业前的最后一个职业以及从第一个职业到开业前最后一个职业之间的职业变迁进行了较为全面的考察。从表 30 中可以看到，私营企业主的职业流动变化是相当显著的。农民、工人、服务人员和普通职员所占比例从最初的 57.9% 下降为 26.7%，降幅达到 53.9%；干部、国有或集体企业负责人（承包人、承租人）、企业供销人员、专业技术人员合计所占比例从 26.2% 上升为 47.1%，升幅达到 79.8%；个体工商户的比例从 7.5% 提高到了 20.4%，升幅达到 1.72 倍。可见，私营企业主在开业前的社会经济地位以较为普遍的向上流动为特征。可以说，私营企业主的社会来源是以三类精英为主，即机关干部、企业经营管理人员（包括个体工商户）以及专业技术人员，合计的比例从 33.7% 上升为 67.5%，升幅达到 100.3%。这种趋势，实际上在历次调查中都有表现，尤以这次调查反映得最为明显。

表 30　私营企业主开办企业前的职业流动

单位：人，%

职业类别	第一次就业的职业		开业前的职业	
	人数	比例	人数	比例
农民、工人、服务人员、企业普通职员	1959	57.9	922	26.7
村干部	23	0.7	75	2.2
党政机关、事业单位科级及以下干部	258	7.6	254	7.4
党政机关、事业单位县处级及以上干部	0	0.0	29	0.8
国有、集体企业供销人员、技术人员	597	17.6	505	14.7
国有、集体企业负责人、承租人、承包人	12	0.3	756	22.0
个体工商户	253	7.5	703	20.4
军人、其他工作	262	7.8	131	3.8
下岗失业或没有参加过工作	22	0.6	68	2.0
合计	3386	100.0	3443	100.0

企业的开业时间不同，其企业主开业前的职业分布也有差异（见表31）。农民、工人、服务人员和企业普通职员所占比例，在四个时期呈现下

降趋势，在第三个时期最低，2001 年以后又有所回升，但也没有达到第二个时期的比例。"下海"干部的比例在前三个时期一直显著上升，到第四个时期出现下挫，但比例仍然大大高于第一个时期。国有和集体企业负责人、承包人、承租人的比例在平稳中有所波动，第二个时期下滑较大，但在第三个时期上升较多。国有和集体企业供销人员、专业技术人员的比例变动趋势是一条倒 U 形曲线，在第二个时期达到顶点，这反映了当时知识分子"下海"的热潮。个体工商户的比例在前三个时期明显趋于下降，直到第四个时期才又回升，但未能达到第一个时期的水平，显示出个体工商户在市场化程度越来越高的过程中转型为私营企业的难度加大。总的来说，私营企业主开业前的职业变化表现出这个阶层的较为显著的社会精英化趋势。

表 31　不同时期开业的私营企业主开业前的职业分布

单位：%

职业类别	1991 年以前	1992~1995 年	1996~2000 年	2001 年以后
农民、工人、服务人员、企业普通职员	30.2	26.7	24.7	26.1
村干部以及各级国家干部	5.9	10.6	12.3	9.7
国有、集体企业负责人、承租人、承包人	22.0	18.8	23.9	22.3
国有、集体企业供销人员、专业技术人员	12.3	18.0	15.1	13.6
个体工商户	24.2	20.0	18.2	21.3
军人、其他工作	3.4	4.0	3.7	3.6
下岗失业或没有参加过工作	2.1	1.9	2.1	3.5
合计	100	100.0	100.0	100.0

统计分析还表明，不同地区的私营企业主开业前的职业分布有一定的差异（见表 32）。从表 32 中的数据看，各地区的"干部"比重和"下岗失业或没有工作过"的比重与总体没有什么差异，可以看出差异较为显著的是，中部地区私营企业主中开业前担任"国有、集体企业供销人员、专业技术人员"的人较多；西部地区私营企业主中开业前开办过个体户的较多，而开办企业前的职业为"农民、工人、服务人员和企业普通职员"的明显较少。

表 32　不同地区私营企业主开业前的职业分布

单位：%

地区	各级国家干部、村干部	国有、集体企业负责人、承包人、承租人	国有、集体企业供销人员、专业技术人员	个体工商户	军人、其他工作	农民、工人、服务人员、企业普通职员	下岗失业或没有工作过	合计
东部	10.0	22.0	13.9	20.1	4.5	26.8	2.6	100.0
中部	11.5	20.3	17.6	19.2	1.1	27.3	3.0	100.0
西部	10.3	24.4	13.6	24.0	4.6	20.9	2.2	100.0
总体	10.4	22.0	14.7	20.4	3.8	26.1	2.6	100.0
统计检验	$\chi^2 = 36.222$，$df = 12$，$N = 3443$，$sig. < 0.001$，列联系数 $= 0.102$；$Gamma = -0.040$，$sig. = 0.079$							

（二）私营企业主的收入和财产情况

私营企业主的家庭收入是和私营企业主同收入共支出、同住共食的家庭成员的数量相关的。本次抽样调查显示，在被调查的私营企业主中，家庭成员的数量以 2～6 人居多，占被调查的私营企业主总数的 97.8%。其中，数量为 2 人、3 人、4 人、5 人、6 人的比例分别为 10.8%、31.4%、22.6%、15.9% 和 7.1%。

1. 私营企业主的个人收入和家庭收入同样呈两极分化趋势

（1）私营企业主的个人收入在波动中上升

与以往相比，近年来，私营企业主的个人收入发生了新的变化。本次抽样调查显示，2005 年私营企业主的包括工资、分红等在内的个人年平均收入为 18.6 万元。纵观近年来私营企业主个人收入的变化，可以看出，私营企业主的个人收入虽然存在波动，但是在总体上仍然处于上升和提高的态势。2000 年调查显示，私营企业主的个人年平均收入为 13.8 万元，而在 2004 年调查时，私营企业主的个人年平均收入达到了 20.2 万元，比 2000 年增长了 46.4%，三年间私营企业主的个人收入实现了大幅度的增长。2003～2005 年，私营企业主的个人年平均收入从 20.2 万元下降到 18.6 万元，下降了 7.9%，但是与 2000 年相比，私营企业主的个人收入还是实现了较快的增长，增幅为 34.78%。

虽然私营企业主的收入在总体上保持增长的态势，但是，由于受到诸多经济社会因素的影响，私营企业主这一群体内部个人收入也有两极分化的现象。根据本次抽样调查，2005 年全国私营企业主的个人年平均收入最高的达到 1500 万元，而最低者甚至没有收入（仅为调查显示）。这种情况如属实，则反映了私营企业主内部分化加剧，这种分化是由私营企业主占有资源的差别和竞争力的差别所造成的。

（2）私营企业主的家庭收入

根据本次抽样调查，2005 年私营企业主家庭全年的总收入平均为 25.99 万元，中位收入为 11 万元，最高收入为 1500 万元。其中，年收入过百万元的私营企业主家庭占 14.4%。

图 2 为 2005 年全国私营企业主家庭年收入的面积图，其反映了目前私营企业主家庭收入分布的态势。从这个面积图可以看出，私营企业主的收入虽然存在很大的差异性，但是也表现出了一定的集中性。就总体而言，家庭年收入在 50 万元以下的家庭占有相当大的比例。

2000 年全国私营企业抽样调查时，私营企业主家庭的年平均收入为 18.5 万元，2003 年平均收入为 26.7 万元，而 2005 年私营企业主家庭全年的总收入平均为 26 万元。与 2000 年相比，私营企业主的家庭收入增长了 40.54%，但是与 2003 年相比，私营企业主的家庭收入略有下降。

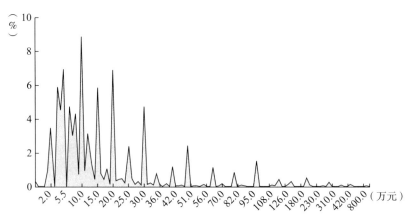

图 2　2005 年私营主家庭总收入

2. 私营企业主的家庭财产状况

在本次全国私营企业抽样调查中，私营企业主及其家庭的财富主要界定为由金融资产、住房原值以及私营企业主在其企业中所拥有的所有者权益构成。

（1）家庭金融资产（包括证券、存款）差别很大

根据本次抽样调查，2005 年全国私营企业主的家庭金融资产的平均值为 58.29 万元，比 2003 年增长了 4.09%。但是，私营企业主所拥有的金融资产的数量和增长的速度存在差异。最高的达到 8600 万元，最低的则是零资产和负资产（仅为调查显示）。

（2）居住和房产状况良好

本次抽样调查发现，私营企业主拥有住房 1～3 套的户数较多，拥有自有住房数量为 1 套、2 套和 3 套的占被调查的私营企业主的比例分别为 60.4%、23.2% 和 6.4%。本次调查测算，全国私营企业主住房的平均现值为 94.29 万元。

（3）所有者权益占资本总额的六成以上

本次抽样调查显示，私营企业在开办时，企业主的实收资本占资本总额的 67.72%；到 2005 年年底，私营企业主的所有者权益占资本总额的比例达到 68.13%。

3. 私营企业主收入的地区差异明显

私营企业主的收入也存在明显的地区差异。本次抽样调查显示，2005 年，东部地区年收入在 100 万元以上的私营企业主的比例为 4.2%，而中部地区和西部地区则分别为 1.5% 和 2.8%；东、中、西部年收入在 10 万元以下的私营企业主的比例分别为 58.6%、69.9% 和 67.4%。此外，就中部地区和西部地区的对比看，中部地区和西部地区私营企业主的收入具有较大的相似性，特别是年收入在 10 万元以下组别和年收入在 10 万～50 万元组别的比例大体相当，分别为 69.9%、67.4% 和 20.4%、19.3%（见表 33）。

表 33 2005 年私营企业主收入的地区差异

单位：%

私营企业主的年收入分组	地区分布		
	东部	中部	西部
10 万元以下	58.6	69.9	67.4
10 万～50 万元	24.0	20.4	19.3
50 万～100 万元	13.2	8.3	10.6

续表

私营企业主的年收入分组	地区分布		
	东部	中部	西部
100 万元及以上	4.2	1.5	2.8
合计	100.0	100.0	100.0

私企企业主的收入是个敏感问题，上述数据是问卷中根据被调查企业主本人填报的数字分析的，是否真实地反映了他们的实际收入，我们暂且存疑。不过从整体上分析，绝大多数私营企业主的收入并不如媒体上所渲染的那么多，不少媒体把私营企业主的资产同个人和家庭收入混为一谈了，造成了私企老板都是富得流油的错觉。

（三）私营企业主的生活方式

在下面的分析中，我们采用企业主家庭的日常支出与企业主个人的时间分配这两组指标来描述私营企业主的生活方式。

1. 家庭的日常支出总体上高于一般城镇居民

在我国，家庭是日常生活单位，生活水平表现在整个家庭支出的高低上。私营企业主家庭和家庭成员人均主要日常支出情况如表34所示。

表 34　2005 年私营企业主家庭日常生活费主要支出

单位：元

	2005 年	与 2003 年相比
全家全年生活费支出	101247	
其中：家庭人均每月衣食住行等基本费用	692.54	增加 180.89
家庭人均每月娱乐、保健费用	247.91	增加 80.20
家庭人均每月教育、学习费用	360.05	增加 55.89

2005 年同时期全国城镇居民人均每月衣食住行等基本费用支出为460.62 元，用于保健的费用为50.07 元，用于教育、文化、娱乐的费用为91.46 元，[①] 相比之下，私营企业主家庭的人均生活支出表现出较高的水平。

但是要看到私营企业主群体内部的差异，其中企业资产在100 万元以下

---

① 根据《中国统计年鉴 2006》第 350 页相关数据计算。

的小企业主，他们的家庭日常人均支出（见表 35）则与一般城镇居民的支出水平相接近。

表 35 2005 年不同资产规模私营企业主家庭的生活费支出

单位：元

资产规模	100 万元以下	100 万～500 万元	500 万～1000 万元	1000 万～1 亿元	1 亿元及以上
全家全年生活费支出	82207	94834	116972	171296	225682
其中：家庭人均每月衣食住行等基本费用	646.49	698.86	811.94	1140.85	1381.24
家庭人均每月娱乐、保健费用	205.26	237.15	275.60	390.35	478.62
家庭人均每月教育、学习费用	305.24	343.05	376.35	543.98	887.45

社会舆论在谈到分配悬殊时，经常以私营企业主为高收入的例证，其实如果再深入分析，私营企业主总数中 60% 以上的人资产在 100 万元以下，他们的生活并不如人们想象得那样潇洒、富裕。

2. 从个人的时间分配上看，企业越大，工作时间越长

观察私营企业主的生活方式，不能仅仅看到他们的高收入和高生活水平，还要看到他们超乎常人的付出。比较他们与其他社会成员的时间分配就可以清楚地看到这一点。

由于我国全国性的时间分配调查是从 2000 年才开始进行的，所以，我们只能利用 2005 年在北京的一次调查数据做基准来加以对照。那次调查结论是：城市居民生活节奏加快，工作日工作时间延长，加班时间增加，平均睡眠时间减少……闲暇时间不断减少。实际工作时间为 7 小时 52 分钟，加班时间为 52.7 分钟……休闲时间为 4 小时 35 分钟。

而本次调查得到私营企业主的时间分配主要内容如表 36 所示。

表 36 2005 年私营企业主每天主要活动所用时间

活动内容	平均时间	比较 2004 年调查数据
工作与学习	12 小时 30 分	增加 1 小时 18 分
其中：在企业里做日常管理工作	7 小时 31 分	增加 49 分
外出联系生意、开会、公关、招待	3 小时 16 分	减少 2 分
各种学习	1 小时 43 分	增加 31 分

续表

活动内容	平均时间	比较 2004 年调查数据
自己或陪伴家人娱乐、休闲	2 小时 24 分	增加 42 分
睡眠	7 小时 17 分	减少 31 分

与一般城市居民相对照，私营企业主工作、学习时间要多得多，而休闲时间远较一般人少，而且，拥有资产越多的企业主工作和学习的时间就越多，休闲和睡眠的时间就越少。

从表 37 中可以看到，私营企业主资产越大、压力越大。日复一日、年复一年，他们比常人更多地拼精力、耗时间，比常人有着更高的工作热情，这可以称为企业家的"敬业精神"。

表 37 不同资产规模私营企业主的时间分配

资产规模	100 万元以下	100 万~500 万元	500 万~1000 万元	1000 万~1 亿元	1 亿元及以上
工作与学习	12 小时 16 分	12 小时 33 分	12 小时 42 分	12 小时 59 分	13 小时 10 分
其中：在企业里做日常管理工作	7 小时 30 分	7 小时 32 分	7 小时 39 分	7 小时 28 分	7 小时 0 分
外出联系生意、开会、公关、招待	3 小时 6 分	3 小时 19 分	3 小时 26 分	3 小时 41 分	4 小时 11 分
各种学习	1 小时 40 分	1 小时 42 分	1 小时 47 分	1 小时 50 分	1 小时 59 分
自己或陪伴家人娱乐、休闲	2 小时 27 分	2 小时 28 分	2 小时 18 分	2 小时 13 分	2 小时 6 分
睡眠	7 小时 22 分	7 小时 14 分	7 小时 13 分	7 小时 8 分	7 小时 11 分

（四）私营企业主的政治参与和阶层意识

党的十六大把包括私营企业主和个体工商户在内新的社会阶层定位为中国特色社会主义的建设者，提升了私营企业主的政治地位，私营企业主的社会意识和政治态度更趋积极。

1. 私营企业主中，中共党员占 32.2%

本次私营企业抽样调查发现，在被调查的 2001 年后注册为私营企业的私营企业主中，其政治面貌为中共党员的，占 32.2%；为民主党派人士的，占 2.0%。

从政治面貌为中共党员的私营企业主的职业背景看，他们中在开办私营企业前曾经在党政机关、事业单位担任过一般干部、科级干部、县处级干部、县处级以上干部的比例分别为 56.4%、30.7%、11.6% 和 1.4%。在中共党员私营企业主中，有 55.2% 的人曾经是国有、集体企业的负责人，有 20.3% 的人曾有过参军的经历。

本次抽样调查还显示，尚未加入中国共产党的私营企业主中，只有 9.6% 的人写过入党申请书，可见私营企业主要求入党的还不够普遍。

2. 私营企业中建立党组织的不足 30%

私营企业党组织的建设是党的建设的重要方面。但是，从目前情况看，私营企业党组织建设还远不能和国有、集体企业相比。本次抽样调查发现，目前，在私营企业中，建立了党组织的比例还不足 30%，企业中党员的数量也十分有限，员工中没有中共党员的私营企业占 31.7%。私营企业员工中党员数量为 1 人、2 人、3 人、4 人、5 人、6 人和 7 人的比例分别是 4.5%、5.6%、4.3%、2.4%、3.8%、2.4% 和 1.3%。

3. 私营企业主对企业党组织作用的看法基本正确

对于中共党组织在私营企业中的作用，私营企业主的看法如表 38 所示。

表 38　私营企业主对于私营企业中党组织所发挥作用的看法

单位：%

私营企业中党组织所发挥的作用	同意	不同意
帮助经营者掌握党和政府的方针政策、法律法规	75.2	24.8
帮助企业做好决策	51.1	48.9
开展员工思想政治工作，指导企业文化建设	69.6	30.4
协调劳资关系，维护企业和员工的利益	59.6	40.4
处理企业和政府部门以及其他组织的关系	51.4	48.6

表 38 的数据表明，私营企业主对于党组织在私营企业中所发挥的作用基本上持认同和肯定的态度。他们认为党组织在私营企业中的功能定位是在思想政治方面。而在企业的生产经营方面，私营企业主的看法有很大的不同，对于"帮助企业做好决策"这一点，持肯定和否定态度的私营企业主所占的比例几乎相同。

4. 私营企业主的政治态度表现出鲜明的利益特征

第一，私营企业主的政治态度更多地体现在经济层面，将自己的关注点放在企业的经营和发展上，"把私营企业办好"是私营企业主最为关注的事情。

在被问及在经济、政治和社会生活中的具体打算时，高达73.7%的私营企业主认为当前最迫切的事情是"在商言商，把企业办好"。私营企业主在社会生活中，注重社会舆论和社会评价，高达54.0%的私营企业主认为应努力"在日常生活中树立良好的个人和企业形象，做一名社会贤达"，这也可以说是坚持"在商言商，把企业办好"理念的一种延续。

第二，私营企业主在力求经济上有所作为的同时，对政治参与表现出了一定的兴趣。

他们衷心拥护党的改革开放的好政策，希望参与国家和地方的政治生活，获得在政治生活中的发言权。有28.8%的私营企业主认为"争取当人大代表、政协委员"最为迫切。

第三，私营企业主同其他社会阶层成员和睦相处的愿望强烈。

本次调查反映，私营企业主选择"和社会上其他阶层成员和睦相处"这一项的比例排在"在商言商，把企业办好"和"在日常生活中树立良好的个人和企业形象，做一名社会贤达"的选择之后，为45.2%，居第三位。这种情况表明，和谐社会的理念深入人心，建设和谐社会，与社会上其他阶层的成员和睦相处关乎全体社会成员的共同利益，也是私营企业主的利益所在。因而，私营企业主们从心底拥护构建和谐社会的战略决策。

表39是私营企业主对于在经济、政治和社会生活中的具体意愿的迫切程度的统计表，反映了私营企业主的政治和经济理念以及价值取向。

表39 私营企业主对于在经济、政治和社会生活中各种打算的迫切程度

单位：%

私营企业主的具体打算	最为迫切	比较迫切	一般	不太迫切	最不迫切	合计
在媒体上多宣传自己的事业	18.5	16.0	28.2	12.5	24.8	100
在商言商，把企业办好	73.7	17.6	7.2	0.8	0.7	100
在日常生活中树立良好的个人和企业形象，做一名社会贤达	54.0	26.3	15.7	2.7	1.3	100

私营企业主的具体打算	最为迫切	比较迫切	一般	不太迫切	最不迫切	合计
参加中国共产党	24.1	11.5	21.5	11.1	31.8	100
争取当人大代表、政协委员	28.8	19.2	20.5	9.2	22.3	100
与党政领导人经常保持联系	22.8	25.4	27.8	10.0	13.9	100
参加民主党派	8.3	7.3	16.9	11.2	56.3	100
和社会上其他阶层成员和睦相处	45.2	32.3	19.6	1.9	1.0	100

5. 私营企业主在社会经济组织中任职的不少

私营企业主在社会经济组织中担任职务是私营企业主政治参与的重要方面。目前私营企业主在社会经济组织中任职的比例较低，任职的范围较小，主要集中在经济组织中，在党政组织（主要是人大和政协）中任职的情况不多。本次抽样调查表明，在受访的 3837 名私营企业主中，回答担任各种社会职务的有 1020 人，其中，担任乡级职务的有 28 人，担任县级职务的有 13 人，担任地级职务的有 15 人，担任省级职务的有 8 人，分别占被调查的私营企业主总数的 0.7%、0.3%、0.4% 和 0.2%。

本次抽样调查还发现，虽然私营企业主在各级人大和政协组织中任职的人数很少，比例很小，但是他们在经济组织中担任职务的情况却较多，在县、地（市）、省三级经济组织中担任职务的分别有 263 人、278 人和 89 人，分别占 6.9%、7.2% 和 2.3%（见表 40）。

表 40　私营企业主在社会经济组织中的任职情况

单位：人，%

	人数	百分比	有效百分比	累计百分比
乡级党政职务	18	0.5	1.8	1.8
乡级群众组织	3	0.1	0.3	2.1
乡级经济组织	30	0.8	2.9	5.0
乡级其他组织	2	0.1	0.2	5.2
县级党政职务	13	0.3	1.3	6.5
县级群众组织	10	0.3	1.0	7.5
县级经济组织	263	6.9	25.8	33.2
县级文体组织	2	0.1	0.2	33.4

	人数	百分比	有效百分比	累计百分比
县级其他组织	4	0.1	0.4	33.8
地级党政职务	15	0.4	1.5	35.3
地级群众组织	24	0.6	2.4	37.6
地级经济组织	278	7.2	27.3	64.9
地级文体组织	6	0.2	0.6	65.5
地级其他组织	10	0.3	1.0	66.5
省级党政职务	8	0.2	0.8	67.3
省级群众组织	6	0.2	0.8	67.8
省级经济组织	89	2.3	8.7	76.6
省级文体组织	3	0.1	0.3	76.9
省级其他组织	2	0.1	0.2	77.1
中央级党政职务	1	0.0	0.1	77.2
全国性群众组织	4	0.1	0.4	77.5
全国性经济组织	31	0.8	3.0	80.6
全国性其他组织	4	0.1	0.4	81.0
党政职务	15	0.4	1.5	82.5
群众组织	9	0.2	0.9	83.3
经济组织	159	4.1	15.6	98.9
文体组织	2	0.1	0.2	99.1
其他组织	9	0.2	0.9	100.0
合计	1020	26.8	100.3	
未回答人数	2817	73.4		
总计	3837	100.0		

6. 私营企业主阶层的自我评价：属于中等阶层

私营经济是我国改革开放中出现的新的经济成分，私营企业主是伴随着经济社会变革从原有的社会阶层中分化出来的新的社会阶层。新的社会阶层的特殊性，决定了私营企业主成为社会中备受关注的社会群体。他们对于自身的经济地位、政治地位和社会地位的评价也表现出了鲜明的特点。

第一，在本次抽样调查中，认为自身的经济地位、政治地位和社会地位属于中层的比例最高，分别为 21.2%、26.0% 和 26.6%。这表明，私营企业主把自身的经济地位、政治地位和社会地位定位于全社会的中间地带，即属于中等阶层。

第二，私营企业主把自身的政治地位和社会地位紧密地联系在一起，对自身政治地位和社会地位的评价具有趋同性。本次抽样调查显示，私营企业主对于自身政治地位和社会地位的评价大致相同。

私营企业主对于自身经济地位、政治地位和社会地位的不同评价如表41 所示。在表41 中，私营企业主对于自身经济地位、政治地位和社会地位的排序由数字 1～10 来代表，数字 1 表示地位最高，数字越大代表地位越低，数字 10 则代表地位最低。不同百分比数值则代表了对于自身地位不同评价的私营企业主占被调查的私营企业主总数的比例。我们可以看出，他们对自己的经济定位、政治定位和社会定位，确定在中等以上（排位第 6 到 1）的比例均在 60% 以上。

表 41　私营企业主对于自身的经济地位、政治地位和社会地位的评价

单位：%

地位排序	经济地位	政治地位	社会地位
1	1.3	1.5	1.8
2	4.2	5.2	3.6
3	9.9	12.0	11.9
4	9.0	11.3	12.1
5	21.2	26.0	26.6
6	15.7	18.1	18.7
7	9.7	9.4	10.3
8	11.8	9.6	8.8
9	7.0	2.9	2.3
10	6.3	1.0	0.9

（五）私营企业内部的劳资关系总体上趋于改善

对于私营企业中的劳资关系状况，本次调查主要是从员工劳动合同签订情况、员工的工资福利保险情况以及企业组建工会的情况三个方面进行考察。

1. 企业员工劳动合同签订率有所提高，但仍不理想

在本次调查中，有 258 户企业未提供企业雇工信息。其余 3579 户企业共计雇用全年员工 633833 人（雇用短期员工的数量很少，不及全年雇用员工数的 1%，故这里的分析暂不考虑这些短期员工）。在全部被调查企业中，有 5 户未雇用员工，因此不存在建立劳动合同制度的问题。在 3832 户应当建立劳动合同制度的企业中，有 679 户未提供员工是否签订劳动合同的信息，其余 3153 户企业中，又有 346 户没有员工签订劳动合同，这意味着它们实际上没有建立劳动合同制度，因此就这 3153 户企业而言，建立劳动合同制度（包括集体劳动合同）的企业所占比例为 89%，这个比例应当说是相当高的。但是，如果把没有提供签订劳动合同信息的 1025 户（679 户 + 346 户）视作未签订劳动合同的话，那么，未建立劳动合同的比例为 26.7%，建立劳动合同制度的比例实际应为 73.3%。无论在哪一种情况下，被调查企业中的劳动合同签订率都有所提升。

为了较为准确地分析，我们对数据进行了处理，包括剔除那些签订合同的员工人数大于雇工人数的样本以及缺失雇工人数的样本，如果用这样得到的 3420 个样本进行分析，那么平均的劳动合同签订率为 72.8%。根据第六次全国私营企业抽样调查，2003 年的劳动合同签订率平均为 64.0%，因此，两年中私营企业员工的劳动合同签订率提高了 8.8 个百分点。如果假定企业未提供其员工参加签订合同的人数就意味着其没有建立劳动合同制度的话，那么，此次调查的私营企业员工的劳动合同签订率的平均水平仅为 64.5%，与第六次调查的结果相比没有什么差异。

不同类型私营企业的劳动合同签订率存在一定的差异（见表 42）。从地区来看，东部地区私营企业的劳动合同签订率最高，中部地区的最低；从企业的销售额规模来看，销售额规模越大，企业员工的劳动合同签订率越高，最高规模组的劳动合同签订率比最低规模组的签订率高出 14.2 个（或 23.3 个）百分点；企业的产生方式对劳动合同签订率也有影响，改制企业的劳动合同签订率明显高于非改制企业，两者相差 6.7 个（或 10.5 个）百分点。

表 42　2005 年不同类型私营企业的员工劳动合同签订率

单位：%

企业类型	用第一种方法计算的平均签订率	用第二种方法计算的平均签订率
东部	74.6	67.0
中部	68.6	57.2
西部	70.8	63.3
500 万元以下	67.7	56.9
500 万 ~ 1000 万元	74.2	68.4
1000 万 ~ 5000 万元	76.0	73.0
5000 万 ~ 1 亿元	81.0	78.3
1 亿元及以上	81.9	80.2
改制企业	78.1	73.4
非改制企业	71.4	62.9

按照国家有关政策，企业签订集体合同是受到鼓励的。从本次调查的结果来看，在 3837 个被调查企业中，2007 个企业没有提供有关信息，占 52.3%；1198 个企业表示本企业没有签订集体合同，占 31.2%；仅有 632 个企业提供了本企业员工签订集体合同的人数，占 16.5%。如果假定未提供相关数据的企业实际上就是没有实行集体合同制度，那么，目前我国私营企业实行集体劳动合同的比例仅为 16.5%；如果不考虑未提供相关数据的企业，则集体劳动合同制度在私营企业中的推广度为 34.5%。

2. 私营企业工会组建率有所上升，但发展速度较慢

关于私营企业组建工会的情况，有 597 户企业没有回答。在其余 3240 户企业中，组建了工会的企业为 1726 户，占 53.3%；未组建工会的企业有 1514 户，占 46.7%。在上次调查中，不考虑没有回答相关问题的企业，2003 年私营企业的工会组建率为 48.8%。因此，两年间私营企业工会组建率提高了 4.5 个百分点。这两年国家一再强调企业应当组建工会，而工会组建速度并不算快，每年仅仅提升不到 2.3 个百分点。按照这个速度，我们还要努力一二十年，才能把私营企业工会组建率提升到法定的水平。

那么，私营企业组建工会受什么因素影响呢？由于这是一个"二分"变量，我们同样采用 Logistic 回归方法对此进行了分析，结果如表 43 所示。可以看到，企业主的年龄越大，私营企业组建工会的概率也越大；相对于

企业主的群众身份来说，中共党员（团员）身份和民主党派身份都倾向于提高工会组建概率；相对于年销售额在 500 万元以下的企业来说，销售额在 500 万元以上的企业组建工会的概率更高，而且，从回归系数来看，企业的销售额越大，其工会组建概率也越高；相对于非改制企业而言，改制企业组建工会的概率也大一些。

表 43　私营企业是否组建工会的影响因素分析

	回归系数	标准误	Wald 系数	自由度	显著度	Exp（B）
常数	−1.138	0.424	7.188	1	0.007	0.320
中部地区	−0.633	0.162	15.170	1	0.000	0.531
东部地区	−0.415	0.143	8.402	1	0.004	0.660
男性企业主	−0.037	0.143	0.066	1	0.797	0.964
企业主年龄（岁）	0.022	0.006	13.787	1	0.000	1.022
中共党员（团员）	0.403	0.100	16.168	1	0.000	1.497
民主党派	0.610	0.223	7.518	1	0.006	1.841
上学年数（年）	−0.010	0.018	0.322	1	0.570	0.990
500 万～1000 万元	0.542	0.133	16.587	1	0.000	1.720
1000 万～5000 万元	1.121	0.112	99.669	1	0.000	3.066
5000 万～1 亿元	1.522	0.186	66.820	1	0.000	4.582
1 亿元及以上	2.182	0.198	121.639	1	0.000	8.868
改制企业	0.681	0.122	31.132	1	0.000	1.975

注：地区变量以西部地区为参照；性别变量以女性为参照；政治面貌变量经群众为参照；销售额变量以 500 万元以下为参照；改制企业的参照对象为非改制企业。

3. 企业员工工资提升幅度较大，与国有单位职工平均工资水平的差距正在缩小

本次调查对私营企业员工的经济利益的考察，涉及工资、奖金、分红、劳保福利以及各项保险。

先看企业员工的工资、奖金情况。在 3837 户企业中，有 3281 户企业提供了员工的工资、奖金支付额度，平均每个企业的工资、奖金支付总额为 201.7 万元。根据企业提供的雇工人数（这里仅仅涉及全年雇工），3137 个企业的雇工平均年工资、奖金为 16188.8 元，月平均水平达到 1349 元；年工资奖金中位数为 10500 元，标准差为 110347 元，最少的仅为 33.3 元，最

多的高达 611.1 万元。如果将年工资奖金 20 万元以上的极值剔除，则员工的年均工资奖金为 13480 元，月平均工资奖金为 1123.3 元。虽然有一些极值影响了员工的工资奖金水平，但总体来看，2005 年私营企业员工的工资奖金收入差距还不是特别大，如果不剔除极值，其基尼系数为 0.415；在剔除 9 个 20 万元以上的极值之后，基尼系数即下降为 0.381；如果再剔除 18 个 10 万元以上的极值，则基尼系数进一步下降为 0.354，这表明，工资收入并不是中国目前收入差距过大的主要原因。另外，根据上次调查，2003 年私营企业员工的工资、奖金、分红合计年人均为 8033 元。因此，在不考虑物价的情况下，2005 年私营企业员工的工资奖金（不计分红）收入的增长幅度最少为 67.8%。按照这些数据进行比较，私营企业员工工资奖金水平与全国职工平均工资水平的差距也在缩小。2003 年调查时，全国国有单位职工平均工资是私营企业员工平均工资的 1.8 倍，到 2005 年，这一差距缩小为不到 1.2 倍。

那么，从企业方面看（不考虑员工个人的特征），员工收入水平的高低受什么因素影响呢？为了回答这个问题，我们进行了线性回归分析，结果表明，在私营企业内部，员工的工资奖金收入并不受私营企业特征（如地区、企业经营规模、是否组建工会、是否为改制企业等）的影响，也不受企业主个人特征（如企业主的年龄、性别、政治面貌、文化程度等）的影响，看来，主要是受员工个人特征的影响。

再看分红。2005 年，私营企业给员工分红的不多，在 3837 户企业中，仅有 397 户企业给其员工分红，占 10.3%；分红总额为 29634.2 万元，平均每个企业分红 74.6 万元。

4. 劳保福利支出显著增长，劳动条件正在改善

向员工支付劳保费用以及投资改善劳动条件的私营企业增多，具体地说，有 2242 户企业支付劳保费用，占全部被调查企业的 58.4%，户均支出 14.5 万元，员工人均 1235.3 元，这比 2003 年调查时的人均 439 元增长了 1.8 倍多；有 2050 户企业投资改善劳动条件，占全部被调查企业的 53.4%，户均支出 37.3 万元，为员工人均支出 10877.8 元。从线性回归分析结果看，企业劳保费用支出主要受企业销售额和企业是否组建工会影响：企业销售额每增加 100 万元，企业劳保费用支出可以增加 4750 元；企业组建工会，其劳保费用总支出可增加 10.8 万元。私营企业改善劳动

条件的支出也主要受这两个因素影响：企业销售额每增加 100 万元，其劳动条件改善支出可增加 1.343 万元；企业有工会，其劳动条件改善总投入可增加 18.25 万元。[①]

5. 建立员工保险的企业比例有所上升，但整体情况并不理想

按照法律的有关规定，企业应当为职工建立医疗保险、养老保险、失业保险、工伤保险和生育保险。从本次调查结果看，建立医疗保险的企业占 36.9%，比 2003 年上升 3.5 个百分点；建立养老保险的企业占 43.9%，比 2003 年上升 5.2 个百分点；建立失业保险的企业占 22.2%，比 2003 年上升 5.6 个百分点；建立工伤保险的企业占 24.4%；建立生育保险的企业占 13.9%。与此同时，值得注意的是这些保险的覆盖率以及人均保费支出情况。由于本次调查没有涉及企业雇工中的女职工情况，因此这里无法对生育保险进行分析。对于其余四大保险来说，覆盖率和人均保费支出都不令人乐观。具体分析时，覆盖率的计算涉及明确表示是否给员工提供某种保险的所有企业，人均保费支出的计算仅仅涉及确实有某种保险支出的企业。分析的结果是：2005 年，被调查私营企业的医疗保险覆盖率为 26.3%，人均医保支出 2434.5 元；养老保险覆盖率为 29.2%，人均养老保费支出 2921.4 元；失业保险覆盖率为 18.2%，人均失业保费支出 1136.7 元；工伤保险覆盖率为 10.7%，人均工伤保费支出 837.8 元。就前三种保险来看，与 2003 年的调查结果相比，覆盖率和人均保费支出都上升了两倍多。尽管如此，目前的保险覆盖率仍然过低。

保险覆盖率低，除了以前曾经指出的各种外部因素的影响之外，[②]还与企业的一些特征相关。线性回归分析表明，就全部四种保险的覆盖率来说，有影响的共同因素是企业位于东部地区、企业有工会、企业是通过改制产生的，它们都具有显著提高四种保险覆盖率的作用。中部地区这个因素对私营企业养老保险覆盖率和失业保险覆盖率都有不利影响，也就是说，相对于东部地区来说，中部地区私营企业的养老保险覆盖率和失业保险覆盖

---

① 这几个回归结果的显著度均为 *sig.* <0.001。

② 参见中华全国工商业联合会、中国民（私）经济研究会主编《中国私营经济年鉴（2002 年—2004 年 6 月）》，中国致公出版社，2005，第 46 页。

率都较低；企业销售额对工伤保险覆盖率的提高有积极影响，企业销售额越高，其工伤保险覆盖率也越高。

6. 私营企业主对协调劳资关系的看法总体合理

最后，让我们考察一下，私营企业主心目中协调劳资关系的最好办法是什么。本次调查的问卷向私营企业主提供了 7 种办法，要求他们按照"最好的办法"、"次好的办法"与"第三好的办法"等在 7 个选项中选择 3 项。我们对他们做出的选择按照先加权赋值然后计算综合百分比的办法进行了整理，结果表明，排第一位的是"随着企业效益提高而提高员工工资福利待遇"，其加权综合比重为 40.5%；排第二位的是"善待员工，尊重员工人格"，其加权综合比重为 24.7%；第三是"改善工作条件，减少工伤事故"，其加权综合比重为 15.1%；第四是"通过企业文化建设，加强企业凝聚力"，其加权综合比重为 14.1%；第五是"通过劳动力市场来调节，合则留、不合则去"，其加权综合比重为 3.5%；第六是"支持工会协调劳动关系"，其加权综合比重为 2.1%；最后是"其他"，其加权综合权重为 0.1%。因此，综合来看，在私营企业主心目中，协调劳资关系的核心问题是根据企业效益增加员工的收入以及对员工人格给予尊重，再辅之以劳动条件改善和企业文化建设。应当说，这个选择模式还是反映了问题的实质的。值得注意的是，纯粹依靠市场机制来调节劳资关系的主张，在广大私营企业主中似乎并没有多少市场。同样值得注意的是，私营企业主对工会的作用也不十分看好。

7. 私营企业主对企业社会责任的看法总体是正面的、积极的

表 44 显示的是私营企业主对于企业社会责任的认识。我们在设计问卷时，设计了"一切按市场经济规律办事""为国家多创名牌""多做公益事业和慈善事业""为国家多交税"等企业社会责任的单方面认识，在回答中表示"很同意"和"同意"的比例相当高，这说明，私营企业主对社会责任的认识有片面之处。但我们依然可以看到，私营企业主对"合法经营、依法纳税、诚实守信、关爱员工、保护环境、热心公益事业"就是尽企业的社会责任的认同度达到了 99.6%，这表明了绝大多数私营企业主对企业社会责任的认同态度。

表44 私营企业主对企业社会责任的看法

单位：%

如下做法就是尽企业的社会责任	所持观点的比例			
	很同意	同意	不同意	很不同意
一切按市场经济规律办事	23.5	64.7	11.0	0.8
为国家多创名牌	21.2	63.1	15.0	0.8
多做公益事业和慈善事业	27.6	64.2	7.8	0.5
为国家多交税	29.0	62.5	8.1	0.5
合法经营、依法纳税、诚实守信、关爱员工、保护环境、热心公益事业	53.8	45.8	0.4	0.1

注：表中数字均采取四舍五入，相加有可能超过100%。

8. 私营企业主参与社会公益事业的态度较积极

私营企业主作为先富起来的阶层，参与社会公益捐赠是其回报社会的重要方式。在本次调查中，被调查企业主中有过捐赠行为的占84.1%，捐赠额相差很大，最低的为100元，最高的为8000万元，中位数为5万元，比上次调查提高了32个百分点，说明在近两年中私营企业参与公益事业的情况有了一定的改观。表45至表48，分别表示了不同资产规模、不同政治面貌、不同文化程度、不同年龄段的企业主捐赠人数比例和捐赠金额。从资产规模看，规模越大，捐赠人数比例越高，捐赠金额越大。从政治面貌看，属于民主党派的企业主参与捐赠比例最高，达到96.3%，然后依次是中共党员、一般群众和共青团员。从文化程度看，并非学历越高的企业主捐赠积极性就越高，从统计学的角度来看，学历与捐赠积极性以及捐赠金额没有相关性。从不同年龄段看，30岁以下的企业主捐赠积极性相对最低，只有56.2%；其他各年龄段的企业主捐赠积极性都比较高，捐赠比例几乎都在80%以上；40~60岁的企业主捐赠人数比例达到最高，捐赠金额随年龄增长而逐渐增高。

表45 不同资产规模私营企业主的捐赠人数比例和捐赠额

资产规模	捐赠人数比例（%）	捐赠额中位数（元）
100万元以下	69.6	5000
100万~500万元	84.9	30000

续表

资产规模	捐赠人数比例（%）	捐赠额中位数（元）
500 万元及以上	93.2	150000
总体	84.1	50000

表 46　不同政治面貌私营企业主的捐赠人数比例和捐赠额

政治面貌	捐赠人数比例（%）	捐赠额中位数（元）
中共党员	89.4	38000
共青团员	69.0	5000
民主党派	96.3	100000
群众	81.1	20000
总体	84.1	50000

表 47　不同文化程度私营企业主的捐赠人数比例和捐赠额

文化程度	捐赠人数比例（%）	捐赠额中位数（元）
小学	87.0	50000
初中	81.0	20000
高中、中专	84.9	30000
大专	84.5	57000
大学	82.1	60000
研究生	89.3	102500
总体	84.1	50000

表 48　不同年龄段私营企业主的捐赠人数比例和捐赠额

年龄段	捐赠人数比例（%）	捐赠额中位数（元）
30 岁及以下	56.2	10000
31～40 岁	78.4	30000
41～50 岁	86.4	50000
51～60 岁	89.4	50000
61 岁及以上	83.1	90000
总体	84.1	50000

9. 私营企业主参与光彩事业的人数有所上升

光彩事业是由非公有制经济人士和民营企业发起并作为参与主体，旨在与"老、少、边、穷"地区和中西部地区共求发展、共谋利益、共创利润、共享文明安乐，以自觉自愿、量力而行、互惠互利、义利兼顾为原则的一项开发式扶贫事业。自 1994 年由 10 位私营企业家发起以来，至 2005 年光彩事业已有 11 年历史。11 年来，光彩事业为促进经济社会和人的全面发展做出了重要贡献，共实施光彩事业项目 13544 个，到位资金 1069 亿元，培训人员 294 万人，安排就业 300 多万人，帮助 548 万人摆脱了贫困，捐赠总额达 130 多亿元，受到各级党委、政府和贫困地区群众的高度评价。

表 49 显示，与第六次抽样调查时的情况相比，到 2005 年，参与过光彩事业的私营企业主比例有 65.3%，增加了 21.3 个百分点，而且在 7 种方式的光彩事业活动中，企业主参与的比例都有了明显的上升，这说明，光彩事业正在被越来越多的私营企业主所理解、所认同。参与方式位次排第一、第二、第三位的分别是捐赠、修桥铺路和投资助学，这一结果与上次调查时完全一致，但比例有大幅度提高。值得肯定的是，"到'老、少、边、穷'地区办企业"在上次调查时位列最后，在本次调查中位次前移了一位，而且参与比例提高了近 7 个百分点。

表 49　私营企业主参与光彩事业情况

	第六次调查		第七次调查	
	企业主参与比例（%）	位次	企业主参与比例（%）	位次
曾经参与过光彩事业	44.0		65.3	
其中：利用农产品开发新项目	5.4	6	10.9	6
到"老、少、边、穷"地区办企业	3.9	8	10.8	7
国土绿化	6.9	4	12.5	5
市场建设	6.8	5	13.0	4
投资举办光彩小学	8.8	3	19.5	3
修桥铺路等公益事业	19.5	2	53.3	2
捐赠	27.9	1	63.0	1
其他	4.6	7	10.6	8

10. 企业环保问题比较突出

在 3837 个样本中，回答了 2005 年企业是否交纳治污费的样本数为 3433 个，占样本总数的 89.5%，在这些企业中，有 40.5% 的企业不同程度地交纳过治污费,其费用的中位数为 8000 元,最高为 3000 万元。从行业来看,污染较严重的行业交纳治污费的比例较高,如农林牧渔业、采掘业、住宿餐饮业、卫生、公共管理等行业均超过 50%,但同时也发现诸如制造业①、电力煤气水、建筑业等污染较严重的行业未交纳治污费的比例也很高,说明这部分企业逃避治污费用的做法相当普遍(见表 50)。当问及 2005 年未交纳治污费而被罚款时,只有 1.8% 的企业有被罚款的经历,说明有关部门的执法力度远远不够。

表 50 不同行业私营企业是否交纳治污费情况

单位:个,%

行业		是否交纳治污费		行业		是否交纳治污费	
		否	是			否	是
农林牧渔业	样本数	91	101	房地产业	样本数	45	29
	比例	47.4	52.6		比例	60.8	39.2
采掘业	样本数	18	39	租赁业	样本数	21	6
	比例	31.6	68.4		比例	77.8	22.2
制造业	样本数	669	688	科研技术	样本数	32	12
	比例	49.3	50.7		比例	72.7	27.3
电力煤气水	样本数	18	17	公共设施	样本数	9	1
	比例	51.4	48.6		比例	90.0	10
建筑业	样本数	102	56	居民服务业	样本数	46	19
	比例	64.6	35.4		比例	70.8	29.2
交通运输业	样本数	54	26	教育	样本数	5	5
	比例	67.5	32.5		比例	50.0	50.0
信息服务业	样本数	99	19	卫生	样本数	9	15
	比例	83.9	16.1		比例	37.5	62.5
批发零售业	样本数	535	130	文化体育	样本数	17	7
	比例	80.5	19.5		比例	70.8	29.2
住宿餐饮业	样本数	40	87	公共管理	样本数	1	2
	比例	31.5	68.5		比例	33.3	66.7

① 制造业只有五成企业交纳治污费,对于污染较严重的行业来说比例偏低。

续表

行业		是否交纳治污费		行业		是否交纳治污费	
		否	是			否	是
金融业	样本数	3	0	合计	样本数①	1814	1259
	比例	100	0		比例	59.0	41.0

注：①由于交互中会损失部分未填写行业的样本，故此样本总数与前述样本总数有一定差异。

在问及 2005 年企业为治理污染投入了多少费用时，在回答该问题的 3363 个样本中，仅有 27.9% 的企业表示有此项支出，其中位数为 3 万元，最高投入了 8000 万元。从行业来看，制造业、电力煤气水、建筑业依然是问题较为突出的行业，这反映了从事这些行业的私营企业主的环保意识比较淡薄（见表 51）。

表 51　不同行业私营企业有无治污投入情况

单位：个，%

行业		有无治污投入		行业		有无治污投入	
		无	有			无	有
农林牧渔业	样本数	95	91	房地产业	样本数	63	10
	比例	51.1	48.9		比例	86.3	13.7
采掘业	样本数	22	32	租赁业	样本数	24	3
	比例	40.7	59.3		比例	88.9	11.1
制造业	样本数	821	515	科研技术	样本数	35	9
	比例	61.5	38.5		比例	79.5	20.5
电力煤气水	样本数	20	14	公共设施	样本数	8	1
	比例	58.8	41.2		比例	88.9	11.1
建筑业	样本数	127	26	居民服务业	样本数	54	7
	比例	83	17		比例	88.5	11.5
交通运输业	样本数	67	14	教育	样本数	6	3
	比例	82.7	17.3		比例	66.7	33.3
信息服务业	样本数	106	10	卫生	样本数	15	9
	比例	91.4	8.6		比例	62.5	37.5
批发零售业	样本数	596	60	文化体育	样本数	20	4
	比例	90.9	9.1		比例	83.3	16.7

续表

行业		有无治污投入		行业		有无治污投入	
		无	有			无	有
住宿餐饮业	样本数	70	55	公共管理	样本数	2	1
	比例	56	44		比例	66.7	33.3
金融业	样本数	3	0	合计	样本数①	2154	864
	比例	100	0		比例	71.4	28.6

注：①由于交互中会损失部分未填写行业的样本，故此样本总数与前述样本总数有一定差异。

（六）私营企业主对统战工作和对工商联、行业协会工作的希望

1. 十分关注"优秀建设者"评选表彰活动

根据党的十六大关于私营企业主等新的社会阶层都是中国特色社会主义事业建设者的论断和"四个都要"的要求（对为国家富强贡献力量的社会各阶层人们都要团结、对他们的创业精神都要鼓励、对他们的合法权益都要保护、对他们中的优秀分子都要表彰），经中共中央同意，中央统战部、国家发改委、工商行政总局、人事部、全国工商联从 2004 年开始在私营企业主等非公有制经济人士中开展评选表彰"全国优秀中国特色社会主义事业建设者"活动，各地也相应地开展了这一活动。这是改革开放以来在私营企业主中开展的规格最高、政治意义最突出的评选表彰活动。第二届全国"优秀建设者"评选表彰活动也将在 2006 年底进行。为了解这一活动在私营企业主中的反应，本次调查特别增设了这方面的问题。

在被调查企业中，有 61.6% 的企业主知道"优秀建设者"评选表彰活动。表 52 比较清晰地显示了不同资产规模、不同政治面貌、不同文化程度、不同年龄段的私营企业主对"优秀建设者"评选表彰活动的了解程度。在不同资产规模企业中，资产规模越大，了解的人越多。在不同政治面貌的企业主中，属于民主党派的企业主了解的人最多，其次是中共党员。在不同文化程度的企业主中，小学至高中学历的人了解"优秀建设者"的比例比较明显地低于大专至研究生学历的人。在不同年龄段的企业主中，40 岁以上的人了解"优秀建设者"的比例明显高于 40 岁以下的人的比例。

表52　不同类型私营企业主对"优秀建设者"评选表彰活动的了解情况

单位：%

不同类型私营企业		知道	不知道
不同资产规模	100万元以下	49.8	50.2
	100万~500万元	61.2	38.8
	500万元及以上	73.8	26.2
不同政治面貌	中共党员	64.4	35.6
	共青团员	49.5	50.5
	民主党派	82.0	18.0
	群众	55.0	45.0
不同文化程度	小学	57.9	42.1
	初中	50.8	49.2
	高中、中专	56.9	43.1
	大专	65.4	34.6
	大学	64.3	35.7
	研究生	63.1	36.9
不同年龄段	30岁及以下	42.1	57.9
	31~40岁	55.6	44.4
	41~50岁	60.9	39.1
	51~60岁	65.2	34.8
	61岁及以上	61.7	38.3

　　表53表明，被调查企业普遍认为开展"优秀建设者"评选表彰活动是有意义的。有一半左右的企业主对表中所列的各项有关评选表彰活动的要求都寄予了很大的希望。其中，提出希望的人数比例最高的项目是"评选过程更加公开透明"，也就是说，私营企业主比较普遍地希望了解评选表彰活动的过程，这恰恰证明了企业主对这一活动的关注程度。

表53　私营企业主对"优秀建设者"评选表彰活动的希望

单位：%

项目	提出希望的人数比例
评选标准更加全面客观	48.1
评选过程更加公开透明	57.1

项目	提出希望的人数比例
加大对评选表彰活动和获选者的宣传	45.6
提高"优秀建设者"的政治地位和社会待遇	51.0
使"优秀建设者"的评选与"劳动模范"的评选具有同等影响力	44.6
继续开展这项活动意义不大	10.2

2. 对工商联工作寄予厚望

国发〔2005〕3 号文件强调,"要充分发挥各级工商联在政府管理非公有制企业方面的助手作用"。工商联作为中国工商界组成的人民团体和民间商会,正在为推动非公有制经济健康发展和非公有制经济人士健康成长发挥着越来越重要的作用。据全国工商联统计,截至 2006 年 6 月底,工商联拥有会员 197.3 万个,其中企业会员 67.5 万个,县以上组织 3119 个,乡镇商会、街道分会等基层组织 22402 个,组建的各级行业组织 7588 个。本次调查有工商局参与,在工商局的样本中,有 34.9% 的企业是工商联会员,超过了 1/3(总样本的水平较高,达到了 64.2%),有 33.5% 的企业参加了工商联下属的行业商会或同业公会(总样本的水平较高,达到了 53.0%,见表 54)。

表 54　私营企业加入工商联及其下属组织情况

单位:个,%

		总体样本		工商局样本	
		样本数	比例	样本数	比例
是不是工商联的会员	是	2246	64.2	458	34.9
	不是	1251	35.8	855	65.1
是否参加了工商联下属的行业商会或同业公会	参加了	1749	53.0	426	33.5
	未参加	1548	47.0	845	66.5

调查显示,私营企业主十分关注工商联的工作,并对提升工商联地位,更好地发挥工商联的作用寄予了很高的期望,同时提出了中肯的建议。近 2/3 的企业主希望尽快出台指导工商联工作的新文件。希望各级党委要把工商联工作列入重要议程,定期研究,帮助他们解决实际问题;3/4 的企业主希望工商联能够加强对企业的服务,更好地发挥商会职能;半数以上的企

业主希望工商联机关改进工作作风，多深入企业中了解真实情况，听取投资者、经营者与企业员工意见（见表55）。

表55　私营企业主对工商联工作寄予的期望

单位：个，%

		样本数	比例
是否希望工商联能提请中央制定指导工商联工作的新文件，进一步发挥工商联的作用	是	2266	64.0
	不是	1277	36.0
是否希望工商联能使各级党委把工商联工作列入重要议程，定期研究，帮助解决实际问题	是	2246	63.4
	不是	1296	36.6
是否希望工商联能更好地体现商会职能作用，加强对企业的服务	是	2688	75.8
	不是	856	24.2
是否希望工商联机关能改进工作作风，多深入企业中了解情况，听取意见	是	1859	52.5
	不是	1658	47.5
是否希望由民营企业家担任工商联会长	是	1238	34.9
	不是	2306	65.1

本次调查发现，私营企业主对民营企业家担任工商联会长的支持率不高，仅占34.9%。通过分析发现，这种态度同是不是工商联会员有很大差异，工商联会员企业对民营企业家担任工商联会长的支持率要高，否则反之（见表56）。

表56　私营企业主对民营企业家担任工商联会长的支持情况

单位：%

		是不是工商联的会员		总体水平
		是	不是	
是否希望由民营企业家担任工商联会长	否	59.9	72.4	65.1
	是	40.1	27.6	34.9
合计		100.0	100.0	100.0

3. 对行业协会等中介组织的维权要求迫切

本次调查显示，2/3的私营企业参加了政府部门主管的行业协会，比例正好是66.7%。从行业来看，参加比例最高的分别是教育、电力煤气水、建筑业和农林牧渔业，都超过了 75%；从规模来看，企业规模越大，参加比例越高（见表 57）。这表明，这些行业政企分开程度不高，许多私营企业为了自己的发展，不得不求助于政府部门的行业协会。

表 57　私营企业参加政府部门主管的行业协会情况

单位：%

		资产规模分组			总体水平
		100 万元以下	100 万 ~ 500 万元	500 万元及以上	
是否参加了政府部门主管的行业协会	参加了	53.4	66.5	82.5	67.7
	没有参加	46.6	33.5	17.5	32.3
合计		100.0	100.0	100.0	100.0

在问及企业希望所参加的行业商会或同业公会做哪些事情时，呼声最高的分别是"代表本行业企业的共同利益"、"帮助企业与政府有关方面增加沟通"和"健全行规、行约，加强自律，维护信誉"，而最不受欢迎的是"举办经济论坛"和"组织国内外投资考察"。这表明，企业家们希望行业商会或同业公会多做实事，不欢迎增加企业负担的空谈和无效益的考察（见表 58）。

表 58　私营企业主希望行业商会或同业公会做的事情

单位：个，%

		样本数	比例
代表本行业企业的共同利益	不希望	460	14.1
	希望	2806	85.9
帮助企业与政府有关方面增加沟通	不希望	935	28.6
	希望	2334	71.4
协调同行业企业的经营行为	不希望	1163	35.6
	希望	2107	64.4
健全行规、行约，加强自律，维护信誉	不希望	1125	34.4
	希望	2145	65.6
提供信息、咨询、教育培训等项服务	不希望	1353	41.3
	希望	1920	58.7

续表

		样本数	比例
政策解读	不希望	1818	55.6
	希望	1454	44.4
组织国内外投资考察	不希望	2333	71.5
	希望	930	28.5
举办经济论坛	不希望	2400	73.6
	希望	863	26.4
开展企业家联谊活动	不希望	1881	57.7
	希望	1380	42.3
扩大企业和企业家的知名度	不希望	2012	61.7
	希望	1251	38.3
为企业个案提供法律援助	不希望	1819	55.7
	希望	1444	44.3

附录　全国经济普查数据和 2004 年企业年度报表数据之比较

本次调查特别关注了全国经济普查数据和 2004 年企业报表数据的比较。结果显示，大部分企业在销售额、纳税额和税后净利润等三项指标上的经济普查数据与 2004 年度报表数据一致，但是，也有一定比例企业的数据分别发生了不同程度的变化。其中，销售额有 21.1% 的企业发生了变化，纳税额发生变化的占 14.8%，税后净利润发生变化的占 16.5%；而销售额增幅中位数所在区间为 10% ~ 20%，高于减幅中位数所在区间，纳税额和税后净利润均是增幅区间明显高于减幅区间。因此，经济普查数据总体水平高于 2004 年度报表数据，这符合经济普查的结果。但同时我们也发现，数据发生变化的这些企业在行业分布上没有明显的差异，这与国家统计局对 GDP 修正的部分解释（"个体、私营经济成分占较大比重的交通运输仓储邮电通信业、批发零售贸易餐饮业、房地产业三个行业中，普查后的增加值比常规统计多出近 1.5 万亿元，占第三产业新增部分的 70%"）存在差异（见附表 1 和附图 1）。

附表 1　经济普查数据与 2004 年企业年度报表数据对比结果

单位：%

	销售额	纳税额	税后净利润
减幅 50% 以上的比重	1.7	1.1	1.9
减幅 20%～50% 的比重	1.1	1.1	1.5
减幅 10%～20% 的比重	1.6	1.9	1.7
减幅 10% 以内的比重	4.9	1.9	2.2
无变化的比重	78.9	85.2	83.5
增幅 10% 以内的比重	4.0	2.0	1.2
增幅 10%～20% 的比重	2.8	1.7	2.1
增幅 20%50% 的比重	3.3	3.6	3.7
增幅 50% 以上的比重	1.7	1.5	2.2
减幅中位数所占区间	10 以内	10～20	10～20
增幅中位数所占区间	10～20	20～50	20～50

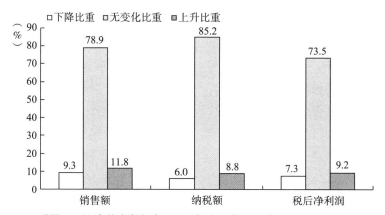

附图 1　经济普查数据与 2004 年企业年度报表数据对比结果

2008 年中国第八次私营企业抽样
调查数据分析综合报告

"中国私营企业研究"课题组

前　言

2008 年是中国改革开放 30 周年，也是私营企业取得合法地位 20 周年。我们谨以此抽样调查报告作为献礼。

为了了解私营企业的发展情况，在中央统战部和全国工商联的领导下，我们从 1993 年起，基本上每隔一年，就进行一次全国私营企业抽样调查。这是第八次全国私营企业抽样调查的数据分析报告。这次问卷调查的起止日期是 2005 年年底到 2007 年年底，与第七次问卷调查的截止日期 2005 年年底相衔接。

本课题组由中共中央统战部、中华全国工商业联合会、国家工商行政管理总局、中国民（私）营经济研究会组成。抽样调查的对象，限于私营企业，即"企业资产属于私人所有、雇工八人以上的营利性的经济组织"。少数私营企业由于行业和季节特点，调查时雇工不足 8 人，但也列入了分析对象范围。

为了保持数据的连续性和可比性，本次调查问卷题目的设计仍沿袭前几次的惯例，分私营企业和私营企业主两大部分，但增加了社会责任、劳动关系等方面的内容，以便考察私营企业在贯彻落实科学发展观中的表现。

本次调查共发放问卷 4508 份，由各地工商联和工商局分别实施，共收回有效问卷 4098 份。工商联在全国 31 个省、自治区、直辖市按 0.55‰ 的比例进行多阶段抽样，即按社会经济发展水平抽取县和县级市，再按城乡与行业分布随机抽取被调查企业，共发放 2562 份问卷，回收 2405 份，回收率为 93.9%；工商局在全国 28 个省、自治区、直辖市的 45 个常年观测点实施调查，一共发放 1946 份问卷，回收 1693 份，回收率为 87.0%。

随着市场竞争的加剧和国内外环境的变化，私营企业内部差距日益拉大，同一指标在不同规模企业里呈偏态分布，相差悬殊。在表示私营企业一般发展水平的一些数据中，为避免畸大畸小极端数据的影响，我们使用了"中位数"这个概念。所谓"中位数"，就是用同一指标所有数据里大小居中的数值来表示一般水平。为了便于比较，我们在使用中位数概念时，尽可能列出平均数。中位数与平均数的差距，反映了该数值的偏斜度。

为了让读者对全国私营企业的概况有一个全面的了解，我们在正文前增加了"概述"部分。"概述"的数据来自国家工商行政管理总局。这部分的数据反映了全部私营企业的概貌和大概走势。正文部分是对抽样调查数据的分析，由于是抽样调查，这部分数据与"概述"部分不完全吻合，这是抽样调查的局限，但凭借抽样调查的数据可以更精确地反映私营企业的真实状况。

概　述

一　私营经济进入新的历史阶段的标志

2007 年 3 月，《物权法》颁布。《物权法》把保障一切市场主体的平等法律地位和发展权利作为基本原则，对国家、集体、私人的物权平等保护。也就是说，在公有制为主体、多种所有制经济共同发展的社会主义基本经济制度框架中，私营经济取得了与其他经济成分平等的法律地位。

此前的 1997 年党的十三大报告指出：公有制为主体，多种所有制经济成分共同发展，是我国社会主义初级阶段的一项基本经济制度。非公有制经济是我国社会主义市场经济的重要组成部分。这标志着私营经济从体制外的"补充"角色提升为社会主义市场经济体制的"重要组成部分"。

2002 年党的十六大提出"两个毫不动摇"和"一个统一"的方针，要求保护合法的私有财产，承认私营企业主是中国特色社会主义事业的建设者，也可以申请加入中共组织。这表明，在当代中国社会阶层结构中，私营企业主阶层有了自己的政治名分和政治地位。

2007 年党的十七大报告重申：坚持和完善公有制为主体，多种所有制经济共同发展的基本经济制度，毫不动摇地巩固和发展公有制经济，毫不动摇地鼓励、支持、引导非公有制经济发展。平等保护物权，形成各种所有制经济平等竞争，相互促进新格局。党的十七大特别强调，推进公平准入，改善融资条件，破除体制障碍，促进私营经济发展。

在中国特色社会主义实践中，私营经济这种经济成分，私营企业主这个社会阶层，都有了明确的定位，即经济地位重要、政治地位明确、法律地位平等。这些标志着我国私营经济发展进入了新的历史阶段。

二 私营经济发展的基本态势

据国家工商行政管理局的统计，2007 年，全国登记的私营企业各项指标均比上年有增长，但增速明显趋缓（见表 1）。

表 1 1989 年至 2008 年 6 月私营企业发展情况

年份	企业数量		从业人员		注册资金	
	户数（户）	比上年增长（%）	人数（万人）	比上年增长（%）	金额（亿元）	比上年增长（%）
1989	90581	—	164	—	84	—
1990	98141	8.3	170	3.7	95	13.1
1991	107843	9.9	184	8.2	123	29.5
1992	139633	29.5	232	26.1	221	79.7
1993	237919	70.4	373	60.8	681	208.1
1994	432240	81.7	648	73.7	1448	112.6
1995	654531	51.4	956	47.5	2622	81.1
1996	819252	25.2	1171	22.5	3752	43.1
1997	960726	17.3	1349	15.2	5140	37.0
1998	1201000	25.0	1709	26.7	7189	39.9
1999	1508900	25.6	2022	18.3	10287	43.1
2000	1761800	16.8	2393	18.4	13308	29.4
2001	2028548	15.1	2714	13.4	18212	36.9

年份	企业数量		从业人员		注册资金	
	户数（户）	比上年增长（%）	人数（万人）	比上年增长（%）	金额（亿元）	比上年增长（%）
2002	2435282	20.1	3409	25.6	24756	36.9
2003	3005524	23.4	4299	26.1	35305	42.6
2004	3650670	21.5	5017	16.7	47936	35.8
2005	4300916	17.8	5824	16.1	61331	27.9
2006	4980774	15.8	6586	13.1	76028	23.5
2007	5513219	10.7	7253	10.1	93873	23.5
2008 年 6 月	6238702（包括 610699 分支机构）	10.3	7697	6.1	107504	14.5

2007 年，私营企业户均注册资本 170.3 万元，同比增长 11.6%，但其规模大小悬殊，注册资本额超过 100 万元的私营企业有 133.6 万户，占其总户数的 24.2%，这说明 3/4 的私营企业注册资金在 100 万元以下。

从组织形式看，私营企业中有限责任公司所占比重最大。2007 年，全国私营企业中注册为有限责任公司的有 436.3 万户，从业人员 5990.1 万人，注册资本额 8.74 万亿元，分别占其总数的 79.1%、82.6% 和 93.1%。股份有限公司增长最快，同期，股份有限公司 2186 家，注册资本额 10845 亿元，同比增长 53.0% 和 46.8%。

从产业结构看，从事第三产业的私营企业数量最多。同一时期，全国私营企业中从事第三产业的有 358.3 万户，占其总数的 65.0%。其中，最多的行业是批发和零售业，共有 188.6 万户，占私营企业总户数的 34.2%；其次为租赁和商务服务业，有 50.2 万户；信息传输、计算机服务和软件业作为新兴行业，也有 20.9 万户，而且是股份有限公司最为集中的产业。

从地区分布看，东部地区的私营企业数量最多，达 344.7 万户，占全国私营企业总户数的 62.5%。其中，江苏（67.6 万户）、广东（62.3 万户）、上海（49.9 万户）、浙江（45.0 万户）、山东（37.1 万户）和北京（33.7 万户）六省市共有私营企业 295.6 万户，占全国私营企业总户数的 53.6%；从城乡分布看，私营企业多集中于城镇。全国城镇有私营企业 379.9 万户，占其总数的 68.9%；农村有私营企业 171.4 万户，占其总户数的 31.1%（见表 2）。

表2　全国各地区私营企业基本情况（与2006年年底对比）

地区		户数（万户）			从业人员（万人）			注册资本（亿元）		
		2007年	2006年	增长率（%）	2007年	2006年	增长率（%）	2007年	2006年	增长率（%）
合计		542.5	497.9	9.0	7253.2	6586.2	10.1	93873.1	76028.8	23.5
东部地区	北京	33.7	30.5	10.5	295.4	328.6	-10.1	4181.5	3698.6	13.1
	天津	9.4	8.6	9.3	98.6	97.0	1.6	2342.3	1862.1	25.8
	河北	18.8	15.8	19.0	259.5	249.0	4.2	2962.4	2105.1	40.7
	上海	49.9	50.7	-1.6	476.3	472.9	0.7	8755.9	8139.7	7.6
	江苏	67.6	59.9	12.9	1066.1	917.9	16.1	12684.8	9707.1	30.7
	浙江	45.0	40.6	10.8	759.1	601.3	26.2	8663.9	6936.7	24.9
	福建	16.2	14.5	11.7	202.6	163.0	24.3	4101.6	3162.4	29.7
	山东	37.1	36.3	2.2	522.7	507.6	3.0	6173.0	5260.5	17.3
	广东	62.3	55.1	13.1	750.3	652.6	15.0	10081.1	8428.5	19.6
	海南	4.7	3.8	23.7	48.4	39.7	21.9	1195.5	915.4	30.6
中部地区	山西	10.9	8.8	23.9	110.1	105.0	4.9	1931.7	1385.9	39.4
	安徽	14.5	13.0	11.5	217.9	230.1	-5.3	1876.5	1521.1	23.4
	江西	9.9	8.5	16.5	172.2	160.5	7.2	1619.4	1295.8	25.0
	河南	18.0	15.6	15.4	182.0	174.3	4.4	2626.1	2085.8	25.9
	湖北	17.0	15.0	13.3	161.8	143.5	12.8	3044.4	2362.7	28.9
	湖南	11.6	10.0	16.0	224.5	213.6	5.1	2217.6	1789.1	24.0
西部地区	内蒙古	6.3	5.4	16.7	82.9	73.6	12.6	1704.2	1030.6	65.4
	广西	7.0	6.1	14.8	124.0	94.8	30.8	1131.7	885.1	27.9
	重庆	1.0	8.0	-87.5	135.8	109.2	24.4	1812.3	1321.1	37.2
	四川	22.7	20.9	8.6	293.4	276.7	6.0	2629.4	2275.0	15.6
	贵州	5.5	4.9	12.2	57.0	52.5	8.6	777.4	618.6	25.7
	云南	8.5	7.7	10.4	143.2	110.1	30.1	1823.7	1482.0	23.1
	西藏	0.4	0.3	33.3	9.4	5.9	59.3	139.6	95.8	45.7
	陕西	10.6	10.5	1.0	158.3	156.7	1.0	810.3	796.5	1.7
	甘肃	4.7	4.2	11.9	58.5	53.5	9.3	677.4	617.6	9.7
	青海	1.1	1.1	0.0	36.6	35.2	4.0	227.0	204.7	10.9
	宁夏	2.4	2.1	14.3	39.9	28.4	40.5	542.8	317.5	71.0
	新疆	6.9	6.3	9.5	78.4	75.2	4.3	1062.2	960.2	10.6

地区		户数（万户）			从业人员（万人）			注册资本（亿元）		
		2007 年	2006 年	增长率（%）	2007 年	2006 年	增长率（%）	2007 年	2006 年	增长率（%）
东北地区	辽宁	21.2	18.9	12.2	288.7	277.8	3.9	3570.2	2817.5	26.7
	吉林	7.7	7.0	10.0	82.6	77.1	7.1	1158.4	930.5	24.5
	黑龙江	9.9	7.8	26.9	117.0	102.8	13.8	1348.8	1019.6	32.3

三 私营经济发展新阶段面临的新情况、新问题

2005 年 2 月，国务院颁布了《关于鼓励支持和引导个体私营等非公有制经济发展的若干意见》（以下简称《若干意见》）。原计划出台与《若干意见》配套的 37 个文件，已经出台了 35 个。2006 年，国务院法制办和国家发改委联合下发了《关于开展清理限制非公有制经济发展规定工作的通知》。到 2007 年 10 月底，全国共审查了 160 多万件涉及非公有制经济的法律法规和规范性文件。其中，清理了与《若干意见》精神不相符的各类法律法规和规范性文件 6000 多件。各地为贯彻落实《若干意见》做了大量工作，31 个省区市累计出台了促进非公有制经济发展的法规性文件 210 多件。这些配套政策措施的相继出台，使得非公有制经济的发展环境有了明显改善。

但是，《若干意见》及配套政策在实际贯彻执行中遇到不少阻力，与此同时，私营经济生存与发展的市场环境也发生了新的变化。国家宏观调控中从紧的货币政策、人民币升值、出口退税调整，使得越来越多的私营企业流动资金短缺，成本压力加大，环境保护投入日益加大，劳动用工成本上升，等等。在这些综合因素的作用下，私营企业的经济效益受到程度不等的影响。加上国际金融形势突变，国际市场对劳动密集型消费性商品需求下降，出口导向型私营企业遭遇到市场萎缩和结构调整的阵痛。

现阶段的私营企业，经营规模小，资本有机构成低，平均每户的从业人员仅有 13.2 人，注册资本额不足 100 万元的占其总户数的 75.8%，它们绝大多数是技术含量低、劳动密集型的小企业。加之建立时间短，资本积累、技术积累、经营管理的经验积累都很有限，本小利微，应对市场变化能力弱。在激荡多变的市场冲击下，私营企业遇到了取得合法地位 20 年以

来前所未有的困难。仅从登记注册的情况看，有以下几个主要问题。

（一）全国私营企业数量增长速度逐年放缓

全国登记的私营企业户数，2000～2005 年，由 176 万户上升到 430 万户，年均增长率为 19.6%。但是，2006 年只比上年增长了 15.8%，2007 年同比只增长了 10.7%，同前 5 年的年均增长率比较，分别减少了 3.8 个百分点和 8.9 个百分点。全国私营企业注册资本总额增速趋缓，2000～2005 年，由 13308 亿元上升到 61331 亿元，年均增长率为 35.7%。但是，2006 年仅比上年增长了 24.0%，2007 年同比增长了 23.5%，同前 5 年的年均增长率比较，分别减少了 11.7 个百分点和 12.2 个百分点。

（二）部分省区市私营企业数量出现了下降的苗头

2008 年上半年，全国登记的私营企业（含分支机构）为 6238702 户，比 2007 年年底的 6030505 户（含分支机构），增加了 208197 户，增长 3.45%。如果扣除 610699 个分支机构，实际只增长 2%。值得注意的是，有 7 个省区市登记的私营企业户数，出现了下降现象，它们分别是：北京（ - 1.55%）、山西（ - 1.59%）、上海（ - 0.39%）、湖南（ - 1.78%）、贵州（ - 2.89%）、宁夏（ - 8.36%）和西藏（ - 0.73%）。

2008 年上半年，全国登记的个体工商户为 27590953 户，比 2007 年年底的 27415298 户，增加 175655 户，只增长 0.64%。其中，农村个体工商户减少 441351 户，下降 4.17%。10 个省区市登记的个体工商户比 2007 年年底出现了下降，它们分别是：北京（ - 4.31%）、天津（ - 2.65%）、河北（ - 9.50%）、山西（ - 1.15%）、上海（ - 0.71%）、安徽（ - 5.60%）、江西（ - 7.00%）、河南（ - 1.15%）、青海（ - 0.58%）和新疆（ - 1.54%）。

（三）私营企业对外贸易呈现出口减缓的趋势

2007 年，我国私营企业自营进出口总额为 4225.4 亿美元，同比增长 38.0%。其中，出口额为 2969 亿美元，同比增长 38.8%；进口额为 1256.4 亿美元，同比增长 34.0%。2008 年 1～5 月，我国私营企业完成进出口总额 2020 亿美元，同比增长 33.8%。其中，出口额为 1375 亿美元，同比增长 32.6%；进口额为 645 亿美元，同比增长 36.2%。2008 年 4 月，私营企业出口增长速度明显放缓，比一季度回落 6.8 个百分点。

以上种种情况表明，经过 20 年的发展，我国私营企业面临着结构调整、产业升级的新形势、新任务。一方面，私营经济的发展环境需要进一步改善；另一方面，私营企业自身的素质需要不断提高。

第一部分 关于私营企业的数据分析

一 规模与经营状况

（一）私营企业资本增值明显，经营状况分化趋势加快

本次调查显示，2007 年年底私营企业的所有者权益中位数为 300 万元，比 2005 年年底的 200 万元增长了 50%，增幅较大；开办时的实收资本中位数为 100 万元，资本增值 2 倍。以经营时间长度的中位数 7 年来计算，年均资本规模增长 17.0%。

2007 年年底，所有者权益超过 1000 万元的企业占 29.9%，比 2005 年年底的 24.5% 增长了 5.4 个百分点；超过 5000 万元的企业占 8.0%，比 2005 年年底的 5.2% 增长了 2.8 个百分点，超过 1 亿元的企业占 3.3%，比 2005 年年底的 2.2% 增长了 1.1 个百分点。纵向比较各种指标的表现，比前两次调查均有较大幅度增长（见表 3）。

表 3 私营企业资产规模中位数比较

单位：万元，%

年份	所有者权益			
	中位数	>1000 万元的比重	>5000 万元的比重	>1 亿元的比重
2003	185	21.7	5.6	2.6
2005	200	24.5	5.2	2.2
2007	300	29.9	8.0	3.3

本次调查的私营企业销售额的中位数为 784 万元，比 2005 年年底的 654 万元增长了 19.9%。其中，销售额在 1000 万元以上的占企业总数的 46.3%，比 2005 年年底的 42.7% 增长了 3.6 个百分点；销售额在 5000 万元以上的占 22.3%，比 2005 年年底的 17.7% 增长了 4.6 个百分点；销售额在 1 亿元以上的占 13.0%，比 2003 年年底的 10.0% 增长了 3 个百分点（见表 4）。

表 4　私营企业销售额中位数比较

单位：万元，%

年份	销售额			
	中位数	>1000 万元的比重	>5000 万元的比重	>1 亿元的比重
2003	440	35.6	12.3	6.0
2005	654	42.7	17.7	10.0
2007	784	46.3	22.3	13.0

从行业分布来看，资产规模中位数在 500 万元及以上的行业有农林牧渔业、采矿业、制造业、建筑业、金融业、房地产业；100 万~500 万元的有电力煤气水、交通运输业、批发零售业、住宿餐饮业、租赁业、科研技术、公共设施、教育、卫生和公共管理；100 万元以下的行业有信息服务业、居民服务业和文化体育。

销售额中位数在 1000 万元及以上的有农林牧渔业、采矿业、制造业、电力煤气水、建筑业、房地产业和科研技术；销售额中位数在 300 万~1000万元的有交通运输业、批发零售业、住宿餐饮业；销售额中位数在 300 万元以下的有信息服务业、金融业、租赁业、公共设施、居民服务业、教育、卫生、文化体育和公共管理。

与上次调查做比较，我们发现，从事科研技术行业的企业无论在资产规模还是销售额等方面都比上次调查有了大幅度提升，其资产规模的中位数为 285 万元，十分接近整体资产规模中位数 300 万元；其销售额的中位数为 1250 万元，已远远超过整体销售额中位数的 784 万元。这说明，目前从事科研技术的私营企业在逐步成长并走向成熟。变化最不明显的是农林牧渔业和批发零售业，其资产规模和销售额都无明显变化。而从事电力煤气水、建筑业、交通运输业、租赁业、居民服务业、教育、文化体育和公共管理的企业，其资产规模或销售额都有下降的趋势，下降最明显的是公共管理行业，下降幅度达 66.5% 和 57.5%（见表 5）。

与上次调查相比，2007 年私营企业纳税额的中位数为 26 万元，仅提高了 4%，其中纳税额在 100 万元以上的比例为 31.2%，比 2005 年提高了 4.3个百分点；在 200 万元以上的占 22.2%，比 2005 年提高了 4.7 个百分点；在 500 万元以上的占 11.8%，比 2005 年提高了 3.9 个百分点；在 1000 万元以上的占 6.3%，比 2005 年提高了 2.3 个百分点。虽然企业纳税额整体增长不多，但纳税大户的比例在稳步上升。

表 5　按行业分类的私营企业资产规模与销售额中位数比较

单位：万元，%

行业	资产规模中位数			销售额中位数		
	2005 年	2007 年	年均增长率	2005 年	2007 年	年均增长率
农林牧渔业	500	500	0.0	1600	1500	-3.2
采矿业	300	555	36.0	1100	3240	71.6
制造业	300	500	29.1	1000	1600	26.5
电力煤气水	650	280	-34.4	1250	1100	-6.2
建筑业	900	808	-5.2	1800	2020	5.9
交通运输业	300	290.5	-1.6	514	648	12.3
信息服务业	68	80	8.5	200	200	0.0
批发零售业	100	100	0.0	316	400	12.5
住宿餐饮业	100	300	73.2	387.5	500	13.6
金融业	45	500	233.3	360	195	-26.4
房地产业	1030	1600	24.6	2130	1980	-3.6
租赁业	500	260	-27.9	1000	263.5	-48.7
科研技术	200	285	19.4	475	1250	62.2
公共设施	133	350	62.2	102.5	210	43.1
居民服务业	70	50	-15.5	82	50	-21.9
教育	300	100	-42.3	577.5	120	-54.4
卫生	130	413.5	78.3	821	249	-44.9
文化体育	68.5	50	-14.6	105	190	34.5
公共管理	890	100	-66.6	210	38	-57.5
总体	200	300	50.0	654	784	19.9

2007 年私营企业的交费额中位数为 3 万元，调查显示，企业的交费负担并没有明显加重的迹象。

与上次调查相比，私营企业利润额呈稳步增长态势，2007 年的中位数为 26 万元，提高了 19%，利润的增幅与销售额的增幅基本同步，销售利润率有所改善。但亏损企业所占比例进一步扩大为 9.3%，上升了

0.7 个百分点。这表明，私营企业的经营状况分化趋势越来越明显（见表 6）。

表 6　私营企业纳税额、交费额和税后净利润中位数比较

单位：万元，%

年份	纳税额					交费额	税后净利润	亏损企业比例
	中位数	>100 万元	>200 万元	>500 万元	>1000 万元			
2003	16	20.4	12.6	5.0	2.5	2	15	8.2
2005	25	26.9	17.5	7.9	4.0	3	21	8.6
2007	26	31.2	22.2	11.8	6.3	3	25	9.3

从行业分布来看，纳税额最多的行业分别是采矿业、房地产业、建筑业、制造业和电力煤气水，这些行业纳税额的中位数均在 60 万元以上。交费额最多的行业分别是采矿业、交通运输业和房地产业，交费金额的中位数均在 15 万元以上。利润最高的行业分别是采矿业、房地产业、农林牧渔业、建筑业、制造业和电煤气水。税后净利润增长最快的行业分别是采矿业、科研技术、公共设施，年均增长率都在 100% 以上（见表 7）。行业中亏损最为严重的依然是制造业和批发零售业，占据了亏损样本总数的 62.7%，比上次调查还高出 3.6 个百分点。

表 7　按行业分类的私营企业纳税额、交费额和税后净利润中位数比较

单位：万元，%

行业	纳税额			交费额			税后净利润		
	2005 年	2007 年	年均增/减	2005 年	2007 年	年均增/减	2005 年	2007 年	年均增/减
农林牧渔业	30.0	28.0	-3.4	3.0	5.0	29.1	46.5	55.0	8.8
采矿业	54.0	170.0	77.4	8.0	30.0	93.6	36.0	198.0	134.5
制造业	45.0	61.5	16.9	5.0	5.0	0.0	34.0	50.0	21.3
电力煤气水	35.0	60.0	30.9	3.0	2.5	-8.7	79.5	50.0	-20.7
建筑业	94.0	95.0	0.5	10.0	7.0	-16.3	61.0	50.0	-9.5
交通运输业	16.0	22.5	18.6	4.0	20.0	123.6	25.0	20.0	-10.6
信息服务业	10.0	10.0	0.0	1.0	2.0	41.4	10.0	15.0	22.5
批发零售业	8.0	7.0	-6.5	1.0	1.0	0.0	10.0	8.0	-10.6
住宿餐饮业	24.0	26.5	5.1	4.0	5.0	11.8	15.0	20.0	15.5

续表

行业	纳税额			交费额			税后净利润		
	2005 年	2007 年	年均增/减	2005 年	2007 年	年均增/减	2005 年	2007 年	年均增/减
金融业	7.0	17.0	55.8	2.0	1.0	- 29.3	16.5	16.0	- 1.5
房地产业	112.0	145.5	14.0	15.5	15.0	- 1.6	40.0	80.0	41.4
租赁业	40.0	19.0	- 31.1	2.5	2.0	- 10.6	38.0	9.0	- 51.3
科研技术	10.0	29.0	70.3	2.0	7.0	87.1	11.5	49.0	106.4
公共设施	7.0	8.0	6.9	2.0	9.0	112.1	5.0	26.5	130.2
居民服务业	4.0	4.5	6.1	1.0	1.0	0.0	10.0	4.3	- 34.4
教育	38.0	2.0	- 77.1	0.2	1.0	123.6	6.0	0.0	- 100.0
卫生	6.0	10.5	32.3	2.0	3.0	22.5	13.0	5.0	- 38.0
文化体育	9.5	15.0	25.7	1.0	1.0	0.0	10.0	12.0	9.5
公共管理	27.0	1.8	- 74.2	2.0	1.0	- 29.3	- 71.5	12.4	
总体	25.0	26.0	2.0	3.0	3.0	0.0	21.0	25.0	9.1

2007 年私营企业纯利润用于投资的中位数为 10 万元，依据调查中得出的企业利润中位数 25 万元来推算，私营企业用于再投资的纯利润占 40%，比 2005 年低了 10 个百分点。私营企业纯利润用于再投入的比例下降，这个趋势值得注意。

（二）私营企业所从事的行业趋于多元化，但主营行业仍集中于制造业和批发零售业

与上次调查相比，私营企业的产业及行业分布没有明显差异，第一产业占 7.1%，第二产业占 52.7%，第三产业占 40.2%[①]；行业依然比较集中在制造业和批发零售业，合计比例为 61.8%，仅下降 3.6 个百分点（见表8）。本次调查设计填报的行业可多达 5 个，因此我们对私营企业从事行业的数量进行了加权平均，企业在开业时平均从事 1.588 个行业，到 2007 年已扩展到 1.827 个行业（见表9）。

---

① 国家工商行政管理总局 2007 年年底对私营企业产业统计为：第一产业占 2.1%，第二产业占 32.9%，第三产业为 65%。

表8　私营企业产业及行业分类的比较

单位：%

产业	2005年所占比例	2007年所占比例	行业	2005年所占比例	2007年所占比例
第一产业	6.7	7.1	农林牧渔业	6.3	7.1
第二产业	52.0	52.7	采矿业	2.0	2.2
			制造业	43.5	43.4
			电力煤气水	1.1	1.2
			建筑业	5.4	5.9
第三产业	41.3	40.2	交通运输业	2.5	2.2
			信息服务业	3.9	5.4
			批发零售业	21.9	18.4
			住宿餐饮业	4.1	4.3
			金融业	0.1	0.4
			房地产业	2.5	2.8
			租赁业	0.9	1.1
			科研技术	1.5	1.3
			公共设施	0.4	0.3
			居民服务业	2.1	2.4
			教育	0.3	0.4
			卫生	0.8	0.5
			文化体育	0.7	0.9
			公共管理	0.1	0.1

表9　私营企业从事行业数量变化情况

从事行业数量		1个以上	2个以上	3个以上	4个以上	5个以上	加权平均（个）
开业时	样本数（个）	3993	737	196	57	12	1.588
	占比（%）	100.0	18.5	4.9	1.4	0.3	
2007年	样本数（个）	3361	721	258	96	34	1.827
	占比（%）	100.0	21.5	7.7	2.9	1.0	

除了传统行业之外，本次调查对私营企业进入新兴行业进行了考察，发现有38.2%的企业在新兴行业中从事产品开发和服务。由于一个企业可以进

行多种产品开发和服务，因此我们对其进行了加权，加权显示，新材料产业、现代农业、中介服务业和现代物流业的比重较大，合计占 83.7%（见表10）。

表 10　私营企业从事新兴行业统计

行业	现代农业	中介服务业	现代物流业	信息产业	生物产业	新材料产业	航空航天产业	海洋产业	清洁、可再生能源	污染治理技术
样本数（个）	343	305	301	245	115	363	24	36	181	113
占比（%）	21.9	19.4	19.2	15.7	7.3	23.2	1.5	2.3	11.6	7.2

（三）私营企业在对外贸易交往中的竞争日趋激烈

本次调查显示，36.5% 的私营企业已涉足对外经贸交往，其中以自营出口、委托国外厂商出口和引进技术（包括购买技术专利、设备等）所占比重较高，到海外投资建厂的比重最低，只有 1.1%（见表11）。与 2005 年相比，虽然私营企业对外经贸交往活动的比例有所下降，但已向境外投资的企业的投资总额的中位数上升到 140 万美元，年均增长 30.7%；企业出口总额的中位数为 200 万美元，年均增长 29.1%；自主品牌出口总额的中位数为 150 万美元，年均增长 22.5%（见表12）。以上数据表明，在日趋激烈的国际市场竞争中，私营企业也遵循着优胜劣汰的法则，一些实力较差、竞争力较弱的私营企业逐渐淡出了国际舞台，而一些竞争力较强的企业则进一步发展。

表 11　私营企业对外经贸交往活动对比

单位：%

项目	2005 年占比	2007 年占比
同海外企业合资合作	9.5	6.3
到海外投资建厂	1.9	1.1
自营出口输出产品	18.3	15.7
委托贸易公司外销产品	15.6	11.7
代理国外厂商业务	5.0	3.5
承接"三来一补"业务	5.5	3.3
购买品牌使用权	3.4	1.8
引进技术（购买技术专利、设备等）	16.1	10.5
其他	2.0	1.3
没有考虑过这个问题	55.5	63.5

表 12　私营企业境外投资及出口比较

单位：万美元,%

项目	2005 年	2007 年	年均增长率
已向境外投资企业的投资总额	82	140	30.7
出口总额	120	200	29.1
自主品牌产品出口总额	100	150	22.5

（四）有限责任公司是私营企业的主要形式，由城镇国有、集体制造业企业改制而成的私营企业所占比重较大

本次调查显示，私营企业注册的主要类型是有限责任公司，占 72.0%，其股份化的趋势没有明显变化，有股份化打算的企业只有 27.5%（见表 13 和表 14）。投资者人数与 2005 年调查一致，即法人投资者的中位数为 1 人，自然人投资者的中位数为 2 人。

表 13　私营企业类型比较

单位：%

类型	2005 年占比	2007 年占比
独资企业	21.0	15.1
合伙企业	7.1	4.0
有限责任公司	65.6	72.0
股份有限公司	6.3	5.7
一人公司	—	3.1

注：2005 年未对"一人公司"进行统计。

表 14　私营企业股份化趋势

单位：%

项目	回答"是"的占比
如果您企业不是股份公司，有没有股份化的打算？	27.5
您企业是否准备吸收其他企业或者个人入股？	26.9
最近三年内您企业有无向其他企业参股？	12.4
最近三年内除本企业外有无增设其他企业？	23.9

　　考察股份制企业的各种经济指标，我们发现，股份制企业无论在资产规模、销售额还是税后净利润方面，都要远远高于平均水平（见表 15）。企业股份化的优势十分明显。

表 15　股份制私营企业在各项经济指标上的优势

单位：万元

	资产规模	销售额	缴税金额	交费金额	税后净利润
一般类型企业	300	784	26	3	25
股份制企业	730	3327	110	10	81

　　本次调查显示，有 17.3% 的私营企业是通过改制收购原国有、集体企业而发展起来的，与上次调查相差不大，主要集中在 1998 ~ 2003 年这一期间改制的，占改制企业总数的 64.9%。在改制而来的企业中，有 39.6% 是收购的国有企业，38.5% 是收购的城镇集体企业，21.8% 是改制收购的农村集体企业（见表 16）。

表 16　私营企业改制收购原国有、集体企业情况

单位：%

改制前的企业类型	2005 年占比	2007 年占比
国有企业	35.2	39.6
城镇集体企业	42.4	38.5
农村集体企业	22.5	21.8

　　改制收购的资金来源分别是，来源于"个人积累"的占 67.8%，来源于"向银行抵押贷款"的占 43.5%，来源于"向亲友借贷"的占 41.3%，来源于"集资"的占 26.3%，与 2005 年调查数据无明显差异（见表 17）。

表 17　私营企业改制收购原国有、集体企业资金来源

单位：%

改制收购资金来源	2005 年占比	2007 年占比
个人积累	69.2	67.8
向银行抵押贷款	47.2	43.5
向亲友借贷	39.3	41.3

改制收购资金来源	2005 年占比	2007 年占比
集资	23.9	26.3
其他	4.4	4.3

从行业分布看，改制而来的企业主要集中在制造业，占改制企业总数的 55.1%，高出总体水平 11.7 个百分点，其中以改制收购城镇集体制造业企业的比例最高，占 42.6%。被改制收购的国有、集体企业作价的中位数为 210 万元，"零"收购的占 4.6%，超过 1 亿元的占 0.8%，最高的案例为 10 亿元；承担债务的中位数为 198.5 万元，超过 5000 万元的占 2.5%，最高案例为 1.2 亿元。

（五）制造业和农林牧渔业企业治理污染投入最多，私营企业环保意识还有待加强

在本次抽样调查中发现，私营企业 2007 年交纳环保治污费的中位数为 1 万元，交纳过环保治污费的企业占样本总数的 30.5%；从规模上看，500 万元以上的企业占 56%。

私营企业治理污染投入的中位数为 32725 元，占其销售收入的 0.42%，环保投入占销售额的比例偏低。从中可以看出，私营企业的环保意识还有待加强。有过环保投入的企业占样本总数的 27.1%。从行业分布看，有环保投入的企业主要集中在制造业，比例高达 63%，高出总体水平 19.6 个百分点，其投入金额的中位数为 5 万元，高出总体平均水平 52.8%；其次是农林牧渔业，占 9.2%，高出整体水平 2.1 个百分点。从规模上看，500 万元以上的企业占 61.2%。

二 内部管理与组织制度状况

（一）投资结构：私人资本为主体的特征依然明显，股权多元化进展缓慢

经过审查数据，我们发现，在 4098 个样本企业里，23 个不属于私营企业，予以剔除，实际分析的样本企业总计为 4075 个。

表 18 是样本企业在登记注册时的企业实收资本来源构成，表 19 是

2007 年年底样本企业所有者权益的来源构成。基于可比性的原则，这里分析的样本企业都是在两个时点的资本构成信息完整的企业。

表 18　样本企业开办时实收资本构成

单位：％，个

登记注册年份	统计值	资本类别占比							样本量
		您自己	其他国内个人	其他国有、集体企业	其他私营企业	外资	各级政府	其他投资主体	
1989 年以前	平均数	85.34	13.14	0.08	0.56	0.00	0.00	0.87	126
	中位数	100.00	0.00	0.00	0.00	0.00	0.00	0.00	
1990～1994 年	平均数	76.35	19.00	1.57	0.57	0.44	0.08	1.99	301
	中位数	80.00	3.00	0.00	0.00	0.00	0.00	0.00	
1995～1999 年	平均数	72.07	24.34	1.15	0.57	0.78	0.02	1.07	822
	中位数	80.00	20.00	0.00	0.00	0.00	0.00	0.00	
2000 年以后	平均数	66.15	29.17	2.02	0.45	0.55	0.18	1.48	1761
	中位数	63.00	25.00	0.00	0.00	0.00	0.00	0.00	
总体	平均数	69.59	26.16	1.66	0.50	0.58	0.12	1.39	3010
	中位数	70.00	20.00	0.00	0.00	0.00	0.00	0.00	

表 19　样本企业 2007 年年底所有者权益构成

单位：％，个

登记注册年份	统计值	资本类别占比							样本量
		您自己	其他国内个人	其他国有、集体企业	其他私营企业	外资	各级政府	其他投资主体	
1989 年以前	平均数	82.72	15.20	0.16	0.56	0.28	0.13	0.95	126
	中位数	100.00	0.00	0.00	0.00	0.00	0.00	0.00	
1990～1994 年	平均数	75.87	19.13	1.12	0.84	0.59	0.08	2.37	301
	中位数	80.00	10.00	0.00	0.00	0.00	0.00	0.00	
1995～1999 年	平均数	72.06	23.59	1.75	0.77	0.59	0.05	1.20	822
	中位数	80.00	20.00	0.00	0.00	0.00	0.00	0.00	
2000 年以后	平均数	66.42	28.73	2.09	0.56	0.63	0.06	1.51	1761
	中位数	66.00	25.00	0.00	0.00	0.00	0.00	0.00	
总体	平均数	69.56	25.80	1.82	0.64	0.60	0.07	1.49	3010
	中位数	70.00	20.00	0.00	0.00	0.00	0.00	0.00	

从表 18 和表 19 的统计数据中可以看到，无论是企业登记注册时的实收资本构成，还是 2007 年年底的所有者权益构成，尽管其有多元化趋势，但始终都以私人资本为主，外资、其他国有或集体企业资本、各级政府投资以及其他投资主体的资本所占比重，总的来说都非常小。比较表 18 和表 19 的统计数据，还可以看到，总的说来，样本企业的资本构成，从登记注册之时到 2007 年年底，单个私人资本比重略有下降，但变化并不明显。按企业登记注册年份分组来比较企业的实收资本与所有者权益结构，其情形也基本相同。与上次全国私营企业抽样调查结果相比，2007 年私营企业投资来源构成也同样没有明显的变化（见表 20）。这表明，我国私营企业股权多元化的趋势十分缓慢。

表 20　2006 年调查与 2008 年调查的样本企业投资来源构成比较

单位：%，个

调查年份	统计值	资本类别占比							样本量
		您自己	其他国内个人	其他国有、集体企业	其他私营企业	外资	各级政府	其他投资主体	
2006	注册时实收资本平均比重	70.22	26.62	0.76	0.92	0.51	0.10	0.88	2741
	2005 年年底所有者权益平均比重	70.99	25.95	0.66	1.00	0.52	0.09	0.80	
2008	注册时实收资本平均比重	69.59	26.16	1.66	0.50	0.58	0.12	1.39	3010
	2007 年年底所有者权益平均比重	69.56	25.80	1.82	0.64	0.60	0.07	1.49	

（二）私营企业开始引进职业经理人，但治理结构仍然是企业主主导

对私营企业治理结构的调查，主要涉及私营企业的治理组织形式和决策机制。治理组织形式主要包括与资本相关的股东会、董事会、监事会，与劳工相关的工会、职工代表大会，以及企业党组织建设。决策机制是企业管理的重要路径，这里主要涉及调查中提到的三个问题：私营企业主是否担任企业的总裁或（总）经理？企业的重大决策由谁做出？企业日常管理由谁负责？

先看私营企业的治理组织结构。在本次调查的 4075 个私营企业样本中，

剔除相关信息不完整的 623 个样本企业，我们对 3452 个样本企业的相应数据进行了分析，得到表 21 的统计结果。

表 21　样本企业拥有六种治理组织形式的比例

单位：％，个

注册年份	股东会	董事会	监事会	工会	职代会	党组织	样本量
1989 年及以前	42.6	56.6	27.2	72.8	54.4	49.3	136
1990～1994 年	44.5	59.0	34.7	69.4	44.5	46.8	346
1995～1999 年	54.7	58.1	32.8	64.2	38.4	45.8	955
2000 年以来	63.5	55.7	35.3	45.8	32.5	30.6	2015
总体	58.3	56.7	34.3	54.3	36.2	37.1	3452

总的来说，半数以上企业建立了股东会和董事会，但监事会、职工代表大会和企业党组织的组建率均未达到 40％。组建工会的企业虽然超过了一半，但低于全国总工会在 2007 年年底所得到的调查结果。全国总工会的该项调查显示，我国内资私营企业的工会组建率达到 69.6％。考虑到我们调查涉及的企业规模往往相对较小，而较小规模企业组建工会的概率往往小于较大规模的企业，因此，我们认为，全国总工会的调查结果可能偏高了。

从被访私营企业的成立时间来看，企业成立的时间越短，企业股东会的成立比例越高。与 1989 年及以前成立的企业相比，2000 年以后成立的企业这一比例高出 20.9 个百分点。与此相反，被访私营企业中成立工会、职代会和党组织的企业所占比例，则呈现出企业成立时间越晚比例越低的趋势。与 1989 年及以前成立的企业相比，在 2000 年以后成立的企业中，工会组建率、职代会组建率和党组织组建率分别降低了 27 个百分点、21.9 个百分点和 18.7 个百分点，差异也是相当显著的。这说明，开办较早的老企业比较重视工会、职代会和党组织的建设，而开办较晚的企业比较重视股东会。

一般而言，企业的治理组织结构与企业的规模相关性较明显。在本次调查中，可以用来度量企业规模的指标，包括 2007 年年底企业所有者权益总额、2007 年企业销售额以及 2007 年企业雇用员工总数等。由于本次调查中有 1422 个样本企业没有提供相关信息，占全部样本数的 34.9％。因此，我们只能按销售额和用工人数进行分类比较。

先按销售额把样本企业分为五组，即500万元以下组（不含500万元）、500万～1000万元组（不含1000万元）、1000万～5000万元组（不含5000万元）、5000万～1亿元组（不含1亿元）以及1亿元及以上组；同时按企业年均用工人数把它们分为六组，即10人以下组（不含10人）、10～50人组（不含50人）、50～100人组（不含100人）、100～500人组（不含500人）、500～1000人组（不含1000人）以及1000人及以上组。

表22反映的是按销售额分组的企业治理组织结构情况。从中可以看到，在销售额规模较大的企业中，这些组织的组建率也比较高，与最小规模组企业相比，最大规模组企业的董事会、监事会、工会、职代会和党组织的组建率分别高出92.5%、118.2%、173.0%、146.4%与485.7%。地区差异在某些方面也有一定的影响。例如，在东部、中部与西部地区的样本企业中，股东会组建率分别为53.6%、60.6%与67.0%，工会组建率分别为60.3%、46.7%与47.5%，职代会组建率分别为37.9%、37.5%与31.2%，党组织的组建率分别为41.1%、31.8%与33.0%。统计检验（卡方检验）表明，东部地区私营企业中的工会和党组织组建率较高，东部地区和中部地区私营企业中的职代会组建率高于西部地区企业，而西部地区企业中的股东会组建率明显高于东部地区企业。

表22　样本企业六种治理组织组建率按销售额分组的分布

单位：%，个

销售额分组	股东会	董事会	监事会	工会	职代会	党组织	样本量
500万元以下	60.0	41.1	24.7	31.8	23.3	13.3	1189
500万～1000万元	53.8	53.6	29.8	51.7	35.6	29.8	379
1000万～5000万元	53.4	61.7	35.3	63.3	39.7	41.8	839
5000万～1亿元	64.2	70.6	45.6	75.0	48.0	65.7	344
1亿元及以上	65.1	79.1	53.9	86.8	57.4	77.9	479
总体	58.8	56.7	34.6	55.1	36.7	37.8	3230

企业用工规模更多地影响企业的工会、职代会和党组织的组建率。从表23看，这三种组织的组建率随着企业用工规模的扩大而显著上升，它们与企业用工规模之间的等级相关系数也比较高。

表 23　样本企业六种治理组织组建率按用工规模分组的分布

单位：%，个

用工规模分组	股东会	董事会	监事会	工会	职代会	党组织	样本量
10 人以下	72.6	34.0	22.3	16.6	11.7	5.5	435
10~50 人	58.0	49.4	26.6	36.9	26.0	16.3	1086
50~100 人	51.3	56.0	33.3	62.1	37.9	38.1	507
100~500 人	53.9	66.7	41.1	74.9	48.5	58.5	973
500~1000 人	55.6	77.8	50.0	88.9	59.6	80.8	198
1000 人及以上	70.9	85.4	60.9	93.4	65.6	84.1	151
总体	58.1	56.7	34.2	54.7	36.2	37.3	3350
相关分析	$G = -0.101$ $p < 0.01$	$G = 0.384$ $p < 0.01$	$G = 0.304$ $p < 0.01$	$G = 0.658$ $p < 0.01$	$G = 0.463$ $p < 0.01$	$G = 0.714$ $p < 0.01$	—

注：每一种治理组织按用工规模分组分布的相关分析都是等级相关分析。用工规模分组显然是有等级差异的，而样本企业在组建某一种组织方面的状况分为"没有"与"有"两类，这里假定拥有某种组织的企业的组织化水平高于未拥有该种组织的企业，这样便可以进行等级相关分析了。另外，本表仅仅显示了某一种组织的组建率，而没有显示其未组建率，但很容易根据组建率计算出未组建率。

在 2006 年的调查中，被访私营企业的股东会、董事会、监事会、工会、职代会和党组织的组建率分别为 58.0%、63.5%、36.5%、53.2%、35.8% 和 34.8%。与之相比，在本次调查中，股东会、工会、职代会和党组织的组建率分别上升 0.3 个百分点、1.1 个百分点、0.4 个百分点和 2.3 个百分点，而董事会和监事会的组建率则分别下降了 6.8 个百分点和 2.2 个百分点。

关于企业的管理决策方式，如上所述，此项调查是用三个相关问题来测量的。在剔除了不合格的样本后，我们对所剩的 4021 个样本进行了分析。计算表明，在对相关问题做了回答的 3348 位企业主中，担任企业总裁、（总）经理的占 89.3%，未担任这些职务的占 10.7%。与 2006 年调查结果比较，此次调查中被访的企业主担任企业总裁、（总）经理的比例仅下降了 0.9 个百分点。这说明，私营企业主中有 90% 左右的人担任企业总裁或（总）经理，私营企业主集投资者与经营管理者于一身的状况没有根本改变。

企业的经营管理决策机制，主要是指企业重大决策和日常管理决策两个方面。就企业重大决策的决策权分布看，在被访企业主本人决策、股东大会决策、董事会决策以及被访企业主本人与企业主要管理人员共同决策这几种决策机制中，被访企业主个人决策机制仍然占有优势。与最近两次调查结果对照，在2004～2008年的5年间，虽然看不出中国私营企业重大决策权的分布有什么规律性的变化，但仔细分析，我们发现，随着企业成立时间的推移，由股东大会决策的企业比重呈现上升趋势，而由被访企业主本人及其主要管理人员共同决策的企业比重则呈现下降趋势。这表明，新近成立的企业，比老企业更重视决策机制的民主和科学（见表24、表25）。

表24　被访私营企业重大决策的决策权分布

单位：%，个

调查年份	您本人	股东大会	董事会	您与企业主要管理人员	您与企业党组织	您与工会组织	职业经理人	合计	样本量
2008	34.6	20.2	23.6	20.8	0.2	0.4	0.1	100.0	3430
2006	37.7	17.6	24.8	18.8	0.4	0.5	0.2	100.0	3667
2004	34.5	18.7	26.3	19.9	0.4		0.2	100.0	2986

表25　被访私营企业重大决策权按企业成立年份分组的分布

单位：%，个

企业登记注册年份分组	您本人	股东大会	董事会	您与企业主要管理人员	您与企业党组织	您与工会组织	职业经理人	合计	样本量
1989年及以前	35.9	12.0	22.8	28.7	0.6	0.0	0.0	100.0	167
1990～1994年	34.9	9.9	28.5	26.2	0.3	0.0	0.3	100.0	393
1995～1999年	35.5	15.1	27.1	21.4	0.2	0.6	0.1	100.0	1086
2000年以来	32.6	24.4	23.3	18.7	0.3	0.5	0.3	100.0	2393
总体	33.7	20.0	24.8	20.5	0.2	0.4	0.2	100.0	4093
统计检验	$\chi^2 = 93.009$, $df = 18$, $p < 0.01$；contingency coefficient $= 0.150$, $p < 0.01$								

一般说来，私营企业的投资结构会对企业的重大决策权产生较大影响。我们选择被访企业主2007年占有的企业所有者权益份额进行分组分析，结果如表26所示。可以看到，被访企业主在2007年年底占有的企业所有者权益份额越大，重大决策由企业主个人做出或者由企业主本人与主要管理人

员做出的企业比例就越大。当企业主所占有的企业所有者权益超过 80% 时，实行这两种决策机制的企业所占比例合计达到 78.7%；反之，当企业主的所有者权益份额在 20% 以下时，实行股东大会决策或董事会决策这两种决策机制的企业所占比例合计达到 73.8%。实际上，要求那些基本上是企业主个人独资的企业实行股东大会决策或董事会决策，原本就不可能。

表 26　按被访企业主所有者权益分组的企业重大决策权分布

单位：%，个

被访企业主所有者权益份额分组	您本人	股东大会	董事会	您与企业主要管理人员	您与企业党组织	您与工会组织	职业经理人	合计	样本量
20% 及以下	12.6	35.0	38.8	13.1	0.0	0.5	0.0	100.0	206
21%~40%	16.5	30.7	37.9	14.0	0.5	0.5	0.0	100.0	401
41%~60%	22.8	26.1	28.5	21.7	0.4	0.1	0.0	100.0	960
61%~80%	29.0	23.7	24.2	22.7	0.0	0.3	0.2	100.0	625
81%~100%	56.2	8.1	12.2	22.5	0.2	0.7	0.1	100.0	1238
总体	34.6	20.2	23.6	20.8	0.2	0.4	0.1	100.0	3430
统计检验	$\chi^2 = 597.070$, $df = 24$, $p < 0.01$；contingency coefficient $= 0.385$, $p < 0.01$								

最后，如果按样本企业 2007 年年底的销售额分组来分析企业重大决策权的分布，可以看到另外两个趋势，即随着企业销售额的增大，被访企业主本人决策的比例明显下降，而董事会决策的比例则明显上升（见表 27）。可见，大型企业的管理决策机制相对规范一些。不过，总的来说，中国私营企业的决策机制还是不够完善的。

表 27　被访私营企业重大决策权按企业销售额分组的分布

单位：%，个

企业销售额分组	您本人	股东大会	董事会	您与企业主要管理人员	您与企业党组织	您与工会组织	职业经理人	合计	样本量
500 万元以下	45.3	21.3	13.7	18.4	0.3	0.6	0.4	100.0	1582
500 万~1000 万元	35.6	17.0	23.2	23.2	0.2	0.5	0.2	100.0	435
1000 万~5000 万元	29.8	19.1	29.4	21.3	0.0	0.3	0.1	100.0	902
5000 万~1 亿元	20.7	19.8	35.9	23.3	0.0	0.3	0.0	100.0	348
1 亿元及以上	14.0	20.9	44.8	19.5	0.8	0.0	0.0	100.0	487

续表

企业销售额分组	您本人	股东大会	董事会	您与企业主要管理人员	您与企业党组织	您与工会组织	职业经理人	合计	样本量
总体	34.1	20.1	24.6	20.2	0.3	0.4	0.2	100.0	3754
统计检验	$\chi^2 = 351.860$，$df = 24$，$p < 0.01$；contingency coefficient = 0.293，$p < 0.01$								

企业的日常管理与重大决策不同，企业管理人员在这方面的权限会大得多。从表28可以看到，2007年，由企业主本人负责日常管理的企业占35.2%，由企业主本人与其他主要管理人员共同负责日常管理的企业占58.1%，两者合计为93.3%。与上次调查结果比较，由企业主本人负责日常管理的企业比例下降了4.3个百分点，而由企业主本人与其他主要管理人员共同负责的企业比例则上升了5.6个百分点。这表明，"职业经理人"正在逐步被引进私营企业。进一步的分析表明，私营企业日常管理责任人的分布，也与企业的规模密切相关。例如，企业的年销售额越大，企业主本人负责日常管理的企业比例就越低，而企业主与其他主要管理人员共同负责的企业比例就越高。企业主本人占有的所有者权益份额也是一个重要的影响因素，该份额越高，企业主本人直接负责日常管理的企业比例就越高，而由企业主本人与其他主要管理人员一起负责的企业比例则越低。由此可见，私营企业治理结构要做到两权分离，必须使股权多元化，必须将企业规模做大。

表28　样本企业日常管理负责人的分布

单位：%

调查年份	您本人	您与企业主要管理人员	您与企业党组织	您与工会组织	职业经理人	其他	合计	样本量
2008	35.2	58.1	0.6	0.3	5.6	0.2	100.0	3435
2006	39.5	52.5	0.4	0.3	7.1	0.2	100.0	3826

（三）私营企业家族制管理色彩依然很浓，典型的家族制企业占四成

家族制管理是私营企业治理结构中的另一种重要形式。由于受私营企业的资金来源、企业规模、发展过程等因素的影响，中国的私营企业往往采取家族制的管理模式。所谓家族制管理模式，理论上的识别指标应当是企业主及其近亲属在董事会和高层管理人员中所占的比重。但由于本项调

查所得数据不太完整，在剔除不规范数据后，得出了表 29 所显示的数据。从中可以看到，在有效样本中，有近亲属当企业股东的样本企业占 40.15%，平均每个样本企业有 0.55 位股东是企业主的近亲属。在董事会中，有近亲属担任董事的企业占 56.23%，平均每个样本企业有 0.8 位董事是企业主的近亲属。在企业高管中，有近亲属的企业占 43.85%，平均每个样本企业有 0.68 位高管是企业主的近亲属。

表 29　样本企业按被访企业主近亲属担任股东、董事和高管的人数分组分布

| | 按近亲属人数分组 | | | | | | | | 平均人数（人） | 样本量（个） |
	0 人	1 人	2 人	3 人	4 人	5 人	6 人	7 人	合计		
有近亲属股东的企业占比（%）	59.85	29.99	6.54	2.69	0.74	0.13	0.03	0.03	100.0	0.55	3121
有近亲属董事的企业占比（%）	43.77	40.16	10.62	3.78	1.17	0.33	0.17	0.00	100.0	0.80	1798
有近亲属高管的企业占比（%）	56.15	28.02	9.85	4.30	1.13	0.38	0.14	0.03	100.0	0.68	2933

企业股东中的企业主近亲属人数并不是测量企业是否实行家族制管理模式的指标，而只是企业的产权结构；只有董事会构成和高管构成才能作为这样的测量指标。我们在剔除不规范数据后，以企业主近亲属担任董事或高管的人数加上企业主本人之和，除以企业投资者人数，得出两个综合比值，作为测量企业是否实行家族制管理模式的指标。计算和分析结果如表 30 所示。在 2667 个样本企业中，算不上典型家族制管理模式的样本企业为 1619 个，占 60.7%；实行家族制管理模式的有 1048 个，占 39.3%。也就是说，有近四成的私营企业是典型的家族制企业。

表 30　样本企业按企业主及其近亲属担任董事或高管合计人数占投资者比例的分组分布

单位：%，个

| | 比值分组 | | | | | | | 平均比值 | 样本量 |
	0.20 以下	0.21～0.49	0.50～0.59	0.60～0.69	0.70～0.79	0.80 及以上	合计		
按董事比值分组的企业占比	4.0	8.6	8.9	14.6	1.9	62.0	100.0	0.955	844

续表

	比值分组							平均比值	样本量
	0.20以下	0.21～0.49	0.50～0.59	0.60～0.69	0.70～0.79	0.80及以上	合计		
按高管比值分组的企业占比	3.7	7.4	7.3	13.2	2.4	65.9	100.0	1.241	1069

统计分析表明，私营企业是否实行家族制管理模式，与企业成立时间有一定的关系。企业成立时间越早，实行家族制管理模式的比重就越大；反之，成立时间越晚，则实行家族制管理模式的比重就越小。与1989年以前成立的企业相比，2000年以后成立的企业中实行家族制管理模式的企业所占比重下降了16.8个百分点（见表31）。

表31　按样本企业登记注册年份分组的家族制管理模式分布

单位：%，个

企业登记注册年份分组	是否实行家族制管理模式			样本量
	否	是	合计	
1989年以前	47.2	52.8	100.0	108
1990～1994年	49.0	51.0	100.0	259
1995～1999年	59.8	40.2	100.0	747
2000年以后	64.0	36.0	100.0	1553
总体	60.7	39.3	100.0	2667

不同规模的样本企业，实行家族制管理模式的情况也有所不同（见表32）。从表32中可以看出，销售额规模居于两头的企业，实行家族制管理模式的比重相对较小，而居于中间的企业实行家族制管理模式的比重相对大一些。

表32　按2007年销售额分组的样本企业实行家族制管理模式分布

单位：%，个

2007年企业销售额分组	是否实行家族制管理模式			样本量
	否	是	合计	
500万元以下	64.9	35.1	100.0	1051
500万～1000万元	55.4	44.6	100.0	287
1000万～5000万元	55.8	44.2	100.0	613

续表

2007 年企业 销售额分组	是否实行家族制管理模式			样本量
	否	是	合计	
5000 万~1 亿元	53.0	47.0	100.0	230
1 亿元及以上	61.5	38.5	100.0	351
总体	60.1	39.9	100.0	2532

三 私营企业内部的劳资关系状况

私营企业与国有企业的一个显著区别就是存在劳资关系。社会主义条件下，正确处理劳资关系的目标就是私营企业主与员工能够"各尽所能、各得其所而又和谐相处"。本次抽样调查数据表明，总体而言，私营企业目前的劳资关系较两年前有所改善，需要注意的是在经济形势遇到困难时，如何巩固已有的成果，并且继续推进这一良性发展势头。

（一）私营企业职工人数与工资水平

1. 职工人数呈偏态分布，私营企业规模大小分化明显

从本次调查数据可知，到 2007 年年底，私营企业职工人数中位数是 42 人。从表 33 可以看出，从 2002 年第五次私营企业调查至今，私营企业用工人数中位数趋小，而平均数趋大，说明私营企业人数规模总体而言有所减小，但是大企业用工人数在增加，拉大了平均数，这表明私营企业分化的趋势仍在继续。

表 33 私营企业职工人数结构

单位：人

	统计值	2002 年 第五次调查	2004 年 第六次调查	2006 年 第七次调查	2008 年 第八次调查
每个私营企业全年 雇用职工人数	平均数	153	164	173	180
	中位数	60	45	53	42
其中： 雇用半年以上不足 一年的职工人数 雇用半年以下的职 工人数	平均数	36	36	29	29
	中位数	5	6	3	3
	平均数	20	23	27	17
	中位数	2	3	0	1

续表

	统计值	2002 年 第五次调查	2004 年 第六次调查	2006 年 第七次调查	2008 年 第八次调查
其中： 管理人员	平均数	13	16	16	19
	中位数	6	6	6	6
技术人员	平均数	15	19	17	22
	中位数	6	6	5	5

2. 职工工资总体水平有所提高，但仍与国有企业职工工资有较大差距

近两年来，由于政府强化管理、社会加强监督、企业更加自律，私营企业拖欠职工工资现象有所减少。随着东部沿海部分地区第一次出现劳动力短缺现象和各地政府提高最低工资标准，私营企业职工工资总体水平在提高（见表34）。

表34　私营企业与国有企业职工工资比较

单位：元/年

	2002 年 第五次调查	2004 年 第六次调查	2006 年 第七次调查	2008 年 第八次调查
私营企业平均工资	10250	9043	16188	18412
国有企业平均工资	11178	14577	19313	26620

从表34中我们看到，本次调查私营企业职工平均工资仍然比国有企业职工平均工资低8208元，两者相比为1∶1.45，差距比两年前拉大了。

不同行业私营企业职工收入差距很大，房地产业、卫生行业、金融业、信息服务业最高，而住宿餐饮业、公共管理行业、公共设施服务业最低（见表35）。

表35　分行业私营企业职工工资比较

单位：元/年

行业	平均工资	位次
房地产业	42742	1
卫生	33166	2
金融业	31642	3
信息服务业	26023	4
文化体育	24789	5

续表

行业	平均工资	位次
科研技术	24386	6
建筑业	23238	7
批发零售业	21342	8
电力煤气水	18965	9
居民服务业	18502	10
制造业	16609	11
教育	15028	12
租赁业	14872	13
采矿业	13582	14
交通运输业	13369	15
农林牧渔业	13296	16
住宿餐饮业	11643	17
公共管理	10465	18
公共设施	10323	19

（二）私营企业工会作用与建会工作中存在的问题

1. 工会在维护员工权益方面的作用明显

比较已建立和未建立工会的私营企业，我们发现，职工劳动合同签订率、平均工资、社保参保率都有明显不同，建立工会对于维护职工权益十分重要（见表36）。

表36　已建立和未建立工会的私营企业中职工权益实现状况比较

	项目	已建工会的私企	未建工会的私企	已建工会私企与未建工会私企的比较
劳动合同	已签个人合同企业比例（%）	94	84	＋10
	已签个人合同人数占工作半年以上职工人数比例（%）	81	72	＋9
	已签集体合同企业比例（%）	39	17	＋16
	已签集体合同人数占工作半年以上职工人数比例（%）	34	10	＋24
工资	月平均工资（元）	1648	1537	＋111

续表

	项目		已建工会的私企	未建工会的私企	已建工会私企与未建工会私企的比较
劳动保护	企业平均向每个职工支付的劳保费用（元/年）		2274	732	+1542
	企业平均用于每个职工改善劳动条件的费用（元/年）		1827	1633	+194
社会保险	医疗	参保企业比例（%）	64	61	+3
		参保企业职工覆盖面（%）	45	31	+14
		企业平均为每个参保职工交保费（元/年）	1509	1804	-295
	养老	参保企业比例（%）	83	64	+19
		参保企业职工覆盖面（%）	49	32	+17
		企业平均为每个参保职工交保费（元/年）	2823	2676	+147
	失业	参保企业比例（%）	65	48	+17
		参保企业职工覆盖面（%）	32	16	+16
		企业平均为每个参保职工交保费（元/年）	540	649	-109
	工伤	参保企业比例（%）	74	54	+20
		参保企业职工覆盖面（%）	44	22	+22
		企业平均为每个参保职工交保费（元/年）	1329	875	+454
	生育	参保企业比例（%）	54	40	+14
		参保企业职工覆盖面（%）	20	8	+12
		企业平均为每个参保职工交保费（元/年）	415	421	-6
住房公积金	建立住房公积金的企业比例（%）		14	6	+8

2. 工会组建工作需进一步完善

在本次全国私营企业抽样调查的企业中，已有工会组织的仅占38.6%，与媒体上报道的私营企业建会率高达69.6%相去甚远，即便考虑到统计误差和抽样误差，以及统计口径有所不同，差别也不应这么大。可能的解释是一部分工会组织不健全或基本没有活动，以至于老板觉察不出工会组织的存在。这一点应该引起注意，重要的是工会组织的实质性活动而不是纸面上的数字。

私营企业组建工会工作，比较偏重于大中型私企（见表 37），这在组建工会工作初期打开局面时有很强的示范作用，但是，实际情况是私营企业的主体是小型企业，这是目前工会组建率较低的一个原因。

表 37　不同规模私营企业组建工会情况

单位：%

		企业资产规模		
		100 万元以下	100 万 ~ 1000 万元	1000 万元及以上
在您企业中，有工会吗？	没有	42.8	20.7	69.9
	有	57.2	79.3	30.1
合计		100.0	100.0	100.0

注：Pearson Chi‑Square Tests：Value = 337.830，（a）$df = 2$，Asymp. *Sig.* = 0.000。

建立工会组织成功的另一条经验是以党建带动工会建设，绝大部分建立了党组织的私营企业都建立了工会（见表 38）。但在全部私营企业中建有党组织的仅为 31.6%。因此，今后组建工会要尽可能与组建党组织同步进行。

表 38　有无党组织的私营企业组建工会的不同情况

单位：%

		企业中有无党组织	
		有	没有
在您企业中，有工会吗？	没有	65.5	11.9
	有	34.5	88.1
合计		100.0	100.0

注：Pearson Chi‑Square Tests：Value = 940.098，（b）$df = 1$，Asymp. *Sig.* = 0.000。

（三）对新《劳动合同法》的反映

1. 客观看待新《劳动合同法》的作用

私营企业主到底怎样看待新《劳动合同法》？表 39 反映的是他们在新法实行半年后对其的评价。

表 39　新《劳动合同法》的施行对企业的影响

单位：%

		影响	同意者所占比例
正面影响	（1）	有利于建立和谐的劳动关系	44
	（2）	促使企业提高经营效率	31
	（3）	有利于增强企业的凝聚力	29
	（4）	有利于推动企业走出低成本竞争困境	13
负面影响	（1）	增加了企业的用工成本	67
	（2）	增加了企业的用人风险	45
	（3）	限制了企业的用工自主权	24
	（4）	增加企业了应对劳务诉讼的支出	18
		没有什么影响	9

　　这是一项可以多选的问题，私营企业主的回答相当全面，他们对于新《劳动合同法》的正面影响给予了比较积极的肯定，同时也十分担心企业成本上升、用人风险加大。这对于正确判断新《劳动合同法》的影响与作用以及贯彻执行新《劳动合同法》，提供了一个有力的依据。

　　2. 2008 年以来经济形势变化对执行新《劳动合同法》的影响

　　新《劳动合同法》2008 年 1 月 1 日实施后的经济形势发生了非常大的变化。年初，温家宝总理就预见到"今年恐怕是中国经济最困难的一年"，"难在国际、国内不可测的因素多"。2007 年以来，中国面临通货膨胀压力，需要防止经济增长由偏快转为过热，因而抽紧银根。但到了年中，受到国际金融危机的影响，在全球经济持续衰退的情况下，中国经济形势发生了变化，宏观调控立刻转向保经济增长。

　　许多私营企业在经济形势剧烈转换中确实遇到相当大的困难（见表40）。

表 40　近年来，外部环境中哪些问题对企业影响最大？

单位：%

外部环境中的问题	同意者所占比例
1. 劳动力成本上升	53
2. 产能过剩造成恶性竞争	43
3. 能源涨价	33

续表

外部环境中的问题	同意者所占比例
4. 原材料涨价	49
5. 资金困难	23
6. 税费过重	24
7. 人民币升值	20
8. 出口退税降低、滞留	5

表 40 中第 1～6 项是企业普遍遇到的，第 7～8 项是出口企业的特殊情况，从 2008 年下半年起第 3、第 4、第 7、第 8 各项都有好转，甚至贷款都有所松动，但是订单大大减少了，这对企业是真正的致命威胁。

以制鞋业为例。中国是全球制鞋大国，2001～2006 年，中国鞋厂由 2 万家迅速增加到 3 万多家，其中绝大部分是中小型企业，就业工人超过 600 万人。2007 年鞋类年产量超过 100 亿双，年产量占全球总产量的 60%，出口成品鞋 81.7 亿双，占全球鞋类贸易量的 73%。生产能力的增长远远超过订单数量的增长，企业恶性竞争，大打价格战。2008 年 1～9 月，由于出口订单减少，成品鞋出口数量多年来第一次出现下降，同比下降率为 2.76%，受此影响出现了制鞋业企业关厂、工人失业现象。广东有五六千家鞋厂，仅东莞、惠州等地就承担了世界 1/4 的鞋类生产，但在过去一年歇业关闭、被法院查封或者外迁其他地区的有 1000 多家，主要以中小型企业为主，也有十几家上千人的台资鞋厂。这些关闭企业的生产能力占广东省制鞋业的 10%～15%，涉及员工 15 万～20 万人。浙江温州、福建莆田等大型制鞋基地也有类似情况。

新《劳动合同法》造成的人工成本上升对制鞋业到底有多大影响？以广东东莞为例，平均每人每月增加的劳动力成本仅为 150 元左右，按每人每月生产 150 双成品鞋计算，每双鞋所增加的人工成本仅为 1 元。一双耐克鞋，在美国市场上均价约 100 美元，而在中国广东、福建的离岸价是 11 美元。继续分解这 11 美元，台商来大陆投资的利润底线是 15%，地方税费约 15%，原材料与折旧等成本约 50%，劳动力成本约占 15%，即 1.7 美元，现在增加了 0.15 美元。这对于一些中小型制鞋企业也许会造成危机，但对于大型制鞋企业来说完全可以承受，因此在小企业破产时，大企业的订单还有所增加，整个制鞋业过剩的产能并没有减少。

再以钢铁工业为例。中国是世界上第一钢铁大国，2007 年产钢 4.89 亿吨，超过钢产量第二、第三、第四、第五、第六、第七、第八国之和。全世界超过 5000 立方米容积的高炉只有 13 座（分别在日、德、韩、美等国），而中国首钢、宝钢同时在建各两座。可以说，中国近期繁荣的象征也许还不是航天飞船和摩天大楼，而是钢铁厂。中国也是全球第一大钢材出口国，2006 年钢材出口量达到了 4300 万吨，2007 年达到了 6264 万吨。但到了 2008 年 1~8 月，钢材出口同比下降 7.2%，第四季度出口订单已减少 50%。2008 年以来国内消费钢材的三大最终消费品——住宅、汽车、家用电器市场疲软，并且工业锅炉、金属切削机床等产量也出现了全面下降或者是增速急剧回落的现象，其他如拖拉机、机械设备、冰箱、空调等生产情况也不理想。市场需求低迷、钢材价格不断走低，这是钢铁产能过剩的明显信号。首钢曹妃甸 5500 立方米高炉已在 2008 年 10 月 18 日如期建成，现在点火烘炉，但是不能投产，否则每生产一吨钢就要亏损 1000~2000 元；宝钢准备全员减薪 10%；最大的私营钢铁企业日照钢铁（其老板杜双华以 108.8 亿元身价排在《福布斯》中国富豪榜的第 8 位），已准备让国有的山东钢铁公司兼并。

目前中国普遍出现的产能过剩和国内外需求减弱，使得在一个时段内私营企业和工人同时面临着困难。

3. 私营企业如何应对新《劳动合同法》？

表 41　如果新《劳动合同法》对企业有影响，您如何应对？

单位：%

序号	应对策略	所占比例
（1）	加强劳动管理，提高劳动效率	63
（2）	减少用工人数	31
（3）	维持既定的经营目标和用工现状	28
（4）	扩大生产经营规模，提升产品附加值，抵销劳动成本的增加	22
（5）	将部分员工改为劳务派遣工	6
（6）	转移生产能力到成本较低的地区	4

序号	应对策略	所占比例
（7）	大部分员工第一次订立的固定期限劳动合同到期后即不再续订	3
（8）	以不同的控股企业轮流与劳动者签订合同或和其他企业交互与劳动者签订合同	1
（9）	停产关厂	1
（10）	与同行企业采取相同策略	19
（11）	视同行企业的行为再做决定	11

从表 41 中数据可以看出，有 1/3 的企业要减少用工人数（选择第 2、第 7 项），有 1/3 左右的企业维持现状（选择第 3 项），有 1/3 左右的企业在观望（选择第 10、第 11 项）。真正因劳动成本增加而准备关厂的，少之又少，才 1%（选择第 9 项）。

总之，对企业遇到的困难要具体分析。目前订单减少是最大问题，新《劳动合同法》的实施，使企业负担加重，是迫使企业裁员甚至倒闭的导火索。

鉴于目前的形势，我们提出以下几点政策性建议。

第一，给企业贯彻执行新《劳动合同法》留出过渡期、适应期。考虑到目前中国经济发展面临的严峻局面，要减轻企业负担，使之维持正常生产，更要做到"公私兼顾、劳资两利"。涉及各方利益的新法、新政策的出台要选择最佳时机，不能同时出台许多变革性政策，要考虑到社会、企业、职工多方面的接受能力。

目前，贯彻执行《劳动法》《劳动合同法》要突出重点，重点是做到企业有困难时不裁人、少裁人，不大幅度减薪、不拖欠工资，改善劳动条件，减少生产事故。

第二，贯彻实行新《劳动合同法》需要其他政策配合。建议主管部门尽快制定社保金在省区市间流转的政策。目前社会保险金不能随投保人在省区市间流转，影响了广大离乡农民工投保的积极性，这个问题已经讨论了十几年，当务之急是调整流出地与流入地的地方利益之间的关系。

随着一批私营企业撤资、关厂，失业人数会有一定上升，一部分农民工在一段时间内可能回乡，这时每家每人的承包土地就成了生活的主要来源和社会稳定的底线。建议有关土地流转的政策一定要慎之又慎。

第三，建议对一部分困难的出口企业、中小企业实行临时减税。在和平建设时期，国家税收增长速度持续高于 GDP 增长速度，这势必影响劳动者收入在分配中所占的比例。目前适当减税，可以扩大内需增长的空间。2008 年以来企业所得税已从 33% 降到 25%，但企业感到负担最重的是以增值税为主的流转税，而国家税制改革的核心也是流转税。除此之外，部分出口型企业、中小企业则希望实行临时减税。

第四，加大专项资金的支持力度，注意减少失业。从表 41 中看到，有多余 1/4 的企业需要提升产品附加值。这是经济持续发展所必须走的路，建议政府加大专项资金的支持力度。

投资拉动经济增长时，一定要注意减少失业。现在国家准备拿出 4 万亿元资金刺激经济增长，各地政府随之跃跃欲试，但一定要注意资金投向。不能使某些行业产能过剩加剧，更不能拿这笔钱再去建"政绩工程""面子工程"。民生工程是用于缓解民生困难的。失业是对劳动者利益的最大损害，千方百计减少城市失业和农村实质上的失业，是当前经济社会管理重中之重的工作。

四 私营企业发展中存在的突出问题

（一）发展环境变化对各类私营企业的影响

近年来，私营企业发展的环境发生了一系列变化。本次调查选择了土地审批从严、能源涨价、原材料涨价、人民币升值、出口退税政策变化、劳动力成本上升以及货币政策从紧等七个方面询问被访企业。初步的统计结果显示，不同方面的变化对私营企业发展产生的影响是不同的（见表42）。排在第一位、影响最为突出的是原材料涨价，第二是劳动力成本上升，第三是能源涨价，第四是货币政策从紧，第五是人民币升值，第六是土地审批从严，最后是出口退税政策变化。当然，由于未作答的样本比例较大，也由于本次调查的截止日期是 2007 年年底，许多出口企业的变化未能全部反映出来，所以，这个排序是否充分反映了这些外部环境变化对全部样本企业的影响，还有待进一步考察。

表 42 外部环境变化对私营企业发展的影响程度评价分布

外部环境变化	影响程度评价分布（％）					综合评价	
	影响不大，企业自身可以消化	影响较大，企业发展有些困难	影响很大，企业发展相当困难	未作答	合计	影响指数	样本量（个）
土地审批从严	34.3	14.6	6.9	44.2	100.0	0.503	2272
能源涨价	20.6	33.6	15.3	30.5	100.0	0.640	2833
原材料涨价	16.9	41.6	25.0	16.5	100.0	0.700	3400
人民币升值	31.2	20.0	8.3	40.5	100.0	0.537	2425
出口退税政策变化	32.9	9.6	4.9	52.6	100.0	0.470	1933
劳动力成本上升	19.9	45.8	20.3	13.9	100.0	0.667	3507
货币政策从紧	26.1	23.3	9.0	41.6	100.0	0.570	2379

注：本表影响指数的计算方法是：首先对影响评价程度赋值，影响不大为1、影响较大为2、影响很大为3；然后计算每一种环境变化影响评价程度赋值的平均值；最后以该平均值除以评价程度最高赋值即3，得到影响评价指数（取值区间为0～1）。该指数值越大，表明整体影响程度越高。另外，本表分析的样本总数为4075个，但即使把4098个原始样本全部纳入分析，结果几乎完全相同。

在不同地区，上述环境变化对私营企业的影响是有所不同的。从表43看，这种地区差异表现在两个方面。一是有三种外部环境变化的影响的排序在不同地区有所不同。土地审批从严的影响在总体中排在第六位，但在西部地区上升至第五位，在东部地区下降至第七位；人民币升值的影响在总体中排在第五位，在西部地区下降至第六位；出口退税政策变化在总体中排在第七位，在东部地区上升至第六位。二是影响指数的数值有差异。与总体影响指数比较，西部地区私营企业所感受到的土地审批从严、能源涨价、原材料涨价、劳动力成本上升和货币政策从紧所造成的影响都明显严重一些，只有人民币升值和出口退税政策的影响程度略为轻一点；中部地区私营企业所感受到的外部环境六个方面变化的影响程度都低于总体的平均水平，只有土地审批从严的影响程度略重一点；而对东部地区私营企业来说，出口退税政策变化和人民币升值造成的影响程度严重一些，原材料涨价的影响程度持平，其他四个方面变化的影响程度稍轻。可见，目前西部地区私营企业的处境相比之下更为艰难一些。

表43　外部环境变化对不同地区私营企业发展影响的综合评价指数

地区		原材料涨价	劳动力成本上升	能源涨价	货币政策从紧	人民币升值	土地审批从严	出口退税政策变化
总体	影响指数	0.700	0.667	0.640	0.570	0.537	0.503	0.470
	排序	1	2	3	4	5	6	7
西部	影响指数	0.713	0.707	0.660	0.617	0.533	0.550	0.430
	排序	1	2	3	4	6	5	7
	样本量（个）	753	783	610	487	454	455	321
中部	影响指数	0.683	0.643	0.630	0.560	0.523	0.510	0.447
	排序	1	2	3	4	5	6	7
	样本量（个）	771	768	633	522	524	526	405
东部	影响指数	0.700	0.663	0.637	0.557	0.543	0.483	0.487
	排序	1	2	3	4	5	7	6
	样本量（个）	1876	1956	1590	1370	1447	1291	1207

注：本表影响指数计算方法同表42。

　　一般而言，不同行业的私营企业受这些变化的影响会是不同的。这里把私营企业2007年从事的主要行业分为六大类，即农林牧渔业；采掘业、建筑业、电力燃气供水和制造业（以下简称制造业类）；房地产业与金融业；科研技术、文教卫生体育和信息服务业（以下简称科教文卫类）；交通运输业、批零贸易业、餐饮住宿业、居民服务业和公共管理（以下简称商业服务业类）；混业经营（在前面五大类行业中从事两类以上行业）。经整理，在4075个样本中，主要从事这六大类行业的企业分别有154个、1659个、114个、277个、1156个和652个，另有63个样本缺失行业信息。据此，我们对不同行业样本企业关于外部环境变化的影响程度的评价进行了分析，结果如表44所示。从表44看，各行业大类样本企业中，评价排序与总体排序完全一致的只有农林牧渔业企业，其他五大类企业的评价排序与总体排序都有一些差异。其中最突出的差异是，在商业服务业大类的样本企业中，劳动力成本上升取代原材料涨价排在第一位；而在房地产业与金融业大类的样本企业中，货币政策从紧的影响取代劳动力成本上升排在了第二位，土地审批从严取代人民币升值排在第五位；在制造业大类的样本企业中，人民币升值的影响度上升到第四位，取代了货币政策从紧的位置。这些变化大体反映了不同外部环境因素对不同企业的发展的重要性差异。当然，无论如何，原材料涨价和劳动力成本上升都是影响最大的两个因素。

表 44　分行业的样本企业对外部环境变化影响度的评价排序

行业大类		原材料涨价	劳动力成本上升	能源涨价	货币政策从紧	人民币升值	土地审批从严	出口退税政策变化
总体	影响指数	0.700	0.667	0.640	0.570	0.537	0.503	0.470
	排序	1	2	3	4	5	6	7
农林牧渔业	影响指数	0.717	0.677	0.640	0.613	0.543	0.540	0.443
	排序	1	2	3	4	5	6	7
制造业	影响指数	0.733	0.673	0.667	0.567	0.567	0.507	0.510
	排序	1	2	3	5	4	6	7
房地产业与金融业	影响指数	0.687	0.653	0.640	0.660	0.463	0.630	0.410
	排序	1	3	4	2	6	5	7
科教文卫	影响指数	0.610	0.670	0.543	0.513	0.513	0.440	0.407
	排序	2	1	3	4	5	6	7
商业服务业	影响指数	0.660	0.667	0.617	0.550	0.513	0.457	0.430
	排序	2	1	3	4	5	6	7
混业经营	影响指数	0.693	0.660	0.647	0.587	0.510	0.530	0.447
	排序	1	2	3	4	6	5	7

注：本表影响指数计算方法同表 42。

不同规模的私营企业对不同环境变化的影响度评价也不同。从表 45 看，销售额在 500 万元以下的企业对各种环境变化的影响度的评价排序，与总体排序完全一致；在其余各组的样本企业中，原材料涨价都排在第一位，出口退税政策变化的影响则取代土地审批从严而从总体中的第七位上升到第六位。在 500 万~1000 万元组和 1 亿元及以上组的样本企业中，能源涨价的影响取代劳动力成本上升而从总体中的第三位上升至第二位；在 500 万~1000 万元、1000 万~5000 万元和 1 亿元及以上这三组样本企业中，人民币升值的影响取代货币政策从紧而从总体中的第五位上升至第四位。从各种环境变化的影响指数来看，比较有规律性的趋势是，原材料涨价的影响最为突出，在各组样本企业中都大于 0.700，而且企业销售额越大，其影响也越大（但对销售额在 1 亿元及以上企业的影响有所下降）；劳动力成本上升、能源涨价、货币政策从紧和出口退税政策变化的影响，与企业销售额规模变动的趋势大体相同，其中劳动力成本上升与能源涨价的影响度比较接近；相对而言，货币政策从紧、人民币升值、土地审批从严以及出口退税政策变化对销售额在 500 万元以下企业的影响小一些，其影响指数均低于总体影响指数；在诸多环境变化中，感到处境最为艰难的，不是销售额达到 1 亿元及以上的企业，而是销售额在 5000 万～1 亿元组的企业。

表 45 不同销售额规模样本企业对外部环境变化影响度的评价排序

销售额分组		原材料涨价	劳动力成本上升	能源涨价	货币政策从紧	人民币升值	土地审批从严	出口退税政策变化
总体	影响指数	0.700	0.667	0.640	0.570	0.537	0.503	0.470
	排序	1	2	3	4	5	6	7
500 万元以下	影响指数	0.717	0.673	0.667	0.533	0.520	0.500	0.417
	排序	1	2	3	4	5	6	7
500 万～1000 万元	影响指数	0.733	0.673	0.667	0.567	0.567	0.507	0.510
	排序	1	3	2	5	4	7	6
1000 万～5000 万元	影响指数	0.747	0.687	0.663	0.570	0.580	0.500	0.540
	排序	1	2	3	5	4	7	6
5000 万～1 亿元	影响指数	0.750	0.687	0.673	0.603	0.590	0.540	0.563
	排序	1	2	3	4	5	7	6
1 亿元及以上	影响指数	0.733	0.640	0.673	0.590	0.593	0.507	0.543
	排序	1	3	2	5	4	7	6

注：本表影响指数计算方法同表 42。

（二）私营企业资金运转的变动趋势

私营企业的资金运转，往往较多地依赖于企业利润再投入。表 46 反映了 1996～2007 年样本企业的纯利润再投入额的变动趋势。从平均值看，总的来说，样本企业的纯利润再投入额呈增长趋势，1996～2003 年是稳步快速增长，2005 年相比 2003 年有所下降，2007 年又有所增长。这种趋势大体上也与同期样本企业的税后净利润额的变动趋势相同。

表 46　样本企业的税后净利润与纯利润再投入的分布

单位：万元，个

年份	税后净利润				纯利润再投入			
	平均值	中位数	标准差	样本量	平均值	中位数	标准差	样本量
2007	312.2	30.0	1297.5	3191	160.8	15.0	581.5	2587
2005	228.0	28.0	885.0	2262	125.2	10.0	1035.9	2727
2003	196.5	20.0	990.0	2169	162.3	14.0	685.9	1754
2001	117.6	23.0	445.0	2620	111.7	15.0	565.2	2473
1999	127.9	20.0	719.5	2384	101.5	12.0	670.0	2386
1996	45.0	10.0	248.9	1578	29.7	5.0	112.5	1585

注：（1）在分析纯利润再投入时发现，各年份的调查数据均存在部分不合逻辑的样本。一是一部分被访企业主一方面声称企业利润为零甚至为亏损，但另一方面又给出了纯利润中用于再投入的数额，这类样本在分析时未被纳入。二是一部分被访企业主提供了企业税后净利润数额，但他们报告的用于再投入的纯利润额却大于税后净利润额，或者纯利润再投入额与企业分红之和大于税后利润额，对于这样的样本，在分析时以税后净利润减去分红的余额作为样本企业的纯利润再投入额（余额为负值则舍弃相关样本）。（2）计算税后净利润的分布时未纳入亏损企业（329 家），因为这些企业不存在纯利润再投入，与此处的分析无关。

　　企业的纯利润再投入占其税后净利润的比重，反映了企业的资金运转模式。从表 47 看，1996～2007 年，样本企业纯利润再投入占其税后净利润的比重的平均值，呈现一种波动中下降的趋势，2007 年与 1999 年相比，该平均值下降了 17.8 个百分点；同期，零利润再投入企业在样本企业中所占比重呈现一种波动中上升的趋势，而全部利润再投入企业的比重则是先上升后下降。总的来说，近十年来，中国私营企业的资金运转模式的一个特点是，将其纯利润投入扩大再生产的比重是下降的，这可能主要是企业的税后净利润规模上升的结果，也不排除私营企业主投资积极性下降的可能。

表 47　样本企业纯利润再投入占税后净利润的比重分布

单位：%，个

年份	平均值	中位数	标准差	零利润再投入企业比重	全部利润再投入企业比重	样本量
2007	50.1	50.0	35.8	18.7	17.1	2482
2005	47.5	50.0	36.4	20.6	16.8	2422
2003	59.3	66.7	39.0	15.7	35.6	1552
2001	63.0	83.3	41.7	20.4	45.8	2198

续表

年份	平均值	中位数	标准差	零利润再投入企业比重	全部利润再投入企业比重	样本量
1999	67.9	75.0	30.9	9.8	22.8	2385
1996	58.4	60.0	30.3	4.7	16.5	1469

注：本表数据清理方法同表46。

分析表明，企业纯利润再投入占企业税后净利润的比重，基本上与企业税后净利润的规模没有关系。但企业纯利润再投入的绝对规模，是与企业税后净利润相关的（见表48）。

表48　样本企业纯利润再投入与税后净利润的回归分析

年份	相关系数	回归系数	标准误	t检验值	显著度	样本量（个）	解释力（％）
2007	0.555	0.205	0.006	32.842	<0.001	2425	30.8
2005	0.690	0.292	0.006	46.499	<0.001	2384	47.6
2003	0.765	0.433	0.009	46.072	<0.001	1507	58.5
2001	0.655	0.347	0.009	39.549	<0.001	2088	42.9
1999	0.983	0.916	0.004	260.006	<0.001	2384	96.6
1996	0.825	0.340	0.006	55.329	<0.001	1436	68.1

注：（1）本表数据清理方法同表46。（2）回归分析的因变量为企业纯利润再投入，自变量为税后净利润。（3）由于只有一个因变量和一个自变量，因此两者的相关系数也就是模型的标准化回归系数。

从表48看，1996～2007年，总体上存在着企业纯利润再投入规模随着企业税后净利润规模的扩大而扩大的趋势。最为突出的是1999年，这一年企业纯利润再投入规模与税后净利润规模的相关性高达0.983，回归系数高达0.916，亦即企业税后净利润每增加1万元，纯利润再投入可增加9160元。不过，进入21世纪以后，企业纯利润再投入与税后净利润之间的这种相关性就开始持续地、显著地降低了。到2007年，相关系数仅为0.555，回归系数仅为0.205，亦即企业税后净利润增加1万元，纯利润再投入仅能增加2050元。

企业的投入，并不只来源于自身利润，也来自借贷。从表49看，2001～2007年，样本企业年底借贷余额的平均值明显呈现增长趋势，2007年年底的企业借贷余额均值比2001年增加了1.64倍。

表 49 样本企业年底借贷余额分布

年份	平均值（万元）	中位数（万元）	标准差（万元）	零借贷余额企业比重（%）	样本量
2007	722.9	10.0	3089.6	47.4	3868
2005	608.8	20.0	3419.8	42.2	3553
2003	665.5	20.0	8094.6	40.4	2545
2001	273.4	20.0	1132.9	42.8	3221

表 50 反映的是 3868 个样本企业在 2007 年年底的各种来源的借贷余额的分布。从中可以看到，国有银行仍然是私营企业借贷的主要来源，其余额平均值所占比重达到 62.3%；其次是城市商业银行和信用社，其余额平均值比重超过 1/5。民间金融机构还不是私营企业借贷的主要来源。表 50 中个人借贷余额比重不到 5%，但我们不能据此判断个人借贷无足轻重。因为，个人借贷的期限往往较短，很难反映在表 50 中。

表 50 2007 年年底样本企业各种来源借贷余额均值与分布

	总计	国有银行	股份制银行	城市商业银行和信用社	民间金融机构	个人	境外银行
平均值（万元）	722.9	450.5	65.2	154.3	13.9	35.0	4.1
平均值来源比重（%）	100.0	62.3	9.0	21.3	1.9	4.8	0.6
中位数（万元）	10.0	0.0	0.0	0.0	0.0	0.0	0.0
标准差（万元）	3089.6	2458.8	602.5	863.2	182.7	248.5	152.1

如果按企业销售额分组来观察，我们可以发现，2007 年年底的借贷余额构成具有一些趋势性特征（见表 51）。其一，2007 年年底，样本企业的借贷余额平均规模随着企业销售额的扩大而扩大。其二，国有银行贷款余额的比重随着企业销售额的增加而上升，1 亿元及以上规模的企业，国有银行贷款余额比重超过 2/3；500 万元以下规模的企业的国有银行贷款余额比重为 1/3 略多；500 万~1000 万元规模的企业这一比重仅仅略多于 1/4。其三，城市商业银行和信用社贷款余额、个人借贷余额以及民间金融机构借贷余额的比重，则随着企业销售额的增加而下降。可见，小型企业更多地通过城市商业银行和信用社以及个人来获得借贷资金，而大中型企业则能够更多地借助于国有银行。

表 51 2007 年年底不同销售额规模样本企业借贷
余额均值及其来源分布

销售额分组	余额均值（万元）	余额来源构成（%）							样本量（个）
		国有银行	股份制银行	城市商业银行和信用社	民间金融机构	个人	境外银行	合计	
500 万元以下	14.6	33.8	3.0	34.1	6.2	22.9	0.0	100.0	1520
500 万～1000 万元	36.5	25.4	1.6	55.4	4.2	13.3	0.1	100.0	423
1000 万～5000 万元	271.8	54.1	9.4	26.5	2.1	7.2	0.7	100.0	882
5000 万～1 亿元	924.8	63.4	6.7	19.4	2.8	7.6	0.1	100.0	343
1 亿元及以上	2385.6	67.1	10.4	18.7	1.1	2.0	0.7	100.0	465

（三）私营企业的税收负担有加重趋势

中国私营企业通常承担着多种社会性负担，包括纳税、交费、应付摊派、捐赠以及公关招待等。表 52 反映了 2007 年样本企业承担这些负担的总体情况。从中可以看到，纳税居于首位，其次是交费，公关招待和捐赠的支出不相上下，摊派支出平均也超过 7 万元。不同企业的负担水平也不同。值得注意的是，有极少数企业并不纳税，而摊派涉及的企业面则比较广，达到 54.6%，捐赠企业比例也很高，达到 78.4%。

表 52 2007 年私营企业的税费负担状况

	平均值（万元）	中位数（万元）	标准差（万元）	零支出企业占比（%）	样本量（个）
纳税	259.03	27.0	808.943	1.8	3676
交费	48.34	3.0	337.21	11.2	2538
各种摊派	7.11	0.5	42.78	45.4	2292
各种捐赠	13.19	1.0	108.84	21.6	2804
公关招待	13.69	3.0	37.85	12.8	2974
三项合计	306.82	35.0	954.09	1.8	1749
五项合计	334.15	45.0	1007.18	1.2	1683

注：（1）有 24 个样本企业的五项负担之和达到销售额的 80% 以上，甚至是销售额的 2 倍多，这并不合情理，因此在分析时舍弃了这些样本。（2）表中的"三项合计"是纳税、交费和摊派的支出合计数，"五项合计"是三项支出加上捐赠和公关招待支出的合计数。由于这两个指标均仅涵盖在所涉及项目上信息完全的样本，因而其均值不等于各项均值之和，但其间的差异也很小。

当然，私营企业这些支出的绝对量并不能确切反映它们的真实负担水平，因为不同企业的经营规模不同，它们的负担基础也是不同的。可以用一项负担占企业销售额的比重来测量这种差异（见表53）。五项负担合计的比重平均在12%上下；如果不考虑企业的捐赠和公关支出，仅考虑纳税、交费和应付摊派三项，则其合计比重的平均值为9.4%。不过，不同销售额规模的企业的负担是不同的。数据表明，企业销售额规模越小，负担越重；销售额规模越大，负担越轻。2007年销售额在500万元以下的企业的各项负担合计占销售额的比重平均接近16%，而1亿元及以上企业的这一比重平均仅为7%略多，前者是后者的2.3倍。由此可见，中小企业尤其是小型企业负担确实较重。

表53　2007 年按销售额分组的样本企业各项负担
占销售额的平均比重

单位：%，个

销售额分组	纳税		交费		各种摊派		各种捐赠		公关招待		合计	
	比重	样本	比重	样本	比重	样本	比重	样本	比重	样本	比重	样本
总体	6.53	3627	2.48	2487	0.79	2234	0.81	2717	2.40	2887	11.51	1651
500 万元以下	7.78	1490	3.78	1003	1.42	917	1.21	1029	3.33	1133	15.92	665
500 万 ~ 1000 万元	5.45	423	1.58	303	0.58	273	0.54	328	0.96	353	8.96	205
1000 万 ~ 5000 万元	5.82	882	1.47	639	0.42	550	0.36	685	0.57	739	8.66	436
5000 万 ~ 1 亿元	5.76	348	1.42	231	0.18	185	0.39	266	0.38	270	8.05	144
1 亿元及以上	5.07	475	0.92	305	0.14	270	0.22	382	0.23	366	7.05	201

2001 年以来，私营企业的各项负担，从绝对数额看，是呈逐年增加趋势的（见表54），而且增幅不小。例如，不考虑物价因素，就纳税而言，2003 年比 2001 年增长 61.0%，2005 年比 2003 年增长 35.3%，2007 年比 2005 年增长 35.4%。当然，这只是一种大概的趋势。另外，在五项负担中，纳税和交费的增长趋势是一以贯之的，其他三项支出的各年度平均水平则表现出波动的变化趋势。综合起来看，私营企业的税收等项支出的平均水平总体上是上升的。

表54　私营企业各项负担额的历年比较

单位：万元，个

		纳税	交费	各种摊派	各种捐赠	公关招待	三项合计	五项合计
2007 年	平均值	259.03	48.34	7.11	13.19	13.69	306.82	334.15
	样本量	3676	2538	2292	2804	2974	1749	1683
2005 年	平均值	191.30	43.61	5.20	6.25	10.81	197.66	220.21
	样本量	2902	2099	2153	2477	2659	1505	1415
2003 年	平均值	141.36	27.06	5.46	12.66	14.31	172.20	196.64
	样本量	2474	1776	1442	1788	2105	1051	943
2001 年	平均值	87.81	18.27	4.16	6.18	10.06	96.67	112.61
	样本量	2849	2283	2057	2443	2518	1598	1461

注：本表的"三项合计"与"五项合计"的含义同表52。

最能说明问题的比较是各项负担支出占销售额的比重（见表55）。从表55中可以看到，2001～2007年，私营企业的纳税额占销售额的比重以及交费额占销售额的比重总体上都有所上升。摊派支出占销售额的比重是有升有降，但总不超过0.9%。捐赠支出占销售额的比重也是波动的，一般也不到0.9%，2003年该项比重最高，这与当年中国出现"SARS"疫情，国家号召企业捐赠有关。公关招待支出占销售额的比重不存在趋势性变动特征，比重平均值最高不到2%。纳税、交费和摊派三项支出占销售额比重之和的平均值，也显示出上述趋势，全部五项支出比重合计均值同样如此。这表明，7年间，中国私营企业的税费等负担虽然并非特别重，但呈现一种逐年加重的趋势。

表55　私营企业各项负担额占销售额比重的历年比较

单位：%，个

		纳税	交费	各种摊派	各种捐赠	公关招待	三项合计	五项合计
2007 年	平均值	6.48	2.34	0.79	0.69	1.64	9.40	11.51
	样本量	3620	2482	2232	2713	2882	1717	1651
2005 年	平均值	5.77	2.07	0.64	0.56	1.30	8.44	10.06
	样本量	2866	2078	2040	2339	2494	1488	1401
2003 年	平均值	5.96	2.31	0.89	0.86	1.93	8.96	11.08
	样本量	2438	1750	1376	1701	1987	1037	935

续表

		纳税	交费	各种摊派	各种捐赠	公关招待	三项合计	五项合计
2001 年	平均值	5.45	1.83	0.58	0.67	1.53	7.71	9.78
	样本量	2816	2268	1978	2341	2374	1586	1451

注：本表中"三项合计"与"五项合计"的含义同表52。

第二部分　关于私营企业主的数据分析

一　私营企业主阶层的主要社会特征

（一）私营企业主阶层仍以男性为主，文化程度明显提高

从表 56 中可以看到，私营企业主阶层仍然是男性占主体地位，女性仅占 15.9%。不过，按照企业登记注册年份分组进行分析，女性企业主的比重随着时间的推移在增加。1989 年以前登记注册的企业，女性所占比重仅为 11.3%，而在 2005 年以后登记注册的企业中，女性的比例上升到了 20.7%，增加了 9.4 个百分点。

表 56　2008 年调查的私营企业主性别构成

单位：%，个

企业登记注册年份	男	女	合计	样本量
总体	84.1	15.9	100.0	4058
1989 年以前	88.7	11.3	100.0	168
1990～1994 年	87.3	12.7	100.0	395
1995～1999 年	85.9	14.1	100.0	1092
2000～2004 年	83.7	16.3	100.0	1751
2005 年以后	79.3	20.7	100.0	652

2008 年调查时，被访企业主的平均年龄为 44.4 岁，年龄中位数为 44 岁，标准差为 8.5 岁。与 2006 年的调查结果相比，几乎没有任何变化。按年龄分组看，30 岁及以下的占 4.6%，31～35 岁的占 9.6%，36～40 岁的占 18.5%，41～45 岁的占 27.2%，46～50 岁的占 15.2%，51～55 岁的占 15.3%，56 岁及以上的占 9.5%。按被访企业登记注册年份分组看，企业主的平均年龄，1989 年以前为 28.6 岁，1990～1994 年为 33.2 岁，1995～

1999 年为 36.1 岁，2000~2004 年为 39.0 岁，2005 年以后为 38.8 岁。1989 年以前创业的企业主之所以年轻，是因为他们中不少人是第二代企业主。

私营企业主的文化程度呈现上升的趋势（见表 57）。从表 57 中可以看到，在 2000~2008 年的五次调查中，文化程度在初中及以下的私营企业主所占比例下降了 13.5 个百分点，大专及以上文化程度的企业主所占比例则提高了 23.7 个百分点。换句话说，到 2007 年，大专及以上文化程度的企业主所占比例已经达到 61.8%，研究生学历企业主所占比例上升了 2.74 倍。

表 57　不同调查年份私营企业主文化程度分布

单位：%，个

调查年份	小学及以下	初中	高中、中专	大学专科	大学本科	研究生	合计	样本量
2008	0.9	8.1	29.3	26.9	22.2	12.7	100.0	4049
2006	1.5	12.6	36.6	31.7	13.1	4.5	100.0	3806
2004	1.7	12.9	33.6	31.1	15.0	5.7	100.0	2998
2002	2.2	17.4	41.6	33.0		5.8	100.0	3250
2000	2.9	19.6	39.5	25.9	8.8	3.4	100.0	3066

进一步的分析表明，被访企业主的文化程度分布，与企业所在地区关系不大，但与企业的销售额规模存在正相关关系。表 58 显示了 2007 年按销售额分组的被访企业主文化程度分布：企业销售额规模越大，企业主的文化程度也越高。虽然一部分文化程度高的企业主可能是在企业做大以后通过各种方式获得较高学历的，但仍不能排除这样一种可能性，即较高的文化程度能够帮助企业主把企业做大。

表 58　按私营企业 2007 年销售额分组的企业主文化程度分布

单位：%，个

		初中及以下	高中、中专	大学专科	大学本科	研究生	合计	样本量
销售额分组	500 万元以下	12.1	34.9	23.8	20.6	8.5	100.0	1584
	500 万~1000 万元	9.7	32.9	28.6	19.4	9.4	100.0	434
	1000 万~5000 万元	6.7	30.4	28.7	21.0	13.1	100.0	898
	5000 万~1 亿元	5.4	20.6	28.4	27.8	17.8	100.0	349
	1 亿元及以上	4.5	14.3	31.1	26.6	23.4	100.0	488
总体		8.9	29.6	26.9	22.0	12.5	100.0	3753
统计分析		*Gamma* = 0.226，*sig.* < 0.001						

（二）私营企业主阶层的社会经历丰富，呈精英化趋势

私营企业主在开办私营企业前通常都有着比较丰富的经历。统计表明，在本次调查中，有733人在党政机关和事业单位工作过，占全部被访企业主的18%。在这733人中，做过一般干部的有283人，占38.6%；做过科级干部的有162人，占22.1%；做过县处级干部的有41人，占5.6%；做过厅局级及以上干部的有23人，占3.1%；做过技术干部的有126人，占17.2%；做过教师的有98人，占13.4%。

1098人在国有企业工作过，占全部被访企业主的26.9%。在这1098人中，国企负责人有349人，占31.8%；技术人员有303人，占27.6%；供销人员有155人，占14.1%；一般职员和工人有291人，占26.5%。也就是说，这部分人中，73.5%的人除了经验之外，还拥有一定的权力或技术资源。

741人在集体企业工作过，占全部被访企业主的18.2%。其中，集体企业负责人有320人，占43.2%；技术人员有146人，占19.7%；供销人员有138人，占18.6%；一般职员、工人有137人，占18.5%。也就是说，这部分人中81.5%的人在集体企业里面经过一定的锻炼，曾经拥有一定的权力或技术资源。

182人在外资或港澳台资企业工作过，占全部被访企业主的4.5%。其中，管理负责人有95人，占52.1%；技术人员有39人，占21.4%；供销人员有23人，占12.6%；一般职员、工人有25人，占13.7%。这表明，在外资或港澳台资企业工作过的这些人中，86.3%的人除了经验之外，还曾拥有一定的权力或技术资源。

883人在其他内资私营企业工作过，占全部被访企业主的21.7%。其中，管理负责人有575人，占65.1%；技术人员有108人，占12.2%；供销人员有99人，占11.2%；一般职员、工人有101人，占11.4%。这说明，在其他内资私营企业工作过的被访企业主中，88.6%的人拥有一定的工作经验、权力或技术资源。

549人在农村工作过，占全部被访企业主的13.5%。其中，村干部有144人，占26.2%；外出打工的有87人，占15.8%；纯粹农民出身的有318人，占57.9%。

此外，在开办私营企业前，有467人做过个体户，占全部被访企业主的11.5%。75人参过军，约占全部被访企业主的1.8%。37人从事过其他职业，占

全部被访企业主的0.9%。63人曾经在国外留学、工作过，占全部被访企业主的1.5%。还有无业失业人员62人，占全部被访企业主的1.6%，无业人员中有一部分人应当是私营企业阶层的第二代，他们直接接班，成为新一代私营企业主。

不难看出，在本次调查的被访企业主中，不少人在开办私营企业之前有过不止一个工作经历。我们把工作岗位的每一次晋升（下降）算作一次工作变动，经过整理分析，结果表明，总计有652人在开办私营企业之前做过两份及以上的工作，占全部被访企业主的16%。

最后，我们还以权力和技术资源作为评价标准，对被访企业主开办私营企业前的职业地位进行整理，分析结果表明，在3873位提供了相关信息的被访企业主中，开办企业前地位最高的职业中，国家各级干部（含党政机关各级干部和技术干部）、各类企业负责人、农村干部合计占46.6%，各类专业技术人员占14.6%，各类企业供销人员占9.0%，个体户占8.5%，各类企业的职员、工人占13.4%，纯粹的农民占5.6%，从事其他工作的占0.7%，无业失业人员占1.6%。这表明，在开办私营企业前不掌握任何权力资源、技术资源（包括科学技术和管理经营技能）和一定经济资源的被访企业主（包括企业一般职员、工人、农民以及无业失业人员）合计所占比重不超过20%。而在2006年的调查中，这类合计所占比重达到28.6%。可见，中国私营企业主阶层有精英化的趋势。这种精英化趋势，会不会对原来经济社会地位较低的阶层产生挤出效应，这是一个值得关注的现象。

二 私营企业主的收入状况

私营企业主的收入状况是个敏感的问题。本次抽样调查把这个问题分解为三个部分：一是私营企业主的个人收入；二是私营企业主的家庭收入；三是私营企业主的年薪。

（一）私营企业主的个人收入

本次调查显示，2007年全国私营企业主个人收入（工资、分红等）的中位数为10万元，平均收入为22.7万元。由于生产经营状况的差别以及其他原因，私营企业主的个人收入差距悬殊，最低的个人收入为零，最高的超过千万元，但10万元者所占比例最高，其数量为被调查的私营企业主总数的13.3%；年收入达到50万元的私营企业主的数量占3.1%。我们可以从图 1 中获得更加明晰的直观印象。

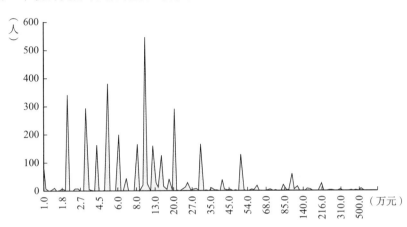

图 1　2007 年私营企业主的个人收入

（二）私营企业主的家庭收入

本次调查显示，2007 年全国私营企业主家庭总收入的中位数为 12.5 万元，平均收入为 45.9 万元。家庭总收入 10 万元者最多，占 8.3%；家庭总收入 20 万元者，占 6.2%。由于私营企业主的家庭总收入更多地取决于私营企业主的个人收入，所以，私营企业主的家庭总收入与私营企业主的个人收入高度相关。

（三）私营企业主的年薪

本次调查数据表明，2007 年全国私营企业主在企业的年薪平均值为 19.25 万元，少数企业主的年薪超过百万元人民币。表 59 为私营企业主的年薪水平及其分布情况。

表 59　2007 年私营企业主年薪水平和分布

单位：%

年薪水平	占被调查私营企业主总数的百分比
5 万元	9.5
6 万元	4.5
10 万元	12.3
20 万元	5.2
30 万元	2.0

续表

年薪水平	占被调查私营企业主总数的百分比
50 万元	1.1
100 万元	0.5

应当说明的是，表 59 所显示的私营企业主的收入，并不能反映他们的真实收入状况。因为他们个人和家庭消费支出，往往与企业生产经营支出混在一起，如果算上他们个人和家庭消费支出，他们的个人和家庭收入应远远超过这个数字。

尽管如此，与以往相比，私营企业主个人收入的增长仍然是明显的。根据 2006 年第七次全国私营企业抽样调查显示，2005 年私营企业主包括工资、分红等在内的个人平均收入为 18.6 万元；而 2008 年第八次全国私营企业抽样调查显示，2007 年则上升为 22.7 万元，比 2005 年增长了 22%。从中位数来看，同一时期内，也从 8 万元增加到 10 万元，增长了 25%，实现了比较快的增长，但这种增长是不均衡的。

2005 年，私营企业主年收入达到 10 万～50 万元者占当时被调查的私营企业主总数的 22.6%，年收入过百万元的比例为 3.5%。但是，2007 年，年收入达到 10 万～50 万元者达到 30.9%，比 2005 年增长了 8.3 个百分点；而年收入过百万元的比例由 2005 年的 3.5% 上升到 2007 年的 4.6%，上升了 1.1 个百分点。值得注意的是，年收入在 50 万～100 万元收入组的比例大幅度下降，由 2005 年的 11.8% 下降到 2007 年的 2.0%。2005 年与 2007 年私营企业主收入分配的变化情况如图 2 所示。

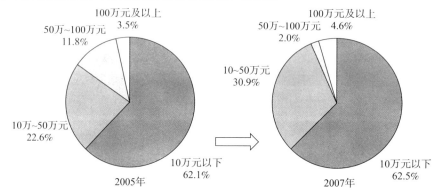

图 2　2005 年与 2007 年全国私营企业主个人年收入分组情况比较

我们清楚，私营企业主的个人收入以及与之相关的问题是十分敏感的问题，私营企业主对待这类问题的回答不可能完全真实。尽管如此，从第八次全国私营企业抽样调查和第七次全国私营企业抽样调查结果的对比中，我们还是可以看到，私营企业主在收入的一般情况和发展态势上表现出了较高的一致性。

三 私营企业主阶层的生活方式

对私营企业主阶层生活方式的分析，主要集中于其时间分配和生活支出两个方面。

（一）私营企业主的时间分配趋于合理

在时间分配方面，本次调查把一天的时间分为企业内部日常经营管理类、公关和公共活动类、学习类、休息类四块，询问被访企业主分别在这四个方面花费多少时间。剔除不规范样本，纳入分析的样本为 3259 个。分析结果显示，被访企业主每天从事企业内部日常经营管理工作的时间平均为 7.78 小时，中位数为 8 小时；每天外出联系生意、开会、公关和招待的时间平均为 3.53 小时，中位数为 3 小时；每天用于学习的时间平均为 2.04 小时，中位数为 2 小时；每天用于休息的时间平均为 9.27 小时，中位数为 8 小时；平均"剩余时间"为 1.38 小时。但 68.6% 的被访企业主没有这样的"剩余时间"。因此大体说来，被访企业主的时间分配是比较合理的，但也有 21.3% 的被访企业主每天的休息时间不足 8 小时。

（二）私营企业主的生活支出高于一般水平

关于生活支出，本次调查将其分为四个部分，即衣食住行等基本生活支出、娱乐保健支出、教育学习支出和其他支出。总的来说，私营企业主群体的生活消费支出水平是比较高的。根据 3470 位被访企业主提供的相关信息，2007 年他们的家庭人均生活消费支出的平均水平为 26249.7 元。其中，3433 位被访企业主提供了四个方面的生活消费支出的完整信息，平均来说，其家庭人均衣食住行等基本生活支出占人均生活消费总支出的比重均值为 47.7%，人均娱乐保健支出的比重均值为 14.1%，人均教育学习支出的比重均值为 20.7%，人均其他生活消费支出的比重均值为 17.5%（见表 60）。

表 60 2007 年被访企业主家庭人均生活消费支出情况

单位：元，个

	平均值	中位数	标准差	样本量
人均生活消费支出	26249.7	15000	55426	3470
人均衣食住行支出	11827.7	7360	21954.7	3433
人均娱乐保健支出	4005.4	2000	75915.3	
人均教育学习支出	5338.6	2666.7	10260.2	
人均其他费用支出	5748.6	2250	26991.2	

　　私营企业主家庭人均生活消费支出存在显著的地区差异，而且，企业经营规模不同，企业主家庭人均生活消费支出也不同（见表61）。从表61看，地区差异的表现是，东部地区企业主家庭人均生活消费水平最高，西部地区次之，中部地区最低。不过，与西部地区的企业主家庭人均生活消费相比，中部地区企业主家庭生活消费似乎更看重教育学习支出。与企业2007 年销售额相关的是，被访企业主的家庭生活消费支出呈现随销售额的扩大而提高的趋势，年销售额在 1 亿元及以上的企业的企业主家庭，人均生活消费支出是销售额 500 万元以下的企业企业主家庭的 2.88 倍。

**表 61 按地区和 2007 年企业销售额分组的被访企业主
家庭人均生活消费支出情况**

单位：元，个

		人均生活消费支出		四大项人均支出				
		均值	样本量	衣食住行	娱乐保健	教育学习	其他	样本量
按地区分组	西部	21862.7	773	10294.6	3070.6	3924.1	4963.2	770
	中部	19411.2	830	8608.4	3114.1	4574.4	4012.4	819
	东部	31106.1	1867	13897.8	4791.6	6280.7	6847.7	1844
按 2007 年企业销售额分组	500 万元以下	15587.1	1410	7626.1	2407.0	3072.0	2849.1	1394
	500 万～1000 万元	22957.5	395	10621.3	3983.5	4591.8	4826.0	391
	1000 万～5000 万元	31490.1	790	14098.0	4332.7	6220.6	6997.5	784
	5000 万～1 亿元	44251.3	293	17800.9	6721.1	9698.6	10041.3	300
	1 亿元及以上	44904.8	389	19319.3	7400.9	9182.6	11081.7	388

四 私营企业主的社会责任意识有所增强

近几年，社会对私营企业主的社会贡献认同度提高，因此本次调查对其社会贡献的考量只涉及私营企业主的捐款捐物总额一个指标。在被调查的企业主中，有过捐赠行为的占 86.7%，比上次调查高出 2.6 个百分点。在有过捐赠行为的企业中，捐赠金额的中位数为 6 万元，比上次调查高 20%，说明近两年私营企业主的社会贡献意识逐步增强，其中最小值为 100 元，最大值为 8666 万元。表 62 至表 65 分别表示不同资产规模、不同政治面貌、不同文化程度和不同年龄段的捐赠人数比例、捐赠额中位数以及与上次调查的对比情况。从资产规模看，各种规模企业的捐赠人数比例均比 2005 年有所上升，企业规模越大，捐赠人数比例和捐赠额越高；从政治面貌看，中共党员捐赠金额有大幅度提高，比 2005 年增长 1.6 倍，共青团员捐赠人数比例比 2005 年提高了 10 个百分点；从文化程度看，研究生学历的

表 62 不同资产规模私营企业主的捐赠人数比例和捐赠额中位数

资产规模	2005 年		2007 年	
	捐赠人数 比例（%）	捐赠额中位数 （元）	捐赠人数 比例（%）	捐赠额中位数 （元）
100 万元以下	69.6	5000	74.7	10000
100 万~500 万元	84.9	30000	89.8	50000
500 万元及以上	93.2	150000	96.8	200000
总体	84.1	50000	86.7	60000

表 63 不同政治面貌私营企业主的捐赠人数比例和捐赠额中位数

政治面貌	2005 年		2007 年	
	捐赠人数 比例（%）	捐赠额中位数 （元）	捐赠人数 比例（%）	捐赠额中位数 （元）
中共党员	89.4	38000	93.0	100000
共青团员	69.0	5000	79.9	20000
民主党派	96.3	100000	95.1	150000
群众	81.1	20000	—	—
总体	84.1	50000	86.7	60000

注：本次调查未设置群众选项，因此无法与上次调查做比较。

私营企业主的捐赠金额与捐赠人数比例都是最高的，但从统计学角度分析，两者并不具有相关性，即并非学历越高捐赠的积极性越高；从各年龄段看，40 岁以上的私营企业主捐赠贡献明显高于 40 岁以下的，与 2005 年的趋势相同，这与企业开办年限较长有关。我们做了企业开办年数与年龄段的相关性检验，发现企业主年龄越大其企业开办时间就越长，也就是说，年龄大的私营企业主的财富积累时间较长，其社会贡献自然要高一些。

表 64　不同文化程度私营企业主的捐赠人数比例和捐赠额中位数

文化程度	2005 年		2007 年	
	捐赠人数比例（%）	捐赠额中位数（元）	捐赠人数比例（%）	捐赠额中位数（元）
小学及以下	87.0	50000	87.9	50000
初中	81.0	20000	81.1	30000
高中、中专	84.9	30000	84.4	45000
大专	84.5	57000	88.7	80000
大学	82.1	60000	87.0	80000
研究生	89.3	102500	91.2	150000
总体	84.1	50000	86.7	60000

表 65　不同年龄段私营企业主的捐赠人数比例和捐赠额中位数

年龄段	2005 年		2007 年	
	捐赠人数比例（%）	捐赠额中位数（元）	捐赠人数比例（%）	捐赠额中位数（元）
30 岁及以下	56.2	10000	74.0	10000
31～40 岁	78.4	30000	80.7	30000
41～50 岁	86.4	50000	87.8	100000
51～60 岁	89.4	50000	91.0	100000
61 岁及以上	83.1	90000	86.2	100000
总体	84.1	50000	86.7	60000

五 私营企业主的政治生活以及他们对党的统战工作和工商联的期望

(一) 私营企业主中的共产党员比重为 **33.5%**

本次调查发现,在被调查的私营企业主中,中共党员有 1372 人,占 33.5%,与前两次全国抽样调查的比例不相上下;民主党派成员有 285 人,占 7.0%。在已加入中共的私营企业主中,2001 年前入党的占 87.7%。

从共产党员企业主的职业背景看,他们中曾经在党政机关和事业单位担任过公务员的有 79.5%。在尚未加入中共的私营企业主中,写过入党申请书的只占 10.3%,这一比例比上一次调查数据(9.6%)略有提升,但总体看,私营企业主中要求入党的仍然是少数人。

(二) **80%** 以上的私营企业主没有宗教信仰

本次调查首次设置了私营企业主宗教信仰方面的问题。调查结果与人们设想的情况有较大不同,82.9% 的私营企业主没有任何宗教信仰,信教的企业主只有 17.1%,其中 13.5% 的人信仰佛教,其他的分别信仰道教、天主教、基督教、伊斯兰教和其他宗教。

(三) 私营企业主自我评价为中等社会阶层

本次抽样调查继续对私营企业主自我评价进行考察。我们用数字 1~10 来表示私营企业主与周围其他社会成员的地位比较,数字越大表示地位越低,数字 1 表示地位最高,数字 10 表示地位最低。抽样调查结果如表 66 所示。

从表 66 中可以看出,私营企业主对自身在经济、政治和社会三大领域中的地位的评价大致相同。他们对自身的经济地位、政治地位、社会地位选择居于中层(第 5 位和第 6 位)的最为集中,比例达到 45.7%、36.7%、44.4%;其中,认为居第 5 位的最多,比例分别为 27.1%、21.6%、25.7%;认为自己的经济地位和社会地位在中等以上(第 6 位到第 1 位)的都达到了 75.1%,认为自己政治地位在中等以上(第 6 位到第 1 位)的要略少一些,但也有 63.3%。可见,私营企业主大都把自己在社会上的地位确定在中上等水平,认为自己政治和社会地位在最高层和最低层的都是极少数。这些情况与上一次抽样调查结果相差不大。

表66　私营企业主对自身经济、政治和社会地位的评价

单位：%

位次	经济地位		政治地位		社会地位	
	第七次调查	第八次调查	第七次调查	第八次调查	第七次调查	第八次调查
1	1.3	1.6	1.5	1.4	1.8	1.5
2	4.2	3.5	5.2	3.5	3.6	4.3
3	9.9	10.7	12.0	10.1	11.9	10.5
4	9.0	13.6	11.3	11.6	12.1	14.4
5	21.2	27.1	26.0	21.6	26.6	25.7
6	15.7	18.6	18.1	15.1	18.7	18.7
7	9.7	10.6	9.4	10.1	10.3	10.3
8	11.8	9.6	9.6	11.7	8.8	8.7
9	7.0	3.1	2.9	7.6	2.3	3.8
10	6.3	1.6	1.0	7.3	0.9	2.1

（四）私营企业党建工作需要加强，管理需要改进

本次调查表明，员工中没有共产党员的私营企业占20.6%，比上一次调查时下降了11.1个百分点。在被调查企业中，员工党员人数为1人和2人的企业分别占10.1%和12.0%；员工党员人数在3人和3人以上的企业占57.2%；有50名以上和100名以上党员员工的企业分别占3.3%和1.3%。

《中国共产党章程》规定，凡有正式党员3人以上的基层单位，都要成立党的基层组织。按照2000年9月《中共中央组织部关于在个体和私营等非公有制经济组织中加强党的建设工作的意见（试行）》的规定，党员人数在3名以上、50名以下的，应建立党支部；党员人数超过或接近50名、100名的，可分别建立党的总支部委员会、党的基层委员会。但本次调查表明，成立了党委、党总支、党支部等党的基层组织的企业只有30.6%，约70%的企业没有成立党组织。在有3人和3人以上党员、按规定应建党组织的企业中，有28.2%没有建立党组织；在有50名以上100名以下党员的企业中，还有1.6%没有建立党组织。在有100名以上党员的上规模企业，则全部建立了党组织，这说明，近两年组织部门着重在上规模非公有制企业中推进建党工作的努力取得了重大进展（见表67）。

表 67   不同党员人数的私营企业建立各类规模党组织的比例

单位：%

企业党员人数	已建党委	已建党总支	已建党支部	已建党小组	未建党组织
3 人（含）以上 50 人（不含）以下	2.6	4.6	58.1	8.1	26.6
50 人（含）以上 100 人（不含）以下	50.0	17.7	30.6	0.0	1.6
100 人（含）以上	75.0	13.6	11.4	0.0	0.0

《中共中央组织部关于在个体和私营等非公有制经济组织中加强党的建设工作的意见（试行）》规定，非公有制经济组织中的党组织一般由所在地的村、乡镇、城市街道（社区）党组织领导，企业规模较大、党员人数较多的，也可直接由所在地（市）、县（市、区）党委领导，也就是实行属地管理模式。本次调查就私营企业党组织的隶属关系问题进行了询问。认为私营企业党组织由属地党委、当地工商联党组、个体私营企业协会党组织管理更为有利的企业主，分别有 38.6%、37.0%、23.6%。可见，在私营企业主看来，属地党委管理并不是对私营企业党组织唯一的管理模式，工商联党组几乎和属地党委一样可以承担起管理本地私营企业党组织的职能。我们在实地调研中也了解到，一些大中型私营企业和民营科技企业党组织不太愿意由所在街道或社区管理，认为街道或社区党组织难以胜任相应的管理责任。

在私营企业党建工作中，党员企业主能否担任企业党组织的主要负责人，一直是个争议很大的问题。在很长一段时期里，组织部门对此也没有一个明确的政策意见。通过本次调查，我们了解到，在党员企业主中，有 66.7% 的人担任了所在企业党委或总支、支部的书记，只有 33.3% 的人没有担任这样的党内职务。这充分表明，党员企业主担任企业党组织主要负责人的现象已经比较普遍。

（五）私营企业主的政治参与热情高，但亦商亦官现象要纠正

本次调查着重从担任人大、政协、政府和党内职务四个方面考察了私营企业主政治参与的基本情况。调查表明，担任人大代表、政协委员是私营企业主参与政治的最主要方式，回答担任各级这两类职务的总计有 2101 人，占受访企业主的 51.1%。在受访的 1372 名党员私营企业主中，担任各级党代表的达到 28.3%，其中，省级党代表和全国党代表分别有 15 人和 7 人，共占党员企业主总数的 1.6%。

2000 年 3 月，中共中央组织部、中央统战部联合下发文件，对一些地方委任一些私营企业主担任党政机关特别是县乡机关党政领导职务，甚至根据投资多少和利税贡献大小确定任职级别高低的情况予以纠正，明确规定私营企业主不得担任党政机关领导职务。但是这些规定在实践中已有明显的突破。本次调查表明，有 205 名中共党员企业主进入了地方各级党委领导机构，占受访党员企业主总数的 14.9%，其中担任省级党委委员的有 4 人，有 61 人担任了县乡两级政府副职领导，虽然只占受访企业主总数的 1.5%，但这种亦官亦商、官商一体的现象没有法律和政策依据，其结果和影响如何，值得认真研究（见表 68）。

表 68 私营企业主担任人大代表、政协委员、政府和党内职务情况

		人数 （人）	百分比 （%）	有效百分比（%）	备注
人大代表	乡级	113	2.8	3.8	
	县（市）级	418	10.2	14.2	
	地（市）级	268	6.5	9.1	
	省级	68	1.7	2.3	
	全国级	18	0.4	0.6	
政协委员	县（市）级	743	18.1	24.2	
	地（市）级	401	9.8	13.1	
	省级	63	1.5	2.1	
	全国级	8	0.2	0.3	
政府（部门）	乡镇副职	29	0.7	35.4	
	县级副职	8	0.2	9.8	
	县政府有关部门任职	24	0.6	29.3	
	其他	21	0.5	25.6	
党代会代表	乡镇级	127	3.1	11.7	此部分比例为占全部党员比重
	县（市）级	205	5.0	18.9	
	地（市）级	35	0.9	3.2	
	省级	15	0.4	1.4	
	全国级	7	0.2	0.6	

续表

		人数（人）	百分比（%）	有效百分比（%）	备注
党委委员	乡镇级	114	2.8	11.6	此部分比例为占全部党员比重
	县（市）级	77	1.9	7.8	
	地（市）级	10	0.2	1.0	
	省级	4	0.1	0.4	

此次调查还发现了一个特别值得关注的现象，就是有一批私营企业主担任了各级人大、政协领导职务。统计结果表明，担任人大常委会主任、副主任和常委的分别有 9 人、7 人、162 人，担任政协主席、副主席和常委的分别有 4 人、27 人、387 人。担任人大常委会主任、副主任的全部集中在县乡两级，担任人大常委的不但在县乡两级有，而且地市级和省级也分别有 34 人和 10 人。担任政协主席的全部为县级，担任政协副主席的县级和地市级分别有 12 人和 6 人，担任政协常委的除县、地市两级外，省和全国两级分别也有 12 人和 1 人。政协作为统一战线组织，由私营企业主担任主要负责人已有试点政策作为依据，但人大作为国家权力机关，由私营企业主进入其领导机构甚至担任主要负责人，尚缺乏法理依据（见表 69、表 70、表 71）。

表 69　私营企业主担任人大、政协领导职务情况

单位：人，%

	主任（主席）		副主任（副主席）		常委	
	人数	比例	人数	比例	人数	比例
人大	9	0.2	7	0.2	162	4.0
政协	4	0.1	27	0.7	387	9.4

表 70　私营企业主担任各级人大领导职务情况

单位：人

	乡镇级	县级	地市级	省级	全国级
主任	5	2	0	0	0
副主任	2	3	0	0	0
常委	7	82	34	10	0

表71　私营企业主担任各级政协领导职务情况

单位：人

	县级	地市级	省级	全国级
主席	4	0	0	0
副主席	12	6	0	0
常委	225	88	12	1

（六）私营企业主十分关注党的统一战线工作

经中共中央批准，中央统战部、国家发改委、国家工商总局、人事部、全国工商联于2004年和2006年两次在非公有制经济人士中开展了"全国优秀中国特色社会主义事业建设者"评选表彰活动，先后共有198人获此殊荣，各省（区、市）也相应广泛开展了这一评选表彰活动，一些地方已先后3次评出本地区的"优秀中国特色社会主义事业建设者"。几乎与此同时，中央统战部提出了"凡进必评"原则，会同各相关政府部门和人民团体，对非公有制经济代表人士，从政治表现、经营管理、社会贡献、道德修养四个方面进行综合评价，并把综合评价结果作为非公有制经济代表人士政治安排的重要依据，大多数省（区、市）也陆续相应开展了这项工作。

本次调查表明，有58.6%的企业主知道"优秀建设者"评选表彰活动，55.4%的企业主知道综合评价工作，比例均超过了一半。这说明，这两项活动开展几年来已经被大多数企业主所了解。但是，如果仔细分析，我们认为，作为直接当事人的私营企业主，也还有相当多的人不知道这两项活动，可想而知，社会上知情的人就更少。与劳动模范等荣誉称号相比，"优秀建设者"称号的社会影响力还有不小差距。表72比较清晰地显示了不同政治面貌、不同文化程度、不同年龄段的企业主对这两项活动的了解程度。在不同政治面貌的企业主中，属于民主党派的对这两项活动了解最多，其次才是中共党员，这与上一次调查结果完全吻合；在不同文化程度的企业主中，随着学历的提升，知道这两项活动的人数比重明显逐步提高，两者呈正比关系；在不同年龄段的企业主中，40~60岁的人知道这两项活动的比例最高。由此可见，受党的教育时间较长的企业主，对党的统战工作更为关注。

表 72   不同类型私营企业主对"优秀建设者"评选表彰活动和
代表人士综合评价工作的了解情况

单位：%

		"优秀建设者"评选活动		综合评价工作	
		知道	不知道	知道	不知道
	全部受访对象	58.6	41.4	55.4	44.6
不同政治面貌	中共党员	64.9	35.1	61.1	38.9
	民主党派	69.4	30.6	65.0	35.0
	共青团员	44.5	55.5	49.3	50.7
不同文化程度	小学和初中	49.7	50.3	44.2	55.8
	高中和中专	54.3	45.7	50.4	49.6
	专科和本科（大学）	60.7	39.3	58.9	41.1
	硕士和博士（研究生）	66.6	33.4	61.0	39.0
不同年龄段	30 岁及以下	51.5	48.5	51.5	48.5
	31～40 岁	48.3	51.7	48.9	51.1
	41～50 岁	61.5	38.5	58.0	42.0
	51～60 岁	64.0	36.0	58.4	41.6
	61 岁及以上	52.0	48.0	46.2	53.8

表 73 表明，被调查企业主中有一半左右的人对表中所列的对"优秀建设者"评选表彰活动的要求都寄予了希望。其中，提出希望和建议的人数比例最高的项目是"评选过程更加公开透明"，这一结果与上一次调查结果完全一致，说明企业主普遍希望了解评选表彰活动的过程。表 74 表明，被调查企业主中有一半左右的人对表中所列的对综合评价工作的要求都寄予了希望。其中，提出希望和建议的人数比例最高的项目是"在推荐私营企业主担任人大代表、政协委员时要对他们进行综合评价"，达到 66.3%。这说明大多数企业主都希望能够运用综合评价结果增强私营企业主政治安排的公正性，提高政治安排人选的质量。

表 73   私营企业主对"优秀建设者"评选表彰活动的希望和建议

单位：%

项目	比例
评选标准更加全面客观和严格	57.0

续表

项目	比例
评选过程更加公开透明	62.5
加大对评选表彰活动和获选者先进事迹的宣传	47.8
使评选表彰"优秀建设者"和评选表彰"劳动模范"具有同等影响力	43.6

表 74　私营企业主对非公经济代表人士综合评价工作的建议

单位：%

项目	比例
评价体系和指标更加科学客观	43.9
在推荐私营企业主担任人大代表、政协委员时要对他们进行综合评价	66.3
及时向被评价对象反馈评价结果，帮助企业发现存在的问题	53.3

在询问统战部应如何加强与非公经济人士的联系时，受访企业主选择"定期召开代表人士座谈会"的人比例最高，达到62.5%，远远高出其他各个选项。选择通过企业党组织加强联系的人比例最低，也就是说，越是对企业主自身约束性小的联系方式，选择的人就越多（见表75）。可以认为，私营企业主对统战部与他们的联系比较习惯于松散型方式，很可能是担心其他方式对自身构成约束。

表 75　非公经济人士希望如何加强与统战部的联系

单位：%

项目	比例
定期召开代表人士座谈会	62.5
举办代表人士培训班	33.6
由统战部在重点私营企业设立联络员或信息员	31.9
加强与私营企业党组织的联系，支持有条件的企业党委设立统战工作机构	23.5
建立统战部与民间行业商会、异地商会的联络机制	33.8
创办刊物或网站，形成统战部与民营企业家的信息互动机制	27.1

（七）私营企业主对工商联及行业协会、商会工作的希望

1. 对工商联工作希望热切

此次抽样调查有国家工商总局参与，在国家工商总局的样本中，有

32.3%的企业是工商联会员，接近1/3，与2006年国家工商总局调查结果基本持平；有29.2%的企业是工商联下属行业或同业组织的会员（见表76）。

表76 私营企业与工商联的联系情况

		总体		工商局	
		样本数（个）	比例（%）	样本数（个）	比例（%）
是不是工商联的会员	是	2254	65.3	466	32.3
	不是	1198	34.7	976	67.7
是否参加了工商联下属的行业商会或同业公会	参加了	1800	51.6	398	29.2
	未参加	1689	48.4	967	70.8

中发〔2006〕15号文件要求："充分发挥工商联在非公有制经济人士参与政治和社会事务中的主渠道作用"，"充分发挥工商联在非公有制经济人士思想政治工作中的重要作用"，"充分发挥工商联在政府管理非公有制经济方面的助手作用"，"在建立新型劳动关系过程中，工商联既要维护非公有制经济人士的合法权益，又要与工会等人民团体密切配合，维护职工的具体利益"。党中央、国务院还提出，工商联要发挥在行业协会和商会改革中的作用。随着工商联职能的扩展和不断加强，工商联作为中国工商界的人民团体和商会组织，作为具有完整健全体系的组织，其影响力日益凸显。

此次调查显示，私营企业主十分关注工商联的工作，对新时期工商联加强履行职能，更好地服务于非公有制经济寄予厚望。他们企盼工商联及其下属的行业商会或同业公会为企业提供服务。82.7%的企业希望工商联及其下属行业组织代表本行业企业的共同利益，维护企业合法权益；65.7%的企业希望帮助其与政府增加沟通；半数以上的企业希望行业协会或同业公会协调同行业企业的经营行为，健全行规、行约，加强自律，维护信誉（见表77）。

表77 私营企业主希望工商联及其下属行业组织做的事情

单位：%

最希望行业协会或同业公会做哪些事情	同意者所占比例
代表本行业企业的共同利益，维护企业合法权益	82.7
帮助企业与政府有关方面增加沟通	65.7

续表

最希望行业协会或同业公会做哪些事情	同意者所占比例
协调同行业企业的经营行为	52.7
健全行规、行约，加强自律，维护信誉	51.7
提供信息、咨询、教育培训等服务	48.3
政策解读	31.1
组织国内外投资考察	20.6
举办经济论坛	18.7
开展企业家联谊活动	37.6
扩大企业和企业家的知名度	28.5
为企业个案提供法律援助	31.5

此次调查发现，对非公有制经济人士担任工商联会长试点的支持率比2006年高出34.8个百分点，达到69.7%。支持率高的原因分别是：认为非公有制经济人士担任会长能够更好地反映所有私营企业的意见的占82.5%，认为能够更好地指导私营企业改进经营管理的占58.5%，认为有利于体现工商联的经济性和民间性的占56.4%，认为有利于调动私营企业家参与和支持工商联工作的积极性的占57.7%（见表78）。同时，也有30.3%的人对非公有制经济人士担任会长持不赞成或说不清的态度。他们认为企业家担任会长，是一种兼职行为，很难保证足够的时间和精力参与工商联事务的占51.8%；认为在企业家群体中威信不高、代表性不够的占25.3%（见表79）。

表78　私营企业主赞同企业家担任会长的主要理由

单位：%

赞同企业家担任会长的主要理由	同意者所占比例
能够更好地反映私营企业的意见	82.5
能够更好地指导私营企业改进经营管理	58.5
有利于体现工商联的经济性和民间性	56.4
有利于调动私营企业家参与和支持工商联工作的积极性	57.7
符合国际惯例	18.9
其他	0.7

表 79　私营企业主不赞同企业家担任会长的主要理由

单位：%

不赞同企业家担任会长的主要理由	同意者所占比例
企业家不熟悉政府运作，不利于加强政府与企业间的沟通	39.2
企业家担任会长并进而担任政协副主席，会形成新的官商不分，有可能为本企业谋取好处	47.8
企业家担任会长，是一种兼职行为，很难保证足够的时间和精力参与工商联事务	51.8
在企业家群体中的威信不高、代表性不够	25.3
其他	1.3

2. 私营企业对行业协会改革的呼声较高

此次调查显示，有 61.2% 的企业参加了政府部门主管的行业协会（与工商联会员有交叉），与 2006 年调查结果大致相同（见表 80）。从行业分布来看，参加比例最多的依次是：制造业、批发零售业、农林牧渔业、建筑业、信息服务业和住宿餐饮业（见表 81）。

表 80　私营企业参加政府部门主管的行业协会情况

单位：%

您企业是否参加了政府部门主管的行业协会？	比例
参加了	61.2
没有参加	38.8

表 81　不同行业私营企业参加政府部门主管的行业协会情况

单位：%

行业	样本总体比例	已加入行业协会的比例
农林牧渔业	7.1	8.6
采矿业	2.2	2.3
制造业	43.4	46.3
电力煤气水	1.2	1.3
建筑业	5.9	6.7
交通运输业	2.2	2.4
信息服务业	5.4	4.8
批发零售业	18.4	12.9

续表

行业	样本总体比例	已加入行业协会的比例
住宿餐饮业	4.3	4.5
金融业	0.4	0.5
房地产业	2.8	3.9
租赁业	1.1	0.9
科研技术	1.3	1.2
公共设施	0.3	0.3
居民服务业	2.4	1.8
教育	0.4	0.3
卫生	0.5	0.5
文化体育	0.9	0.8
公共管理	0.1	0.1
合计	100.0	100.0

在问及当前有哪些因素在制约行业组织健康发展和正常发挥作用时，私营企业主对所提问的回答率普遍较高，持相同意见相对较多的是"行业组织官办色彩浓厚，政会不分，难以代表行业的利益"，占48.9%；认为"政府职能转变和转移不到位，行业组织职能不健全"的占44.1%，对其余提问持相同意见的均占20%左右（见表82）。

表82　私营企业主认为当前制约行业组织健康发展和
正常发挥作用的因素

单位：%

当前制约行业组织健康发展和正常发挥作用的因素	同意者所占比例
行业组织官办色彩浓厚，政会不分，难以代表行业的利益	48.9
政府职能转变和转移不到位，行业组织职能不健全	44.1
民政部门和业务主管部门双重管理的体制和一个地方一个行业只能成立一个协会的规定限制了行业组织发展的活力	18.4
没有建立对行业组织的评估机制和优胜劣汰的退出机制	21.2
行业组织内部治理结构不健全，民主选举和民主管理制定不完善，经费收支行为不规范	21.9
行业组织立法滞后，行业组织的发展没有纳入法制化轨道	27.7

调查显示，私营企业主知道 2007 年 5 月国务院办公厅下发了《关于加快推进行业协会商会改革和发展的若干意见》的占 52.9%（见表 83）。由此可见，多数企业主十分关注行业协会、商会的改革和发展，对其克服现有弊端，更好地发挥应有的作用，抱有较大期望。

表 83　私营企业主对国务院文件的知悉情况

单位：个，%

您是否知道 2007 年 5 月国务院办公厅下发了《关于加快推进行业协会商会改革和发展的若干意见》	样本数	比例
知道	2028	52.9
不知道	1806	47.1

3. 私营企业主欢迎的培训方式和培训内容

此次调查显示，私营企业主最欢迎的培训方式是"成功的知名企业家现场授课"，占 70.8%，其次是"知名专家学者现场授课"，占 57.4%（见表 84）。最受私营企业主欢迎的培训内容是"企业经营管理的最新知识"，占 69.9%（表 85）。

表 84　私营企业主最欢迎的培训方式

单位：%

最欢迎的培训方式	同意者所占比例
知名专家学者现场授课	57.4
党政领导干部现场授课	14.1
成功的知名企业家现场授课	70.8
学员交流研讨	34.2
实地考察或国外考察	39.8
其他	0.2

表 85　私营企业主最希望获得的培训内容

单位：%

最希望获得哪些方面的培训内容	同意者所占比例
科学发展观和党的方针政策	34.9
国家法律法规	48.1

续表

最希望获得哪些方面的培训内容	同意者所占比例
宏观经济形势和宏观调控政策	44.4
企业经营管理的最新知识	69.9
国际投资和贸易方面的知识	26.4
案例教学和研讨	29.8
中国工商业发展的历史和中国商人的经营智慧	23.2
参与政治和社会事务方面的知识	13.2
其他	0.2

2010 年中国第九次私营企业抽样调查数据分析综合报告

"中国私营企业研究"课题组

前　言

　　2008～2009 年，是中国私营企业经受国际金融危机冲击最严重的两年。这两年，中国私营企业的发展状况备受世人关注。本课题组在过去连续八次全国抽样调查的基础上，历时 10 个月，进行了第九次全国抽样调查，着重了解国际金融危机冲击下的私营企业发展情况，并形成了本报告。

　　全国私营企业抽样调查，源于 1993 年，基本上每隔一年进行一次。由中共中央统战部、全国工商联、国家工商行政管理总局、中国民（私）营经济研究会组成课题组，联合中国社会科学院、北京市社会科学院、北京理工大学等学术团体和高等院校的专家，依托各省区市工商联和工商局力量，在全国范围内按 0.55‰的比例，对私营企业进行多阶段抽样，即按经济发展水平，抽取县和县级市，再按城乡与行业分布，随机抽取被调查企业。本次抽样，总共发放 4900 份问卷，由全国工商联和国家工商行政管理总局分别进行。工商联系统发放问卷 2900 份，收回 2729 份，回收率为94.10%；工商局发放问卷 2000 份，回收 1885 份，回收率为 94.25%。总计回收 4614 份，总回收率为 94.16%。

　　为保持数据的连续性和可比性，本次调查题目的设计，总体上沿袭了以往的惯例，分私营企业和私营企业主两大块，但突出了企业应对国际金融危机的内容，细化了企业内部的组织架构部分，增加了家族企业的条目。

本次抽样调查的起止日期为 2008 年至 2009 年年底，时间跨度为两年。但为了让人们了解国际金融危机对私营企业的影响程度，在"概述"部分列出了 2010 年 6 月 30 日前私营企业的最新数据，据此进行对比分析，从中可以看出私营企业应对国际金融危机的情况。这就是说，"概述"部分的数据，与抽样调查的数据时间跨度不同，两者在数据上不一定完全吻合。这是抽样调查的局限，但规范的抽样调查数据分析却可以更精确地反映私营企业的真实情况。

由于私营企业规模差距很大，在国际金融危机期间其分化更加剧烈，同一指标在不同规模企业内部呈偏态分布，差距悬殊。为了表示一般发展水平，为避免畸大畸小极端数据的影响，我们使用了"中位数"这个概念。所谓的"中位数"，就是在同一指标所有大小数据里居中的数值。为了便于比较，在使用中位数概念时，我们尽可能列出平均数。中位数与平均数的差距，反映了该数值的偏斜度。

概　述

一　近两年来全国私营企业发展概况

2008～2009 年，我国私营企业经受了国际金融危机的严峻考验。一方面，私营企业在企业数量、投资者人数、从业人数方面的增速明显放缓；另一方面，投资仍保持了一定的增速，增幅在 20% 以上。为应对国际金融危机，私营企业在产业结构、地区结构等方面的调整速度明显加快。

截至 2009 年年底，全国实有私营企业 740.15 万户（含分支机构，下同），比上年增加 82.73 万户，增长 12.6%；注册资本金 14.65 万亿元，比上年增加 2.91 万亿元，增长 24.8%；投资者 16506123 人，比上年增加 1432512 人，增长 9.5%；从业人员 8606.97 万人，比上年同期增加 702.97 万人，增长 8.9%（见表 1）。

考虑到国际金融危机对私营企业的影响在统计上有一个滞后期，我们把统计日期延至 2010 年 6 月底。到 2010 年 6 月底，全国私营企业有 789.41 万户，比上年增长 6.7%；投资者 16754924 人，比上年增长 1.5%；从业人数为 8895.74 万人，比上年增长 3.4%；注册资金 16.52 万亿元，比上年增长 12.8%。从表 1 我们可以看到，2007 年以来，投资创业、兴办私营企业的人数，增幅有下降的趋势，吸纳的就业人员，增幅也有所下降。

表 1　近五年来全国私营企业发展基本情况

年份	户数（万户）	增长率（%）	投资人数（人）	增长率（%）	从业人数（万人）	增长率（%）	注册资金（万亿元）	增长率（%）
2005	471.95	17.3	11099344	17.0	5824.00	16.1	6.13	28.0
2006	544.14	15.3	12716513	14.6	6586.40	13.1	7.60	23.9
2007	603.05	10.8	13965217	9.8	7253.10	10.1	9.39	23.5
2008	657.42	9.0	15073611	7.9	7904.00	9.0	11.74	25.0
2009	740.15	12.6	16506123	9.5	8606.97	8.9	14.65	24.8
2010.6	789.41	6.7	16754924	1.5	8895.74	3.4	16.52	12.8

二　我国私营企业在国际金融危机冲击下发生了哪些变化？

第一，企业分化加速，股份有限公司增速较快，资本在向优势企业集中。本次抽样调查发现，在国际金融危机期间，我国私营企业虽然受到严重冲击，但仍有 30% 左右的企业在危机期间增加或扩大了投资，减少投资或歇业的约占 20%，投资不增不减的占 40%～50%。这表明，私营企业内部分化加剧，除了 30% 左右的企业能够逆势而上以外，70% 左右的企业发展受阻，有的甚至歇业。仔细分析，成立时间较久的、所有者权益在亿元以上的企业，较能抗风险，而成立较晚的、所有者权益在 500 万元以下的企业则困难重重，甚至面临倒闭。

我国私营企业仍以有限责任公司和独资企业为主体。2010 年上半年，这两类企业总数达到 7749915 户，占全部私营企业总数的 98.17%。合伙企业增速较慢，截至 2010 年 6 月底有 126970 户，仅比 2009 年年底增长 0.9%。股份有限公司虽然数量不多，但是增速高于上述三类私营企业，截至 2010 年 6 月底全国私人控股的股份有限公司有 17168 家，比 2009 年年底增长 13.60%，注册资本增长 19.09%，但投资者人数却比 2009 年年底下降了 20.68%。这表明，在金融危机的冲击下，部分资本正向优势企业集中（见表 2）。

私人独资和有限责任公司占了私营企业总数的 98% 以上，这说明我国私营企业产权结构单一，实际上仍是家族控制的企业。这种产权结构与组织形式有利有弊。产权明晰，在一定时期动力强劲，这是利；产权单一而且封闭，家族式管理难以吸纳人才，难以经受风浪的冲击，这是弊。如何兴利除弊，引导私营企业在市场竞争中联合重组，进行体制创新，是一个需要着力解决的大课题。

表2　2010年6月30日全国私营企业登记基本情况（与2009年年底对比）

项目		单位	2010年上半年（期末实有）	2009年（期末实有）	增减量	增长率（%）
合计	户数	户	7894053	7401539	492514	6.65
	其中：分支机构	户	742383	714693	27690	3.87
	投资者	人	16754924	16506123	248801	1.51
	雇工	人	72202518	69563530	2638988	3.79
	注册资本（金）	万元	1651696919	1464466175	187230744	12.78
城镇	户数	户	5605510	5213052	392458	7.53
	投资者	人	11766593	11649850	116743	1.00
	雇工	人	45997690	43793428	2204262	5.03
	注册资本（金）	万元	1203423296	1041296594	162126702	15.57
农村	户数	户	2288543	2188487	100056	4.57
	投资者	人	4988331	4856273	132058	2.72
	雇工	人	26204828	25770102	434726	1.69
	注册资本（金）	万元	448273624	423169581	25104043	5.93
独资企业	户数	户	1207062	1158047	49015	4.23
	其中：分支机构	户	32133	31766	367	1.16
	投资者	人	1198267	1152151	46116	4.00
	雇工	人	10929652	10235505	694147	6.78
	注册资金	万元	71169217	67309003	3860215	5.74
合伙企业	户数	户	126970	125834	1136	0.90
	其中：分支机构	户	3992	4059	-67	-1.65
	投资者	人	430817	424290	6527	1.54
	雇工	人	1317510	1310155	7355	0.56
	认缴出资额	万元	28605495	21647302	6958193	32.14
	实缴出资额	万元	14692135	11129523	3562612	32.01

续表

项目		单位	2010 年上半年（期末实有）	2009 年（期末实有）	增减量	增长率（%）
有限责任公司	户数	户	6542853	6102545	440308	7.22
	其中：分公司	户	695974	669651	26323	3.93
	投资者	人	15016029	14791242	224787	1.52
	雇工	人	59413283	57578150	1835133	3.19
	注册资本	万元	1501988776	1333580257	168408519	12.63
	实收资本	万元	1377450767	1223185643	154265124	12.61
股份有限公司	户数	户	17168	15113	2055	13.60
	其中：分公司	户	10284	9217	1067	11.58
	投资者	人	109811	138440	-28629	-20.68
	雇工	人	530015	439720	90295	20.53
	注册资本	万元	49933431	41929613	8003818	19.09
	实收资本	万元	46537896	39178438	7359458	18.78

第二，私营企业和就业人口向城镇集聚，农村投资创业者呈增长态势。从地区结构看，这两年城镇私营企业在企业数量和雇工人数两个方面的增速均高于农村地区，而农村地区的私营企业，则在投资者人数和注册资金两个方面超过城镇的增速（见表 2）。这表明，随着城镇化和新农村建设的推进，私营企业和就业人口继续向城镇集中，而部分民间资本正逐步向农村转移，农村投资创业者呈逐步增长态势。

第三，地区差距仍然较大，但中西部地区发展速度明显加快，5 省区市从业人数下降。我国各地私营企业发展很不平衡。从表 3 可以看出，从 2007 年至 2010 年 6 月，这种不平衡正在发生新的变化。首先，东部发达省市的私营企业继续稳步发展，私营企业数量处于领先地位的江苏、广东、上海、浙江四省市继续沿袭了发展态势，无论是在企业数量、投资者人数、从业人数，还是在注册资金方面，都呈稳健增长态势，江苏、广东尤为明显。江苏省的私营企业总数达到 97.24 万户，紧随其后的广东省有 87.88 万户，上海和浙江也超过 60 万户。注册资本超过 1 万亿元的有江苏、广东、上海、浙江、山东五省市，其中江苏超过 2.3 万亿元。其次，中部、西部和东北地区的发展情况更趋复杂化。云南、西藏、广西、内蒙古、陕西、甘肃等中西部地区的私营企业数增加明显，天津、河北、福建、安徽、内蒙古、贵州、陕西等省区市投资增速超过或接近100%。但值得注意的是，天津、河北、山西、青海、宁夏等地的从业人数却出现了下降趋势，其中，河北、宁夏、天津下降最多（河北下降23.4%，宁夏下降19.3%，天津下降10.0%）（见表3）。

表3　2010年6月底全国各省区市私营企业数据

地区		户数（万户）		增长率（%）	从业人员（万人）		增长率（%）	注册资本（万亿元）		增长率（%）
		2010年6月底	2007年年底		2010年6月底	2007年年底		2010年6月底	2007年年底	
合计		785.39	551.5	42.4	8887.3	7217.2	23.1	16.5168	9.3922	75.9
东部地区	北京	45.60	33.7	35.3	384.3	259.4	48.1	0.6613	0.4181	58.2
	天津	13.21	9.4	40.5	88.7	98.6	-10.0	0.4968	0.2342	112.1
	河北	21.10	18.8	12.2	198.8	259.5	-23.4	0.5961	0.2962	101.2
	上海	66.45	49.9	33.2	548.4	476.3	15.1	1.2394	0.8756	41.5
	江苏	97.24	67.6	43.8	1454.0	1066.1	36.4	2.3270	1.2685	83.4
	浙江	60.34	45.0	34.1	832.3	759.1	9.6	1.4632	0.8664	68.9
	福建	24.57	16.2	51.7	283.6	202.6	40.0	0.8626	0.4102	110.3
	山东	49.54	37.1	33.5	618.0	522.7	18.2	1.0706	0.6173	73.4
	广东	87.88	62.3	41.1	793.1	750.3	5.7	1.6984	1.0081	68.5
	海南	7.42	4.7	57.9	50.1	48.4	3.5	0.2190	0.1195	83.3
中部地区	山西	14.62	10.9	34.1	105.6	110.1	-4.1	0.3733	0.1932	93.2
	安徽	21.00	14.5	44.8	246.7	217.9	13.2	0.4442	0.1877	136.7
	江西	15.12	9.9	52.7	244.7	172.2	42.1	0.2849	0.1619	76.0
	河南	28.04	18.0	55.8	287.4	182.0	57.9	0.5068	0.2626	93.0
	湖北	24.98	17.0	46.9	247.1	161.8	52.7	0.4830	0.3044	58.7
	湖南	17.46	11.6	50.5	276.0	224.5	22.9	0.3924	0.2218	76.9
西部地区	内蒙古	10.39	6.3	64.9	110.8	82.9	33.7	0.4153	0.1704	143.7
	广西	12.26	7.0	75.1	175.0	124.0	41.1	0.2019	0.1132	78.4
	重庆	15.19	10.0	51.9	198.9	135.8	46.5	0.2855	0.1812	57.6
	四川	34.82	22.7	53.4	375.1	293.4	27.8	0.4006	0.2629	52.4
	贵州	7.47	5.5	35.8	63.9	57.0	12.1	0.1548	0.0777	99.2
	云南	14.63	8.5	72.1	220.2	143.2	53.8	0.3495	0.1824	91.6

地区		户数（万户）		增长率（%）	从业人员（万人）		增长率（%）	注册资本（万亿元）		增长率（%）
合计		2010 年 6 月底	2007 年年底		2010 年 6 月底	2007 年年底		2010 年 6 月底	2007 年年底	
		785.39	551.5	42.4	8887.3	7217.2	23.1	16.5168	9.3922	75.9
	西藏	0.68	0.4	70.8	14.4	9.4	53.2	0.0192	0.0140	37.1
	陕西	17.68	10.6	66.8	221.8	158.3	40.1	0.1799	0.0810	122.1
	甘肃	7.67	4.7	63.2	77.1	58.5	31.8	0.1201	0.0677	77.4
	青海	1.43	1.1	30.0	33.5	36.6	−8.5	0.0352	0.0277	27.1
	宁夏	3.72	2.4	55.0	32.2	39.9	−19.3	0.0917	0.0543	68.9
	新疆	9.78	6.9	41.7	83.6	78.4	6.6	0.1948	0.1063	83.3
东北地区	辽宁	28.42	21.2	34.1	350.3	288.7	21.3	0.5573	0.3570	56.1
	吉林	12.09	7.7	57.0	119.5	82.6	44.7	0.1820	0.1158	57.2
	黑龙江	14.59	9.9	47.4	152.2	117.0	30.1	0.2100	0.1349	55.7

资料来源：根据国家工商行政管理总局数据整理。

第四，产业结构调整速度加快，第三产业所占比重明显增加。私营企业在不同行业的发展速度呈明显变化。表 4 是 2009 年 6 月至 2010 年 6 月全国私营企业按行业分类登记变化的数据。从中可以看到，农林牧渔业等第一产业的投资增幅达到 30.3%，企业户数增长 19.4%，投资者人数增长 11.6%，雇工人数增长 15.0%。投资于金融业的人数增长 24.6%，注册资本增幅达到 68.5%。投资居民服务和其他服务业的人数增长 25.2%，资金增长 18.1%。投资科学研究、技术服务和地质勘查行业的人数增长 14.2%，资金增长 33.6%。投资租赁和商务服务业的人数虽只增长 10.7%，但资金却增长 45.9%。投资于交通运输、仓储和邮政业的人数虽然只增长 4.7%，但注册资金却增长了 27.4%。从事批发和零售业的企业增长了 14.2%，注册资金增长了 26.0%。所有这些数据，表明我国私营企业的投资结构正在逐步优化。

第五，制造业呈稳步发展态势，没有出现大起大落。制造业是我国私营企业的中坚力量，国际金融危机对我国制造业影响最直接。但从表 4 中我们发现，这两年我国制造业总体保持平稳发展态势，投资者人数增长 1.8%，雇工人数增长 7.3%，注册资金增长 21.6%。

第六，房地产业继续发展。表 4 显示，最近一年来房地产企业数量增长 23.7%，达到 27 万多户，注册资金增长 37.8%，超过 2 万亿元。这表明，尽管国家出台了一系列调控房地产的政策措施，但房地产业并没有受到显著影响。

第七，进入社会事业的民间资本呈下降趋势。投资于卫生、社会保障和社会福利行业的人数下降 8.5%，到 2010 年 6 月，全国仅有 10622 户该行业企业，从业人员还不到 12 万人（见表 4）。这种情况表明，我国事业单位改革严重滞后，卫生、社会保障和社会福利等事业单位需要加大改革力度，切实鼓励引导民间资本进入，打破国家包揽社会事务、事业单位躺在国家身上"吃大锅饭"的格局。

表 4　2009.6～2010.6 全国私营企业按行业分类登记变化情况

行业分类	户数（户）		增幅（%）	投资者人数（人）		增幅（%）	雇工人数（人）		增幅（%）	注册资金（万元）		增幅（%）
	2009.6	2010.6		2009.6	2010.6		2009.6	2010.6		2009.6	2010.6	
合计	6923149	7849277	13.4	15783152	16640874	5.4	106424236	72202518	-32.5	1280916097	1642682183	28.2
农林牧渔业	147607	176316	19.4	343321	382979	11.6	1338974	1539755	15.0	25300061	32975142	30.3
采矿业	57816	61814	6.9	127367	135753	6.6	1035645	1093892	5.6	20127075	24010727	19.3
制造业	1677846	1817579	8.3	3780387	3849946	1.8	25495370	27365574	7.3	333323410	405444572	21.6
电力、燃气及水的生产和供应业	32869	36280	10.4	136227	147295	8.1	376373	405321	7.7	17633399	20497485	16.2
建筑业	337210	401243	19.0	813874	892731	9.7	5623046	5680027	1.0	103634490	126933907	22.5
交通运输、仓储和邮政业	180146	209267	16.2	434687	455323	4.7	1514288	1730811	14.3	32402935	41288670	27.4
信息传输、计算机服务和软件业	260530	290747	11.6	534021	527291	-0.13	1529119	1719698	12.5	22852523	27297544	19.5
批发和零售业	2461443	2811081	14.2	5499023	5878502	6.9	16654316	17796803	6.9	287559138	362297602	26.0
住宿和餐饮业	131339	143804	9.5	255648	256242	0.2	1481439	1605419	8.4	12981591	15246037	17.4
金融业	20489	26525	29.5	56696	70643	24.6	137993	197881	43.4	28646136	48275377	68.5
房地产业	224659	277837	23.7	575292	636462	10.6	2050605	2405110	17.3	148994443	205291611	37.8
租赁和商务服务业	651094	781986	20.1	1556876	1722901	10.7	44541616	5161046	-88.4	154710510	225739691	45.9
科学研究、技术服务和地质勘查	339697	418334	23.1	822544	939699	14.2	1809605	2528120	39.7	50099259	66948995	33.6

续表

行业分类	户数（户）		增幅（%）	投资者人数（人）		增幅（%）	雇工人数（人）		增幅（%）	注册资金（万元）		增幅（%）
	2009.6	2010.6		2009.6	2010.6		2009.6	2010.6		2009.6	2010.6	
水利、环境和公共设施管理业	27787	32254	16.1	80575	75666	-6.1	226048	258136	14.2	7452468	9694389	30.1
居民服务和其他服务业	229550	250885	9.3	448885	460188	25.2	1559815	1667524	6.9	16432434	19408512	18.1
教育	8079	9871	22.2	16666	18909	13.5	64176	78477	22.3	818314	992939	21.3
卫生、社会保障和社会福利业	10087	10622	5.3	20402	18698	-8.5	118045	119417	1.2	1446841	1683151	16.3
文化、体育和娱乐业	78860	92832	17.7	156754	171646	9.5	435346	520215	19.5	6611041	8655832	30.9
其他	46041			123907			432417			9890029		

资料来源：根据国家工商行政管理总局的数据整理。

第八，企业员工工资有所下降，工会工作需要进一步加强，促进就业的政策措施需要延续。本次抽样调查发现，尽管受到国际金融危机的严重冲击，但我国私营企业的从业人数还是上升的，只不过上升幅度有所减缓而已。2008 年，全国私营企业从业人员 7904 万人，比 2007 年增长 9%，其中投资者 1500 多万人，雇工 6100 多万人。2009 年，全国私营企业从业人员 8600 多万人，比上年增长 8.9%，其中投资者 1650 多万人，雇工 7000 多万人。这充分表明，发展私营经济，鼓励人们通过创业解决就业难题，是我国维护社会稳定的根本之策。

为了保证和促进就业，在国际金融危机冲击最严重的两年内，国务院有关部委相继出台了稳定就业、减轻企业负担的政策措施，允许困难企业在一定期限内缓缴社会保险费，阶段性降低四项社会保险费率，使用失业保险基金帮助困难企业稳定就业岗位，鼓励困难企业通过开展职工在岗培训等方式稳定职工队伍，这些政策措施发挥了积极作用。广大员工在困难情况下，也体谅企业困难，开展工资协商谈判。但总体来看，这两年私营企业员工工资水平是下降的。2008 年，全国私营企业员工平均工资是 17017 元，比 2007 年的 18412 元下降了 1395 元，降幅达 7.5%。2009 年，全国私营企业员工平均工资仅为 16645 元，比 2008 年又下降了 372 元，降幅达 2.2%。这种下降趋势值得密切关注。由于国际金融危机对我国的影响还未完全消失，私营企业又主要是中小型企业，多数仍处于余波尚在、元气没有恢复的不稳定状态，还需要政府在多方面给予扶持。"十二五"时期，要实行更加积极的就业政策，必须重点发展和大力支持劳动密集型的、服务业的、小型微型企业。因此，对过去两年行之有效的就业扶持政策措施，建议有区别地持续一个时期。

这两年私营企业组建工会的进度有所加快。抽样数据显示，2009年私营企业工会组建率达到41.8%，比两年前38.6%的建会率提高了3.2个百分点，但仍有一半以上的企业没有建立工会，这种状况亟待改变。调查表明，凡是建立了工会并正常开展活动的私营企业，员工的权益保障、工资薪酬均高于未建立工会的企业，劳动关系也比较和谐。"十二五"期间应加强社会建设，重视并加强私营企业的工会工作。

三 私营企业主阶层的构成发生根本变化，由此引发的社会结构变革程序亟须理论上的解释和引导

本次调查发现，我国私营企业主中，来自较高社会地位和较高职业背景的企业主，已成为绝大多数，其中，共产党员占了一定比例。综合对比本次与前八次抽样调查数据，我们发现，在20世纪90年代中期以前，私营企业主阶层主要来自社会中下层，包括个体户、普通销售人员、农民和无业人员；而90年代中期以后，这种状况发生了根本变化，科级和县处级以上的国家公务员、各类企业主要负责人和中层以上管理人员、企业技术人员、村干部和留学归国人员成为这个群体的主体，比例占到70%以上。这表明，我国私营企业主阶层的形成机制趋于"社会精英的自我复制"，整体素质有所提高。其中的共产党员占到一定比例。在前几次抽样调查中，共产党员企业主占33%左右，在本次抽样调查中，共产党员比例占到40%以上。剔除抽样中取样偏高的因素，打两个对折，共产党员比例也可能在10%以上。这次抽样调查，45岁以下的企业主中，有53.7%的人表示了希望加入中国共产党的愿望。这是党建中的新情况、新问题。共产党员进入新社会阶层，如何发挥作用？新社会阶层中的绝大多数人原来是我们党的依靠对象，其中10%左右的人是共产党员，这个新阶层的"新"，应当如何表述？如何对他们做统战工作？经济体制改革引发了社会结构的大变革，这些大变革，必将引发理论上的创新发展。

第一部分　关于私营企业的分析报告

本次抽样调查显示，国际金融危机对我国私营企业的影响不可低估。但这种影响，对于不同行业、不同区域以及不同发展阶段的企业的影响是不相同的：有着较强资源整合能力的企业巧妙地从危机中"借力"，以核心竞争实力为坚实基础，以预测和适应力为有效保障，转危为安甚至逆势而上；而在此次危机之前就因自身管理资源不足、外部依赖性过强的企业只能在金融危机的打击下勉强度日，有的甚至被淘汰。

本部分将从企业投资、销售收入、贷款、用工、纳税、盈利以及各项支出几个方面，描述金融危机下私营企业的发展特点。

一　国际金融危机对私营企业的影响分析

（一）二至三成的私营企业在国际金融危机期间增加投资

调查数据显示，2008 年与 2007 年相比，28.3% 的私营企业投资增加，49.2% 的私营企业投资持平，22.5% 的私营企业投资减少。2009 年与 2008 年相比，33.5% 的私营企业投资增加，45.2% 的私营企业投资持平，21.3% 的私营企业投资减少。这说明，私营企业面临国际金融危机的冲击，总体上保持着谨慎的投资心态，但有二成至三成的企业逆势而上、扩大投资。这表明，私营企业中有竞争活力的企业比例占 1/4 ~ 1/3。

1. 企业类型与投资情况

国际金融危机期间，投资力度最大的是股份有限公司。这次调查的企业样本中，独资企业占 15.5%，合伙企业占 7.5%，有限责任公司占 64.5%，股份有限公司占 12.5%。2008 年与前一年相比，独资企业中有 24.8% 增加投资，52.5% 持平，22.7% 减少投资；合伙企业中，有 22.4% 增加投资，54.1% 持平，23.4% 减少投资；有限责任公司中，有 28.6% 增加投资，48.8% 持平，22.6% 减少投资；股份有限公司中，则有 36.0% 增加投资，43.2% 持平，20.8% 减少投资。可见股份有限公司在投资上力度较大。2009 年与 2008 年相比，有 29.7% 的独资企业、36.4% 的合伙企业、33.4% 的私营有限责任公司、38.4% 的股份有限责任公司增加投资，而减少投资的企业比例大体不变，一部分企业由原来的持平变为增加投资，从原来的谨慎观望转为主动出击。

2. 企业地区分布与投资情况

金融危机并没有影响中西部地区私营企业的投资热情。虽然2008年私营企业的投资变化与企业所在地区没有多大关系，但2009年私营企业的投资变化却随着地区分布略有不同，东部企业中有31.4%增加投资，46.1%持平，22.5%减少投资；中部企业中有33.7%增加投资，45.2%持平，21.1%减少投资；西部企业中则有39.1%增加投资，42.8%持平，18.1%减少投资。这是因为，中西部私营企业的基数小，而东部私营企业的规模和数量已经比较大，投资趋于理性。较之中西部的企业，东部私营企业融入全球化的程度较高，谨慎投资是其风险防范策略之一。

3. 企业开业年份与投资情况

从数据来看，企业的投资决策，主要取决于不同成长阶段的实际需要。开办较早、历史较久的企业，由于规模和实力方面的优势比较明显，因此投资力度大于新办不久的企业。

开业年份为2005年以后的企业投资比较谨慎。2008年与前一年相比，仅有21.9%的企业增加投资。2009年与前一年相比，虽有28.2%的企业增加投资，但是有近半数成长期的企业仍旧投资持平。相比较而言，2000年之前开业的企业由于比较成熟，应对危机比较沉稳。以开业年份在1996～2000年的企业为例，2008年33.0%的企业增加投资，44.6%持平，22.4%减少投资；2009年38%的企业增加投资，43%持平，19%减少投资，而开业年份在1989年的企业则是46.7%都增加了投资。

4. 企业规模与投资情况

企业投资需要经济实力做支撑。从调查数据可以看出，在国际金融危机冲击下，大企业投资比例要高于中小企业。

2008年所有者权益在500万元以下的企业增加投资的比例均不超过30%，而500万～1亿元的企业增加投资的比例在30%～40%，1亿元及以上的企业有55.5%增加投资。2009年所有者权益在500万以下的企业增加投资的比例在30%左右，500万～1亿元的企业增加投资的比例均在40%～50%，而所有者权益在1亿元及以上的企业有56.8%增加投资。

5. 行业分布与投资情况

从行业来看，采矿业的私营企业投资力度较大，投资增长的比例占 45.8%。建筑业和房地产业其次，投资增长的比例分别占 40.8%、38.5%。这是因为，资源类企业由于其产品的稀缺性，能够在一定程度上抵御金融危机的冲击。部分制造业企业对行业前景不乐观，将原本用于企业的资金转投房地产业，也导致建筑业和房地产业投资的增加。建筑业和房地产业同属于劳动力密集型产业，可以吸纳大部分的劳动力就业，一定程度上缓解了社会就业压力（见表 5）。

值得关注的是，制造业企业增加投资的比例仅稍低于房地产业。出口导向型的企业大部分是制造业。由此可见，2009 年以来，制造业的整体水平并没有大幅度衰退，经过金融危机一场优胜劣汰的洗礼，具备实力的制造业企业仍旧保持着较好的发展态势。

表 5 私营企业部分行业 2009 年的投资情况

单位：户，%

具体行业	统计值	企业 2009 年投资比前一年			合计
		增加	持平	减少	
采矿业	户数	49	38	20	107
	比例	45.8	35.5	18.7	100.0
制造业	户数	577	651	324	1552
	比例	37.2	41.9	20.9	100.0
建筑业	户数	109	109	49	267
	比例	40.8	40.8	18.4	100.0
房地产业	户数	47	49	26	122
	比例	38.5	40.2	21.3	100.0

（二）国际金融危机背景下私营企业的销售收入分析

总体上看，私营企业的销售收入是逐年增加的，但是增长速度平缓。数据显示，2007 年私营企业的销售收入均值为 6742 万元、中位数为 650 万元；2008 年分别为 7922 万元、700 万元；2009 年分别为 8924 万元、750 万元。

部分企业销售额下降的主要原因是：出口减少占 16.6%（其中有

22.3% 为东部企业，10.0% 为中部企业，7.7% 为西部企业），产品、服务不适应市场需要占 7.0%，销售渠道不畅占 37.4%，流动资金短缺占 25.3%，恶性竞争占 29.2%。从地区分布来看，东部企业由于出口导向型企业所占比例较大，受国际市场需求减少的影响更大，在销售额下降原因中，出口减少所占比例较高。另外，有 30.5% 的中部企业和 28.6% 的西部企业因流动资金短缺而导致销售额下降。

部分销售额上升的企业，主要得益于宏观调控政策和企业自身加大创新力度。部分企业在危机面前，由粗放型向集约型转变，重新整合资源，带来了一定的经济效益。其中，因国家投资拉动的占 26.5%，刺激消费政策发挥作用的占 35.3%，兼并重组发挥效应的仅占 2.1%，出口逆势而上的占 4.3%（5.5% 的东部企业、3.7% 的中部企业、1.8% 的西部企业），产品、技术或服务创新的占 46.3%（49.4% 的东部企业、41.0% 的中部企业、43.6% 的西部企业）。

（三）国际金融危机背景下私营企业半年期以上的贷款情况分析

近两年私营企业的贷款依然困难，贷款额增长平缓。贷款平均值与中位数之间的差距较大。2007 年私营企业半年期以上的平均贷款额为 954 万元，2008 年为 1170 万元，2009 年为 1392 万元；而中位数分别为 0 万元、10 万元、30 万元。部分企业贷款额之所以下降，担保抵押条件太严苛是主要原因，其次是生产下降和银行减少向非公企业放贷。

数据显示，在银行贷款下降的企业中，因生产减少、资金需求降低的占 27.2%，东部企业较为明显（34% 的东部企业、18% 的中部企业、21% 的西部企业选择了该选项）；担保抵押条件太严苛的占 39.4%，其中有 32% 的中小企业的难度比大企业高了十个百分点，中部企业对此反映强烈（51.6% 的中部企业、32.8% 的东部企业、41.9% 的西部企业选择了该选项）；银行减少向非公企业放贷的占 20.5%；民间借贷可以基本满足资金需求的占 14.9%。

在反映银行贷款上升的企业中，属于服务好、销路好、资金需求增加的占 46.9%，担保抵押条件简便的占 20.1%，产品、服务受到国家鼓励的占 21%，货币政策比较宽松的占 22.8%，而这些与企业的地区分布、开业年数、所有者权益关系不大。

（四）国际金融危机背景下私营企业的用工情况分析

抽样调查数据表明，私营企业总体上没有因国际金融危机而通过裁员来降低企业风险。这表明，私营企业在一定程度上承担着保障就业的社会责任。总体来说，2009 年企业用工比前一年有了明显回升，没有持续受到危机的太大影响；相反，"招工难"一直困扰着私营企业的发展。其原因是多重的：一是员工觉得在东部地区的生存成本高不太愿意离乡背井去东部地区打工；二是报酬没有增加，对优秀员工的吸引力下降；三是国家免除了农业税，不少中西部地区的企业员工回乡创业发展。

2009 年企业用工人数与 2008 年相比，有 36.8% 的企业增加了用工，44.6% 的企业保持稳定，18.6% 的企业减少了用工。其中，42.8% 的开业年份在 1996～2000 年的企业增加了用工，半数规模在 5000 万元以上的大的企业也增加了用工（见表 6、表 7）。

表 6　私营企业开业年份与企业用工人数变化情况

单位：%

企业用工人数	企业开业年份分组				
	1989 年	1990～1995 年	1996～2000 年	2001～2005 年	2005 年以后
增加	27.3	37.0	42.8	35.9	31.5
不变	30.3	39.9	39.4	45.7	52.8
减少	42.4	23.1	17.8	18.3	15.7

表 7　私营企业所有者权益与企业用工人数变化情况

单位：%

企业用工人数	所有者权益分组							合计
	0 或负值	0 万～100 万元	100 万～500 万元	500 万～1000 万元	1000 万～5000 万元	5000 万～1 亿元	1 亿元及以上	
增加	45.5	22.3	39.5	44.4	47.6	58.2	64.6	37.6
不变	31.8	57.4	43.9	37.5	35.6	22.2	22.0	44.2
减少	22.7	20.3	16.6	18.1	16.9	19.6	13.4	18.2

由数据分析可以看出，部分企业用工人数的减少，主要是因为生产减少，约占 48.9%。另外，由于工资增加太快不得不减少用工的占 32.4%，由于社会保险费用高不得不减少用工的占 23.4%，由于找不到合适的员工的占 34.8%（由于问卷设计了多项选择，故各项原因比例合计或许大于100%）。数据中，企业用工增加的原因，有 73.8% 的企业认为是生产增加，仅 1.7% 的企业认为是用工成本的减少，26.8% 的企业是为了吸纳储备人

才，24.4%的企业是为了帮助国家缓解就业困难。

（五）国际金融危机背景下私营企业的纳税情况分析

按章纳税是企业最主要的社会责任。从调查数据可以看出，尽管受到国际金融危机的冲击，但企业纳税额整体上不降反升。2007～2009年私营企业的纳税额均值分别是311.8万元、392.7万元、432.2万元。2007年的纳税额中位数是24万元，2008年是26万元，2009年是29.5万元。

经营状况与纳税额度直接相关。中西部地区企业更多地受到政策性的照顾。从均值来看，部分企业纳税额下降，一是因销售额减少，占80.1%，二是因政策性减免税收，占17.1%（15.2%的东部企业、21.4%的中部企业、17.4%的西部企业选择此项）。

部分纳税额上升的企业，由于销售额增加的占94.1%（在卡方分析中，发现这与企业所在地区、开业年数、所有者权益均无关），查税补税的占3.1%（所有者权益在0～500万元的企业中有4.7%选择此原因）。

（六）国际金融危机背景下私营企业的盈利情况分析

调查数据显示，私营企业净利润近两年在总体上是逐年增长的。从平均值来看，2007年的净利润为405万元，2008年为487万元，2009年为567万元。从中位数来看，2007年的净利润为22万元，2008年为25万元，2009年则为28万元。然而，从净利润的最大值和最小值来看，2009年私营企业净利润的最小值为－8402万元，即存在8402万元的亏损，这远远大于2007年的2000万元的亏损数额和2008年6268万元的亏损数额；另外，2009年净利润的最大值为172332万元，这也高于2007年的最高值59298万元和2008年的最高值139622万元。

如表8所示，总体来看，私营企业净利润下降主要是由于销售减少，其次是原材料、能源、劳动力的成本上升。经数据分析，由于销售减少的占57.2%，由于税收增加的占8.5%，由于原材料和能源价格上升的占44.4%，由于劳动力成本上升的占43.2%，由于恶性竞争的占18.9%。其中，东部地区的企业受到销售影响最为明显（62.6%的东部企业、53.1%的中部企业、48.5%的西部企业选择了销售减少），而开业年数较久的企业净利润的下降也主要是由于销售减少。

表 8   私营企业开业年份与净利润减少的主要原因

单位：%

净利润减少的两个主要原因	开业年份分组				
	1989 年	1990 ~ 1995 年	1996 ~ 2000 年	2001 ~ 2005 年	2005 年以后
销售减少	69.2	64.6	58.6	57.7	49.2
原材料、能源价格上升	53.8	52.5	46.4	42.9	37.5

注：由于问卷设计了多项选择，因此各项原因比例合计或许大于 100%。

净利润上升的部分企业，主要是由于销售的增加。在享受政府补贴或税收减免方面，西部企业所受到的优惠更明显。数据中，85.7% 的企业认为是由于销售增加（其中有 88.1% 的东部企业、84.7% 的中部企业、80.2% 的西部企业选择此原因），15.2% 的企业认为是享受了政策补贴或税收减免（2009 年私营企业享受政府补贴或税收减免的金额平均值达到 55980 万元），其中有 9.2% 的东部企业、16.9% 的中部企业、29.9% 的西部企业受惠。由表 9 可以看出，处于成长期的企业更多地受到政府的关照。

表 9   私营企业开业年份与享受政府补贴情况

单位：%

	开业年份分组				
	1989 年	1990 ~ 1995 年	1996 ~ 2000 年	2001 ~ 2005 年	2005 年以后
政府补贴	0	10.8	13.4	16.5	19.6

除此之外，在净利润上升的原因中，属于原材料价格下降的占 6.5%（8.3% 的东部企业、5.3% 的中部企业、2.8% 的西部企业选择此原因），属于劳动成本下降的占 1.5%。

（七）国际金融危机背景下私营企业的费用支出情况分析

1. 2009 年私营企业的支出构成情况

在国际金融危机冲击下，私营企业对费用支出态度谨慎，费用负担所占比例不大。统计中，各企业费用的众数和中位数均接近于 0，均值受到了极大值的影响，因此各项支出的均值数额较大。净利润中用于投资的均值为 172.2 万元，出资人分红为 124.6 万元，交纳政府规定的费用为 139.2 万元，应对政府部门或社会组织各种摊派的费用为 5 万元，用于公关和招待的费用为 16 万元（见表 10）。可见，交纳政府规定的费用仍然很高。

表 10 2009 年私营企业的支出构成情况

		净利润中用于投资的金额（万元）	出资人分红（万元）	交纳政府规定的费用（万元）	应付政府部门或社会组织各种摊派（万元）	用于公关和招待的费用（万元）
N（个）	有效	1463	2518	2630	2442	3034
	缺失	3151	2096	1984	2172	1580
均值		172.2102	124.5652	139.2493	5.0647	16.3088
中位数		0.0000	0.0000	1.0000	0.0000	3.0000
众数		0.00	0.00	0.00	0.00	0.00
极小值		0.00	-5.00	0.00	0.00	0.00
极大值		61770.00	122000.00	226907.00	781.00	1100.00

2. 2009 年私营企业的研发费用支出情况

整体来看，私营企业研发费用的均值为 111 万元。东部企业由于产业分布的关系，在研发上的投入普遍较高，研发费用均值为 153 万元，中部企业研发费用的均值为 43 万元，西部企业研发费用的均值为 71 万元。

绝大部分企业仍欠缺技术支持。2009 年企业在职工培训方面平均投入了 66391 元，平均培训了 122 人次。不到一半的企业在技改方面得到了政府的支持，平均到每个企业，资金支持有 67 万元。技术支持方面，有 17.2%的企业得到了先进生产技术支持，14.2%的企业得到了节能减排技术支持，8.6%的企业得到了环保技术支持，然而仍有 81.8%的企业没有得到技术支持（见表 11）。

表 11 私营企业的研发投入、培训情况与技改资金支持情况

		2009 年企业的研发费用（万元）	2009 年职工培训方面投入（元）	2009 年职工培训（人次）	在技改方面得到的政府资金支持（万元）
N（个）	有效	3884	4164	4066	3898
	缺失	730	450	548	716

	2009 年企业的研发费用（万元）	2009 年职工培训方面投入（元）	2009 年职工培训（人次）	在技改方面得到的政府资金支持（万元）
均值	111. 1910	66391. 0977	122. 5751	67. 1330
中位数	0. 0000	8725. 0000	10. 0000	0. 0000
众数	0. 00	0. 00	0. 00	0. 00
极小值	0. 00	0. 00	0. 00	0. 00
极大值	62077. 00	8160000. 00	15320. 00	200000. 00

3. 2009 年私营企业的环保费用支出情况

私营企业在国际金融危机冲击下积极寻求突破路径，低碳与环保生产成为部分有实力和预见力的私营企业着力转变的方向。从比例来看，虽然过半数的企业仍未在环保上有所投入，但绝大部分企业已开始重视环境问题，没有被罚款，这一点，同以往历次抽样调查结果不同。上次调查数据显示，80% 左右的企业交纳了污染罚款。而 2009 年平均每个企业为治理污染投入了 144125 元，交纳的环保治污费有 20887 元，平均每个企业交纳了 391 元的环境污染罚款（见表 12）。

表 12　2009 年私营企业的环保费用支出情况

		治理污染投入（元）	环保治污费（元）	环境污染罚款（元）
N（个）	有效	4058	4011	3931
	缺失	556	603	683
均值		144124. 8790	20887. 0424	390. 9026
中位数		0. 0000	0. 0000	0. 0000
众数		0. 00	0. 00	0. 00
极小值		0. 00	0. 00	0. 00
极大值		55000000. 00	7190000. 00	300000. 00
所占比例（%）	25	0. 0000	0. 0000	0. 0000
	50	0. 0000	0. 0000	0. 0000
	75	4628. 2500	2000. 0000	0. 0000

（八）国际金融危机冲击下私营企业间的拖欠款情况分析

调查显示，在国际金融危机冲击下，企业相互之间拖欠款的现象十分普遍。其中，西部企业受政府工程拖欠款的影响较为严重，而东部企业普遍受到外资或港澳台企业拖欠以及其他私营企业拖欠的影响。被调查的企业中，被拖欠款项的均值为231万元。主要有以下几种情况：13.1%的企业是因为政府工程拖欠（从地区分布上看，有11.0%的东部企业、14.4%的中部企业、19.1%的西部企业），16.6%的企业是因为国企拖欠，3.3%的企业是由于外资或港澳台资企业的拖欠（4.7%的东部企业、2.1%的中部企业、0.3%的西部企业），而79.1%的企业则是由于其他私营企业的拖欠（81.2%的东部企业、79.3%的中部企业、72.4%的西部企业）。同时，本企业拖欠其他企业的贷款和借款均值为83.2万元。

剔除了少数特殊企业对整体均值的影响，平均计算，私营企业2009年年底的资产负债率为19.6%。然而有超过半数的企业2009年年底的资产负债率为0，这表明，大部分企业难以利用贷款资源，如表13所示。

表13　2009年私营企业间拖欠款情况

		其他企业拖欠的贷款、借款（万元）	本企业拖欠其他企业的贷款、借款（万元）	企业2009年资产负债率（%）
N（个）	有效	4059	3951	3434
	缺失	555	663	1180
均值		231.3697	83.2564	19.6000
中位数		0.0000	0.0000	0.0000
众数		0.00	0.00	0.00
极小值		0.00	0.00	0.00
极大值		50000.00	26121.00	400.00
所占比例（%）	25	0.0000	0.0000	0.0000
	50	0.0000	0.0000	0.0000
	75	50.0000	0.0000	38.0000

（九）国际金融危机背景下私营企业的国际合作情况分析

调查显示，作为有效样本的3942户企业，平均向境外出口77.87万美元的产品或服务，而作为有效样本的3845户企业，平均向境外投资5.27万美元（见表14）。通过进一步调查分析发现，在填写了境外投资用途的81户企业中，44.4%的企业用于境外投资建厂，16.0%的企业用于收购或参股境外企业，50.6%的企业则在境外设立销售机构，18.5%的企业在外境外设立研发机构。在这81户企业中，半数企业通过在境外建立销售机构的方式来保障或拓宽国际市场，而近半数的企业则是通过FDI的方式建厂从事生产，以快速应对变化的市场环境、减少产品跨境手续和缩短反应时滞。由于私营企业对国际市场环境的谨慎态度以及跨境选择适合的行业、企业进行投资的难度，收购或参股境外企业的企业比例较小。另外，由于东部地区受出口导向型企业的影响更明显，东中西部地区企业该比例的情况也有所不同（见表15）

表 14 2009 年私营企业出口和境外投资情况

		向境外出口产品 或服务（万美元）	向境外投资 （万美元）
N（个）	有效	3942	3845
	缺失	672	769
均值		77.8683	5.2700
中位数		0.0000	0.00
众数		0.00	0.00
极小值		0.00	0.00
极大值		45560.00	5000.00

表 15 东中西部地区私营企业境外投资用途比较（样本数为 81 个）

单位：%

投资用途	东部	中部	西部	合计
境外设立研发机构	17.3	0.0	1.2	18.5
境外建立销售机构	35.8	3.7	11.1	50.6
收购或参股境外企业	12.3	2.5	1.2	16.0
境外投资建厂	27.2	11.1	6.2	44.4

二 私营企业的内部组织与管理结构分析

（一）私营企业的类型结构

本次抽样调查的私营企业，最早登记时间为1989年，最晚为2010年，企业平均开办年数约为9年。按照企业规模的大小，可以分为普通企业与大型企业；按照来源可以分为改制企业与非改制企业；按照所有权可以分为家族企业与非家族企业；按区域可以分为东、中、西部企业；按注册类型可分为独资企业、合伙企业、私营有限责任公司和股份有限公司；按所涉及行业类型可分为 19 个类别（见表 16）。

表 16 2009 年私营企业的类型结构

类型		企业数量（户）	2009 年所有者权益（万元）			2009 年企业销售额（万元）			2009 年企业税后净利润（万元）			2009 年企业雇工（人）		
			均值	中位数	样本（个）	均值	中位数	样本（个）	均值	中位数	样本（个）	均值	中位数	样本（个）
规模	普通企业	4503	2243	300	3346	7108	750	4214	521	28	4024	171	42	4355
	大型企业	14	333262	333262	14	3834293	3834293	14	92220	92221	14	1431	863	14
来源	改制企业	695	4656	868	498	17646	2455	647	1185	78	623	358	111	660
	非改制企业	3727	1961	220	2773	7454	600	3433	458	23	3276	141	35	3560
所有权	家族企业	3286	2072	300	1821	8061	700	2040	513	30	1990	160	43	2086
	非家族企业	1693	2400	300	1417	8956	747	1599	531	20	1548	182	40	1628
地区	东部企业	2598	2638	313	1850	11119	1000	2379	742	36	2262	175	50	2464
	中部企业	1064	2107	208	833	5620	414	982	272	18	959	168	32	1023
	西部企业	951	1814	298	663	6618	600	854	427	19	804	183	38	881
注册类型	独资企业	681	997	100	484	2198	213	621	200	20	590	89	20	643
	合伙企业	350	1244	172	242	5003	550	319	274	28	296	113	40	328
	有限责任公司	2885	2189	327	2173	9885	868	2685	483	26	2582	162	45	2767
	股份有限公司	565	5456	814	388	15497	2200	505	1636	73	478	359	88	532
行业	农林牧渔业	339	2805	500	267	7489	1100	323	486	52	306	189	60	327
	采矿业	119	7194	685	86	21635	1551	112	1745	60	113	503	80	116
	制造业	1691	2989	500	1254	12040	1500	1609	794	50	1534	218	80	1640
	电力煤气水	58	1846	308	42	14895	647	50	1002	20	48	174	40	56
	建筑业	296	2528	1200	223	10285	2349	262	529	46	264	359	63	284
	交通运输业	145	2626	355	114	5628	410	129	192	15	131	167	36	136
	信息服务业	238	1995	70	183	2738	139	216	423	10	206	126	13	224
	批发零售业	831	714	100	594	3068	280	758	79	11	711	65	13	783
	住宿餐饮业	224	1617	200	151	1990	423	198	220	27	184	155	52	207

续表

类型		企业数量（户）	2009 年所有者权益（万元）			2009 年企业销售额（万元）			2009 年企业税后净利润（万元）			2009 年企业雇工（人）		
			均值	中位数	样本（个）	均值	中位数	样本（个）	均值	中位数	样本（个）	均值	中位数	样本（个）
行业	金融业	22	1937	300	16	645	298	19	63	17	18	28	20	22
	房地产业	136	5457	1200	95	41259	2000	120	2564	80	112	113	30	131
	租赁业	53	684	200	41	674	129	48	51	6	46	26	19	46
	科研技术	36	249	90	22	935	150	29	161	11	28	72	20	34
	公共设施	14	493	210	8	458	50	13	103	12	13	37	25	14
	居民服务业	115	489	50	88	580	80	99	31	8	94	56	14	104
	教育	28	610	80	19	1403	240	23	52	21	22	43	20	28
	卫生	26	606	380	17	1421	400	23	33	17	22	82	60	24
	文化教育	51	198	80	40	1494	160	45	30	10	44	22	10	47
	公共管理	6	1627	50	5	128	35	5	19	6	5	41	20	6
合计		4614	2342	300	3347	8924	750	4216	567	42	4026	175	42	4369

1. 中小企业是主体（按企业规模划分）

在规模方面，我们运用聚类分析（K‒Means Cluster）方法对样本企业进行分类。我们选取"2009 年所有者权益""2009 年企业销售额""2009年企业税后净利润""2009 年企业雇工"4 项作为聚类指标，将样本企业分为了"普通企业"（4503 户，占总样本的 97.6%）和"大型企业"（14 户，占总样本的 0.3%）两类。其中，普通企业，即中小企业占 97.6%，是主体。大型企业有规模大、数量少两大特点。在这 14 户大型企业中，9 户分布在东部地区，9 户为非改制企业，9 户为非家族所有的企业，10 户为有限责任公司。

2. 多数企业源于自创（按是否改制划分）

改制企业共 695 户，占总样本的 15.7%。从表 16 中可见改制企业群体规模明显高于非改制企业。表 17 则更细致地反映了改制企业的状况：改制企业前身以国有企业及城镇集体企业为主，二者的比例之和超过了 80%；超过六成的企业主选择以个人积累出资收购，银行借款和亲友借贷也是收购资金的重要来源，分别占总数的 38.1% 与 35.5%；在收购成本方面，企业平均作价为 1063 万元，收购方当时承担债务平均为 755 万元，近 47.5%

的企业在 2000~2003 年完成了改制。

表 17　改制企业改制前状况

		企业数量（户）	所占比例（%）			企业数量（户）	所占比例（%）
原来企业类型	国有企业	261	41.8	收购资金来源	个人积累	371	63.1
	城镇集体企业	240	38.4		银行贷款	224	38.1
					亲友借贷	209	35.5
	农村集体企业	124	19.8		集资	161	27.4
					其他	38	6.5

3. 有限责任公司是主要形式（按注册类型划分）

本次调查样本企业的注册类型以有限责任公司为主，共有 2885 户，占总数的 62.5%；其次为独资企业，占 14.8%；股份有限公司的比例为 12.2%；合伙企业不到 10%。另外，样本企业中约有 1/5 的未股份化企业有股份化打算。若将"是否为家族企业"与"是否有股份化打算"进行交叉分析，可以发现，家族所有的企业更倾向于股份化（见表 18）。

表 18　不同类型私营企业股份化打算对比分析

单位：户

		家族企业	非家族企业	总数
是否有股份化打算	有	345（11.7%）	233（7.9%）	578（19.6%）
	没有	1383（46.8%）	992（33.6%）	2375（80.4%）
总数		1728（58.5%）	1225（41.5%）	
卡方值（P）			0.35（0.55）	

4. 多数企业为家族所有（按是否为家族所有划分）

如果将企业主本人及其家族成员所有者权益占公司权益总额的 50% 以上（含 50%）的企业定义为家族控股企业，可以将样本分为家族企业和非家族企业两类。其中，家族控股企业 3286 户，占样本总数的 78.9% 以上，可见家族所有是目前私营企业的主要形式。

5. 东部私营企业较兴盛（按地区划分）

在本次调查样本中，东部企业 2598 户，中部企业 1064 户，西部企业

951 户。比较三个区域的企业,在销售额、税后净利润和雇工人数的中位数方面均呈现"东西中"递减的分布规律,而所有者权益则呈"东中西"递减分布,这显示出东部地区的私营经济更为活跃。

(二) 私营企业的资本构成分析

1. 资本构成特征:所有权较集中

在企业出资人的类型方面,分析结果表明:2009 年年底,私营企业的自然人投资者平均为 4.33 人,法人投资者平均为 0.93 人。而在资本结构方面,企业主个人所有者权益占权益总额的平均比例为 64.87%。

2. 资本构成变化较小

比较创业初期实收资本与当前企业所有者权益的构成,企业主所占比例和其他国内个人所占比例发生了微弱变化,分别由 65.69% 降至 64.87%、12.76% 降至 12.60%。而其他投资人的比例没有显著变化(见表 19)。

表 19 私营企业资本构成配对样本检验结果

资本来源	开办私营企业时实收资本比重均值	2009 年年底所有者权益比重均值	差值	T 值	Sig.（双侧）
企业主个人	65.69	64.87	−0.82	3.37	0.001（显著）
企业主家族成员	16.64	16.72	0.08	1.03	0.304（不显著）
其他国内个人	12.76	12.60	−0.16	5.23	0.000（显著）
其他国有或集体企业	0.77	0.69	−0.08	1.79	0.074（不显著）
其他私营企业	1.95	2.20	0.25	−1.7	0.089（不显著）
外资	0.58	0.70	0.12	−1.51	0.133（不显著）

3. 不同类型私营企业资本结构比较

家族企业在自然人投资者与法人投资者数量上与非家族企业的差异不显著。显然家族保持股权控制的意愿与引入外部投资存在一定的冲突。

另外,对比分析改制企业与非改制企业,我们发现,改制企业的自然人投资者显著多于非改制企业,改制企业中,企业主个人及其家族成员的所有者权益占权益总额的比例均显著低于非改制企业。这表明,改制而来的企业,内部权益相对比较分散(见表 20)。

表 20　不同类型私营企业资本结构对比分析

		家族企业	非家族企业	改制企业	非改制企业
2009 年年底，公司自然人投资者数量（人）	均值	2.77	6.32	11.57	3.00
	标准差	4.73	29.51	43.33	8.59
	显著性	0.00		0.00	
2009 年年底，公司法人投资者数量（人）	均值	0.88	0.94	1.03	0.90
	标准差	0.76	2.57	1.01	1.82
	显著性	0.370		0.103	
2009 年年底，企业主所有者权益占权益总额的比例（%）	均值	72.34	56.65	54.10	66.57
	标准差	24.76	31.99	30.29	28.41
	显著性	0.00		0.00	
2009 年年底，企业主家族成员的所有者权益占权益总额的比例（%）	均值	22.54	8.72	14.04	17.14
	标准差	24.17	17.52	21.12	22.81
	显著性	0.000		0.004	

（三）私营企业治理结构与内部组织分析

1. 治理结构与相关组织尚待完善

完善的治理结构与内部组织是企业管理规范化的体现。目前我国私营企业的治理结构与内部组织正处于发展与完善过程中。本次样本企业中有股东大会的占 57.1%，有董事会的占 57.8%，有监事会的占 32.0%，有工会的占 41.8%，有职工代表大会的占 31.7%（见表 21）。

表 21　不同类型私营企业内部组织发展情况

		总数	家族企业	非家族企业	改制企业	非改制企业	有股份化打算	无股份化打算
设立股东大会的企业	样本数（个）	2105	906	946	426	1639	341	1128
	比例（%）	57.1	52.4	66.1	66.7	55.7	54.3	55.3
	卡方值（P）	—	59.80（0.00）		25.81（0.00）		0.19（0.661）	
设立董事会的企业	样本数（个）	2134	1013	820	482	1601	362	1055
	比例（%）	57.8	58.6	57.3	75.4	54.4	57.6	51.7
	卡方值（P）	—	0.51（0.48）		95.25（0.00）		6.78（0.009）	

续表

		总数	家族企业	非家族企业	改制企业	非改制企业	有股份化打算	无股份化打算
设立监事会的企业	样本数（个）	1181	505	516	336	822	211	551
	比例（%）	32.0	29.2	36.1	52.9	27.9	33.6	27.0
	卡方值（P）	—	16.40（0.00）		145.69（0.00）		10.22（0.00）	
设立工会的企业	样本数（个）	1929	892	744	486	1402	399	956
	比例（%）	41.8	51.6	52.0	76.1	47.7	63.5	46.9
	卡方值（P）	—	0.03（0.86）		169.89（0.00）		53.40（0.00）	
设立职工代表大会的企业	样本数（个）	1171	530	447	332	804	266	516
	比例（%）	31.7	30.7	31.2	52.0	27.3	42.4	25.3
	卡方值（P）	—	0.09（0.76）		147.01（0.00）		67.47（0.00）	

在不同类型的私营企业内部组织发展情况对比中，我们发现，家族企业的治理结构在股东大会和监事会方面的发育程度都落后于非家族企业。各类相关组织在改制企业中的普及程度都高于非改制企业，特别是董事会、工会的普及程度，改制企业已达到 75% 以上。正待股份化的企业比未计划股份化的企业更倾向于建立董事会、监事会、工会及职工代表大会。

2. 管理职业化程度不高

本次调查从治理和管理两个层面考察了企业的管理职业化情况。在设立董事会的样本中，92.8% 的企业董事长由企业主担任，4.4% 的企业由企业主家族成员出任，仅 1.2% 的企业由职业经理人担任。在设立董事会的样本中，69.4% 的企业董事长没有任职年限，28.9% 的企业董事长任职年限在 5 年以内（包括 5 年），不到 2.0% 的企业董事长任职年限超过 5 年。超过 8 成的企业总裁、总经理职位由企业主本人担任，只有不到 10% 的企业由职业经理人出任（见表 22）。

表 22　私营企业的董事长由谁担任

	企业主本人	企业主家族成员	企业主的朋友或同学	外聘人才	其他	合计
样本数（个）	2559	122	10	32	35	2758
比例（%）	92.8	4.4	0.4	1.2	1.3	100.0

在已聘用职业经理人的企业中，68.0%的企业主将聘用职业经理人归因于"企业规模化或多元化发展的需要"，这显示出企业成长是推动管理职业化的主要动力。只有24.0%的企业主认为是"由于家族中找不到合适的人才"，22.5%的企业主认为是为了"摆脱家族化管理"。另外，在85.0%的已聘用职业经理人的样本企业中，职业经理人并不持有公司股份，而持股经理的平均持股比例为2.1%。

对于为何不聘用职业经理人，56.1%的企业主归因于"找不到合适的经理人"，34.1%的企业主归因于"成本太高"，16.6%的企业主归因于"有关职业经理人的法制不健全"，5.2%的企业主则认为是其他原因。在尚未聘用职业经理人的企业中，仅有18.6%的企业主表示"近期有聘用的打算"。此外，分析发现，有股份化打算的企业也更倾向于聘用职业经理人，这显示出私营企业融合外部物质资本和人力资本常常是同步的（见表23）。

表23　私营企业近期聘用职业经理人的意愿比较

单位：户

		如果您企业不是股份公司，有没有股份化的打算？		卡方值（P）
		有	没有	
如果现在没有聘用职业经理人担任总经理，近期是否会聘用？	会	212（39.77%）	293（12.48%）	223.89（0）
	不会	321（60.23%）	2055（87.52%）	
合计		533（100.0%）	2348（100.0%）	

3. 决策机制仍由企业主集权

在私营企业的决策机制中，企业主的集权化现象仍然较为明显。超过一半的企业主掌握着企业的重大决策权，更有约70%的企业主负责企业的日常管理工作。

分析发现，企业的规模化程度及家族所有与企业的决策机制存在显著关联。如表24所示，在普通企业中，由企业主担任总裁、（总）经理的比例达到了82.93%，而在大型企业中只占58.33%；相反，33.33%的大型企业由职业经理人担任企业总裁、（总）经理，在普通企业中却不到10%。在普通企业中，企业主掌握重大决策权的比例为52.07%，负责企业日常管理的比例为69.87%，而大型企业中相应的比例仅为14.29%及30.77%。大型企业更多地依赖董事会进行重大事项的决策（64.29%），经理会负责企业日常管理工作（38.46%）。

另一方面，家族所有与企业决策机制关联密切。家族企业相比较非家族企业，更倾向于由企业主本人及其家庭成员担任企业总裁、（总）经理，而非职业经理人。家族企业的企业主在企业重大决策和日常管理上享有决定权的比例都显著高于非家族企业。

表 24　私营企业的决策机制

单位：户，%

		合计	普通企业	大型企业	家族企业	非家族企业
本企业总裁、（总）经理由谁担任？	企业主本人	3610 (82.86)	3561 (82.93)	7 (58.33)	1697 (81.24)	1402 (85.80)
	企业主的家庭成员	319 (7.32)	314 (7.31)	1 (8.33)	250 (11.97)	25 (1.53)
	职业经理人	428 (9.82)	419 (9.76)	4 (33.33)	142 (6.80)	207 (12.67)
	卡方值（P）	—	7.66 (0.02)		171.23 (0.00)	
本企业的重大决策由谁做出？	企业主本人	2323 (51.96)	2290 (52.07)	2 (14.29)	1269 (59.80)	714 (42.83)
	股东大会	930 (20.80)	918 (20.87)	2 (14.29)	337 (15.88)	456 (27.35)
	董事会	976 (21.83)	952 (21.65)	9 (64.29)	423 (19.93)	390 (23.40)
	经理会	224 (5.01)	220 (5.00)	1 (7.14)	83 (3.91)	102 (6.12)
	其他	18 (0.40)	18 (0.41)	0 (0.00)	10 (0.47)	5 (0.30)
	卡方值（P）	—	15.96 (0.00)		125.32 (0.00)	
本企业的日常管理由谁负责？	企业主本人	3023 (69.75)	2980 (69.87)	4 (30.77)	1535 (74.41)	1068 (65.80)
	经理会	726 (16.75)	712 (16.69)	5 (38.46)	284 (13.77)	319 (19.65)
	职业经理人	523 (12.07)	512 (12.00)	4 (30.77)	216 (10.47)	214 (13.19)
	其他	62 (1.43)	61 (1.43)	0 (0.00)	28 (1.36)	22 (1.36)
	卡方值（P）	—	10.47 (0.01)		34.5 (0.00)	

4. 传承意愿

（1）传承意愿多未明，接班意愿多不强

交接班问题是当前私营企业的一个关键问题。本次调查设专门问题了解了企业主的传承意愿和其后代的接班意愿。45.74%的企业主表示目前没有考虑子女接班的问题。是否考虑子女接班问题，与企业主的年龄并没有显著相关。希望"让子女接班管理本企业"的占22.53%，希望"子女不要再到本企业工作"的占16.54%，希望"让子女继承股权，但不要再来企业工作"的占10.15%，还有4.02%的企业主表示"只给子女一笔生活费"，有其他想法的占1.02%。

另外，接近一半（占总样本的48.8%）的受访企业主对子女的接班意愿表示并不了解。在已了解子女意愿的企业主中，有接班意愿的子女占总样本的比例仅为16.80%，约为无接班意愿的一半（无接班意愿的子女占总样本的34.39%）。这种情况表明，交接班意愿的代际差异问题是当前私营企业控制权交接的主要问题。

（2）正规教育仍是主要培养方式

在子女培养方式的选择上，让其"接受正规教育"为多数企业主的首选，51.83%的企业主表示，要通过这一方式培养接班人。另外，约占1/3的企业主通过"安排其接班人在本企业不同岗位上工作"的方法让他们在干中学。还有一部分企业主（占12.24%）选择让"接班人在别的企业工作、积累经验"，以此进行培养。

5. 私营企业中的党建情况

（1）企业主政治参与态度积极

私营企业主对于政治生活的态度日趋积极。首先，中共产党员及民主党派人士在被调查私营企业主中的比例比往次调查都高。在本次调查中，样本企业主共有共产党员1838名，占41.46%；民主党派人士254名，占5.73%。尚未入党的企业主中，有49.01%的人表示希望加入中国共产党，14.03%的人表示希望加入民主党派。其次，党员企业主在党建工作中发挥着重要的作用。党员企业主积极参与企业党建工作。67.67%的党员企业主是该企业党委（总支、支部）书记，38.53%是各级党代会代表，30.33%是各级党委委员（见表25）。

表 25　私营企业主党员参加党代会、党委会情况

单位：人，%

	级别	人数	比例		级别	人数	比例
党代会代表	乡镇（街道）级	179	13.16	党委委员	乡镇（街道）级	176	15.84
	县（市）级	262	19.26		县（市）级	126	11.34
	地市和副省级	60	4.41		地市和副省级	26	2.34
	省级	15	1.10		省级	9	0.81
	全国级	8	0.59		不担任党委委员	774	69.67
	不是党代会代表	836	61.47		合计	1111	100.00
	合计	1360	100.00				

（2）企业党组织尚待发展

与企业主对政治生活的积极态度相比，私营企业中党组织的建设工作还有待加强。在本次调查中，只有 1275 户企业设立了党组织，占总样本的 27.60%，尚不足 30%。

（3）党组织管理归属意向灵活

在党组织的管理归属意向上，42.30% 的企业主希望企业党组织由当地工商联党组管理，另有 35.42% 希望由属地党委管理，21.08% 希望由个体私营企业协会党组织管理。

三　私营企业内部劳动关系分析

从 2008 年下半年开始，我国私营企业受国际金融危机的冲击，生产经营出现困难。中央及时出台了相关政策与措施，加大财税、信贷等扶持力度，提出"允许困难企业在一定期限内缓缴社会保险费"、"阶段性降低四项社会保险费率"、"使用失业保险基金帮助困难企业稳定就业岗位"和"鼓励困难企业通过开展职工在岗培训等方式稳定职工队伍"等 4 项政策，以引导企业不裁员或少裁员，尽可能增加就业岗位。

在政府相关政策的支持下，2008 年、2009 年这两年中，私营企业发挥了吸纳就业主渠道的作用（见表 26），劳资关系基本稳定。

表 26　2007～2009 年私营企业发展比较

年份	户数（万户）	户均注册资本（万元）	从业人员（万人）	户均雇工人数（万人）
2007	551. 3	170. 2	7253	10. 6
2008	657. 4	178. 5	7904	9. 7
2009	740. 2	197. 8	8607	9. 4

资料来源：根据国家工商行政管理总局编《工商行政管理统计汇编》2008、2009、2010 年数据整理。

（一）私营企业的雇工人数有所增长

在国际金融危机冲击的困境中，我国私营企业稳定并且扩大了员工队伍，实属难能可贵。

1. 雇工人数及分布变化

抽样调查数据表明，最近两年，员工被雇用时间与前几次调查数据相比较，变化不大，既没有因新《劳动合同法》的施行而延长，也没有因为国际金融危机的冲击而缩短（见表 27）。

表 27　私营企业员工被雇用时间比较

单位：人

		2001 年①	2003 年②	2005 年③	2007 年④	2009 年⑤
全年雇用 员工人数	平均数	153	164	173	180	175
	中位数	60	45	53	42	42
雇用半年以上 不足一年员工人数	平均数	36	36	29	29	27
	中位数	5	6	3	3	1
雇用半年以 下员工人数	平均数	20	23	27	17	16
	中位数	2	3	0	1	0

资料来源：历次全国私营企业抽样调查，其中：①为 2002 年第五次调查数据，②为 2004 年第六次调查数据，③为 2006 年第七次调查数据，④为 2008 年第八次调查数据，⑤为 2010 年第九次调查数据。

用工人数较多的行业是建筑业、制造业和农林牧渔业，这正是私营企业比较集中的几个行业。私营企业比较集中的商业和餐饮业，也吸纳了相当多的劳动力（见表 28）。

表 28　私营企业用工人数的行业分布

企业从事的主要行业	抽样调查企业数（户）	用工平均数（人）	用工中位数（人）
农林牧渔业	327	222	75
采矿业	116	533	80
制造业	1641	242	92
建筑业	283	479	74
交通运输业	136	178	40
信息服务业	224	136	14
批发零售业	784	72	15
住宿餐饮业	209	194	68
房地产业	130	142	31
科研技术	34	75	24
居民服务业	106	71	15
教育	28	46	23

外向型企业密集的东部沿海省市，集聚的制造业比例远远高于中、西部地区（见表 29），其受国际金融危机的冲击也更为严重。东部地区与 2007 年相比，每个企业用工平均数确实下降较多，已经与中部企业持平，并且少于西部企业（见表 30）。但由于东部私营企业总量远远大于中、西部，因此从宏观的地区层面看，私营企业吸纳就业人数仍以东部地区居多。

表 29　不同地区私营企业的行业分布

单位：%

企业从事的主要行业	东中西部地区			合计
	东部	中部	西部	
农林牧渔业	6.4	8.1	10.6	7.7
采矿业	1.7	4.7	3.2	2.7
制造业	45.4	33.0	24.0	38.2
电力煤气水	1.2	1.5	1.3	1.3
建筑业	5.7	6.6	9.5	6.7
交通运输业	2.5	4.0	4.7	3.3
信息服务业	6.2	2.8	6.0	5.4
批发零售业	16.6	22.7	20.4	18.8

续表

企业从事的主要行业	东中西部地区			合计
	东部	中部	西部	
住宿餐饮业	4.2	5.2	7.2	5.1
金融业	0.6	0.4	0.2	0.5
房地产业	2.4	3.3	4.8	3.1
租赁业	1.0	1.0	1.9	1.2
科研技术	1.0	0.4	0.8	0.8
公共设施	0.4	0.3	0.2	0.3
居民服务业	2.3	3.5	2.4	2.6
教育	0.6	0.7	0.6	0.6
卫生	0.4	0.6	1.0	0.6
文化体育	1.2	1.3	1.0	1.2
公共管理	0.2	—	0.2	0.1

表30　私营企业用工人数的地区分布

单位：人

地区分布	2007 年[1]		2009 年[2]	
	用工平均数	用工中位数	用工平均数	用工中位数
东部	223	53	197	54
中部	142	30	198	40
西部	160	35	216	45

资料来源：历次全国私营企业抽样调查，其中：[1]为 2008 年第八次调查数据，[2]为 2010 年第九次调查数据。

企业资本规模在 5000 万元以上的企业，有接近一半集中在制造业，其次是农林牧渔业，再次是建筑业，这些都是用工量最大的行业，因此企业的员工规模和资本规模基本上是一致的，资本越多，用工也越多（见表31），而资本规模较大用工较少的金融业、房地产业在整个私营企业里所占比重不大。

表31　私营企业用工人数按企业资本规模分布

企业资本规模	抽样调查企业数（户）	用工平均数（人）	用工中位数（人）
0 ~ 100 万元	1128	44	13
100 万 ~ 500 万元	799	87	45

续表

企业资本规模	抽样调查企业数（户）	用工平均数（人）	用工中位数（人）
500 万 ~ 1000 万元	402	154	69
1000 万 ~ 5000 万元	635	318	151
5000 万 ~ 1 亿元	152	606	290
1 亿元及以上	126	1091	602

2. 国际金融危机对就业的影响

从表 32 可以看出，2009 年用工人数减少的企业比例已经不是很大，有 1/3 的企业重新增加用工人数，这也从一个侧面反映出我国私营企业基本上已经从国际金融危机的阴影中走出来。

表 32　2009 年私营企业用工人数与 2008 年的比较

用工人数变化	抽样调查企业数（户）	比例（%）
用工人数增加	1639	36.8
用工人数不变	1987	44.6
用工人数减少	826	18.6
合计	4452	100.0

私营企业增加或减少用工的原因，如表 33 和表 34 所示。约 3/4 的企业增加用工是因为"生产增加"了，这表明多数企业在金融危机后正在走向复苏。

表 33　私营企业用工增加的原因

原因	抽样调查企业数（户）	比例（%）
生产增加	1187	73.8
用工成本减少	27	1.7
吸纳储备人才	431	26.8
帮助国家缓解就业问题	393	24.4
其他	60	3.7

注：部分企业选择多个原因，故比例之和超过 100%。

表 34　私营企业用工减少的原因

原因	抽样调查企业数（户）	比例（%）
生产减少	461	48.9
用工成本增加	305	32.4
社会保险费用高	220	23.4
找不到合适的员工	328	34.8
其他	81	8.6

注：部分企业选择多个原因，故比例之和超过100%。

在抗击国际金融危机冲击、稳定员工队伍时，有3%的私营企业得到了政府补助，每户企业平均得到的补助金额为6440元。

（二）私营企业员工的工资明显下降，社会保险变化不大

2008年以前，沿海及部分大城市第一次出现"民工荒"，各地政府提高了最低工资标准，私营企业员工的工资收入水平有所提高，但是国际金融危机风暴打断了这一势头。在企业尽量不裁员、少裁员的同时，企业可与职工就工资、工时、劳动定额进行协商，实行综合计算工时和不定时工作制，企业采取在岗培训、轮班工作、协商薪酬等办法稳定员工队伍，各地政府在2009年也暂停提高最低工资标准。总体上看，私营企业员工的工资水平有所下降（见表35）。

表 35　私营企业员工工资变化情况

单位：元

	2001 年①	2003 年②	2005 年③	2007 年④	2008 年⑤	2009 年⑥
年平均工资	10250	9043	16188	18412	17071	16645

资料来源：历次全国私营企业抽样调查，其中：①为2002年第五次调查数据，②为2004年第六次调查数据，③为2006年第七次调查数据，④为2008年第八次调查数据，⑤为国家统计局公布的全国城镇私营单位从业人员年平均工资，⑥为2010年第九次调查数据。

1. 员工工资及差别

从表36可以看到，虽然2009年私营企业员工工资水平仍以东部最高、西部次之、中部最低，但由于东部沿海地区受国际金融危机影响最大，员工工资水平较之前有显著落差，地区之间的工资差距大大缩小了，这使西部地区对劳动力的吸引力相对增强，沿海地区部分劳动密集型企业逐步向西部地区转移。

2009 年与 2007 年比较，在员工平均工资下降的同时，各地区员工工资中位数都有所上升，这说明员工中收入较低的那部分员工的工资还有所增加，而原来收入较高的那部分员工受影响很大，收入下降较多。

表 36　私营企业员工年平均工资的地区分布

单位：元

地区分布	2007 年		2009 年	
	平均数	中位数	平均数	中位数
东部	21035	14675	17909	16182
中部	14192	10185	14547	12500
西部	16431	11000	15583	13333

不同行业私营企业员工收入差距很大，金融业、房地产业、科研技术最高，而农林牧渔业、住宿餐饮业最低（见表 37）。

表 37　私营企业员工年平均工资的行业分布

单位：元

企业从事的主要行业	平均数	中位数
农林牧渔业	14432	12745
采矿业	16020	15000
制造业	16773	15099
建筑业	17299	14968
交通运输业	18540	17400
信息服务业	19372	16667
批发零售业	15968	13542
住宿餐饮业	13560	11891
金融业	21785	23829
房地产业	22259	23049
科研技术	22019	19608
居民服务业	15132	12500
教育	16907	15625
卫生	14751	13846
文化体育	17944	14722

企业资本规模越大，员工收入待遇越好（见表38）。

表38　私营企业员工年平均工资按企业资本规模分布

企业资产规模	抽样调查企业数（户）	平均数（元）	中位数（元）
0~100万元	1023	14962	13333
100万~500万元	750	15848	14054
500万~1000万元	364	17863	15979
1000万~5000万元	585	17993	16304
5000万~1亿元	139	18767	17397
1亿元及以上	112	21100	19932

2. 员工参加社会保险情况

虽然有国际金融危机的冲击，但由于国家采取了"允许困难企业在一定期限内缓缴社会保险费"和"阶段性降低城镇职工基本医疗保险、失业保险、工伤保险、生育保险四项社会保险费率"等一系列政策，私营企业参保率、参保员工在全年雇用员工中的比例都没有滑坡（见表39）。

表39　私营企业员工参加社会保险情况

单位：%

年份	参保险种	医疗	养老	失业	工伤	生育
2007	企业参保率	45.1	50.8	31.6	38.7	22.0
	全年雇用员工100%参保的企业比例	15.4	15.2	9.3	14.0	5.2
	全年雇用员工50%~100%参保的企业比例	11.9	13.9	9.4	11.4	5.5
	全年雇用员工0~50%参保的企业比例	17.8	21.7	12.9	13.3	11.3
2009	企业参保率	45.1	49.4	32.9	38.9	28.1
	全年雇用员工100%参保的企业比例	15.9	15.4	11.1	15.4	1.0
	全年雇用员工50%~100%参保的企业比例	13.5	15.2	10.4	11.9	8.6
	全年雇用员工0~50%参保的企业比例	15.7	18.8	11.4	11.6	18.5

（三）私营企业工会情况分析

1. 建会率有所上升，但仍未超过一半

本次抽样调查表明，私营企业工会建会率达到41.8%，比两年前38.6%的建会率提高了3.2个百分点，建会工作仍在稳步开展。

已建立工会的企业在劳动密集型的传统产业中较多，如采矿业、制造业、建筑业、交通运输业，而在人员相对分散的第三产业中，无论是传统服务业还是现代服务业，建立工会都比较困难（见表40），这与许多国外工会发展经验是类似的。同理，在大型企业中建立工会较多（见表41），在中小型企业开展工会工作更为困难。

表 40 建会私营企业的行业分布

单位：%

企业从事的主要行业	没有成立工会	已有工会组织
采矿业	37.1	62.9
制造业	35.4	64.6
建筑业	46.2	53.8
交通运输业	47.6	52.4
信息服务业	63.7	36.3
批发零售业	67.4	32.6
住宿餐饮业	47.6	52.4
金融业	84.2	15.8
房地产业	56.6	43.4
科研技术	65.2	34.8
居民服务业	69.7	30.3

表 41 建会私营企业按资产规模分布

单位：%

企业资产规模	没有成立工会	已有工会组织
0～100 万元	72.2	27.8
100 万～500 万元	51.4	48.6
500 万～1000 万元	43.7	56.3
1000 万～5000 万元	26.4	73.6
5000 万～1 亿元	21.7	78.3
1 亿元及以上	12.7	87.3

在私营企业的工会工作中，把工会工作和党建工作结合起来，"党工共建"是一个较为普遍的方法。从表42中可以清楚地看到，在没有建立党组

织的企业里，2/3 也没有建立工会，而已有党组织的企业，将近 90% 也有工会。

表 42 私营企业建立工会与党建的关系

单位：%

企业中有无中共党组织	在您企业中，有工会吗？		合计
	没有	有	
没有	66.8	33.2	100.0
有	11.5	88.5	100.0

2. 工会如何发挥作用

本次抽样数据表明，建立健全的工会，有利于构建和谐的劳动关系促进企业的发展，能够做到企业、员工"双赢"两利（见表43）。

表 43 私营企业建立工会组织的积极作用

	已建立工会的企业	没有建立工会的企业	已建工会与未建工会企业的比较
工作半年以上员工个人劳动合同签约率（%）	74	69	多 5%
员工年平均工资（元）	17683	16247	多 1436 元
企业平均为每个员工支付的劳动保护费用（元/年）	910	815	多 95（元/年）
企业在职工培训方面的投入（万元）	11.8	3.5	多 8.3 万元
企业销售额（万元）	17543	2774	多 5.3 倍
企业税后净利润（万元）	1141	153	多 6.5 倍

第二部分 关于私营企业主的分析报告

一 私营企业主的自然情况

1. 男性企业主是主体，女性企业主有上升趋势

在本次调查的 4614 个样本中，有 28 人没有报告其性别。在其余 4586 个样本中，男性企业主 3862 人，占 84.2%；女性企业主 724 人，占 15.8%。从历次全国私营企业抽样调查样本的企业主性别构成看，女性企

主的比例有一种上升的趋势（见表 44）。

表 44　历年调查中的私营企业主性别构成变化

	1993 年	1995 年	1997 年	2000 年	2002 年	2004 年	2006 年	2008 年	2010 年
男（%）	89.6	89.6	91.8	88.9	88.8	86.1	86.0	84.1	84.2
女（%）	10.4	10.4	8.2	11.1	11.2	13.9	14.0	15.9	15.8
样本数（个）	1424	2861	1942	3071	3251	3010	3817	4058	4586

从表 45 中可以看到，女性创业在 20 世纪 90 年代中期以前经历了一个下行的趋势，1998 年以后，新增企业主中女性企业主所占比例不断上升，到 2008~2009 年，该比例已经超过 20%。由此可见，中国妇女正在更加积极地投身于开办企业的创业之中。

表 45　新开办企业企业主的性别构成及其变化

	1991~ 1992 年	1993~ 1994 年	1995~ 1996 年	1998~ 1999 年	2000~ 2001 年	2002~ 2003 年	2004~ 2005 年	2006~ 2007 年	2008~ 2009 年
男（%）	86.5	88.4	91.7	87.6	86.5	82.9	83.0	78.8	78.3
女（%）	13.5	11.6	8.3	12.4	13.5	17.1	17.0	21.2	21.7
样本数（个）	229	717	483	469	411	539	530	358	346

2. 私营企业主的平均年龄上升，但新增创业者趋于年轻

在本次调查中，4547 位企业主报告了他们的出生年份，其中，30 岁以下的企业主 199 人，占 4.4%；31~40 岁的企业主 971 人，占 21.4%；41~50 岁的企业主 2060 人，占 45.3%；51~60 岁的企业主 1104 人，占 24.3%；61 岁及以上的企业主 213 人，占 4.7%。私营企业主的平均年龄和年龄中位数均为 46 岁，高于上次调查的 43 岁。

再来看新创业的私营企业主的年龄分布及其变化情况。根据表 46，从平均年龄看，1991~2009 年，新增企业主在企业开办时的平均年龄，经历了轻微的倒 U 形变化，即以 2000~2001 年为拐点，此前新增企业主在企业开办时的平均年龄呈现上升趋势，此后又略有下降。相应的，企业开办时年龄在 30 岁及以下的企业主所占比重，则经历了一个 U 形变化趋势，也是以 2000~2001 年为拐点，此前这一年龄段的企业主比例不断下降，此后又开始上升。从这两个趋势来看，进入 21 世纪以来，新增私营企业主有一种轻度的年轻化趋势。

表 46　新开办企业企业主在企业开办时的年龄分布

单位：%，个，岁

年龄分布	1991~ 1992 年	1993~ 1994 年	1995~ 1996 年	1998~ 1999 年	2000~ 2001 年	2002~ 2003 年	2004~ 2005 年	2006~ 2007 年	2008~ 2009 年
30 岁及以下	21.5	22.9	23.4	12.2	8.8	12.5	16.3	15.7	18.8
31~40 岁	43.9	44.1	42.7	35.3	40.9	49.6	43.5	43.1	36.7
41~50 岁	24.7	24.2	26.5	38.9	34.5	27.2	28.0	30.5	30.3
51~60 岁	8.1	7.5	6.1	12.4	14.4	9.2	10.8	9.8	12.7
61 岁及以上	1.8	1.4	1.3	1.3	1.5	1.5	1.5	0.8	1.4
合计	100.0	100.0	100.0	100.0	100.0	100.0	100.0	100.0	100.0
样本数	223	708	475	468	411	534	529	357	346
平均年龄	37.9	37.6	37.2	40.8	41.3	39.3	39.4	39.1	39.5

3. 私营企业主的受教育程度维持较高水平

与 2008 年调查时相比，本次调查中，私营企业主的受教育程度略有下降（见表 47）。例如，从平均受教育年限来看，下降了 0.2 年；不过与其他年份的调查结果相比，本次调查中私营企业主阶层的平均受教育年限还是较高的，主要的变化是本次调查中具有研究生学历的私营企业主比重与2008 年调查结果相比下降幅度较大。

表 47　私营企业主受教育程度的变化趋势

单位：%，年，个

受教育程度	1993 年	1995 年	1997 年	2000 年	2002 年	2004 年	2006 年	2008 年	2010 年
小学及以下	10.7	8.8	6.7	2.9	2.2	1.7	1.5	0.9	1.2
初中	36.2	35.6	31.4	19.6	17.4	12.9	12.6	8.1	9.2
高中、中专	36.1	37.5	41.7	39.5	41.6	33.6	36.6	29.3	28.4
大学专科	11.7	12.9	14.9	25.9	33.0	31.1	31.7	26.9	33.6
大学本科	4.8	4.4	4.6	8.8		15.0	13.1	22.2	20.6
研究生	0.6	0.7	0.7	3.4	5.8	5.7	4.5	12.7	7.1
合计	100.0	100.0	100.0	100.0	100.0	100.0	100.0	100.0	100.0
平均受教育年数	10.8	11.0	11.3	12.6	13.1	13.5	13.3	14.3	14.1
样本数	1419	2863	1937	3066	3250	2998	3806	4049	4507

那么，这种变化是如何发生的？从表 48 中可以看到，与 2008 年调查结果相比，2010 年调查中，2008～2009 年开办企业的企业主的学历分布明显呈现下沉的趋势，研究生学历和大学本科学历的企业主所占比例均有较大幅度的下降，具有研究生学历的企业主所占比例下降尤其明显。其原因可能主要是抽样问题，也可能是这两年高学历人员看到创业太艰难，与其创业，不如报考公务员或做其他工作。

表 48　新开办企业企业主受教育程度分布及其变化趋势

单位：%，年，个

受教育程度	1991～1992 年	1993～1994 年	1995～1996 年	1998～1999 年	2000～2001 年	2002～2003 年	2004～2005 年	2006～2007 年	2008～2009 年
小学及以下	8.1	7.4	5.0	2.1	1.7	0.6	0.9	0.3	0.0
初中	29.4	32.5	29.0	20.9	14.7	11.9	12.2	7.3	11.4
高中、中专	37.4	36.5	43.9	39.7	41.8	39.3	37.4	31.4	30.9
大学专科	18.5	16.0	16.1	25.2	36.2	27.5	32.5	22.6	32.4
大学本科	5.7	6.8	5.8	9.8		17.4	14.8	27.1	22.4
研究生	0.9	0.8	0.2	2.3	5.5	3.4	2.1	11.3	2.9
合计	100.0	100.0	100.0	100.0	100.0	100.0	100.0	100.0	100.0
平均受教育年数	11.5	11.4	11.6	12.6	13.3	13.4	13.3	14.3	13.7
样本数	211	718	483	469	414	539	532	354	343

二　私营企业主阶层的职业背景变化情况分析

本次调查发现，相当多的私营企业主在国家机构、事业单位以及其他企业工作过，且拥有较高的职业地位。例如，开业前曾经在国家机关和事业单位工作过的有 648 人，其中，最高任职为一般干部和技术干部的有 346 人，占 53.5%；科级干部有 138 人，占 21.3%；县处级及以上级别的干部有 45 人，占 6.9%；还有教师 119 人，占 18.4%。更多的人在其他企业工作过，他们在不同类型企业中从事的职业地位最高的工作分布，如表 49 所示。表 49 说明，迄今为止，中国私营企业主的摇篮仍然主要是内资企业。他们中近 70% 的人担任过其他企业中层以上的管理职务。另外，做过技术人员和销售人员的比例也不小，而作为企业一般职员和工人的，所占比例仅为 10.5%。可见，拥有管理能力、销售能力和技术能力，是私营企业主的主要条件。

表 49　私营企业主开办本企业前在其他企业工作时的最高任职分布

单位：人、%

	国有企业	集体企业	外资企业	港澳台资企业	其他私营企业	合计	综合比例
主要负责人	243	311	41	38	804	1437	41.3
中层管理人员	466	212	54	22	220	974	28.0
技术人员	193	91	20	3	76	383	11.0
销售人员	108	80	17	6	106	317	9.1
其他职员、工人	176	81	11	6	92	366	10.5
合计	1186	775	143	75	1298	3477	100.0
综合比例	34.1	22.3	4.1	2.2	37.3	100.0	—

　　为了更好地反映私营企业主的职业背景，我们对被访企业主开办企业前的工作情况做了整理。整理的方法是，对于任何一位被访企业主，不管他们在开办企业之前在任何其他性质的单位工作过，最终都以他曾经担任的最高职务作为他的主要职业背景。从表 50 看，在全部 4614 个样本中，有 509 人的职业背景不清楚，其余 4105 人都给出了有关职业背景的信息。其中，担任过各种所有制企业的中层管理人员或主要负责人的，占了接近 50% 的比例，这是私营企业主最主要的职业背景；如果把那些既当过科级及以上国家干部，又当过企业中层及以上管理人员的企业主加上，则占到 51.9%。另外，担任过村干部以及既当过村干部又当过企业中层及以上管理人员的企业主也占到 3.5%。具有这几类职业背景的企业主合计占 55.4%，这可称之为第一群体。第二个群体就是当过一般国家干部、技术干部、军人、技术人员和销售人员的企业主，合计占 14.8%。第三个群体是做过个体工商户的企业主，占 12.2%。第四个群体是来自企业普通职员、工人、农民、无业失业人员的企业主，合计占 16.1%。总之，来自较高职业背景的企业主，即上述第一、第二群体的人员，是私营企业主阶层的绝对主体。在社会学上，私营企业主阶层的这种形成机制被称为"社会精英自我复制"。

表 50　私营企业主开办本企业之前的最高任职分布

	人数（人）	比例（%）
县处级及以上国家干部（包括曾任企业中层及以上管理人员的）	31	0.8
科级国家干部（包括曾任企业中层及以上管理人员的）	59	1.4
企业主要负责人	1219	29.7
企业中层管理人员	821	20.0
一般国家干部、技术干部、军人	78	1.9
村干部（包括曾任企业中层及以上管理人员的）	143	3.5
技术人员	296	7.2
销售人员	234	5.7
个体户	500	12.2
工人、职员	347	8.5
其他（含其他非农职业从业者和留学归国人员）	63	1.5
农民	244	5.9
无业失业人员	70	1.7
合计	4105	100.0

　　分析历次调查问卷，我们发现，大体在 20 世纪 90 年代中期以前，私营企业主阶层的形成机制是以所谓"社会精英循环机制"为主的，也就是说，来自社会中下层背景的企业主占主体，而来自社会中上层背景的企业主占较少比例；90 年代中期以后，这种机制发生了根本性的变化，从以"精英循环"为主转变为以"精英复制"为主。进入 21 世纪以后，这一趋势更加明显。从表 51 中我们可以看到，在 2006 年以后开办企业的企业主中，属于第一类职业背景的企业主所占比例则不断上升。可见，"精英复制"机制的作用继续增强。这种趋势表明，我国私营企业主在趋于精英化，旧体制培养的人才逐步转向新体制，社会结构正发生深刻变化。

表 51　2006～2009 年开办企业的企业主的职业背景分析

单位：%，个

	2006 年	2007 年	2008 年	2009 年
第一类职业背景	32.9	41.7	44.0	53.2
第二类职业背景	30.5	17.3	19.5	18.9
第三类职业背景	5.7	16.6	13.0	10.8

续表

	2006 年	2007 年	2008 年	2009 年
第四类职业背景	30.5	22.9	22.0	17.1
其他职业背景	0.4	1.5	1.5	0.0
合计	100.0	100.0	100.0	100.0
样本数	334	271	200	111

三 私营企业主的生活方式分析

1. 私营企业主的个人收入

本次调查数据显示，私营企业主 2009 年的年薪平均为 13.49 万元，但群体内的差异较大，其中年薪在 10 万元以下的占 70.3%，在 30 万元及以上的仅占 6.3%（见表 52）。

根据数据进一步分析，私营企业主的年薪收入存在着区域差距。具体而言，东部地区的私营企业主年薪最高，平均为 15.58 万元；西部地区次之，平均为 11.70 万元；中部地区最低，为 9.98 万元。

表 52　私营企业主的年薪收入及地区分布

单位：%，个

年薪档次	全体 （N = 4082）	东部 （N = 2303）	中部 （N = 970）	西部 （N = 809）
5 万元以下	41.2	33.7	52.4	49.4
5 万～10 万元	29.1	31.9	24.8	26.0
10 万～20 万元	18.2	20.6	15.3	15.0
20 万～30 万元	5.2	6.1	3.8	4.2
30 万元及以上	6.3	7.7	3.7	5.4
平均年薪（万元）	13.49	15.58	9.98	11.70

受教育程度也是私营企业主内部收入差距的解释因素之一。从表 53 可以看出，大专及以上受教育程度的私营企业主的年薪收入比高中及以下的教育程度者至少高出 3 万元；研究生学历的私营企业主平均年薪高达 22.22 万元，是中低学历者的 2 倍。

历次抽样调查发现，私营企业主的年薪都不高。其原因主要是由于绝大多数企业是家族企业，在财务管理上"家企"不分，企业主的许多个人消费、家庭消费都以企业开支的方式进入企业成本。他们自报的年薪数，只相当于所领取的零花钱。

表 53　不同受教育程度的私营企业主的年薪收入

单位：%，个

年薪档次	全体 （$N=3999$）	小学及以下 （$N=54$）	初中 （$N=357$）	高中中专 （$N=1143$）	大专 （$N=1346$）	大学 （$N=827$）	研究生 （$N=272$）
5 万元以下	41.0	55.6	48.2	50.0	39.7	34.5	17.6
5 万～10 万元	29.3	25.9	29.1	28.1	28.7	31.6	30.9
10 万～20 万元	18.2	13.0	15.7	15.0	18.9	20.4	26.5
20 万～30 万元	5.2	0.0	2.8	4.1	5.3	6.3	9.6
30 万元及以上	6.3	5.6	4.2	2.9	7.4	7.3	15.4
平均年薪（万元）	13.53	9.32	10.96	9.62	15.39	14.46	22.22

上述年薪收入仅是私营企业主个人收入的一小部分，并未包括他们的资产收入。调查数据表明，2009 年私营企业主的所有者权益平均为 1231.4 万元。若仅以 10% 的收益率估算，他们当年至少有 120 万元的资产收入。

值得关注的是，私营企业主群体和所雇用的劳动者之间存在着明显的收入差距。调查数据显示，2009 年私营企业雇工的平均年薪为 16645 元，其中 36% 的雇员月收入在 1000 元以下，50% 的雇员月收入在 1200 元左右。私营企业主的年薪收入是其雇员的 8 倍（13.48 万元：1.66 万元）。如果算上私营企业主的资产收益，那么劳资之间的收入差距就更大了。

2. 私营企业主的家庭收入与消费

2009 年私营企业主的全家总收入平均接近 30 万元，以全家人均收入计，约为 8.3 万元。这一结果也是同期城镇居民人均可支配收入 1.72 万元的 4.83 倍。

私营企业主家庭的收入与消费之比远远低于普通居民的水平。私营企业主家庭的生活支出平均为 10.9 万元，按人均计算为 3.1 万元。家庭人均生活支出占人均收入的比例为 37.3%（3.1 万元：8.3 万元），而 2008 年全国城镇居民的人均消费性支出占人均年收入的比例高达 65.1%（1.12 万元：1.72 万元）。

在私营企业主的日常生活消费中，用于休闲、健康的费用和用于教育、学习方面的费用比例相当突出，分别占 24.0% 和 30.1%，两项合计超过了50%；而在 2008 年全国城镇居民的人均消费性支出中，上述两类消费所占的比例分别为 6.99% 和 12.08%，合计为 19.07%，远远低于私营企业主群体的相应支出份额。

3. 私营企业主的时间分配

在私营企业主的日常时间分配中，除每天平均休息 7.8 小时外，主要时间都用于企业的经营管理，平均每天用时 7.46 小时；外出联系生意、公关、应酬的时间将近 3 小时（2.99 小时）；花费在学习上的时间为 1.72 小时。

私营企业主在企业日常经营管理上时间投入的多寡，主要同企业性质和企业主在企业中的角色有关。独资企业的企业主比非独资企业的企业主花在企业日常经营管理上的时间更多一些（7.70 小时∶7.40 小时），外出联系生意、开会、社会交往的时间更少一些（2.77 小时∶3.04 小时），用在学习上的时间也更短（1.64 小时∶1.75 小时）；同样，兼任总经理的私营企业主也比不任总经理的企业主有更多时间花在企业的经营管理上（7.53 小时∶7.20 小时），外出交往时间少（2.99 小时∶3.09 小时），学习时间少（1.72 小时∶1.82 小时）（见表 54）。

表 54　不同身份的私营企业主的日常时间分配

单位：小时/天

时间分配	独资企业老板		任总经理		任人大代表		任政协委员	
	是	否	是	否	是	否	是	否
经营管理时间	7.70	7.40	7.53	7.20	7.42	7.48	7.46	7.45
外出交往时间	2.77	3.04	2.99	3.09	3.39	2.91	3.34	2.91
学习时间	1.64	1.75	1.72	1.82	1.90	1.69	1.87	1.68

外出交往时间则和私营企业主的政治身份有较大关联。凡是担任人大代表或政协委员的私营企业主，外出交往时间明显高于其他人（分别是3.39 小时∶2.91 小时；3.34 小时∶2.91 小时）。在学习时间上，私营企业主中的人大代表和政协委员也明显要高于其他人。

四 私营企业主的自我地位认同

本次抽样调查分别考察了私营企业主对自身经济地位、社会地位和政治地位的主观认同。结果表明，私营企业主对上述三个方面的评价，在由高到低 1～10 分的等级尺度上，均值分别为：5.49 分、5.52 分和 6.1 分。这说明他们对自身地位的评价有明显的趋中趋势，大部分人认为自己属于中间等级，在尺度上位居 4～7 分等级的比例分别为 67.4%、67.6% 和57.5%（见表 55）。

值得关注的是，私营企业主对自身在经济地位和社会地位上的评价几乎一致，但在政治地位的认同上明显要低，有近 30% 的人认为，他们的政治地位处于较低的位置（8～10 等级）。这反映出私营企业主对自身政治地位评价不高。

表 55 私营企业主对自身地位的主观评价

单位：%，个

评价分值（分）	经济地位（$N=4346$）	社会地位（$N=4336$）	政治地位（$N=4300$）
1	1.5	1.3	1.4
2	3.5	4.0	3.3
3	11.2	10.5	8.7
4	11.1	11.6	9.6
5	26.0	25.4	20.1
6	19.1	19.2	16.7
7	11.3	11.4	11.1
8	10.5	9.1	11.7
9	3.9	4.7	8.4
10	2.0	2.7	9.0
均值（分）	5.49	5.52	6.1

我们进一步采用回归统计，设立三个模型分别考察影响经济地位、社会地位和政治地位认同的原因。其中自变量包括个人因素（年龄、受教育程度）、区域因素（东、中、西部）、经济因素（企业资产、企业规模即雇工人数、家庭收入）和政治因素（是不是党员，是不是人大代表、政协委

员、工商联成员）。多元回归统计表明，上述所有因素都会影响私营企业主
对经济地位的认同，但其中政治性因素最为明显。是不是政协委员和工商
联成员的标准化回归系数为－0.124 和－0.206，是所有因素中标准回归系
数最高的。在社会地位和政治地位的主观认同上，也是如此。这说明影响
私营企业主对自身评价的主要还是政治因素（见表56）。

表 56　私营企业主自身地位主观评价的回归分析

	模型 1：经济地位认同			模型 2：社会地位认同			模型 3：政治地位认同		
	回归系数	标准回归系数	显著度	回归系数	标准回归系数	显著度	回归系数	标准回归系数	显著度
（常量）	8.491		0.000	8.384		0.000	9.721		0.000
年龄	－0.018	－0.086	0.000	－0.023	－0.104	0.000	－0.030	－0.119	0.000
受教育程度	－0.063	－0.086	0.000	－0.044	－0.059	0.004	－0.054	－0.060	0.002
东部（相对西部）	－0.456	－0.120	0.000	－0.289	－0.075	0.003	－0.226	－0.050	0.046
中部（相对西部）	－0.403	－0.092	0.000	－0.334	－0.075	0.000	－0.188	－0.036	0.151
企业资产（万元）	－0.063	－0.044	0.032	－0.056	－0.039	0.059	－0.021	－0.012	0.542
雇工人数（百人）	－0.019	－0.042	0.048	－0.025	－0.054	0.010	－0.016	－0.030	0.142
全家总收入（万元）	－0.004	－0.117	0.000	－0.003	－0.087	0.000	－0.002	－0.041	0.037
人大代表	－0.289	－0.063	0.002	－0.426	－0.092	0.000	－0.734	－0.134	0.000
政协委员	－0.515	－0.124	0.000	－0.523	－0.124	0.000	－10.104	－0.222	0.000
党员	－0.283	－0.074	0.000	－0.284	－0.073	0.000	－0.591	－0.128	0.000
工商联成员	－0.802	－0.206	0.000	－0.875	－0.221	0.000	－0.773	－0.165	0.000
	$R^2 = 0.18$, $N = 2192$			$R^2 = 0.189$, $N = 2188$			$R^2 = 0.226$, $N = 2187$		

五　私营企业主的宗教信仰和政治参与

1. 私营企业主的宗教信仰

宗教信仰是私营企业主阶层的重要社会特征之一。本次抽样调查发现，
在全部被调查的4614名私营企业主中，有4322名私营企业主明确表明了自己
的宗教信仰态度，占93.7%。而在明确表明自己宗教信仰的4322名私营企业
主中，不持有任何宗教信仰的私营企业主，占78.8%；在其余的私营企业
主中，信仰佛教的人数所占比例最高，达到17.1%；信奉基督教的，占1.3%；
信奉伊斯兰教的，占1.0%；信奉道教的，占0.7%；信奉天主教的，

占 0.3% 。

私营企业主的宗教信仰因其性别、文化程度、政治面貌等方面的不同而表现出了不同的情况。男性和女性私营企业主的宗教信仰情况大体一致，无显著性别差异。在被调查的男性私营企业主中，没有宗教信仰者的比例为 78.9% ，信仰佛教和基督教者的比例，分别为 17.0% 和 1.2% ；而在女性私营企业主中，没有宗教信仰者的比例为 77.6% ，信仰佛教和基督教者的比例，分别为 17.7% 和 2.2% 。

不同政治面貌的私营企业主的宗教信仰有所不同。在被调查的既没有加入中国共产党也没有加入民主党派的私营企业主群体中，有宗教信仰和没有宗教信仰者所占的比例分别为 21.7% 和 78.3% 。加入民主党派的私营企业主中没有宗教信仰者所占的比例最低，占 66.5% 。

私营企业主的宗教信仰与其文化教育程度有一定的关系。在具有小学、初中、高中（中专）、大专、大学和研究生不同文化程度的私营企业主中，持有宗教信仰者的比例分别为 28.3% 、26.2% 、22.6% 、21.8% 、17.4% 和 17.6% （见表 57）。

表 57　不同文化程度私营企业主的宗教信仰状况

单位：%

文化程度	持有宗教信仰者的比例	没有宗教信仰者的比例
小学	28.3	71.7
初中	26.2	73.8
高中（中专）	22.6	77.4
大专	21.8	78.2
大学	17.4	82.6
研究生	17.6	82.4

本次调查还显示，私营企业主的宗教信仰状况并没有由于年龄差异而产生显著不同。在 45 岁以下和 46 岁以上两个年龄组中，持有宗教信仰和没有宗教信仰者的比例分别为 20.5% 和 79.5% ，21.9% 和 78.1% ，情况大体相当。

在本次被调查的全部私营企业主中，有 3851 名私营企业主明确表明了未来在信教与否上的取向。其中，有信教打算的私营企业主和无信教打算的私营企业主分别占 7.8% 和 92.2%。没有信教打算的私营企业主占绝大多数。

宗教信仰对私营企业主的社会行为产生了一定的影响。这一点，在捐赠行为上表现得尤为突出。相比较而言，持有宗教信仰的私营企业主更多地参与社会公益事业，捐赠财物的数量要高于没有宗教信仰的。2008 年被调查的全部私营企业主为扶贫、救灾、环保、慈善等公益事业捐赠的现金以及实物、工程劳务折合现金的平均值为 152856.7 元；其中，持各种宗教信仰的私营企业主的捐赠平均值为 202463.9 元，高于全部被调查私营企业主捐赠的平均值；没有宗教信仰的私营企业主的捐赠平均值为 139705.9 元，低于全部被调查私营企业主捐赠的平均值。与 2008 年相比，2009 年被调查的私营企业主的捐赠财物数量有所减少。2009 年捐赠的平均值为 103185.1 元，其中，持各种宗教信仰的私营企业主的捐赠平均值为 143987.2 元，没有宗教信仰的私营企业主的捐赠平均值为 92385.0 元，前者是后者的 1.56 倍。

2. 私营企业主的政党归属

本次调查结果显示，有 52.8% 的私营企业主未参加任何政党组织，有 41.5% 的私营企业主已经加入了中国共产党，而加入民主党派的私营企业主仅为 5.7%。

在 45 岁以下的中青年私营企业主群体中，已经加入中国共产党的私营企业主占 32.7%，低于被调查总体中的中共党员私营企业主的比重（见图1）。

本次调查还显示，在尚未加入中国共产党和民主党派的私营企业主中，有 49.0% 的人希望加入中国共产党。在没有加入任何党派的私营企业主中，仅有 14.0% 的私营企业主希望加入民主党派。

在 45 岁以下尚未加入中国共产党和民主党派的私营企业主中，希望加入中国共产党和不希望加入中国共产党的比例分别为 53.7% 和 46.3%。这表说明，对于尚无政党归属的 45 岁以下的中青年私营企业主，有略超过一半的人希望加入中国共产党，而希望加入民主党派的仅占 15.4%，不希望加入民主党派的占 84.6%。

3. 私营企业主的政治参与和政治安排情况

本次调查着重从担任人大代表、政协委员、政府和党内职务四个方面考察私营企业主政治参与的基本情况。调查表明，担任人大代表、政协委

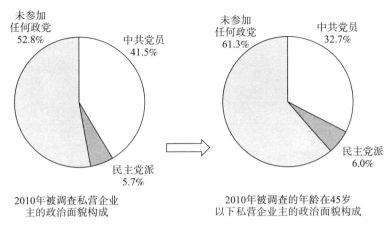

图 1　私营企业主的政治面貌构成

员是私营企业主参与政治的最主要方式，回答担任各级这两类职务的总计有 2396 人，占受访企业主的 51.9%，与第八次调查时的比例基本持平。在受访的 1838 名党员私营企业主中，担任所在企业党委（总支、支部）书记的有 496 人，占 27%；担任各级党代表的有 524 人，占 28.5%，与第八次调查的比例基本持平，其中，省级党代表和全国级党代表共有 23 人（省级15 人，全国级 8 人），乡镇、县市两级代表有 441 人；担任乡镇到省各级党委委员的共 337 人，占 18.3%，比第八次调查时上升了 3.4 个百分点，其中，地级、副省级党委委员 26 人，省级党委委员 9 人，比第八次调查时增加了 5 人。本次调查表明，有 87 人担任了县乡两级政府或其部门领导职务，比第八次调查时增加 26 人，但比例基本持平（见表 58）。

表 58　私营企业主担任人大代表、政协委员、政府和党内职务情况

		人数（人）	比例（%）	备注
人大代表	乡级	103	2.2	
	县（市）级	490	10.6	
	地（市）级	300	6.5	
	省级	69	1.5	
	全国级	39	0.8	

续表

		人数（人）	比例（%）	备注
政协委员	县（市）级	409	19.4	
	地（市）级	173	9.1	
	省级	21	1.8	
	全国级	3	0.3	
政府（部门）	县级正职	4	0.1	
	县级副职	9	0.2	
	县政府委办局正职	7	0.2	
	县政府委办局副职	8	0.2	
	乡镇正职	10	0.2	
	乡镇副职	49	1.1	
党代会代表	乡镇级	179	9.7	此部分比例为占全部党员比重
	县（市）级	262	14.2	
	地和副省级	60	3.3	
	省级	15	0.8	
	全国级	8	0.4	
党委委员	乡镇级	176	9.6	此部分比例为占全部党员比重
	县（市）级	126	6.8	
	地和副省级	26	1.4	
	省级	9	0.5	

此次调查还发现了一个特别值得关注的现象，就是有一批私营企业主担任了各级人大、政协领导职务。统计结果表明，担任人大常委会副主任和常委的分别有 12 人和 172 人；担任政协副主席和常委的分别有 44 人、416 人，总数比上次调查时增加 50 人，但比重下降 0.1 个百分点。担任人大常委会副主任的主要集中在县乡两级，地（市）级也有 2 人；担任人大常委的不但在县乡两级有，而且地（市）级和省级也分别有 34 人和 6 人。担任政协副主席的县级、地（市）级和省级分别有 27 人、11 人和 3 人。政协作为统一战线组织，由私营企业主担任领导职务已有试点政策作为依据，但人大作为国家权力机关，由私营企业主进入其领导机构，担任副主任和常委，尚缺乏法理依据（见表 59、表 60）。

表 59　私营企业主担任人大、政协领导职务情况

	副主任（副主席）		常委	
	人数（人）	比例（%）	人数（人）	比例（%）
人大	12	0.26	172	3.72
政协	44	0.95	416	9.00

表 60　私营企业主担任各级人大、政协领导职务情况

单位：人

	乡镇级	县级	地市级	省级	全国级
人大常委会副主任	4	6	2	0	0
人大常委	5	113	34	6	0
政协副主席	0	27	11	3	0

4. 私营企业主关注党的统一战线工作

私营企业主关注党的统一战线工作，主要表现在三个方面：一是对"优秀中国特色社会主义建设者"评选工作的关注；二是对统战部门关于"非公有制经济人士综合评价"的关注；三是对政治安排的关注。

（1）对评选"优秀建设者"的关注情况

经中共中央批准，中央统战部、国家发改委、国家工商总局、人事部（人力资源和社会保障部）、全国工商联于 2004 年、2006 年、2009 年三次在非公有制经济人士等新的社会阶层中开展了全国"优秀中国特色社会主义事业建设者"评选表彰活动，先后共有 298 人获此殊荣，各省（区、市）也相应开展了这一评选表彰活动，一些地方已先后 4 次评出本地区的"优秀中国特色社会主义事业建设者"。几乎与此同时，中央统战部提出了"凡进必评"原则，会同各相关政府部门和人民团体，对非公有制经济代表人士，从政治表现、经营管理、社会贡献、道德修养四个方面进行综合评价，并把综合评价结果作为非公有制经济代表人士政治安排的重要依据，大多数省（区、市）也陆续相应开展了这项工作。

本次调查表明，有 58.6% 的企业主知道"优秀建设者"表彰活动，55.4% 的企业主知道综合评价工作，比例均超过了一半，但与上次调查相比，分别下降了 0.1 个百分点和 0.8 个百分点。这说明，这两项活动开展几年来已经被多数企业主所了解。但是，经过自上次调查两年多来的实践，

知道这项表彰活动的比重不升反降，说明这方面的宣传工作还有待加强。作为直接当事人的私营企业主，都有相当多的人不知道这两项活动，可想而知，社会上其他知情的人就更少。这也说明，与劳动模范等荣誉称号相比，"优秀建设者"称号的社会影响力仍有不小差距。

表61比较清晰地显示了不同政治面貌、不同文化程度的企业主对这两项活动的了解程度。在不同政治面貌的企业主中，属于民主党派的对这两项活动了解最多，其次才是中共党员；中共党员和民主党派成员中了解这两项活动的比例明显高于普通企业主，这与第八次调查结果完全吻合。之所以会产生民主党派成员对这两项活动了解的比例高于共产党员的现象，主要有两个原因：一是接受调查的民主党派成员人数很少，容易出现比例偏高的情况；二是民主党派成员作为统一战线成员，比中共党员更关注统一战线领域的政策和活动。在不同文化程度的企业主中，随着学历的提升，知道这两项活动的人比例明显逐步提高，两者呈正比关系，尤其是具有研究生教育程度的企业主，知道这两项活动的比例最高。由此可见，受教育程度越高的企业主，对党的统战工作越关注。

表61　不同类型私营企业主对"优秀建设者"评选表彰活动和代表人士综合评价工作的了解情况

单位：%

		"优秀建设者"评选		综合评价工作	
		知道	不知道	知道	不知道
全部受访对象		58.5	38.1	54.6	40.7
不同政治面貌	中共党员	64.2	33.6	60.3	36.1
	民主党派	73.2	24.4	72.4	23.6
	群众	53.0	43.4	48.7	46.9
不同文化程度	小学和初中	51.7	46.4	45.4	51.9
	高中和中专	57.0	39.9	53.1	42.4
	大学（专科和本科）	59.0	37.8	56.1	39.6
	研究生（硕士和博士）	74.1	25.9	68.1	31.9

注：因存在缺失值，故表中各项合计不足100%。

本次调查了解了私营企业主对"优秀建设者"评选表彰活动效果的评价。调查表明，认为这项活动效果很好的占33.9%，认为效果一般的占

37.6%，认为没有效果的占 11.9%。这说明，这项活动改进和完善的空间还很大。

（2）对"综合评价工作"的关注情况

本次调查还着重了解了私营企业主对做好非公有制经济人士综合评价工作的建议。在调查表中所列的各项建议中，选择人数比例最高的是"在推荐私营企业主担任人大代表、政协委员时要对他们进行综合评价"，达到57.7%，这一结果与上一次调查结果完全一致，说明大多数企业主都希望能够运用综合评价这一机制来增强私营企业主政治安排的公正性，提高政治安排人选的质量（见表62）。

表62　私营企业主对非公经济代表人士综合评价工作的建议

单位：%

项目	比例
评价体系和指标要科学客观	47.2
在推荐私营企业主担任人大代表、政协委员时要对他们进行综合评价	57.7
及时向被评价对象反馈评价结果，帮助企业发现存在的问题	42.8

（3）对政治安排的关注情况

从 2002 年开始，部分省、市、县进行了非公有制经济代表人士担任工商联主席的试点，有的还担任了同级政协副主席。本次调查表明，对这项政策试点，私营企业主表示赞成的比例最高，达60.2%，但比上一次调查时的比重下降了9.5个百分点。在表示赞成的人中，认为非公有制经济人士担任会长能够更好地反映私营企业意见的占60.1%，认为能够更好地指导私营企业改进经营管理的占44.8%，认为有利于体现工商联的经济性和民间性的占43.8%，认为有利于调动企业家参与和支持工商联工作积极性的占47.4%，认为符合国际惯例的占15.8%（见表63）。同时，也有4.4%的人对非公有制经济人士担任会长持不赞成态度，其理由，认为企业家担任会长，是一种兼职行为，很难保证足够的时间和精力参与工商联事务的比例最高，占54.1%（见表64）。

表63 私营企业主赞同非公经济代表人士担任
工商联主席、会长的理由

单位：%

赞同企业家担任主席、会长的主要理由	同意者所占比例
能够更好地反映私营企业的意见	60.1
能够更好地指导私营企业改进经营管理	44.8
有利于体现工商联的经济性和民间性	43.8
有利于调动私营企业家参与和支持工商联工作的积极性	47.4
符合国际惯例	15.8
其他	0.8

表64 私营企业主不赞同非公经济代表人士
担任工商联主席、会长的理由

单位：%

不赞同企业家担任主席、会长的主要理由	同意者所占比例
企业家不熟悉政府运作，不利于加强政府与企业间的沟通	42.4
企业家担任会长并进而担任政协副主席，会形成新的官商不分，有可能为本企业谋取好处	50.5
企业家担任会长，是一种兼职行为，很难保证足够的时间和精力参与工商联事务	54.1
其他	1.3

5. 私营企业主对工商联工作的认识和希望

工商联作为中国共产党领导的以非公有制企业和非公有制经济人士为主体的人民团体和商会组织，这几年在促进非公有制经济健康发展和非公有制经济人士健康成长方面做了大量的工作，得到了越来越多非公有制企业和非公有制经济人士的认可。在参与本次调查的4300个有效样本中，有66.0%的企业是工商联会员；其中，在工商局的样本中，有482家企业加入了工商联，占28.8%。有2000个受访问企业参加了工商联主管的下属行业商会或同业公会，占有效样本总数的47.4%；其中，在工商局的样本中，有27.2%的企业是工商联主管的下属行业或同业组织的会员（见表65）。

表 65　私营企业与工商联的联系情况

		总体		工商局	
		样本数（个）	比例（%）	样本数（个）	比例（%）
是不是工商联的会员	是	2837	66.0	482	28.8
	不是	1463	34.0	1193	71.2
是否参加了工商联主管的下属行业商会或同业公会	参加了	2000	47.4	459	27.2
	未参加	2219	52.6	1231	72.8

在我国，行业协会、行业商会等行业组织已经发展成为市场经济的重要组成部分，而且，随着行政体制改革的深化和市场经济体制的逐步完善，行业协会、行业商会等行业组织必将发挥越来越大的作用。但目前，行业组织发展参差不齐，与发达国家相比，在组织管理、作用发挥方面还存在一定差距。此次调查显示，51.7% 的私营企业主认为当前制约行业组织健康发展和正常发挥作用的最主要障碍是政府职能转变和转移不到位，行业组织职能不健全；有 46.9% 的企业主认为行业组织官办色彩浓厚，政会不分，难以代表行业的利益，这也是制约行业组织健康发展的另一重要原因（见表66）。

表 66　私营企业主认为制约行业组织健康发展和正常发挥作用的因素

制约行业组织健康发展和正常发挥作用的因素	样本数（个）	比例（%）
行业组织官办色彩浓厚，政会不分，难以代表行业的利益	1807	46.9
政府职能转变和转移不到位，行业组织职能不健全	1993	51.7
民政部门和业务主管部门双重管理的体制和一个地方一个行业只能成立一个协会的规定限制了行业组织发展的活力	1079	28.0
行业组织内部治理结构不健全，民主选举和民主管理制度不完善，经费收支行为不规范	1378	35.8
行业组织立法滞后，行业组织的发展没有纳入法制化轨道	1734	45.0

2012 年中国第十次私营企业抽样调查数据分析综合报告

"中国私营企业研究" 课题组

一 2011 年个体私营经济发展情况

(一) 私营企业基本情况

1. 私营企业户数和注册资金增长情况

一是从企业户数方面看, 截至 2011 年年底, 全国实有私营企业 967.68 万户 (含分支机构, 下同), 比上年增加 122.16 万户, 增长 14.45% (见表 1)。私营企业户数排在前 5 名的省市依然是: 江苏、广东、上海、浙江、山东, 5 省市共计 440.05 万户, 占到了全国私营企业总数的 45.47%。二是从注册资金方面看, 私营企业注册资本 (金) 为 25.79 万亿元, 比上年增加 6.58 万亿元, 增长 34.25% (见表 1)。三是从户均注册资金数量来看, 私营企业户均注册资金为 266.49 万元, 比上年增加 39.35 万元, 增长 17.32%。

2. 私营企业投资者人数、雇工人数增长情况

截至 2011 年年底, 全国私营企业从业人员 1.04 亿人, 比上年同期增加 936.04 万人, 增长 9.94% (见表 1)。其中, 投资者人数 1985.75 万人, 比上年增加 191.73 万人, 增长 10.69%; 雇工人数 8367.87 万人, 比上年增加 744.31 万人, 增长 9.76%。

3. 私营企业组织形式情况

以现代企业制度为代表的公司制企业发展迅速, 在私营企业组织形式中所占比例较大, 特别是私营股份有限公司增长较快, 另外, 私营有限合

伙企业也增长迅猛。全国实有私营有限责任公司 808.68 万户，比上年增长 15.00%；实有股份有限公司 2.89 万户，比上年增长 38.97%；实有私营有限合伙企业 10165 户，比上年增长 2.25 倍。

表 1 近年来全国私营企业发展基本情况

年份	户数（万户）	增长率（%）	人数（万人）	增长率（%）	注册资金（万亿元）	增长率（%）
2002	263.83	20.00	3247.50	19.70	2.48	35.90
2003	328.72	24.60	4299.10	32.38	3.53	42.34
2004	402.41	22.42	5017.30	16.71	4.79	35.69
2005	471.95	17.28	5824.00	16.08	6.13	27.97
2006	544.14	15.30	6586.40	13.09	7.60	23.98
2007	603.05	10.83	7253.10	10.12	9.39	23.55
2008	657.42	9.02	7904.00	8.97	11.74	25.03
2009	740.15	12.58	8606.97	8.89	14.65	24.79
2010	845.52	14.24	9417.58	9.42	19.21	31.13
2011	967.68	14.45	10353.62	9.94	25.79	34.25

注：表中历年户数均包含分支机构数量。

4. 私营企业产业结构发展情况

私营企业实有户数在第一、第三产业增长较快，所占比重进一步增大，在第二产业所占比重下降。私营企业在第一产业实有 24.46 万户，占全国私营企业总户数的 2.53%；第二产业实有私营企业 269.47 万户，占全国私营企业总户数的 27.85%；第三产业实有私营企业 673.75 万户，占全国私营企业总户数的 69.63%（见图 1）。

5. 私营企业区域结构发展情况

私营企业在区域上的分布，总体上仍以东部地区发展程度较高，中西部地区发展相对落后为主要特征。东部 12 个省份实有私营企业 632.47 万户，比上年增长 13.60%，占私营企业总户数的 65.40%；西部 10 个省份实有 138.60 万户，比上年增长 17.59%，占私营企业总户数的 14.32%；中部 9 个省份实有 196.61 万户，比上年增长 15.05%，占私营企业总户数的 20.32%。

6. 私营企业在农村、城镇发展情况

随着城乡一体化进程的推进，城镇私营企业发展速度加快。农村私营企业向城镇转移，发展速度相对较低。全国城镇实有私营企业 703.50 万户，

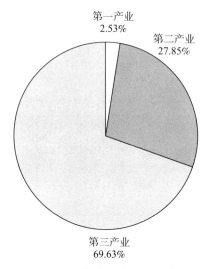

图 1　2011 年全国私营企业实有户数产业结构分布

比上年增长 16.22%，占全国私营企业总户数的 72.70%。农村私营企业 264.18 万户，比上年增长 9.97%，占全国私营企业总户数的 27.30%。

（二）个体工商户基本情况

1. 个体工商户户数和资金情况

2011 年全国实有个体工商户 3756.47 万户，比上年增加 303.58 万户，增长 8.79%，是近几年增长速度较快的一年。从个体工商户实有户数看，排在前 5 位的省份是：广东、江苏、山东、四川、浙江。

2011 年全国个体工商户的资金数额为 16177.57 亿元，比上年增加 2789.99 亿元，增长 20.84%；户均资金数额为 4.31 万元，比上年增加 0.43 万元，增长 11.08%。从业人员 7945.28 万人，比上年增加 937.72 万人，增长 13.38%（见表 2）。

表 2　近年来全国个体工商业发展基本情况

年份	户数（万户）	增长率（%）	人数（万人）	增长率（%）	资金数额（亿元）	增长率（%）
2002	2377.50	-2.30	4742.90	-0.39	3782.40	10.10
2003	2353.20	-1.02	4299.10	-9.36	4187.00	10.70
2004	2350.50	-0.11	4587.10	6.70	5057.90	20.80

续表

年份	户数 （万户）	增长率 （%）	人数 （万人）	增长率 （%）	资金数额 （亿元）	增长率 （%）
2005	2463.90	4.82	4900.50	6.83	5809.50	14.86
2006	2595.60	5.35	5159.70	5.29	6468.80	11.35
2007	2741.50	5.62	5496.20	6.52	7350.80	13.63
2008	2917.30	6.41	5776.40	5.10	9006.00	22.52
2009	3197.40	9.60	6632.00	14.81	10856.60	20.55
2010	3452.89	7.99	7007.56	5.66	13387.58	23.31
2011	3756.47	8.79	7945.28	13.38	16177.57	20.84
2012.9	3984.70	6.08	8454.71	6.41	18804.51	16.24

2. 个体工商户产业结构情况

个体工商户实有户数在第一产业中增长最快，第三产业所占比重达到90%。第一产业实有个体工商户62.02万户，比上年增长18.51%，占个体工商户实有总户数的1.65%；第二产业实有个体工商户304.85万户，比上年增长3.83%，占个体工商户实有总户数的8.12%；第三产业实有个体工商户3389.6万户，比上年增长9.10%，占个体工商户实有总户数的90.23%（见图2）。

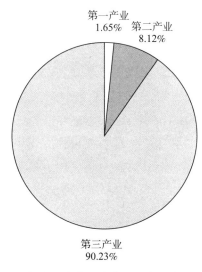

图 2　2011 年全国个体工商户实有户数产业结构分布

3. 个体工商户区域结构发展情况

从区域结构看，个体工商户在中、西部地区发展较快，中部 9 个省份实有个体工商户 1153.62 万户，比上年增长 11.47%，占个体工商户总数的 30.71%；东部 12 个省份实有个体工商户 1837.58 万户，比上年增长 6.43%，占个体工商户总数的 48.92%；西部 10 个省份实有个体工商户 765.26 万户，比上年增长 7.02%，占个体工商户总数的 20.37%。

4. 个体工商户城乡发展情况

全国城镇实有个体工商户 2498.44 万户，比上年增加 231.84 万户，增长 10.23%，占个体工商户总数的 66.51%。农村实有个体工商户 1258.03 万户，比上年增加 71.74 万户，增长 6.05%，占个体工商户总数的 33.49%。

5. 港澳居民个体工商户在内地的发展情况

截至 2011 年年底，全国实有港澳居民个体户 5182 户，比上年增长 10.11%；从业人员 13924 人，比上年增长 9.77%；资金数额 4.13 亿元，比上年增长 28.19%。

截至 2011 年年底，台湾农民在大陆海峡两岸农业合作实验区和台湾农民创业园设立农民个体户 412 户，比上年增长 44.56%；从业人员 1468 人，比上年增长 51.65%；资金数额 1.28 亿元，比上年增长 89.13%。

全国农民专业合作社户数、出资总额和农民成员增长迅速。截至 2011 年年底，全国实有农民专业合作社 52.17 万户（含分支机构），比上年增长 37.62%；出资总额 0.72 万亿元，比上年增长 60%，其中货币出资额 0.60 万亿元，比上年增长 62.16%，占出资总额的 83.33%，非货币出资额 0.12 万亿元，比上年增长 50%；成员总数 1196.43 万人。2011 年全国新登记农民专业合作社 13.92 万户，比上年增长 5.86%；出资总额 0.25 万亿元，比上年增长 31.58%；成员总数 314.98 万人，比上年增长 41.68%。

二 私营企业发展状况及特点

（一）私营企业内部管理与组织制度

随着公司制企业的发展，现代公司呈现股权结构分散化、所有权与经营权分离等重要特征。正是这些特征，才使得公司治理问题得以产生，并且治理问题成为现代公司的焦点与核心。所谓"治理"，即用规则和制度来约束和重塑利益相关者之间的关系，以达到决策科学化的目的。① 私营企业内部管理与组织制度是企业从个人化向组织化迈进的关键要素，也是企业实现从"人治"向"法治"过渡的载体。

自从 20 世纪 70 年代末 80 年代初中国实行改革开放政策以来，私营企业在大陆重新出现并发展起来。现行《中华人民共和国宪法》第十一条明确规定："在法律规定范围内的个体经济、私营经济等非公有制经济，是社会主义市场经济的重要组成部分。国家保护个体经济、私营经济等非公有制经济的合法的权利和利益。国家鼓励、支持和引导非公有制经济的发展，并对非公有制经济依法实行监督和管理。"截至 2011 年年底，私营企业已发展到 967.68 万户。② 私营经济已发展成为国民经济中最具活力的经济成分之一。

在私营企业创立之初，企业规模往往很小，多为个人或家族所有。企业主既是创业者，又是实际经营者；企业管理人员也主要以家族成员为主，表现出家族企业的典型特征。这一时期，企业的所有权和控制权高度集中，其产权结构基本属于剩余索取权和经营控制权直接统一集中于企业主或其家族成员，这是一种高度集权的企业治理结构——业主制。当私营企业这种蓬勃发展的速度达到一定阶段时，已具规模的私营企业的组织结构、文化内核、体制制度已然和目前的发展状态不相匹配，曾经的内部资源半径不足，不可避免地会制约企业的进一步发展。尤其是一些私营企业存在着只重视技术和市场、忽略管理和人才的状况，待发展到一定规模后，体制的滞后、人才的匮乏、管理的混乱使得私营企业难以长久健康运转。在这一阶段，家族企业多采用"关系式治理"模式。企业内部家族成员的关系主要靠血缘、亲情来维系，对自己人多以人治进行管理，正式的制度往往失去效力。这种治理模式在企业创立之初，可以大大降低交易成本。但家族内外部所面临的利益冲突一旦冲破家族成员的"心理契约"，这种缺乏正式的契约联结的治理结构将会使企业面临危机。可见，组织制度的完善是企业长效机制得以实现的基础。

---

① 李维安主编《公司治理学》，高等教育出版社，2009。
② 来自国家工商行政管理总局统计数据。

在中国情境的市场环境下，"儒表法里"① 的特征造就了个人权威的影响力，在企业组织中，体现为在法规法则下不可忽视的企业主集权和个人魅力。在私营企业中，"人治"现象普遍存在，而当创业者或企业主退居幕后时，权威的效用难以挽救企业管理上的缺失，企业难以自动运转，这时就需要有制度上的维持和保障。私营企业的组织制度越来越被企业主所重视，也越来越需要发挥作用，使得企业能够在"法治"的权威下，有序运转、基业长青。

为了探寻私营企业内部管理和组织制度上依旧存在的问题和已经取得的进步，我们以 2012 年第十次中国私营企业抽样调查数据作为样本，就目前私营企业的内部管理与组织制度做出客观的数据分析。

1. 私营企业的不同类型结构

依据不同的划分方法，我们将私营企业分成不同的类型。按规模大小划分，可以分为小微型企业和大中型企业；按区域划分，可分为东、中、西部企业；按所有制类型划分，可分为独资企业、合伙企业、有限责任公司、股份有限公司；按行业划分的类型则更多。在 2012 年第十次中国私营企业抽样调查的私营企业中，最早的登记时间为 1989 年，最晚的为 2011 年，企业平均开办年数约为 9 年。

私营企业的类型结构及与其相对应的 2011 年年底所有者权益额和 2011 年全年雇工人数如表 3 所示。

（1）不同规模的私营企业间差异明显

小微型企业和大中型企业不论是从所有者权益额还是从雇用人数上看，也不论是从均值还是从中位数上看，两者间都差异巨大。因此我们按照调查后对企业划型的结果，分别统计两类规模差异较大企业的数据，发现大中型企业和小微型企业间所有者权益额和雇用人数的均值和中位数都有着 10 倍左右的显著差距。因此，在对企业内部管理和组织制度的很多问题进行研究时，如果我们对企业规模这一变量不加以控制，那么得出的结论就不能反映不同企业的实际情况。

---

① 外在表现为儒家的家文化，内部强调法家集权的实质。在社会组织中，则是表面上崇尚大家族，而实际效果类似"民有二男不分异者倍其赋"。引自秦晖《"大共同体本位"与传统中国社会》（上），《社会学研究》1998 年第 5 期。

（2）有限责任公司占主体，股份有限公司规模较大

按照企业的注册类型划分，我们发现有限责任公司的数量居多，占到了企业总数的 74%，可以看出私营企业主要采用有限责任公司的注册类型。一方面，有限责任公司符合现代企业的类型，相比于独资企业和合伙制企业，不仅更加规范，而且出资人只需要承担有限责任，风险相对较低；另一方面，相比于股份有限公司，有限责任公司的注册资本（金）和其他成立条件相对较低。另外，不同注册类型的企业所有者权益额和雇工人数也有不小的差异，股份有限公司无论是从所有者权益额还是从雇用人数来看，都遥遥领先，这与股份有限公司严苛和高标准的注册条件有关，许多达不到相应标准的企业已经被拒之门外，成功注册的企业往往力量较为雄厚，随后依次是有限责任公司、合伙企业和独资企业。

（3）东中西部企业的发展仍不均衡

进入改革开放的攻坚阶段，东部地区企业间的竞争已呈白热化态势，区位和政策优势已不如改革开放初期明显，规模上的领先优势已不大。西部地区地方政府高度重视私营企业的发展，加之西部劳动力价格低廉，且有"西部大开发"的相关政策配套，不少企业纷纷将生产基地迁至西部地区，企业规模和效益增长速度加快。例如，重庆深处内地，原来以汽车、摩托车产业为主导产业，但近年来凭借人力资源优势和后发优势，以笔记本电脑零配件生产商为代表的电子信息产业纷纷落户重庆，成为重庆工业经济发展的新引擎。但我们仍需看到不少的西部地区企业实力薄弱，技术水平和创新能力较弱，仍很难和东部地区的企业相抗衡。从数据上看，中部地区私营企业落差明显，由于中部地区缺乏区位和政策优势，且国有企业较多，地方政府在私营企业发展方面举棋不定，缺乏一以贯之的政策支持，中部地区无论是在企业规模还是在企业的成长速度上都不具区域优势。近年来，国家已启动"中部崛起"战略，带头重点建设"中原经济区"等一批国家级区域经济带头示范区，相信中部地区私营企业的发展状况在未来几年会出现改观。

（4）第三产业发展迅猛

按照行业类型划分，可以发现以金融业、房地产业、教育等为代表的第三产业或者说现代服务产业发展非常迅猛，不论是所有者权益额还是雇工人数都领先于整体水平；第二产业作为实体经济的主力军，被看作中国经济社会的晴雨表，尤其是制造业，从调研采集的数据就能看出，属于第二产业的

私营企业规模相对较大；第一产业的农林牧渔业与总体平均水平持平。

表 3　私营企业的类型结构

企业类型		企业数量（户）	2011 年年底所有者权益（万元）			2011 年企业全年雇工（人）		
			均值	中位数	样本（个）	均值	中位数	样本（个）
规模大小	小微型企业	4064	1273	260	2552	88	26	3946
	大中型企业	1009	11184	3804	700	733	320	1005
	合计	5073	3406	500	3252	219	40	4951
注册类型	独资企业	716	1609	200	423	109	25	691
	合伙企业	232	2402	150	135	142	25	213
	有限责任公司	3723	3112	500	2454	203	45	3648
	股份有限公司	350	10894	2745	220	640	140	344
	合计	5021	3416	500	3232	218	42	4896
所处区域	东部	2975	3973	585	1968	221	50	2907
	中部	1166	1936	252	788	209	30	1136
	西部	929	3504	500	494	222	34	906
	合计	5070	3408	500	3250	219	40	4949
行业类型	农林牧渔业	342	3129	500	233	285	58	330
	采矿业	109	8184	837	58	477	100	108
	制造业	1868	4774	1000	1275	303	100	1845
	电力煤气水	58	4634	300	38	258	60	58
	建筑业	442	5216	1277	285	353	78	434
	交通运输业	187	2030	406	138	205	50	186
	信息服务业	241	1865	100	156	104	10	238
	批发零售业	1225	1653	200	807	117	15	1190
	住宿餐饮业	325	3843	500	205	315	90	314
	金融业	82	8867	2020	50	560	116	81
	房地产业	399	8555	2500	253	491	80	395
	租赁、商业服务业	352	4672	380	229	211	40	349
	科研技术	198	2594	541	146	142	37	189
	公共设施	37	2667	200	29	177	25	35
	居民服务业	133	1881	103	84	78	25	127
	教育	56	7581	250	34	291	25	55
	卫生	47	3513	224	27	257	59	46

企业类型		企业数量（户）	2011 年年底所有者权益（万元）			2011 年企业全年雇工（人）		
			均值	中位数	样本（个）	均值	中位数	样本（个）
行业类型	文化体育	104	2815	200	73	213	20	101
	其他	621	2158	150	373	98	16	609
	合计	6826	3851	500	4493	256	48	6690

资料来源：2012 年第十次中国私营企业抽样调查数据。

2. 私营企业的内部治理模式很大程度上取决于企业主的个人特质

私营企业主的核心地位是私营企业内部权威的明显特征。尤其是家族企业权威式的领导风格，使得管理层在企业中的权威集中，而企业的创始人被认为拥有极强的人格魅力和丰富的经验，管理者与被管理者的关系更多地体现为决策与服从的关系。不仅在企业的初创期，在成长期也依然如此。究其原因，是企业主的个人因素与企业组织本身的结构特点互为作用的结果。

（1）企业主一直扮演着决策的中心

在私营企业的决策机制中，无论是重大决策还是日常管理，企业主都事无巨细，亲力亲为，扮演着决策的中心角色。以 2012 年的调查数据为例（见表 4 和表 5），近一半（48.2%）的企业主把控着企业的重大决策权，更有 60.8% 的企业主直接负责企业的日常管理工作。从 2006 年以来的四次调查数据的差异来看（见表 4），随着时间的推移，企业主对于企业重大决策的控制程度逐渐增大，已经由原来的不足 40% 增长到现在的 50% 左右；股东大会的作用也越发显著（27.7%），高管会议（5.1%）和董事会（18.7%）决策在公司重大事项决策中的比例下降，说明股东大会作为公司的权力机构，已经开始行使决策公司重大问题的权力。在企业的日常管理中（见表 5），企业主本人决策的比例很高（达 60% 以上），经理会的作用近年来显著下降，而职业经理人的作用明显增大。由此可知，企业主除本人直接参与企业的日常管理与决策外，也逐步愿意"引智"，借助职业经理人的专业技能和实践经验管理企业的日常事务。

董事会是现代企业制度发展到一定阶段的产物。在被调查的已建立董事会的企业中，董事长绝大多数是由出资人本人（89.9%）或其家族成员

（7.3%）担任，由外聘人才（1.7%）或其他人（1.1%）担任的比例很低（见表6）。这说明绝大多数私营企业仍是以个人或家族为主导的企业，采用的仍是家族式管理方法，现代企业治理制度虽已建立，但只是"形似"而"神非"。一般而言，担任公司董事长的人应该符合如下条件：熟悉公司业务，具有比较完全的信息，有良好的工作能力，勇于承担责任等。多数企业的出资人自身已符合上述条件，但当外聘的人才更符合上述条件时，出资人也往往不舍得将自己的企业"拱手"交给别人。

表4　私营企业的重大决策者

		2006 年		2008 年		2010 年		2012 年	
		样本数（个）	所占比例（%）	样本数（个）	所占比例（%）	样本数（个）	所占比例（%）	样本数（个）	所占比例（%）
企业重大决策由谁定夺	主要出资人本人	1385	37.7	1335	33.2	2323	52.0	2376	48.2
	股东大会	650	17.7	857	21.3	930	20.8	1365	27.7
	董事会	911	24.8	982	24.4	976	21.8	921	18.7
	高管会议	692	18.8	815	20.2	224	5.0	249	5.1
	其他	40	1.0	37	0.9	18	0.4	14	0.3
	合计	3678	100.0	4026	100.0	4471	100.0	4925	100.0

资料来源：2006～2012 年四次中国私营企业抽样调查数据。

表5　私营企业的日常管理者

		2006 年		2008 年		2010 年		2012 年	
		样本数（个）	所占比例（%）	样本数（个）	所占比例（%）	样本数（个）	所占比例（%）	样本数（个）	所占比例（%）
企业日常管理由谁负责	企业主本人	1487	39.5	1395	34.6	3023	69.8	3020	60.8
	经理会	1973	52.4	2344	58.1	726	16.8	1258	25.3
	职业经理人	266	7.1	246	6.1	523	12.1	653	13.1
	其他	36	1.0	49	1.3	62	1.4	40	0.8
	合计	3762	100.0	4034	100.0	4334	100.0	4971	100.0

资料来源：2006～2012 年四次中国私营企业抽样调查数据。

表 6　私营企业董事长人选

	样本数（人）	所占比例（%）
主要出资人本人	3367	89.9
主要出资人的家族成员	274	7.3
外聘人才	62	1.7
其他	41	1.1
合计	3744	100.0

资料来源：2012 年第十次中国私营企业抽样调查数据。

（2）企业主文化程度相对较高，为企业正确决策提供了知识基础

分析 2006 年以来的四次调查数据（见表 7），我们发现企业主的文化素质呈上升的趋势。特别是据 2012 年的调查数据，企业主中具有大学及以上学历的占到了 32%（近 1/3），特别是具有研究生学历的占到 8.1%；具有大专及以上学历的企业主占到了近 2/3 的比例；其余的企业主也大都具备了高中或中专文化程度。大部分被调查企业的企业主接受过较为系统的中等教育或高等教育，形成了基本的知识体系和知识结构，这有助于企业主科学决策。不过，随着近年来工商管理教育的兴起，海内外各高校报价不菲的 EMBA、MBA、EDP 等课程或在职学位班受到了私营企业主的热捧，很多企业主出于不同的考虑参加了相应类别在职硕士、博士班，这便可以部分解释高学历者在企业主中比例上升较快的这一现象。另外，国家对于高层次人才和海外留学归国人员自主创业政策的倾斜和扶持力度的加大也在一定程度上解释了这一现象。

表 7　2006～2012 年私营企业主的文化程度状况

文化程度	2006 年		2008 年		2010 年		2012 年	
	样本数（个）	所占比例（%）	样本数（个）	所占比例（%）	样本数（个）	所占比例（%）	样本数（个）	所占比例（%）
研究生	170	4.5	519	12.8	318	7.1	405	8.1
大学	500	13.1	913	22.6	929	20.6	1191	23.9
大专	1211	31.7	1073	26.6	1514	33.6	1655	33.2
高中、中专	1396	36.6	1191	29.5	1278	28.4	1263	25.4

续表

文化程度	2006 年		2008 年		2010 年		2012 年	
	样本数（个）	所占比例（%）	样本数（个）	所占比例（%）	样本数（个）	所占比例（%）	样本数（个）	所占比例（%）
初中	480	12.6	317	7.8	413	9.2	410	8.2
小学及以下	58	1.5	28	0.7	55	1.2	56	1.1
合计	3815	100.0	4041	100.0	4507	100.0	4980	100.0

资料来源：2006~2012 年四次中国私营企业抽样调查数据。

（3）企业主来源多元，大多数在开办企业前已具备一定的管理经验

从对私营企业主阶层的职业背景分析可以看出，企业主成员来源多元，群体边界十分开放，但人员构成多属于具备一定管理经验者或社会资源丰富者，各级干部、各类企业主要负责人和中层以上管理人员、企业技术人员、村干部及留学归国人员成为这个群体的主体，比例占到 60% 以上（见表 8）。企业主"知识型"特征十分明显。可见，拥有管理能力、销售能力和技术能力，是成为私营企业主的主要条件。一方面，他们利用自身在政府、国有企业中积累的资源帮助企业发展；另一方面，他们普遍受教育程度较高，也助推了整个市场的规范化。另外，中国私营企业主的摇篮仍然主要是内资（国有、集体、私营）企业。

表 8 不同时期开业的私营企业主开业前的职业分布

单位：%

职业类别	1991 年以前	1992~1995 年	1996~2000 年	2001~2005 年	2006~2010 年	2011~2012 年
农民、工人、服务人员、企业普通职员	30.2	26.7	24.7	26.1	14.7	14.0
村干部以及各级国家干部	5.9	10.6	12.3	9.7	17.1	13.7
内资企业负责人、中层管理人员	22.0	18.8	23.9	22.3	28.9	32.3
内资企业供销人员、专业技术人员	12.3	18.0	15.1	13.6	14.1	11.0
个体户	24.2	20.0	18.2	21.3	13.5	16.8
军人、其他工作	3.4	4.0	3.7	3.6	3.9	4.2
下岗失业或没有参加过工作	2.1	1.9	2.1	3.5	2.3	2.3
外资、港澳企业或在国外留学、工作	—	—	—	—	5.5	5.7
合计	100	100.0	100.0	100.0	100.0	100.0

资料来源：历次全国私营企业抽样调查，"—"表示无此选项。

（4）企业主政治参与欲望强烈，社会政治地位也在提高

从 2012 年的调查数据中可以看出（见表 9），大中型企业主和小微型企业主在参与政治生活方面的差距显著，大中型企业主中中共党员的比例接近一半，而小微型企业主中这一比例仅为 30% 左右。加入民主党派的情况也是大中型企业主的比例高出小微型企业主的比例近一倍。因为大中型企业主带领企业取得了一定的业绩，为当地经济社会发展做出了一定贡献，大都在社会上享有一定声望。不少企业主被党组织培养和发展为中共党员，或是加入大陆各民主党派，成为相应团体中的活跃骨干分子。另外，大中型企业主中人大代表或政协委员的比例超过 3/4，而小微型企业主中这一比例仅为 1/3。一些有影响力的私营企业主在基层政府、人大、政协中任职或担任各级人大、政协代表（见表 10）。这一方面说明私营企业主的社会政治地位提高，党和政府越来越重视私营经济的发展；另一方面，这些参政议政的私营企业主可以及时将党和政府的政策、声音下达到企业以及将企业发展中遇到的困难和需要的资源上传到地方政府，也可以为企业的发展争取更多的资源和条件。

表 9　私营企业主加入党派组织的情况

			中共党员	民主党派成员	均未加入	合计
企业划型	小微型企业	人数（人）	1176	187	2539	3902
		比例（%）	30.14	4.79	65.07	100.00
	大中型企业	人数（人）	486	88	410	984
		比例（%）	49.39	8.94	41.67	100.00
合计		人数（人）	1662	275	2949	4886
		比例（%）	34.02	5.63	60.36	100.00

资料来源：2012 年第十次中国私营企业抽样调查数据。

表 10　私营企业主担任人大代表、政协委员的情况

			人大代表	政协委员	都不是	合计
企业划型	小微型企业	人数（人）	453	851	2550	3854
		比例（%）	11.75	22.08	66.17	100.00
	大中型企业	人数（人）	342	397	242	981
		比例（%）	34.86	40.47	24.67	100.00

续表

		人大代表	政协委员	都不是	合计
合计	人数（人）	795	1248	2792	4835
	比例（%）	16.44	25.81	57.75	100.00

资料来源：2012年第十次中国私营企业抽样调查数据。

（5）企业主的社会网络资源相对丰富

中国情境下的社会网络非常重要，"出门靠朋友""一个好汉三个帮"等都说明了维系社会网络的重要性。一个人想创办自己的企业，单凭个人的力量是很难做到的。首先，他要组建一个创业团队，有一批有识之士愿意同他一起打拼；其次，他还需要同团队成员一起筹措注册企业所需的资本。私营企业的注册资本大多数来自企业主的个人积累（58.05%），这也从侧面印证了为何企业主的职业背景多为其他企业的中高层管理者和个体工商户，因为只有通过初始的资本积累和经验积累，掌握了从事相关行业的技术和惯例，并且具备供应链上、下游的一些网络资源，企业主才可能注册经营自己的企业。另外，在企业的初始注册资金来源上，银行借贷（15.84%）、民间借贷（11.48%）、亲友馈赠（5.65%）也占据了较重的份额。而不论是从银行还是从民间借贷，都需要有很好的社会网络，特别是在当前，银行呆账、坏账增多，民间资本借贷风险增高，很多因高利贷追不回来引发的一系列血案，使筹融资难上加难。但如果企业主在银行信贷部有熟识的亲戚朋友，或者自己较近的关系圈子中有富余资金丰沛的亲戚朋友，那么筹资就会相对容易些。除此之外，一些私营企业是由国有、集体企业改制而来的，即政府鼓励私有经济承包、租赁、兼并或购买公有制企业，抑或鼓励私有经济与公有经济合资、合营，并允许私人控股，因而私营企业可以获得相应的改制资产（4.31%）（见表11）。

表11　私营企业的注册资本来源分布

注册企业资金来源	样本数（个）	所占比例（%）
个人经营积累	3948	58.05
继承遗产	133	1.96
亲友馈赠	384	5.65

续表

注册企业资金来源	样本数（个）	所占比例（%）
银行借贷	1077	15.84
民间借贷	781	11.48
国有、集体企业改制资产	293	4.31
其他	185	2.72
合计	6801	100.00

资料来源：2012 年第十次中国私营企业抽样调查数据。

3. 组织层面的治理结构与企业主的个人特质相互匹配

企业主个人权威是企业得以良性运转的必要因素，为使得管理半径与组织规模相匹配，组织层面的治理结构也是十分重要的。

（1）私营企业权益结构中，企业主的所有者权益仍占主体

现阶段，我国私营企业主要处于创业初期，表现为企业登记注册时间较晚，如表 12 所示，过半数（56%）的被调查企业是在近十年内登记注册成立的。2012 年抽样调查的私营企业，平均登记时间距今只有 9 年时间。从权益结构看（见表 13），无论是开办企业之时的初始出资比例，还是在企业发展了一段时间的今天，企业主的资金或权益占比都处于绝对领先的位置，其他出资的国内自然人也往往与企业主沾亲带故或处于企业主"差序格局"[1] 的核心圈内。企业的发展不得不依赖并得益于家族力量、亲缘力量和地缘力量。不论是开办企业时还是截至目前，企业主的所有者权益仍是主体（所占比例均高于 70%），且企业主所有者权益比例、其他国内自然人所有者权益比例、其他国内法人所有者权益比例、外资所有者权益比例、其他所有者权益比例等五项指标在企业开办以来均无明显变化。可见，企业自身的成长对资本结构的影响并不明显。

表 12　私营企业登记注册时间统计

企业创办时间	企业数量（户）	占调查企业总数的比例（%）
1992 年及以前	155	3.2
1993～2002 年	1965	40.8

---

[1]　费孝通：《乡土中国》，人民出版社，2008。

续表

企业创办时间	企业数量（户）	占调查企业总数的比例（%）
2003～2011 年	2703	56.0
合计	4823	100.0

资料来源：2012 年第十次中国私营企业抽样调查数据。

表 13　私营企业开办时的出资比例与现今所有者权益占比

单位：%

企业开办时和 2011 年年底资本与所有者权益构成	比例
在开办私营企业时，您自己的资本占资本总额的比例是多少	77.06
2011 年年底，您的所有者权益占权益总额的比例是多少	75.91
在开办私营企业时，其他国内自然人的资本占资本总额的比例是多少	15.86
2011 年年底，其他国内自然人的所有者权益占权益总额的比例是多少	15.92
在开办私营企业时，其他国内法人的资本占资本总额的比例是多少	3.49
2011 年年底，其他国内法人的所有者权益占权益总额的比例是多少	3.40
在开办私营企业时，外资占资本总额的比例是多少	0.82
2011 年年底，外资的所有者权益占权益总额的比例是多少	0.81
在开办私营企业时，其他资本占资本总额的比例是多少	1.50
2011 年年底，其他所有者权益占权益总额的比例是多少	1.60

资料来源：2012 年第十次中国私营企业抽样调查数据。

（2）法治治理框架下强烈地彰显了私营企业主个人色彩

如今，超过 80% 的私营企业建立的是公司制企业（见表 14），因而面临着信息不对称前提下委托人对代理人的激励与约束问题，而很多企业在治理方面恰恰又是缺乏"招数"的，因此很多出资人和企业主自己就"客串"了代理人的角色。2012 年调查数据显示，90% 左右的企业出资人自己担任董事长。企业的日常管理决策主要由企业主负责（60.8%），企业重大决策中也有 48.2% 是由企业主"说了算"（见表 4、表 5、表 6）。这种企业重大决策和日常管理均由企业主亲自抓的现象通称"两头抓"。这种"两头抓"现象的主要原因：一是企业主多年形成的集权式领导风格；二是公司规模扩大后，经营风险扩大，"亲自挂帅"成为企业主的自然反应；三是市场经济发育不完善，"放权"的委托代理成本和风险很高。企业主将大权独揽，这样虽然可以避免代理人的道德风险和逆向选择问题，但也因此丧失了代理人的人力资本优势，可能导致企业决策偏离正确方向，长远来看并不利于企业的发展。

表 14　私营企业的注册类型

注册类型	样本数（个）	所占比例（%）
独资企业	716	14.3
合伙企业	232	4.6
有限责任公司	3723	74.1
股份有限公司	350	7.0
合计	5021	100.0

资料来源：2012 年第十次中国私营企业抽样调查数据。

（3）私营企业日趋理性地选择治理结构

如表 15 所示，近年来，私营企业内部治理结构已经逐步发育到较高的水平。2012 年的调查数据中，有股东大会的占 61.2%，有董事会的占 57.7%，有监事会的占 31.8%，有党组织的占 35.4%，有工会的占 49.1%，有职代会的占 32.2%。这些治理结构的发育，为规范企业相关利益主体的行为，保障各自的权益，形成完善的企业治理结构提供了重要的组织基础。而纵观组织结构的变化，可以发现其中股东大会、监事会和董事会的比例出现了一定的起落。新《公司法》自 2006 年实施至今已逾 7 年，不少私营企业从开始不切合自身实际的按新《公司法》要求构建治理结构的阶段回归到理性的公司的治理阶段。在新《公司法》颁布之初，社会宣传十分广泛，企业也对规范的公司治理结构抱有很高的期待，"新三会"[1] 的建立呈快速增长态势。但时至今日，一些私营企业发现"新三会"的建立对企业组织能力不仅没有提升，反而有负向作用，这使得企业主重新审视公司的治理结构。回顾私营企业的发展历程，可以发现改革开放以后成立的企业，尤其是私营企业，基本上都是家族化管理，也就是以血缘关系和朋友关系为纽带控制的。企业要发展壮大，要在市场上有竞争力，不走出家族化管理的体制，不利用市场上的人力资源、管理资源是难以为继的。但是当企

---

[1] "新三会"是指股东大会、董事会、监事会，与"老三会"（工会、党委会、职代会）相对应。

业主试探着迈出这一步，引入现代化的"所有权与经营权分离"的管理体制时，又缺乏可以信赖的职业经理人，大量的资产被偷窃，痛定思痛，最后发现"任人唯贤"还是不如"任人唯亲"，雇来的经理人还是不如"自家人"值得信任，于是又要回到家族管理。这也是为什么治理结构中董事会和监事会的比例出现反复的原因。

表 15　私营企业内部的组织状况

单位：%

	股东大会	董事会	监事会	党组织	工会	职代会
1993 年调查	—	26.0	—	4.0	8.0	11.8
1995 年调查	—	15.8	—	6.5	5.9	6.2
2000 年调查	27.8	44.5	23.5	17.4	34.4	26.3
2002 年调查	33.9	47.5	26.6	27.4	49.7	27.4
2004 年调查	56.7	74.3	35.1	30.7	50.5	31.0
2006 年调查	58.1	63.5	36.5	34.8	53.3	35.9
2008 年调查	59.3	54.5	34.9	35.2	51.5	35.1
2010 年调查	57.1	57.8	32.0	34.6	52.3	31.7
2012 年调查	61.2	57.7	31.8	35.4	49.1	32.2

资料来源：1993～2012 年九次中国私营企业抽样调查数据。

4. 私营企业外部治理亟待完善

（1）企业与政府之间存在依赖型治理模式

中国的企业至今尚未走出过政府的"怀抱"。依赖型模式在私营企业中既体现为企业对政府的依赖，也表现为市场欠发达条件下对企业主及其初始网络等方面的依赖。现代企业治理强调的是"制衡文化"，而依赖型治理模式的弊端是显而易见的。因而，变革依赖型治理模式需要从培养每个主体的独立性、规则意识、合作意识等角度从长着计。

（2）企业与银行间信息不对称，贷款难困扰着企业发展

私营企业向银行借贷是一个老大难问题。但据 2012 年的调查数据，在企业的流动资金中贷款占 22.37%，在企业扩大再生产中，贷款占到了19.61%。2011 年年底，企业在各类银行的借贷余额均值已逾 1800 万元，借贷年息 7.7% 左右。而从私营企业从银行贷款减少的原因看，排在前三的

分别是：27.69% 的企业归因于贷款成本增加或过高，23.61% 的企业归因于担保抵押条件太严，17.15% 的企业归因于手续繁杂、错过商机（见表 16），原因基本都可以归为银行方面。而从私营企业从银行贷款增加的原因看，排在前三的分别是：生产经营规模扩大（50.93%），信贷政策向中小企业倾斜（15.82%）和投资新兴产业或推进企业转型升级（13.31%）（见表 17），基本上可以归为企业自身或国家政策方面的原因。由此可以看出，企业和银行搭建起合作的平台实属不易。

表 16　私营企业从银行获得贷款比 2010 年减少的原因

可能原因	样本数（个）	所占比例（%）
生产经营规模缩小	529	15.12
担保抵押条件太严	826	23.61
公开财务信息的要求过高	195	5.57
信用等级评定过严	254	7.26
手续繁杂、错过商机	600	17.15
贷款成本增加或过高	969	27.69
其他	126	3.60
合计	3499	100.00

资料来源：2012 年第十次中国私营企业抽样调查数据。

表 17　私营企业从银行获得贷款比 2010 年增加的原因

可能原因	样本数（个）	所占比例（%）
生产经营规模扩大	1581	50.93
担保抵押条件简便了	269	8.67
产品、服务受到国家鼓励	279	8.99
信贷政策向中小企业倾斜	491	15.82
投资新兴产业或推进企业转型升级	413	13.31
其他	71	2.29
合计	3104	100.00

资料来源：2012 年第十次中国私营企业抽样调查数据。

（3）企业之间的"三角债"十分普遍

在 2012 年的全部被调查企业中，没有提供外企业拖欠本企业的债务（包

括货款和借款）和本企业欠外企业的债务的企业分别有 437 个与 500 个。共有
4573 户企业既提供了本企业欠外企业货款、借款的信息，也提供了外企业拖
欠本企业货款、借款的信息。有外企业欠债的企业共 1761 户，户均被欠 1243
万元，被欠最多的达 6 亿多元；有外欠其他企业债务的企业 1157 户，户均欠
债 990 万元，企业最多外欠 12 亿元，总体上还是债权大于债务（见表 18）。
但这些数据令人触目惊心，如果把同时被其他企业拖欠又拖欠其他企业的企
业视为陷入了"三角债"，那么，在不考虑那些没有提供完整信息的企业的情
况下，共有 1068 户私营企业陷入了"三角债"；这 1068 户企业的企业间债权
和债务总计 334 亿元，其中属于"三角债"性质的有 283 亿元，占到 84.7%。
私营企业间的"三角债"问题之严重程度由此可见一斑。

表 18　私营企业间的债权债务情况

单位：个，万元

	样本数	极小值	极大值	总和	均值
2011 年，其他企业拖欠您企业的货款、借款为多少万元？	4636	0	61137	2188889	472.15
2011 年，您企业拖欠其他企业的货款、借款为多少万元？	4573	0	120000	1145724	250.54

资料来源：2012 年第十次中国私营企业抽样调查数据。

（二）私营企业劳资关系

劳资关系是市场经济的基础性关系。改革开放后，随着我国私营企业
的缓缓起步和不断成长壮大，私营企业的劳资关系表现出如下三方面特征：
第一，它是一种受约束的雇用劳动关系；第二，它是一种雇主主导的劳动
关系；第三，劳资关系的规范化程度低。[1]

从私营企业劳资关系的主体构成上看，私营企业劳资关系主体双方呈
现出不平等、不对等的特征，即居压倒地位的资方和软弱的劳方。姚先国
把私营企业的劳资关系概况为"相对的弱资本与绝对的弱劳动"[2]。雇主拥
有对劳动关系的关键性决定权，其中包括雇用权，劳动合同签订与合同期

---

[1]　常凯主编《劳动关系学》，中国劳动社会保障出版社，2005。
[2]　姚先国：《民营经济发展与劳资关系调整》，《浙江社会科学》2005 年第 2 期。

限决定权，工作岗位、劳动条件分配权和调动权，工作时间决定权，收入、福利和社会保险决定权，培训决定权，生产指挥权、管理权和规章制度制定权、执行权、处罚权。企业即使建立了工会、职代会、党政工联席会，设置了职工董事和职工监事，其人员和经费也受到企业主的控制、支配和操纵、利用。由于劳动者少有甚至根本没有上述类别的权力，市场制度又导致了他们对就业岗位的高度依赖，追求最大化利润的企业主就得以对企业层面的劳动关系进行"单边决定"，使劳动关系具有极高的灵活性和极低的安全性。① 目前，资方和雇用阶层，不仅在经济领域，而且在政治领域和社会领域也占据着主导和优势的地位，他们同时还占据着大量的个人、组织、社会资源，而劳方并没有形成一个有影响的社会力量，这种情况加剧了劳资力量对比失衡。在这种体制失衡的情况下，劳工阶层更多地期望体制外的救济或自救，这是劳资冲突发生的深层次体制性原因。

《劳动合同法》的顺利通过、实施与修订，一方面反映出目前我国劳资关系尤其是私营企业劳资关系的紧张状况和在用工过程中出现的诸多不规范现象，另一方面也表明了政府用法律法规调整劳资关系的决心与信念。劳资关系的调节，法律必不可少，但如果没有心理、经济、社会、伦理等其他方面的相应调整，则是远远不够的。

另外，私营企业劳资关系还呈现分层的特点，大致分可为三个层次："合规型""中间型""非正规型"。在一些高科技私营企业里，管理相对规范，且企业主往往通过给予员工一定股份来固化彼此之间的关系，劳资关系相对缓和，呈现出"合规"状态；一些小企业里面，员工主要以血缘、亲缘、地缘为主，因而企业文化也被"家文化"主导，劳资冲突并不明显；而在大量劳动密集型企业里，往往是劳资关系冲突的多发地，因为劳动密集型私营企业员工大多以农民工为主，劳资关系表现为"违规"状态。

1. 私营企业劳资关系现状的基本面

（1）企业中雇用人数较少的小微型企业占主体，短期雇用状况得以改观

据 2012 年的调查数据，2011 年全年私营企业雇工人数的总体情况如表

---

① 石秀印：《劳动关系：由单边决定、双边决定向三方协和转型》，《北京工业大学学报》（社会科学版）2005 年第 6 期。

19 所示，可以看出雇用人数在 50 人以下的小微型企业占到 50% 以上，这说明我国的私营企业仍以小微型企业为主。另外不同企业规模、不同所有制类型和不同行业间的雇工人数差异及原因在上文已做出说明，此处不再赘述（详见表 3）。在 2011 年企业增加用工的原因中，51.28% 是因为生产经营规模的扩大；企业为应对人力资源供给的不确定性，还要吸引储备一部分后备人才（27.84%）；此外，企业为了寻得政府的政策支持，要承担缓解社会就业压力的责任（19.33%）。当前，国内熟练掌握生产技术产业的工人严重缺乏，这部分工人的用工成本随之"水涨船高"，企业为了应对用工成本在生产总成本中比重的过快上涨，不得不减少用工（30.44%），而现有工人的生产任务指标和压力就会因而增大，造成了劳资关系紧张的隐患；另外，企业很难找到合适的员工，也导致了企业雇工人数的减少（26.08%）；其他几项影响因素分别是社保费用高（16.12%），生产经营规模缩小（14.17%），留不住人（10.43%）（见表 20、表 21）。

表 19　2011 年私营企业雇工人数情况

雇工人数	样本数（个）	所占比例（%）
10 人及以下	1081	21.8
11～50 人	1472	29.7
51～200 人	1340	27.0
201～1000 人	864	17.4
1000 人以上	203	4.1
合计	4960	100.0

资料来源：2012 年第十次中国私营企业抽样调查数据。

表 20　私营企业用工增加的原因

原因解释	样本数（个）	所占比例（%）
生产经营规模扩大	2080	51.28
吸纳储备人才	1129	27.84
为缓解社会就业压力做贡献	784	19.33
其他原因	63	1.55
合计	4056	100.00

资料来源：2012 年第十次中国私营企业抽样调查数据。

表 21   私营企业用工减少的原因

原因解释	样本数（个）	所占比例（%）
生产经营规模缩小	784	14.17
工资增加太快	1684	30.44
社会保险费用高	892	16.12
招不到合适的员工	1443	26.08
留不住人	577	10.43
其他原因	153	2.77
合计	5533	100.00

注：部分企业选择多个原因，故样本合计数超过 5073 个。

资料来源：2012 年第十次中国私营企业抽样调查数据。

在私营企业中，雇用半年以上不足一年的员工人数占到 14.16%，雇用半年以下的员工人数占到 9.59%（见表 22），这一数据较上次调查数据而言，人员的流动性已明显降低，很重要的原因是当前熟练的技术工人严重短缺，私营企业培养一名熟练的生产线工人的成本较高，因此企业会想方设法留住熟练工人，降低用工成本。对于私营企业来说，除引进管理人才和技术人才之外，更需要在内部建立一套员工成长的机制，创造良好的各类人才发挥作用的"微生态"环境；同时要做好下岗工人的转岗和农民工的上岗培训，提升他们的生产技能；对于流动性工种的工人，也要探索出相应的管理办法，小微型私营企业更需如此。过高的人员流动率不利于私营企业的持续发展。

表 22   私营企业短期雇工情况

	2010 年		2012 年	
	平均数（人）	所占比例（%）	平均数（人）	所占比例（%）
企业全年雇用员工人数	169	—	219	—
雇用半年以上不足一年员工人数	51	30.2	31	14.16
雇用半年以下员工人数	46	27.2	21	9.59

资料来源：2012 年第十次中国私营企业抽样调查数据。

（2）"老三会"在私营企业中覆盖比例还不高，且与企业规模有关

私营企业中是否建立中共党组织、工会和职工代表大会从一个侧面反映了企业中的劳资关系状况。中国共产党是中国工人阶级的先锋队，代表中国最广大人民的根本利益。在私营企业建立党组织（具体到企业为党委会）有利于发挥企业中党员的先锋模范作用，有利于企业准确把握和贯彻党的路线、方针、政策，同时更有利于企业党员干部广泛联系群众，化解干群关系中的矛盾和冲突。工会在协调劳动争议、化解劳资冲突中发挥着一定的作用，而且可以组织工会会员的活动，丰富员工的精神文化生活，工会的现状和作用将在下文详细阐述。职工代表大会是员工传达自身诉求的直接途径，通过提案的形式将员工关注、关心且亟待解决的问题反映到企业管理层，有利于及早暴露企业中的劳资矛盾，将事后的调解机制延伸到事前和事中予以干预和控制。但在 2012 年第十次中国私营企业抽样调查的数据中，我们看到，私营企业的中共党组织、工会和职代会的比例还不高，分别为 35.4%、49.1%、32.2%（见表 23），这说明企业在接下来还要加强"老三会"的建设，疏通员工反映诉求和解决问题的渠道。按照企业的划型来看，大中型企业建立"老三会"的比例显著高于小微型企业，其中已建立党组织、工会、职代会的大中型企业比例比小微型企业分别高出 40.42 个百分点、38.2个百分点和 27.48 个百分点（见表 24）。

表 23　私营企业中建立"老三会"的比例

		无	有	合计
中共党组织	样本数（个）	2859	1565	4424
	所占比例（%）	64.6	35.4	100
工会	样本数（个）	2251	2174	4425
	所占比例（%）	50.9	49.1	100
职工代表大会	样本数（个）	2999	1425	4424
	所占比例（%）	67.8	32.2	100

资料来源：2012 年第十次中国私营企业抽样调查数据。

表 24　不同规模的私营企业"老三会"的覆盖比例

			未建立党组织	已建立党组织	合计	未建立工会	已建立工会	合计	未建立职代会	已建立职代会	合计
企业划型	小微型企业	户数（户）	2537	914	3451	2046	1406	3452	2548	903	3451
		比例（%）	73.51	26.49	100.00	59.27	40.73	100.00	73.83	26.17	100.00
	大中型企业	户数（户）	322	651	973	205	768	973	451	522	973
		比例（%）	33.09	66.91	100.00	21.07	78.93	100.00	46.35	53.65	100.00

资料来源：2012 年第十次中国私营企业抽样调查数据。

（3）私营企业个体劳动合同签订率明显高于集体劳动合同签订率

私营企业劳资关系好坏的直接反映便是劳动合同的签订率。一些企业认为签订劳动合同是对企业的一种束缚，是一种负担，尤其《劳动合同法》实施后，企业主有着诸多抱怨。实地的调查也发现，在一些企业中，企业主认为《劳动合同法》实施前，企业与员工之间还存在着感情，但是《劳动合同法》实施后，这种感情大大地弱化了，因为在法律的影响下，员工认为企业所做的都是理所当然的，过去的那种"感恩"消失了，于是彼此之间的冲突加大。2011 年，私营企业中签订个人劳动合同的员工比例为 66.11%，签订集体劳动合同的比例为 13.22%（见表 25）。这一方面说明企业在签订劳动合同的合规上做得不错，另一方面却反映出集体劳动合同签订率不高，以工会为主导的集体谈判未能发挥应有的作用。正如常凯指出，我们国家的劳动关系，就目前来说，基本上是以个别劳动关系为基本形态。[①] 从表 26 中可以看出，私营企业的劳动合同签订率遵循着一个基本的规律，即随着企业规模的增大，劳动合同签订率呈现增高的趋势。

表 25　2011 年私营企业员工不同类型劳动合同平均签订率

单位：%

不同类型劳动合同	劳动合同签订率
个人劳动合同	66.11
集体劳动合同	13.22

---

① 常凯：《三十年来劳资关系的演变历程》，《中国商界》（上半月）2008 年第 6 期。

表 26 不同资产规模私营企业员工劳动合同平均签订率

单位：%

企业资产规模	劳动合同签订率
500 万元以下	63.3
500 万～1000 万元	69.7
1000 万～5000 万元	83.2
5000 万～1 亿元	94.9
1 亿元及以上	88.0

资料来源：2012 年第十次中国私营企业抽样调查数据。

（4）私营企业员工的工资收入总体上呈增长态势

从表 27 可以看出，十年来，尽管数据上有波动，但私营企业员工的年平均工资还是增长了一倍多，这说明我国私营企业员工十年来实现了收入倍增，但扣除物价水平的上涨，私营企业员工的工资涨幅就大大缩水，甚至跑不赢 CPI 的增幅。从表 28 可以看到，不同规模私营企业员工的收入差距较大。企业资本规模越大，员工收入待遇越好。工资收入水平增长不均衡，是行业间收入差距拉大的主要原因。因而要加大对企业职工，尤其是私营企业职工工资增长的调节力度。改变经济增长方式的一个重要途径就是扩大内需，而扩大内需要以增加居民收入为基础。而且当一个社会收入差距过于悬殊时，不利于社会稳定，进而也会影响经济增长。

表 27 私营企业员工年平均工资的总体变化情况

单位：元

	2001 年[①]	2003 年[②]	2005 年[③]	2007 年[④]	2009 年[⑤]	2011 年[⑥]
年平均工资	10250	9043	16188	18412	16645	24225

资料来源：历次全国私营企业抽样调查，其中：①为 2002 年第五次调查数据，②为 2004 年第六次调查数据，③为 2006 年第七次调查数据，④为 2008 年第八次调查数据，⑤为 2010 年第九次调查数据，⑥为 2012 年第十次调查数据。

表 28 私营企业员工年平均工资按企业资产规模分布

单位：元

企业资产规模	年平均工资
零资产或负资产	20190

续表

企业资产规模	年平均工资
100 万元以下	21759
100 万 ~ 500 万元	23458
500 万 ~ 1000 万元	25160
1000 万 ~ 5000 万元	26712
5000 万 ~ 1 亿元	28710
1 亿元及以上	29674

资料来源：2012 年第十次中国私营企业抽样调查数据。

（5）私营企业在员工培训上投入不足

在受调查的私营企业中，全年接受培训的员工人数仅占到雇工总数的 22.74%。在整理数据时，我们发现，有近三成（1429 户）的私营企业全年在培训上竟然"一文不花"，这就可以印证为何多数的私营企业总是处于产业链（价值链）的最低端，甚至只能做代加工生产，而没有自己的品牌，或者只能打"价格战"。原因就在于其技术创新能力低下或产品质量低下，而技术创新能力低下的重要原因就是企业不舍得在培训上投入，基层员工的技能和素质不达标，技术人员的技术和知识体系陈旧老化，企业高层缺乏战略思维和管理能力，管理水平低下。

企业在培训上投入不足，从企业的角度看，一方面，是企业实力弱、利润薄，不少企业拿到的订单仅能维持企业的基本运转和最低需求，根本没有能力和资金去投入；另一方面，很多私营企业处于价值链的底端，以从事劳动密集型产业为主，员工流动性大，企业考虑到投入的培训成本难以回收，所以不去投入；再者，当今培训市场水平参差不齐，相当混乱，企业不知道该采取哪些有效的培训方式才能提高企业的生产率和管理水平。从员工的角度看，不少员工自身文化素质较低，以体力劳动者居多，他们流动性较高，抱着"当一天和尚撞一天钟"的心态，对于培训缺乏积极性，甚至故意逃避培训。

（6）私营企业为员工缴纳"五险一金"的比例不容乐观

值得关注的是，私营企业中"五险"的覆盖率都低于 50%，甚至近七成的员工没有任何工伤保险和医疗保险（见表 29），生命安全完全得不到保障，这些没有被工伤和医疗保险覆盖的员工一旦因生产安全事故伤残，他们将无力负担自己及家人之后的生活，处境会十分艰难。另外，只有少数的私营企业建立起了住房公积金制度（16.4%）（见表30）。

私营企业社会保障的层次和水平依然不容乐观。社会保险由地方统筹，地方利益使得社会保险缺乏跨区域的转移性。社会保险地区分割的状况没有随着《劳动合同法》的实施而提高，这使得企业员工参保的积极性不高。

表29　2011年私营企业社会保险缴纳情况

单位：%

参保险种	参保员工数占企业雇用员工总人数比例
医疗保险	35.93
养老保险	36.67
失业保险	28.30
工伤保险	34.09
生育保险	18.71

资料来源：2012年第十次中国私营企业抽样调查数据。

表30　私营企业建立住房公积金制度情况

住房公积金制度	样本数（个）	所占比例（%）
已经建立	596	16.4
没有建立	3029	83.6
合计	3625	100.0

资料来源：2012年第十次中国私营企业抽样调查数据。

因为私营企业中"五险"的覆盖率较低，企业主要给对企业有贡献或想留住的核心员工缴纳"五险"，因此，人均的社保费用不算低，但人均工资、奖金和分红相对较低（见表31），因此，大多数私营企业员工要求涨薪的呼声一浪高过一浪。对于体力劳动者，物质激励是很重要的一种激励方式，尽管企业面临着控制生产成本的巨大压力，但满意的员工能创造较高的劳动生产效率和更多的组织公民行为，企业的劳资关系也会更加和谐。

表 31 私营企业年度人均福利情况

单位：元

年度人均各项福利开支	金额
人均工资、奖金	25269
人均分红	538
人均培训费用	1440
人均医疗保险费用	18054
人均其他医疗费用	436
人均养老保险费用	1353
人均失业保险费用	539
人均工伤保险费用	305
人均生育保险费用	1241

资料来源：2012 年第十次中国私营企业抽样调查数据。

2. 私营企业工会在劳资关系中的作用探析

（1）不同规模、不同行业的私营企业工会建设情况有差别

私营企业工会建设情况与其自身规模及所处的行业有着很大的关系，企业规模越大，工会组建率也越高（见表 32）。在劳动密集型的传统产业中已建立工会的企业较多，如制造业（63.5%）、农林牧渔业（54.0%）、采矿业（53.3%）、建筑业（50.6%）、住宿餐饮业（57.6%），这些行业吸纳了大量的就业人员，私营企业相对比较集中，而劳资冲突也比较严重。而在人员相对分散的第三产业中，无论是传统服务业还是现代服务业，建立工会都比较困难（见表 33），这与许多国外工会发展经验是类似的。

表 32 不同资产规模私营企业的工会建设情况

单位：%

企业资产规模	工会组建率
零资产或负资产	37.8
0~100 万元	22.0
100 万~500 万元	40.2
500 万~1000 万元	54.4
1000 万~5000 万元	68.9
5000 万~1 亿元	79.2

续表

企业资产规模	工会组建率
1 亿元及以上	80.0

资料来源：2012 年第十次中国私营企业抽样调查数据。

表 33　不同行业私营企业的工会建设情况

单位：%

企业从事的主要行业	已有工会组织比例
农林牧渔业	54.0
采矿业	53.3
制造业	63.5
电力煤气水	42.1
建筑业	50.6
交通运输业	42.6
信息服务业	31.3
批发零售业	28.3
住宿餐饮业	57.6
金融业	40.0
房地产业	38.2
租赁业	34.1
科研技术	52.7
公共设施	62.5
居民服务业	46.5
教育	52.9
卫生	65.0
文化体育	48.8
公共管理	35.6

资料来源：2012 年第十次中国私营企业抽样调查数据。

（2）工会组织对改善私营企业劳资关系有一定的作用

工会代表着职工的利益，维护职工的合法权益是工会的基本职责。在私营企业中,工会的成立能够有效缓解劳资冲突。建立健全的工会,有利于构建和谐的劳资关系,从而促进企业的发展,能够做到企业、员工"双赢"两利。在已经建立工会的私营企业中,劳动合同签订率、员工平均工资、职业培训投入、企业销售额等方面均高于未建立工会的企业(见表34)。但我们也发现,也不能将这些完全归功于工会的作用,因为往往规模越大的企业,建立工会的比例也越高(见表24)。如前所述,规模大的企业在劳动合同签订率、员工年平均工资等方面显著高于规模小的企业,所以工会的积极作用也是有限度的,我们既不能否定工会的积极作用,也不能夸大工会的现实作用。

表 34　私营企业建立工会组织的积极作用

	已建立工会的企业	未建立工会的企业	已建工会与未建立工会企业的比较
雇用员工个人劳动合同签订率(%)	73.9	58.7	多 15.2 个百分点
员工年平均工资(元)	26778	22758	多 4020 元
企业在职工培训方面的投入(万元)	18.3	5.0	多 13.3 万元
企业全年营业收入(万元)	26542	5464	多 4.9 倍
企业全年净利润(万元)	1188	201	多 5.9 倍

资料来源:2012 年第十次中国私营企业抽样调查数据。

(3)私营企业工会的职能还没有发生根本性的变革

虽然,私营企业工会对于改善劳资关系有着积极作用,但私营企业工会的职能还有待强化。随着经济体制改革和经济结构调整的深入推进,以及就业结构和就业形式的不断变化,私营企业劳资关系更趋多样化和复杂化,劳资纠纷、劳资矛盾、劳资冲突不断增加。面对冲突,一些私营企业工会缺乏走到前台的勇气。工会依附于企业,有些工会领导甚至由企业主直接任命,这种工会与企业"剪不断、理还乱"的关系让工会很难独立地从自身的角度去考虑问题。而且我国工会组成人员的素质相对较低,表现在人员结构不合理,需要的相关专业知识比较欠缺,并且工会的管理也有待进一步科学化、有效化,很多企业的工会就是随便拉几个人进来,以凑够人数为目的。

面对外部环境的不断变化,私营企业工会的职能还没有发生根本性的变革,其仅仅起到一种类似于第二行政组织或群众性组织的作用,还没有起到市场经济集体谈判组织者的作用，更没有展现出它在劳动力市场中强大的工资议价能力。因此在一定程度上失去了劳动者的信任和依靠，导致其凝聚职工的力量不强。

（三）私营企业在发展中存在的问题

1. 能源、原材料价格上升压力最明显

对最近两年企业的生产经营状况，本次抽样调查给予了特别的关注。在过去的两年里，我国经济一直面临着"通胀"的压力，CPI 指数一度连续攀升。由此带来的能源、原材料、设备购置价格等方面的成本上升给私营企业主带来的压力，在本次调查中得到了体现。从表 35 可以看出，原材料价格和能源价格上涨是被调查私营企业觉得最难以承受的，分别有 51.1%和 42.5%的被访者表示其增长过快难以承受；其次是房屋土地租金，有 36.1%的被访者表示难以承受其上涨压力。此外，小微型企业和大中型企业在这方面的感受基本没有差异；唯一的例外是对房屋土地租金价格上涨的评价上，37.5%的小微企业表示难以承受，比有着同样表示的大中型企业（29.7%）要高出近 8 个百分点。

表 35 小微型企业与大中型企业对经营成本上升的感受

单位：%

		企业划型		总体
		小微型企业	大中型企业	
能源价格	增长过快，企业难以承受	42.7	41.9	42.5
	有所增加，企业可以消化	37.8	48.0	40.0
	基本持平	17.8	9.6	16.0
	下降	1.7	0.5	1.5
原材料价格	增长过快，企业难以承受	51.3	50.3	51.1
	有所增加，企业可以消化	34.3	42.0	36.0
	基本持平	13.3	7.2	12.0
	下降	1.1	0.6	0.9
设备购置价格	增长过快，企业难以承受	22.6	21.8	22.4
	有所增加，企业可以消化	45.4	57.5	48.0
	基本持平	29.3	19.7	27.2
	下降	2.7	1.1	2.3

续表

		企业划型		总体
		小微型企业	大中型企业	
房屋土地租金	增长过快，企业难以承受	37.5	29.7	36.1
	有所增加，企业可以消化	34.7	46.9	37.0
	基本持平	25.5	22.6	24.9
	下降	2.3	0.8	2.0

2. 融资状况不容乐观

融资问题一直是制约私营经济发展的一个屡受诟病的问题。虽然近些年来私营经济的融资渠道有所改善，但面对国际金融危机带来的不良影响，加之受国内市场变化的影响，一些私营企业的融资状况依然不容乐观。企业流动资金中贷款的比例，是 2009 年调查中没有问过的新问题。从表 36 中可以看到，总体而言，2011 年企业流动资金中，贷款所占的比例达到了 22%，其中大中型企业更为依赖贷款（31%）。小微型企业流动资金的 72% 来自自有资金，比大中型企业（65%）要高出 7 个百分点。这从一个侧面反映了私营企业贷款难、融资难的现实状况，而小微型企业的难度则要更大一些。

2011 年私营企业扩大再生产的资金来源结构，也与此大体类似。贷款在小微型企业和大中型企业中分别占到了 17% 和 29%，大中型企业的优势较为明显；尽管如此，这两种企业中仍然有 58% 和 56% 的资金来自自有渠道；来自外部的投资（包括上市融资、风险投资等）在被调查企业扩大再生产中的作用，几乎可以忽略不计（见表 36）。进一步的分析表明，这种情况在东、中、西部企业之间并没有显著差异。

表 36 不同类型私营企业的融资情况（平均值）

单位：%

	企业划型		总体
	小微型企业	大中型企业	
2011 年企业流动资金中，贷款比例	20	31	22
2011 年企业流动资金中，自有资金比例	72	65	71
2011 年企业扩大再生产资金中，贷款比例	17	29	20
2011 年企业扩大再生产资金中，自有资金比例	58	56	58

续表

	企业划型		总体
	小微型企业	大中型企业	
2011 年企业扩大再生产资金中，来自外部的投资（包括上市融资、风险投资等）比例	1	2	1

与往年调查所反映的一样，私营企业对金融机构贷款的获取能力依然存在显著差异。由表 37 可知，被调查的私营企业从股份制商业银行、小型金融机构、民间借贷这三个渠道获得贷款的中位数都是 0。虽然从三个渠道获得贷款的最高额度分别达到了 76 亿元、5 亿元和 1 亿元，但标准差也分别高达 15077.1 万元、1512.0 万元和 384.9 万元。这一数据反映出只有少数企业能够从金融机构（尤其是股份制商业银行）获得巨额贷款。当然，另一方面我们也应该看到，私营企业从这三个渠道获取贷款的规模和差异程度还是有着较大区别的。相对来说，在小型金融机构和民间借贷方面的差异，要比股份制商业银行那里小很多。

小微型企业和大中型企业在获取贷款的能力方面也有明显的差异。在融资数额上，小微型企业从股份制商业银行、小型金融机构和民间渠道获取贷款的均值分别只有 547.99 万元、95.37 万元和 33.72 万元，而大中型企业从上述三个渠道获得的贷款数额均值则分别达到了 5717.15 万元、699.75 万元和 107.96 万元。不过另一方面，无论是对小微型企业还是对大中型企业，股份制商业银行都还是获取金额最多的渠道，而民间借贷的金额则最少（见表 37）。

表 37　2011 年私营企业从不同融资渠道获取贷款的
能力差异（贷款余额）

单位：%，万元

	不同融资渠道	样本比	中位数	最小值	最大值	均值	标准差
小微型企业	股份制商业银行	84.0	0	0	449350	547.99	7919.87
	小型金融机构	76.5	0	0	10000	95.37	469.20
	民间借贷	79.4	0	0	9000	33.72	304.62
大中型企业	股份制商业银行	90.2	1000	0	767345	5717.15	28709.99
	小型金融机构	78.9	0	0	55000	699.75	3173.87
	民间借贷	78.4	0	0	10000	107.96	608.30

续表

	不同融资渠道	样本比	中位数	最小值	最大值	均值	标准差
总体	股份制商业银行	85.2	0	0	767345	1636.10	15077.07
	小型金融机构	76.9	0	0	55000	219.40	1512.02
	民间借贷	79.2	0	0	10000	48.33	384.88

注：小型金融机构指的是村镇银行、农村信用社、小额贷款公司等。

表 38 则反映了被调查企业从上述金融渠道获取贷款的利息情况。尽管应答率相较于上一题偏低，但我们还是可以发现，贷款利息最高的是民间借贷（中位数为 9.6%），其次是小型金融机构（中位数为 8.0%），最低的是股份制商业银行（中位数为 7.8%）。另外，我们通过标准差的值还可以发现，企业和企业间的贷款利息差距并不是很大。最后需要指出的是，无论是哪种金融渠道，均有一些被访企业给出了年利率超过 50% 的答案（分别有 14 家、1 家、2 家），甚至最高值有达到 100% 的。考虑到实际情况下部分行业的贷款年利率确实有可能出现这样的情况，因此并未做处理。

表 38　2011 年私营企业从不同融资渠道获取贷款的利息差异

单位：%

		样本比	中位数	最小值	最大值	均值	标准差
小微型企业	股份制商业银行	22.6	7.6	0	85	7.4	6.66
	小型金融机构	12.0	8.0	0	65	7.4	6.21
	民间借贷	8.5	8.0	0	60	8.7	8.66
大中型企业	股份制商业银行	57.3	8.0	0	100	8.4	8.37
	小型金融机构	22.7	8.4	0	42	8.4	4.79
	民间借贷	8.4	10.5	0	36	11.6	8.70
总体	股份制商业银行	29.5	7.8	0	100	7.8	7.38
	小型金融机构	14.1	8.0	0	65	7.7	5.81
	民间借贷	8.5	9.6	0	60	9.2	8.73

注：小型金融机构指的是村镇银行、农村信用社、小额贷款公司等。

从表 38 中我们还可以发现，小微型企业和大中型企业在贷款利息方面存在一定差别。无论是在哪个渠道，小微型企业贷款利息的中位数和平均值，都比大中型企业的要低。例如，前者在股份制商业银行的年利息率的中位数是 7.6%，后者则为 8.0%；前者在小型金融机构和民间借贷的年利息率的中位数均为 8.0%，而后者则分别达到了 8.4% 和 10.5%。当然，这并不必然意味着小微型企业的还贷压力就比大中型企业要小。

本次调查承接了历次调查的做法，询问了私营企业主自身判断的贷款难的原因。从表 39 中可以看到，小微型企业和大中型企业的差别，主要有两点。一是生产经营规模缩小的影响对前者更为显著，占到了 16.7%，而后者选择这一原因的只有 7.9%；二是贷款成本增加或过高对大中型企业的影响（33.7%）要比小微型企业（26.4%）高出 7.3 个百分点。

由于历年调查中对这一题目的具体选项设计均不相同，因此严格来说无法做纵向的比较。仅就重复询问的原因而言，相比手续繁杂的影响面降低了。选择这一原因的被访企业主在 2011 年只有 17.1%，而 2005 年的调查显示这一比例为 24.4%（2009 年的调查无此选项）。"担保抵押条件太严"和"贷款成本增加或过高"成为最主要的两个原因。在 2011 年被访企业主中分别有 23.6% 和 27.7% 的人选择了这两点。

表 39　不同类型私营企业 2011 年银行贷款较 2010 年减少的原因分布

单位：%

	银行贷款减少的原因							合计
	生产经营规模缩小	担保抵押条件太严	公开财务信息的要求过高	信用等级评定过严	手续繁杂、错过商机	贷款成本增加或过高	其他	
小微型企业	16.7	23.1	5.9	7.1	17.5	26.4	3.3	100.0
大中型企业	7.9	26.1	3.9	8.2	15.5	33.7	4.8	100.0
总体	15.1	23.6	5.6	7.3	17.1	27.7	3.6	100.0

表 40 则反映了 2011 年私营企业银行贷款增加的自我归因。大多数的企业主都将生产经营规模扩大作为最重要的原因，小微型企业和大中型企业中分别有 48.6% 和 56.2% 的人选择了这一点，总体上这一比例达到了 50.9%。需要注意的是，小微型企业对政策的"好评度"要高于大中型企业，在"产品、服务受到国家鼓励""信贷政策向中小企业倾斜"这两个选项上，小微型企业主选择的比例都高于大中型企业，尤其是在"担保抵押条件简便了"这个选项上，小微型企业主选择的比例（10.4%）要高出大

中型企业主（4.6%）近 6 个百分点。

表 40　不同类型私营企业 2011 年银行贷款较 2010 年增加的原因分布

单位：%

	银行贷款增加的原因						合计
	生产经营规模扩大	担保抵押条件简便了	产品、服务受到国家鼓励	信贷政策向中小企业倾斜	投资新兴产业或推进企业转型升级	其他	
小微型企业	48.6	10.4	9.1	17.0	11.8	3.0	100.0
大中型企业	56.2	4.6	8.6	13.0	16.8	0.7	100.0
总体	50.9	8.7	9.0	15.8	13.3	2.3	100.0

总而言之，对被访私营企业主来说，生产性因素是银行贷款增加的主要原因，而政策因素是银行贷款减少的主要原因。不管这一"自我归因"是否完全符合实际情况，被调查私营企业主的这种看法都值得重视和反思。

3. 大中型企业经营状况好于小微型企业

私营企业经济规模之间的差异，对其营业收入、开工率、纳税额和分红的影响，也是本次调查的一项内容。从表 41 中可以看出，无论是在东部、中部还是西部，大中型企业在营业收入、纳税额和分红方面都比小微型企业有明显的优势。东部地区的小微型企业在生产、服务的开工率方面，比大中型企业要低 5 个百分点，而在中部和西部地区，这一差距则扩大到 10 个百分点。但总体而言，私营企业的开工率仍然在 90% 以上。此外，还有一点值得关注的是，西部小微型企业的营业收入、纳税额和分红额，都要高于中部的小微型企业；而中部大中型企业的营业收入和分红额的表现，要比西部好。其中具体的原因尚需更进一步的分析。

表 41　2011 年不同地区不同类型私营企业的经营状况

		营业收入中位数（万元）	生产、服务开工率（%）	全年纳税额中位数（万元）	净利润中用于出资人分红的平均值（万元）
东部	小微型企业	800	90	30.0	38
	大中型企业	13878	95	500.0	429
	总体	1510	90	50.0	125

续表

		营业收入中位数（万元）	生产、服务开工率（%）	全年纳税额中位数（万元）	净利润中用于出资人分红的平均值（万元）
中部	小微型企业	240	80	10.0	15
	大中型企业	13131	90	330.0	790
	总体	486	85	15.0	127
西部	小微型企业	375	80	18.8	45
	大中型企业	12000	90	456.5	219
	总体	800	80	30.0	78
总体	小微型企业	500	90	20.0	34
	大中型企业	13000	95	460.0	454
	总体	1000	90	37.0	118

与 2009 年的调查不同，本次调查并没有要求企业回顾前两年的营业收入额，因此无法就更具体的情况进行分析。严格来说，我们也无法计算 2011 年这些企业的经营状况较往年是否有所改善。仅就 2009 年和 2011 年的两个截面数据而言，在 2007 年之后，尽管面对国际金融危机的影响，被访私营企业的营业收入仍然连创新高。2011 年东部、中部和西部私营企业的营业收入分别为 1510.0 万元、800.0 万元和 486.0 万元（见图 3）。

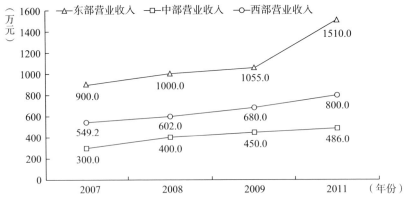

图 3　2007~2011 年不同地区私营企业营业收入走势（中位数）

纳税额的历年走势也和营业收入类似，连创新高。唯一的例外是中部企业在 2011 年的纳税额要低于 2009 年的数据。但由于两份截面数据的企业并不相同，因此这种小幅差距可能更多的是由数据本身的原因造成的（见图 4）。

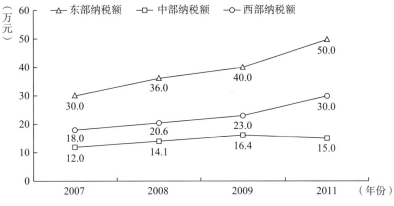

图4 2007~2011年不同地区私营企业纳税额走势（中位数）

与历次调查一样，本次调查仍然要求被访企业主对营业收入的增加或减少做出自己的解释。如表42所示，对2011年营业收入较2010年减少的归因，不仅在小微型企业和大中型企业之间，而且在中东西部之间也存在明显的差异。

表42 不同地区不同类型私营企业主对2011年营业收入减少的归因

单位：%

		营业收入减少的原因						合计
		出口减少	国内销售渠道不畅	流动资金短缺	产品或服务供大于求	产品、服务不适应市场需要	其他	
东部	小微型企业	10.0	31.2	21.9	21.5	7.7	7.7	100.0
	大中型企业	21.3	26.2	21.6	20.2	4.6	6.0	100.0
	总体	11.6	30.5	21.9	21.3	7.3	7.4	100.0
中部	小微型企业	6.4	25.1	26.4	24.2	10.8	7.2	100.0
	大中型企业	10.2	21.6	29.5	21.6	10.2	6.8	100.0
	总体	6.9	24.7	26.7	23.9	10.7	7.1	100.0
西部	小微型企业	3.1	25.2	29.3	22.7	11.5	8.3	100.0
	大中型企业	3.6	25.3	28.9	21.7	8.4	12.0	100.0
	总体	3.1	25.2	29.3	22.5	11.1	8.8	100.0
总体	小微型企业	7.9	28.7	24.3	22.3	9.1	7.7	100.0
	大中型企业	15.9	25.2	24.5	20.8	6.4	7.3	100.0
	总体	8.9	28.2	24.3	22.1	8.8	7.6	100.0

就小微型企业和大中型企业而言，出口减少被认为对后者的影响更大。表42显示，只有7.9%的小微型企业选择了这一原因，而15.9%的大中型企业认为这很重要，高出前者一倍。小微型企业更多地强调了国内市场的因素，包括国内销售渠道不畅（28.7%）、产品或服务供大于求（22.3%）。另外值得注意的是，大中型企业和小微型企业均认为流动资金短缺是个主要的制约因素（均占24.0%左右），且对国内市场的销售困难表达了同样的担忧。

地区差异表现得也很明显。东部和中部的企业对"出口减少"的抱怨尤其高。在东部地区，有21.3%的大中型企业选择了这一原因，同样选择这一原因的东部小微型企业也有10.0%，和中部地区选择这一原因的大中型企业比例接近（10.2%）。相比而言，西部地区企业选择"出口减少"的比例则很低，对小微型企业和大中型企业均只有3.0%左右。此外，尽管"国内销售渠道不畅"、"流动资金短缺"和"产品或服务供大于求"均是各地区企业选择的主要原因，但中西部企业选择"产品、服务不适应市场需要"的比例，要明显高于东部企业。比如，只有7.7%的东部小微型企业选择了这一原因，而中部和西部小微型企业选择这一原因的比例却达到了10.8%和11.5%。与此类似，东部、中部和西部选择这一原因的大中型企业的比例，分别为4.6%、10.2%和8.4%。

表43统计了被访私营企业主对2011年营业收入增加的主观归因。首先，无论是什么地区什么类型的企业，企业自身的"产品、技术或服务创新"都被认为是最主要的原因，有39.7%和43.4%的小微型企业和大中型企业选择了这一点。其次，"刺激消费政策发挥作用"和"国家投资拉动"在各地区各类型企业中的被选比例也较为均衡，分别有26.4%和18.8%的小微型企业选择了这两点原因，而大中型企业选择的比例分别为19.9%和16.7%。最后，值得注意的是，"出口增加"被10.4%和15.0%的东部小微型企业和大中型企业选择，而这一原因在中部和西部的比例基本上较低，西部只有3.2%和2.1%的小微型企业和大中型企业选择了这一点，而在中部，这一比例分别为4.8%和10.2%。

4. 小微型企业负担最重

由各类规费、摊派和公关招待费用所构成的"三项支出"，在历次调查中都是我们了解企业与政府关系的一个重要途径。在清理了一些明显的奇异值之后，表 44 所提供的数据表明，2007 年以来，企业的平均负担额并没有呈现明显的下降，而且摊派的费用上涨很大。从中位数来看，公关招待的费用在上升，最大值也在变大。此外，进一步的分析表明，在 2011 年的调查中，在东部地区，三项支出的平均水平都是最高的；中部地区在三项支出的平均水平上最低。这也与过去的调查结果一致。

表 43　不同地区不同类型私营企业主对 2011 年
营业收入增加的归因

单位：%

		营业收入增加的原因					合计
		国家投资拉动	刺激消费政策发挥作用	出口增加	产品、技术或服务创新	其他	
东部	小微型企业	16.7	23.5	10.4	41.8	7.7	100.0
	大中型企业	14.7	17.4	15.0	45.4	7.5	100.0
	总体	16.1	21.6	11.8	42.9	7.6	100.0
中部	小微型企业	19.8	29.4	4.8	39.1	6.9	100.0
	大中型企业	19.3	20.3	10.2	42.1	8.1	100.0
	总体	19.7	27.3	6.0	39.7	7.2	100.0
西部	小微型企业	24.2	31.8	3.2	33.7	7.1	100.0
	大中型企业	21.0	28.2	2.1	37.4	11.3	100.0
	总体	23.3	30.7	2.9	34.8	8.3	100.0
总体	小微型企业	18.8	26.4	7.7	39.7	7.4	100.0
	大中型企业	16.7	19.9	11.8	43.4	8.3	100.0
	总体	18.2	24.5	8.9	40.7	7.6	100.0

表 44　私营企业 2007～2011 年三项支出情况比较

单位：%，万元

年份	三项支出	样本比	中位数	最小值	最大值	均值	标准差
2007	各种规费	62.6	3	0	28239	59.9	649.9
	摊派费用	56.6	0.5	0	1580	7.1	42.6
	公关、招待费用	73.3	3	0	680	13.6	37.7

续表

年份	三项支出	样本比	中位数	最小值	最大值	均值	标准差
2009	各种规费	65.8	1	0	36137	52.9	787.5
	摊派费用	52.3	0	0	781	5.1	27.9
	公关、招待费用	56.9	3	0	1100	16.3	57.1
2011	各种规费	79.5	3	0	19041	66.4	485.6
	摊派费用	67.7	0	0	9590	22.2	231.3
	公关、招待费用	76.8	5	0	19450	36.7	351.2

当然，三项支出的绝对值甚至均值，都不能完全反映企业的负担水平。为此，我们统计了一项负担占当年企业营业收入的比例。从图5可以看出，摊派费用占营业收入的比例，从2007年开始到2011年，都是呈上升趋势，从0.97%上升到了3.01%。规费和公关招待费用占营业收入的比例，在2009年的调查中大幅上升之后（6.73%、4.06%），在2011年的调查中其比例又有了很大下降（5.11%、3.07%），这其中的原因仍需进一步分析。尽管如此，2011年的这个比例也依然高于2007年的2.4%和2.48%。进一步的分析则表明，小微型企业的负担相对于大中型企业尤其沉重。规费、摊派和公关招待费用在2011年的调查中，占小微型企业营业收入的比例分别为3.58%、3.76%和5.34%，而大中型企业这三者的比例仅为0.88%、0.45%和0.59%。这与之前几年的调查结论是一

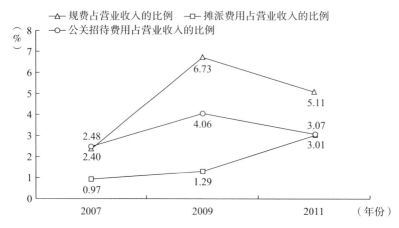

图5　2007～2011年三项支出占私营企业营业收入的比例

致的。

5. 企业间拖欠现象较为严重

表 45 展示了 2011 年不同地区和类型的私营企业间的欠款状况。总体来说，企业之间的拖欠现象非常严重。被调查企业应收贷款的均值为 472 万元；被调查企业拖欠其他企业的贷款均值为 251 万元。这种"三角债"会对市场的健康发展带来危害。就更为具体类型的企业欠款数额来说，大中型企业不管是在债务还是在债权上，在平均水平上均比小微型企业规模要大。不管是在东部、中部还是西部，大中型企业的资产负债率都要高于小微型企业，前者分别为 35%、30% 和 34%，而后者只有 18%、15% 和 18%。此外，企业资产负债率是自 2009 年调查开始新增的题目。2009 年的调查数据显示企业的资产负债率的平均值为 19.6%，2011 年调查数据显示为 21%。资产负债率没有实质变化。

表 45　2011 年不同地区和类型的私营企业间欠款情况（均值）

		其他企业拖欠本企业的货款、借款（万元）	本企业拖欠其他企业的货款、借款（万元）	资产负债率（%）
东部	小微型企业	292	141	18
	大中型企业	1252	829	35
	总体	502	290	22
中部	小微型企业	118	41	15
	大中型企业	1636	602	30
	总体	360	131	17
西部	小微型企业	177	105	18
	大中型企业	1907	951	34
	总体	524	276	21
总体	小微型企业	229	110	17
	大中型企业	1438	808	34
	总体	472	251	21

6. 投资实体经济领域的意愿较好，经营策略较为积极

企业新增投资的使用方式也是一组 2009 年调查没有涉及的新问题。本次调查的关注点在于通过对新增投资使用方式的考察，来观察市场环

境对企业行为的影响。这一组题目分为两部分，第一部分单纯询问新增投资使用的方向，共提供了从"扩大原有产品生产规模"到"收购、兼并或投向其他企业"共7个选项。虽然第一组问题的完备性有待商榷，但我们仍然将这些投资的总额累计，视为新增投资的总额；再据此计算出投向各个方向的比例。不过，出于种种考虑①，我们排除了"新的实体经济领域"及其名下的"房地产行业"这两个选项。因此，表46所反映的，是除"新的实体经济领域"外，各项投资占企业新增投资的比例。投资总额是除"新的实体经济领域""房地产行业"外各项投资的总额。

从表46可以看出，无论是在什么区域的企业，都有至少50%除"新的实体经济领域""房地产行业"外的新增投资用于了扩大原有产品生产的规模。用于企业新产品研发和技术创新、工艺改造的比例，也都在15%～21%，其中东部企业的研发力度要略微高于中部和西部企业。用于股市、期货和民间借贷这样的"非实体性经济"的投资比例并不高。当然，这可能和我们排除了"房地产行业"这一对许多企业来说至关重要的"非实体性"投资有关。

问卷在第二部分询问了"企业净利润中用于投资"的数额。针对这一组问题，我们计算出了投资额占净利润的比例。有183户企业（占总体的3.6%）所填写的这一数额高于其2011年净利润总额。这一现象部分可能是因为填写者在填写时将当年（2011年）理解成上一年（2010年）净利润中用于投资的数额。我们将这些值予以删除。如表46所示，在东、中、西部，企业将净利润用于投资的比例分别平均为6.71%、6.14%和5.25%。

---

① 其中，投向房地产行业的投资在问卷设计中被视为投向"新的实体经济领域"的组成部分，因此这笔投资额在理论上不应计算进总额。但在问卷的实际填写过程中，部分可能由于问卷排版的关系，部分可能出于理解原因，有一些企业将房地产投资视为与"新的实体经济领域"并列的一个方向。这直接导致了有20家企业仅房地产行业一项的投资比例，就超过了所有其他项目投资额之和。此外尚有大量的企业填写的房地产投资额高于"新的实体经济领域"的数额。但我们又无法将房地产投资视为一个独立的方向，因为又有可能有相当数量的企业确实按照问卷设计者的本意填写了数额。

表 46　2011 年不同地区私营企业新增投资使用方式分布

单位：%

新增投资使用方式	地区分布			
	东部	中部	西部	总体
扩大原有产品生产规模	51.97	55.60	58.60	53.84
合计企业新产品研发	20.48	18.53	15.76	19.28
合计企业技术创新、工艺改造	19.61	16.89	17.40	18.67
股市、期货	1.43	1.61	0.56	1.32
民间借贷	1.53	2.12	2.13	1.75
收购、兼并或投向其他企业	3.07	3.65	3.72	3.30
净利润中用于投资	6.71	6.14	5.25	6.33

在 2012 年企业的经营打算方面，大部分的企业选择了"稳中求进"，其中选择这一项的小微型企业有 53.7%，大中型企业有 50.2%。选择"抓住机遇，快速发展"的比例则分别为 32.5% 和 45.0%。这两种"积极态势"的合计分别达到了 86.2% 和 95.2%，可见绝大多数的企业仍然打算采取积极的经营方针（见表 47）。

表 47　2012 年私营企业经营方面的打算

单位：%

	抓住机遇，快速发展	稳中求进	维持现有经营规模	暂时停业，等待机会	打算出售企业	其他
小微型企业	32.5	53.7	11.7	1.3	0.7	0.2
大中型企业	45.0	50.2	4.4	0.0	0.4	0.0
总体	35.0	53.0	10.3	1.0	0.6	0.1

7. 大中型企业较小微型企业更加熟悉政策

本次调查还询问了被访私营企业主对国家和行业相关政策的了解程度。就"比较了解"这一选项来说，大中型企业主在各个政策上都比小微型企业主更有优势。前者的比例在各项均在 40% 左右，甚至在国务院《关于进一步促进中小企业发展的若干意见》（以下简称"国 29 条"）方面达到了 48.4%；而后者的比例一般在 20% 左右，在"国 29 条"方面的比例只有 25.8%。在国务院《关于鼓励和引导民间投资健康发展的若干意见》（以下简称"新36条"）方面，小微型企业主和大中型企业主选择"比较了解"的比例，分别为22.5%和43.0%（见表48）。

表48 不同类型的私营企业主对有关政策的了解程度

单位：%

有关政策	了解程度	企业划型			政治面貌			工商联会员	
		小微型企业	大中型企业	总体	中共党员	民主党派	群众	是	不是
国务院《关于进一步促进中小企业发展的若干意见》	比较了解	25.8	48.4	30.3	37.5	44.5	25.0	39.3	17.1
	听说过	58.2	45.2	55.6	54.1	50.0	57.2	53.0	59.6
	不知道	15.9	6.3	14.0	8.4	5.5	17.8	7.7	23.4
国务院《关于鼓励和引导民间投资健康发展的若干意见》	比较了解	22.5	43.0	26.5	33.1	40.0	21.7	33.6	15.8
	听说过	57.5	49.5	55.9	55.2	50.4	56.8	55.5	57.1
	不知道	20.1	7.5	17.6	11.7	9.6	21.6	10.8	27.1
中国人民银行、银监会、证监会、保监会《关于进一步做好中小企业金融服务工作的若干意见》	比较了解	21.4	43.5	25.8	31.7	34.8	21.8	32.2	16.2
	听说过	56.9	47.6	55.0	54.8	53.7	55.4	54.6	55.8
	不知道	21.7	9.0	19.2	13.5	11.5	22.9	13.2	28.0
工信部《"十二五"中小企业成长规划》	比较了解	19.4	37.8	23.1	28.7	31.7	19.5	28.1	15.3
	听说过	52.5	48.9	51.8	52.4	50.6	51.3	52.7	50.9
	不知道	28.0	13.4	25.1	18.9	17.7	29.2	19.2	33.8
国务院9项支持小型微型企业发展的政策措施	比较了解	22.9	40.0	26.3	31.6	34.8	22.8	32.0	17.4
	听说过	55.0	49.1	53.9	52.8	51.3	54.8	52.8	55.9
	不知道	22.1	10.9	19.8	15.5	13.9	22.4	15.2	26.7

此外，工商联会员在对这些政策"比较了解"方面比非工商联会员有着明显优势。在"国29条"上的比例分别为39.3%和17.1%，在"新36条"方面的比例分别为33.6%和15.8%。中共党员对民主党派企业主的优

势却不明显，甚至在大多数政策的"比较了解"方面要稍逊一筹。

8. 创办企业已经较为便利

表 49 反映了不同类型的私营企业主对企业从筹备到开业的创办过程的难易程度的评价。可以发现，企业的规模和所处地区对于企业主的评价没有什么显著的影响。小微型企业和大中型企业绝大多数（60%以上）选择了"较便利"这个中性的评价。由于这道题带有一定的"回溯"色彩，我们还计算了不同创业年数（亦即处于不同企业生命周期）的企业主的看法，同样没有显著差别。

表 49　不同类型的私营企业主对创办企业难易程度的评价

单位：%

		您认为近两年企业从筹备到开业的创办过程便利程度如何？					
		非常便利	较便利	不便利	很不便利	不好说	合计
企业划型	小微型企业	10.1	66.1	11.6	2.9	9.4	100.0
	大中型企业	9.7	71.1	10.9	2.7	5.7	100.0
	总体	10.0	67.1	11.4	2.8	8.6	100.0
地区分布	东部	9.5	67.5	11.3	2.5	9.1	100.0
	中部	12.5	67.3	10.3	2.6	7.3	100.0
	西部	8.5	65.4	13.4	4.1	8.7	100.0
	总体	10.0	67.1	11.4	2.8	8.6	100.0
企业创办年数	5 年以内	12.1	63.9	12.1	3.5	8.5	100.0
	5 ~ 10 年	10.2	66.6	11.8	2.4	8.9	100.0
	10 年及以上	8.8	69.5	11.2	2.4	8.1	100.0

在企业创办过程中遇到的困难归纳方面，不同地区的私营企业主的选择也并没有什么显著差异。尤其是在涉及政府的两个方面"创办企业的各种手续繁杂、时间长"和"政府有关部门推诿扯皮"方面，东中西部的企业主的选择比例相互接近，只是在西部地区略高一点。相反，缺少技术和人才、资金、信息、场地和设施等商业因素方面，却是企业主们感到最为困难的部分。尤其是，东部地区对场地和人才的需求，比中西部地区要更高一些（见表 50）。

表50　不同地区的私营企业在创办过程中遇到的困难

单位：%

	企业创办过程中遇到的困难								合计
	创办企业的各种手续繁杂、时间长	政府有关部门推诿扯皮	缺少场地和设施	缺乏相关法律知识	缺乏信息	缺乏资金	缺少技术和人才	其他	
东部	18.3	5.8	12.0	7.4	14.4	19.1	22.4	0.5	100.0
中部	18.0	6.2	9.8	8.3	14.6	21.0	21.9	0.1	100.0
西部	19.6	8.6	9.2	7.1	12.9	21.1	21.1	0.4	100.0
总体	18.5	6.4	11.0	7.6	14.2	19.9	22.0	0.4	100.0

本次调查还询问了被访企业主对于企业创办过程中困难的原因分析（见表51）。如果将"相关法律制度不健全""政府部门服务意识差""相关政策落实不到位"这三点看作是政府原因的话，那么选择这三者的比例分别占到了16.9%、14.6%和26.5%，合计达到了58.0%。"创业者自身能力和素质局限"属于自我归因，达到了19.8%。有21.6%的被访企业主认为是"缺乏专业机构的服务"这一原因，这一不低的比例反映了他们对市场和社会力量的呼唤。此外，在东中西部不同企业中，他们的归因没有显著的区别。

表51　不同地区的私营企业主对企业创办过程中困难原因的分析

单位：%

	企业创办过程中遇到困难的原因						合计
	相关法律制度不健全	政府部门服务意识差	相关政策落实不到位	创业者自身能力和素质局限	缺乏专业机构的服务	其他	
东部	16.9	14.7	26.5	19.3	21.9	0.7	100.0
中部	17.5	13.7	26.4	20.4	21.5	0.3	100.0
西部	16.4	15.4	26.7	20.6	20.5	0.4	100.0
总体	16.9	14.6	26.5	19.8	21.6	0.6	100.0

9. 私营企业主对目前市场信用环境基本满意

表52展示了不同类型的私营企业主对市场信用环境的评价。针对市场

信用环境的整体评价方面，不管是小微型企业、大中型企业，还是东中西部企业，抑或是工商联会员企业和非会员企业，均没有显示出显著的差别。绝大部分的被访企业主均选择了"基本满意"这一选项。在用什么方式改善市场信用环境方面，绝大多数的被访企业主选择了"由政府建立市场信用评价体系并向社会发布"这一项。不过，在选择"市场自行调节"这个方面，小微型企业和非工商联会员企业的比例（分别为 21.3% 和 24.1%）相对来说要略高于大中型企业和工商联会员企业（分别为 19.2% 和 18.5%）。在对"工商部门推进市场信用管理"方面，选择"有必要"的企业在各个类型中均占到 80% 以上的压倒性多数。在"是否支持工商部门推进'依申请、非强制、可公开'的市场主体信用管理"方面的回答也与此一致。

表 52　不同类型的私营企业主对市场信用环境的评价

单位：%

		企业划型		地区分布			是不是工商联会员	
		小微型企业	大中型企业	东部	中部	西部	是	不是
您对目前市场信用环境是否满意？	非常满意	3.6	4.0	3.4	4.6	3.6	3.8	3.4
	基本满意	69.8	72.5	68.9	74.6	69.7	71.7	68.3
	不满意	17.4	18.7	19.6	13.1	17.1	17.8	17.3
	很不满意	2.9	2.0	2.9	1.9	3.1	2.6	3.0
	不好说	6.3	2.7	5.2	5.7	6.6	4.0	8.0
您愿意接受哪种方式改善市场信用环境？	由中介组织建立市场信用评价体系并向社会发布	17.5	14.9	17.3	15.9	17.3	16.7	17.0
	由政府建立市场信用评价体系并向社会发布	60.7	65.5	62.1	61.0	60.9	64.4	58.1
	由市场自行调节	21.3	19.2	19.9	23.0	21.1	18.5	24.1
	其他	0.6	0.4	0.6	0.2	0.7	0.4	0.7

续表

		企业划型		地区分布			是不是工商联会员	
		小微型企业	大中型企业	东部	中部	西部	是	不是
您认为工商部门推进市场信用管理是否有必要？	有必要	81.6	87.6	83.8	81.5	81.2	84.3	80.9
	没必要	6.4	5.6	5.6	6.1	8.6	6.5	5.7
	无所谓	12.0	6.8	10.7	12.4	10.2	9.2	13.4
您是否支持工商部门推进"依申请、非强制、可公开"的市场主体信用管理？	支持	83.6	86.4	84.0	85.5	83.0	85.1	83.4
	不支持	3.1	3.3	3.3	3.0	2.7	3.3	2.7
	无所谓	13.3	10.3	12.7	11.5	14.3	11.6	13.9

三 私营企业主阶层状况

（一）私营企业主的社会特征

1. 私营企业主依然是以男性为主的群体，但女性企业主的比例不断增大

在本次调查的5073位私营企业主中，有5052位回答了性别。其中男性占83.6%，女性占16.4%。由此可以看出，私营企业主仍然是以男性为主体。和往年历次全国私营企业主的样本结果相比，可以看出女性私营业主的比例依然呈逐渐上升趋势（见表53）。

表53 历年调查中私营企业主性别构成变化

单位：%，个

性别	1993年	1995年	1997年	2000年	2002年	2004年	2006年	2008年	2010年	2012年
男	89.6	89.6	91.8	88.9	88.8	86.1	86.0	84.1	84.2	83.6
女	10.4	10.4	8.2	11.1	11.2	13.9	14.0	15.9	15.8	16.4
合计	100.0	100.0	100.0	100.0	100.0	100.0	100.0	100.0	100.0	100.0
样本数	1424	2861	1942	3071	3251	3010	3817	4058	4586	5052

女性企业主比例的增加在新开办私营企业中更为明显。从图6可以看出，自21世纪以来，新开办企业（调查时点前两年内开业）中女性企业主

的比例不断攀升，2010 ~ 2012 年开办的企业中女性企业主比例已达到 23.4%。

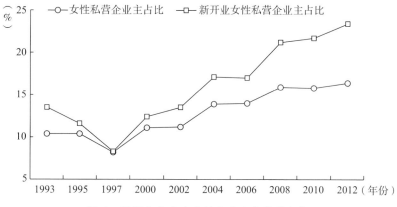

图 6　新开办企业中女性企业主占比的变化

女性企业主比例的不断增加和私营企业的行业结构变迁有关。通过对比不同时代开办的私营企业所在的产业，可以看出产业结构的变动呈现"一个锐减，两个激增"的态势。锐减的是制造业，2000 年以前开办的私营企业中其占比为 48.3%，在 2000 ~ 2006 年减少到 38.5%，在 2007 年以来进一步减少到 25.2%；激增的是批发零售业和公共管理业，前者上述三个时期的占比分别为 20.0%、23.8% 和 30.3%，后者相应的占比分别为 9.2%、12.2% 和 15.8%。而在这三个行业中女性企业主的占比有很大的差异，女性企业主在制造业中的占比为 11.7%，低于总体平均水平（16.4%），在批发零售业中的占比为 21.9%，在公共管理业中的占比为 19.0%，均高于总体的女性和占比。由此可以看出这样一个趋势：私营企业的产业结构变动为女性创业提供了更有前景的空间。

2. 私营企业主的平均年龄有所上升，开办企业时的年龄也更加中年化

从年龄结构来看，私营企业主以中年人群为主，平均年龄 45.9 岁，40 ~ 60 岁的企业主占了近七成（68.2%）。具体说来，首先，41 ~ 50 岁组占比最高，为 46.1%；其次，31 ~ 40 岁和 51 ~ 60 岁的企业主占比相近，分别为 22.2% 和 22.1%；最后，两端年龄组即 30 岁及以下和 60 岁以上的占比都甚少，分别为 4.3% 和 5.2%。可以说私营企业主群体大部分处于他们人生中年富力强、阅历丰富的黄金时期。

纵观近20年来的调查结果（见表54），可以看出私营企业主这种"年龄中间层"的特征十分明显且较为稳定。平均年龄虽略有波动，但整体都在40~46岁。如果仔细观察，还可以看出私营企业主群体呈现出轻微的"老化"现象，即近15年来平均年龄在逐步上升，由1997年的平均40.5岁上升到2012年的45.9岁。从年龄构成比例也可看出，近20年来，40岁及以下的私营企业主的比例在逐步降低，而40~60岁的比例在缓慢提高。

表54 历年调查中私营企业主年龄构成变化

单位：%，岁，个

	1993年	1995年	1997年	2000年	2002年	2004年	2006年	2008年	2010年	2012年
30岁及以下	8.5	9.1	10.9	4.5	3.0	3.7	4.4	3.5	4.4	4.3
31~40岁	35.0	37.0	41.4	35.5	37.2	34.6	27.6	25.7	21.4	22.2
41~50岁	35.2	36.6	35.5	39.8	39.7	42.5	44.8	42.6	45.3	46.1
51~60岁	16.7	14.4	9.9	17.6	17.1	17.1	20.6	24.6	24.3	22.1
60岁以上	4.5	2.9	2.2	2.6	2.9	2.2	2.7	3.6	4.7	5.2
平均年龄	42.8	41.9	40.5	43.4	43.9	43.4	44.4	45.4	46.0	45.9
样本数	1424	2861	1942	3071	3251	3010	3817	4058	4586	5052

值得关注的是，随着时代的变化，私营企业主开办企业时的年龄有所提高，从以青年为主变成以中年为主。从表55可以看出，2000年以前私营企业开办时，企业主的平均年龄为33.22岁，30岁及以下的青年私营企业主占比高达36.5%；而在2000~2006年私营企业开办时，企业主的平均年龄为37.45岁，30岁及以下的青年私营企业主占比减少了近一半（19.1%），41~50岁的中年企业主比例上升了10.9个百分点；自2007年以来，私营企业开办时企业主的平均年龄又升高了一岁（38.64岁），40岁以上的企业主占了40.6%。

表55 不同时期私营企业主开办企业时的年龄构成比较

单位：%，岁，个

企业开办时企业主年龄	企业开办时期		
	2000年以前	2000~2006年	2007年以来
30岁及以下	36.5	19.1	17.9
31~40岁	45.6	48.2	41.4

续表

企业开办时期 企业主年龄	企业开办时期		
	2000 年以前	2000～2006 年	2007 年以来
41～50 岁	15.8	26.7	31.8
51～60 岁	1.8	5.4	7.7
60 岁以上	0.4	0.6	1.1
平均年龄	33.22	37.45	38.64
样本数	1244	2116	1410

3. 私营企业主的受教育程度持续上升，已成为较高文化水平的社会群体

在 2012 年的调查中，65% 以上的私营企业主都具有大专及以上学历，说明私营企业主已成为具有较高文化水平的社会群体。从近 20 年来的趋势看，私营企业主的受教育程度在不断地增长，自 1993 年的平均受教育年数 10.8 年，上升到 2012 年的 14.35 年，初中及以下低文化程度的占比锐减，自 1993 年的最多数（46.9%），减少到 2012 年的不足一成（9.4%）（见表56）。

表 56　历年调查中私营企业主受教育程度构成变化

单位：%，年，个

	1993 年	1995 年	1997 年	2000 年	2002 年	2004 年	2006 年	2008 年	2010 年	2012 年
初中及以下	46.9	44.4	38.1	22.5	19.6	14.6	14.1	9.0	10.4	9.4
高中、中专	36.1	37.5	41.7	39.5	41.6	33.6	36.6	29.3	28.4	25.4
大学专科	11.7	12.9	14.9	25.9	33.0	31.1	31.7	26.9	33.6	33.2
大学本科	4.8	4.4	4.6	8.8		15.0	13.1	22.2	20.6	23.9
研究生	0.6	0.7	0.7	3.4	5.8	5.7	4.5	12.7	7.1	8.1
平均受教育年数	10.8	11.0	11.3	12.6	13.1	13.5	13.3	14.3	14.1	14.35
样本数	1419	2863	1937	3066	3250	2998	3806	4049	4507	4980

2012 年的调查结果还显示，私营企业主中，年龄越低受教育程度越高（见表57）。在 30 岁及以下年龄组中，私营企业主的平均受教育年数为 14.8 年；大专及以上文化程度者的占比达到 77.5%。随着年龄组变高，平均受教育年数向下递减，在 60 岁以上年龄组中受教育年数仅为 13.2 年；大专及

以上文化程度者的占比也减低为 54.1%。可以断言，随着年轻化的新型人群不断加入，私营企业主群体的文化素养和知识层次也会不断提高。

表 57　不同年龄段私营企业主受教育程度构成

单位：%，年，个

	30 岁及以下	31～40 岁	41～50 岁	51～60 岁	60 岁以上	总计
初中及以下	4.2	6.3	8.4	12.7	19.3	9.3
高中、中专	18.3	23.1	25.9	27.6	26.6	25.3
大学专科	30.5	34.1	32.4	34.7	36.3	33.4
大学本科	41.8	29.8	23.5	17.3	13.9	23.8
研究生	5.2	6.8	9.8	7.6	3.9	8.1
平均受教育年数	14.8	14.5	14.3	13.8	13.2	14.2
样本数	213	1101	2277	1085	259	4935

4. 私营企业主的主体由体制内人士逐步为体制外非公经济精英所替代

表 58 结果显示，大多数私营企业主（75.7%）在创办企业之前，都有在其他机构就职的经历。其中，在国有或集体企业任职的人比例最高，为43.2%；其次是在其他私营企业工作的人，有 31.4%；再次为党政机关、事业单位工作人员，占 16.3%；在外资、港澳台企业工作过的人比例甚少，只有 6.8%。此外，还有 1/4 左右的私营企业主曾经是个体经营者（25.2%）。没有上述经历而直接开办自己企业的私营业主比例不高，仅有12.7%。由此可见，当前的私营企业主主要有两大来源，一是来自体制内的机关和企业，二是来自体制外的私企、外企、个体经营者。①

表 58　私营企业主在企业开办前的职业经历

单位：人，%

私营企业开办前职业经历	人数	所占比例
曾在党政机关/事业单位工作	828	16.3
曾在国有/集体企业工作	2193	43.2
曾在其他私企工作	1592	31.4

---

① 私营企业主的以往经历实际上要更为复杂，上述 5073 位企业主中有 1350 人（占 26.6%）至少在两种以上的机构中有过就职经历。

续表

私营企业开办前职业经历	人数	所占比例
曾在外资/港澳台资企业工作	345	6.8
曾经是个体户	1279	25.2
直接开办私企	642	12.7
曾在农村工作	790	15.6
总计	5073	—

进一步分析可以看出，来自体制内曾在党政机关和事业单位任职的私营企业主，当时大多数是普通干部，官职、地位并不高。在 828 位有过上述经历的私营企业主中，当时任职为县处级及以上干部的不足 10%，科级干部近 20%，占比最高的是一般干部（41.2%），还有 14.6% 的技术干部和 14.9% 的教师（见图 7）。可见在党政部门行政地位较高或更有发展机会的官员更多会选择仕途，很少会"下海"开办私营企业。

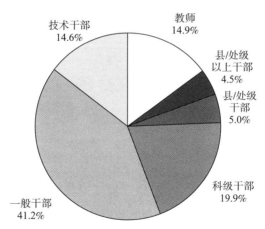

图 7　曾在党政机关和事业单位任职的私营企业主当时的身份（$N = 828$ 个）

与之相比，来自体制内的国有或集体企业的私营企业主在当时的身份地位就有所不同，他们当时在公有制企业中具有较高的地位。在 2193 位有上述经历的私营企业主中，有多于 1/4 的人当时担任企业主要负责人，近 35% 的人是中层管理人员，二者合计达 60.6%（见表 59）。这说明当时在公有制企业中较高的职位，使他们积累了相应的管理经验、市场关系和资金，为日后开办自己的企业创造了有利的条件。当然其中也不乏利用公有制企业转制政策的人，化公为私。

在体制外其他企业有过就职经历的私营企业主，在当时企业中也大都具有较高的职位。从表59可见，曾在其他私企工作过的私营企业主中，44.3%是主要负责人，近30%是中层管理人员，二者合计高达71.2%；曾在外资或港澳台资企业工作过的私营企业主中，担任主要负责人的比例为33.9%，中层管理人员为31.9%，二者合计为65.8%。可见利用在其他企业就职的机会，获得业务技能，积累管理经验、客户资源和资本金，然后择机独立开办自己的企业，是大多数私营企业主遵循的发家途径。

表59 曾在各类企业任职的私营企业主当时的身份

单位：个，%

职位身份	曾在国有/集体企业工作	曾在其他私企工作	曾在外资/港澳台资企业工作
主要负责人	25.7	44.3	33.9
中层管理人员	34.9	26.9	31.9
技术人员	13.6	8.5	10.1
销售人员	10.1	12.4	14.2
其他职员、工人	15.7	7.9	9.9
总计	100.0	100.0	100.0
样本数	2193	1592	345

来源于体制内外的私营企业主，随着时代趋势变化，出现此消彼长的态势。出身于体制内的私营企业主开办企业的时代到2005年到达顶峰，2006年之后比例开始下降；来自体制外的私营企业主开办企业的比例则在随时间进程持续增长（见图8）。这说明随着时代的进步，私营企业主群体中体制内精英人士主体正逐步为体制外的成员所替代。

5. 私营企业主的地位认同

和往次调查相同，本次抽样调查也分别考察了私营企业主对自身经济地位、社会地位和政治地位的主观认同。结果表明，私营企业主对上述三个方面的评价，在由地位最高到最低的1~10分的等级尺度上，均值分别为：5.37分、5.36分和5.96分。这说明他们对自身地位的评价有明显的趋中趋势，大部分人认为自己属于中间等级，在三个尺度上位居4~7分等级的比例分别为70.7%、69.1%和58.9%。和2010年调查结果相比，2012年私营企业主对自身地位评价在三个方面都略有上升（见表60）。

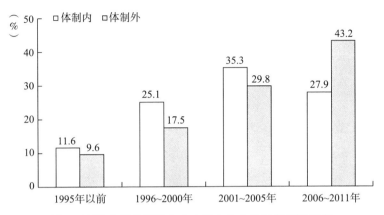

图 8　不同来源的私营企业主开办企业的时间趋势变化

表 60　私营企业主对自身地位的评价对比

单位：%

评价分值	2010 年			2012 年		
	经济地位 （N = 4346）	社会地位 （N = 4336）	政治地位 （N = 4300）	经济地位 （N = 4746）	社会地位 （N = 4727）	政治地位 （N = 4677）
1	1.5	1.3	1.4	1.4	1.5	1.2
2	3.5	4.0	3.3	3.2	3.8	3.4
3	11.2	10.5	8.7	11.5	11.6	9.7
4	11.1	11.6	9.6	12.5	12.1	10.5
5	26.0	25.4	20.1	27.5	27.9	21.9
6	19.1	19.2	16.7	19.8	18.2	15.8
7	11.3	11.4	11.1	10.9	10.9	10.7
8	10.5	9.1	11.7	8.4	8.2	11.0
9	3.9	4.7	8.4	3.4	3.9	8.0
10	2.0	2.7	9.0	1.4	1.8	7.8
均值（分）	5.49	5.52	6.1	5.37	5.36	5.96

　　和以往的趋势相同，私营企业主对自身在经济地位和社会地位上的评价几乎一致，但在政治地位的认同上明显要低，有 26.8% 的人认为，他们的政治地位处于较低的位置（8 ~ 10 分等级）。这说明私营企业主对自身政治地位估价不高的现象依然存在。

　　通过多元线性回归分析，可以进一步探讨影响私营企业主对自身地位认同的因素。表 61 的三个模型分别展示了个人背景变量、企业变量、政治身份变量和区域变量四个层面的影响作用。

从个人背景变量来看，无论是经济地位、社会地位还是政治地位的自我认同，男性的自我评价都高于女性；受教育程度越高，对自身地位评价也越高；年龄对经济地位和社会地位认同的影响呈现轻微的倒 "U" 形，即较年轻的私营企业主自我评价较低，随年龄递增，自我评价也随之提升，但到达高年龄段时，自我评价又出现回落。

从企业变量来看，企业的实力大小对私营企业主自身地位的主观评价有一定的影响。企业的总资产越多，雇工规模越大，私营企业主的自我地位评估也就越高。这里值得注意的是，企业开办的时间和企业主在经济与政治方面的自我地位评价呈现正相关，也就是说，在其他条件相同的情况下，新开办的企业主更认为自己的经济地位和政治地位低下。这意味着虽然随着时代的变迁，私营经济的生存环境在不断改善，但在新进的私营企业主心目中并没有认为自己的经济地位和政治地位有所提升。

私营企业主政治身份依然是影响他们地位评价的主要因素。通过分析可以看到，和非党员相比，具有中共党员身份的私营企业主对自己的地位评价要更高；具有人大或政协委员身份的私营企业主自我评价要高于无此类身份者；和非工商联成员相比，工商联成员或在工商联中担任高级职务的（执委、常委、主席、副主席）私营企业主有着更高的自我地位评价。

表 61　私营企业主对自身地位主观评价的回归分析

		模型 1：经济地位认同			模型 2：社会地位认同			模型 3：政治地位认同		
		Beta	*Sig.*	B	Beta	*Sig.*	B	Beta	*Sig.*	B
个人背景变量	常量	2.350		0.000	2.369		0.000	2.222		0.003
	年龄	0.068	0.335	0.012	0.063	0.302	0.023	0.028	0.112	0.367
	年龄平方	−0.001	−0.287	0.029	−0.001	−0.253	0.054	0.000	−0.056	0.649
	受教育年数	0.032	0.047	0.014	0.034	0.049	0.010	0.030	0.037	0.039
	男性	0.234	0.048	0.009	0.317	0.063	0.001	0.347	0.058	0.001

续表

		模型1：经济地位认同			模型2：社会地位认同			模型3：政治地位认同		
		Beta	Sig.	B	Beta	Sig.	B	Beta	Sig.	B
	常量	2.350		0.000	2.369		0.000	2.222		0.003
企业变量	企业开办时间	0.013	0.040	0.062	0.008	0.023	0.280	0.019	0.046	0.020
	企业总资产（千万元）	0.008	0.063	0.001	0.008	0.060	0.002	0.005	0.034	0.054
	雇工人数（百人）	0.032	0.096	0.000	0.022	0.062	0.001	0.013	0.031	0.092
	家庭年收入（十万元）	0.015	0.097	0.000	0.012	0.078	0.000	0.009	0.048	0.005
政治身份变量	工商联身份（非会员＝0）									
	普通会员	0.316	0.062	0.002	0.269	0.051	0.011	0.169	0.027	0.150
	工商联常委/执委	0.221	0.053	0.026	0.183	0.043	0.071	0.248	0.049	0.028
	工商联主席/副主席	0.464	0.105	0.000	0.423	0.093	0.000	0.521	0.097	0.000
	党员	0.174	0.046	0.017	0.202	0.052	0.007	0.490	0.106	0.000
	人大政协委员	0.645	0.179	0.000	0.860	0.233	0.000	1.542	0.351	0.000
区域变量	地区（西部＝0）									
	中部	0.133	0.032	0.214	0.091	0.021	0.409	−0.119	−0.024	0.327
	东部	0.257	0.070	0.007	0.184	0.049	0.060	−0.019	−0.004	0.862
		$R^2 = 0.178$, $N = 2551$			$R^2 = 0.183$, $N = 2544$			$R^2 = 0.286$, $N = 2536$		

（二）私营企业主的收入与生活方式

1. 被访企业主个人收入快速增长

本次调查数据显示，私营企业主 2011 年的年薪平均为 22.9 万元，比 2009 年调查时的平均年薪 13.5 万元增长 69.6%，按 1978 年不变价格计算，实际增长 55.8%。同样按照 1978 年不变价格计算，2011 年全国国内生产总值比 2009 年实际增长 20.7%，2011 年城镇居民家庭人均可支配收入比 2009 年实际增长 16.9%，农村居民家庭人均纯收入比 2009 年实际增长 23.5%。也就是说，从调查数据看，2009～2011 年，私营企业主的平均年薪实际增长幅度，分别是国内生产总值增幅、城镇居民家庭人均可支配收入增幅和农村居民家庭人均纯收入增幅的 2.7 倍、3.3 倍和 2.4 倍。

2011 年私营企业主年薪分布呈现整体上移趋势（见表 62）。按当年价格计算，年薪 10 万元以下的被访企业主所占比重为 40.8%，比 2009 年的相应比重（70.3%）下降了 29.5 个百分点，降幅达 42.0%；当然，如果按

2009 年价格计算，则在 2011 年调查中，年薪在 10 万元以下的被访企业主所占比重要达到 57.8%，但仍比 2009 年被访企业主的相应比重下降 12.5 个百分点，降幅为 17.8%。与此相反，较高年薪企业主的比重则显著上升，其中，年薪在 30 万元及以上的被访企业主所占比重的增幅尤为显著。按当年价格计算，2011 年年薪在 30 万元及以上的被访企业主所占比重，是 2009 年相应比重的 2.8 倍；按 2009 年价格计算，2011 年年薪在 30 万元及以上的被访企业主所占比重是 2009 年相应比重的 2.1 倍。[①]

表 62　2011 年被访私营企业主年薪分组分布

单位：人，%

年薪分组	按当年价格计算的 2011 年被访企业主年薪分组分布		按 2009 年价格计算的 2011 年被访企业主年薪分组分布		2009 年被访企业主年薪分组分布	
	人数	百分比	人数	百分比	人数	百分比
5 万元以下	1304	28.1	1304	28.1	1682	41.2
5 万~10 万元	588	12.7	1380	29.7	1188	29.1
10 万~20 万元	1364	29.4	1036	22.3	743	18.2
20 万~30 万元	556	12.0	311	6.7	212	5.2
30 万元及以上	828	17.8	610	13.1	257	6.3
合计	4640	100.0	4641	100.0	4082	100.0

应当注意到，年薪收入仅是私营企业主个人收入的一小部分。历次抽样调查发现，私营企业主的年薪都不高。其原因主要是由于绝大多数企业是家族企业，在财务管理上"家企"不分，企业主的许多个人消费、家庭消费都以企业开支的方式进入企业成本。他们自报的年薪数，只相当于所领取的零花钱。私营企业主个人收入的一个更重要来源其实是资产收入。在本次调查中，3142 位被访企业主报告了 2011 年年底其企业的所有者权益总额以及他们在其中占有的份额。据此计算，截至 2011 年年底，他们拥有的所有者权益平均为 2257.4 万元，比 2009 年被访企业主所有者权益平均值（1231.4 万元）增长 83.3%。若按 10% 的收益率估算，2011 年年底他们平均可获得约 226 万元的资产收益，可比 2009 年被访企业主资产收益均值

---

① 下文对被访企业主年薪的分析所使用的，均为按 2009 年不变价格调整后的数据。

（约 120 万元）增长 83.3%。不过，被访企业主的资产收益的分布是高度集中的，例如，2011 年被访企业主拥有的所有者权益和所有者权益收益的基尼系数均高达 0.8351。

2. 被访企业主群体间收入差距进一步扩大

尽管被访企业主的年薪水平总体上有显著增长，而且其分布也有明显的上移趋势，但群体内的差异也更加巨大。调查数据显示，2011 年，被访企业主中年薪最高的达到 2000 万元。更准确地说，2009 年被访企业主年薪的基尼系数为 0.5676；到 2011 年，被访企业主年薪的基尼系数上升到 0.6351。

被访企业主年薪的巨大差距，体现在方方面面。首先，从地区之间来看，调查数据显示，按 2009 年不变价格计算，2011 年东部、中部、西部地区被访企业主平均年薪之比为 1.69∶0.96∶1，2009 年三大地区被访企业主平均年薪之比为 1.33∶0.85∶1。可见，东部地区被访企业主平均年薪与中部和西部地区被访企业主平均年薪之间的差距明显扩大了，而中部地区与西部地区被访企业主平均年薪的差距则有所缩小。大致说来，东部与中西部地区被访企业主平均年薪差距扩大的主要来源，是东部地区被访企业主中年薪在 30 万元及以上的人所占比重上升幅度更大，而年薪在 10 万元以下的被访企业主所占比重也下降得更多（见表 63）。

表 63　2011 年不同地区被访私营企业主年薪分组分布

单位：%，万元，个

年薪分组	2011 年			2009 年		
	东部	中部	西部	东部	中部	西部
5 万元以下	20.2	38.6	35.0	33.7	52.4	49.4
5 万~10 万元	29.0	29.7	31.8	31.9	24.8	26.0
10 万~20 万元	26.0	18.8	17.6	20.6	15.3	15.0
20 万~30 万元	8.0	5.7	4.5	6.1	3.8	4.2
30 万元及以上	16.8	7.2	11.0	7.7	3.7	5.4
合计	100.0	100.0	100.0	100.0	100.0	100.0
平均年薪	28.56	16.21	16.86	15.58	9.98	11.70
样本量	2423	1232	969	2303	970	809
统计量	Pearson 卡方 = 226.834，最大似然比 = 231.976，$\gamma = -0.247$，$p < 0.01$，$N = 4624$					

其次，受教育程度的差异也是私营企业主年薪差距的一个重要来源。从表64可以看出，在受教育程度初中及以上的被访企业主中，年薪分布的基本趋势是，被访企业主的受教育程度越高，其年薪水平也越高。研究生毕业的企业主的平均年薪是初中毕业的企业主的平均年薪的1.99倍。这种趋势与2009年时的年薪分布状况相比更加清晰稳定。不过，50位受教育程度在小学及以下的企业主的平均年薪水平却意外的高，仅低于研究生企业主的平均年薪水平。这可能与样本问题有关。不过，总的来说，由于等级相关系数较小，被访企业主的受教育程度差异对他们的年薪分布的差异的影响力度并非特别显著。

表64 被访私营企业主年薪按受教育程度分组分布

单位：%，万元，个

受教育程度	2011年被访企业主年薪按受教育程度分组分布							
	5万元以下	5万～10万元	10万～20万元	20万～30万元	30万元及以上	合计	平均年薪	样本量
小学及以下	26.0	22.0	26.0	8.0	18.0	100.0	26.70	50
初中	33.9	30.1	22.3	3.6	10.1	100.0	16.75	386
高中、中专	36.3	30.7	18.7	5.3	9.0	100.0	17.11	1160
大专	28.5	29.8	22.8	6.7	12.2	100.0	18.39	1531
大学	21.8	31.3	23.7	7.3	15.9	100.0	26.23	1078
研究生	13.2	24.2	26.1	11.5	25.0	100.0	33.25	356
统计量	Pearson卡方=179.441，最大似然比=178.137，$\gamma=0.184$，$p<0.01$，$N=4562$							
	2009年被访企业主年薪按受教育程度分组分布							
小学及以下	55.6	25.9	13.0	0.0	5.6	100.0	9.32	54
初中	48.2	29.1	15.7	2.8	4.2	100.0	10.96	357
高中、中专	50.0	28.1	15.0	4.1	2.9	100.0	9.62	1143
大专	39.7	28.7	18.9	5.3	7.4	100.0	15.39	1346
大学	34.5	31.6	20.4	6.3	7.3	100.0	14.46	827
研究生	17.6	30.9	26.5	9.6	15.4	100.0	22.22	272

再次，被访企业主拥有的资产规模差异，也是其年薪差距的重要来源之一（见表65）。从表65中可以看到，在不考虑极少数声称所属企业2011年的所有者权益为零或者为负的情况下，当年被访企业主年薪分组

分布的总体趋势是，被访企业主在企业拥有的所有者权益越多，他们的年薪水平就越高。所有者权益占有量最高组被访企业主的平均年薪是所有者权益占有量最低组被访企业主平均年薪的 6.9 倍，而在 2009 年时，这一比值为 4.2 倍。

表 65 被访私营企业主年薪按所有者权益分组分布

单位：%，万元，个

所有者权益	2011 年							
	5 万元以下	5 万 ~ 10 万元	10 万 ~ 20 万元	20 万 ~ 30 万元	30 万元及以上	合计	平均年薪	样本量
100 万元以下	49.9	29.7	13.6	3.6	3.3	100.0	9.31	728
100 万 ~ 500 万元	33.6	30.0	20.3	6.9	9.3	100.0	16.56	744
500 万 ~ 1000 万元	23.1	32.0	24.3	7.3	13.3	100.0	22.66	412
1000 万 ~ 5000 万元	13.9	31.4	30.4	7.0	17.3	100.0	27.05	761
5000 万 ~ 1 亿元	8.6	26.9	31.0	11.7	21.8	100.0	43.94	197
1 亿元及以上	4.1	14.7	28.9	12.4	39.9	100.0	63.99	218
主要统计量	Pearson 卡方 = 567.973，最大似然比 = 574.898，γ = 0.417，$p < 0.01$，$N = 3060$							
所有者权益	2009 年							
100 万元以下	48.0	28.6	15.3	4.5	3.7	100.0	7.54	865
100 万 ~ 500 万元	33.1	27.1	26.1	8.3	5.5	100.0	10.00	871
500 万 ~ 1000 万元	24.5	26.2	32.7	8.4	8.2	100.0	13.44	367
1000 万 ~ 5000 万元	16.9	22.9	33.6	14.5	12.1	100.0	16.37	676
5000 万 ~ 1 亿元	6.0	18.1	34.3	19.9	21.7	100.0	22.57	166
1 亿元及以上	3.9	7.1	33.9	17.3	37.8	100.0	31.42	127
主要统计量	Pearson 卡方 = 553.864，最大似然比 = 537.058，γ = 0.411，$p < 0.01$，$N = 3072$							

另外，我们还注意到，被访企业雇工人数的多少，也是被访企业主年薪分布差异的一个重要影响因素（见表 66），这也是完全合乎常识的。从表 66 中可以看到，企业雇工越多，被访企业主的年薪就越高。2009 年，雇工人数在 1000 人以上企业的被访企业主的平均年薪，是雇工人数在 10 人及以下企业的被访企业主平均年薪的 4.0 倍，而到 2011 年，这一倍数已提高到 7.4 倍。尤为值得一提的是，被访企业主年薪分组分布与雇工人数分组分布

之间的等级相关系数相对较高，表明雇工人数对企业主年薪的影响比资产规模的影响还要显著。

表 66　被访私营企业主年薪按雇工人数分组分布

单位：%，万元，个

雇工人数	2011 年							
	5 万元以下	5 万~10 万元	10 万~20 万元	20 万~30 万元	30 万元及以上	合计	平均年薪	样本量
10 人及以下	56.9	14.1	21.2	4.0	3.7	100.0	7.17	885
11~50 人	31.7	14.5	31.0	10.7	12.1	100.0	13.71	1431
51~200 人	18.8	13.2	32.5	14.1	21.4	100.0	26.01	1245
201~1000 人	7.7	8.8	31.6	18.5	33.3	100.0	35.33	826
1000 人以上	6.5	7.1	27.6	17.1	41.8	100.0	52.82	170
主要统计量	Pearson 卡方 = 892.801，最大似然比 = 925.108，$\gamma = 0.457$，$p < 0.01$，$N = 4557$							
	2009 年							
10 人及以下	55.5	27.9	11.5	3.6	1.5	100.0	6.30	616
11~50 人	34.2	27.6	24.3	8.1	5.9	100.0	10.47	1344
51~200 人	22.3	25.8	30.2	11.0	10.7	100.0	13.83	1139
201~1000 人	11.3	20.8	33.3	16.3	18.3	100.0	22.61	663
1000 人以上	7.1	16.2	32.5	11.0	33.1	100.0	25.23	154
主要统计量	Pearson 卡方 = 624.582，最大似然比 = 627.255，$\gamma = 0.413$，$p < 0.01$，$N = 3916$							

3. 被访企业主年收入与企业员工年收入之间的差距有所扩大

为了分析被访企业主与他们的员工在收入上存在的差距，我们对 2010 年和 2012 年调查中的相关数据进行了整理，剔除了那些数据不完整的样本（例如，只有企业主收入而没有员工收入的样本，或者相反，只有员工收入而没有企业主收入的样本），以确保数据可比较。然后，分别计算其余样本中的被访企业主收入之和与员工人均收入的合计数（员工人均收入合计数的计算方法是，先计算每个企业的员工的人均收入，然后将所有相关企业的员工人均收入加总）。通过比较两个收入总和数据，可以看出被访企业主收入与员工收入差距及其变化，计算结果如表 67 所示。

表 67　被访私营企业主与员工的收入差距

		2009 年	2011 年
企业主收入与员工收入比较（一）	被访企业主人均年薪收入（万元）	13.30	23.36
	员工人均工资、奖金收入（万元）	1.65	2.44
	两者之比（以员工收入为 1）	8.06∶1	9.57∶1
	样本量（个）	3563	4061
企业主收入与员工收入比较（二）	被访企业主人均年薪与资产收益之和（万元）	107.63	239.63
	员工人均工资、奖金收入（万元）	1.65	2.47
	两者之比（以员工收入为 1）	65.23∶1	97.02∶1
	样本量（个）	3738	2772
企业主收入与员工收入比较（三）	被访企业主人均年薪与资本收益之和（万元）	107.63	238.70
	员工人均工资、奖金、分红收入（万元）	1.71	2.52
	两者之比（以员工收入为 1）	62.94∶1	94.72∶1
	样本量（个）	3738	2796

表 67 显示了三种口径的收入比较。第一种口径仅仅比较了被访企业主的年薪收入与员工工资、奖金收入。2009 年，被访企业主人均年薪收入是被访企业员工人均工资、奖金收入的 8.06 倍；到 2011 年，这一指标上升到 9.57 倍，两者差距增加了 1.51 倍。

第二种口径将被访企业主的年薪与资产收益加总，资产收益是基于被访企业主的所有者权益，按平均 10% 的年收益率而计算出来的收益。表 67 数据表明，2009 年，被访企业主人均年薪与资产收益之和，是被访企业员工人均工资、奖金收入的 65.23 倍；到 2011 年，这一比值扩大到 97.02 倍，被访企业主与员工的收入差距有惊人的扩大。

第三种口径下的被访企业主收入构成与第二种口径下的被访企业主收入构成相同，在员工收入中则增加了分红。分析结果显示，在这种口径下，与第二种口径下的情形相比，被访企业主与员工之间的收入差距在两个调查年份均略有缩小，但从 2009 年到 2011 年，收入差距扩大的幅度仍然是惊人的。

4. 被访企业主家庭总收入显著增长

2012 年调查结果显示，2011 年，被访企业主家庭总收入平均达到 47.8 万元。按 2009 年价格进行调整后，2011 年被访企业主家庭总收入平均为 43.91

万元，比 2009 年增加了 14.23 万元，增幅为 47.9%（见表 68），分别为同期国内生产总值增幅（20.07%）和人均国内生产总值增幅（19.56%）的 2.39 倍和 2.45 倍。

表 68　被访私营企业主家庭收入与增长

	被访企业主家庭总收入（万元）		被访企业主年薪收入占家庭总收入的比重（%）	
	2009 年	2011 年	2009 年	2011 年
平均值	29.68	43.91	58.10	57.10
中位数	14.00	18.37	60.00	60.00
标准差	145.3369	145.6209	23.0263	23.0860
样本量（个）	4136	4627	3985	4543

另外，我们注意到，在被访企业主中，其家庭收入完全来源于企业主年薪的企业主户数所占比例，在两年间有所下降。2009 年这一比例为 8.5%，到 2011 年降至 7.5%。相应地，被访企业主年薪收入占其家庭收入的比重，也下降了一个百分点。这表明，中国私营企业主家庭收入来源更加多样化。

5. 被访企业主家庭人均收入增长，但差距有所扩大

调查表明，2011 年，被访企业主家庭人均收入，按当年价格计算为 13.34 万元，是同期城镇居民家庭人均可支配收入的 6.12 倍，是农村居民家庭人均纯收入的 19.12 倍。如果按 2009 年不变价格计算，则为 12.26 万元，相比 2009 年，实际增长 48.1%（见表 69）。同期，全国城镇居民家庭人均可支配收入实际增长 16.8%，农村居民家庭人均纯收入实际增长 23.5%。这样，被访企业主家庭人均收入在 2009～2011 年的增长幅度，分别是同期城镇居民家庭人均可支配收入增幅的 2.86 倍，农村居民家庭人均纯收入增幅的 2.05 倍。

表 69　被访私营企业主家庭人均收入

单位：万元，个

	平均值	中位数	标准差	样本量
2011 年（当年价格）	13.34	5.26	43.31	4585
2011 年（2009 年不变价格）	12.26	4.83	39.79	4585
2009 年	8.28	3.75	32.80	4088

与此同时，被访企业主家庭人均收入的差距也在扩大。从表 69 中可以看到，被访企业主家庭人均收入分布的标准差，从 2009 年的 32.80 万元增加到了 2011 年的 43.31 万。如果用不平等指标基尼系数来测量，那么，2009 年被访企业主家庭人均收入的基尼系数为 0.6232，到 2011 年增至 0.6451。可见，被访企业主家庭人均收入的差距是非常大的，而且还呈现差距继续扩大的趋势。这表明，私营企业主内部的分化相当显著，而且分化还在加剧。

应当指出，这种分化主要还是整个群体的内部分化，各种依外在标准划分的分组之间的差距并非特别显著。例如，按地区划分的东部、中部和西部的被访企业主家庭人均收入之间的差距并不算大。2009 年，东部、中部和西部地区被访企业主家庭人均收入的平均值分别为 87579.7 元、75368.7 元和 78415.5 元，其比值为 1.12∶0.96∶1（以西部地区被访企业主家庭人均收入的平均值为 1）；2011 年，三大地区被访企业主家庭人均收入的平均值分别增长到 13.8 万元、10.0 万元和 11.0 万元，其比值为 1.38∶0.91∶1。虽然在两年间三大地区被访企业主家庭人均收入的平均值的差距有所扩大，尤其是，中部地区被访企业主家庭人均收入低于西部地区的形势还有所加剧，但是，不同地区被访企业主家庭人均收入平均水平之间的差距，确实不是很大。差距存在于整个阶层。实际上，各个地区的被访企业主家庭人均收入的差距都非常巨大。2009 年，东部、中部和西部地区被访企业主家庭人均收入的基尼系数分别为 0.5863、0.6451 和 0.6760；2011 年时则分别为 0.6118、0.6585 和 0.6898。可见，无论在东部、中部还是在西部，被访企业主家庭人均收入分布都是高度集中在高收入企业主家庭的，而且这种趋势随着时间推移而变得更加显著。另外，西部地区被访企业主家庭人均收入差距在三个地区中是最大的，而东部地区被访企业主家庭人均收入差距反倒相对较小一些。

6. 被访企业主家庭消费规模增长很快

2011 年，被访企业主家庭生活消费支出平均达到 17.49 万元，比 2009 年有大幅度的增长（见表 70）。按 2009 年不变价格计算，2011 年被访企业主户均生活消费支出是 2009 年户均生活消费支出的 5.2 倍，可见增长速度之快。

被访企业主家庭生活消费支出规模之间的差距，相对而言小于他们的收入差距。以基尼系数来测量，2011 年，提供了家庭生活消费数据的被访企业主家庭生活消费支出分布的基尼系数为 0.5550。这种差距也具有整体性，例如，按地区分，东部、中部和西部地区被访企业主家庭生活消费支出的基尼系数分别为 0.5507、0.5354 和 0.5414，都只是略低于全体被访企业主家庭生活消费支出分布的基尼系数，这显示出地区间差距对总体差距的影响并不大。

表 70　被访私营企业主全家全年生活费支出

单位：万元，个

	2011 年（当年价格）	2011 年（2009 年不变价格）	2009 年
平均值	17.49	16.06	3.09
中位数	10.0	9.2	2.0
标准差	35.1	32.3	5.1
极大值	900.0	826.7	120.0
样本量	4498	4498	3921

7. 被访企业主家庭人均消费水平增长显著

家庭生活消费总规模并不能全面反映被访企业主生活消费质量，人均生活消费支出是一个更为合适的指标。调查表明，2011 年，按当年价格计算，被访企业主家庭人均生活消费支出为 4.99 万元（见表 71），是同期城镇居民家庭人均消费支出 15161 元的 3.29 倍，是农村居民家庭人均生活消费支出 5221 元的 9.56 倍。

被访企业主家庭人均生活消费支出的增长也是非常显著的。按 2009 年不变价格计算，2011 年被访企业主家庭人均生活消费支出为 4.58 万元，比 2009 年的 3.09 万元增长 48.22%。同期，农村居民家庭人均生活消费支出增长 20.11%，城镇居民家庭人均消费性支出增长 13.55%，被访企业主家庭人均生活消费支出在 2009～2011 年的增幅，分别是农村居民家庭人均生活消费支出增幅的 2.40 倍，城镇居民家庭人均生活消费性支出增幅的 3.56 倍。

表 71　被访私营企业主家庭人均生活消费支出

单位：万元，个

	2011 年（当年价格）	2011 年（2009 年不变价格）	2009 年
平均值	4.99	4.58	3.09
中位数	2.67	2.45	2.00

	2011 年（当年价格）	2011 年（2009 年不变价格）	2009 年
标准差	9.625	8.840	5.110
极大值	250.00	229.65	120.00
样本量	4461	4461	3921

　　另外，我们还注意到，被访企业主家庭的人均生活消费支出与其人均收入之比，远远低于城乡普通居民家庭的人均生活消费支出与其人均收入之比。2011 年，被访企业主家庭人均生活消费支出与其人均收入之比为 0.374∶1，亦即当年被访企业主家庭人均生活消费支出相当于其当年人均收入的 37.4%（这一比值与 2009 年的 37.3% 基本持平）。同年，全国城镇居民家庭人均生活消费性支出相当于其人均可支配收入的 69.51%（2009 年这一比值为 71.41%），农村居民家庭人均生活消费支出相当于其人均纯收入的 74.62%（2009 年这一比值为 77.49%）。

　　被访企业主家庭人均生活消费支出分布的差距同样比较显著，而且呈扩大趋势。我们运用基尼系数这一指标对被访企业主家庭人均生活消费支出分布的不平等程度进行了测量，结果如表 72 所示。从表 72 看，在全部提供了家庭生活消费支出和家庭人口数的样本中，被访企业主家庭人均生活消费支出的基尼系数达到了 0.5550 的水平，而且这种差距同样是存在于整个被访企业主阶层内部的，用其他外部标准划分的群体之间的差距并不显著，这一点可从三个地区被访企业主家庭人均生活消费支出分布基尼系数相差很小的事实看出。应该说，从 2009 年的情况看，地区间的差异相对大于 2011 年的地区间差距，这表明随着时间的推移，对于被访企业主家庭人均生活消费支出分布的总体不平等来说，地区间差距的影响是趋于缩小的。

表 72　不同地区被访私营企业主家庭人均生活消费支出的基尼系数

地区分布	2011 年	2009 年
东部被访企业主家庭	0.5507	0.5118
中部被访企业主家庭	0.5354	0.4720
西部被访企业主家庭	0.5414	0.4892
总体	0.5550	0.5071

8. 被访企业主家庭生活消费呈现显著的发展型特征

调查表明，被访企业主家庭生活消费呈现出较为显著的发展型特征，这也是反映被访企业主家庭消费生活质量较高的标志。调查使用两个指标来测量被访企业主家庭生活消费支出结构的主要特征，一是娱乐、保健消费，二是教育、学习消费，结果如表73所示。

表73 被访私营企业主家庭生活消费支出结构

单位：万元，％，个

	2011 年				2009 年			
	娱乐、保健消费		教育、学习消费		娱乐、保健消费		教育、学习消费	
	支出额	比例	支出额	比例	支出额	比例	支出额	比例
平均值	5.32	30.06	5.95	35.74	2.56	24.06	3.08	30.60
中位数	2.0	25.0	3.0	33.3	1.0	20.0	2.0	25.0
标准差	13.738	40.437	15.425	39.101	4.445	17.218	4.479	20.162
样本量	4239				3632			

从表73中可以看到，2011年，在被访企业主的家庭生活消费支出中，娱乐、保健消费支出平均为5.32万元，其占被访企业主家庭生活消费支出总额的比重平均为30.06％，与2009年相比，该比重上升了6个百分点；教育、学习消费支出平均达到5.95万元，其占被访企业主家庭生活消费支出总额的比重平均为35.74％，与2009年相比，该比重上升了5.14个百分点。2011年两类消费所占比重合计为65.80％，充分表明被访企业主家庭生活消费支出的发展型特征。与城乡普通居民家庭的生活消费支出相比，这一特点表现得尤为突出。2011年，在城镇居民家庭消费性支出中，文教娱乐支出和医疗保健支出合计占18.61％；在农村居民家庭生活消费支出中，这两项支出合计所占比重为16.00％。被访企业主家庭生活消费支出中这两项支出所占比重，分别为城镇居民家庭和农村居民家庭生活消费支出中相应支出比重的3.54倍和4.11倍。

（三）私营企业的社会责任和社会贡献

私营企业作为中国经济发展的重要力量，在社会责任的履行方面也发挥着越来越重要的作用。从本次调查来看，私营企业在环保投入和社会捐赠方面都有持续的增长：2011年私营企业在环保投入上平均投入29.47万元，比

2009 年增长了 104.51%；2011 年私营企业平均社会捐赠额为 20.20 万元，比 2010 年增长了 15.23%。同时，越来越多的私营企业有意识地与各种公益组织合作，主动参与社会问题的解决，企业的社会责任意识有了明显提高。

1. 2011 年私营企业环保费用支出情况

环境污染是当今社会所面临的非常严峻的挑战，而企业对污染治理的投入程度，减少自身生产经营活动所导致的负向外部性是企业承担社会责任的重要表现之一。调查数据统计显示，2011 年有投入污染治理的私营企业为 1504 户（约占提供该数据的私营企业总数的 30%），有交纳治污费的企业为 1337 户（约占提供该数据的私营企业总数的 26%）。2011 年私营企业污染治理投入综合高达 135798.00 万元，平均投入为 29.47 万元，相比 2009 年均值 14.41 万元高 15.06 万元，增长了 104.51%；交纳环保治污费高达 36496.00 万元，平均交纳为 8.07 万元，相比 2009 年均值 2.09 万元高 5.98 万元，增长了 286.12%。从比例来看，2011 年虽然过半数的企业仍未在环保上有所投入，但 75% 的企业治污投入为 2.40 万元（见表 74），高于 2009 年的 0.46 万元，增长了 421.74%，环保治污费为 1.00 万元，高于 2009 年的 0.20 万元，增长了 400%。以上各指标均显示，两年间企业的环保投入已经有了大幅度增加，说明越来越多的企业开始重视环境问题，并且加大了环保投入力度。

表 74　私营企业环保费用总体情况

单位：个，万元

		治理污染投入	环保治污费
样本数	有效	4608	4520
	缺失	465	553
总计		135798.00	36496.00
平均值		29.47	8.07
中位数		0.0000	0.0000
众数		0.00	0.00
极小值		0.00	0.00
极大值		8000.00	20000.00
比例（%）	25	0.00	0.00
	50	0.00	0.00
	75	2.40	1.00

2. 私营企业的社会捐赠与公益事业参与

私营企业主作为先富起来的阶层，参与社会公益捐赠是其回报社会、履行社会责任的一个重要方面。总体来看，大多数私营企业均积极参与社会公益事业。

本次调查结果显示，大部分私营企业在最近两年（2010年和2011年）都为扶贫、救灾、环保、慈善等公益事业进行过捐助，2010年有2968户（约占提供该数据的私营企业总数的58%）企业有过捐助行为，2011年有2921户（约占提供该数据的私营企业总数的58%）企业为公益事业捐助。2011年私营企业社会捐赠总额高达94962.64万元，比2010年的82322.00万元高12640.64万元（见表75），增长了15.36%；2011年私营企业平均捐赠为20.20万元，比2010年的17.53万元高2.67万元，增长了15.23%。可见私营企业对公益捐赠投入有了较大提高，越来越多地关注于扶贫、救灾、环保、慈善等公益事业，致力于树立一个良好的社会责任形象，提升品牌高度，私营企业的社会贡献越来越大，社会责任意识也不断增强。

表75 私营企业公益事业捐助情况

单位：个，元

		2011 年	2010 年
样本数	有效	4700	4695
	缺失	373	378
总计		949626401.00	823219951.00
平均值		202048.17	175339.71
中位数		5000.00	5500.00
极小值		0.00	0.00
极大值		72030000.00	32000000.00
比例（%）	25	0.00	0.00
	50	5000.00	5500.00
	75	50000.00	50000.00

在企业参与公益事业方面，表76显示，2011年，有1541户企业（约占本次调查总数据的34%）曾经与政府主办的公益组织合作参与公益事业；有1141户企业（约占本次调查总数据的26%）曾经与民间组织合作参与公

益事业，说明许多私营企业认识到作为社会一分子参与社会问题的解决是非常重要的责任，积极参与社会行动。而从另外的一组数据来看，仅有 224户企业（约占本次调查总数据的 5%）有发布社会责任公告，说明私营企业的社会责任意识和社会行动还没有转化为进行正规的企业社会责任制度和机制的建设，大多数企业的社会行动还停留在偶然和随意性阶段，不能将企业的社会责任履行与企业自身战略相整合。

表 76 2011 年私营企业参与公益活动的方式

单位：户，%

参与方式	企业是否参与公益活动			
	是		否	
	数量	比例	数量	比例
参与政府主办公益组织	1541	34	3014	66
参与民间公益组织	1141	26	3318	74
发布社会责任公告	224	5	4000	95

@ @ @

3. 私营企业的社会责任意识

私营企业能否做出实际的社会责任行动，与私营企业主的社会责任意识和态度密切相关。本次调查显示，对于企业参与社会管理的态度，有77% 的私营企业主表示"应当参与社会管理，这是企业应负的社会责任"，占总体数据中的大多数；只有 5% 的企业主认为"社会管理主要是党和政府的事，企业在商言商，不应参与"；另有 9% 的企业主回答"不清楚社会管理的具体内容，谈不上参与"（见图 9）。可见当前企业主中大多数人对于社会管理表现出积极的态度，说明企业社会责任意识普遍较高。

在总共接受调查的 5703 位企业主中，绝大多数企业主认为，企业参与社会管理，主要体现在：提供稳定的就业岗位（68%）；尊重和维护员工的各项合法权益（58%）；抓好对员工的科学化管理和人性化服务（54%）；积极参与社会公共事业（54%）这四个方面（见图 10）。其中前三个方面主要牵涉员工权益，而第四个方面是主要是参与公益事务，也就是说，当前私营企业主认为，参与社会管理应当关注员工与公益，这显示了私营企业在履行社会责任方面的特点。

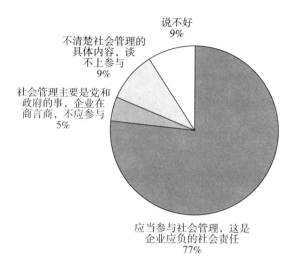

图 9　私营企业主对参与社会管理的态度

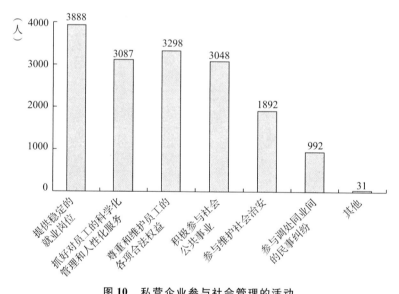

图 10　私营企业参与社会管理的活动

四　统战工作和工商联工作

（一）统战工作

1. 政治面貌及党建工作情况

（1）共产党组织对非公有制经济人士吸引力较强

在本次调查中，私营企业主加入共产党组织的比例呈现较高水平。在

4886 个有效样本中，共产党员共有 1662 名，占 34.0%；民主党派人士有 275 名，占 5.6%。在加入共产党组织年份方面，1288 个有效样本中，1988 年以前入党的占 34.1%，1989 ~ 1996 年入党的占 26.4%，1997 年以后入党的占 39.5%。未加入党派组织的私营企业主中，有 61.5% 希望加入中国共产党，比第九次抽样调查高出 12.5 个百分点，表明私营企业主加入中国共产党的愿望进一步提高；另有 17.5% 的人表示希望加入民主党派。

（2）积极参与企业党建工作，且中共党员企业主作用尤为突出

对于是否应该设立中共党组织，在 4595 个有效样本中，认为应该的有 4150 人，占 90.3%；认为不应该的有 445 人，仅占 9.7%。对于在私营企业里党组织应发挥的作用，选择促进企业发展、凝聚职工群众、维护企业和谐稳定、保证政治方向、引领企业文化的比例相当（见表 77），表明私营企业主对党建的作用有了较为全面的认识。在 4392 个有效样本中，有 754 人担任其所在企业党委（总支、支部）书记、副书记，比例为 17.2%；有 149 人担任该企业党委（总支、支部）委员，比例为 3.4%，凸显了党员企业主在党建中的关键作用（见表 78）。

表 77　私营企业里党组织应发挥的作用

单位：个，%

		样本数	同意者所占比例
私营企业党组织应该发挥的作用	保证政治方向	3245	19.7
	促进企业发展	3474	21.1
	引领企业文化	3073	18.7
	凝聚职工群众	3325	20.2
	维护企业和谐稳定	3282	20.0
	其他	41	0.2
总计		16440	100.0

在私营企业党组织隶属和管理关系上，私营企业主的主要倾向依次是：属地党委管理、工商联党组（会员企业党委、党工委）管理、工商管理部门党组（党委、党工委）管理。倾向属地党委管理的比例为 41.2%，与第九次抽样调查相比，提高了 5.8 个百分点。

表78　如果您是中共党员，您在企业是否担任党的职务？

单位：个，%

		频率	百分比	有效百分比	累计百分比
有效	担任企业党委（总支、支部）书记、副书记	754	14.9	17.2	17.2
	担任企业党委（总支、支部）委员	149	2.9	3.4	20.6
	未担任	3489	68.8	79.4	100.0
	合计	4392	86.6	100.0	
缺失	系统	681	13.4		
合计		5073	100.0		

2. 私营企业主的政治参与和政治安排情况

本次调查继续从担任中共党内、政府、人大和政协职务四个方面考察了私营企业主的政治参与和政治安排情况。

（1）部分中共党员企业主担任了基层党内职务

在1662名党员企业主中，有105人担任基层党组织的书记、副书记，占6.3%；有68人担任地方或基层党组织的委员，占4.1%。担任职务层级主要是城镇居委会和乡镇（街道）层面，共有108人（见表79）。

表79　您在地方或基层是否担任党的职务，若担任是哪一级的？

单位：个，%

		频率	百分比	有效百分比	累计百分比
有效	城镇居委会	53	1.0	49.1	49.1
	乡镇（街道）级	55	1.1	50.9	100.0
	合计	108	2.1	100.0	
缺失	系统	4965	97.9		
合计		5073	100.0		

（2）少数人担任乡镇村级行政职务

在4367个有效样本中，有96.3%的私营企业主未在政府部门或基层组织担任行政职务，在县级以下政府部门、村委会或城镇居委会担任行政职务的有162人，比例为3.7%，但比第九次抽样调查2.0%的比例有所提高（见表80）。

表 80　您目前是否在政府部门或基层组织里担任职务？

单位：个，%

		频率	百分比	有效百分比	累计百分比
有效	在政府部门任职（县级以下）	59	1.2	1.4	1.4
	在村委会或城镇居委会中担任主任	61	1.2	1.4	2.7
	在村委会或城镇居委会中担任委员	42	0.8	1.0	3.7
	未担任	4205	82.9	96.3	100.0
	合计	4367	86.1	100.0	
缺失	系统	706	13.9		
合计		5073	100.0		

（3）参政议政主要形式还是担任人大代表和政协委员

在 4835 个有效样本中，私营企业主担任人大代表和政协委员的比例达到 42.3%（见表 81）。担任人大代表、政协委员的层级大多数为县级和地市级，在 1989 个有效样本中占到 90.4%（见表 82）。

此外，还有 678 名私营企业主担任了人大常委、政协常委和政协副主席职务，在 5073 个总样本中的比例为 13.4%。在政协任职比例明显高出在人大任职比例，两者分别为 74.8% 和 25.2%。担任的人大、政协职务绝大部分是政协常委和人大常委，在 678 个有效样本中，总共占到 97.2%（见表 83）。

表 81　您现在是不是人大代表、政协委员？

单位：个，%

		频率	百分比	有效百分比	累计百分比
有效	是人大代表	795	15.7	16.4	16.4
	是政协委员	1248	24.6	25.8	42.3
	都不是	2792	55.0	57.7	100.0
	合计	4835	95.3	100.0	
缺失	系统	238	4.7		
合计		5073	100.0		

表82　如果是人大代表、政协委员，是哪一级的？

单位：个，%

		频率	百分比	有效百分比	累计百分比
有效	乡级	102	2.0	5.1	5.1
	县（市）级	1168	23.0	58.7	63.9
	地市级	631	12.4	31.7	95.6
	省级	79	1.6	4.0	99.5
	全国级	9	0.2	0.5	100.0
	合计	1989	39.2	100.0	
缺失	系统	3084	60.8		
合计		5073	100.0		

表83　如果在人大、政协担任职务，最高职务是什么？

单位：个，%

		频率	百分比	有效百分比	累计百分比
有效	人大常委	171	3.4	25.2	25.2
	政协副主席	19	0.4	2.8	28.0
	政协常委	488	9.6	72.0	100.0
	合计	678	13.4	100.0	
缺失	系统	4395	86.7		
合计		5073	100.0		

3. 私营企业主对感恩行动的关注情况

2010 年以来，中央统战部组织非公经济人士开展了以结对帮扶"三老"（老革命、老党员、老劳模）人员为主要内容的感恩行动。本次调查中，在 4935 个有效样本中，对此活动表示比较了解的占 28.8%，听说过的占 49.1%，不知道的占 22.2%（见表 84）。这说明对感恩行动的宣传广度和力度还有所欠缺，以致许多私营企业主对这项行动的认识处于比较肤浅的状态。感恩行动能够产生的作用，主要是有助于非公经济人士增强社会责任感，有助于建设和谐企业，有助于融洽社会阶层关系等（见表 85）。

表 84 对以结对帮扶"三老"人员为主要内容的感恩行动，您是否有所了解？

单位：个，%

		频率	百分比	有效百分比	累计百分比
有效	比较了解	1419	28.0	28.8	28.8
	听说过	2422	47.7	49.1	77.8
	不知道	1094	21.6	22.2	100.0
	合计	4935	97.3	100.0	
缺失	系统	138	2.7		
合计		5073	100.0		

表 85 您认为感恩行动能产生什么作用？

单位：个，%

		样本数	同意者所占比例
感恩行动能够产生的作用	有助于非公经济人士增强社会责任感	3530	38.2
	有助于建设和谐企业	3068	33.2
	有助于融洽社会阶层关系	2600	28.1
	其他	51	0.6
总计		9249	100.0

（二）工商联工作

工商联作为中国共产党领导的以非公有制企业和非公有制经济人士为主体的人民团体和商会组织，近年来在促进"两个健康"（促进非公有制经济健康发展和非公有制经济人士健康成长）方面做了大量工作，得到了越来越多非公有制企业和非公有制经济人士的认可。参与本次调查的有效样本中，有57.8%的企业是工商联会员，比前次调查下降了8.2个百分点，抽样的合理性进一步提高；其中在工商联担任职务（含主席、副主席、常委、执委）的占39.4%，大多集中在地县一级，占比高达34.6%（见表86）。

2010 年 9 月，中共中央、国务院颁发了《关于加强和改进新形势下工商联工作的意见》，这是工商联事业发展中的一件大事，对于非公有制经济发展来讲也是一件喜事。在本次调查的有效样本中，对上述文件比较了解的占28.9%，听说过的占43.1%，不了解的占23.7%。我们对其做了相关性分析，发现是不是工商联会员与是否知道此文件的相关性非常显著，即是工商联会员的一般都知道该文件，反之就不是很清楚（见表87）。

表86 您是不是工商联的会员？担任什么职务
属于哪一级？

单位：个，%

		样本数	百分比
您是不是工商联的会员？	是	2930	57.8
	不是	1997	39.4
	未回答	146	2.9
合计		5073	100.0
如果您是工商联会员，担任什么职务？	主席、副主席	903	17.8
	常委、执委	1096	21.6
	未担任	783	15.4
	45.2	未回答	2291
合计		5073	100.0
如果担任职务，是哪一级的？	县（市）级	1228	24.2
	地市级	526	10.4
	省级	56	1.1
	全国级	3	0.1
	未回答	3260	64.3
合计		5073	100.0

表87 您是否了解中共中央、国务院颁发的《关于加强和
改进新形势下工商工作的意见》？

单位：个，%

		频率	百分比
是否了解中共中央、国务院颁发的《关于加强和改进新形势下工商联工作的意见》	比较了解	1466	28.9
	听说过	2184	43.1
	不了解	1201	23.7
	未回答	222	4.4
合计		5073	100.0

续表

对称度量		值	渐进标准误差^a	近似值 T^b	近似值 Sig.
按区间	Pearson 的 R	0.509	0.011	40.797	0.000^c
按顺序	Spearman 相关性	0.508	0.011	40.644	0.000^c
有效案例数		4761			

注：a. 不假定零假设；b. 使用渐进标准误差假定零假设；c. 基于正态近似值。

文件颁发后，被访企业主对于工商联应在哪些方面发挥作用的回答中，认为"及时向党和政府反映非公有制企业诉求"和"切实为非公有制企业加快转型升级提供指导和服务"的比例最高，都超过了 20%，说明非公有制企业通过工商联来表达诉求的意愿比较强烈，在转型升级中迫切需要工商联的服务和支持（见表 88）。

表 88　中央 16 号文件颁发后，您认为工商联应在哪些方面发挥作用？

单位：个，%

		多项选择		样本百分比
		选择样本数	百分比	
中央 16 号文件颁发后，工商联应在哪些方面发挥作用	及时向党和政府反映非公有制企业诉求	3623	21.1	74.3
	切实为非公有制企业加快转型升级提供指导和服务	3522	20.5	72.2
	引导非公有制企业积极稳妥走出去	2554	14.9	52.4
	积极帮助非公有制企业妥善处理劳动纠纷，构建和谐劳动关系	2760	16.1	56.6
	关注和引导非公经济人士健康成长	2524	14.7	51.8
	引导非公有制企业履行社会责任	2138	12.5	43.8
	其他	50	0.3	1.0
总计		17171	100.0	352.1

2011 年 12 月，中共中央统战部、全国工商联以电视电话会议形式在北京举办了首次全国非公有制经济先进典型事迹报告会，中央领导同志发表了重要讲话，全国参会人数超过 12 万人，中央主要媒体集中连续报道，在非公有制经济人士中乃至社会各界引起了广泛关注和强烈反响。对于此次报告会，被访企业主有 54.4% 的人表示知道这个活动，我们也对其做了相

关性分析，发现是不是工商联会员与是否知道此次活动相关性显著，即是工商联会员的一般都知道这个活动，反之就不知道（见表89）。

表 89　您是否知道全国非公有制经济先进典型事迹报告会？

单位：个，%

		频率	百分比
对于全国非公有制经济先进典型事迹报告会	知道	2762	54.4
	不知道	2160	42.6
	未回答	151	3.0
合计		5073	100.0

对称度量

		值	渐进标准误差[a]	近似值 T[b]	近似值 Sig.
按区间	Pearson 的 R	0.350	0.014	25.880	0.000[c]
按顺序	Spearman 相关性	0.350	0.014	25.880	0.000[c]
有效案例数		4807			

注：a. 不假定零假设；b. 使用渐进标准误差假定零假设；c. 基于正态近似值。

对于此次活动的意义，被访企业主选择"正面宣传和有力弘扬了非公有制经济人士艰苦创业、勇于创新的时代精神"的最多，比例达到23.0%，说明非公有制企业对于树立良好的社会形象十分重视（见表90）。

表 90　您认为举办全国非公有制经济先进典型事迹报告会的
意义体现在哪几个方面？

单位：个，%

		多项选择		样本百分比
		选择样本数	百分比	
您认为举办全国非公有制经济先进典型事迹报告会的意义体现在哪几个方面	正面宣传和有力弘扬了非公有制经济人士艰苦创业、勇于创新的时代精神	3195	23.0	72.6
	为广大非公有制经济人士树立了学习榜样	2680	19.3	60.9
	让社会大众对非公有制经济有了更加深刻的认识	2517	18.1	57.2
	表明了党和国家坚定发展非公有制经济的信心和决心	2473	17.8	56.2
	体现出工商联的影响力、凝聚力、执行力比以往有了较大提高	2286	16.5	51.9
	不关心这样的活动，意义不大	271	2.0	6.2
	说不好	457	3.3	10.4
总计		13879	100.0	315.4

2014 年中国第十一次私营企业抽样调查数据分析综合报告

"中国私营企业研究"课题组

一　前言

自 2008 年以来，中国私营企业经受住了国际金融危机的考验，克服了国内经济形势中不确定因素带来的困难，企业数量仍呈快速增长态势，经营管理更趋规范，产业结构更趋合理，非公有制经济已经成为我国社会主义市场经济的重要力量。当前，全面深化改革正在稳步推进，虽然近年来我国经济下行压力持续加大，但经济运行仍处于合理区间，工业化、信息化、城镇化和农业现代化在稳步推进的过程中带来许多新的市场需求，经济结构调整和技术飞跃进步正在倒逼企业转型升级和创新，我国非公有制经济发展正面临历史上少有的重要发展机遇。在此背景下，本课题组在 2014 年进行了第十一次全国私营企业抽样调查，并撰写完成了本报告。

调查由中央统战部、全国工商联、国家工商总局、中国民（私）营经济研究会组成课题组，联合中国社会科学院、北京市社会科学院、北京理工大学等学术团体和高等院校的专家，依托各省、自治区、直辖市工商联和工商局力量，自 1993 年起每两年一次在全国范围内进行抽样调查，迄今已完成十一次。

本次调查有如下特点。

数据可靠。每次调查都对私营企业采取多阶段抽样，即按经济发展水平，在各省、自治区、直辖市抽取县或县级市，再按城乡与行业分布，随机抽取被调查企业。调查由各地工商联和工商局派人员进入私营企业，由企业主或企业主要投资者填写问卷。本次调查按全国私营企业户数 0.55‰ 的比例抽样，共发放 7000 份问卷，回收有效问卷 6144 份，回收率为 87.8%，其中工商联在 31 个省（区、市）调查了 4429 户；工商局调查了 28 个省（区、市）的 1715 户。由于抽样方法科学，工商联和工商局的调查员熟悉私营企业情况并经过专门培训，因此数据可靠，能够从样本中了解私营企业的总体情况。

结构完整。调查问卷总体上沿袭了以往的惯例，分为私营企业和企业主两大块，包括了企业主的主要经历、社会任职、政治诉求、阶层认同等；还包括了私营企业的资本构成、所属行业、治理结构、员工福利、社会责任等，而且着重了解了企业近两年的融资、收入、利润、税费、投资、人力资源等情况。

比较分析。在分析本次抽样调查数据时，不但对 2012～2013 年年底两年时间跨度的企业状况进行了比较，而且还与以往调查的相应部分的数据做了比较。本次调查不仅要回答具体某一时段上私营企业的发展状况与存在的问题，而且希望能够比较全面、完整地展现企业的内在发展规律。

本报告分为十个部分。第一部分的数据主要是从宏观的层面介绍截止到 2013 年年底全国个体私营经济发展的状况，数据来源于国家工商行政管理总局个体私营经济监管司。从第二部分起到第十部分，是针对私营企业层面和企业家个体层面数据的微观分析。数据来源于第十一次全国私营企业抽样调查。2013 年 11 月，十八届三中全会通过了《中共中央关于全面深化改革若干重大问题的决定》，"支持非公有制经济健康发展"是其中的重要内容，强调"非公有制经济在支撑增长、促进创新、扩大就业、增加税收等方面具有重要作用"。为实现中华民族伟大复兴的中国梦做出更大贡献，是非公有制经济义不容辞的光荣责任。我们希望通过调查，全面、客观地反映私营企业发展状况，鼓舞和增强私营企业的发展信心，争取社会各界对私营经济发展给予理解和支持。

二 2013 年全国个体私营经济发展的宏观情况

（一）私营企业发展基本情况

1. 私营企业户数和注册资金增长情况

一是从企业户数方面看，截至 2013 年年底，全国实有私营企业 1253.86 万户（含分支机构，下同），比上年同期增加 168.14 万户，增长 15.49%。私营企业户数排在前 5 名的省市是：广东省 152.92 万户、江苏省 145.07 万户、上海市 93.88 万户、浙江省 93.63 万户、山东省 75.34 万户。以上 5 省市共计 560.84 万户，占到了全国私营企业总数的 44.73%。二是从注册资金方面来看，私营企业注册资本（金）39.31 万亿元，比上年同期增加 8.21 万亿元，增长 26.40%（见表 1）。三是从户均注册资金数量来看，私营企业户均注册资金 313.51 万元，比上年同期增加 27.06 万元，增长 9.45%。

2. 私营企业投资者人数、雇工人数增长情况

截至 2013 年年底，全国私营企业从业人员 1.25 亿人，比上年同期增加 0.12 亿人，增长 10.85%（见表 1）。其中，投资者人数 2485.74 万人，比上年同期增加 285.64 万人，增长 12.98%；雇工人数 10035.82 万人，比上年同期增加 939.80 万人，增长 10.33%。

截至 2013 年年底，全国个体私营经济从业人员实有 2.19 亿人，比上年同期增长 9.70%。其中，私营企业 1.25 亿人，比上年同期增长 10.85%；个体工商户 0.93 亿人，比上年同期增长 8.20%。个体私营经济从业人员在三次产业中的比例为 1:9.41:24.02（见表 1）。

表 1 近年来全国私营企业发展基本情况

年份	户数（万户）	增长率（%）	从业人数（万人）	增长率（%）	注册资金（万亿元）	增长率（%）
2002	263.83	20.00	3247.50	19.70	2.48	35.90
2003	328.72	24.60	4299.10	32.38	3.53	42.34
2004	402.41	22.42	5017.30	16.71	4.79	35.69
2005	471.95	17.28	5824.00	16.08	6.13	27.97
2006	544.14	15.30	6586.40	13.09	7.60	23.88
2007	603.05	10.83	7253.10	10.12	9.39	23.55

续表

年份	户数 （万户）	增长率 （%）	从业人数 （万人）	增长率 （%）	注册资金 （万亿元）	增长率 （%）
2008	657.42	9.02	7904.00	8.97	11.74	25.03
2009	740.15	12.58	8606.97	8.89	14.65	24.79
2010	845.52	14.24	9417.58	9.42	19.21	31.13
2011	967.68	14.45	10353.62	9.94	25.79	34.25
2012	1085.72	12.20	11296.12	9.10	31.10	20.59
2013	1253.86	15.49	12521.56	10.85	39.31	26.40

注：表中历年户数均包含分支机构数量。

3. 私营企业组织形式情况

私营企业按照资金组合方式在开业时可以注册为独资企业、合伙企业、有限责任公司和股份有限责任公司，其后在发展过程中可以申报变更。从表2中看到，随着我国企业经营环境不断改善，国家对私营企业的相关政策日益宽松，以及私营企业本身的发展，注册为有限责任公司的比例稳步上升，股份有限责任公司数量迅速增加，这一方面表现出私营企业内部组织机构、管理机制越来越严密，另一方面也适应和扩大了投资者的多样性要求和范围，自我约束趋于完善。

表2 不同时期私营企业注册类型

企业类型	2007 年		2009 年		2011 年		2013 年	
	户数 （万户）	比例 （%）	户数 （万户）	比例 （%）	户数 （万户）	比例 （%）	户数 （万户）	比例 （%）
独资企业	101.7	18.4	115.8	15.6	142.3	14.7	194.4	15.5
合伙企业	13.1	2.4	12.6	1.7	13.8	1.4	16.7	1.3
有限 责任公司	436.3	79.1	610.3	82.5	808.7	83.6	1038.1	82.8
股份有限 责任公司	0.2	0.04	1.5	0.2	2.9	0.3	4.7	0.4
合计	551.3	100.0	740.2	100.0	967.7	100.0	1253.9	100.0

资料来源：根据《工商行政管理统计摘要》（国家工商行政管理总局编，2007、2009、2011、2013）中的相关数据整理。

到2013年年底，私营有限责任公司1038.08万户，比上年同期增加

131.51 万户，增长 14.51%，占私营企业总户数的 82.79%；注册资本 33.56 万亿元，比上年同期增加 6.80 万亿元，增长 25.41%，占私营企业注册资本总额的 85.37%；实收资本 31.64 万亿元，比上年同期增长 27.02%。

私营股份有限公司户数增长较快。到 2013 年年底，私营股份有限公司实有 4.71 万户，比上年同期增加 0.79 万户，增长 20.15%，占私营企业总户数的 0.38%；注册资本 1.39 万亿元，比上年同期增加 0.18 万亿元，增长 14.88%；实收资本 1.30 万亿元，比上年同期增长 26.21%。

4. 私营企业产业结构发展情况

私营企业实有户数在第一、第三产业保持较快增长态势，所占比重持续扩大。私营企业在第一产业实有 39.57 万户，比上年同期增长 26.83%，占全国私营企业总户数的 3.16%，比上年同期增加了 0.29 个百分点，注册资本（金）0.91 万亿元，比上年同期增长 37.88%，占私营企业总注册资本（金）的 2.31%；第二产业实有私营企业 320.32 万户，比上年同期增长 10.27%，占全国私营企业总户数的 25.55%，注册资本（金）11.30 万亿元，比上年同期增长 19.83%，占私营企业总注册资本（金）的 28.73%；私营企业在第三产业实有 893.98 万户，比上年同期增加 129.96 万户，增长 17.01%，占全国私营企业总户数的 71.30%，比上年同期增加了 0.93 个百分点，注册资本（金）27.11 万亿元，比上年同期增加 6.11 万亿元，增长 29.10%，占私营企业总注册资本（金）的 68.96%（见图 1）。

在第三产业中，从事批发和零售业的私营企业最多，有 458.27 万户，比上年同期增长 24.93%，占从事第三产业私营企业总户数的 51.26%；从业人数达 3491.56 万人，比上年同期增长 14.64%；注册资本（金）8.14 万亿元，比上年同期增长 37.73%。租赁和商务服务业有 140.65 万户，比上年同期增长 18.22%；从业人数 1146.18 万人，比上年同期增长 13.07%；注册资本（金）6.91 万亿元，比上年同期增长 19.97%。科学研究、技术服务和地质勘查业实有户数达到 76.96 万户，比上年同期增长 19.34%；从业人数 604.00 万人，比上年同期增长 16.50%；注册资本（金）1.94 万亿元，比上年同期增长 36.62%。房地产业实有户数 43.10 万户，比上年同期增长 11.89%；从业人数 455.33 万人，比上年同期增长 11.67%；注册资本（金）4.19 万亿元，比上年同期增长 21.45%。信息传输、计算机服务和软件业实有户数 41.99 万户，比上年同期减少 4.51%；从业人数 328.23 万人，

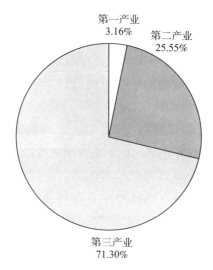

图1 2013年全国私营企业实有户数产业结构分布

比上年同期增长 0.86%；注册资本（金）7932.22 亿元，比上年同期增长 18.93%。

私营企业在金融业，文化、体育和娱乐业，批发和零售业，教育业发展较快。2013 年全国私营企业在金融业增长最快，实有 86.90 万户，比上年同期增长 62.96%，注册资本（金）2.87 万亿元，比上年同期增长 90.07%；文化、体育和娱乐业实有 17.15 万户，比上年同期增长 25.22%，注册资本（金）2322.55 亿元，比上年同期增长 33.33%；批发和零售业实有 458.27 万户，比上年同期增长 24.93%，注册资本（金）8.14 万亿元，比上年同期增长 37.73%。

5. 私营企业区域结构发展情况

2013 年，国家工商总局积极参与多省份组织的经贸洽谈会工作，在广州第十届中国中小企业博览会上，举办了"个体工商户与新型城镇化建设"研讨会，应青海、甘肃、天津市人民政府邀请组织开展了"百企进青""民企陇上行""全国民企贸易投资洽谈会"活动。各地工商机关和个私协会采取"走出去、请进来"的办法，搭建招商引资、投资洽谈项目平台，促进了东中西部个体私营企业之间的项目合作。从区域看，西部地区私营企业实有户数发展速度相对较快。私营企业在东、中、西部的发展情况是：西部地区实有私营企业 190.31 万户，比上年同期增长 17.78%，占全国私营企业实有总户数的 15.18%，比上年同期增加 0.30 个百分点；东部地区实有私营企业 808.02 万户，比上年同期增长 15.18%，占全国私营企业总户数的 64.44%；中部地区实有私营企业 255.54 万户，比上年同期增长 14.79%，占全国私营企业总户数的 20.38%（见图 2）。

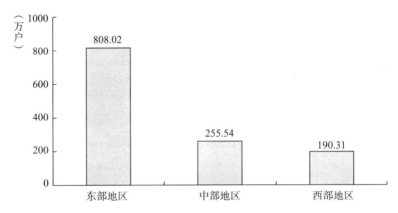

图 2　2013 年全国私营企业实有户数区域分布

6. 私营企业在农村、城镇发展情况

随着城乡一体化进程的推进，城镇私营企业保持了快速发展的势头。农村私营企业向城镇转移，发展速度加快。全国城镇实有私营企业 899.25 万户，比上年同期增长 14.22%，占全国私营企业总户数的 71.72%；投资者人数 1826.78 万人，比上年同期增长 10.98%，雇工人数 6415.53 万人，比上年同期增长 8.53%；注册资本 29.56 万亿元，比上年同期增长 26.60%。农村实有私营企业 354.61 万户，比上年同期增长 18.82%，占全国私营企业总户数的 28.28%；投资者人数 658.96 万人，比上年同期增长 18.93%，雇工人数 3620.29 万人，比上年同期增长 13.68%；注册资本 9.75 万亿元，比上年同期增长 25.81%。

（二）个体工商户发展的基本情况

1. 个体工商户户数和资金情况

2013 年全国实有个体工商户 4436.29 万户，比上年增加 377.02 万户，增长 9.29%。从实有户数看，排在前 5 位的省份是：广东 398.97 万户、江苏 379.35 万户、山东 312.21 万户、四川 274.87 万户、湖北 268.49 万户。

2013 年全国个体工商户资金数额达 2.43 万亿元，比上年同期增长

23.12%；户均资金数额 5.49 万元，比上年同期增长 12.73%。从业人数 9335.74 万人，比上年同期增长 8.20%（见表3）。

2013 年全国新登记个体工商户 853.02 万户，比上年同期增长 16.39%。新登记个体工商户规模不断扩大，资金数额为 7129.85 亿元，比上年同期增长 34.31%。新登记个体工商户户均资金 8.36 万元，比实有个体工商户户均资金高 2.87 万元，比上年新登记个体工商户户均资金增长 15.47%。

表3 近年来全国个体工商户发展基本情况

年份	户数（万户）	增长率（%）	从业人数（万人）	增长率（%）	资金数额（亿元）	增长率（%）
2002	2377.50	－2.30	4742.90	－0.39	3782.40	10.10
2003	2353.20	－1.02	4299.10	－9.36	4187.00	10.70
2004	2350.50	－0.11	4587.10	6.70	5057.90	20.80
2005	2463.90	4.82	4900.50	6.83	5809.50	14.86
2006	2595.60	5.35	5159.70	5.29	6468.80	11.35
2007	2741.50	5.62	5496.20	6.52	7350.80	13.63
2008	2917.30	6.41	5776.40	5.10	9006.00	22.52
2009	3197.40	9.60	6632.00	14.81	10856.60	20.55
2010	3452.89	7.99	7007.56	5.66	13387.58	23.31
2011	3756.47	8.79	7945.28	13.38	16177.57	20.84
2012	4059.27	8.06	8628.31	8.60	19766.72	22.19
2013	4436.29	9.29	9335.74	8.20	24337.69	23.12

2. 个体工商户产业结构情况

2013 年个体工商户实有户数在第一产业增长最快，增长率达 22.44%。从产业来看，第一产业实有个体工商户 93.36 万户，比上年同期增长 22.44%，占个体工商户实有总户数的 2.11%，比上年同期增加 0.23 个百分点，资金数额 1880.03 亿元，比上年同期增长 44.90%；第二产业实有个体工商户 324.36 万户，比上年同期增长 2.08%，占个体工商户实有总户数的 7.31%，比上年同期减少 0.52 个百分点，资金数额 2927.12 亿元，比上年同期增长 15.37%；第三产业实有个体工商户 4018.57 万户，比上年同增长 9. 64%，占个体工商户实有总户数的 90. 58%，比上年同期增加 0. 29 个百分点，资金数额 1. 95 万亿元，比上年同期增长 22. 64% （见图 3）。

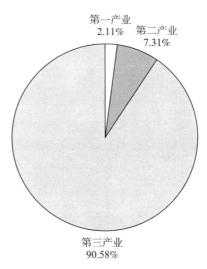

第一产业
2.11% 第二产业
7.31%

第三产业
90.58%

图 3　2013 年全国个体工商户实有户数产业结构分布

从各行业发展情况来看，批发和零售业 2887. 14 万户，比上年同期增长 14. 52%，资金数额 1. 27 万亿元，比上年同期增长 26. 62%；居民服务和其他服务业 420. 00 万户，比上年同期增长 8. 44%，资金数额 1999. 97 亿元，比上年同期增长 21. 98%；住宿和餐饮业 368. 82 万户，比上年同期增长 13. 97%，资金数额 2345. 58 亿元，比上年同期增长 31. 81%；制造业 310. 29 万户，比上年同期增长 2. 86%，资金数额 2575. 46 亿元，比上年同期增长 16. 67%；交通运输、仓储和邮政业 165. 81 万户，比上年同期减少 31. 69%，资金数额 1243. 04 亿元，比上年同期减少 10. 14%。这五个行业个体工商户实有总数为 4152. 06 万户，占个体工商户实有总户数的 93. 59%。

3. 个体工商户区域结构发展情况

从区域结构看，中、西部地区个体工商户发展较快，与上年同期相比，增长率均超过 10%。东部地区实有个体工商户 2081. 48 万户，比上年同期增长 7. 54%，占全国个体工商户总户数的 46. 92%，比上年同期减少 0. 76 个百分点；资金数额 1. 22 万亿元，比上年同期增长 19. 61%。中部地区实有个体工商户 1413. 59 万户，比上年同期增长 10. 54%，占全国个体工商户总户数的 31. 86%，比上年同期增加 0. 36 个百分点；资金数额 7685. 56 亿元，比上年同期增长 25.70%。西部地区实有个体工商户 941.22 万户，比上年同期增长 11.41%，占全国个体工商户总户数的 21.22%，比上年同期增加 0.40 个百分点；资金数额 4425.00 亿元，比上年同期增长 27.88%（见图 4）。

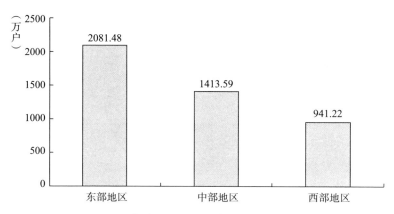

图 4　2013 年全国个体工商户实有户数区域分布

4. 个体工商户城乡发展情况

2013 年，全国城镇实有个体工商户 2988.10 万户，比上年同期增加 314.24 万户，增长 11.75%，占个体工商户总户数的 67.36%；资金数额 1.55 万亿元，比上年同期增加 0.29 万亿元，增长 23.02%；从业人员 6142.27 万人，比上年同期增加 499.6 万人，增长 8.85%。农村实有个体工商户 1448.19 万户，比上年同期增加 62.78 万户，增长 4.53%，占个体工商户总户数的 32.64%；资金数额 0.88 万亿元，比上年同期增加 0.16 万亿元，增长 22.22%；从业人员 3193.47 万人，比上年同期增加 207.83 万人，增长 6.96%。

5. 港澳居民个体工商户在内地的发展情况

2013 年，国家工商总局按照中央统一部署，认真开展港澳居民、台湾农民和台湾居民在内地设立个体工商户的登记管理工作。截至 2013 年年底，全国实有港澳居民个体户 6971 户，比上年同期增长 8.22%；从业人员 18847 人，比上年同期增长 22.49%；资金数额 5.82 亿元，比上年同期增长 23.04%。其中香港居民申办个体户 5982 户，比上年同期增长 26.98%；从业人员 16476 人，比上年同期增长 24.58%；资金数额 5.17 亿元，比上年同期增长 24.28%。从行业来看，零售业最多，为 3887 户，比上年同期增长

7.20%，占港澳居民个体工商户实有总户数的 55.76%；其次为批发业，实有 1070 户；再次为餐饮业，实有 931 户，比上年同期增长 34.15%。

（三）农民专业合作社发展的基本情况

2013 年，全国农民专业合作社数量持续快速增长。

1. 农民专业合作社户数和资金情况

截至 2013 年年底，全国实有农民专业合作社 98.24 万户（含分支机构），比上年同期增长 43.58%；出资总额 1.89 万亿元，比上年同期增长 71.82%，其中货币出资额 1.63 万亿元，比上年同期增长 75.27%，占出资总额的 86.24%，非货币出资额 0.26 万亿元，比上年同期增长 52.94%，占出资总额的 13.76%。

从地区看，农民专业合作社实有户数最多的是山东省，实有 9.89 万户，出资总额 1850.04 亿元；其次为江苏省，实有 7.11 万户，出资总额 1726.06 亿元；再次为河南省，实有 7.01 万户，出资总额 1787.83 亿元。

2. 出资额百万元以上的农民专业合作社法人实有户数情况

全国实有农民专业合作社法人户均出资总额为 192.39 万元，比上年同期增长 18.13%。其中出资总额在 100 万元以下的农民专业合作社法人（不含分支机构，下同）最多，实有 53.61 万户，比上年同期增长 30.92%；出资总额在 100 万元以上的农民专业合作社法人实有 44.63 万户，比上年同期增长 67.15%，其中出资总额 100 万 ~ 500 万元的有 34.79 万户，比上年同期增长 62.80%，500 万 ~ 1000 万元的有 7.20 万户，比上年同期增长 87.50%，1000 万 ~1 亿元的有 2.63 万户，比上年同期增长 78.91%，1 亿元及以上的有 212 户，比上年同期增长 39.47%。

2013 年新登记农民专业合作社规模不断扩大，法人户均出资总额为 253.26 万元，比实有农民专业合作社户均资金高 60.87 万元。

3. 农民专业合作社实有成员情况

全国农民专业合作社实有成员总数 2950.97 万个，比上年同期增长 24.33%。其中农民成员 2899.38 万个，比上年同期增长 23.70%，占全国农民专业合作社实有成员总数的 98.25%；非农民成员 35.99 万个，比上年同期增长 34.79%，企业单位成员 14.93 万个，事业单位成员 3541 个，社会团体成员 3201 个。

4. 农民专业合作社业务范围

从业务范围看，农民专业合作社从事种植、养殖业的最多，全国实有44.66万户农民专业合作社的经营范围中包含种植业，比上年同期增长41.64%，占实有总户数的45.46%；有25.19万户农民专业合作社的经营范围中包含养殖业，比上年同期增长28.26%，占实有总户数的25.64%。

表4 2013年年底全国各地区私营企业、个体工商户及农民专业合作社基本情况

项目	私营（户）	注册资本（金）（万元）	个体（户）	资金数额（万元）	农合（户）	出资总额（万元）
合计	12538648	3931275293	44362945	243376881	982443	189342456
北京	673436	178551821	664306	1854185	6010	653791
天津	189553	125076002	276190	1910096	5004	1640839
河北	400071	141075468	1652522	12523274	57971	12454827
山西	220457	86979794	1000632	4080619	63380	6595242
内蒙古	165718	87712101	1098955	5180134	37318	8391234
辽宁	390953	100619743	1704510	10601312	28829	5280806
吉林	179848	39959076	1143397	5355073	43035	7805008
黑龙江	204330	45578546	1338795	6324660	49533	16141034
上海	938821	266632705	367976	996277	8989	2004202
江苏	1450732	475680795	3793451	37226048	71085	17260616
浙江	936330	287465314	2592246	16950362	53140	5091628
安徽	353841	117495588	1678333	9943850	41801	6929752
福建	401704	185880560	1098933	6794195	21015	6383272
江西	262935	79095664	1373482	10346460	26861	5265141
山东	753390	237710781	3122067	15801555	98869	18500389
河南	400662	151073223	1990541	10832388	70091	17878290
湖北	462511	116322708	2684947	14972379	39591	6392098
湖南	305078	102864820	1826839	9820056	25004	5696022
广东	1529701	453482371	3989651	9958831	24245	2664628
广西	282513	55124129	1243444	6379010	14392	1687726
海南	132978	47997134	309488	1276092	10506	1660649
重庆	355568	67541295	1114588	5169608	19271	4343482
四川	504225	122282518	2748661	11005640	35603	6919276

续表

项目	私营 （户）	注册资本（金） （万元）	个体 （户）	资金数额 （万元）	农合 （户）	出资总额 （万元）
贵州	195469	50970977	1060604	4749397	18253	2528761
云南	229479	84734385	1507855	9416100	21719	2628944
西藏	13248	5837061	113089	484760	1895	134137
陕西	271946	87558024	1049269	4355457	27553	4489438
甘肃	117063	33447418	774157	3894522	29965	6603895
青海	26088	12744231	154109	788561	7495	1108856
宁夏	55975	23583054	243866	1813726	7814	1263554
新疆	134025	60197987	646042	2572254	16206	2944919

三 私营企业主的社会面貌与阶层状况

（一）私营企业主的社会与教育特征

在第十一次全国私营企业抽样调查的 6122 位私营企业主中，男性为 5187 人，占比为 84.73%，女性为 935 人，占比为 15.27%。该性别结构与最近两次企业家调查基本相当，说明中国的私营企业主阶层仍然以男性为主导。

在年龄结构方面，总体呈现"右偏"的趋势，但并不明显。在 6021 位有效填答者中，有 44.34% 的被访者属于 41~50 岁群体，51~60 岁和 31~40 岁的企业主分别占总体的 26.49% 和 20.48%，此外，30 岁及以下的仅有 232 人，低于 61 岁及以上的 291 人，前者的占比比后者低近 1 个百分点。统计表明，本次调查的私营企业主平均年龄为 46.18 岁，中位数为 46 岁，标准差为 8.6 岁。2010~2012 年的调查显示，2010 年的平均年龄为 45.95 岁，中位数为 46 岁，标准差为 8.8 岁；2012 年的平均年龄为 45.9 岁，中位数为 46 岁，标准差为 8.98 岁。比较表明，本次调查的企业主平均年龄略有增加，并且内部的异质性也有所扩大。

私营企业主的文化程度。私营企业主的文化程度偏高，有近七成的人具有大专及以上学历。本次调查显示，高中/中专学历者占 24.21%，大专学历者占 32.74%，大学本科的占比为 26.44%，研究生的占比为 9.23%。与 2012 年同期相比，私营企业主群体的大学本科和研究生比重都有不同程度上升，分别增加了2.52个百分点和1.1个百分点。

在性别维度上，除了研究生、大专和高中/中专学历，女性企业主的大学本科学历略占优势，但总体不存在显著差异（$\chi^2 = 6.69$，$p > 0.1$）。

在地区维度上，小学及以下、初中、高中/中专和大专学历的私营企业主所占比例呈现"东低西高"的特征，而大学本科和研究生学历者则是"东高西低"（见图5）。例如，东部地区的大学本科学历企业主占28.14%，而中西部地区分别占25.76%和22.43%；东部地区研究生学历企业主占比为10.84%，其他两个地区的占比分别为6.93%和7.68%。卡方检验表明，企业主的文化程度存在显著的地区差异（$\chi^2 = 55.21$，$p = 0.000$）。

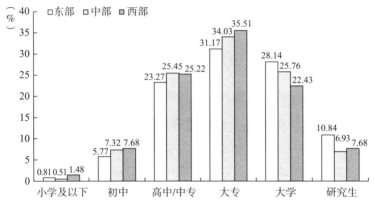

图5　私营企业主文化程度的地区比较

在企业规模维度上，小微型企业的企业主的高中及以下文化程度占比明显高于大中型企业的企业主，但是大学本科及以上学历的企业主在大中型企业中优势明显，尤其是在研究生学历比例上，大中型企业主的占比为17.05%，而小微型企业主的占比仅为6.78%，这种差距与2012年相比有所扩大（2012年分别为14.76%和6.48%）。此外，大专学历的企业主比例在小微型企业略微偏高，达到32.88%。卡方检验显示，企业主文化程度在不同企业类型上存在显著差异（$\chi^2 = 192.12$，$p = 0.000$）。

（二）私营企业主的职业流动

在开办私营企业之前，大多数企业主都经历了不同程度的职业流动。本次调查表明，企业主的职业流动区间为[0，6]，有近六成（59.70%）的企业主经历过1次职业流动，有23.31%的人经历了2次流动，有2.98%

的人的职业流动在 4 ~ 6 次，只有 6.69% 的人未经历任何流动（见图 6），总体与 2012 年的水平相当。从职业流动部门看，开办私营企业前在党政机关和事业单位工作过的人共计 883 人，科级及以下职务的占比为 55.49%，专业技术人员和教师占 33.75%，处级及以上职务的占比为 10.76%；有国有、集体企业工作经历的有 2302 人，中层管理者和技术人员占 51.61%，单位负责人的占比为 25.33%，还有从事销售及其他工作的占比为 23.07%；在有着外资企业工作经历的企业主中，有 48.41% 的人是中层管理者和专业技术人员，32.05% 的人为企业负责人，仅有不到两成的人从事销售及其他工作；在那些曾经在私营企业工作的被访者中，企业主要负责人的占比接近五成（48.05%），中层管理者和技术人员占 33.64%；在农村工作过的企业主中，曾经为基层干部的占 34.06%；曾经在国外留学或工作的企业主占 1.77%；曾经是个体户的占 25.94%。

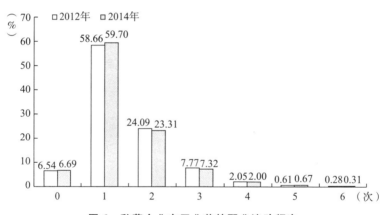

图 6　私营企业主开业前的职业流动频次

跨体制流动在企业主开办私营企业前普遍存在。本次调查显示，曾在党政机关事业单位、国有集体企业、军队等体制内工作的企业主占了 48.03%，接近总体的一半。对于有过体制内职业经历的企业主而言，在私营企业工作的人员中，担任主要负责人或中层管理人员的比例高达 81.93%；在外资或港澳台资企业工作的人员中，该比例为 71.95%。曾经在农村工作的人员中，担任村干部的有 43.01%，有外出打工经历的占 21.51%。同时，体制内流动也存在强关联。统计表明，企业主在党政机关、事业单位与国有集体企业之间的职业流动存在显著差异（$\chi^2 = 20.25$，$p = 0.000$），但是在私营企业、外资企业的流动不存在显著差异。具体而言，在国有集体企业担任主要负责人的企业主中，有61.07%的人曾在党政机关、事业单位担任过科级及以下职务，担任过处级及以上职务的占22.9%；在中层管理人员中，曾在党政机关、事业单位工作过的占49.38%，技术干部和教师占38.12%。

此外，我们还比较了企业主在体制内部门与市场部门之间的职业流动。如表5所示，有过党政机关、事业单位工作经历，并在外资、港澳台资企业工作的企业主在本次调查中仅有119人次，而从党政机关、事业单位流动到私营企业的企业主有260人次。经过比较发现，不论是在外资、港澳台资企业还是在私营企业中，主要负责人超过半数都来自科级及以下的党政机关、事业单位工作人员，在私营企业中有超过三成的主要负责人来自技术干部和教师。另外，同时拥有国有集体企业和外资、港澳台资企业职业经历的企业主有173人次，同时拥有国有集体企业和私营企业工作经历的有542人次。具体而言，外资、港澳台资企业的主要负责人来自国有集体企业主要负责人的占比为57.14%，而私营企业的该比例仅为39.94%；外资、港澳台资企业的中层管理和技术人员来自国有集体企业相应岗位的占比为69.01%，而私营企业的该比例高达72.18%。

表5 私营企业主在国有部门与市场部门之间的职业流动

单位：%，人

	外资、港澳台资企业			私营企业		
	主要负责人	中层管理和技术人员	销售人员及其他	主要负责人	中层管理和技术人员	销售人员及其他
国有集体企业						
主要负责人	57.14	16.9	10.26	39.94	9.77	9.21
中层管理和技术人员	34.92	69.01	43.59	47.45	72.18	34.21
销售人员及其他	7.94	14.08	46.15	12.61	18.05	56.58
人数	63	71	39	333	133	76
统计检验	$\chi^2 = 52.72$, $df = 4$, $N = 173$, $p < 0.001$			$\chi^2 = 118.28$, $df = 4$, $N = 542$, $p < 0.001$		
党政机关、事业单位						
科级及以下职务	68.18	52.73	35.0	53.66	54.55	50.0
县处级及以上职务	11.36	10.91	15.0	13.41	1.52	10.0
技术干部和教师	20.45	36.36	50.0	32.93	43.94	40.0

	外资、港澳台资企业			私营企业		
	主要负责人	中层管理和技术人员	销售人员及其他	主要负责人	中层管理和技术人员	销售人员及其他
人数	44	55	20	164	66	30
统计检验	$\chi^2 = 7.15$, $df = 4$, $N = 119$, $p = 0.128$			$\chi^2 = 8.42$, $df = 4$, $N = 260$, $p < 0.1$		

（三）私营企业主的地位认同

我们将地位认同操作化为经济地位认同、社会地位认同和政治地位认同三个维度。从总体上看，私营企业主的经济地位认同最高，政治地位认同偏低，呈现"经济地位 > 社会地位 > 政治地位"的阶梯特征。具体而言，在经济地位方面，认为自己的经济地位属于第 5 等级的占比为 28.37%，属于第 6 等级的占比为 18.46%，共有 30.38% 的企业主认同第 1~4 等级的经济地位，该比例相对于 2012 年的调查结果（28.53%）上升了近 2 个百分点；在社会地位方面，认同第 5 等级的占比高达 27.07%，认同第 6 等级的占比为 18.2%，认同第 1~4 级社会地位的企业主比例与经济地位相当，为 30.91%，比 2012 年（29.05%）略有上升；在政治地位方面上，认同第 5 等级的占比为 22.36%，认同第 6 等级的占比为 15.62%，认同第 1~4 级的占比仅为 23.84%，与 2012 年的调查结果（24.82%）相比略有下降。

私营企业主的地位认同普遍存在内在的不一致性（inconsistency）。本次调查表明，经济地位认同与社会地位认同一致的比例最高，为 56.96%，经济地位认同与政治地位认同一致的比例为 38.67%，而社会地位认同与政治地位认同一致的比例居中，为 47.08%。认同经济地位高于社会地位（上偏）的企业主有 23.69%，低于社会地位（下偏）的占比为 19.34%；与政治地位认同相比，所认同经济地位偏高的比例接近五成，达到 46.48%，所认同社会地位偏高的比例为 43.04%（见图 7）。由此可见，私营企业主的"经济—政治"维度的认同偏差是最为突出的。

（四）私营企业主的个人收入

本次调查表明，2013 年私营企业主从本企业获得的年薪最高达到 29200 万元，平均年薪为 32.56 万元，中位数为 12 万元，标准差为 416.27 万元。与 2012 年的调查结果相比，2011 年的年薪中位数为 10 万元，平均年薪为

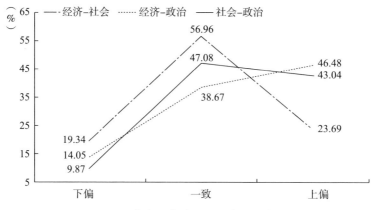

图7　私营企业主地位认同的不一致性

22.9万元，可见私营企业主的收入水平在2011～2013年有较快增长。跨地区比较显示，东部地区企业主的平均年薪为29.27万元，西部地区为26.05万元，而中部地区最高，达到44.22万元，高出东部地区近一半。在性别方面，男性企业主的平均年薪为28.73万元，而女性企业主的平均年薪超过50万元，达到53.7万元。在年龄方面，41～50岁的私营企业主平均年薪最高，为38.46万元，30岁及以下的企业主平均年薪最低，仅为15.29万元。在企业规模上，大中型企业的企业主平均年薪高达40.08万，比小微型企业的企业主高了近10万元。

为了更清楚地呈现私营企业主的收入差异，我们将年薪划分为4组——10万元以下、10万～50万元、50万～100万元、100万元及以上。在性别方面，女性企业主在10万元以下的占比为56.17%，高出男性近10个百分点，而10万～50万元的占比男性为44.04%，高出女性近6个百分点。在年龄方面，除了年薪10万元以下组外，40～49岁企业主的占比都为最高。同时，本次调查表明，受教育程度对企业主的年薪具有正向作用，高中及以下学历者的年薪主要集中在10万元以下，而大学本科及以上学历者的年薪主要集中在10万～50万元，而且学历较高者在年薪50万元及以上群体中优势更为明显（见表6）。在企业规模上，小微型企业的企业主有超过半数的年薪在10万元以下，而大中型企业的企业主超过半数的年薪在10万～50万元。

表 6　私营企业主的受教育程度与收入水平

单位：%，个

	小学及以下	初中	高中/中专	大专	大学本科	研究生及以上
10 万元以下	64.44	62.43	56.52	52.50	42.43	27.02
10 万~50 万元	35.56	34.46	37.81	40.62	49.14	59.04
50 万~100 万元	—	1.69	3.83	4.30	6.36	9.80
100 万元及以上	—	1.41	1.84	2.58	2.07	4.14
样本数	45	354	1304	1743	1400	459
统计检验	$\chi^2 = 200.32$, $df = 15$, $p = 0.000$					

（五）私营企业主的家庭收入

除了企业主的年薪外，本次调查还考察了企业主家庭 2013 年的总收入。总体而言，私营企业主家庭年总收入的区间为 [0，50000 万元]，均值为 76.65 万元，中位数为 23 万元，标准差达到 827.83 万元。与 2011 年相比，中位数和均值分别上升 15.0% 和 60.4%。在性别上，50 万元以下者中以女性居多，而在 50 万元以上者中男性占优势；在年龄方面，家庭收入随着企业主的年龄上升而升高，年长者的优势在 10 万~50 万元收入组中尤为明显；在企业规模上，家庭收入的特征与企业主个人年薪类似，即小微型企业除在 10 万元以下组的占比高于大中型企业外，其他组别均低于后者，而且 100 万元及以上组的差距尤为明显（见表 7）。

表 7　私营企业的规模与企业主家庭年收入水平

单位：%，个

	小微型企业	大中型企业
10 万元以下	23.79	5.89
10 万~50 万元	58.98	61.94
50 万~100 万元	10.89	16.53
100 万元及以上	6.34	15.65
样本数	4132	1240
统计检验	$\chi^2 = 279.08$, $df = 3$, $p = 0.000$	

同时，在东中西部地区，中部地区私营企业主家庭年收入最高，平均水平达到 109.6 万元，而东部和西部地区分别为 67.34 万元和 57.27 万元。

虽然中部地区的异质性远超过东西部地区，但方差分析表明地区与家庭收入并没有显著相关。在家庭人均年收入上，2013 年全国私营企业主家庭人均年收入为 18.61 万元，最高水平达到 14600 万元，中位数为 5 万元，标准差为 268.79 万元。2011 年的私营企业抽样调查表明，企业主家庭人均年收入为 10.07 万元，中位数为 4.15 万元，标准差为 30.88 万元。通过比较不难发现，私营企业主家庭人均年收入在 2011～2013 年同样有一个明显的上升。

四 私营企业主的政治状况

（一）私营企业主的政治面貌及党内任职情况

非公有制经济人士加入共产党组织比例较高。与第十次抽样调查相比，本次调查中，私营企业主加入共产党组织的比例略有下降，加入民主党派的比例略有提升。在 6144 个有效样本中，共产党员共有 1996 人，占 32.49%；加入民主党派的有 389 人，占 6.33%；未参加任何党派的占 61.18%（见表 8）。

表 8 私营企业主的政治面貌状况

单位：人，%

政治面貌	人数	百分比
民主党派	389	6.33
未参加任何党派	3759	61.18
中共党员	1996	32.49
总计	6144	100.00

在加入共产党组织年份方面，绝大部分私营企业主是在改革开放头 30 年入党的，1981～2010 年入党的占到 83.82%，2010 年以后入党的占 7.41%，1980 年以前入党的占 8.76%（见表 9）。

表 9 私营企业主入党年份统计

单位：人，%

入党年份	人数	百分比
1970 年以前	25	1.40
1971～1980 年	131	7.36

续表

入党年份	人数	百分比
1981～1990 年	472	26.50
1991～2000 年	544	30.54
2000～2010 年	477	26.78
2010 年以后	132	7.41
总计	1781	100.00

私营企业主担任党内职务主要是在企业党组织内。在企业党委（总支、支部）任正、副书记的，占 33.73%。在城镇居委会或村党委（支部）任正、副书记的，占 3.03%。在县级以上党委任委员的，占 2.23%。在乡镇（街道）党委任副书记、委员的，占 0.97%。未担任党内职务的有 1725 人，占 60.04%（见表 10）。

表 10　私营企业主担任党内职务状况

单位：人，%

担任职务情况	人数	百分比
在企业党委（总支、支部）任正、副书记	969	33.73
在城镇居委会或村党委（支部）任正、副书记	87	3.03
在县级以上党委任委员	64	2.23
在乡镇（街道）党委任副书记、委员	28	0.97
未担任	1725	60.04
总计	2873	100.00

（二）私营企业主的政治参与和政治安排情况

少部分私营企业主在基层组织或政府部门担任行政职务，占总样本的 4.28%，比第九次、第十次抽样调查分别提高了 2.28 个百分点和 0.58 个百分点。在村委会或城镇居委会中担任正副主任的有 97 人，占 1.58%；在乡镇（街道）任职的有 51 人，占 0.83%；在政府部门任职的有 115 人，占 1.87%。未担任此类职务的有 5881 人，占 95.72%（见表 11）。

私营企业主参政议政的主要渠道是担任人大代表、政协委员和加入工商联。现担任人大代表的有 777 人，占 12.65%。其中，绝大部分是在 2002 年（中共十六大召开之年）以后担任的，共有 714 人，占 91.89%（见表 12）。

担任人大代表的级别主要是地市级和县级，分别占到36.61%和43.16%（见表13）。此外，在省、市、县、乡镇层面担任人大常委的有126人，担任地市级和县级人大常委会副主任的各有1人（原统计数据中，担任省级人大常委会副主任的有1人，但现实中不存在此类安排，故予以剔除）（见表14）。

表11　私营企业主在基层组织或政府部门担任职务情况

单位：人，%

担任职务情况	人数	百分比
在村委会或城镇居委会中担任正副主任	97	1.58
在乡镇（街道）任职	51	0.83
在政府部门任职	115	1.87
未担任	5881	95.72
总计	6144	100.00

表12　私营企业主担任人大代表的年份

单位：人，%

任人大代表开始年份	人数	百分比
1989	1	0.13
1990	6	0.77
1991	1	0.13
1992	1	0.13
1993	4	0.51
1994	1	0.13
1995	3	0.39
1997	8	1.03
1998	9	1.16
1999	4	0.51
2000	13	1.67
2001	12	1.54
2002	22	2.83
2003	30	3.86
2004	15	1.93
2005	14	1.80

续表

任人大代表开始年份	人数	百分比
2006	28	3.60
2007	55	7.08
2008	64	8.24
2009	37	4.76
2010	51	6.56
2011	111	14.29
2012	186	23.94
2013	92	11.84
2014	9	1.16

表 13 私营企业主担任人大代表的级别

单位：人，%

级别	人数	百分比
全国级	11	1.29
省级	107	12.51
地市级	313	36.61
县级	369	43.16
乡镇级	55	6.43

表 14 私营企业主任职人大常委会副主任和人大常委情况

单位：人

级别	常委	副主任
全国级	0	0
省级	10	0
地市级	40	1
县级	73	1
乡镇级	3	0

私营企业主现担任政协委员的有 1328 人，占总样本的 21.61%，2002 年（含）以后担任的有 1206 人，占 90.81%（见表 15）。担任政协委员主要是地市级和县级，分别占到 35.30% 和 58.25%，任全国级和省级政协委员的分别占 0.42% 和 6.04%（见表 16）。在全国、省、市、县层面担任政

协常委的有343人，担任地市级和县级政协副主席的共有18人（原统计数据中，担任省级政协副主席的有1人，但现实中不存在此类安排，故予以剔除）（见表17）。

表15　私营企业主担任政协委员的年份

单位：人，%

任政协委员开始年份	人数	百分比
1982	1	0.08
1983	1	0.08
1984	1	0.08
1987	2	0.15
1989	1	0.08
1992	2	0.15
1993	2	0.15
1994	3	0.23
1995	5	0.38
1996	8	0.60
1997	8	0.60
1998	20	1.51
1999	14	1.05
2000	34	2.56
2001	20	1.51
2002	42	3.16
2003	61	4.59
2004	41	3.09
2005	39	2.94
2006	80	6.02
2007	97	7.30
2008	109	8.21
2009	76	5.72
2010	84	6.33
2011	171	12.88
2012	272	20.48

续表

任政协委员开始年份	人数	百分比
2013	112	8.43
2014	22	1.66

表 16　私营企业主担任政协委员的级别

单位：人，%

级别	人数	百分比
全国级	6	0.42
省级	86	6.04
地市级	503	35.30
县级	830	58.25

表 17　私营企业主担任政协常委和副主席情况

单位：人

级别	常委	副主席
全国级	1	0
省级	16	0
地市级	136	7
县级	190	11

此外，私营企业主是工商联会员的有 3704 人，占 60.29%，不是的有 2440 人，占 39.71%。其中，最高在地市级工商联任职的有 959 人，占 15.61%；在县级工商联任职的有 1855 人，占 30.19%（见表 18）。私营企业主担任地市级和县级工商联执委、常委的共有 1607 人，担任主席、副主席的共有 891 人（见表 19）。

表 18　私营企业主担任工商联职务的级别

单位：人，%

级别	人数	百分比
地市级	959	15.61
县级	1855	30.19
没有担任	3330	54.20

表 19　私营企业主担任工商联职务情况

单位：人

级别	常委、执委	主席、副主席
地市级	569	277
县级	1038	614

五　私营企业主的互联网行为与对媒体的信任

（一）企业主网民的规模、行为特征与偏好

本次调查首次在问卷中询问了被访企业主使用互联网的情况。有88.9%的被访企业主表示自己上网，被访企业主群体的"触网率"大大高于我国46.9%的互联网普及率（2014年6月）[①]（见图8）。

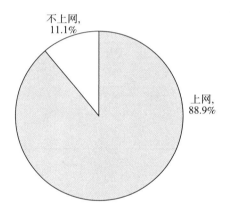

图 8　被访私营企业主是否上网情况

年纪越轻的被访企业主上网的比例越高。30岁及以下的企业主上网率为97.0%，而60岁以上组别的上网率为68.0%，两者相差近30个百分点。其他年龄组别的被访企业主的上网率均在80%以上。其中31～40岁年龄组为96.2%，41～50岁年龄组为90.8%，51～60岁年龄组为83.2%（见表20）。进一步的分析表明，不同学历、学习经历、政治面貌、资产规模、区域的企业主在是否上网这一点上呈现显著差异。

---

① 据中国互联网信息中心（CNNIC）第34次调查报告的数据，截至2014年6月，我国网民规模达6.32亿人，半年共计新增网民1442万人。互联网普及率为46.9%，较2013年年底提升了1.1个百分点。网民中农村网民占28.2%，城镇网民占71.8%。

表 20　不同年龄组的私营企业主的上网率

单位：%

		年龄分组				
		30 岁及以下	31~40 岁	41~50 岁	51~60 岁	60 岁以上
您是否上网？	上网	97.0	96.2	90.8	83.2	68.0
	不上网	3.0	3.8	9.2	16.8	32.0
	统计检验：$\chi^2 = 270.112$，$df = 4$，$p < 0.000$					

获取信息是私营企业主网民最为主要的互联网行为，其次是社交类、业务类、政治社会类，而休闲娱乐类比例最低。具体来说，在私营企业主经常进行的诸多互联网行为中，"通过上网了解社会新闻资讯"的比例最高，为 70.6%，其次是"通过上网浏览财经类或与本行业相关的专业网站"，比例是 53.6%。经常进行社交类行为（"通过上网与朋友联络"）的比例是 45.8%。业务类行为（"通过上网联系客户、推销产品或其他相关业务等"）经常进行的比例是 40.3%。政治社会类行为（"通过上网发表自己对时事或社会事件的看法和评论"）经常进行的比例则大幅下降到 14.8%。有意思的是，只有 13.5% 的被访企业主表示会经常通过上网休闲娱乐（如网络视频、网络音乐、网络游戏）。这很有可能是一些企业主的娱乐时间本身非常有限，或有可能是一些企业主的主要娱乐方式是线下进行的，而且以公关目的的活动为主，而线上进行的休闲娱乐活动更多的带有个体的色彩（见图 9）。

在微信、博客/微博和论坛当中，微信是企业主在互联网上发布观点、看法最为偏好的平台。经常使用微信朋友圈、微信群聊发表观点、看法的被访企业主占 30.3%，而经常使用博客、微博的比例只有 9.3%，经常使用各种论坛的比例只有 6.4%（见图 10）。这种偏好在计算上"有时使用"的比例之后也没有改变。经常和有时使用微信、博客/微博、论坛发表看法的被访企业主占回应该问题企业主的比例分别为 62.3%、32.9% 和 26.4%。造成这种偏好上的分布最主要的原因可能是微信的崛起，已经大大降低了人们对论坛、博客，甚至微博这样的早先流行的产品的依赖，微信在某种程度上已经成为当前最为流行的互联网社交软件。此外，微信朋友圈和群聊较好的私密性，可能也是私营企业主更加偏好在这一平台上发表观点的原因。

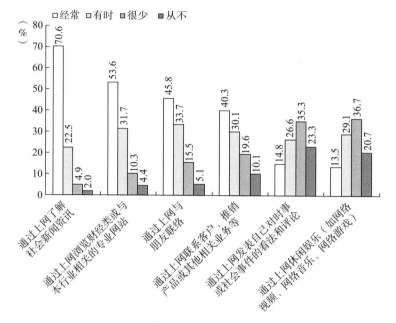

图9　私营企业主互联网行为的频率

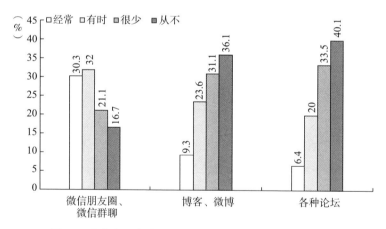

图10　私营企业主在网络上发布观点、看法的平台偏好

（二）对媒体渠道的信任差异

面对各类纷繁复杂的政治和社会信息，私营企业主会觉得哪一种媒体渠道的报道最值得信任？本次调查首次对这一问题进行了询问。如果将"非常可信"和"比较可信"视为肯定性回答的话，那么，官方主流媒体（如中央电视台、《人民日报》、新华网等）的受信任程度最高，为89.8%

（非常可信和比较可信的比例分别为 34.4% 和 55.4%）；分别有 29.7% 和 55.4% 的被访企业主选择非常信任和比较信任自己的亲友，合计达到了 85.1%，综合信任程度排列第二；接下来是官方背景研究机构（如社会科学院、政府的研究院），有 84.4% 的被访企业主表示信任（非常可信和比较可信的比例分别为 26.6% 和 57.8%）。

这三类渠道肯定性回答的比例均超过了八成，可以视为媒体信任的第一方阵。其中两类渠道为官方渠道，说明官方渠道报道的政治和社会信息的可信度在企业主那里得到了肯定。亲友的受信任程度也很高，这既与中国是一个熟人社会有关，也符合一般的人伦常情。事实上，在大多数的社会调查中，亲友往往是受信任程度最高的群体。在这项调查中，亲友的受信任程度略低于官方主流媒体，可能与题干询问的是对政治和社会信息的信任而不是一般性信任有关。

构成第二方阵的是四个肯定性回答超过六成的渠道，分别为平时交往的企业主圈子、市场化的国内媒体（如各类都市报、财经报、新闻杂志等）、民间组织（如企业主所属的行业协会等）、民间背景研究机构（如基金会、商会）发布的报告，肯定性回答的比例分别为 73.3%、70.3%、63.2% 和 61.0%。与官方不同，这四类渠道大体上都带有民间或市场的色彩。

第三方阵是境外媒体。境外知名媒体（如 BBC、《纽约时报》等）和境外中文媒体（如境外中文网站等）获得的肯定性回答的比例分别为 13.8% 和 40.3%。有意思的是，被访企业主对境外媒体的可信度表示"不好说"的比例较高，分别为 23.0% 和 24.3%，明显高于前述的渠道。这可能与不少被访企业主实际上并没有真正地深入接触境外媒体的报道有关。

第四方阵是网络自媒体，分为以微博为代表的自媒体和网络论坛、聊天室等两类，[①] 两者的肯定性回答的比例分别为 17.3% 和 10.4%。表示这两个渠道非常可信的比例也是明显低于其他渠道，分别只有 1.6% 和 1.1%。网络自媒体受到的信任程度之低，也许出乎一些人的意料。这从某种程度

---

① 需要指出的是，不管是境外媒体、官方媒体、市场媒体，还是自媒体、网络论坛，在分类上都与是否利用互联网没有必然的直接关系。在互联网时代，这些媒体都可以采取网络媒体的形态。例如，中央电视台办有央视网，各市场化媒体办有微信账号一样。但另一方面，微博、网络论坛、聊天室上发布的信息的组织和传播方式又与传统媒体有着很大的不同，我们称之为网络自媒体。

上也许反映了企业主网民对互联网自媒体的反思（见图11）。

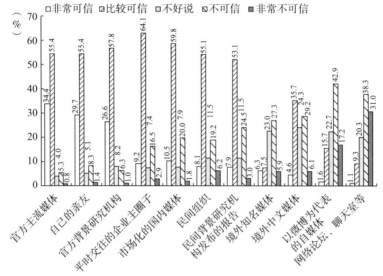

图 11   私营企业主对媒体渠道报道的政治和社会信息的信任

说明：为便于答题者理解，问卷上对于每一类媒体都在后面列举了若干代表性的媒体。在图中为了表达更加直白美观，我们省去了这些列举，具体的列举的媒体名称如正文内容所示。

六   "稳增长、调结构、促改革"中私营企业经营的新变化

（一）成立年份、资金来源的变化

从企业成立年份可以看出，一是进入 21 世纪以来，每年开业的私营企业都保持较高数量，就是在受到国际金融危机冲击较严重的 2008～2010 年，新开业的私营企业数量比例也未降低；二是 20 世纪开业的老企业，并非如一些传说所言平均只有几年寿命，大多数至今仍在正常营业和发展。开业数据说明我国私营企业发展总体上是平稳的（见表 21）。

表 21   私营企业的成立年份

年份	1989 年以前	1989～1999 年	2000～2007 年	2008～2009 年	2010 年	2011 年	2012 年
户数（户）	139	1361	2583	667	345	282	485
比例（%）	2.4	23.2	44.1	11.4	5.9	4.8	8.3

注：本次调查时点是 2013 年 12 月 31 日，为保持企业之间的可比性，被调查企业都是在 2012 年及以前成立的。

　　私营企业大多数是由个体经营规模发展而来的，因此开业资金最主要的来源是个体经营积累；向银行借贷也是一个重要资金来源，而且由于近年来企业开业资金数量规模在增加，银行借贷资金比例也在加大；表 22 中数字显示了民间借贷也是私营企业解决资金问题的一个重要渠道。

表 22　私营企业成立时的资金来源

单位：%

资金来源	2011 年	2013 年
个体经营积累	79.1	82.0
继承遗产	2.7	2.9
亲友馈赠	7.7	8.3
银行借贷	21.6	26.1
民间借贷	15.7	14.0
国有、集体企业改制资产	5.9	6.0
其他	3.7	3.6

　　注：由于企业资金来源是多样化的，因此问卷中有关问题的回答也是多选的，故表中各项比例之和大于 100%。

　　在不同地区，私营企业开业时的资金来源基本相同。不同规模企业开业时，各种资金来源有所区别，大中型企业从国有、集体企业转制而来的比例更大，从银行借贷的比例也较大，而小微型企业从银行贷款则较为困难（见表 23）。

表 23　不同地区、不同规模私营企业成立时的资金来源

单位：%

资金来源	企业所在地区				企业类型	
	东部	中部	西部	东北	小微型	大中型
个体经营积累	81.2	84.2	82.4	84.1	82.2	81.2
继承遗产	2.5	2.9	0.9	5.5	3.0	2.5
亲友馈赠	8.2	8.2	8.8	8.7	8.5	7.6
银行借贷	25.5	29.6	27.8	23.0	24.6	30.9
民间借贷	13.2	15.1	14.7	16.7	13.6	15.3
国有、集体企业改制资产	6.7	6.4	5.5	3.8	4.8	9.9
其他	2.9	3.5	5.7	3.2	3.8	3.2

（二）实收资本成倍增加

根据本次抽样调查数据分析，可以看到私营企业在新常态下出现了一些新的变化，这些变化是稳定增长的重要支持因素。

被调查企业开业时，实收资本总额平均数是 1929 万元，中位数是 300 万元（见表 24）；2013 年年底，被调查企业的实收资本总额平均数是 7573 万元，中位数是 600 万元（见表 25）。2013 年的数据与开业时相比，企业实收资本总额的中位数增加了一倍。

表 24　私营企业开办时实收资本总额

单位：万元，个

		平均数	中位数	样本数
注册开业年份	1989～1999 年	2462	428	876
	2000～2007 年	2147	400	1668
	2008 年及以后	1202	100	1220
地区分布	东部	1643	300	2130
	中部	1993	300	1073
	西部	2689	228	708
企业类型	小微型企业	939	159	2922
	大中型企业	4853	1000	989
总体		1929	300	3911

注：东部地区包括北京、天津、河北、辽宁、上海、江苏、浙江、福建、山东、广东和海南 11 个省级行政区；中部地区包括山西、吉林、黑龙江、安徽、江西、河南、湖北、湖南 8 个省级行政区；西部地区包括四川、重庆、贵州、云南、西藏、陕西、甘肃、青海、宁夏、新疆、广西、内蒙古 12 个省级行政区。

表 25　2013 年年底私营企业实收资本总额

单位：万元，个

		平均数	中位数	样本数
注册开业年份	1989～1999 年	16887	1500	791
	2000～2007 年	5740	750	1420
	2008 年及以后	2097	151	978
地区分布	东部	10503	780	1838
	中部	3512	530	909
	西部	4600	400	570

续表

		平均数	中位数	样本数
企业类型	小微型企业	1722	300	2440
	大中型企业	23851	5000	877
总体		7573	600	3317

将本次调查与第九次、第十次全国私营企业抽样调查数据做比较，可以看到尽管增长速度有所减缓，但私营企业实收资本仍保持了一定的上升态势，对社会总体经济增长的贡献稳中有升。

从地区分布方面来看，除了西部地区（400 万元）的实收资本总额的中位数略有下降，东部地区（780 万元）和中部地区（530 万元）皆表现出积极的增长态势（见表26）。

表 26　2009 年、2011 年与 2013 年私营企业实收资本总额比较

单位：万元

地区分布	2009 年		2011 年		2013 年	
	平均数	中位数	平均数	中位数	平均数	中位数
东部	2638	313	3972	580	10503	780
中部	2107	208	1935	254	3512	530
西部	1814	298	3504	500	4600	400
总体	2342	300	3406	500	7573	600

私营企业对技术、品牌等无形资产的重要性有较高认识。现代社会，技术与品牌等无形资产对于企业的发展越来越重要。从本次调查的平均数来看，技术、品牌等无形资产在企业总资产中已占到了二成左右的比例，此外，这部分资产占比在不同地区分布及企业类型中差别很小，均在 17% 上下波动（见表27）。可见广大私营企业均有强化技术研发和品牌资产的意识，同时我们也应看到，东部地区虽然起步较早，但其无形资产的比重与其他地区差距不大，这也从侧面说明了无形资产的提升非一朝一夕之功。

表 27　技术、品牌等无形资产在私营企业总资本中所占比例

单位：％，个

		平均数	中位数	样本数
地区分布	东部	17	10	1999
	中部	17	10	928
	西部	18	10	639
企业类型	小微型企业	17	10	2638
	大中型企业	18	10	928
总体		17	10	3580

（三）营业收入状况与产业、行业差异

被调查企业 2013 年年底营业收入的平均数为 24011 万元，中位数为 1500 万元。与第九次、第十次全国私营企业抽样调查的营业收入数据做比较，可以看到企业营业收入的中位数从 2009 年的 750 万元，到 2011 年 1000 万元，再到本次调查的 1500 万元，其增长幅度是很大的（见表 28），这再次说明了私营企业对中国新常态下经济增长的重要支撑作用。

与 2011 年第十次调查结果相比，中部地区的营业收入增加幅度最大，有近两倍的增长（见表 28）。

表 28　2009 年、2011 年与 2013 年私营企业营业收入比较

单位：万元，个

		2009 年		2011 年		2013 年		
		平均数	中位数	平均数	中位数	平均数	中位数	样本数
地区分布	东部	11119	1000	15156	1510	21975	2000	3039
	中部	5620	414	10880	486	26797	1000	1479
	西部	618	600	15717	800	25988	1000	1045
总体		8924	750	14272	1000	24011	1500	5563

为了更清楚、更全面地显示本次抽样调查中企业的营业收入在不同划分方法下的区别，表 29 是在不同的注册开业年份、地区分布、企业类型下的企业营业收入及人均营业收入，前者表现出的是企业的经营规模，而后者则与企业经营效益有关。

首先，在不同的注册开业年份分组中，可以看出在 1989～1999 年开业

的企业由于已在激烈的竞争中生存了下来，并形成了一定的经营规模，因而其营业收入普遍较高；而在 2008 年及以后开办的企业则由于还处在初创阶段，其营业收入与人均营业收入都是最小的（见表 29）。

其次，在不同的地区分组中，东部地区私营企业的营业收入与人均营业收入明显高于中部和西部地区，其中的原因是复杂的。主要有：第一，东部地区私营企业发展较早，涌现出一大批大型的私营企业；第二，东部地区的私营企业是以外向型经济为主，在营利空间上存在一定的优势；第三，东部地区的产业环境和西部地区相比，在相关产业的配套、人力资源禀赋的丰富程度上都相对优于西部。也要看到，东部地区私营企业的竞争非常激烈，在其高营业收入的背后存在着部分低利润企业；而西部地区面临着未来的产业转移，发展的空间很大（见表 29）。

最后，私营企业也并非铁板一块，从营业收入来看，大中型企业的平均营业收入达到了 5 亿多元，数字依然惊人；小微型企业在总营业收入方面虽然有所不及，但人均营业收入的平均数却远高于大中型企业，其中位数也达到了 14.1 万元，这一数字相当可观（见表 29）。

表 29　2013 年私营企业营业收入与人均营业收入

单位：万元，个

		企业营业收入			人均营业收入		
		平均数	中位数	样本数	平均数	中位数	样本数
注册开业年份	1989～1999 年	34663	3298	1276	73.9	25.0	1376
	2000～2007 年	18207	2100	2396	161.2	22.6	2543
	2008 年及以后	9257	300	1630	398.0	10.0	1760
地区分布	东部	21975	2000	3039	127.1	21.8	3282
	中部	26797	1000	1479	297.1	15.5	1571
	西部	25988	1000	1045	620.9	15.0	1137
企业类型	小微型企业	13186	600	4118	321.4	14.1	4537
	大中型企业	54860	12000	1445	90.5	37.2	1453

对不同产业的私营企业的营业收入进行分析后发现，第二产业具有一定的比较优势。将 2013 年企业营业收入按照产业分组后，可以看出第二产业不论在营业收入还是人均营业收入上都是最高的，而第三产业仍存在很

大的发展空间（见表30）。

表30　2013年私营企业营业收入的产业差异

单位：万元，个

产业分类	企业营业收入			人均营业收入		
	平均数	中位数	样本数	平均数	中位数	样本数
第一产业	22112	2000	547	55	20	587
第二产业	36580	3457	2710	414	29	2681
第三产业	23490	792	3176	267	18	3126

在不同行业的私营企业营业收入分析方面，首先，我们来看本次调查数据的总体情况，对2013年私营企业营业收入按照一些主要行业进行分组，可以看到房地产业的营业收入（7065万元）最高，采矿业营业收入较高（5210万元），制造业（3672万元）的营业收入紧排第三位（见表31）。

再来观察人均营业收入，房地产业依然以37万元的中位数位列第一，制造业的人均营业收入29万元紧随其后，采矿业、建筑业以28万元跻身前三甲（见表31）。可见，以采矿业为代表的资源型企业和以房地产业为代表的服务型企业的营业收入略高于其他行业。

表31　2013年私营企业营业收入的行业差异

单位：万元，个

主要行业	企业营业收入			人均营业收入		
	平均数	中位数	样本数	平均数	中位数	样本数
农林牧渔业	22112	2000	547	59	23	543
采矿业	25075	5210	143	56	28	143
制造业	40615	3672	2119	409	29	2098
建筑业	23359	2788	526	111	28	519
批发零售业	16569	600	1410	257	21	1376
住宿餐饮业	13565	1061	412	42	11	410
房地产业	41772	7065	434	132	37	425

其次，我们将2013年一些主要行业的营业收入与2011年进行比较，可以看到尽管房地产业在上文的横向比较上表现突出，但在纵向年份上的比

较中其增速就不再明显，2013 年相比 2011 年其营业收入中位数的增长仅有两成；数据中体现的采矿业营业收入中位数增幅最大，相比 2011 年有 5 倍多的增长，高额的营业收入吸引了大量的民间资本进入资源类相关行业；农林牧渔类行业的营业收入中位数也有近一倍的增长（见表 32）。

表 32　2011 年与 2013 年私营企业营业收入的行业差异比较

单位：万元

主要行业	2011 年		2013 年	
	平均数	中位数	平均数	中位数
农林牧渔业	8291	1105	22112	2000
采矿业	10001	855	25075	5210
制造业	12875	3000	40615	3672
建筑业	41337	1800	23359	2788
批发零售业	10331	451	16569	600
住宿餐饮业	6086	700	13565	1061
房地产业	50839	5600	41772	7065

最后，我们比较 2011 年与 2013 年不同行业的人均营业收入可发现，各行业的人均营业收入均有所提高，其中尤以采矿业的表现最为突出，其 2013 年人均营业收入中位数相比 2011 的数据增长了一倍多，而房地产业的人均营业收入从 2011 年的 31 万元，微升至 2013 年的 37 万元，是增速较缓的几个行业之一，这可能与 2012 年来国家对房地产业的宏观调控有关（见表 33）。

表 33　2011 年与 2013 年私营企业人均营业收入的行业差异比较

单位：万元

主要行业	2011 年		2013 年	
	平均数	中位数	平均数	中位数
农林牧渔业	43	16	59	23
采矿业	76	13	56	28
制造业	58	26	409	29
建筑业	251	17	111	28
批发零售业	187	21	257	21
住宿餐饮业	21	8	42	11
房地产业	206	31	132	37

（四）利润额情况及行业、产业差异

本次调查数据显示，私营企业营业利润增长较快。被调查企业 2013 年年底经营净利润平均为 -161 万元，中位数为 52 万元（见表 34）。

对比 2009 年、2011 年全国私营企业净利润的调查数据可以看出，东部（70 万元）、中部（45 万元）、西部（34 万元）三个地区的企业净利润数额均呈现一定的增长，全国私营企业总体净利润（52 万元）相比 2011 年（37 万元）的调查有近四成的增长，这其中中部地区的正向作用最大（见表 34）。

另外，在 2013 年的企业净利润的调查数据中出现了负数的平均数，这一方面表现出个别企业出现了严重亏损，从而拉低了总体均值；另一方面也折射出私营企业的经营风险越来越大，市场竞争环境越来越激烈，这一点值得企业主警惕。

表 34　2009 年、2011 年与 2013 年私营企业净利润比较

单位：万元

地区分布	2009 年		2011 年		2013 年	
	平均数	中位数	平均数	中位数	平均数	中位数
东部	742	36	713	50	901	70
中部	272	18	462	20	-2666	45
西部	427	19	533	24	296	34
总体	567	28	623	37	-161	52

在不同企业类型、不同地区分布下的企业净利润分析方面，表 35 不仅反映了企业净利润，还反映了企业人均净利润，前者是企业经营效益的数量指标，后者是经营效益的质量指标。

首先，在不同的地区分布中，2013 年企业净利润与人均净利润中位数在东、中、西部地区基本呈现递减的态势，东部地区在两项指标上的数据表现都是最高的（见表 35）。

其次，从不同企业类型来看，大中型企业净利润（500 万元）远高于小微型企业（30 万元），但在人均净利润方面其优势却小了很多（见表 35）。这一方面说明，我国小微型企业虽在经营效益的数量上不及大中型企业多，但质量上却存在发展的能力与潜质；另一方面，也提醒了大中型企业要

"加大口阔",要注意结构调整,注重核心专长的提升,而不是急于"摊大饼""上项目""铺摊子"。

表 35　2013 年不同地区、不同类型私营企业净利润比较

单位:万元,个

		企业净利润			人均净利润		
		平均数	中位数	样本数	平均数	中位数	样本数
地区分布	东部	901	70	3002	-4.8	0.9	3282
	中部	-2666	45	1466	-18.5	0.9	1571
	西部	296	34	1055	-7.6	0.7	1137
企业类型	小微型企业	55	30	4144	-5.1	0.7	4537
	大中型企业	-812	500	1379	-20.8	1.4	1453
总体		-161	52	5523	-8.9	0.8	5990

从不同产业划分下企业净利润的比较中,可以发现第二产业优势明显。我们将 2013 年企业净利润按产业划分,可以看到第二产业不论在企业净利润(1376 万元)还是人均净利润(8 万元)方面都是最高的。值得注意的是,第三产业由于多为资本密集型企业,企业净利润虽远不如第一、第二产业,但三者人均净利润的差距却不明显(见表 36)。

表 36　2013 年不同产业私营企业净利润比较

单位:万元,个

产业分类	企业净利润			人均净利润		
	平均数	中位数	样本数	平均数	中位数	样本数
第一产业	1251	100	541	6	1.3	537
第二产业	1376	120	2695	8	1.2	2667
第三产业	-1128	31	3159	-23	1.1	3110

不同行业下的企业净利润分析,总利润存在差距,但人均净利润差异不大。观察一些行业中的企业,可以看到,各主要行业虽在企业净利润方面有些许差异,最高的房地产业净利润高达 295 万元,而最少的批发零售业仅有 23 万元;但各行业在人均净利润方面的差异却并不明显,其中位数都在 1 万元左右波动(见表 37)。

另外可以看到，房地产业的企业净利润虽居高不下，但人均净利润却回落至与其他主要行业大致相当的水平（见表37）。

表37　2013年不同行业私营企业净利润比较

单位：万元，个

主要行业	企业净利润			人均净利润		
	平均数	中位数	样本数	平均数	中位数	样本数
农林牧渔业	1251	100	541	5.6	1.3	537
采矿业	1933	170	137	10.1	1.1	137
制造业	1375	126	2102	4.0	1.2	2081
建筑业	1148	120	534	6.9	1.3	528
批发零售业	-3787	23	1403	-60.7	1.0	1370
住宿餐饮业	642	50	410	2.7	0.7	408
房地产业	2447	295	424	8.6	1.8	415

谁投资谁受益，企业利润分红是企业主投资的动力所在。2013年全国私营企业利润中大约有67%用于出资人分红，而出资人又将这部分分红用于企业的再投资（与下文企业投资部分观点一致），另有33%用于摊派费用及公关招待费用（见表38），应该说这是一个不小的比例，如何在未来发展中降低这一"耗损"，也是政府有关部门应关注的。

表38　2013年私营企业利润用途

单位：万元，%

用途	中位数	占比
出资人分红	30	67
摊派费用	5	11
公关招待费用	10	22
合计	45	100

2013年在调查到的1836个私营企业样本中，将利润用于出资人分红的平均数为623万元，中位数为30万元（见表39）；用于摊派费用的平均数为261万元，中位数为5万元（见表40）；用于公关招待费用的平均数为279万元，中位数为10万元（见表41）。

首先，从地区分布上来看，东部地区的企业利润更多用于出资人的分红，其分红的中位数 50 万元远高于中、西部地区的 20 万元，比其余两地区的总和还多，而用于摊派或公关招待费用的数额则与中部、西部地区差距不大（见表 39、表 40、表 41）。

其次，从企业类型上来看，大中型企业也将公司的利润更多用于出资人的分红上，其 2013 年用于出资人分红的中位数为 200 万元，是小微型企业的 10 倍，但用于摊派和公关招待的费用之和却仅有小微型企业的 4 倍多（见表 39、表 40、表 41）。可见，小微型企业的生存空间尤其值得关注。

表 39　2013 年不同地区、不同类型私营企业利润用于出资人分红的比较

单位：万元，个

		出资人分红		
		平均数	中位数	样本数
地区	东部	730	50	1048
	中部	630	20	477
	西部	249	20	311
企业类型	小微型企业	288	20	1357
	大中型企业	1570	200	479
总体		623	30	1836

表 40　2013 年不同地区、不同类型私营企业利润用于摊派费用的比较

单位：万元，个

		摊派费用		
		平均数	中位数	样本数
地区	东部	449	8	998
	中部	19	5	475
	西部	27	5	305
企业类型	小微型企业	321	5	1343
	大中型企业	77	15	435
总体		261	5	1778

表 41　2013 年不同地区、不同类型私营企业利润用于
公关招待费用的比较

单位：万元，个

		公关招待费用		
		平均数	中位数	样本数
地区	东部	366	10	1970
	中部	255	7	943
	西部	54	6	659
企业类型	小微型企业	255	5	2599
	大中型企业	343	30	973
总体		279	10	3572

（五）不同地区分布、企业类型下的企业欠款情况

通过对企业欠款情况的统计分析可以看出，首先，在不同地区的划分中，中部地区的政府拖欠企业款项数量最大（491 万元），情况较为严重，西部地区在与其他企业间的欠款借贷方面平均数更高于东部和中部地区（见表 42）。其背后原因可能由于中部地区以第一产业为主，第二产业处于发展阶段，其税收来源还不丰富，政府投资的项目企业承建后出现拖欠现象；西部地区企业规模不大，直接向银行贷款的能力有限，因而其企业间借贷比例更高。

其次，在不同企业类型中，大中型企业更易于在政府的项目招标中脱颖而出，因此政府拖欠企业款项更高（560 万元），而小微型企业在争取政府项目方面显得力不从心（43 万元），而更多靠市场化的项目得以生存，资金借贷多来自其他企业，因此其企业拖欠其他企业款项的数额高于大中型企业（见表 42）。可见在企业的经营贷款中，失之东隅，也有可能收之桑榆，不能一概而论。

表 42　2013 年私营企业欠款情况

单位：万元，个

		政府拖欠本企业		其他企业拖欠本企业		本企业拖欠其他企业	
		平均数	样本数	平均数	样本数	平均数	样本数
地区	东部	51	3007	485	3030	271	3019
	中部	491	1455	435	1449	222	1448
	西部	47	1049	3748	1060	6379	1054

续表

		政府拖欠本企业		其他企业拖欠本企业		本企业拖欠其他企业	
		平均数	样本数	平均数	样本数	平均数	样本数
企业类型	小微型企业	43	4193	1088	4214	1664	4201
	大中型企业	560	1318	1124	1325	662	1320
总体		166	5511	1096	5539	1424	5521

不同地区分布、企业类型下的企业资产负债率有差异，地区中尤以东部地区最高。资产负债率反映了总资产中有多大比例是通过借债来筹集的，也可以衡量企业在清算时保护债权人利益的程度，2013 年私营企业资产负债率平均数与中位数呈现出基本一致的变化（见表43）。

首先，东部地区的资产负债率略高于中、西部地区，表明当地的金融要素市场发达于中、西部地区，东部地区企业的经营管理更能运用杠杆优势，更善于借钱生钱（见表43）。

其次，在不同的企业类型划分中，大中型企业的资产负债率高于小微型企业，小微型企业处在起步阶段，其筹资能力有限，而大中型企业在这方面更具优势（见表43）。

表 43　2013 年私营企业资产负债率

单位：％，个

		资产负债率		
		平均数	中位数	样本数
地区	东部	45	42	1429
	中部	42	40	555
	西部	48	40	499
企业类型	小微型企业	42	40	1582
	大中型企业*	49	45	901
总体		45	40	2483

（六）出口与境外投资情况

大中型企业是境外投资的领头羊，私营企业总体境外投资仍待推进。根据统计分析约 5467 个样本企业，2013 年全国私营企业境外投资额平均数是 6.7 万美元（见表44）。

其中，中部地区对外投资数额远低于东、西部地区；大中型企业的运营更能积极响应国家宏观经济战略，其对外投资明显高于小微型企业数十倍，未来配合国家"一带一路"的经济发展战略，相信大中型企业的对外投资还能大有作为。

表44　2013年私营企业境外投资情况

单位：万美元，个

		境外投资额		
		平均数	中位数	样本数
地区	东部	9.3	0	2977
	中部	0.8	0	1447
	西部	7.4	0	1043
企业类型	小微型企业	0.8	0	4174
	大中型企业	25.7	0	1293
总体		6.7	0	5467

在对外投资中，私营企业积极参与国际分工。2013年私营企业资金对外投资的用途，有半数以上的企业是为了能参与国际分工，这其中东、中、西三个地区差异不大，但在企业类型方面，小微型企业的平均数明显高于大中型企业；收购或参股境外企业与在境外设立研发机构的企业比例基本相同；但能看出我国私营企业在境外设立销售机构的比例更高，这其中，东部地区的比例高于中、西部地区，大中型企业的比例高于小微型企业（见表45）。

表45　2013年私营企业境外投资的用途

单位：个

		建厂			收购或参股境外企业			在境外设立销售机构			在境外设立研发机构		
		平均数	总数	样本数	平均数	总数	样本数	平均数	总数	样本数	平均数	总数	样本数
地区	东部	0.5	50	110	0.2	19	106	0.5	54	107	0.1	12	107
	中部	0.6	41	67	0.2	15	67	0.3	19	67	0.1	6	67
	西部	0.7	47	64	0.1	5	58	0.1	8	59	0.1	5	59

续表

		建厂			收购或参股境外企业			在境外设立销售机构			在境外设立研发机构		
		平均数	总数	样本数	平均数	总数	样本数	平均数	总数	样本数	平均数	总数	样本数
企业类型	小微型企业	0.7	93	139	0.2	24	130	0.2	32	132	0.1	12	132
	大中型企业	0.4	45	102	0.1	15	101	0.5	49	101	0.1	11	101
总体		0.6	138	241	0.2	39	231	0.3	81	233	0.1	23	233

七 私营企业内部管理与组织制度的变化

(一)组织结构状况

家族式管理是私营企业管理采取的通行做法。近年来,私营企业内部治理结构已经逐步发展到了较高的水平,通过 2013 年年底的调查数据可以看到,私营企业内部有股东大会的占 57.5%,有董事会的占 57.3%,有监事会的占 29.5%,有党组织的占 40.6%,有工会的占 54.5%,有职工代表大会的占 33.9%(见表 46)。这些组织内部治理机构的发展,为规范企业相关利益主体的行为,保障各自的权益,形成完善的企业治理结构提供了重要的组织基础。

表 46 私营企业内部的组织结构状况

单位:%

	股东大会	董事会	监事会	党组织	工会	职代会
1993 年调查	—	26.0	—	4.0	8.0	11.8
1995 年调查	—	15.8	—	6.5	5.9	6.2
2000 年调查	27.8	44.5	23.5	17.4	34.4	26.3
2002 年调查	33.9	47.5	26.6	27.4	49.7	27.4
2004 年调查	56.7	74.3	35.1	30.7	50.5	31.0
2006 年调查	58.1	63.5	36.5	34.8	53.3	35.9
2008 年调查	59.3	54.5	34.9	35.2	51.5	35.1
2010 年调查	57.1	57.8	32.0	34.6	52.3	31.7
2012 年调查	61.2	57.7	31.8	35.4	49.1	32.2
2014 年调查	57.5	57.3	29.5	40.6	54.5	33.9

在对近十次私营企业抽样调查数据的组织结构进行纵向观察后，可以发现以股东大会、监事会和董事会为代表的"新三会"的比例出现了一定的起落。一方面跟调研的企业样本有一定关系；另一方面也说明企业的生命周期较短，在后金融海啸引发的出口订单大幅减少的冲击下，不少私营企业破产倒闭，而又有一些新兴的私营企业注册成立，这其中出现了很多委托代理问题，使得企业主重新审视公司的治理制度。回顾私营企业的发展历程，可以发现改革开放以后成立的企业，尤其是私营企业，基本上都是家族化管理，也就是以血缘关系和朋友关系为纽带的控制。企业要发展壮大，要在市场上有竞争力，不利用市场上的人力资源、管理资源是难以为继的。但是当企业主试探着迈出这一步，引入现代化的"所有权与经营权分离"的管理体制时，又缺乏可以信赖的职业经理人，甚至出现大量的资产被偷窃的现象，痛定思痛，最后发现"任人唯贤"还是不如"任人唯亲"，雇来的经理人还是不如"自家人"值得信任，于是又要回到家族管理。这也是为什么组织结构中股东大会和董事会比例出现反复的原因。

企业主及其亲属是董事长人选的首选。董事会由董事组成，对内掌管公司事务，对外代表公司经营决策，它是现代企业制度发展到一定阶段的产物。在对私营企业的第十一次调查中，企业董事长主要由出资人本人担任，这一数字在总计4463个样本中达到了4030人，占比90.3%，由出资人的家族成员担任董事长职务的比例达到了7.3%，由外聘人才（1.5%）或其他人（0.9%）担任的比例非常低（见表47）。

表 47 私营企业董事长人选

单位：个，%

董事长人选	样本数	有效百分比
主要出资人本人	4030	90.3
主要出资人的家族成员	326	7.3
外聘人才	69	1.5
其他	38	0.9
合计	4463	100.0

这说明在我国私营企业内部治理中，家族式管理仍是企业采取的主要方式，现代企业管理制度虽已建立，却仅停留在企业"肌理"上，未能触及企业之"骨骼"。之所以会出现这种情况，是因为我国私营企业以中小企业为主，在吸引高端技术、管理人才方面的优势较小，而企业早期发展阶段对这类人才的要求也并不高。

同时我们也应看到，中国是一个"关系"社会，企业经营过程中不可避免会出现很多"人情管理"。对于私营企业，其各项制度还不完善、不规范，不像大企业、外资企业一样，岗位分工明确，因而在创业期间，亲戚朋友往往会分内分外都干，有钱没钱都做，该出手时就出手，效率也相应较高，在提倡"用人唯贤"的同时，私营企业结合自身实际需要安排管理人选，根据企业发展阶段进行人岗匹配，也具备一定的合理性。私营企业一方面要提升亲人的能力，使他们变成贤人；另一方面要对有能力的贤人加强感情连接，培养出亲人般的感情，提升团队的凝聚力。

所以，无论是家族式管理还是非家族式管理，在发挥亲情管理高效作用的同时，也要注重规则意识，不管是"用人唯亲"还是"用人唯贤"，保障企业管理轨迹沿有效的规章制度运行，才是企业用人的核心。

（二）企业管理与现代公司治理结构

企业主在企业管理中权力突出，职业经理人的作用日趋明显。在私营企业的日常管理中，主要出资人仍然扮演着相对重要的角色，根据 2013 年年底的调查数据，有高达 59.1% 的企业出资人直接负责企业的日常管理，而高层管理会议占据了 18.7% 的比例，也具有一定的影响企业日常管理的能力。

但值得注意的是，这两项数据相比于 2011 年年底的调查均有所下降，相反，职业经理人（21.6%）对企业的日常管理的活动量在近四次调查中呈稳步上升的趋势。现代企业发展要求高素质的企业管理者以应对更开放、更复杂的市场竞争环境，职业经理人拥有更高的管理艺术、更强的领导水平、更好的组织才能，处理问题穿透力强、辐射范围广，因而越来越多地成为企业在接轨国际化发展过程中"掌舵手"的人选（见表 48）。

表 48   私营企业的日常管理

单位：个，%

日常管理者	2008 年		2010 年		2012 年		2014 年	
	样本数	有效百分比	样本数	有效百分比	样本数	有效百分比	样本数	有效百分比
主要出资人本人	1395	34.6	3023	69.8	3020	60.8	3510	59.1
高层管理会议	2344	58.1	726	16.8	1258	25.3	1108	18.7
职业经理人	246	6.1	523	12.1	653	13.1	1281	21.6
其他	49	1.3	62	1.4	40	0.8	42	0.7
合计	4034	100.0	4334	100.0	4971	100.0	5941	100.0

私营企业的重大决策权仍然被企业主牢牢把握在手中，在被调查企业中有47.7%的企业重大决策是由主要出资人本人做出的，这近一半的数据再次说明了私营企业主在企业决策中拥有中心位置。但企业主与股东大会（23.8%）、董事会（18.3%）的重大决策比例均有所下降，企业的重大决策权力开始向高层管理会议（9.6%）、职业经理人（0.6%）这类更专业的管理层面下放（见表49）。

表 49   私营企业的重大决策

单位：个，%

重大决策者	2008 年		2010 年		2012 年		2014 年	
	样本数	有效百分比	样本数	有效百分比	样本数	有效百分比	样本数	有效百分比
主要出资人本人	1335	33.2	2323	52.0	2376	48.2	2851	47.7
股东大会	857	21.3	930	20.8	1365	27.7	1419	23.8
董事会	982	24.4	976	21.8	921	18.7	1094	18.3
高层管理会议	815	20.2	224	5.0	249	5.1	574	9.6
职业经理人	—	—	—	—	—	—	33	0.6
其他	37	0.9	18	0.4	14	0.3	0	0.0
合计	4026	100.0	4471	100.0	4925	100.0	5971	100.0

八　私营企业的慈善活动和社会责任

（一）环境保护投入的力度

私营企业环保费用支出大量增加，主动治污意识凸显。自 2015 年 1

月 1 日起，新《环保法》和《企业事业单位环境信息公开暂行办法》正式施行。社会公众对环境问题给予更多的关注，对企业履行环境责任提出了更高的要求。本次调查数据显示，2013 年为治理污染投入的企业有1881 户（约占提供该数据的私营企业数量的 35%），交纳环保治污费的企业有 1705 户（约占提供该数据的私营企业数量的 32%）。2013 年，私营企业为治理污染共投入了 484844 万元，平均每户企业投入 88.95 万元，相比 2011 年的均值 29.24 万元，增长了 204.21%；交纳环保治污费602857 万元，平均每户企业交纳 113 万元。从比例来看，虽然半数以上企业仍未在环保上进行投入，但 75% 的企业治污投入为 5.00 万元，高于2011 年的 2.40 万元，增长了 108.33%；治污费为 1.00 万元，与 2011 年持平。以上指标说明，越来越多的私营企业日益重视环境问题，环保意识在提升，主动治污力度在加大。

表 50 2013 年中国私营企业环保费用支出总体情况

单位：个，万元

项目		治理污染投入	环保治污费
样本数	有效	5451	5327
	缺失	693	817
总计		484844.00	602857.00
平均值		88.95	113.17
中位数		0.00	0.00
众数		0.00	0.00
极小值		0.00	0.00
极大值		100000.00	195367.00
比例（%）	25	0.00	0.00
	50	0.00	0.00
	75	5.00	1.00

（二）公益事业捐赠情况

大部分私营企业在最近两年都为扶贫、救灾、环保、慈善等公益事业进行过捐助。2012 年有 3671 户企业（约占提供该数据的私营企业数量的65.7%）为公益事业进行了捐助，而 2013 年则有 3733 户企业（约占提供该

数据的私营企业数量的 66.7%）进行了捐助。2013 年企业捐助总额达到
147384.64 万元，比 2012 年捐助总额 112179.24 万元高出 35205.40 万元，
增长了 31.38%；2013 年每户企业平均捐赠额为 26.33 万元，比 2012 年的
20.07 万元高出 6.26 万元，增长了 31.19%（见表 51）。企业对扶贫、救
灾、环保、慈善等公益事业的捐助，既提升了自身品牌的知名度和美誉度，
也有利于改善人民生活，助力每个人实现"中国梦"。

表 51　2013 年中国私营企业公益事业捐赠情况

单位：个，万元

项目		2012 年	2013 年
样本数	有效	5588	5597
	缺失	556	545
总计		1121792390.00	1473846388.00
平均值		200750.25	263327.92
中位数		10000.00	10000.00
极小值		0.00	0.00
极大值		120000000.00	150000000.00
比例（%）	25	0.00	0.00
	50	10000.00	10000.00
	75	58000.00	70000.00

　　企业社会责任的履行和实现程度与企业自身的发展息息相关。企业
规模越大，企业捐赠越多，在大额（高于 2013 年私营企业捐赠额平均
数）捐赠中，大中型企业占到 62.2%。而在企业捐赠数量上，小微型
企业所占比重更大，被调查的 4230 家小微型企业中有 2532 家企业有过
捐赠行为，意味着有 60% 的小微型私营企业有捐赠行为；而在被调查的
1361 家大中型企业中，有 1193 家有过捐赠行为，捐赠率达到了 88%。
这表明，大中型企业拥有更强的捐赠意愿，捐赠行为也更为积极，是私
营企业公益捐赠的中流砥柱。随着经济改革进一步深化和我国私营企业
部门的快速成长，大中型私营企业将在公益捐赠中发挥更大的作用（见
表 52）。

表52 2013 年不同类型私营企业公益事业捐赠情况

单位：个，%

			捐赠等级			合计
			未捐赠	低于 2013 年私营企业捐赠额平均数	高于 2013 年私营企业捐赠额平均数	
企业类型	小微型企业	数量	1698	2312	220	4230
		比重	91.0	73.6	37.8	75.7
	大中型企业	数量	168	831	362	1361
		比重	9.0	26.4	62.2	24.3
合计		数量	1866	3143	582	5591
		比重	100.0	100.0	100.0	100.0

注：2013 年私营企业捐赠额平均数为 26.33 万元。

（三）参与公共事业的情况

私营企业参与公共事业方面，本次调查显示，有 61.6% 的企业与政府主办的公益组织合作或参与其中；46.4% 的企业向民间慈善组织捐款或与其合作；30.3% 的企业向媒体组织的公益活动捐款或与其合作；更有 40.9% 的企业自行组织慈善公益活动；而仅有 8.4% 的企业发布了企业社会责任报告，虽然比例较往年有所提升，但这说明私营企业的企业社会责任制度和机制建设还是没有跟上来，大部分企业还没有建立战略性企业社会责任意识。相较 2011 年来说，私营企业无论是参与政府主办的公益组织还是民间组织的比例，都有很大的提升，但仍有更多的企业愿意加入政府性的公益活动中去。这反映了我国公益事业社会化程度还有待提升，政府、社会组织以及捐赠人三方的关系仍有待进一步明晰（见表53）。

表53 2013 中国私营企业参与公共事业情况

单位：个，%

参与方式	是		否	
	数量	比例	数量	比例
参与政府主办公益组织	3438	61.6	2147	38.4
参与民间慈善组织	2448	46.4	2829	53.6
参与媒体组织公益活动	1526	30.3	3510	69.7

续表

参与方式	是		否	
	数量	比例	数量	比例
自行组织慈善公益活动	2148	40.9	3102	59.1
发布企业社会责任报告	401	8.4	4364	91.6

九 私营企业发展环境的变化和发展中存在的突出问题

（一）资金运转的困难与问题

融资问题在我国企业发展中一直是一个备受诟病的疑难问题，近年来虽然私营经济的融资规模有所扩大，融资渠道有所改善，但在国际金融危机以及复杂多变的国内市场双重冲击之下，我国一些私营企业的融资问题仍不乐观。流动资金贷款作为一种高效实用的融资手段，是企业做活经营管理的重要资金渠道。2013 年企业流动资金中，贷款的比例总体而言达到了 24%，其中，大中型企业对贷款的依赖性更大，其比例达到 29%，小微型企业的贷款比例为 22%；而小微型企业在流动资金中的自有资金比例达到了 74%，比大中型企业（67%）高出 7 个百分点，这反映出小微型企业在贷款难、融资难的现实状况中遭受了更严峻的考验（见表 54）。

表 54　2013 年不同类型私营企业的融资情况

单位：%

	企业划型		
	小微型企业	大中型企业	总体
流动资金中的贷款比例	22	29	24
流动资金中的自有资金比例	74	67	72
扩大再生产资金中的贷款比例	19	28	21
扩大再生产资金中的自有资金比例	63	61	62

而 2013 年私营企业扩大再生产的资金来源结构，也与上述情况大致相同，大中型企业以 28% 的贷款资金比例，高于小微型企业 19% 的贷款资金比例，在扩大再生产中的资金来源方面，大中型企业有较为明显的优势；小微型企业在扩大再生产中拥有 63% 的自有资金，略高于大中型企业 61%

的比例，这反映了小微型企业想要扩大其现有生产经营规模的融资难度更大（见表 54）。外部投资（包括上市融资、风险投资）在被调查企业的扩大再生产中的作用几乎可以忽略不计。进一步分析表明，这种情况在东、中、西部地区间的差异并不明显。

（二）资金借贷的对象与效应

私营企业借贷的主要对象是股份制商业银行。私营企业对金融机构贷款的获取能力存在一定的差异，被调查的私营企业在股份制商业银行、小型金融机构、民间借贷、互联网金融借贷这四个渠道中获得贷款的中位数都是 0 元，另外，私营企业在这四个渠道获得的贷款最大值分别达到了609.7 亿元、12.9 亿元、4.3 亿元和 0.8 亿元，应注意到其标准差也相应高达 86335 万元、2824 万元、836 万元和 150 万元（见表 55）。这反映了只有较少的私营企业能够获得巨额贷款，尤以股份制商业银行最为明显，应该说私营企业从这四种渠道中获得贷款的规模与差异程度是有很大区别的，相对来说，在股份制商业银行贷款方面的差异更大。

按不同企业类型划分来看，小微型企业与大中型企业的贷款能力也有很大不同，小微型企业在股份制商业银行、小型金融机构、民间借贷这三类固有的金融机构的贷款均值分别为 2294 万元、186 万元、39 万元，不及大中型企业的均值（分别为 7498 万元、785 万元、157 万元）。但在互联网这类新兴的借贷机构中获得的贷款均值却高于大中型企业，小微型企业的贷款均值为 5 万元，大中型企业则为 2 万元，可见小微型企业在新兴的贷款市场已率先有所突破。但不论是大中型企业还是小微型企业，股份制商业银行都是其获取资金最多的渠道，民间借贷还处于较低水平（见表 55）。

表 55　2013 年私营企业从不同融资渠道获取贷款的能力差异

单位：%，万元

		样本比	中位数	最小值	最大值	均值	标准差
小微型企业	股份制商业银行	81.8	0	0	6096900	2294	98560
	小型金融机构	74.6	0	0	85000	186	1747
	民间借贷	72.8	0	0	10000	39	347
	互联网金融借贷	70.6	0	0	7600	5	171

续表

		样本比	中位数	最小值	最大值	均值	标准差
大中型企业	股份制商业银行	87.9	1000	0	350000	7498	26033
	小型金融机构	78.7	0	0	129090	785	4766
	民间借贷	75.8	0	0	43356	157	1574
	互联网金融借贷	73.8	0	0	1000	2	36
总体	股份制商业银行	83.3	0	0	6096900	3599	86335
	小型金融机构	75.5	0	0	129090	334	2824
	民间借贷	73.5	0	0	43356	68	836
	互联网金融借贷	71.4	0	0	7600	4	150

注：小型金融机构指的是村镇银行、农村信用社、小额贷款公司等。

　　小微型企业与大中型企业贷款的利息差异明显。表56统计了2013年私营企业贷款的利息差异情况，尽管样本量较上题偏小，但仍可清晰地看出，互联网金融借贷以中位数22.0万元、平均数4573.4万元高居借贷渠道利息榜首，位居第二位的民间借贷利息中位数是10万元，再次是小型金融机构的8万元，最低的是股份制商业银行的7.5万元。

　　从表56中还可看出，小微型企业和大中型企业在贷款的利息方面有一定差别。除了在股份制商业银行中小微型企业以7.8万元的中位数利息高于大中型企业的7.2万元外，在其他三种融资渠道中的利息都低于大中型企业。例如，前者的小型金融机构贷款利息中位数是8万元，后者则是8.2万元；前者在民间借贷机构的利息中位数是10万元，低于后者的12万元；前者在互联网金融借贷机构的利息中位数是22万元，后者则为22.5万元，但这并不能说明小微型企业的还贷压力小于大中型企业。

表56　2013年私营企业从不同融资渠道获取贷款的利息差异

单位：万元，个

		中位数	最小值	最大值	均值	标准差	样本数
小微型企业	股份制商业银行	7.8	0	2470	12.6	84	1256
	小型金融机构	8.0	0	1000	12.3	54	613
	民间借贷	10.0	0	250	11.6	17	339
	互联网金融借贷	22.0	0	21433	1280.0	4009	58

续表

		中位数	最小值	最大值	均值	标准差	样本数
大中型企业	股份制商业银行	7.2	0	616	9.9	32	835
	小型金融机构	8.2	0	8172	43.8	475	303
	民间借贷	12.0	0	70	15.4	12	100
	互联网金融借贷	22.5	0	227322	28451.2	80356	8
总体	股份制商业银行	7.5	0	2470	11.5	68	2091
	小型金融机构	8.0	0	8172	22.7	277	916
	民间借贷	10.0	0	250	12.5	16	439
	互联网金融借贷	22.0	0	227322	4573.4	28095	66

注：小型金融机构指的是村镇银行、农村信用社、小额贷款公司等。

企业间的"三角债"问题突出。表 57 展示了不同类型和地区的私营企业间的欠款情况。首先，总体来说，私营企业间的款项拖欠情况十分严重，其均值相较 2011 年年底的调查情况增长很多。被调查企业拖欠其他企业的借、贷款均值达到了 1424 万元，而其他企业拖欠被调查企业款项的均值也高达 1096 万元，"三角债"问题依然存在且突出。

表 57　2013 年不同地区和类型私营企业的欠款均值情况

		政府拖欠本企业的款项（万元）	其他企业拖欠本企业的贷款、借款（万元）	本企业拖欠其他企业的贷款、借款（万元）	资产负债率（%）
东部	小微型企业	27	269	172	44
	大中型企业	121	1126	562	47
	总体	51	485	271	45
中部	小微型企业	90	192	61	39
	大中型企业	1973	1326	815	48
	总体	491	435	222	42
西部	小微型企业	18	4638	8113	43
	大中型企业	139	866	774	59
	总体	47	3748	6379	48
总体	小微型企业	43	1088	1664	42
	大中型企业	560	1124	662	49
	总体	166	1096	1424	45

其次，从不同企业类型来看，大中型企业作为债权方的平均水平要高于小微型企业，小微型企业的拖欠款项明显大于大中型企业，这从一定水平上反映了小微型企业紧张的债务问题；在不同的地区划分中，东部和中部地区不管在债务还是在债权上，其小微型企业的平均水平都低于大中型企业，但在西部地区情况就不一样了，该地区小微型企业的企业间借贷水平远高于大中型企业。

最后，从不同地区分布来看，不管是在东部、中部还是西部，大中型企业的资产负债率都要高于小微型企业，前者的数据分别为47%、48%、59%，后者则为44%、39%、43%。此外，资产负债率是从2009年新增的调查项目，2009年私营企业的资产负债率平均值为19.6%，2011年为20.6%，而在2013年这一数字激增到45%（见表57）。

（三）企业投资的方向与效应

私营企业的新增投资更多用于扩大原有产品生产规模。企业新增投资的使用方式是从2011年开始调查的问题，这一调查的关注点在于通过对新增投资使用方式的考察，来观察市场环境对企业行为的影响。根据2013年的调查数据，东部、中部、西部地区的新增投资用于扩大原有产品生产规模的比例都较高，其中中部和西部地区更是在50%以上；"合计企业技术创新、工艺改造"也在东、中、西部三个地区分别占到了12.7%、14.4%和14.0%的比例，数字较为接近；但在企业新产品研发方面的新增投资，东部地区以40.8%的高比例遥遥领先于其他地区，西部地区这一数字不足东部地区的1/7，仅有5.5%；但西部地区的新增投资在收购、兼并或投向其他企业方面以19.6%的比例远高于东部的7.6%和中部的6.1%；此外，东、中、西部三个地区在市场开发、民间借贷、净利润中用于投资等对资金的使用方式中差异不大（见表58）。

表58　2013年不同地区私营企业新增投资的使用方式分布

单位：%

	地区分布			
	东部	中部	西部	总体
扩大原有产品生产规模	31.5	52.4	52.2	37.5
合计企业技术创新、工艺改造	12.7	14.4	14.0	13.1
合计企业新产品研发	40.8	16.6	5.5	32.1

续表

	地区分布			
	东部	中部	西部	总体
市场开发	6.7	7.2	6.8	6.8
股市、期货	0.2	0.6	0.2	0.3
民间借贷	0.6	2.6	1.7	1.1
收购、兼并或投向其他企业	7.6	6.1	19.6	9.2
净利润中用于投资	35.0	37.7	33.2	35.1

私营企业净利润中用于投资的数额有 5 倍增长。对比 2011 年与 2013 年的企业对新增投资的使用方式，可以明显看到企业资金在用于新产品研发、收购与兼并、投资这三项的比重有所提升，其中以投资的增长幅度最大，从 2011 年的 6.3% 提升到 2013 年的 35.1%，有近 5 倍的增长；与这三项对比的其余各项均有所下降（见表 59）。

表 59　2011 年与 2013 年私营企业新增投资使用方式比较

单位：%

	2011 年	2013 年
扩大原有产品生产规模	53.8	37.5
合计企业技术创新、工艺改造	18.7	13.1
合计企业新产品研发	19.3	32.1
市场开发	—	6.8
股市、期货	1.3	0.3
民间借贷	1.8	1.1
收购、兼并或投向其他企业	3.3	9.2
净利润中用于投资	6.3	35.1

（四）税费负担的变化

小微型企业纳税绝对值不高，但纳税增长率势头强劲。2013 年私营企业全年纳税额的均值为 663 万元，中位数为 64 万元，而 2011 年这一税额的均值为 461 万元，中位数为 39 万元（见表 60），可见私营企业纳税额的增长是很快的。

首先，从不同地区分布来看，东部地区以 100 万元的纳税额中位数位列地区首位，远高于中部地区的 40 万元和西部地区的 32 万元；而纵向比较来看，东部、中部地区的纳税额与 2011 年的调查数据相比均呈倍数增长，西部地区则远有不及（见表 60）。

表 60　2011 年与 2013 年私营企业税费对比

单位：万元

			纳税额		规费	
			均值	中位数	均值	中位数
2011 年	地区划分	东部	522	52	77	5
		中部	397	15	44	2
		西部	328	28	65	2
	企业类型	小微型	134	20	26	2
		大中型	1657	450	219	26
	总体		461	39	67	4
2013 年	地区划分	东部	797	100	120	10
		中部	409	40	74	5
		西部	623	32	172	5
	企业类型	小微型	217	30	44	5
		大中型	1866	400	316	32
	总体		663	64	117	8

其次，从不同的企业类型划分来看，大中型企业以 400 万元的纳税额中位数，十数倍于小微型企业的 30 万元；但纵向来看，与 2011 年的数据相比，小微型企业纳税额有 50% 左右的增长率，而大中型企业却遭受了一成左右的下降（见表 60）。

再次，企业交纳规费的数额快速增长，反映出相关法律的监管更为严格。2013 年全国私营企业交纳各种规费的中位数是 8 万元，均值是 117 万元，较 2011 年的中位数 4 万元翻了一番（见表 60）。规费的快速增长反映了我国相关法律在完善，相关监管趋于严密，这使得创办私营企业的条件更为严格，但同时我们也应注意到这优化了私营企业的发展环境。

在地区分布上，东部地区 10 万元的规费中位数领先于其他地区，是中部地区（5 万元）和西部地区（5 万元）的总和，三个地区规费相较 2011

年数据的增长大体一致。在不同企业类型上，大中型企业因其更大的经营规模，也以 32 万元的规费交纳数倍高出于小微型企业的 5 万元，表现出其一定的正向楷模作用（见表 60）。

税费占比出现了微幅的降低。2013 年私营企业交纳税费占其营业收入的比例较 2011 年下降了 0.03%，有微幅降低。

从地区分布来看，西部地区的税费占比下降了 0.27%，东部、中部地区却有所上升，这可能是国家西部大开发战略使西部获得了一定的经济政策倾斜。

从企业类型来看，大中型企业的税费占比也有 0.05% 的下降，与此对应的小微型企业却有 0.02% 的微升（见表 61）。

表 61 2011 年与 2013 年税费占营业收入比例比较

单位：%

			税费占营业收入比例			
			均值	均值增长率	中位数	中位数增长率
2011 年	地区划分	东部	0.08	—	0.05	—
		中部	0.09	—	0.05	—
		西部	0.10	—	0.06	—
	企业类型	小微型	0.09	—	0.06	—
		大中型	0.07	—	0.04	—
	总体		0.09	—	0.05	—
2013 年	地区划分	东部	0.09	0.06	0.06	0.05
		中部	0.09	− 0.01	0.05	0.04
		西部	0.09	− 0.05	0.04	− 0.27
	企业类型	小微型	0.10	0.06	0.06	0.02
		大中型	0.07	0.00	0.04	− 0.05
	总体		0.09	0.02	0.05	− 0.03

十 私营企业主的市场信心与市场预期

（一）对企业发展环境的评价

有将近五成（48.0%）的被访企业主认为在过去两年里，企业发展环境向好的程度很大（7.8%）和比较大（40.2%）；认为很差的企业主的比例仅有4.5%；另有24.4%和23.2%的被访企业主分别选择了"变化不大"和"不好说"，合计为47.6%，和做出积极评价的被访企业主的比例相当（见图12）。这说明企业发展环境的改善仍然需要政府、市场和社会的更多关注。不过需要指出的是，由于调查的时点是在2014年初，因此这反映的是被访企业主对于2012年和2013年企业发展环境的一个评价。2014年以来，党和政府在改善企业发展环境方面，尤其是简政放权方面又释放了更多的红利。企业主的评价如何需要更新的数据来调查。

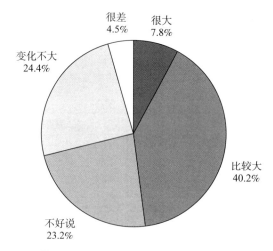

图12 私营企业主对近两年企业发展环境向好程度的评价

进一步的分析表明，资产规模越大的企业，认为近两年企业发展环境向好程度更大的比例越高。资产规模在1亿元及以上的被访企业主有12.2%的人认为向好程度很大，52.4%的人认为比较大，合计为64.6%。1000万~1亿元资产规模的企业主做出肯定评价的比例合计达到了63%（很大与比较大的比例分别为11.5%和51.5%）。与此形成较大反差的是，100万~1000万元资产规模的企业主只有7.3%和39.3%的人分别做出了向好程度很大和比较大的评价，合计为46.6%；资产规模在100万元以下的小企业主做出肯定性评价的比例合计则只有34.2%，其中表示很大的只有4.8%，比较大的有29.4%（见表62）。

表 62　不同资产规模的私营企业主对近两年企业发展环境向好程度的评价

单位：%

	评价	资产规模分组			
		100 万元以下	100 万 ~ 1000 万元	1000 万 ~ 1 亿元	1 亿元及以上
近两年企业发展环境向好的程度	很大	4.8	7.3	11.5	12.2
	比较大	29.4	39.3	51.5	52.4
	不好说	31.2	21.7	15.1	16.0
	变化不大	29.5	26.7	18.7	16.6
	很差	5.1	5.1	3.3	2.8
统计检验	$\chi^2 = 200.703$，$df = 12$，$p < 0.000$				

与此类似的是，企业雇工人数越多的企业主，对近两年企业发展环境向好程度的评价也越积极。雇工在 200 人及以上的企业主认为发展环境向好程度很大与比较大的比例合计达到了 59.7%，100 ~ 199 人的合计为 56.5%，60 ~ 99 人的合计为 50.2%。雇工人数更低的企业主的肯定性回答则开始低于 50%，其中 20 ~ 59 人的合计为 47.5%，9 ~ 19 人的合计为 38.1%，8 人及以下的合计为 26.6%。如果说资产规模和雇工人数均是衡量企业规模的有效指标的话，那么两者综合起来判断，可以说大型企业对企业发展环境的评价更加积极，而提高中小企业的评价则是执政者应该思考的关键点（见表 63）。

表 63　不同雇工人数的私营企业主对近两年企业发展环境向好程度的评价

单位：%

	评价	雇工人数分组					
		8 人及以下	9 ~ 19 人	20 ~ 59 人	60 ~ 99 人	100 ~ 199 人	200 人及以上
近两年企业发展环境向好的程度	很大	3.2	4.3	7.5	7.8	9.9	11.1
	比较大	23.4	33.8	40.0	42.4	46.6	48.6
	不好说	37.2	27.5	22.2	22.3	18.3	16.7
	变化不大	30.4	30.0	25.6	23.0	20.7	20.2
	很差	5.9	4.6	4.7	4.5	4.6	3.5
统计检验	$\chi^2 = 314.649$，$df = 20$，$p < 0.000$						

大多数被访企业主将企业发展环境向好的因素归结为政府服务水平的提高。在调查问卷里诸多提供给被访企业主选择的发展环境向好的因素中，有64.1%的被访企业主选择了"政府部门服务意识有所增强"，59.0%的人选择了"行政审批减少"，有38.7%的人选择了"企业税费负担有所减轻"，25.8%的人选择了"融资难题有所缓解"，这两个选项的比例都较低，这说明金融类困扰仍然是制约企业发展的重要瓶颈。有31.8%的人选择了"注册资本登记实缴改认缴"，这一比例相对较低，可能是因为这一政策仅仅与新注册企业有关（见表64）。

就企业类型来说，大中型企业选择"政府部门服务意识有所增强"的比例相对于小微型企业来说要高出11.5%，选择"行政审批减少"的比例也略高，但差别并不明显，选择"融资难题有所缓解"的比例也略高于小微型企业。但小微型企业在税费负担问题上的选择比例要高于大中型企业，这也许是这几年来政府致力于减轻小微型企业税费负担的工作效果（见表64）。

表64　不同类型私营企业的企业主认为企业发展环境向好的因素

单位：个，%

			企业划型		总体
			小微型企业	大中型企业	
企业主认为企业发展环境向好的因素	行政审批减少	样本数	2520	822	3342
		比例	58.5	60.4	59.0
	注册资本登记实缴改认缴	样本数	1419	383	1802
		比例	32.9	28.2	31.8
	企业税费负担有所减轻	样本数	1733	462	2195
		比例	40.2	34.0	38.7
	融资难题有所缓解	样本数	1063	400	1463
		比例	24.7	29.4	25.8
	政府部门服务意识有所增强	样本数	2642	990	3632
		比例	61.3	72.8	64.1
合计			4307	1360	5667

有53.3%的被访企业主认为"融资成本高"是企业发展环境不好的主要因素，这一比例略低于"缺少人才、技术、信息"的58.7%，排名第二。有

意思的是，大中型企业对于人才、技术、信息的不满（65.3%）要高于小微型企业（56.6%），且幅度较为明显（8.7 个百分点）。排名第三的是"税费负担重"，有 45.1% 的被访企业主选择了这一点。且与上一题相呼应的是，选择这一题的大中型企业的比例（49.5%）要高于小微型企业（43.7%）。这再次印证了大中型企业对减轻税负的呼声。选择"准入门槛不合理"和"缺乏场地、设施"的比例分别为 22.8% 和 24.7%，这也许是近些年来政府简政放权工作取得的成效，许多过去对准入门槛和场地设施的要求已经在商事制度改革之中予以修正或废除（见表 65）。

表 65　不同类型私营企业的企业主认为企业发展环境不好的因素

单位：个，%

企业主认为企业发展环境不好的因素			企业划型		总体
			小微型企业	大中型企业	
	准入门槛不合理	样本数	1029	300	1329
		比例	23.2	21.5	22.8
	融资成本高	样本数	2287	824	3111
		比例	51.5	59.0	53.3
	缺少人才、技术、信息	样本数	2513	912	3425
		比例	56.6	65.3	58.7
	缺乏场地、设施	样本数	1116	326	1442
		比例	25.1	23.4	24.7
	税费负担重	样本数	1942	691	2633
		比例	43.7	49.5	45.1
	其他	样本数	113	43	156
		比例	2.5	3.1	2.7
合计			4439	1396	5835

（二）对市场监管的评价

被访企业主认为市场监管中存在的最为主要的问题是"部门职能交叉、重复监管"，在问卷提供的诸多选项中，选择这一问题的比例有 68.2%。有 56.6% 的企业主选择了"部门职责不清、相互推诿"，这一问题的实质依然是部门之间的扯皮与职责。有 28.1% 的企业主选择了"执法不公、选择执法"。有意思的是，有 15.0% 的被访企业主认为目前的市场监管"处罚较轻、惩戒不足"，而 15.9% 的被访企业者认为"处罚过重、影响发展"，这两方面的不同意见如何协调需要更大的智慧，同时也需要更清晰地厘清到底哪些执法企业主认为过轻，哪些认为过重（见表66）。

表66　不同类型私营企业的企业主认为市场监管中存在的问题

单位：个，%

| | | | 企业划型 | | 总体 |
			小微型企业	大中型企业	
市场监管中存在的问题	部门职能交叉、重复监管	样本数	2786	984	3770
		比例	66.7	73.1	68.2
	部门职责不清、相互推诿	样本数	2361	764	3125
		比例	56.5	56.8	56.6
	执法不公、选择执法	样本数	1192	361	1553
		比例	28.5	26.8	28.1
	处罚较轻、惩戒不足	样本数	659	169	828
		比例	15.8	12.6	15.0
	处罚过重、影响发展	样本数	691	188	879
		比例	16.5	14.0	15.9
	其他	样本数	59	15	74
		比例	1.4	1.1	1.3
合计			4179	1346	5525

在对党和政府颁布的一些促进私营经济和私营企业发展的政策的了解方面，总的趋势是受教育程度越高的企业主，对相关政策的了解程度越高。具体来说，小学及以下受教育程度的企业主不了解《国务院关于进一步支持小型微型企业健康发展的意见》（简称"小微企业29条"）的有23.1%，而到了大学受教育程度的被访企业主那里，这一比例只有10.5%，而研究生及以上被访企业主不知道这一政策的只有6.2%；再比如，对42项民间投资实施细则（简称"新36条"）不知道的比例，则从小学及以下的34.6%，降到研究生及以上的13.1%；不知道国务院办公厅下发的《关于金融支持经济结构调整和转型升级的指导意见》的比例，小学及以下的为30.8%，研究生及以上的为13.4%（见表67）。

表 67　不同受教育程度的私营企业主对若干政策的了解程度

单位：%

您是否了解下列政策？	了解程度	受教育程度					
		小学及以下	初中	高中、中专	大专	大学	研究生及以上
《国务院关于进一步支持小型微型企业健康发展的意见》（简称"小微企业29条"）	比较了解	15.4	12.5	18.0	24.7	25.7	35.5
	听说过	61.5	70.7	65.6	65.1	63.8	58.4
	不知道	23.1	16.8	16.4	10.2	10.5	6.2
	统计检验：$\chi^2 = 144.401$，$df = 10$，$p < 0.000$						
42项民间投资实施细则（简称"新36条"）	比较了解	13.5	7.2	12.0	18.0	18.5	28.2
	听说过	51.9	59.1	60.0	60.9	60.1	58.7
	不知道	34.6	33.7	28.0	21.1	21.4	13.1
	统计检验：$\chi^2 = 154.865$，$df = 10$，$p < 0.000$						
国务院办公厅下发的《关于金融支持经济结构调整和转型升级的指导意见》	比较了解	9.6	6.8	12.3	18.1	19.7	28.5
	听说过	59.6	60.0	60.2	59.6	60.0	58.0
	不知道	30.8	33.2	27.4	22.3	20.4	13.4
	统计检验：$\chi^2 = 150.864$，$df = 10$，$p < 0.000$						

　　小微型企业主对这些政策的了解程度均要明显低于大中型企业主。例如，有13.2%的小微型企业主不知道"小微企业29条"，而大中型企业这一比例只有7.9%。不知道42项民间投资实施细则的比例分别为25.9%和14.1%，两者相差11.8个百分点。国务院办公厅下发的《关于金融支持经济结构调整和转型升级的指导意见》的知晓率两者相差13.5个百分点，小微型企业主和大中型企业主的不知晓率分别为26.2%和12.7%。这说明政策宣传要进一步向低学历和小微型企业的企业主倾斜（而这两者往往是高度相关的），要设计出符合小微企业特征的宣传方案（见表68）。

表 68　不同类型的私营企业主对若干政策的了解程度

单位：%

您是否了解下列政策？	了解程度	企业划型	
		小微型企业	大中型企业
《国务院关于进一步支持小型微型企业健康发展的意见》（简称"小微企业29条"）	比较了解	20.7	32.3
	听说过	66.1	59.8
	不知道	13.2	7.9
	统计检验：$\chi^2 = 96.825$，$df = 2$，$p < 0.000$		

续表

您是否了解下列政策？	了解程度	企业划型	
		小微型企业	大中型企业
42 项民间投资实施细则（简称"新36条"）	比较了解	14.1	25.8
	听说过	60.1	60.1
	不知道	25.9	14.1
	统计检验：$\chi^2 = 154.572$，$df = 2$，$p < 0.000$		
国务院办公厅下发的《关于金融支持经济结构调整和转型升级的指导意见》	比较了解	14.1	27.5
	听说过	59.7	59.8
	不知道	26.2	12.7
	统计检验：$\chi^2 = 198.262$，$df = 2$，$p < 0.000$		

党的十八届三中全会提出，"经济体制改革是全面深化改革的重点，核心问题是处理好政府与市场的关系，使市场在资源配置中起决定性作用和更好发挥政府作用"。调查询问了被访企业主对这一论述所可能引发的效应的评价。企业主可以从"同意""比较同意""不知道""不太同意""不同意"这五个选项中进行选择。我们对这五个选项分别从5到1由高到低进行赋值并计算均值。均值越高，表示被访企业主越同意相关的预期判断；反之相反。

被访企业主对于上述论述所可能引发的效应做出了积极评价。四项积极评价的得分均值均在4分以上，而两项负面预期的均值都在3分以下。其中认为"市场竞争将逐步有序和规范"的得分最高（4.20分），紧随其后的是"企业发展将面临更为广阔的空间"（4.11分）、"将极大地增强企业发展信心"（4.10分）和"阻碍经济健康发展的诸多障碍将被打破"（4.09分）。认为"推行起来太困难，不抱什么希望"的得分只有2.84分，而"说了也白说，不会有太大改善"的得分为2.52分（见表69）。

在对同一问题的判断上，资产规模越大的企业主的评价越积极，这一趋势非常明显和稳健。例如，在对"市场竞争将逐步有序和规范"的判断上，100万元以下规模的企业主的得分是4.13分，100万～1000万元的是4.19分，1000万～1亿元的是4.24分，1亿元及以上的是4.28分。其他选项的情况与此类似，不再赘述（见表69）。

表 69　不同资产规模的私营企业主对十八届三中全会论述的评价

单位：分

	资产规模分组				
	100 万元以下	100 万 ~ 1000 万元	1000 万 ~ 1 亿元	1 亿元及以上	总体
阻碍经济健康发展的诸多障碍将被打破	4.02	4.06	4.15	4.21	4.09
市场竞争将逐步有序和规范	4.13	4.19	4.24	4.28	4.20
企业发展将面临更为广阔的空间	4.06	4.10	4.14	4.25	4.11
将极大地增强企业发展信心	4.03	4.09	4.14	4.19	4.10
推行起来太困难，不抱什么希望	2.99	2.92	2.73	2.48	2.84
说了也白说，不会有太大改善	2.68	2.60	2.39	2.20	2.52

　　超过六成的被访企业主对"注册资本实缴改为认缴的后果"表现出积极态度。有 64.8% 的被访企业主认为此举将使得人们创业热情得到激发，60.1% 的被访企业主认为企业数量会迅速增加。与之相对应的，持消极看法的比例较低。有 19.5% 的被访企业主认为"作用有限，不会产生大的变化"，19.8% 的被访企业主认为"放宽资本准入门槛将影响市场秩序"。此外，大中型企业的被访企业主的态度相较于小微型企业来说更为积极一些，但差别并不显著（见表 70）。

表 70　不同类型的私营企业主对"注册资本实缴改为认缴的后果"的看法

单位：个，%

			企业划型		总体
			小微型企业	大中型企业	
注册资本实缴改为认缴的后果	创业热情得到激发	样本数	2918	970	3888
		比例	63.9	67.6	64.8
	企业数量迅速增加	样本数	2697	912	3609
		比例	59.0	63.6	60.1
	作用有限，不会产生大的变化	样本数	918	253	1171
		比例	20.1	17.6	19.5
	放宽资本准入门槛将影响市场秩序	样本数	912	277	1189
		比例	20.0	19.3	19.8
合计			4569	1435	6004

调查还询问了被访企业主认为哪些企业信用信息在网上公布会对企业诚信经营最有影响力。选择最高的是行政机关公布对企业违法行为的处罚信息，中选率为50.1%，随后是企业资质资格信息（44.4%）、企业年度报告信息（40.6%）和企业登记备案信息（38.1%）（见表71）。

表71　不同类型的私营企业主认为对企业诚信经营
最有影响的网上公布信息

单位：个，%

			企业划型		总体
			小微型企业	大中型企业	
哪些企业信用信息在网上公布会对企业诚信经营最有影响力	企业登记备案信息	样本数	1820	468	2288
		比例	39.8	32.8	38.1
	企业年度报告信息	样本数	1795	639	2434
		比例	39.3	44.7	40.6
	企业资质资格信息	样本数	2013	650	2663
		比例	44.0	45.5	44.4
	行政机关公布对企业违法行为的处罚信息	样本数	2232	773	3005
		比例	48.8	54.1	50.1
合计			4571	1429	6000

针对工商部门进行的"先照后证"的改革，超过六成的被访企业主持积极的看法。有61.7%的被访企业主认为会更加方便人们创办企业，14.6%的人认为有利于解决政府部门间的推诿扯皮。与此同时，也有10.8%的被访企业主认为证照先后顺序调整没有解决审批的核心问题，12.9%的人认为说不好（见表72）。

表72　不同类型的私营企业主对实行"先照后证"改革的看法

单位：%

		企业划型		
		小微型企业	大中型企业	总体
您对实行"先照后证"改革怎么看？	更加方便人们创办企业	61.1	63.5	61.7
	有利于解决政府部门间的推诿扯皮	14.8	14.0	14.6
	证照先后顺序调整没有解决审批的核心问题	10.6	11.2	10.8
	说不好	13.4	11.3	12.9

私营企业主对企业设立过程中遇到的注册登记困难的主要抱怨在于前置审批的手续和程序复杂。有 60.2% 的被访企业主认为"登记前置审批程序繁杂"，56.0% 的人认为"登记前置审批项目过多"。对于其他困难的抱怨比例则明显降低。36.1% 的人认为审批周期过长，29.1% 的人认为审批信息不够透明公开，18.1% 的人认为登记前置审批条件不合理。小微型企业主和大中型企业主在不同项目上的选择比例互有高低，但总体来说相差并不明显。可以认为，这些困难带有一定的普遍性（见表 73）。

**表 73　不同类型的私营企业主对企业设立
过程中注册登记困难的评价**

单位：个，%

			企业划型		总体
			小微型企业	大中型企业	
企业设立过程中遇到的注册登记困难	审批信息不够透明公开	样本数	1261	362	1623
		比例	29.8	27.0	29.1
	登记前置审批项目过多	样本数	2307	811	3118
		比例	54.6	60.4	56.0
	登记前置审批程序繁杂	样本数	2519	836	3355
		比例	59.6	62.2	60.2
	登记前置审批条件不合理	样本数	775	232	1007
		比例	18.3	17.3	18.1
	审批周期过长	样本数	1475	538	2013
		比例	34.9	40.1	36.1
	其他	样本数	47	12	59
		比例	1.1	.9	1.1
合计			4228	1343	5571

私营企业主还选择了他们认为的最难办、最不合理的行政审批项目。按照选择比例由高到低排列分别为卫生许可证、食品生产许可证、文化经营许可证、餐饮服务许可证、互联网上网服务营业场所许可证、医疗器械经营许可证、其他。这种选择的分布受到行业分布的影响很大，因此结果仅供参考（见表 74）。

表 74　私营企业主对"企业最难办、最不合理的行政审批"的选择

单位：个，%

		回应		应答比例
		样本数	比例	
企业最难办、最不合理的行政审批	卫生许可证	1266	23.0	38.0
	食品生产许可证	1007	18.3	30.2
	餐饮服务许可证	761	13.8	22.9
	文化经营许可证	860	15.6	25.8
	互联网上网服务营业场所许可证	683	12.4	20.5
	医疗器械经营许可证	498	9.0	15.0
	其他	438	7.9	13.2
合计		5513	100.0	165.6

超过八成的被访企业主（81.4%）将"简化手续，提高效率"作为他们对行政审批改革的期待。"最大限度减少审批项目和环节"也有 67.5% 的被访企业主选择。选择"公开审批事项和标准"的比例为 44.9%。小微型企业和大中型企业的区别并不明显。私营企业主的呼声带有普遍性（见表 75）。

表 75　不同类型的私营企业主对行政审批改革的期待

单位：个，%

			企业划型		总体
			小微型企业	大中型企业	
对行政审批改革的期待	最大限度减少审批项目和环节	样本数	3001	1008	4009
		比例	66.3	71.1	67.5
	公开审批事项和标准	样本数	1997	672	2669
		比例	44.1	47.4	44.9
	简化手续，提高效率	样本数	3634	1202	4836
		比例	80.3	84.8	81.4
	其他	样本数	49	14	63
		比例	1.1	1.0	1.1
合计			4525	1417	5942

（三）私营企业主对社会、政治、经济、社会形势的预期

本次调查第一次询问了被访企业主对于未来五年政治、经济和社会形势发展的预期。数据显示，企业主们的经济危机感较强。有 28.1% 和 42.6% 的被访企业主认为未来很有可能或较有可能发生物价大幅上涨的危机，两者合计达到了 70.7%。认为就业会越来越困难的企业主占到了 70.2%，其中选择很有可能和较有可能的分别占 23.6% 和 46.6%。紧随物价和就业之后的是房地产，分别有 22.4% 和 40.4% 的被访企业主认为房地产"泡沫"很有可能或较有可能破裂。认为经济会陷入低迷的比例有 52.3%，其中认为很有可能的为 16.6%，较有可能的为 35.7%（见图 13）。需要指出的是，由于调查时点的关系（2014 年 3～4 月），"通胀"压力在调查时较为明显，而宏观经济指标下行的压力相较目前（2015 年 7 月）要轻。企业主对于宏观经济走势的预期可能会随着宏观经济形势的变化也随之发生变化，但总体而言，私营企业主较为普遍的经济危机感是一个不争的事实。

有意思的是，被访企业主对生态环境恶化的危机感超过了对于经济陷入低迷的危机感。分别有 22.3% 和 39.1% 的被访企业主认为未来生态环境会恶化，两者合计达到了 61.4%（见图 13）。

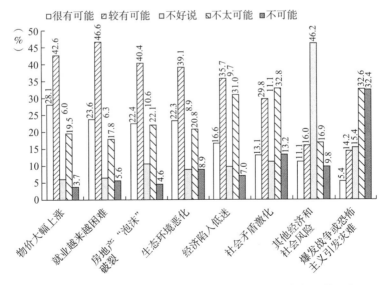

图 13 私营企业主对于未来五年政治、经济、社会危机的预期

企业主们认为社会危机爆发的可能性则要低得多。有 13.1% 的被访企业主认为很有可能社会矛盾会激化，选择较有可能的有 29.8%，两者合计达到了 42.9%。认为其他经济和社会风险有可能激化的合计达到了 27.1%。这一比例较低很有可能是由题干指向不明导致的，因为选择"不好说"的比例高达 46.2%（见图 13）。

认为未来五年会爆发战争或恐怖主义引发灾难的比例很低。选择很有可能的仅有 5.4%，较有可能的有 14.2%，两者合计仅有 19.6%（见图 13）。

超过七成（73.6%）的被访企业主同意"各种所有制经济依法平等使用生产要素、公开公平公正参与市场竞争、同等受到法律保护难以实现"，其中同意的有 35.5%，比较同意的有 38.1%（见图 14）。

分别有 35.7% 和 38.0% 的被访企业主同意和比较同意"国家没有必要继续扩大对外援助，而应更加关注国内民生的改善"，两者合计占到了 73.7%。这显示出国内的私营企业主希望政府更多地关注国内民生而不是对外援助。但对政府是否应该提高关税来保护本国产品，企业主们的看法则并不统一。有 28.2% 和 28.0% 的被访企业主表示同意和比较同意，合计为 56.2%，认为不好说的达到了 27.9%，还有合计 15.9% 的被访企业主表示并不同意（见图 14）。进一步的分析可以关注不同地域和行业的企业主对是否实施更加具有保护主义色彩的经济政策的看法。

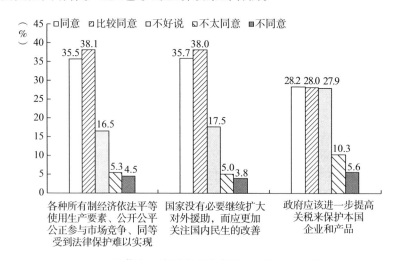

图 14　私营企业主对市场竞争和保护主义的看法

（四）私营企业主对"中国梦"的看法

私营企业主们对于自己和"中国梦"的关系持正面积极的看法。合计有 75.6% 的被访企业主对"私营企业主是实现'中国梦'最重要的群体"持肯定态度，其中表示同意的有 30.1%，比较同意的有 45.5%。

私营企业主们理解的"中国梦"带有"积极的个人主义"色彩。分别有 24.7% 和 35.5% 的被访企业主同意和比较同意"我的'中国梦'首先是实现个人理想，然后才是中华民族复兴"，合计达到了 60.2%，还有 23.9% 的被访企业主表示"不好说"，仅有合计 15.9% 的人对此持否定态度。

对于"'中国梦'是政府提出的概念，与我关系不大"这一表述，表示不太同意和不同意的分别达到了 57.4% 和 4.7%，合计达到了 62.1%，这显示出"中国梦"这一概念得到了企业主阶层较为广泛的认可。对"中国梦"的宣传工作，也应该抓住这一特点，从个人的角度切入，将个人的梦想与国家民族的复兴有机地结合起来。

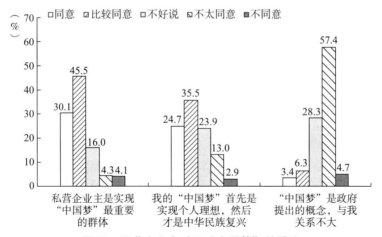

图 15　私营企业主对于"中国梦"的看法

（五）私营企业主对统战工作的评价

工商联会员企业参与工商联组织的 42 项民间投资实施细则和"小微企业 29 条"的评估工作的比例（26.5%）要明显高于非会员企业（6.4%）。同时，工商联会员企业对于这两项活动的不知晓率（9.5%）也要明显低于非会员企业（24.5%）。这凸显出了工商联会员企业在工商联活动中的组织优势（见表 76）。

表 76　私营企业主参与工商联组织的两项政策的评估工作情况

单位：%

		您是不是工商联会员？		总体
		是	不是	
您是否参与过工商联组织的 42 项民间投资实施细则和"小微企业 29 条"的评估工作？	参与过	26.5	6.4	20.4
	没有参与	64.0	69.0	65.5
	没听说过	9.5	24.5	14.1
统计检验	$\chi^2 = 395.975$，$df = 2$，$p < 0.000$			

从抽样调查结果来看，私营企业主对党的群众路线教育实践活动有一定的了解或是体验，参加过活动的有 2117 人，占 34.46%，知道但未参加的有 3370 人，占 54.85%，不知道的有 657 人，占 10.69%（见表 77）。

表 77　私营企业主对于群众路线活动的了解情况

单位：个，%

知道和参加情况	人数	比例
不知道	657	10.69
参加过	2117	34.46
知道，但没参加过	3370	54.85
总计	6144	100.00

对于活动取得的成效，受访企业主总体评价比较积极，不少人认为"四风"蔓延的势头的确得到了遏制，社会风气明显好转，许多关乎群众切身利益的问题得到妥善解决或明显改善，政府机构的办事效率明显提高，党员干部的工作作风有了很大转变。但也有 9.86% 的人认为活动前和活动后没什么明显变化，6.22% 的人认为"四风"问题只是表面上被遏制了，实际上变得更加严重（见表 78）。

表 78　私营企业主认为党的群众路线教育实践活动取得的效果情况（多选）

单位：%

效果	比例
"四风"蔓延的势头的确得到了遏制，社会风气明显好转	73.24
许多关乎群众切身利益的问题得到妥善解决或明显改善	45.31

续表

效果	比例
政府机构的办事效率明显提高	42.81
党员干部的工作作风有了很大转变	46.60
活动前和活动后没什么明显变化	9.86
"四风"问题只是表面上被遏制了，实际上变得更加严重	6.22

从抽样调查结果来看，私营企业主对统战部门参与全面深化改革，服务非公有制经济发展有较高的期望。主要期望从高到低依次是：推动政策落实，形成有利于非公有制经济发展的政策环境，占 71.52%；开展调查研究，向党和政府反映非公有制企业的发展诉求，占 53.78%；畅通协商渠道，组织非公有制经济人士为全面深化改革建言献策，占 51.51%；引导转型升级，支持非公有制企业加强科技创新和管理创新，占 46.43%；宣传先进典型，为非公有制经济发展营造良好社会氛围，占 36.75%。

2013 年以来，中央统战部、全国工商联以"民营企业家与'中国梦'"为主题，共同组织开展了非公有制经济人士理想信念教育实践活动。抽样调查结果显示，这项活动在非公有制经济人士中产生了一定的影响。参加了有关活动的，占 23.16%；听说过这项活动的，占 33.45%；不了解的，占 43.39%（见表 79）。

**表 79　私营企业主对非公有制经济人士理想信念
教育实践活动的了解情况**

单位：%

了解程度	比例
参加了有关活动	23.16
听说过这项活动	33.45
不了解	43.39

同时有 68.93% 的人认为，很有必要继续深入开展理想信念教育实践活动（见表 80）。这在一定程度上说明，理想信念教育实践活动契合了非公有制经济人士的现实需求和思想需求，但在进一步搞好活动的宣传组织，扩大覆盖面，提高传播力等方面还需要进一步加强和改进。

表 80　私营企业主对继续深入开展理想信念教育实践活动的看法

单位：%

是否有必要继续深入开展这项活动	比例
很有必要深入开展	68.93
没有必要继续开展	2.64
无所谓	28.43

同时，非公有制经济人士认为，开展理想信念教育实践活动，最能有效增强信念、信任、信心和信誉（简称"四信"）的途径从高到低依次是：营造公平的市场竞争环境，占 73.60%；帮助企业解决发展中的实际困难，占 70.13%；搭建与党委政府的沟通平台，占 55.71%；促进企业间的交流合作，占 54.54%；加强形势和理论政策宣讲，占 31.88%；加强对非公有制先进典型的宣传，占 29.67%。可见，当前，非公有制经济人士思考问题的基本点还是"在商言商"，为企业生产经营呼吁和争取良好的环境及条件，始终是他们第一位的关注点（见表81）。

表 81　私营企业主对增强"四信"有效方式的看法

单位：%

方式	比例
营造公平的市场竞争环境	73.60
帮助企业解决发展中的实际困难	70.13
搭建与党委政府的沟通平台	55.71
促进企业间的交流合作	54.54
加强形势和理论政策宣讲	31.88
加强对非公有制先进典型的宣传	29.67

（六）私营企业主对新生代企业家教育培养的有关看法

目前，以私营企业主子女为主的新生代企业家开始崭露头角，部分人已顺利接班或在企业中担任重要职务。大部分受访企业主对新生代企业家政治参与持支持和肯定态度。61.15% 的人认为，新生代企业家应适当参与各级工商联组织；48.39% 的人认为，应扩大新生代企业家的政治参与，鼓励其积极参政议政；还有 27.54% 的人认为，新生代企业家应以企业经营为主，不应参政议政。

对于统战部门加强对新生代企业家培养教育的合适方式，被访企业主认为从高到低依次是：举办多种形式的学习培训，占 63.12%；发挥老一代企业家的传帮带作用，占 55.71%；组建联谊会等团体，搭建沟通交流平台，占 52.70%；组织开展考察调研，占 44.23%；组织他们为改革发展建言献策，占 38.22%。可见，绝大多数私营企业主希望统战部门通过组织学习、帮带、考察、交流、议政建言等多种方式，在培养、教育和引导新生代企业家中发挥应有作用。此外还有 15.52% 的人认为，新生代企业家成长主要靠自身努力，统战部门的作用有限（见表82）。

表82　私营企业主认为统战部门培养教育新生代企业家的合适方式

单位：%

方式	比例
举办多种形式的学习培训	63.12
发挥老一代企业家的传帮带作用	55.71
组建联谊会等团体，搭建沟通交流平台	52.70
组织开展考察调研	44.23
组织他们为改革发展建言献策	38.22
新生代成长主要靠自身努力，统战部门的作用有限	15.52

2016 年中国第十二次私营企业抽样 调查数据分析综合报告

"中国私营企业研究" 课题组

一　前言

本报告分为十个部分。第一部分前言介绍本次调查的背景和方法。第二部分的数据主要是从宏观的层面介绍截至 2015 年年底全国个体私营经济发展的状况，数据来源于国家工商行政管理总局个体私营经济监管司。从第三部分起到第十部分，是针对私营企业层面和企业主个体层面数据的微观分析，数据的来源是第十二次全国私营企业抽样调查。

2013 年，党的十八届三中全会通过的《中共中央关于全面深化改革若干重大问题的决定》强调指出，"支持非公有制经济健康发展""非公有制经济在支撑增长、促进创新、扩大就业、增加税收等方面具有重要作用"。在实现中华民族伟大复兴的"中国梦"这一伟大历史进程中，非公有制经济承担着义不容辞的光荣责任。我们希望通过调查，真实、全面反映私营企业发展中的成绩和困难，鼓舞和增强私营企业继续前进的信心，争取社会各界对私营经济发展给予更多理解和支持。

中国私营企业调查每两年进行一次，目前已分别于 1993 年、1995 年、1997 年、2000 年、2002 年、2004 年、2006 年、2008 年、2010 年、2012 年、2014 年进行了 11 次，2016 年开展第 12 次调查。从 2004 年起，历年调查由中央统战部、全国工商联、国家工商行政管理总局、中国民（私）营经济研究会四家单位主持。该调查在实际执行层面依托各省（区、市）工商联和工商局力量，在全国范围内开展。这是一项创业型的基础研究，是一项浩大工程。这些庞大数据的鲜明特点是：个体层面数据丰富；历史价值珍贵；得到广泛应用。

截至 2015 年年底，全国共有私营企业 1908.23 万户，本次调查按 0.4‰ 的比例抽样，共计划调查 7600 户私营企业，由全国工商联和国家工商总局共同完成。全国工商联和国家工商总局 2016 年各需完成 3800 户。去除一些不合格问卷后，实际完成 8111 户。

工商局的执行部分，以往都是每个联络点平均分配，这次根据所在地企业数量和联络点的级别，做了调整，从而使得样本的分布更加反映总体的分布。在填写方式上，2016 年采取网络问卷填写或纸质问卷填写，两种方式中任选一种。最终选择网络填答问卷的有 416 份，占 5.1%。

本次调查的问卷内容可以分为五部分：一是企业主要出资人情况；二是企业基本情况；三是企业管理与传承；四是"互联网＋"与产业转型；五是企业发展环境。

表 1 展示了所有样本的分省份情况。本次调查覆盖了中国大陆 31 个省份。

表 1 样本的分省份分布情况

单位：个，%

省份	样本数	百分比
北京	333	4.1
天津	153	1.9
河北	238	2.9
山西	246	3.0
内蒙古	129	1.6
辽宁	396	4.9
吉林	267	3.3
黑龙江	191	2.4
上海	377	4.6
江苏	513	6.3

省份	样本数	百分比
浙江	542	6.7
安徽	229	2.8
福建	315	3.9
江西	240	3.0
山东	417	5.1
河南	221	2.7
湖北	403	5.0
湖南	182	2.2
广东	639	7.9
广西	185	2.3
海南	127	1.6
重庆	260	3.2
四川	335	4.1
贵州	251	3.1
云南	224	2.8
西藏	32	0.4
陕西	249	3.1
甘肃	140	1.7
青海	92	1.1
宁夏	80	1.0
新疆	105	1.3
合计	8111	100.0

表2显示了样本的地区分布状况。东部地区占45.0%，中部地区占18.8%，西部地区占25.7%，东北地区占10.5%。

表2　样本的分地区分布情况

单位：个，%

地区	样本数	百分比
东部	3654	45.0
中部	1521	18.8

地区	样本数	百分比
西部	2082	25.7
东北	854	10.5

注：本表原有东中西部的划分方式，但国家统计局将东北三省单独提出。鉴于最近一段时间东北的民营经济发展引发各方关注，我们这次也将东北地区单独划出进行分析。因此，东部地区包括北京、天津、河北、上海、江苏、浙江、福建、山东、广东、广西、海南；中部地区包括山西、内蒙古、安徽、江西、河南、湖北、湖南；西部地区包括重庆、四川、贵州、云南、西藏、陕西、甘肃、宁夏、青海、新疆；东北地区包括黑龙江、吉林和辽宁。

二 2015 年全国个体私营经济发展的宏观情况

(一) 私营企业的数量

户数和注册资金增长情况。截至 2015 年年底，全国实有私营企业 1908.23 万户（含分支机构，下同），比上年同期增加 361.86 万户，增长 23.40%，占全国实有企业总数的 87.30%，比上年同期高出 2.3 个百分点；注册资本（金）90.55 万亿元，比上年同期增加 31.34 万亿元，增长 52.93%，占全国实有企业注册资本（金）总额的 53.80%，比上年同期高出 5.88 个百分点（见表 3）。

私营企业投资者人数、雇工人数增长情况。截至 2015 年年底，全国私营企业从业人员 16394.86 万人，比上年同期增加 2005 万人，增长 13.93%（见表 3）。其中投资者人数 3560.59 万人，比上年同期增加 597.51 万人，增长 20.17%；雇工人数 1.28 亿人，比上年同期增加 1406.95 万人，增长 12.31%。

私营企业比例逐年上升。2010 年以来，私营企业数量和资本所占企业总体比例不断上升，截至 2015 年年底，全国实有私营企业数量占企业总体的比例为 87.30%。

从户均资本规模来看，私营企业户均资本由 2010 年末的 227.14 万元增长为 2015 年末的 474.55 万元。

新登记私营企业总量和资本总额创历年新高。2015 年全国新登记私营企业 421.17 万户，同比增长达 22.03%；新增私营企业注册资本（金）合计 22.75 万亿元，同比增长 55.44%。2015 年全国新登记私营企业总量和资本总额创历年新高。

私营企业注销数量大幅增长。2015 年工商和市场监管部门健全完善市场退出机制，着力清除僵尸企业，私营企业注销数量比上年明显增加。2015 年全国注销私营企业 68.25 万户，同比增长 65.17%。

表 3　近年来全国私营企业发展基本情况

年份	户数（万户）	增长率（%）	从业人数（万人）	增长率（%）	注册资金（万亿元）	增长率（%）
2002	263.83	20.00	3247.50	19.70	2.48	35.90
2003	328.72	24.60	4299.10	32.38	3.53	42.34
2004	402.41	22.42	5017.30	16.70	4.79	35.69
2005	471.95	17.28	5824.00	16.08	6.13	27.97
2006	544.14	15.30	6586.40	13.09	7.60	23.98
2007	603.05	10.83	7253.10	10.12	9.39	23.55
2008	657.42	9.01	7904.00	8.97	11.74	25.03
2009	740.15	12.58	8606.97	8.89	14.65	24.79
2010	845.52	14.24	9417.58	9.42	19.21	31.13
2011	967.68	14.45	10353.62	9.94	25.79	34.25
2012	1085.72	12.20	11296.12	9.10	31.10	20.59
2013	1253.86	15.49	12521.56	10.84	39.31	26.40
2014	1546.37	23.33	14390.40	14.92	59.21	50.62
2015	1908.23	23.40	16394.86	13.93	90.55	52.93

（二）产业结构发展情况

私营企业实有户数在第一、第三产业保持较快增长态势，所占比例持续扩大。2015 年第一产业新登记私营企业 21.02 万户，同比增长 28.29%，截至 2015 年年底，私营企业在第一产业实有 73.16 万户，比上年底增长 36.63%，占全国私营企业总户数的 3.83%，比上年同期扩大 0.37 个百分点；注册资本（金）2.21 万亿元，比上年底增长 53.63%，占私营企业注册资本（金）总额的 2.44%。2015 年第二产业新登记私营企业 61.94 万户，同比增长 6.71%，截至 2015 年年底，第二产业实有私营企业 414.10 万户，比上年底增长 13.03%，占全国私营企业总户数的 21.7%，比上年同期缩小 1.99 个百分点；注册资本（金）21.29 万亿元，比上年底增长 36.84%，占私营企业注册资本（金）总额的 23.51%。2015 年第三产业新登记私营企业 338.21 万户，同比增长 24.94%，截至 2015 年年底，私营企业在第三产业实有 1420.96 万户，比上年底增长 26.15%，占全国私营企业总户数的 74.47%，比上年同期扩大 1.63 个百分点；注册资本（金）67.06 万亿元，比上年底增长 58.86%，占私营企业注册资本（金）总额的 74.06%。

在第三产业中，从事批发和零售业的私营企业最多，有 697.67 万户，比上年底增长 22.68%，占私营企业从事第三产业经营总户数的 49.10%；从业人数达 4780.45 万人，比上年底增长 15.14%；注册资本（金）18.22 万亿元，比上年底增长 48.80%。租赁和商务服务业有 249.80 万户，比上年底增长 33.23%；从业人数 1916.37 万人，比上年底增长 31.62%；注册资本（金）20.67 万亿元，比上年底增长 71.96%。科学研究和技术服务业实有户数达到 130.97 万户，比上年底增长 30.71%；从业人数 928.74 万人，比上年底增长 22.90%；注册资本（金）6.02 万亿元，比上年底增长 69.44%。

私营企业在教育、卫生和社会工作、金融业发展最快，新登记企业增幅明显高于全国平均水平。2015 年教育行业新登记私营企业有 1.34 万户，比上年底增长 108.95%，注册资本（金）329.01 亿元，比上年底增长 166.00%；卫生和社会工作新登记私营企业 0.85 万户，比上年底增长 102.44%，注册资本（金）778.79 亿元，比上年底增长 161.59%；金融业新登记私营企业 5.44 万户，比上年底增长 83.05%，注册资本（金）2.63 万亿元，比上年底增长 139.13%。

（三）区域结构发展情况

从区域看，西部地区私营企业实有户数发展速度相对较快，东北地区私营企业实有户数发展速度相对较慢。私营企业在东、中、西部及东北地区的发展情况是：截至 2015 年年底，西部地区实有私营企业 376.29 万户，比上年底增长 26.42%，占全国私营企业总户数的 19.72%，比上年同期扩大 0.47 个百分点；东部地区实有私营企业 1111.66 万户，比上年底增长 23.28%，占全国私营企业总户数的 58.26%；中部地区实有私营企业 315.31 万户，比上年底增长 23.07%，占全国私营企业总户数的 23.07%，比上年同期扩大 2.3 个百分点；东北地区实有私营企业 104.96 万户，比上年底增长 15.66%，占全国私营企业总户数的 5.50%。全国 31 个省（区、市）私营企业分布状况如表 4 所示。

表 4　全国 31 个省（区、市）私营企业分布

地区	户数（户）	百分比（%）
北京	1037789	5.44
天津	292413	1.53
河北	708269	3.71
山西	320809	1.68
内蒙古	249611	1.31
辽宁	538559	2.82
吉林	258267	1.35
黑龙江	252777	1.32
上海	1334766	6.99
江苏	1821504	9.55
浙江	1292107	6.77
安徽	574244	3.01
福建	645875	3.38
江西	404342	2.12
山东	1343366	7.04
河南	705237	3.70
湖北	704127	3.69
湖南	444389	2.33
广东	2481161	13.00
广西	435839	2.28
海南	159328	0.83
重庆	544015	2.85
四川	780929	4.09
贵州	337587	1.77
云南	394529	2.07
西藏	24179	0.13
陕西	455177	2.39
甘肃	208856	1.09
青海	48616	0.25
宁夏	93789	0.49
新疆	189802	0.99
合计	19082258	100.00

私营企业在农村、城镇发展情况。截至 2015 年年底，全国城镇实有私营企业 1369.42 万户，比上年同期增长 21.30%，占全国私营企业总户数的 71.76%；投资者人数 2630.53 万人，比上年同期增长 17.96%，雇工人数 8549.17 万人，比上年同期增长 12.08%；注册资本 69.65 万亿元，比上年同期增长 50.50%。农村实有私营企业 538.81 万户，比上年同期增长 29.07%，占全国私营企业总户数的 28.24%；投资者人数 930.06 万人，比上年同期增长 26.86%，雇工人数 4285.11 万人，比上年同期增长 12.77%；注册资本 20.90 万亿元，比上年同期增长 61.64%。

三 私营企业主的社会面貌与阶层状况

（一）私营企业主的社会与教育特征

本次调查首次询问了被访者在企业的职务。如表 5 所示，分别有 41.4% 和 46.2% 的被访者担任的是企业的董事长或总经理，有 3.4% 的人担任的是企业副职，有 2.0% 的人担任的是企业党委书记。可以说，绝大多数的被访者都是企业的主要负责人。需要说明的是，这是一道多选题，因此存在兼职的可能。比如，进一步的交叉分析表明，在本次调查的 166 名私营企业的党委书记中，有 106 人兼任企业的董事长，45 人同时兼任董事长和总经理。

表 5 被访者在企业的职务

单位：%

职务	百分比
董事长	41.4
总经理	46.2
企业副职（含副董事长、副总经理等）	3.4
党委书记	2.0
董事	4.4
部门负责人	13.5
其他	3.0

本次调查要求，对于不是企业主要出资人的填写人，在后续题目中按照主要出资人的情况填写。在第十二次私营企业全国抽样调查的 8111 位被调查企业

主中，男性为6418人，占比为79.1%，女性为1649人，占比为20.3%，另有44人没有填写性别。该性别结构虽然女性比例略有上升，但与最近两次企业主调查基本相当，说明中国的私营企业主阶层仍然以男性为主导（见表6）。

表6 被访私营企业主的性别分布

单位：人，%

	人数	百分比	有效百分比
男	6418	79.1	79.6
女	1649	20.3	20.4
合计	8067	99.4	100.0

在年龄结构方面，总体呈现"右偏"的趋势，但并不明显。在7994个有效填答者中，35岁及以下的有17.0%，有30.8%的被访者属于36～45岁群体，46～55岁和56～65岁的企业主分别占了总体的36.8%和12.3%。统计表明，本次调查的私营企业主平均年龄为45.39岁，中位数为46岁，标准差为9.62岁。2014年调查的私营企业主平均年龄为46.18岁，中位数为46岁，标准差为8.6岁。2010年调查的平均年龄为45.95岁，中位数为46岁，标准差为8.8岁。2012年调查的平均年龄为45.9岁，中位数为46岁，标准差为8.98岁。比较表明，本次调查的企业主的平均年龄略有降低，但内部的异质性也有所扩大（见表7）。

表7 被访私营企业主的年龄分布

单位：人，%

		人数	百分比	有效百分比
年龄分组	35岁及以下	1379	17.0	17.3
	36～45岁	2501	30.8	31.3
	46～55岁	2984	36.8	37.3
	56～65岁	994	12.3	12.4
	66岁及以上	136	1.7	1.7
	合计	7994	98.5	100.0
缺失值		120	1.5	
合计		8114	100.0	

私营企业主的文化程度。私营企业主的文化程度偏高，有将近 60% 的人具有大专及以上学历。本次调查显示，高中/职高/中专/技校学历者占 26.6%，大专学历者占 31.5%，大学本科占 21.9%，硕士研究生的占比为 5.8%，博士研究生占 0.7%（见表 8）。

表 8　被访私营企业主的受教育程度

单位：人，%

		人数	百分比	有效百分比
受教育程度	初中及以下	1019	12.6	12.7
	高中/职高/中专/技校	2157	26.6	26.8
	大专	2559	31.5	31.8
	本科（含双学士）	1781	21.9	22.1
	硕士	473	5.8	5.9
	博士	59	0.7	0.7
	合计	8048	99.2	100.0
缺失值		66	0.8	
合计		8114	100.0	

表 9 显示了被访企业主在接受问卷调查时的受教育程度。除了 66 岁及以上的年龄组之外，不同年龄段的企业主中，大专及以上学历都成为主体（超过 50%）；而且，年纪越轻，大专及以上学历的企业主的比例越高，从 56～65 岁的 51.1% 到 35 岁及以下的 76.1%。

表 9　接受调查时私营企业主的受教育程度

单位：%

受教育程度	年龄组				
	66 岁及以上	56～65 岁	46～55 岁	36～45 岁	35 岁及以下
高中及以下	60.5	48.9	41.1	36.4	23.9
大学和大专	37.1	43.5	51.2	57.8	69.9
研究生及以上	2.4	7.6	7.7	5.7	6.2
合计	100.0	100.0	100.0	100.0	100.0

如果我们将本科及以上学历合并，则可发现，年龄组越小，本科及以

上学历的比例越高，从 66 岁及以上组别的 15.3% 一直上升到 35 岁及以下组别的43.1%（见表10）。

表 10　接受调查时本科及以上学历私营企业主的分龄分布

单位：%

		年龄组				
		66 岁及以上	56~65 岁	46~55 岁	36~45 岁	35 岁及以下
是否有本科及以上学历	否	84.7	79.4	73.7	70.5	56.9
	是	15.3	20.6	26.3	29.5	43.1

本次调查首次询问了被访者的毕业年份。表 11 展示了有大学本科及以上受教育水平的被访者的毕业年份分布。我们可以看到，有 34.1% 的被访者是在 2000~2010 年毕业的，如果加上 20 世纪 90 年代毕业的 18.3%，合计达到了 52.4%。同时，还有 0.7% 的被访者在接受调查时属于在读状态。

表 11　大学本科及以上受教育水平被访者的毕业年份

单位：人，%

		人数	百分比	有效百分比
毕业年份分组	"文革"前（1966 年前）	3	0.1	0.2
	1967~1977	12	0.5	0.7
	1978~1989	207	8.8	11.9
	1990~1999	433	18.3	24.8
	2000~2010	806	34.1	46.2
	2011~2016	267	11.3	15.3
	在读	16	0.7	0.9
	合计	1744	73.8	100.0
缺失值		620	26.2	
合计		2364	100.0	

表 12 显示，79.1% 的被访者没有在境外接受过教育。有 2.7% 的人接受过境外大学本科教育，1.6% 的硕士，0.2% 的博士，还有 0.2% 是博士后。需要注意的是，由于这道题是多选题，因此接受本科及以上教育的被访者可能重复计数。此外，短期培训和研修的比例有 3.9%。

进一步的分年龄组分析表明，一般来说，对正规教育来说，年龄组越小，接受境外正规教育的比例越高，尤其是本科及以上的教育。例如，在 36 ~ 45 岁年龄组里，这一比例只有 2.6%，而在 35 岁及以下年龄组里，这一比例上升到了 6.4%（见表 12）。

表 12　被访私营企业主在境外接受的教育水平或经历情况

单位：%

	总体	66 岁及以上	56 ~ 65 岁	46 ~ 55 岁	36 ~ 45 岁	35 岁及以下
没有	79.1	80.0	80.4	78.4	79.8	78.8
小学及以下	0.4	0.8	0.0	0.4	0.5	0.4
中学	1.6	3.2	1.1	1.7	1.9	1.2
大学本科（含双学士）	2.7	0.8	1.0	1.9	2.6	6.4
硕士	1.6	1.6	1.0	1.7	1.2	2.0
博士	0.2	0.0	0.2	0.3	0.2	0.2
联合培养或访问学者	0.6	0.0	0.4	0.5	1.0	0.3
博士后研究经历	0.2	0.0	0.2	0.3	0.3	0.1
短期培训、研修	3.9	2.4	4.2	4.5	4.0	2.7
其他	0.3	0.8	0.1	0.3	0.4	0.5

表 13 则显示，绝大多数的被访者都没有在境外工作的经历，且在不同的年龄组之间也没有显著差别。相对来说，在有过境外工作经历的被访者中，在境外企业全职（0.8%）或兼职（1.8%）工作是最为主要的形式。

表 13　有过境外工作经历的被访私营企业主比例

单位：%

	总体	66 岁及以上	56 ~ 65 岁	46 ~ 55 岁	36 ~ 45 岁	35 岁及以下
没有	86.7	84.8	85.0	84.7	86.3	84.8
境外企业全职工作	0.8	1.6	1.0	1.0	1.2	1.6
境外企业兼职工作	1.8	0.8	0.4	0.5	0.7	0.8
境外政府组织	0.0	0.0	0.3	0.0	0.1	0.0
境外非政府组织	0.3	0.0	0.3	0.2	0.0	0.0
科研、教育机构	0.2	0.0	0.2	0.2	0.3	0.0
国内政府派驻机构	0.1	0.0	0.2	0.1	0.1	0.0

续表

	总体	66 岁及以上	56～65 岁	46～55 岁	36～45 岁	35 岁及以下
国内国有企业境外机构	0.4	0.0	0.2	0.3	0.3	0.0
国内民营企业境外机构	0.4	0.0	1.1	0.5	0.8	0.0
其他	0.2	0.8	0.0	0.1	0.0	0.8

（二）私营企业主的地位认同

本次调查继续询问了被访私营企业主认为同周围其他社会成员（人士）相比，自己在经济、社会、政治阶梯上所处的位置。从总体上看，企业主的社会地位认同最高，政治地位认同偏低，呈现"社会地位 > 经济地位 > 政治地位"的阶梯特征。

具体而言，在经济地位方面，认为自己的经济地位属于第 5 等级的占25.0%，认为属于第 6 等级的占比为 18.1%，共有 18.3% 的企业主认同第1～4 等级的经济地位，该比例相对 2014 年调查的 30.38% 和 2012 年调查的28.53% 都有较大幅度的下降；在社会地位方面，认同第 5 等级的占比高达24.9%，第 6 等级占 17.5%，认同第 1～4 等级社会地位的企业主占比与经济地位相当，为 19.2%，比 2014 年的 30.21% 和 2012 年的 29.05% 也都有较大幅度的下降；在政治地位方面，认同第 5 等级的占比为 19.3%，第 6等级占 14.3%，第 1～4 等级的占比为 15.5%，同样比 2014 年的 23.84% 和2012 年的 24.82% 有较大程度下降（见表 14）。

表 14　私营企业主阶层地位的主观认同

单位：%

等级	经济地位	社会地位	政治地位
1	0.7	0.7	0.8
2	2.1	2.1	1.9
3	7.2	7.8	5.9
4	8.3	8.6	6.9
5	25.0	24.9	19.3
6	18.1	17.5	14.3
7	11.2	10.8	10.5
8	11.7	10.9	12.3

续表

分值	经济地位	社会地位	政治地位
9	5.1	5.3	8.9
10	3.9	4.2	11.0
合计	93.2	92.8	91.8
缺失值	6.8	7.2	8.2

注：1 表示最高，10 表示最低。

我们在对数值反转之后，计算了私营企业主主观地位评价的均值，分数越高，则地位评价越高。从表 15 中可以看到，与 2014 年相比，被调查私营企业主在各个资产规模组别里，对经济地位、社会地位和政治地位的主观评价的均值都略有降低。

表 15　2014 年与 2016 年调查的私营企业主主观
地位认同比较（均值）

单位：分

		资产规模分组（四分法）				
		100 万元以下	100 万~1000 万元	1000 万~1 亿元	1 亿元及以上	总体
2014 年	经济地位评价	4.99	5.72	6.24	6.84	5.79
	社会地位评价	5.02	5.69	6.18	6.71	5.75
	政治地位评价	4.11	4.97	5.61	5.99	5.03
2016 年	经济地位评价	4.28	5.19	5.94	6.45	5.15
	社会地位评价	4.36	5.24	5.95	6.33	5.19
	政治地位评价	3.72	4.55	5.42	5.87	4.59

（三）私营企业主的个人收入

本次调查表明，2016 年被访企业主从本企业获得的年薪中位数是 12 万元，这个中位数与 2014 年调查的相同，与 2012 年的调查结果相比有所提高，2012 年的年薪中位数为 10 万元（见表 16）。

表16　私营企业主的个人年收入（中位数）

单位：万元

地区公布	东部	中部	西部	东北	总体
年薪	16	10	10	8	12
资产规模分组	100万元以下	100万~1000万元	1000万~1亿元	1亿元及以上	总体
年薪	8	15	24	40	12

　　跨地区比较显示，东部地区企业主的年薪中位数为16万元，西部地区为10万元，与中部地区一样，东北地区最低，只有8万元。

　　按企业资产规模来看，资产规模越大，企业主的年薪越高。在1亿元及以上的大企业的企业主年薪中位数达40万元，而在100万元以下小企业的企业主年薪中位数仅8万元。

四　私营企业主的政治状况

（一）政治面貌及党内任职情况

　　私营企业主加入共产党组织的比例较高，达到了27.0%。但与之前历次抽样调查相比，本次调查中，加入共产党组织的企业主比例略有下降，这很有可能是由本次调查中，小微型企业的比例较之前有明显增加所造成的。相应的，加入民主党派的比例为4.6%，较之前历年调查也有所下降（见表17）。

表17　私营企业主的政治面貌

单位：人，%

	人数	百分比	有效百分比
中国共产党	2191	27.0	28.0
民主党派	373	4.6	4.8
未参加	5270	65.0	67.3
合计	7834	96.6	100.0
缺失值	277	3.4	
合计	8111	100.0	

　　本次调查首次对私营企业主加入中国共产党和民主党派时的年份都进行了提问。从表18中可以看到，加入中国共产党的私营企业主的党龄均值

（18.91 年）要明显高于民主党派的党龄均值（9.09 年）。与之相对应的，中国共产党党员私营企业主入党时的平均年龄（29.82 岁）也要比民主党派的平均年龄（37.46 岁）小。

表 18　私营企业主入党或加入民主党派的时间和年龄

	人数（人）	最小值	最大值	均值	标准差
中国共产党党龄（至 2016 年）（年）	2006	1	52	18.91	10.921
民主党派党龄（至 2016 年）（年）	332	1	33	9.09	6.856
入党时年龄（岁）	1987	15	62	29.82	7.973
加入民主党派时年龄（岁）	330	20	57	37.46	7.418

注：入党年龄最小的为 15 岁，这与《党章》规定的 18 岁不符。核对后发现该个案属于特殊时期入党，考虑到特殊时期基层党建的一些特殊历史现象，我们没有贸然删除这一个案。

创业后和创业前加入中国共产党的比例分别为 43.2% 和 56.8%。虽然创业前入党的比例依然高于创业后，但与之前的调查相比，创业后入党的比例有了较大的提高。与之相反的是，89.3% 的被访私营企业主是在创业后才加入民主党派的（见表 19）。

进一步分析则可以发现，随着年龄组的变小，创业后入党的比例在提高。例如，66 岁及以上的私营企业主，有 15.2% 是在创业后入党的，而到了 35 岁及以下的私营企业主，这一比例一路上涨到了 53.6%（见表 19）。也就是说，年纪越轻的私营企业主，越有可能是在创业后才被党组织吸收的，而年纪越大的则更有可能是在创业之前的工作单位入党的。这也许反映了近些年来私营企业党建工作在年轻一代中取得的成绩。

表 19　私营企业主加入中国共产党和民主党派的时间与
创业时间的交互分析

单位：%

	66 岁及以上	56～65 岁	46～55 岁	36～45 岁	35 岁及以下	总体
创业后入党	15.2	24.3	45.4	51.7	53.6	43.2
创业前入党	84.8	75.7	54.6	48.3	46.4	56.8
创业后加入民主党派	100.0	85.7	89.4	88.3	94.4	89.3
创业前加入民主党派	0.0	14.3	10.6	11.7	5.6	10.7

（二）政治参与和政治安排情况

私营企业主参政议政的主要渠道是担任人大代表、政协委员和加入工商联。本次调查显示，有23.9%的被访企业主曾经或现在担任过或正在担任人大代表或政协委员。同样由于样本中小微企业增加的原因，这一比例略低于之前历次抽样调查。

现担任人大代表的有711人。其中，绝大部分是2002年（中共十六大召开之年）以后担任的，占90%（见表20），这个比例与2014年的调查结果（91%）非常接近。现任人大代表里开始任职最早的是在1989年，也就是说，其已经连续担任各级人大代表达27年。

表20　私营企业主现任人大代表的任职年份

单位：人，%

任人大代表开始年份	人数	百分比
1989	2	0.3
1990	1	0.1
1991	1	0.1
1992	1	0.1
1993	3	0.4
1994	2	0.3
1995	4	0.6
1996	1	0.1
1997	9	1.3
1998	9	1.3
1999	4	0.6
2000	14	2.0
2001	20	2.8
2002	15	2.1
2003	30	4.2
2004	8	1.1
2005	21	3.0
2006	40	5.6
2007	44	6.2

任人大代表开始年份	人数	百分比
2008	37	5.2
2009	11	1.5
2010	49	6.9
2011	106	14.9
2012	154	21.7
2013	85	12.0
2014	21	3.0
2015	14	2.0
2016	5	0.7
合计	711	100.0

私营企业主现在担任人大代表主要是地市级和县级，分别占到 37.1%
和 42.7%，合计达到了 79.8%（见表 21）。此外，在省、市、县、乡镇层
面担任人大常委的有 105 人，占总样本的 13.7%。担任各级人大常委会副
主任的共有 3 人（见表 22）（原统计数据中，担任省人大常委会副主任的有
1 人，目前现实中不存在此类安排，故予以剔除）。

表 21 私营企业主现任人大代表的级别

单位：人，%

级别	人数	百分比
乡镇级	59	7.8
县级	325	42.7
地市级	282	37.1
省级	84	11.0
全国级	11	1.4
合计	761	100.0

表 22 私营企业主任职人大常委会副主任和人大常委情况

单位：人

级别	副主任	常委
全国级	0	3
省级	0	49

续表

级别	副主任	常委
地市级	2	40
县级	1	11
乡镇级	0	2

私营企业主现担任政协委员的有1142人，占总样本的14.1%，2002年（含）以后担任的有1057人，占92.7%（见表23）。最早担任政协委员的是在1980年。

表23 私营企业主现任政协委员的任职年份

单位：人，%

任政协委员开始年份	人数	百分比
1980	1	0.1
1984	1	0.1
1992	4	0.4
1994	3	0.3
1995	4	0.4
1996	7	0.6
1997	14	1.2
1998	7	0.6
1999	2	0.2
2000	20	1.8
2001	22	1.9
2002	36	3.2
2003	41	3.6
2004	22	1.9
2005	39	3.4
2006	90	7.9
2007	76	6.7
2008	70	6.1
2009	32	2.8
2010	56	4.9
2011	171	15.0

续表

任政协委员开始年份	人数	百分比
2012	235	20.6
2013	97	8.5
2014	52	4.6
2015	27	2.4
2016	13	1.1

私营企业主担任政协委员主要是地市级和县级，分别占到 32.4% 和 61.6%，任全国级和省级政协委员分别占 0.3% 和 5.6%（见表 24）。

表 24　私营企业主现任政协委员的级别

单位：人，%

级别	人数	百分比
县级	739	61.6
地市级	389	32.4
省级	67	5.6
全国级	4	0.3

在全国、省、市、县担任政协常委的有 310 人，担任地市级和县级政协副主席的有 28 人（见表 25）。

表 25　私营企业主担任政协常委和副主席情况

单位：人

级别	副主席	常委
县级	24	191
地市级	4	98
省级	2	20
全国级	0	1

本次调查还询问了私营企业主曾经担任人大代表或政协委员的情况。曾担任人大代表的级别主要是地市级和县级，分别占到 29.6% 和 43.2%，合计达到了 72.8%（见表 26）。此外，在市、县、乡镇层面曾担任人大常委的有 23 人，占样本总数的 10.8%。无人担任人大常委会副主任（见表 27）。

表 26　私营企业主曾任人大代表的级别

单位：人，%

级别	人数	百分比
乡镇级	30	14.1
县级	92	43.2
地市级	63	29.6
省级	22	10.3
全国级	6	2.8
合计	213	100.0

表 27　私营企业主曾任人大常委会副主任和人大常委情况

单位：人

级别	副主任	常委
全国级	0	0
省级	0	0
地市级	0	8
县级	0	14
乡镇级	0	1

　　私营企业主曾担任政协委员的级别主要是县级和地市级，分别占65.1%和26.8%，曾任全国级和省级政协委员的分别占1.1%和7.1%（见表28）。

表 28　私营企业主曾任政协委员的级别

单位：人，%

级别	人数	百分比
县级	175	65.1
地市级	72	26.8
省级	19	7.1
全国级	3	1.1
合计	269	100.0

　　私营企业主曾在省、市、县担任政协常委的有62人，担任地市级和县级政协副主席的有9人（见表29）。

表 29　私营企业主曾任政协常委和副主席情况

单位：人

级别	副主席	常委
县级	7	38
地市级	2	22
省级	0	2

现任和曾任人大、政协职务的被访企业主任职时间分布如表 30 所示。现任人大代表和政协委员的平均时间分别为 8.20 年和 8.16 年，而任职时间最长的达到了 28 年和 37 年。曾任人大代表和政协委员的平均任职时间分别为 6.84 年和 7.17 年，任职时间最长的各自达到了 26 年和 29 年。

表 30　现任和曾任人大代表、政协职务的私营企业主任职时间分布

单位：人，年

	人数	最小值	最大值	平均值	标准差
现任人大代表时间	711	1	28	8.20	4.826
现任政协委员时间	1142	1	37	8.16	4.609
曾任人大代表时间	184	1	26	6.84	4.606
曾任政协委员时间	254	0	29	7.17	4.743

本次调查首次询问了被访企业主"您认为企业家担任党代会代表、人大代表、政协委员的主要目的是什么"。从表 31 可以看到，有 64.0% 的人选择了"实现为社会服务的理想"，此项为比例最高的选项。然后是"拓宽反映愿望/要求的渠道"（46.3%），"提高企业知名度/个人声望"（38.5%）。选择"接触领导和各方精英，丰富人脉关系"的比例为 29.9%，略高于"增强企业自我保护"（23.9%）。选择"应党政领导或政府有关部门要求担任"和"优先获得政府招标项目"的比例都不到 10%。进一步交互分析则表明，在大多数正面描述的选项上（如"实现为社会服务的理想""拓宽反映愿望/要求的渠道""接触领导和各方精英，丰富人脉关系"等），有政治身份的被访企业主的比例要明显高于没有政治身份的人；而在一些相对负面的表述上（如"优先获得政府招标项目"），没有政治身份的人的比例则高于有政治身份的人。

表 31　被访私营企业主对参政议政主要目的的看法

单位：%

参政议政的主要目的	未担任人大、政协职务	现在或曾经担任人大、政协职务	总体
提高企业知名度/个人声望	39.5	35.3	38.5
实现为社会服务的理想	60.2	76.3	64.0
拓宽反映愿望/要求的渠道	41.3	62.2	46.3
接触领导和各方精英，丰富人脉关系	28.6	34.1	29.9
增强企业自我保护	23.9	24.1	23.9
优先获得政府招标项目	8.4	4.0	7.3
应党政领导或政府有关部门要求担任	8.4	10.4	8.8
其他	0.4	0.3	0.4

　　频次分析表明，有558户私营企业的管理层有党政机关退休人员，占总样本的6.9%；有240户私营企业的管理层有党政机关离职人员，占总样本的3.0%。有712户私营企业的管理层或者有党政机关退休人员或者有离职人员，占总样本的8.8%。有815户私营企业除企业主本人外，管理层有人大、政协成员，占总样本的10.0%。有570户私营企业有海外归国人员，占总样本的7.0%（见表32）。

　　进一步分析则如表32所示，企业出资人是民主党派的，企业管理层中有党政机关退休和离职人员，有人大代表、政协委员的比例最高，有海外归国人员的比例也最高；其次才是企业出资人是中共党员的企业；而未参加任何政党的企业的上述四项比例都最低。

表 32　不同政治面貌的私营企业主所在企业的管理层构成

单位：%

	中共党组织	民主党派	未参加	总体
党政机关退休	9.9	12.6	5.2	6.9
党政机关离职	4.0	4.8	2.4	3.0
人大代表、政协委员	15.4	16.9	7.5	10.0
海外归国人员	9.0	13.4	5.8	7.0

被访私营企业主是工商联会员的有 3762 人，占总样本的 46.4%。其中，有 2914 人填写了级别信息，最高在县级工商联任职的有 1951 人，占 24.1%；在地市级工商联任职的有 788 人，占 9.7%；省级有 157 人，占 1.9%；全国级有 18 人，占 0.2%（见表 33）。

表 33　私营企业主担任工商联职务的级别

单位：人，%

级别	人数	百分比
县（市、区）级	1951	24.1
地市级	788	9.7
省级	157	1.9
全国级	18	0.2

被访私营企业主担任各级工商联执委、常委的共有 1738 人，担任主席、副主席的有 841 人，分别占到了工商联会员总数的 46.1% 和 22.4%（见表 34）。

表 34　私营企业主担任工商联职务情况

单位：人

级别	主席、副主席	常委、执委
县（市、区）级	582	1114
地市级	217	506
省级	40	108
全国级	2	10

本次调查首次询问了被访私营企业主加入其他社会组织的情况。从表 35 可以看出，加入民间行业协会、商会的比例最高（29.6%），接近三成。其次是"有政府背景的其他行业协会、商会"（18.6%）和"个协"（17.9%）。加入慈善或公益组织的比例有 14.1%，而加入兴趣爱好类社团组织的比例只有 10.5%，还有 7.1% 的被访企业主是青联成员。此外值得注意的是，有 2.5% 的被访企业主表示自己加入了私董会。

表 35　被访私营企业主加入其他社会组织的情况

单位：人，%

	人数	百分比
个体劳动者协会（个协）	1449	17.9
有政府背景的其他行业协会、商会	1507	18.6
青年联合会（青联）	578	7.1
民间行业协会、商会	2401	29.6
私人董事会（私董会）	201	2.5
MBA 同学会或类似组织	552	6.8
慈善或公益组织	1147	14.1
兴趣爱好类社团组织	850	10.5

五　企业结构与代际传承

（一）创业时间与企业成立时间

本次调查首次分别询问了被访企业主的创业时间以及创办当前企业的时间。创业时间最久的有 42 年，最短的不足 1 年，平均数是 13.57 年；企业成立时间最久的有 43 年，最短的不足 1 年，平均数是 9.81 年（见表 36）。

表 36　私营企业主创业时间和企业成立时间

单位：个，年

	样本数	最小值	最大值	平均数	中位数	标准差
创业开始至 2016 年年数	7155	1	42	13.57	13	8.335
目前企业创办至 2016 年年数	7681	1	43	9.81	9	6.834

注：不足一年的算 1 年。

创业年份的分布比例与现公司成立年份的分布比例呈现一个"此消彼长"的关系。通过对创业年份与现公司成立年份的分布比例进行对比可以看到，1991 年之前创业的被访企业主的比例是 10.5%，而这一时期成立的公司比例只有 2.8%。这反映出相当一部分的企业在时间的长河中已经被淘汰、转型或重建了。与之相对应的，2013 年以后创业的人只有 12.9%，但 2013 年之后成立的公司却占到了 22.0%（见表 37）。

表 37　创业年份与现公司成立年份的分布对比

单位：%

	创业时期	现公司成立时期
1991 年及以前	10.5	2.8
1992~2002 年	37.4	25.3
2003~2012 年	39.2	49.8
2013 年及以后	12.9	22.0

　　如果按照企业生命周期来看，21.8%的企业是成立 3 年及以下的新公司，而有 33.1%的企业成立时间在 12 年以上。如果按照资产规模来看的话，基本趋势是企业资产规模越大，企业成立时间越长的比例越高。例如，100 万元以下资产规模的企业中，3 年及以下的比例最高，占到了39.4%，而 12 年以上的比例只有 13.3%。相反，到资产规模 1 亿元及以上时，3 年及以下的比例下降到了 2.3%，而 12 年以上的比例则上升为64.5%（见表 38）。

表 38　被调查私营企业的生命周期分布

单位：%

生命周期	100 万元以下	100 万~1000 万元	1000 万~1 亿元	1 亿元及以上	总体
3 年及以下	39.4	18.6	6.8	2.3	21.8
4~6 年	24.5	19.1	12.2	8.3	18.3
7~9 年	13.5	14.5	13.5	9.4	13.4
10~12 年	9.4	14.6	17.3	15.4	13.4
12 年以上	13.3	33.1	50.3	64.5	33.1

　　从企业注册类型来看，有限责任公司是主流，占到了 67.7%，其次是独资企业（14.8%）。从企业注册时间的分布来看，不管是在哪个时期，这两种企业形式都是最主要的两种。但有意思的是，2013 年及以后成立的公司里，一人公司的比例（9.0%）较之前有较大的提高，而股份有限公司的比例（3.7%）则有较大下降（见表 39）。

表 39　私营企业注册类型与企业注册时间的交互分析

单位：%

企业类型	1991 年及以前	1992～2002 年	2003～2012 年	2013 年及以后	总体
一人公司	7.1	3.6	4.7	9.0	5.4
独资企业	15.2	12.2	14.2	19.3	14.8
合伙企业	6.2	3.3	6.0	5.9	5.3
有限责任公司	61.6	71.6	68.5	62.1	67.7
股份有限公司	10.0	9.4	6.6	3.7	6.8

从私营企业的第一主营行业分布来看，本次调查的企业最多的仍然是制造业（29.6%），其次是批发和零售业（18.8%），剩下的行业均未超过10%。此外，地区差异也很明显。例如，西部地区的农林牧渔业的比例为14.2%，而东部地区只有 4.6%；相反，东部地区制造业的比例高达41.9%，而西部地区只有 15.6%。这种差异在其他行业上也有类似表现，如采矿业（见表40）。

表 40　私营企业第一主营行业的分布与地区差异

单位：%

第一主营行业	东部	中部	西部	东北	总体
农林牧渔业	4.6	9.1	14.2	9.5	8.4
采矿业	0.6	2.0	2.7	1.8	1.5
制造业	41.9	23.6	15.6	20.5	29.6
电力煤气水	1.1	2.7	1.8	1.8	1.6
建筑业	6.3	6.6	8.2	5.9	6.8
交通运输、仓储业	1.9	3.3	2.9	2.4	2.5
信息服务业	4.5	3.8	3.9	4.0	4.2
批发和零售业	16.2	20.1	21.4	21.9	18.8
住宿和餐饮业	3.3	3.6	5.2	4.5	3.9
金融业	1.5	1.0	1.2	1.0	1.2
房地产业	2.6	3.5	4.4	2.0	3.2
租赁、商务服务业	3.8	3.8	4.3	4.8	4.0
居民服务、修理业	2.0	3.3	3.0	5.2	2.9
科学、教育、文化、卫生	3.5	4.3	3.4	5.1	3.8
其他	6.2	9.4	7.8	9.6	7.5

鉴于许多私营企业多业经营的客观现实，我们还要求被访企业主勾选他们企业的第二和第三主营业务。从表 41 可以看出，有 20.8% 的企业表示存在多种行业经营，而且除东北地区（14.8%）外，西部地区（23.2%）高于中部地区（21.5%），中部地区高于东部地区（20.4%），尽管这种差异并不显著。在是否涉足制造业上，地区差异则比较显著，东部地区（42.0%）明显高于其他地区，而西部地区只有 16.5%，金融业的情况也是如此。有意思的是，房地产业反而是西部地区比例最高，接下来是中部地区、东部地区和东北地区。

表 41　私营企业行业分布与地区的交互分析

单位：%

	东部	中部	西部	东北	总体
是否从事多种行业	20.4	21.5	23.2	14.8	20.8
是否涉足制造业	42.0	23.6	16.5	21.5	29.8
是否涉足房地产业	5.1	5.8	7.3	3.2	5.6
是否涉足金融业	2.9	2.7	1.9	1.4	2.5

绝大部分的被调查企业暂无上市计划，占到了 89.3%。只有 2.2% 的企业已经上市，8.5% 的企业拟上市。从地区分布来看，东部地区无论是在上市方面还是在拟上市方面的比例（分别为 3.0% 和 10.0%）都较为明显地高于其他地区（见表 42）。

表 42　私营企业上市情况与地区分布

单位：%

	东部	中部	西部	东北	总体
上市公司	3.0	1.4	1.7	1.1	2.2
拟上市公司	10.0	8.8	7.7	3.8	8.5
暂无上市计划	87.0	89.8	90.6	95.0	89.3

从上市公司的上市年份来看，最早的为 1998 年，最晚的为 2016 年。从时间分布上来说，66.2% 的公司都是在 2013 年及以后上市的，这可能是"新三板"扩容后取得的效应，还有 31.2% 的公司是在 2001~2012 年上市的，有 2.6% 的公司是在 1996~2000 年上市的。从地区分布来看，东中西

部地区之间的差异并不大，但东北地区在 2013 年及以后上市的比例仅有
37.5%，这或许反映了东北地区私营企业抓住"新三板"扩容机会的较少
（见表 43）。

表 43　公司上市的时间与地区分布

单位：%

	东部	中部	西部	东北	总体
1996~2000 年	2.1	4.5	3.4	0.0	2.6
2001~2012 年	28.4	36.4	27.6	62.5	31.2
2013 年及以后	69.5	59.1	69.0	37.5	66.2

注：划分时代的依据是：1995 年之前股票上市发行实行资金额度管理，证监会将发行额度下达
给各部委和地方政府，在额度内由他们推荐企业；1996~2000 年，证监会实行总量控制、限定企业
个数的办法，向省、部委下达股票发行企业个数指标，这解决了企业规模过小的问题，但并不符合
市场经济发展的要求；2001 年证监会对股票发行实行"通道制"，对新股发行从审批制转向核准制；
2012 年，"新三板"扩容后更多中小企业得以上市。

（二）企业资本构成与家族化程度

在此次调查中，有 76.2% 的被访者表示自己就是企业的主要创办人，
而有 17.5% 的被访者表示"不是"。比较历年调查中企业的资本构成情况，
可以看到主要出资人本人与家族成员资本占净资产总额的比例（家族涉入
或家族化程度）并没有下降，到 2016 年达到 83.8%（见表 44）。

表 44　私营企业的出资人情况（2010~2016 年）

单位：%

	2016 年	2014 年	2012 年	2010 年
主要出资人及其家族成员资本	83.8	78.6	78.2	84.7
国有资本	1.1	1.0	——	0.7
外资、港澳台资	1.4	1.3	0.8	0.7

注：2010 年之前的调查，只问了主要出资人个人资本所占比例，而没有询问家庭成员，因此无
法与后面几轮调查直接进行比较。2012 年的这次调查，问的不是"国资"所占比例，而是"国内
法人"，因此该栏缺失。2010 年的"国资"比例是由"国有、集体企业"和"各级政府"占比加总
而成。

主要出资人及其家族成员资本在企业净资产或所有者权益中所占比例，
通常体现了私营企业的"家族化"程度。一般认为，"家族化"程度越高，

也就是所有者权益主要由出资人或其家庭掌控的话，企业的产权结构就会越单一。从近几次的调查结果来看，私营企业"家族化"的情况并没有明显改善。2012 年与 2014 年的调查中，这一比例略有下降，但此次调查又回到之前的水平（见表 45）。

如果区分不同所有制形式的企业，可以看到，不同类型企业的"家族化"变动趋势有一些差异。在一人企业中，"家族化"程度有所提升，当然目前只有两轮调查，我们还需要更多的后续调查来看这种变化是否稳健。在其他各种所有制类型的企业中，"家族化"程度都出现了先下降，再上升的 U 形变化。其中，有限责任公司的"家族化"程度已经回到 2010 年的水平，达到 83.1%；其他类型企业的"家族化"程度尚未达到 2010 年的水平，但也在强势提升过程中（见表 45）。

根据既有信息，尚无法对私营企业资本结构变化趋势做出确定的判断，更无法回答私营企业的资本结构是否正在不断优化，从"家族化"程度先降后升的现象来看，似乎优化并没有出现。我们认为，在外部环境不确定性增大的情况下，资本构成的变化确实也需要格外审慎，这可能也是私营企业资本结构变迁存在黏性的原因。

表 45　不同类型私营企业的资本构成（2010~2016 年）

单位：%

企业类型	2016 年			2014 年			2012 年			2010 年		
	本人/家族	国资	外资/港澳台资	本人/家族	国资	外资/港澳台资	本人/家族	国资	外资/港澳台资	本人/家族	国资	外资/港澳台资
一人企业	93.5	0.8	0.4	89.9	0.8	0.2	—	—	—	—	—	—
独资企业	92.9	0.5	1.8	89.5	0.7	1.4	93.0	—	0.9	98.3	0.3	0.6
合伙企业	71.0	1.2	1.9	65.9	1.1	2.2	68.0	—	1.2	75.8	0.5	1.9
有限责任公司	83.1	1.1	1.2	78.5	1.1	1.1	77.2	—	0.7	83.9	0.5	0.3
股份有限公司	68.8	2.6	2.1	63.7	1.0	2.0	63.6	—	1.4	75.8	2.7	1.9

注：2012 年的这次调查，问的不是"国资"所占比例，而是"国内法人"，因此该栏缺失。

2010 年之前的调查，会单独询问被访者主要出资人本人的所有者权益占比，我们对此做了计算，发现主要出资人本人的权益占比呈历年下降态势，从 2000 年前后的 80.4% 下降至 2010 年的 64.9%，而且这种下降趋势较为稳健。与此同时，其他国内自然人（包括家族成员）持有的所有权比例也有所下降，从 2000 年前后的 34.3%，下降到 2010 年的 29.3%（见表 46）。

表 46　私营企业的出资人情况（2000～2010 年）

单位：%

	2010 年	2008 年	2006 年	2004 年	2002 年	2000 年
主要出资人本人资本	64.9	66.7	68.1	68.1	76.8	80.4
主要出资人家族成员资本	16.7	—	—	—	—	—
其他国内自然人资本	29.3	25.5	25.6	27.1	33.7	34.3

结合表 45 和表 46 的情况，我们可以看到两个趋势：一是企业的"家族化"，或家族企业的特征越来越明显。出资者个人权益占比也许确实在稳定地下降，但家族成员的权益占比在上升，由其产生的结果就是，以家族为单位，权益比例是比较稳定的，在 2010 年以后一直保持在 80% 左右，甚至在 2016 年调查时达到 83.8%。二是家族以外的权益分配，在几种不同的所有制形式中不断进行着微调。例如，外资、港澳台资的比例有些微上升，其他国内自然人资本的比例也有所调整。

我们认为，这主要是由企业家代际更替造成的。随着第一代企业家，也就是创业一代的年龄逐渐增大，企业交接班的压力也在增大，迫使企业家对企业所有者权益结构做出调整，让子代（其子女或其他较为年轻的家族成员）持有更多的所有者权益。

调查也发现，子代上位也会对家族成员之外的权益持有与资本构成状况产生影响。年轻的企业掌门人会更加乐于参股其他企业，一旦在同辈交往中捕捉到信息或商机，他们会十分愿意通过参股来扩展自己的商业空间。另外，随着企业规模的扩展和经营模式的正规化，针对管理者的股权激励，甚至让员工持股，都会被提上议事日程。因此可以预测，在二代企业家完全接手企业后，私营企业的出资人构成可能会在一定范围内向多元化发展。

再回到之前提到的"家族化"问题。产权单一化带来的隐忧往往是家族成员更多干涉企业的经营与管理，亲缘关系与法律权益产生纠葛，反而阻挠了企业采取积极的经营发展战略。那么，"家族化"程度与企业管理之间存在何种关联？

从表 47 和表 48 中可以看到，一方面，企业重大决策权归属主要出资人的企业，家族占有的净资产比例也较高，也就是说，"家族化"程度越高，决策权越不会旁落；但另一方面，从相对变动的角度来看，主要出资人的决策权集中度却在下降。2010 年，决策权归属主要出资人的企业，企业"家族化"比例为 74.2%；决策权由高层管理会议掌握的企业，企业"家族化"比例为 65.8%；决策权由董事会或股东大会掌握的企业，企业"家族化"比例分别为 55.0% 和 51.3%。到 2016 年，无论决策权归属哪一群体，企业的"家族化"程度都达到了 74% 以上，也就是说，资产所有权变得更集中，但决策与管理权却一定程度上出现了分散与多元化趋势。

表 47　"家族化"与企业重大决策权归属（2010~2016 年）

单位：%

企业重大决策权归属	主要出资人家族资本占有净资产比例			
	2016 年	2014 年	2012 年	2010 年
主要出资人	89.3	85.0	85.7	74.2
高层管理会议	83.5	81.4	80.9	65.8
职业经理人	79.1	78.2	—	—
董事会	76.2	71.5	69.3	55.0
股东大会	74.8	69.6	69.9	51.3

表 48　"家族化"与企业日常管理权归属（2010~2016 年）

单位：%

企业日常管理权归属	主要出资人家族资本占有净资产比例			
	2016 年	2014 年	2012 年	2010 年
主要出资人	86.4	81.6	81.2	67.9
主要出资人子女	89.1	—	—	—
家族其他成员	86.6	—	—	—
高层管理会议	76.1	72.1	73.2	54.9
职业经理人	77.1	75.3	73.5	61.0

（三）家族主要成员的职业和教育状况

在此次调查中，3.2%的企业主有3个（或以上的）成年子女，12.6%的企业主有2个成年子女，47.4%的企业主有1个成年子女。

企业主成年子女的职业分布情况如表49所示。约有半数（46.8%）企业主表示，有子女仍然在求学阶段；有子女担任职员或企业家的比例分别为14.8%和12.3%；有9.3%的子女从事自由职业，还有8.4%的子女是专业技术人员。这五项囊括了绝大多数的情况。也有少部分（不到5%）的企业主表示，自己有子女处于无业状态、个体经营，或是担任国家干部或军官。

除去那些尚在求学的成年子女，子女就业最为集中的是自己家的企业，有26.7%的企业主表示子女在自家企业里工作，其次是其他民营企事业单位（9.5%），在机关和国有企事业单位就业的比例都在5%～7%（见表49）。

表49　私营企业主子女的职业与单位类型分布

单位：%

职业	百分比	单位	百分比
学生在读	46.8	自家民营企业	26.7
普通员工/职员	14.8	其他民营企事业	9.5
企业家、经理人	12.3	国有事业单位	6.2
自由职业	9.3	国有企业	5.7
专业技术人员	8.4	国有机关	5.0
干部、军官	4.3	农户或农村集体	4.4
无工作	4.2	外资、"三资"企业	3.1
个体户	3.5	城镇集体企业	1.1

企业主对子女的教育非常重视。有成年子女的企业主中，子女达到大专学历的比例为25.4%，达到本科学历的为50.3%，拥有硕士或以上学历的有11.9%，仅有不到1/4（23.8%）的企业主表示其成年子女的学历在高中及以下。这一分布与企业主自身相比，已经有了长足的进步。调查还询问了被访企业主本人目前的受教育程度，有近四成（38.3%）的人表示，自己的学历是高中及以下，达到本科及以上学历的仅为28.4%。

比较企业主创业前和创业后的受教育程度，可以看到，创办企业的过程，也是一部分企业主提升学历的过程，提升比例最多的就是硕士学历，其比例从创业前的 3.6% 提升至当前的 6.4%；博士学历也有小幅度提升，大约提升了 0.3 个百分点。与此同时，本科、大专学历所占比例有所下降。可以想象，在企业主群体中，有相当一部分人在创办企业后通过脱产或半脱产的方式获得了最高学历。如果我们计算创业年份与毕业年份之间的差距，有大约15.6% 的企业创办者获得最高学历的年份晚于他们创办企业的年份。

如果再将企业主与其父辈相比，那两代人的受教育程度更是天差地别。企业主创业时，有 81.6% 的父亲（或母亲）的受教育程度仅有中学水平，甚至更低，有高等教育学历的父辈不到两成。

那么，企业主在创业时，其本人以及父（母）亲的职级与单位类型大体上呈现何种特征？从表 50 中可以看到，约有 20% 的企业主在创业时，本人在国有部门工作，包括国家机关、国有企事业单位；企业主在创业时，父亲（或母亲）在国有部门工作的比例也在 20% 左右。

约有一半（49%）的被访者在创业前或是担任有职级的干部职务，或是在企业重要部门（管理、销售或技术）工作，有小部分人（约 1.7%）在创业前是国有或集体企业的承包人。有 1/3 的企业主（约 34.8%）在创业前，其父亲或母亲拥有一定的行政或管理资本，也就是说，其父亲或母亲或者在政府科层制中有一定的行政职级，或者在企业中担任要职，其中，有行政职级的大约占到一半（见表 50）。

表 50　私营企业主创业时本人及父（母）亲的职级和单位类型

单位：%

单位类型	本人	父（母）亲	职级	本人	父（母）亲
国家机关	2.3	3.6	村（大队）	3.1	8.9
国有事业	5.3	5.6	科级以下	3.7	3.4
国有企业	13.9	10.4	科级（乡）	3.2	3.8
城镇集体	6.8	5.7	处级	1.2	1.7
农户或农村集体	13.9	36.8	司局级及以上	0.2	0.4
自家民营	15.9	11.4	企业管理	19.5	9.9
其他民营	15.5	5.2	企业营销	6.9	1.3
外资、"三资"	1.8	0.3	企业技术	9.5	4.3
			国有、集体承包人	1.7	1.0
			无职务	51.0	65.2

（四）企业主的家族企业管理理念

企业主又是如何看待家族企业管理的各种理念的呢？调查询问了被访企业主对于一些陈述的赞同情况。表51将回答"赞同"与"比较赞同"的比例合并呈现，发现有67.7%的被访企业主赞成"家族应该拥有企业50%以上的股权"，也就是在所有权上的绝对控制。但在企业管理方面，家族是否应该绝对掌控，就有不同观点。对于"企业的战略决策权必须由家族成员掌控"的赞同比例为48.1%，未达到半数；而"企业的关键性岗位应该由家族成员担任"，只有四成（41.3%）的被访企业主表示认同；对于"家族成员参与管理更有利于企业发展"，只有三成（33.4%）的被访企业主给了赞同意见。

比较不同年龄群体的态度，有几点发现。一是年轻的企业主群体并不见得比年长的企业主更倾向"去家族化"。例如，对于家族成员必须胜任才能被雇用的"能力原则"，年龄越大，赞同比例反而越高，年龄最小的35岁及以下人群，赞同比例相对最低。再比如，"企业的关键性岗位应该由家族成员担任"，有39.0%的35岁及以下企业主赞同这种说法；对于"家族成员参与管理更有利于企业发展"，35岁及以下人群也有32.8%的人认同，而在这两项上的赞同比例都高于66岁及以上的老年企业主群体。对于家族成员参与管理的态度在很大程度上受制于企业的发展阶段。根据全国工商联2016年所做的"全国私营企业代际传承调查"，年轻的创业者相比于老一辈，甚至更依赖家族成员，因为他们面临更不确定的市场与用工环境。二是中年企业主群体，即46~65岁群体，对于家族垄断所有权、重要的管理权比较看重，在各项陈述上的表态都有较强的"家族主义倾向"（见表51）。

表51　被访私营企业主对于家族企业管理理念的看法

单位：%

	赞成比例				
	总体	35 岁及以下	36 ~ 45 岁	46 ~ 55 岁	56 ~ 65 岁	66 岁及以上
家族应该拥有企业50%以上的股权	67.7	66.0	65.6	69.4	70.5	70.8
企业的战略决策权必须由家族成员掌控	48.1	45.4	46.9	49.3	51.5	50.5

续表

	赞成比例					
	总体	35 岁及以下	36 ~ 45 岁	46 ~ 55 岁	56 ~ 65 岁	66 岁及以上
企业的关键性岗位应该由家族成员担任	41.3	39.0	41.0	41.3	45.8	36.7
家族成员参与管理更有利于企业发展	33.4	32.8	32.5	33.6	36.4	30.8
家族成员只有确实胜任才能被雇用	82.6	80.0	81.8	83.9	83.4	84.3

（五）私营企业的继承者培养与企业交接班

企业接班人的培养一直是私营企业主关心的大问题。从全国范围看，私营企业的创立者都面临着企业交接班的重大挑战，交接班能否顺利，不仅关乎企业的长青基业，而且也决定着中国经济未来持续向好、发展引擎不断增能的命脉。根据近年来几轮私营企业抽样调查数据，年龄在 50 岁以上的企业主约占 30%，这些企业正在或即将因创始人年龄问题而面临选择和培养接班人的压力。

根据 2016 年的调查，有 61.7% 的受访者表示，目前尚未考虑子女接班的问题，有 18.1% 的人则表示，让子女自己决定未来发展，有 11.7% 的人已经明确表示让子女接班管理本企业，有 4.8% 的人要让子女自己创业，但也有一小部分人表示不希望子女在本企业工作或是仅仅让子女继承股权，等等。

对于子女有没有接班意愿，有 46.7% 的被访者表示不清楚，有 36.5% 的人明确表示没有，仅有 16.8% 的人表示子女有意愿接班。

企业主对子女交接班的态度，会显著受到自身生命周期的影响。较为年长的企业主，会更多考虑让子女接班。从表 52 中可以看到，45 岁以下的年轻企业主中有超过七成的人表示尚未考虑接班问题，但 56 岁及以上的企业主群体表示未考虑过的仅为四成。随着企业主自身年龄的增长，对于子女接班的诉求也不断提升，最年轻群体中要求子女接班的比例仅为 4.7%，但在最年长群体中，这一比例已经接近三成（29.9%）。中年（46 ~ 55 岁）企业主群体表示让子女自己决定未来发展的比例是最高的，达到 20.6%，而在较为年轻和较为年长的企业主中，这一比例都没有那么高。

表 52　不同年龄组私营企业主对子女接班问题的考虑

单位：%

	年龄组				
	35 岁及以下	36～45 岁	46～55 岁	56～65 岁	66 岁及以上
没考虑	72.3	70.2	56.4	43.5	41.0
让子女接班	4.7	4.7	13.7	30.3	29.9
不要子女在本企业工作	1.6	2.3	2.4	2.8	2.6
让子女自己决定未来发展	15.9	17.0	20.6	16.3	19.7
让子女自己创业	4.3	4.6	5.3	5.2	5.1

子女的社会政治参与是接班人培养的重要组成部分。此次调查显示，在有成年子女的企业主中，子女加入中共党组织的比例是 48.0%，加入民主党派的比例是 3.1%，加入各级工商联组织的比例是 14.5%，加入青年联合会的比例是 18.7%，参加民间商协会的比例是 11.7%，加入政府背景商协会的比例是 6.5%，参与人大、政协的比例则是 5.5%。由此可见，党团组织的覆盖与吸纳比例较高，青年联合会也因为更能满足青年人社会交往与合作需求而比较受欢迎。相比之下，政府背景的商协会对企业家二代的吸纳力还有待提升，民间商协会的入会比例为 11.7%，而政府背景商协会只有 6.5%。

进一步区分企业主对于子女交接班的不同诉求。从表 53 中可以看到，是否考虑过让子女接班问题，与子女被各种组织吸纳的程度之间存在一定关联性。总的来说，考虑让子女接班的企业主，其子女对于各种组织的参与度都显著更高，尤其是各类与政府联结紧密的渠道，参与度明显提升。例如，对于人大、政协的参与达到 13.7%，对于政府背景商协会的参与达到 11.4%，对各级工商联组织的参与达到 28.9%。

表 53　私营企业主交接班诉求与子女社会政治参与情况

单位：%

	没考虑过让子女接班	考虑让子女接班	让子女自己决定
中共党组织	47.5	54.7	50.5
民主党派	2.1	4.6	3.2
各级工商联组织	8.6	28.9	13.4

续表

	没考虑过让子女接班	考虑让子女接班	让子女自己决定
青联	15.7	25.5	18.7
民间商协会	6.3	23.1	11.3
政府背景商协会	4.4	11.4	5.6
人大、政协	2.5	13.7	4.2

六 私营企业主的互联网与媒体行为

（一）互联网在企业当前管理中的运用

近年来，我国互联网技术及应用发展迅猛，对市场、用户、产品、企业价值链乃至整个社会生产生活方式都产生了革命性的影响。2015 年 3 月 5 日，在十二届全国人大三次会议上，李克强总理在政府工作报告中首次提出"互联网＋"行动计划，推动移动互联网、云计算、大数据、物联网等与现代制造业结合，促进电子商务、工业互联网和互联网金融健康发展，引导互联网企业拓展国际市场。

本次调查询问了企业在"互联网＋"的环境下，互联网的使用情况（见表 54）。统计结果表明，79.5% 的私营企业目前已经借助互联网。

当前企业对互联网的使用主要集中在"建立企业网站"（51.6%）、"聘用人才"（42.5%）、"客户沟通与服务"（39.4%）。值得关注的是，30.5% 的企业已经建立了"企业微博、微信公众号"，区别于传统的单向营销，企业将更加注重与消费者之间的互动。可以说拥有海量用户的微信，正逐渐成为企业的发布平台、销售平台、支付平台，以及与消费者互动的平台。此外，备受关注和诟病的"搜索引擎竞价排名"，只有 6.4% 的被访企业表示使用过，比例相对而言是最低的（见表 54）。

表 54 私营企业如何使用互联网

单位：%

使用方式	百分比	使用方式	百分比
建立企业网站	51.6	投放广告，进行企业宣传	34.1
开设网店	17.7	聘用人才	42.5

续表

使用方式	百分比	使用方式	百分比
与互联网企业合作	17.3	搜索引擎竞价排名	6.4
建立企业微博、微信公众号	30.5	客户沟通与服务	39.4

从表55中可以看出，主营业务属于第一产业的企业在"开设网店"和"与互联网企业合作"两个方面表现突出，比例分别是28.8%和21.7%，明显高于第二产业和第三产业，说明在互联网时代传统的第一产业发展出全新的宣传和销售方式。第二产业的企业"建立企业网站"的比例最高，有63.9%。而第三产业的企业"建立企业微博、微信公众号"的比例略高，有34.0%。

表55 主营不同产业的私营企业如何使用互联网

单位：%

使用方式	第一产业	第二产业	第三产业
建立企业网站	50.4	63.9	42.8
开设网店	28.8	17.0	16.5
投放广告，进行企业宣传	35.3	33.9	33.8
聘用人才	35.8	44.8	42.0
与互联网企业合作	21.7	16.2	17.6
建立企业微博、微信公众号	30.9	26.5	34.0
搜索引擎竞价排名	4.6	8.2	5.5
客户沟通与服务	39.2	40.9	38.7

（二）企业未来如何借助互联网

企业未来使用互联网的方式（见图1），排名首位的是"客户沟通与服务"（37.3%），可以说互联网时代更加突出消费者的主体地位，强调个人参与和用户体验，互联网重塑了企业与消费者之间的关系。因而企业注重利用互联网来更好地与客户进行沟通、为客户服务。排名第二位的是"建立企业网站"（36.2%），排名第三位的是"投放广告，进行企业宣传"（36.0%）。这两种使用方式的共同点在于企业宣传。在互联网时代，信息传播的技术、内容、形式、数量、速度等都发生了革命性的变化；消费者获取信息的方式和需求也与时俱进。在此背景之下，企业希望更好地利用互联网来进行商业信息的推广、品牌的宣传以及产品销售等。

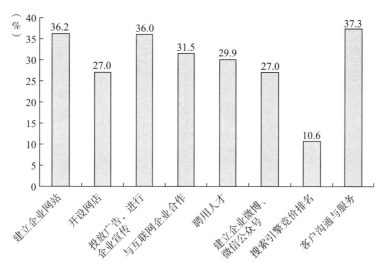

图 1 私营企业未来如何使用互联网

（三）互联网给企业带来的挑战

互联网给企业带来的挑战（见图 2）主要集中在"思维跟不上互联网的发展步伐"（49.1%），互联网对传统商业模式具有颠覆性的影响，具有即时、无中心、去层级、社群化、个体参与、用户体验至上、数据化等多种特征，需要企业家具备"互联网思维"，对市场、用户、产品乃至整个商业模式重新思考、与时俱进，这势必给企业家带来挑战。其次是"客户挑选空间机会多，忠诚度下降"（44.4%），互联网降低了客户转移的门槛以及成本，这势必增加企业的竞争压力。排名第三位的是"行业边界越来越模糊，竞争加剧"（37.7%），互联网的发展促进了行业之间的交叉与融合，突破了原有行业的边界，在更大的范围实现资源的整合。互联网时代的企业，在开拓新业务的同时也面对着更多企业对自己主营行业的侵入和竞争压力。

分不同产业进行统计发现，主营业务属于第一产业的企业主认为"思维跟不上互联网的发展步伐"的比例是 57.5%，高于属于第二产业和第三产业的企业主。"客户挑选空间机会多，忠诚度下降"和"行业边界越来越模糊，竞争加剧"给主营业务处于第三产业的企业主带来了更大的挑战，比例分别是 45.9% 和 39.5%（见表 56）。

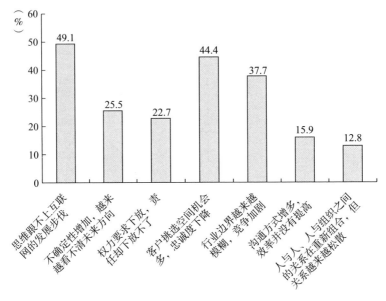

图 2　互联网给企业带来的挑战

表 56　互联网给主营不同产业的私营企业带来的挑战

单位：%

	第一产业	第二产业	第三产业
思维跟不上互联网的发展步伐	57.5	50.0	46.3
不确定性增加，越来越看不清未来方向	24.2	25.5	25.3
权力要求下放，责任却下放不了	24.0	23.7	21.9
客户挑选空间机会多，忠诚度下降	38.4	43.8	45.9
行业边界越来越模糊，竞争加剧	32.3	37.4	39.5
沟通方式增多，效率并没有提高	16.7	15.9	15.8
人与人、人与组织之间的关系在重新组合，但关系越来越松散	11.9	13.1	12.8

（四）企业主的信息渠道

在企业主了解国内重大事件的首选渠道（见表 57）中，高居榜首的是"中央电视台"，比例高达 68.4%。这说明中央电视台作为国家电视台、中国重要的新闻舆论机构、党和政府重要的思想文化阵地，是私营企业主了解国内重大事件、获取信息的首选渠道。

除了中央电视台一枝独秀外，网络媒体已经全面压倒传统媒体。排在第二位的是"国内新闻门户网站、客户端"（11.8%），在移动互联网时代，新闻资讯可随时、随地获取，极其方便快捷。同时，国内著名的新闻门户网站和客户端，对重大事件的报道比较真实可靠，因此受到不少私营企业主的青睐。排名第三位的是"微信公众号、订阅号"（5.2%），排名第四位的是"微信群聊、朋友圈"（4.3%）。将"微博"视为首选渠道的比例也有 2.5%。相比网络媒体，"地方电视台"只有 3.0%，"凤凰电视台"只有 1.4%；而传统的纸媒已经不受青睐，例如，宣传党的路线、方针、政策的"党报"，只有 0.7% 的企业主将其视作首选信息渠道，而"晚报、都市报"也只有 0.9%，比例非常低。

外媒对私营企业主的影响力微乎其微，传统的人际交流不是了解重大事件的有效渠道。被访企业主选择"境外电视台"的只有区区 0.1%，选择境外报纸的则更少，只有 0.01%，几乎可以忽略不计。而传统的"人际交流"，比例只有 0.6%，该渠道在了解国内重大事件的过程中并不被私营企业主所重视，也许信息通过人际传播，时常以讹传讹，不够真实可靠。

表 57　私营企业主了解国内重大事件的首选渠道

单位：%

首先渠道	百分比
中央电视台	68.4
地方电视台	3.0
凤凰电视台	1.4
境外电视台	0.1
广播电台	1.0
党报	0.7
晚报、都市报	0.9
境外报纸	0.01
微博	2.5
境外网络媒体	0.2
国内新闻门户网站、客户端	11.8
微信公众号、订阅号	5.2
微信群聊、朋友圈	4.3

首先渠道	百分比
人际交流	0.6
其他	0.1

对不同年龄组的私营企业主进一步分析，结果表明年龄越大的企业主越倾向于选择"中央电视台"作为首选信息渠道。56岁及以上的企业主，选择中央电视台的比例高达79.6%，而35岁及以下的企业主这一比例只有57.5%，两者相差了22.1个百分点。越年轻的企业主越倾向于选择网络媒体和社会化媒体。35岁及以下的企业主选择"微博"的比例是4.7%，选择"国内新闻门户网站、客户端"的比例是16.3%，选择"微信公众号、订阅号"的比例是7.3%，选择"微信群聊、朋友圈"的比例是6.1%；而56岁及以上的企业主选择这些媒介的比例明显比较低，例如，选择"微博"的比例只有1.1%，选择"国内新闻门户网站、客户端"的比例仅有7.4%，比35岁及以下的企业主低了8.9个百分点（见表58）。

除"央视"之外的其他电视台、纸媒、境外媒体，私营企业主选择的比例都比较低，而且在各年龄组之间没有明显的差异。

表58　不同年龄段的私营企业主了解国内重大事件的首选渠道

单位：%

首选渠道	35岁及以下	36~45岁	46~55岁	56岁及以上
中央电视台	57.5	65.4	71.3	79.6
地方电视台	3.4	2.8	3.0	2.4
凤凰电视台	1.7	1.4	1.5	0.7
境外电视台	0.2	0.1	0.1	0.1
广播电台	0.8	1.3	0.8	1.1
党报	0.2	0.5	1.1	0.9
晚报、都市报	0.8	0.9	0.8	1.2
境外报纸	0.1	0.0	0.0	0.0
微博	4.7	2.4	2.0	1.1
境外网络媒体	0.3	0.3	0.2	0.0

首选渠道	35 岁及以下	36 ~ 45 岁	46 ~ 55 岁	56 岁及以上
国内新闻门户网站、客户端	16.3	13.0	10.4	7.4
微信公众号、订阅号	7.3	5.8	4.7	2.9
微信群聊、朋友圈	6.1	5.7	3.2	2.2
人际交流	0.5	0.4	0.8	0.4
其他	0.2	0.1	0.1	0.0

政治面貌为中共党员的企业主选择"中央电视台"的比例最高（72.1%），而民主党派的企业主选择"央视"的比例最低（58.6%）（见表 59）。民主党派的企业主选择网络媒体和社会化媒体的比例相对较高，而这一差异并非因为民主党派的企业主更加年轻化，在控制了年龄的影响后，依然可以看到政治面貌对媒介信任的影响——民主党派的企业主相对比中共党员企业主更倾向于网络媒体和社会化媒体。

表 59　不同政治面貌的私营企业主了解国内重大事件的首选渠道

单位：%

首选渠道	中共党组织	民主党派	未参加任何党派
中央电视台	72.1	58.6	67.0
地方电视台	1.6	1.9	3.7
凤凰电视台	1.5	3.6	1.2
境外电视台	0.1	0.6	0.1
广播电台	0.8	0.6	1.1
党报	1.2	0.8	0.6
晚报、都市报	0.6	1.1	1.0
境外报纸	0.0	0.0	0.0
微博	1.8	1.9	2.8
境外网络媒体	0.3	0.3	0.2
国内新闻门户网站、客户端	11.9	15.5	11.6
微信公众号、订阅号	4.5	7.7	5.4
微信群聊、朋友圈	3.1	6.9	4.8
人际交流	0.5	0.6	0.5
其他	0.1	0.0	0.1

（五）企业家精神

企业家精神是企业家在创立和发展企业过程中所持有的价值观、信念、精神特质等，它对企业的发展至关重要。企业家精神的内涵非常丰富，那么在私营企业主心中，企业家的精神应该具备哪些基本要素呢？按照被访企业主选择的比例排序，高居榜首的是"诚信"，比例高达89.6%；第二是"守法"，比例为79.2%；第三是"爱国"，占75.0%。"创新"常被认为是企业家精神的灵魂，当今时代企业家的创新能力在一定程度上决定着企业的竞争力和未来。我们看到选择"创新"这一选项的比例为42.7%，位居第四位。第五位是"责任"，占42.0%，从一个侧面反映出企业主个体的社会责任感（见图3）。

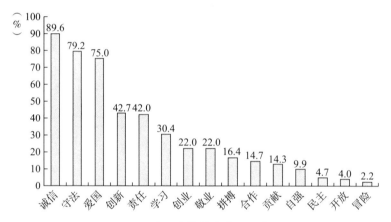

图3　企业家精神的基本要素

耐人寻味的是，只有2.2%的被访企业主认为"冒险"是企业家精神的基本要素，比例最低。由于市场具有不确定性和竞争性，社会普遍认为企业家在创业和经营的过程中必须具备冒险精神，企业家是对风险容忍程度较高的群体，然而本次调查结果显示企业家自己并不看重"冒险"。

七　企业的绩效与成本

（一）营业收入状况与地区差异

被调查企业2015年年底营业收入平均数为15265万元，中位数为400

万元。这个数字与之前几次调查相比有较大回落，很大的原因可能是本次调查加大了小微型企业的比例。

我们参考《国家统计局关于印发〈统计上大中小微型企业划分办法〉的通知》（国统字〔2011〕75 号）的基准标准，对营业收入进行了分组。如表 60 所示，各地区均有较大比例（10% 左右）的被访企业没有填写营业收入。本次调查有 41.6% 的企业营业收入在 300 万元以下，属于"微型企业"；20.2% 在 300 万～2000 万元，属于"小型企业"；营业收入在 2000 万～4 亿元的属于"中型企业"，占到了 25.2%；营业收入在 4 亿元及以上的"大型企业"，占到了 3.9%。这个分布更加接近我国私营企业的总体分布。[①]

从地区差异来看，东部、中部、西部、东北地区的微型企业比例依次提高，从 30.4% 一直到 61.5%。相应的，大型企业的比例依次降低，从 5.7% 一直降低到 0.6%。这反映出我国东部地区私营经济更为发达的事实。

表 60 　私营营业收入分组的地区差异

单位：%

营业收入分组	东部	中部	西部	东北	总体
300 万元以下	30.4	46.2	49.6	61.5	41.6
300 万～2000 万元	22.4	19.7	18.2	16.6	20.2
2000 万～4 亿元	33.0	21.4	20.3	10.5	25.2
4 亿元及以上	5.7	2.8	3.0	0.6	3.9
缺失值	8.5	9.9	8.9	10.8	9.1

我们还计算了私营企业平均营业收入（见图 4），平均数是 172.3 万元，中位数是 19 万元。图 4 直观地显示了私营企业平均营业收入的地区差异：东部地区高达 27.21 万元，中部地区为 15.00 万元，西部地区为 12.11 万元，东北地区为 8.10 万元。

---

① 在 2014 年调查中，300 万元以下的企业比例是 24.8%，300 万～2000 万元的比例是 24.4%，小微型企业合计占 49.2%，而 2016 年这一比例合计占到了 61.8%。

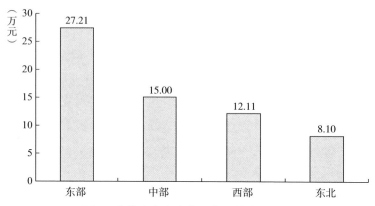

图 4 私营企业人均营业收入的地区差异

（二）税费与地区差异

本次调查企业的纳税平均数是 748.75 万元，中位数是 16 万元。各种缴费的平均数是 81.73 万元，中位数是 5 万元。从表 61 可以看出各地区之间的差异。与营业收入分布一致的是，东部、中部、西部和东北地区纳税额的中位数，逐一降低。

但除东北地区外，东部、中部和西部地区之间的缴费的均值差距不大，分别是 85.13 万元、83.45 万元和 83.11 万元，中位数的差距也并不明显，分别为 6.14 万元、4.04 万元和 4.00 万元。东北地区的缴费均值（47.99 万元）和中位数（2.05 万元）则与东中西部地区的差别较大（见表 61）。

表 61 私营企业纳税与缴费的地区差异（均值与中位数）

单位：万元

	东部		中部		西部		东北	
	中位数	均值	中位数	均值	中位数	均值	中位数	均值
纳税	40.00	1199.14	10.00	363.46	6.00	454.94	2.90	142.44
缴费	6.14	85.13	4.04	83.45	4.00	83.11	2.05	47.99

我们还计算了私营企业纳税和缴费占营业收入的比例。2016 年这一比例的中位数是 4%。表 62 则展示了更为具体的年度对比。从中可以看到，与 2014 年相比，税费占营业收入比例有了非常明显的下降，从 9.00% 降到了 4.00%。从地区分布来看，各地均有大幅度下降，尤其是在东北地区最为明显。

有意思的是，在营业收入组别里，300 万元以下组别的税费占营业收入比例从 5.45% 降到了 3.33%，4 亿元及以上组别从 5.29% 降到了 3.31%，但另外两个组别的比例都有小幅度上升（见表 62）。

表 62　私营企业税费占营业收入比例的地区和收入组别差异（中位数）

单位：%

		2014 年	2016 年
地区	东部	5.29	4.45
	中部	4.87	3.43
	西部	4.67	3.33
	东北	10.00	4.00
营业收入分组	300 万元以下	5.45	3.33
	300 万~2000 万元	4.42	4.60
	2000 万~4 亿元	3.61	4.31
	4 亿元及以上	5.29	3.31
总体		9.00	4.00

（三）摊派与公关费

长期以来，摊派和公关费被认为是企业的一种不合理的负担。本次调查显示，私营企业的摊派和公关费有了大幅度的下降。2014 年摊派和公关费之和的中位数是 9 万元，而 2016 年则降到了 3.8 万元。从表 63 的组内差别来看，不管是分地区，还是分营业收入大小，摊派和公关费的中位数都有非常明显的下降，尤其是 300 万元以下营业收入的微型企业，降幅更为明显。这也许反映了近两年来中央给私营企业 "减负" 所取得的成绩。

表 63　私营企业摊派与公关费用的地区和收入组别差异（中位数）

单位：万元

		2014 年	2016 年
地区	东部	20.00	5.00
	中部	15.00	1.20
	西部	10.75	5.00
	东北	10.50	4.00

续表

		2014 年	2016 年
营业收入分组	300 万元以下	4.00	0.30
	300 万～2000 万元	12.60	5.00
	2000 万～4 亿元	35.00	19.60
	4 亿元及以上	115.00	80.00
总体		9.00	3.80

（四）公益事业捐赠情况

2016 年的调查只询问了私营企业在 2015 年全年慈善和社会捐款的总额。如表 64 所示，曾任或现任人大、政协职务的企业主比没有政治身份的企业主明显更加热衷于慈善捐赠，前者的中位数和均值分别达到了 5 万元和 28.35 万元，而后者则为 0 万元和 8.59 万元。

表 64　私营企业慈善捐款的数额与分布

单位：万元

		2015 年您企业全年慈善和社会捐赠总额	
		中位数	均值
是否现任或曾任人大代表或政协委员	否	0.00	8.59
	是	5.00	28.35
资产规模分组（四分法）	100 万元以下	0.00	2.10
	100 万～1000 万元	0.50	11.05
	1000 万～1 亿元	4.00	14.10
	1 亿元及以上	15.00	63.44
总体		0.40	14.58

资产规模越大的企业，企业主慈善捐赠行为也更加积极。1 亿元及以上资产规模的企业的捐赠中位数和均值分别达到了 15.00 万元和 63.44 万元，而 100 万元以下的企业则分别只有 0 万元和 2.10 万元。

（五）企业的环保行为与压力

问卷询问了 2015 年私营企业治理环境污染的投入（见表 65），有 7401 户企业回答了该问题，其中 2062 户企业有所投入，占 27.9%。企业治污投入的均值是 40.3 万元，最多花费了 3.6 亿元。

有 160 户企业缴纳了环境污染罚款，在回答该问题的 7032 户企业中，占 2.3%。环境污染罚款的最高数额是 3000 万元（见表 65）。

表 65　2015 年私营企业有关环境污染方面的费用

单位：万元

	均值	中位数	极小值	极大值
治理污染投入	40.3	0	0	36000
环境污染罚款	1.2	0	0	3000

根据企业主营业务所属产业，进一步分析发现，第二产业的企业因环境污染被罚款的比例是最高的，有 3.4%；其次是第一产业的企业，比例是 1.9%；第三产业的企业因环境污染被罚款的比例略低，为 1.5%（见表 66）。

表 66　不同产业的私营企业缴纳环境污染罚款的比例

单位：%

企业主营业务所属产业	被罚款企业的比例
第一产业	1.9
第二产业	3.4
第三产业	1.5

2015 年有 15% 的被访企业研发了新的环保技术设备或环保产品，29% 的被访企业增加了新的环保技术设备或改进了产品的环保质量（见图 5 和图 6）。

2.2% 的被访企业遭到居民或环保组织的环境投诉，比例并不是很高。私营企业的环保压力主要来自"政府环境规制"，有 7.2% 的被访企业认为压力很大，15.0% 的人认为压力较大。可见自 2015 年 1 月 1 日起，新修订的《环境保护法》和《企业事业单位环境信息公开暂行办法》的正式施行，对企业履行环境责任提出了更高的要求，使企业产生了环保的压力。相较而言，仅有 2.6% 和 8.9% 的被访企业认为同行企业改进环保的行动给它们带来了很大压力和较大压力。

图 5　是否研发了新的环保技术设备或环保产品

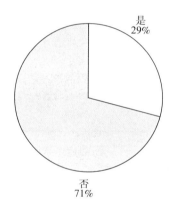

图 6　是否增加了新的环保技术设备或改进了产品的环保质量

（六）企业用工状况

2015 年受访企业的规模最大为 6000 人，均值为 182 人。企业规模分布如表 67 所示。

表 67　被访私营企业 2015 年全年雇用人数情况

单位：人，%

企业规模	人数	比例
8 人及以下	2727	34.4%
9～19 人	1020	12.9
20～59 人	1607	20.3
60～99 人	648	8.2

续表

企业规模	人数	比例
100 ~ 199 人	803	10.1
200 人及以上	1121	14.1
合计	7926	100.0

与往年调查相比，2015 年调查的私营企业规模较小。从图 7 中可以看到，此次调查中，20 人以下企业（尤其是 8 人及以下企业）所占比例高达47.3%，显著高于历年调查；与此同时，200 人及以上的大型企业所占比例仅为 14.1%，显著低于历年调查。

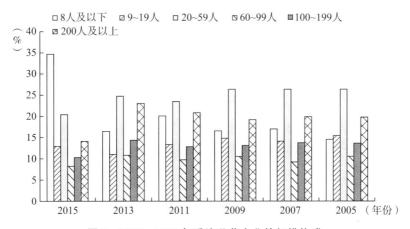

图 7　2005 ~ 2015 年受访私营企业的规模构成

受访企业的员工中，半年以下临时雇用的员工比例平均为 21.3%，而雇用半年以上一年以下的员工比例平均为 19.7%。这两个指标可以替代性地测量企业的劳动力维持情况（Labor Maintenance）。有研究表明，有相当比例的劳动力自愿流转发生在雇佣关系建立后的一年之内，一旦雇佣关系存续超过一年，劳动者单方面中止劳动关系的概率会显著下降。因此，雇用一年以下的员工所占比例越高，可以认为，企业的劳动力维持将面临更高的不确定性。

基于历年数据来看，从 21 世纪初，私营企业中雇用年限在一年以下员工的比例在 40% 左右。期间经历过下降，从 2001 年的 43.8% 降至 2007 年的 33.9%，随后在 2008 ~ 2009 年因金融危机和《劳动合同法》引起劳动力市场震荡而急速上升，增至 74.1%，之后又一次骤跌（见图 8）。

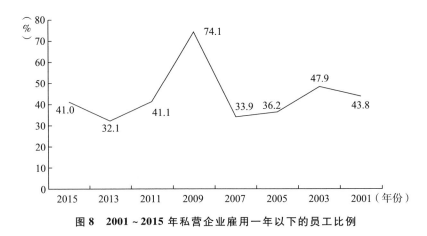

图 8　2001～2015 年私营企业雇用一年以下的员工比例

比较 2013 年与 2015 年的数据，私营企业雇用一年以下员工的比例仍然上升了近 10 个百分点，这既可能是因为此次调查的小微型企业所占比例较高，也可能是因为不同规模企业保有其劳动力的难度不同。比较近 10 年的数据可以发现，大型企业（员工数大于百人的企业），其雇用一年以下员工的比例十分稳定，在 25% 左右；中型企业（员工数在 20～100 人），这一比例也相对稳定在三成上下；波动较大的就是小微型企业（员工数小于 20 人的企业），在 2007 年，该比例一度降至三成，但在金融危机和《劳动合同法》的双重作用下，2009 年，小微型企业的员工大量换血，该比例甚至达到了 116.9%，之后又有过多次波动（见表 68）。

表 68　不同规模私营企业的一年期以下员工比例（2005～2015 年）

企业规模	2015 年	2013 年	2011 年	2009 年	2007 年	2005 年
小微型企业（＜20 人）	47.8	34.7	56.7	116.9	34.3	42.8
中型企业（20～100 人）	34.8	33.9	36.5	70.3	30.6	32.8
大型企业（＞100 人）	25.0	25.0	27.8	46.7	25.4	25.2

2015 年被访私营企业全年新入职员工占全体职工的比例平均为 14.0%，而离职员工占企业职工总数的比例平均为 7.6%。将新入职员工减去离职员工人数，考察企业规模是否有净增长，有 9.1% 的企业规模下降，也就是入职员工少于离职员工人数；有 58.9% 的企业规模基本不变，两者相抵；有 32.1% 的企业，规模有所扩张。从均值上看，受访企业的员工人数全年平均

增加 7.2 人（见表 69）。

与历年数据比较，从 2003 年至 2015 年，企业雇员数的净增长持续下降。从比例上来看，在历年调查中，规模下降的企业所占比例变化不大，在 10% 左右，规模不变的企业大幅度增长，从 2003 年的三成多上升至 2015 年的近六成；规模扩张的企业所占比例则显著下降，从 2003 年的近六成下降至 2015 年的三成多（见表 69）。

表 69　2003～2015 年私营企业用工人数的变化

单位：% , 人

规模变化	2015 年	2013 年	2005 年	2003 年
规模下降	9.1	10.9	7.3	9.7
规模不变	58.9	38.4	45.9	33.1
规模扩张	32.1	50.7	46.8	57.3
企业雇员增加人数（均值）	7.2	13.2	15.5	23.9

（七）职工收入、社会保障与劳动合同

被访私营企业全年用于支付员工工资、奖金的数额约占企业营业总收入的 21.5%（见图 9）。企业为员工缴纳社会保险费用的比例大约为 10.6%，参保比例约为 56.6%，其中，小微型企业参保比例约为 44.7%，中型企业为 63.3%，大型企业为 70.5%。

根据近 10 年的调查数据，企业的工资、奖金支出占比稳定上升，从 2005 年占营业收入（销售额）的 13.6% 不间断地上升至 2015 年的 21.5%。与工资、奖金支出占比的变化趋势相比，社会保险支出占比呈现两个特点：一是呈跳跃式上升，时而会有反向变化，例如，2005 年与 2007 年两轮调查中，社保支出占比仅为 2% 左右，而到 2009 年一下跃升至 8% 以上，之后平稳了几年，到 2013 年调查时又跃升了 4 个百分点；二是虽然起点低，但增长幅度很快，工资、奖金支出占比在近 10 年间增加了约 8 个百分点，大约增长 50%，相比之下，社保支出占比则增加了 4 倍之多（见图 9）。

从签订劳动合同的人数来看，被访私营企业签订个体劳动合同的均值为全年 138 人次，而签订集体劳动合同的均值为全年 46.9 人次。如果区分不同规模的企业，小微型企业签订个体劳动合同的均值是 7.4 人次，而集体

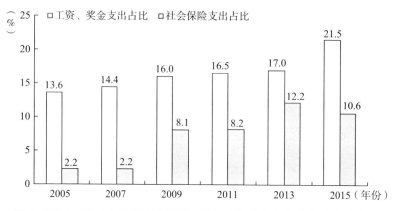

图 9 　2005~2015 年私营企业工资、奖金支出占比与社会保险支出占比

劳动合同的均值则是 1.4 人次；中型企业的两项均值则分别为 34.5 人次和 7.5 人次；大型企业分别为 498.2 人次和 185.8 人次。由此来看，相比集体劳动合同，个体劳动合同仍是主导的契约形式。

用 2015 年全年签订劳动合同的人次除以企业当年雇员人数，可以得到两类劳动合同的签订比例。可以看到，小微型企业的两类劳动合同签订率都很高，但这很可能是由企业劳动力的更新替代率较高所引起的，需要进一步搜集资料才能做深入分析（见表 70）。

表 70 　私营企业规模与劳动合同签订比例

单位：%

企业规模	个体劳动合同签订率	集体劳动合同签订率
小微型企业（<20 人）	127.7	38.1
中型企业（20~100 人）	65.1	13.4
大型企业（>100 人）	68.5	20.5

注：表格中的比例出现了大于 100% 的情况，我们猜测是由于劳动合同签订的人次往往包括了不断退出又进入的人群，存在动态变化，而企业全部雇员数往往是一个静止状态。因此两相比较，会出现合同签订人次大于企业某一时点的雇员数量。

从历年数据来看，无论是签订个体劳动合同还是集体劳动合同，小微型企业的合同签订比例都呈现波动性上升趋势，而中型和大型企业则呈现小幅度稳定下降趋势（见图 10 和图 11）。同样的，如果要做进一步的判断，需要厘出企业劳动力流转的相关情况，考察劳动合同签订率的净变化。

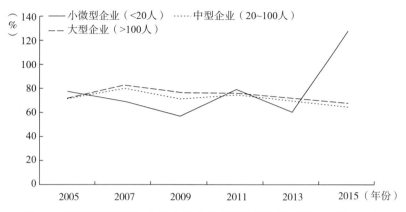

图 10　不同规模私营企业的个体劳动合同签订比例（2005 ~ 2015 年）

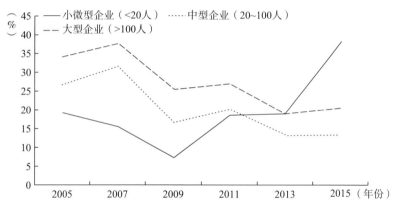

图 11　不同规模私营企业的集体劳动合同签订比例（2005 ~ 2015 年）

有 18.3% 的私营企业建立了住房公积金制度，与 2013 年相比，这一比例虽然有所下降，但从近 10 年的趋势来看，仍然处于上升状态（见图 12）。

进一步区分不同规模的企业，可以得到，大型企业建立住房公积金制度的比例提升最多，从 10 年前的 10.6% 不断提高至这次调查的 38.5%；中型企业也有明显改善，从 2005 年的 5.2% 增加至 2015 年的 18.9%。相比之下，小微型企业变化不多，比例始终在 10% 以下，虽在 2013 年突破至 11.8%，但在此次调查中又下跌至 7.5%。

在职工培训方面，私营企业平均约为 61.8% 的员工提供培训，其中小微型企业员工的受训比例为 43.8%，中型企业为 60.6%，而大型企业则高达 96.2%。企业人均培训费用约为 1.4 万元，大型企业人均培训费用最高，

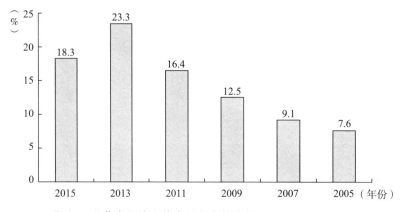

图 12　私营企业建立住房公积金的比例（2005～2015 年）

为 2.5 万元，小微型企业次之，为 1.1 万元，中型企业则最低，人均 0.5 万元。

从培训费用占营业收入比例来看，从 2009 年起，经历短时下降后，再次显著提升，2009 年约为 2.3%，而此次调查则增至 9.1%。区分不同规模企业来看，大型企业起点较高，在 2009 年就达到 5.1%，时至 2015 年已上涨了近两倍，达到 14.3%；相比之下，中型企业和小微型企业，起点较低，在 2009 年时仅投入营业收入的 1% 左右，但到 2015 年调查时，小微型企业的投入比例达 6.2%，中型企业更是达到 8.3%（见图 13）。

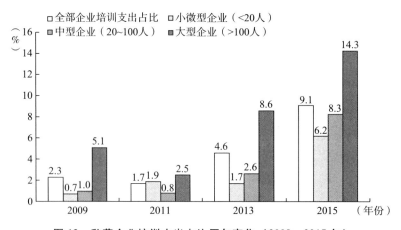

图 13　私营企业培训支出占比历年变化（2009～2015 年）

（八）企业生产成本

此次受访私营企业表示，企业经营最大的成本还是来自购置原材料，大约占营业收入的39.2%，其次是房屋/土地租金费用，约占8.8%，购置生产设备与设备折旧占8.5%，能源成本占7.8%。经过换算后①，我们还发现，2015年企业经营的人力成本平均占比为26.5%，在各类成本支出中位列第二位。

区分不同规模的企业，可以看到，在能源成本和设备折旧方面，大中小微型企业的内部差异并不十分显著。但在其他各项上，企业规模会造成显著影响。在原材料成本占比上，大型企业往往要支出近一半的营业收入，约44.3%，而小微型企业则只有不到三成，约32.1%。小微型企业所感知到的房屋/土地租金成本负担和人力成本负担要比大中型企业更强烈。房屋/土地租金占小微型企业营业收入的10.4%，而在大型企业中只占4.8%。人力成本占比的差异也十分显著，小微型企业要支出近三成，约29.5%，而大型企业约支出22.5%（见图14）。

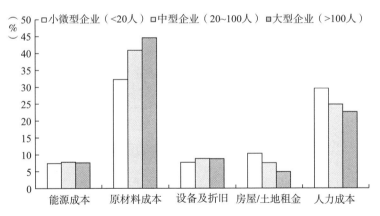

图14　私营企业规模与各项成本占比

比较不同行业私营企业的生产成本，可以看到，制造业企业对于原材料成本最为敏感，这部分支出大约占了营业收入的一半，相对非制造业企业来说，制造业企业对于房屋/土地租金和人力成本不那么敏感。一旦企业

---

①　除去上述四项成本外，问卷还询问了企业经营的"其他成本（不含人力成本）所占比例"，我们用100%逐项减去这些成本占比，得到的比例可以近似看作企业的人力成本。

涉足金融业，房屋/土地租金的占比就会明显提升，而原材料占比会显著下降（见表71）。

是否涉足房地产业，似乎在各项成本开支占比上不构成显著差别。我们猜测其中的原因是，涉足房地产的企业，大多数都采取多元化经营策略，涉足不同行业在很大程度上平衡了各项成本开支。相比之下，企业是否涉足制造业，似乎构成很大的影响，这很可能是因为制造业企业多元化经营的比例较低，缺少其他行业的涉入来平衡其成本开支构成。据此，我们也可以认为，制造业的灵活度较低，而脆弱度较高，一旦宏观经济形势或政策导向改变了成本市场的供需状况，制造业企业将更难免疫于市场波动的影响。

表 71　私营企业行业与成本的交互分析

单位：%

生产成本	涉足制造业		涉足金融业		涉足房地产业	
	是	否	是	否	是	否
能源成本	7.7	7.4	6.9	7.5	6.1	7.6
原材料成本	49.1	31.8	22.9	37.7	33.6	37.6
设备及折旧	8.0	8.4	9.9	8.2	9.4	8.2
房屋/土地租金	4.7	9.9	12.7	8.1	8.2	8.2
人力成本	20.5	29.4	29.1	26.5	27.9	26.4

八　私营企业内部管理与组织制度的变化

公司治理结构是公司为行使权利和履行其相关义务，而构建的由各种权利系统相互制衡的组织体制。[1]

（一）公司治理结构

1. "新三会"和"老三会"所占比例均有一定程度的下降

私营企业的传统治理结构以"老三会"为主，即党委会、工会和职工代表大会，这是我国政治制度在企业的具体体现，体现了社会主义市场经济体制下企业制度的重要特点。而在现代企业管理中，根据权力机

---

[1]　陈佳贵主编《企业管理学大辞典》，经济科学出版社，2000，第210～212页。

构、决策机构、经营机构、监督机构相互分离与相互制衡的原则，现代公司形成了由股东代表大会、董事会和监事会组成的"新三会"治理结构，这是公司制法人治理结构的主体框架，体现了经济发展的一般规律。①

在对近十次私营企业调查数据的组织结构进行纵向观察后，可以发现私营企业中的"老三会"和"新三会"总体均处于增长态势，且"新三会"的存在比例远大于"老三会"的存在比例。如 2016 年调查数据显示，"新三会"存在比例分别为 54.4%、42.6%、25.5%，而"老三会"存在比例分别为 28.2%、35.3%、22.5%（见表 72）。私营企业正在探索更为科学、有效的管理模式，总体趋势是在向以"新三会"为代表的现代企业管理模式靠拢。

表 72　私营企业内部的组织状况

单位：%

	股东大会	董事会	监事会	党组织	工会	职代会
1993 年调查	—	26.0	—	4.0	8.0	11.8
1995 年调查	—	15.8	—	6.5	5.9	6.2
2000 年调查	27.8	44.5	23.5	17.4	34.4	26.3
2002 年调查	33.9	47.5	26.6	27.4	49.7	27.4
2004 年调查	56.7	74.3	35.1	30.7	50.5	31.0
2006 年调查	58.1	63.5	36.5	34.8	53.3	35.9
2008 年调查	59.3	54.5	34.9	35.2	51.5	35.1
2010 年调查	57.1	57.8	32.0	34.6	52.3	31.7
2012 年调查	61.2	57.7	31.8	35.4	49.1	32.2
2014 年调查	57.5	57.3	29.5	40.6	54.5	33.9
2016 年调查	54.4	42.6	25.5	28.2	35.3	22.5

但是我们也看到，在 2016 年，不论是"老三会"还是"新三会"，其存在比例较 2014 年均有大幅度回落，如 2014 年"新三会"的存在比例分别为 57.5%、57.3%、29.5%，而 2016 年"新三会"的存在比例则分

---

① 施东亮：《现代企业制度下对"新三会"与"老三会"关系的思考与实践》，《工会理论研究》2008 年第 5 期。

别下降到了 54.4%、42.6%、25.5%（见表 72）。这除了跟调查样本变化有一定的关系外，另一方面也说明私营企业的生命周期较短。在我国经济发展进入新常态、市场需求有所缩减的情况下，私营企业面临着较大的市场压力，不少私营企业破产倒闭，而又有一些新兴的私营企业注册成立。因此，调查的数据也会因市场上私营企业的兴亡，而有一定程度的浮动。

此外，"新三会"中的"监事会"所占比例始终处于 23%~37%（见表 72），较"新三会"中的"股东大会"和"董事会"所占比例有较大的差距。这是由于私营企业主要是中小型家族式企业，企业股东大会、董事会人员具有很大的重叠性，企业主往往既是企业的董事长，又是企业的总经理。这些企业中通常不设监事会，即使设有这个机构，其人员构成也决定了它难以发挥应有的监督作用。[①]

2. 企业主及其亲属是董事长人选的首选

董事会由董事组成，对内掌管公司事务，对外代表公司经营决策，它是现代企业制度发展到一定阶段的产物。

在 2016 年对私营企业的调查中，企业董事长主要由出资人本人担任，这一情况在总计 5457 个样本中有 4798 人，占比为 87.9%，由出资人的家族成员担任董事长职务的比例达到了 10.0%，由外聘人才（1.3%）或其他人（0.8%）担任的比例非常低（见表 73）。这说明在我国私营企业内部治理中，家族式管理仍是企业采取的主要方式，现代企业管理制度虽已建立，却仅停留在企业"肌理"，未能触及企业"骨骼"。之所以会出现这种情况，除了受企业主自身管理理念的限制和对"外人"的不信任外，还有很重要的一点——优秀管理人才匮乏。我国私营企业以中小企业为主，在吸引高端技术、管理人才方面的优势较小。企业在早期发展阶段对这类人才的要求也并不高，而到了需要大量管理人才的"成长"阶段，不少私营企业可能因为管理得不到及时的提升而消亡。

[①] 刘平青、陈文科：《资本结构：家族企业治理结构的"来龙"与"去脉"》，《中国农村观察》2003 年第 3 期。

表 73　私营企业的董事长人选

单位：个，%

董事长人选	样本数	有效百分比
主要出资人本人	4798	87.9
主要出资人的家族成员	545	10.0
外聘人才	69	1.3
其他	45	0.8
合计	5457	100.0

同时我们也应看到，中国是一个"关系"社会，企业经营过程中不可避免出现很多"人情管理"，私营企业，其各项制度还不完善、不规范，不像大企业、外资企业一样，岗位分工明确，因而在创业期间，亲戚朋友往往会"分内""分外"都干，有钱没钱都做，该出手时就出手，效率也相应较高，在提倡"用人唯贤"的同时，私营企业也会结合自身实际需要安排管理人选，根据企业发展阶段进行人岗匹配，这也具备一定的合理性。私营企业一方面要提升亲人的能力，使他们变成贤人；另一方面要对有能力的贤人加强感情连接，培养出亲人般的感情，提升团队的凝聚力。所以，无论是家族式管理还是非家族式管理，在发挥亲情管理高效作用的同时，也要注重规则意识，不管是"用人唯亲"还是"用人唯贤"，保障企业管理轨迹沿着有效的规章制度运行，才是企业用人的核心。

（二）企业管理

1. 企业主在私营企业管理中权力突出

对于所有权与经营权的处理，是企业经营管理中非常重要的一环。企业所有权和经营权合一，能够有效提高企业主的经营积极性，并且能够降低经营成本。此次调查中，我们发现，在企业的日常管理以及重大决策中，主要出资人仍然扮演着非常重要的角色，掌控着企业超过 50% 的经营决策权。私营企业是以企业主为核心而运转的。

在日常管理中，2016 年的私营企业调查数据显示，有高达 65.2% 的企业出资人直接负责企业日常管理，在近五次的调查中达到较高比例（见表 74）。此外，出资人的子女（1.5%）和家族其他成员（3.8%）也有一定的比例参与企业管理。

表 74　私营企业的日常管理

单位：个，%

日常管理者	2008 年		2010 年		2012 年		2014 年		2016 年	
	样本数	有效百分比	样本数	有效百分比	样本数	有效百分比	样本数	有效百分比	样本数	有效百分比
主要出资人本人	1395	34.6	3023	69.8	3020	60.8	3510	59.1	5156	65.2
高层管理会议	2344	58.1	726	16.8	1258	25.3	1108	18.7	1393	17.6
职业经理人	246	6.1	523	12.1	653	13.1	1281	21.6	902	11.4
其他	49	1.3	62	1.4	40	0.8	42	0.7	462	5.9
合计	4034	100.0	4334	100.0	4971	100.0	5941	100.0	7913	100.0

在重大决策中，私营企业的重大决策权仍然被企业主牢牢把握在手中，被调查企业中有53.9%的企业重大决策是由主要出资人本人做出的（见表75）。这一比例，在近五次调查中同样达到了最高比例。

表 75　私营企业的重大决策

单位：个，%

重大决策者	2008 年		2010 年		2012 年		2014 年		2016 年	
	样本数	有效百分比	样本数	有效百分比	样本数	有效百分比	样本数	有效百分比	样本数	有效百分比
主要出资人本人	1335	33.2	2323	52.0	2376	48.2	2851	47.7	4284	53.9
股东大会	857	21.3	930	20.8	1365	27.7	1419	23.8	1731	21.8
董事会	982	24.4	976	21.8	921	18.7	1094	18.3	1116	14.1
高层管理会议	815	20.2	224	5.0	249	5.1	574	9.6	700	8.8
职业经理人	—	—	—	—	—	—	33	0.6	90	1.1
其他	37	0.9	18	0.4	14	0.3	0	0.0	2	0.3
合计	4026	100.0	4471	100.0	4925	100.0	5971	100.0	7943	100.0

主要出资人在私营企业日常管理和重大决策中表现出的超过50%的话语权，进一步印证了我们在上文"组织结构"中提到的"家族式管理仍是

企业采取的主要方式，现代企业管理制度虽已建立，却仅停留在企业'肌理'，未能触及企业'骨骼'"。在私营企业中，绝大多数企业并未做到现代企业管理制度中所倡导的"所有权与经营权分离"，企业主仍旧牢牢掌控着企业的经营权。这主要是因为，私营企业规模较小，两权分离会增加经营成本。此外，企业主受各种原因的影响，对家族式管理情有独钟，这也是导致该情况出现的原因。

我们还注意到，企业主在企业日常管理和重大决策中的突出地位，在2016 年调查中得到进一步提高，并且达到近五次调查的较高比例。企业主中负责企业日常管理的比例从 2014 年的 59.1% 增长到 2016 年的 65.2%（见表74），企业主做出重大决策的比例从 2014 年的 47.7% 增长到 2016 年的 53.9%（见表75）。2016 年的调查数据显示，私营企业经营权有回归企业主的趋势。这种情况的发生，除了与调查样本变化和企业兴衰更替有关外，也需要加以注意，这种趋势到底是一时的管理水平的衰退，还是整体经济下行的表现。在不确定的环境下，企业主因为其个人的精明和对市场的敏锐，直接参与决策的效率是最高的。当然我们也要看到，个人决策犯错误的概率是客观存在的，所以企业在注重实用的同时，规范必要的决策程序是非常有必要的。此外，有研究指出，企业选择所有权与经营权的分离还是不分离，与经理人的工资成本也有一定的关系。当经理人工资成本充分小的时候，古典企业（所有权与经营权不分离）比现代企业（所有权与经营权分离）更有效率；而当经理人工资成本充分大的时候，现代企业比古典企业更有效率。[①]

2. 现代企业制度采用率始终较低

现代企业制度是以市场经济为基础，以企业法人制度为主体，以公司制度为核心，以产权清晰、权责明确、政企分开、管理科学为条件的新型企业制度。在内部管理制度上实行法人治理结构，法人治理结构是指由股东会（或股东大会）、董事会、经理层和监事会组成的公司内部组织管理制度，是一种各负其责、协调运转、有效制衡的现代企业内部组织管理制度。[②]

在此次调查中，我们看到，不论是日常管理还是重大决策，私营企业

[①] 马捷、段颀、张维迎：《所有权与经营权分离情况下的自由进入均衡》，《经济研究》2014年第 8 期。

[②] 中国社会科学院经济研究所编、刘树成主编《现代经济词典》，凤凰出版社、江苏人民出版社，2005，第 1064 页。

都是以"实用主义"为取向，现代企业制度仍处于缓慢建设过程中。2016年负责私营企业日常管理的各部分比例分别为，主要出资人65.2%、高层管理会议17.6%、职业经理人11.4%（见表74）。2016年私营企业做出重大决策的各部分比例分别为，主要出资人53.9%、股东大会21.8%、董事会14.1%、高层管理会议8.8%、职业经理人1.1%（见表75）。而且，2016年股东大会、董事会、高层管理会议以及职业经理人在日常管理和重大决策上的比例较2014年均有不同幅度的降低。也就是说，2016年私营企业中，现代企业管理模式所占比例有所下降，而传统企业管理模式所占比例有所提高，这很有可能预示着私营企业整体管理水平的降低。这种远离市场经济发展趋势、"人治"色彩越来越浓的情况，与西方市场经济的环境差异是比较大的，需要引起我们的注意。

（三）企业的培训倾向

企业培训是企业对在职职工进行文化、技术、业务和操作技能的提高教育，是企业适应经济发展和企业进步的要求，对不断提高职工素质和经济效益具有重要作用。[①]

企业营销与管理是私营企业管理者关注的培训重点。在私营企业管理者的培训倾向中，企业营销与管理占比最高，高达83.6%。其次，他们也比较关注国情、民情与社会类培训（34.7%）、法律类培训（29.7%）、人际关系类培训（23.7%）和金融证券与投资类培训（23.7%）等。他们比较不关注的培训类型有海外投资与移民（2.1%）、政治理论（5.5%）、历史与哲学（6.5%）等（见图15）。

私营企业管理者所普遍关注的培训内容，往往也是他们所缺乏的。这启示我们，在针对私营企业管理者进行培训时，应当以企业营销与管理类培训为主，辅以法律、社会、人际关系、证券投资等方面的培训，增强私营企业管理者的企业营销与管理水平。而对于企业管理影响较小的培训内容，如海外投资与移民、政治理论、历史与哲学等，私营企业管理者们的关注度并不高。这也说明了，我国私营企业以中小企业为主，企业规模普遍较小，企业管理者的管理水平有所欠缺，还没有达到关注企业资产投资

---

① 王益英主编《中华法学大辞典·劳动法学卷》，中国检察出版社，1997，第256页。

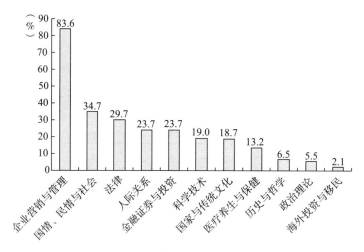

图 15 私营企业的培训倾向

的水平,因而对于金融证券与投资、海外投资与移民的关注度非常低。

(四)企业的管理水平

企业管理是对企业的生产经营活动进行计划、组织、指挥、协调和控制等一系列职能的总称。

1. 多数私营企业及管理者的管理水平居中

在参与调查的私营企业管理者中,多数人倾向于认为自己企业的管理水平和本人的管理水平均居于中等水平,其中,认为企业的管理水平居中的人占 69.9%,而认为自身管理水平居中的人占 69.5%(见表 76、表 77)。当管理水平分为高、中、低三个档次时,根据统计学规律,大样本(样本数 >36 个)情况下数据分布近似于正态分布。因此认为居中的人数较多,这也比较符合事实规律。

表 76 私营企业的管理水平

单位:个,%

	样本数	有效百分比
较高	1426	18.0
居中	5528	69.9
较低	956	12.1
合计	7910	100.0

表 77　被调查对象的管理水平

单位：个，%

	样本数	有效百分比
较高	1575	20.7
居中	5293	69.5
较低	752	9.9
合计	7620	100.0

我们还发现，此次被调查对象中，认为管理水平较高的人多于较低的人。其中，认为企业管理水平较高的人（18.0%）多于认为企业管理水平较低的人（12.1%），认为自身管理水平较高的人（20.7%）也多于认为自身管理水平较低的人（9.9%）。这与上文中提到的正态分布有一定的偏差。更有意思的是，认为个人管理水平较高的人（20.7%）多于认为企业管理水平较高的人（18.0%），认为个人管理水平较低的人（9.9%）少于认为企业管理水平较低的人（12.1%）。也就是说，此次接受调查的人员中，有一部分人倾向于认为个人管理水平是略高于企业管理水平的。

这两种现象的出现，可以用组织行为学中的相关理论来解释。首先，被调查者可能具有较强的自我管理能力，他们会给企业带来更大的贡献。表现在管理水平上就是，他们的管理水平要高于其他员工的管理水平，这就为被调查者的个人管理水平高于企业的管理水平提供了一个很好的解释。其次，被调查者们（私营企业管理者）作为企业的领导人物，具有更强的自我效能感，倾向于认为自己的管理水平高于同事的管理水平，自己公司的管理水平高于其他公司的管理水平，这也就导致了这两种现象的出现。此外，被调查者们较强的自我效能感让他们有将企业管理水平低归因于其他管理者的潜在意识，这种错误的归因导致他们得出错误的结论——认为自己的管理水平高于同事的管理水平。

2. 人才队伍是制约私营企业管理水平最大的因素

影响企业管理水平的因素分为内因（企业内部因素）和外因（企业外部因素）两个方面，其中内因包括人才队伍、负责人的理念或管理水平、资金实力、客户资源、企业文化、技术设备等，外因包括同行竞争、政策环境等。

此次调查数据显示，在制约企业管理水平的因素中，有46.7%的人选择了"人才队伍"选项，这让我们意识到，在私营企业，人才缺乏是制约企业管理水平的重要因素。紧随其后的是"企业主要负责人的理念或管理水平"（36.0%）、"资金实力"（34.0%）、"客户资源"（28.9%）和"同行竞争"（24.8%）等（见图16）。我们可以看到，制约企业管理水平的因素主要在于企业内部因素，尤其是人才的缺乏和负责人管理理念的落后，其次才是企业外部因素。

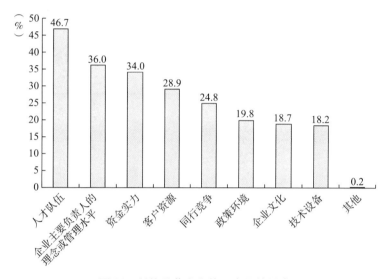

图 16　制约私营企业管理水平的因素

私营企业主要分布在中小城市，这些城市对人才的吸引能力有限。同时，企业主以赚钱为经营目标，缺乏对人才的重视，这也就导致了私营企业缺乏优秀的人才。而多数私营企业的企业主没有受过系统的管理理论培训，管理水平参差不齐，这也在一定程度上影响了私营企业整体的管理水平。对于私营企业而言，要提高企业管理水平，应当从自身出发，尤其是人才管理方面，要加强人才队伍建设，提高企业员工的管理理念和管理水平。

（五）企业的人力资源管理

人力资源是社会各项资源中最关键的资源，是对企业产生重大影响的资源，历来被国内外的许多专家学者以及成功人士、有名企业所重视。人力资源管理就是指在具体的组织或企业中，为了提高工作效率、实现人力资源的最优化而实行的对组织或企业的人力资源进行科学、合理的配置。

通常企业人力资源管理工作被划分为六大模块，具体是指：人力资源规划、招聘与配置、培训与开发、绩效管理、薪酬福利管理、员工关系管理。[①]

1. 私营企业员工关系管理出色

在私营企业的人力资源管理六大模块中，表现比较好的模块突出体现在"员工关系管理"（累加百分比为55.3%）和"薪酬福利管理"（累加百分比为37.5%）上（见表78）。也就是说，在私营企业中，工作氛围较为和谐，员工关系融洽，且企业薪酬福利较为合理。

表78 私营企业人力资源管理中表现最好和较好的部分

单位：个，%

	表现最好的样本数	有效百分比	表现较好的样本数	有效百分比	前两项累加百分比
人力资源规划	1620	21.5	93	1.8	23.3
招聘与配置	1378	18.3	359	6.9	25.2
培训与开发	1046	13.9	741	14.2	28.1
绩效管理	1298	17.2	707	13.6	30.8
薪酬福利管理	1151	15.3	1157	22.2	37.5
员工关系管理	1054	14.0	2153	41.3	55.3
合计	7547	100.0	5210	100.0	200.0

这可能是因为在私营企业中，员工组成除了家族成员、亲戚朋友外，主要是当地人。这种复杂的人际关系，虽然有可能导致企业管理的不便（如存在裙带关系等），但是企业中的员工关系却因为工作关系之外的亲缘关系、地缘关系，变得比较融洽。在这种情况下，如果采用的薪酬福利政策与市场保持一致，员工就会有较高的满意度。

2. 私营企业在培训与开发和绩效管理方面有所欠缺

在私营企业人力资源管理的六大模块中，表现相对较差的模块突出体现在"培训与开发"（累加百分比为56.8%）和"绩效管理"（累加百分比为40.2%）两个模块上。其次，认为"人力资源规划"和"招聘与配置"较差的人（累加百分比分别为32.2%、28.2%）也多于认为这两个模块较

---

① 郑媛、刘毅君：《人力资源管理研究》，中国人民大学出版社，2001。

好（累加百分比分别 23.3%、25.2%）的人（见表 78、表 79）。

表 79　私营企业人力资源管理中表现最差和较差的部分

单位：个，%

	表现最差的样本数	有效百分比	表现较差的样本数	有效百分比	前两项累加百分比
人力资源规划	1853	25.3	274	6.9	32.2
招聘与配置	1219	16.6	465	11.6	28.2
培训与开发	2108	28.8	1119	28.0	56.8
绩效管理	1207	16.5	945	23.7	40.2
薪酬福利管理	626	8.5	583	14.6	23.1
员工关系管理	313	4.3	607	15.2	19.5
合计	7326	100.0	3993	100.0	200.0

私营企业往往缺乏人力资源管理意识，不设专业的人力资源管理部门，没有一个具体、可行的人力资源规划。在培训与开发和绩效管理上难以满足员工的工作要求。企业的绩效管理往往就是简单的计件或者计时，"搭便车"行为较为普遍，不能够采取合理的绩效管理工具对员工的工作绩效进行公平、有效的评价。在培训与开发上，私营企业往往每年只安排几个培训或者干脆不安排培训，企业主对培训的重视程度不足，不能够根据员工的个人素质和工作岗位的需求，提供相应的培训。在招聘与配置上，给企业配置什么样的人才、到哪里去招聘、怎么招聘到适合的人才，不少私营企业对于这些问题缺乏清晰的认识，不能够保证最终招聘到的员工达到"人岗匹配"的效果。

九　私营企业发展环境的变化和发展中存在的突出问题

（一）私营企业转型的方向

企业转型立足于当前，着眼于未来，是企业长期经营方向、运营模式及其相应的组织方式、资源配置方式的整体性转变，是企业重塑竞争优势，实现可持续发展，达到新的企业形态的一个过程。2016 年调查的数据显示，当前阶段私营企业转型的主要方向是维持现有行业，降低成本，即减少用工成本、原材料成本等，其占比达到了 51%；其次是维持现有行业，通过技术能力的提升来转产高端产品、减轻污染，其比例为49%；再次是28%的私营企业选择了维持现有行业，调整销售，如增多内销产品、增加零售等（见表80）。

表80　2016年私营企业转型方向

单位：%

转型方向	维持现有行业，提升技术（转产高端产品、减轻污染等）	维持现有行业，降低成本（减少用工成本、原材料成本等）	维持现有行业，搬迁厂址（迁往内陆城市、城市郊区等）	维持现有行业，调整销售（增多内销产品、增加零售等）	转进其他行业，试制新品（转换主要行业，"退二进三"等）	其他	以上都没有
所占比例	49	51	6	28	14	1	14

在当前经济形势下，加强成本管理，努力降低各类生产成本，有利于保证企业未来再生产的持续，维持和提高企业的市场竞争力，实现企业利润的最大化。而创新是企业永葆活力的重要环节，通过技术革新提高产品质量，促进产品更新换代，有利于私营企业实现产业升级，提高企业核心竞争力，实现可持续发展。同样的，销售对企业发展也至关重要，做好销售管理，有助于私营企业加强与市场的链接、获取信息反馈、及时调整计划，适应市场需求，从而最终实现企业价值。特别是对于中国市场来说，消费群体庞大，市场机制也逐渐成熟，此时加强内销，挖掘国内的市场需求，可有效促进私营企业的品牌建设与市场空间的开发，提高企业利润，实现企业目标。

（二）私营企业的国际化

在经济全球化背景下，私营企业的国际化是企业参与国际分工，拓展海外市场，提高国际竞争力的重要途径。其中境外投资作为企业进入国际市场的重要举措，可反映企业国际化的程度与深度。因而，本次调查以境外投资这一指标为主，通过境外投资的规模和内容来观察私营企业的国际化进程。

1. 国际化规模：境外投资规模持续扩大，地区、产业间差异显著

（1）东部地区是境外投资的先行者

境外投资额是企业参与国际市场直接客观的反映，投资额度的大小也

在一定程度上代表了企业国际化的规模。2016 年调查数据显示，约有 6824 个样本企业进行了境外投资，其境外投资平均额是 16.8 万美元（见表 81），相比 2014 年调查的 6.7 万美元，增长一倍多。这一方面反映了企业参与国际竞争的积极性，重视利用国际资源促进自身发展；另一方面也说明国家"一带一路"等倡议的实施，为企业的国际化提供了更具支持性的环境和更加便利的条件，极大地促进了私营企业走出去。内外因共同作用，推动私营企业的境外投资呈现蓬勃发展的态势。

其中，东部地区以 30.7 万美元，遥遥领先于中、西部地区的 1.9 万美元和 3.4 万美元（见表 81），东部地区甚至是中部地区的 16 倍之多，可见东部地区凭借着雄厚的经济基础、相对完善的基础配套设施和便利的对外联系通道，成为境外投资的先行者。同时，西部地区的境外投资数额要高于中部地区，这与其相对靠近国外有一定的关系。

（2）第二产业是境外投资的主力军

不同产业在境外投资规模上也存在着显著差异，2016 年调查数据显示，第二产业以 32.8 万美元的境外投资远高于第三产业的 11.8 万美元和第一产业的 3.3 万美元（见表 81），呈现一家独大的局面。这与当前阶段中国产业的比较优势是相对一致的，目前第二产业和第三产业在我国经济发展中占据着重要地位，分布于第二、第三产业中的私营企业也相对较多，对吸收国外先进技术、开拓海外市场的渴求也相对较大。

表 81　2016 年私营企业境外投资情况

单位：万美元，个

			境外投资额		
			平均数	中位数	样本数
地区		东部	30.7	0	3440
		中部	1.9	0	1670
		西部	3.4	0	1714
行业		第一产业	3.3	0	547
		第二产业	32.8	0	2151
		第三产业	11.8	0	3354
总体			16.8	0	6824

2. 国际化内容：日趋多样化，意在利用境外资源拓展国际市场

境外投资内容作为企业重要的战略决策，是企业迈向国际化的关键一步，既反映了企业的需求与目的，也影响着企业国际化进程的后续发展。基于此，本次调查将私营企业境外投资的内容分为境外建厂，设立营销机构，收购或参股境外企业，投资购买房产，收购境外资源、能源、土地，设立研发机构，为本人或家人办理投资移民以及其他八个方面。

2016 年调查结果显示，私营企业对外投资的主要内容在于设立营销机构，有34%的私营企业采取了这种投资方式；其次是收购或参股境外企业，收购境外资源、能源、土地以及在境外建厂，占比分别达到了20%、17%和16%（见表82）。通过在境外设立营销机构，有助于企业以更顺畅的通道接触更多的消费者，将企业与境外消费者更紧密地联系在一起，更好地树立品牌形象；收购或参股境外企业则有助于中国的私营企业借鉴境外的管理与经营模式，更好更快地与国际市场接轨；在境外建立工厂既有利于打破贸易壁垒，也促进了私营企业建立境外的生产与销售的渠道网络。整体而言，私营企业无论是设立营销机构还是收购、建厂，其最终目的都在于更好地利用国外资源，拓展国际市场，提高企业的国际竞争力，争取更多的话语权。此外，引人瞩目的是，私营企业在境外设立研发机构的比例达到了6%，虽然这一比例还不是很高，但展现了国内私营企业瞄准国外前沿的战略眼光，建设研发中心、落实各项政策，以提高企业的科技创新能力和整体竞争力。

表82　2016 年私营企业境外投资的内容

单位：%，个

		境外建厂		设立营销机构		收购或参股境外企业		投资购买房产		收购境外资源、能源、土地		设立研发机构		为本人或家人办理投资移民		其他	
		比例	样本数	比例	样本数	比例	样本数	比例	样本数	比例	样本数	比例	样本数	比例	样本数	比例	样本数
地区	东部	15	147	36	139	23	139	11	138	21	139	6	139	8	140	4	141
	中部	15	52	37	46	9	46	13	46	9	46	7	46	7	46	7	45
	西部	18	45	23	44	20	44	18	44	16	44	7	44	2	44	9	46
总体		16	244	34	229	20	229	13	228	17	229	6	229	7	230	5	232

关于境外投资内容，地区之间在设立研发机构和境外建厂方面并无明显差异，但在投资购买房产的比例方面存在着一定的差异，中西部地区私营企业在境外投资购买房产的比例相对较高，分别达到了 13% 和 18%（见表 82），这在一定程度上与中西部地区企业的实际需要以及企业主偏爱稳定投资的投资取向有关。

（三）私营企业的运营状况

运营状况在一定程度上反映了企业在本行业中所处的地位。当今企业处于激烈的竞争环境之中，无论是投资者还是企业的经营者、决策者，都十分关注企业的运营状况。本部分将从企业营业收入、利润与利润用途、欠债与负债率、融资渠道与投资四个方面探讨私营企业运营状况的变化。

1. 私营企业平均营业收入略有下降

营业收入是指企业在从事销售商品、提供劳务和让渡资产使用权等日常经营业务过程中，所形成的经济利益的总流入。营业收入是由主营业务收入与其他业务收入之和组成的，营业收入的变化在一定程度上反映了企业现金流入的变化。

本次调查的 7376 个样本企业显示，2016 年全国私营企业平均营业收入为 15304 万元，相比 2014 年的 24011 万，下降约 36.26%，整体下降幅度较大。从地区结构来看，2016 年只有东部地区的私营企业平均营业收入实现了略微增长，西部和中部地区私营企业的平均营业收入均有大幅度下降，相比 2014 年下降幅度超过 60%（见表 83）。

表 83　不同地区私营企业营业收入比较

单位：万元，个

		2014 年			2016 年		
		平均数	中位数	样本数	平均数	中位数	样本数
地区分布	东部	21975	2000	3039	23088	814	3701
	中部	26797	1000	1479	8294	160	1776
	西部	25988	1000	1045	6688	200	1899
总体		24011	1500	5563	15304	400	7376

我国私营企业以劳动密集型的中小企业为主，产品技术含量普遍较低，也缺乏科学合理的管理体系，抵御市场风险的能力不足。随着我国经济发

展进入新常态，"去产能""去库存"成为生产力发展的重点，整体经济下行的压力较大。同时，随着全球化进程的推进，中国市场进一步开放，大量的外资企业、国际公司涌入，市场不断洗牌。在这种形势下，私营企业的日子并不好过，很多企业倒闭了，没倒闭的企业也有很多是勉强度日，营业收入大幅度缩减。管理科学、技术进步的私营企业当然会受到市场的青睐，但是这样的私营企业在我国并不是多数，这也就导致了私营企业整体营业收入大幅度下滑的萎靡现象。

我们还看到，东部地区私营企业的营业收入略微增长，这与私营企业整体营业收入下滑形成了鲜明的对比。东部地区历来就是我国经济最为发达、市场发展最为领先的地区，东部地区较中西部地区而言，具有数量更多、种类更丰富、技术更先进的私营企业。我们有理由认为，在面对残酷的市场压力时，东部地区的私营企业抵御外来风险的能力是高于中西部地区的。

2. 私营企业的利润与利润用途情况分析

（1）私营企业年利润增长较大，地区存在差异性

获得经营利润是企业经营的最终目标，也是企业能否生存和发展的前提。它不仅关系到投资者的利益，也关系到债权人及企业经营者的切身利益。

调查数据显示，2016年全国私营企业平均利润为513万元，相比2014年的－161万元，增长幅度较大（见表84）。这既与企业内部营利能力增强有关，又与企业环境的改善有关。从地区结构来看，与2014年相比，2016年私营企业平均利润收入只有东部地区略有下降，中部和西部地区都有不同程度的增长，其中，中部地区增长最大。可见，不同地区私营企业平均利润收入具有差异性。

表84 不同地区私营企业净利润比较

单位：万元

地区分布	2012 年		2014 年		2016 年	
	平均数	中位数	平均数	中位数	平均数	中位数
东部	713	50	901	70	777	21
中部	462	20	－2666	45	191	10

地区分布	2012 年		2014 年		2016 年	
	平均数	中位数	平均数	中位数	平均数	中位数
西部	533	24	296	34	306	10
总体	623	37	-161	52	513	15

（2）企业利润的主要用途是出资人分红

通过对私营企业的利润用途进行分析，可以初步预测企业未来发展潜力。调查数据显示，2016 年全国私营企业利润中有大部分用于出资人分红，而出资人又将这部分分红用于企业的再投资（与下文企业投资部分观点一致），说明我国私营企业具有"滚雪球式"强大的内生发展能力。其次是用于摊派费用及公关招待费用，这对于私营企业来说是一笔不小的开支，如何在未来发展中降低这一"耗损"，是政府有关部门应该关注的（见表85）。

而与 2014 年调查相比，2016 年调查的私营企业的利润用途费用在一定程度上有所缩小，其中在公关招待费用上下降幅度最大，下降幅度超80%。这反映出党的十八大以来，"八项规定"之后，企业的外部环境出现了一些利好的变化。

表 85 私营企业利润用途

单位：万元

利润用途	2014 年	2016 年
出资人分红	623	165
摊派费用	261	135
公关招待费用	279	53

3. 私营企业欠债与负债率情况分析

通过企业的欠款与负债率，可以初步分析企业的偿债能力与潜在风险，足够的偿债能力是企业应付突发事件的保障与实现稳定经营的基础。通过对私营企业欠债与负债率情况的探讨，可以更加明确影响私营企业持续发展的不稳定因素，从而保证私营企业稳定发展。

（1）私营企业"三角债"总体下降，但具有地区差异性

2016 年调查了政府拖欠本企业、其他企业拖欠本企业、本企业拖欠其他企业款项的情况。调查数据显示，与 2014 年相比，2016 年我国私营企业"三

角债"总体下降。从地区结构来看，2016年西部地区的政府拖欠企业款项数量最大，情况较为严重；东部地区在其他企业拖欠本企业和本企业拖欠其他企业款项方面比西部和中部地区更高（见表86）。这反映出由于西部地区以第一产业为主，第二、第三产业处于发展阶段，其税收来源还不丰富，政府投资的项目企业承建后政府有可能出现拖欠现象；东部地区企业规模相对较大，资金来源渠道多样，向其他企业与银行贷款的可能性更大。

表 86　私营企业欠款情况

单位：万元，个

| | | 2014 年 | | | | | | 2016 年 | | | | | |
| | | 政府拖欠本企业 | | 其他企业拖欠本企业 | | 本企业拖欠其他企业 | | 政府拖欠本企业 | | 其他企业拖欠本企业 | | 本企业拖欠其他企业 | |
		平均数	样本数	平均数	样本数	平均数	样本数	平均数	样本数	平均数	样本数	平均数	样本数
地区	东部	51	3007	485	3030	271	3019	121	3500	619	3526	300	3517
	中部	491	1455	435	1449	222	1448	41	1715	227	1736	111	1738
	西部	47	1049	3748	1060	6379	1054	232	1791	529	1818	225	1805
总体		166	5511	1096	5539	1424	5521	130	7006	500	7080	234	7060

（2）私营企业平均负债率较低，地区之间具有差异性

本次调查显示，私营企业总体平均负债率为33%，处于中等偏下程度。这一方面说明私营企业是以内生发展模式为主，具有较强的偿债能力；另一方面也折射出私营企业外部融资能力较弱。从地区结构上看，中部地区的平均负债率最高（见表87）。可见，东、中、西不同地区的商业环境存在较大差异，中部地区成了洼地，值得关注。

表 87　2016 年私营企业资产负债率

单位：%，个

| | | 资产负债率 | | |
		平均数	中位数	样本数
地区	东部	33	23	3164
	中部	44	0	1472
	西部	26	10	1565
总体		33	14	2483

4. 私营企业融资渠道与投资情况分析

从企业的融资情况可以看出企业和银行的关系，而从企业的投资额和投资方向可以看到企业未来发展的重点。

（1）私营企业有多种融资渠道，但国有和股份制商业银行是首选

2016 年调查数据显示，虽然私营企业的融资渠道多种多样，但是，国有和股份制商业银行仍然是私营企业贷款的主要来源，其次是小型金融机构、民间借贷和互联网金融（见表88）。可见，虽然我国融资环境正在发生巨大变化，但国有和股份制商业银行依然占据举足轻重的地位。新生金融机构正处于发展过程之中，这些新生机构成立之初是以关注"小微企业的融资"为重点的，但数据调查结果反映其占比仍十分有限。

表 88　私营企业银行贷款类型

单位：万元，个

银行类型	平均数	样本数
国有和股份制商业银行	5006.0	6768
小型金融机构	457.0	6116
民间借贷	46.0	6083
互联网金融借贷	0.6	5932

私营企业贷款主要用于流动资金。2016 年调查数据显示，总体而言，私营企业流动资金平均贷款率为18%，扩大再生产资金平均贷款率为16%，可以看出私营企业扩大再生产的平均贷款率低于流动资金平均贷款率。从中位数来看，扩大再生产资金贷款率为0，可以看出将贷款用于扩大再生产的私营企业较少。可见，私营企业贷款资金主要用于流动资金（见表89）。

表 89　私营企业贷款率

单位：%

		流动资金		扩大再生产资金	
		平均数	中位数	平均数	中位数
地区分布	东部	19	10	15	0
	中部	16	0	14	0
	西部	20	10	18	0
总体		18	5	16	0

（2）私营企业新增投资额较多，尤其是东部地区

2016 年调查数据显示，我国私营企业新增投资总额平均数为 1691 万元。其中东部地区 2629 万元，远远高于中部和西部地区，这反映出东部地区企业的投资能力较强（见表 90）。

表 90　2016 年私营企业新增投资情况

单位：万元，个

		新增投资	
		平均数	样本数
地区分布	东部	2629	3381
	中部	458	1701
	西部	1070	1726
总体		1691	6808

（3）私营企业新增投资使用方式主要以扩大再生产为主

2016 年调查数据显示，私营企业投资使用方式主要是扩大原有产品生产规模、新产品研发、技术创新以及工艺改造（见表 91）。这反映出在当前经济环境下，私营企业仍从经济增长远出发，以发展自身实体业务为主要目标，尤其是在扩大产品规模和技术创新方面。

表 91　2016 年私营企业投资领域

单位：户，个

使用方式	企业数	样本数
扩大原有产品生产规模	2086	3872
新产品研发	1390	3851
投资房地产	219	3851
投向新的实体经济领域	536	3847
技术创新、工艺改造	1322	3848
投向股市、期货	54	3843
用于收购、兼并	217	3846
民间借贷	83	3848
其他	278	3845

（四）私营企业发展的优劣势与风险

改革开放以来，我国从计划经济转向社会主义市场经济，我国私营企

业也从无到有，从隐蔽到公开，从限制到鼓励，走过了一条艰难而又辉煌的道路。在 30 多年的发展中，积累了丰富的发展经验，形成了具有自身特色的竞争优势，同时也不可避免地存在着薄弱环节，在当前经济形势日趋复杂的今天，也面临着诸多的风险。因而，本研究对私营企业当前发展的优劣势和风险进行了调查，以期帮助企业走出一条发挥自身优势、适合自身特点的发展道路。

1. 私营企业发展的优势：质量、服务与价格

企业的发展优势作为企业竞争力的重要组成部分，是企业赖以生存和发展的根本。2016 年调查数量显示，私营企业竞争优势前三个分别是产品质量、服务与价格，分别占比 39.1%、29.0%、17.4%（见表 92）。产品质量是企业生存之本，服务与价格则是企业发展的重要推力。私营企业能够在激烈的市场竞争中生存，过硬的产品质量、细心周到的服务和相对合理的价格显然是功不可没的。在竞争优势的选择上，地区之间没有显著的差异，足以可见质量、服务与价格对私营企业发展的重要性。在"互联网+"的新环境中，私营企业要牢牢树立质量意识，同时增强服务能力，确保在新的经济环境下，获得创新发展。

2. 私营企业发展的劣势：政府支持、生产规模与人才队伍

企业发展劣势既阻碍着企业当前的发展，也是企业未来提升竞争力的瓶颈，因此需要企业对此有明晰的认识和行之有效的应对。本次调查结果显示，当前阶段私营企业发展的薄弱环节主要是政府支持、生产规模与人才队伍，其比例分别是 22.7%、20.3%、16.8%（见表 92）。这其中，地区之间没有明显差别，基本与全国数据保持一致。

在市场经济下，政府支持对于企业的发展有着不可忽视的影响，而私营企业在此方面却存在着一定的缺口。首先，在政策上，私营企业在一些领域仍然受到准入性的制约，私营企业与国有企业、外资企业在市场准入方面存在着比较明显的差异，在部分领域，私营企业不能或不能充分进入；而在税费方面，私营企业又存在负担较重的现象。其次，在政策执行上，政府对私营企业的优惠政策在落实上还存在着可提高的空间，目前仍存在着一些看不见摸不着的"玻璃门"，执行中的不公平现象影响着私营企业积极性与企业活力的发挥。

生产规模是企业能否实现规模经济的重要因素。而私营企业在经历一

番艰苦卓绝的打拼，初具一定的生产规模之后，却往往受限于企业主素质、管理能力、政策、资金等因素难以进行生产规模的再扩大，导致较大比例的私营企业维持在相对较低的生产规模上，制约了私营企业形成规模效应。

人才队伍作为企业发展的重要推动力，当前对私营企业的制约性比较明显。一方面，相当一部分的私营企业分布在中小城市，这些城市对高端人才的吸引能力相对较弱，人才引进存在着一定的困难；另一方面，较多的私营企业"任人唯亲"的用人思想，伤害了企业外来员工的工作热情和积极性，限制了他们潜能的发挥。因人设岗、急功近利、缺乏长期计划，使企业员工没有安全感和归属感，导致企业内部的人才纷纷流失。而家族人才资源的有限性势必造成高层管理人员的平庸化，从而导致企业面临人才危机，阻碍企业的发展。

针对当前私营企业发展中的薄弱环节，急需私营企业自身进行改善与提升以及政府进行改革与创新。私营企业需要加快引进与储备人才，建立合理的人才激励机制，提高人才素质，提高融资力度，促进生产规模的有序扩大，促进企业的可持续发展。政府要规范自身的管理，该管的地方管到位，不该管的交给市场，创造相对公平的市场环境。

表 92   2016 年不同地区与不同产业私营企业的竞争优势、薄弱环节
与急需提升的内容

单位：%

		产业	生产规模	产品质量	核心团队	服务	价格	品牌	核心技术	客户关系	人才队伍	风险管控	产业链	物流配送	政府支持	其他
竞争优势	东部	一	18.1	40.8	10.6	14.6	3.2	4.1	3.0	2.7	0.8	0.3	0.4	0.3	0.5	0.4
		二	1.3	18.3	11.4	28.0	12.3	8.7	6.6	7.8	3.1	0.5	0.8	0.6	0.6	0.0
		三	1.3	4.4	6.2	13.3	17.3	12.1	10.7	14.3	8.2	3.4	2.9	2.5	3.0	0.3
	中部	一	16.4	34.1	12.3	19.5	4.8	4.3	2.6	2.8	1.0	0.2	0.5	0.2	0.6	0.8
		二	1.0	15.5	10.3	29.3	15.1	7.8	3.6	8.9	3.5	1.3	1.3	1.5	0.9	0.0
		三	0.5	4.0	5.6	12.9	19.3	12.3	7.8	16.6	9.7	2.6	1.7	2.4	4.5	0.1
	西部	一	17.0	40.5	11.3	15.4	3.9	4.6	1.5	2.6	0.6	0.5	0.3	0.3	0.6	0.4
		二	1.3	16.4	10.6	30.4	12.6	8.1	4.6	7.4	3.8	1.0	1.5	1.0	1.1	0.1
		三	0.5	3.3	6.6	13.3	15.8	13.4	7.0	13.9	9.4	3.5	4.1	4.4	4.4	0.3

续表

		产业	生产规模	产品质量	核心团队	服务	价格	品牌	核心技术	客户关系	人才队伍	风险管控	产业链	物流配送	政府支持	其他
薄弱环节	东部	一	21.2	2.3	6.5	3.3	11.8	11.0	8.0	4.6	11.0	6.1	4.8	2.9	5.7	0.8
		二	3.8	1.3	4.2	1.0	9.3	9.6	9.0	5.9	17.1	13.0	0.4	6.0	8.9	0.4
		三	3.6	0.8	1.7	1.4	4.5	7.0	5.9	3.8	11.6	15.2	14.1	7.9	21.5	1.1
	中部	一	18.8	2.3	7.4	4.5	9.7	11.2	7.5	6.1	10.9	5.2	5.0	3.8	6.9	0.9
		二	4.1	2.3	3.4	2.8	7.3	8.4	10.4	6.2	17.1	12.2	9.4	6.3	10.0	0.2
		三	2.4	0.3	3.1	1.1	2.8	4.7	5.5	4.4	14.1	17.9	11.5	8.0	23.3	1.1
	西部	一	20.1	2.1	6.9	3.5	9.1	10.1	8.5	4.5	10.	6.8	4.1	4.0	8.6	1.2
		二	3.1	1.3	4.3	3.0	8.4	8.7	9.6	7.0	16.0	12.7	8.3	6.4	10.7	0.6
		三	3.4	0.7	2.1	1.1	3.4	3.8	5.8	4.4	13.9	18.1	11.8	5.9	24.3	1.4
急需提升	东部	一	14.3	7.9	11.9	7.1	2.1	14.0	11.4	5.5	12.9	4.1	3.5	1.6	3.2	0.4
		二	2.3	4.8	6.6	7.8	3.0	11.6	12.5	8.4	20.0	7.4	8.1	3.4	5.7	0.2
		三	3.1	2.1	3.8	3.8	2.5	6.6	7.6	6.0	19.5	11.0	10.8	5.6	17.1	0.3
	中部	一	12.8	7.9	9.9	6.8	2.5	13.4	6.3	4.8	14.6	4.2	2.4	2.4	5.1	0.5
		二	3.1	4.3	7.2	6.8	4.3	8.8	11.3	9.4	16.7	8.1	7.8	4.6	7.3	0.2
		三	3.4	1.0	3.6	4.5	4.1	7.4	6.8	6.4	16.4	11.3	10.1	6.3	17.3	1.4
	西部	一	14.3	6.4	11.7	8.0	2.7	12.3	9.0	5.0	14.8	4.2	3.7	2.6	4.7	0.7
		二	2.9	5.1	6.8	7.0	3.6	11.0	12.0	7.5	17.0	9.0	6.5	5.1	6.6	0.6
		三	3.0	1.6	3.4	4.0	3.0	5.3	9.3	6.8	15.4	13.1	11.6	6.3	16.4	0.8
总体	竞争优势	一	17.4	39.1	11.2	16.0	3.8	4.2	2.5	2.7	0.8	0.3	0.5	0.3	0.6	0.5
		二	1.2	17.2	10.9	29.0	13.0	8.3	5.4	8.0	3.4	0.8	1.1	0.9	0.8	0.0
		三	0.9	4.0	6.2	13.2	17.4	12.5	9.1	14.8	8.9	3.2	2.9	3.0	3.7	0.3
	薄弱环节	一	20.3	2.2	6.8	3.7	10.6	10.8	8.0	4.9	10.9	6.0	4.7	3.4	6.7	0.9
		二	3.7	1.5	4.0	2.6	8.6	9.2	9.5	6.2	16.8	12.8	6.2	6.2	9.6	0.4
		三	3.2	0.6	2.1	1.2	3.8	5.6	5.8	4.1	12.8	16.6	12.9	7.4	22.7	1.2
	急需提升	一	13.9	7.5	11.3	7.3	2.4	13.4	10.3	5.6	13.8	4.1	3.7	2.1	4.1	0.5
		二	2.6	4.8	6.8	7.3	3.5	10.8	12.1	8.4	18.4	8.0	6.7	4.1	6.3	0.2
		三	3.2	1.7	3.8	4.0	3.0	6.4	7.9	6.3	17.7	11.7	10.9	5.9.	17.0	0.7

3. 私营企业发展的风险：同行竞争、客户流失、政策变动

企业发展中的风险作为一种不确定性因素，无疑为企业的发展蒙上了一层阴影。2016 年调查数据显示，私营企业面临的主要风险来自同行竞争、

客户流失以及政策变动，分别占比 56%、30% 与 22%（见表 93）。

表 93　2016 年私营企业发展面临的主要风险

单位：%

		产品质量	同行竞争	技术管理或创新	老板个人决策	客户流失	融资过程	骨干人才流失	客户沟通与服务	企业管理	汇率波动	政策变动	其他
地区	东部	16	58	22	8	31	15	17	8	19	4	22	1
	中部	16	56	17	11	29	18	15	10	20	2	22	1
	西部	15	53	21	10	30	21	18	8	22	2	24	1
总体		16	56	21	9	30	17	17	9	20	3	22	1

在私营企业快速发展的同时，数量的增多不可避免地会激化同行间的竞争，特别是在我国市场环境尚待完善之下，同行之间的不规范竞争、同质化竞争等往往会进一步损害市场秩序，导致私营企业利益受损，甚至是两败俱伤。有的企业主反映，只要有中国人买的地方价格都贵，只要有中国人卖的地方价格都便宜，为什么会出现这种情况，这可能与行业协会发展滞后是有关的。同样，客户作为企业赖以生存的重要依靠，其流失既缩减了企业的市场规模，也容易打击企业士气。因而，减少客户流失率，一方面需要企业不断进行创新，提高产品质量，丰富产品多样性，以满足客户的多重需求；另一方面也需要企业加强与客户的沟通，维持客户忠诚度。此外，政策的不确定性也成为威胁私营企业未来发展的重要因素。对于企业来说，保持对政策的敏感性和应对的及时性也是私营企业的必修课。

十　构建新型政商关系与提升私营企业主获得感

（一）对企业发展环境的评价

被访私营企业主对营商环境给出了较为积极的评价。在表 94 中列出的各项评价内容里，绝大多数指标选择"非常满意"和"满意"的比例合计都超过了 60%。尤其是，被访企业主对工商部门公正执法和安全环境的满意度较高。

相对来说，对贷款难、融资难和招工难这三大难的满意度较低，这其实是私营经济发展中的老问题。"企业从银行贷款的难易程度"的满意度合计只有 47.8%，"企业从民间渠道筹资的难易程度"的满意度合计为 44.0%，"在当地找到需要的熟练工人的难易程度"的满意度合计为 42.2%。此外，在这三项当中，"非常满意"的比例相对于其他选项来说，也是较低的，在 13% 到 16% 之间徘徊，没有超过 20% 的。这说明在这三个方面还需要做出更多的工作（见表 94）。

表 94　私营企业主对营商环境的评价

单位：%

	非常满意	满意	一般	不满意	非常不满意
行政审批手续方便、简捷	30.4	45.6	20.5	2.6	0.9
政府官员廉洁守法	28.7	49.1	19.9	1.7	0.6
政府官员勤政、积极服务企业	28.4	46.3	22.0	2.5	0.8
工商行政机关公正执法	32.6	49.0	16.7	1.2	0.5
司法机关公正执法	27.5	48.1	21.3	2.3	0.7
知识产权保护	26.3	48.4	22.9	1.8	0.7
经营者和家人的人身安全保障	27.7	52.9	18.1	0.9	0.4
经营者财产的安全保障	26.4	52.2	19.8	1.1	0.4
基础设施条件	23.3	48.6	24.7	2.7	0.7
当地律师、会计师等市场服务条件	20.9	46.1	30.2	2.3	0.5
地方政府对企业的干预	21.9	46.3	28.0	3.0	0.8
企业从银行贷款的难易程度	15.2	32.6	35.1	11.5	5.6
企业从民间渠道筹资的难易程度	14.2	29.8	42.5	10.0	3.5
在当地找到需要的熟练工人的难易程度	13.7	28.5	41.7	12.6	3.5

（二）"亲－清"政商关系的建构

有超过六成的被访企业主认为当地的营商环境是积极的。这表现在分别有 24.8% 和 39.9% 的被访者认为"完全不需要"或"一般不需要"在办事时找关系、跟官员打招呼，两者合计占到了 64.7%。有 21.6% 和 3.0% 的被访者分别认为"有时需要"和"不搞不行"，两者合计占到了 24.6%。有 8.7% 的人表示"不好说"，有 2.0% 的人没有表态（缺失值）（见图 17）。

在给官员请客送礼这个更加严重的行为上，分别有 34.6% 和 39.4% 的被访者认为"完全不需要"或"一般不需要"，两者合计达 74.0%。有

11.6%和1.3%的被访者分别认为"有时需要"和"不搞不行"，两者合计占到了12.9%。有10.6%的人表示"不好说"，有2.4%的人没有表态（缺失值）（见图17）。

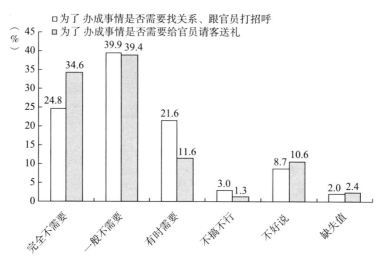

图17 私营企业主对给官员送礼、打招呼的评价

在接近七成的被访企业主看来，"懒政"现象并不明显。选择"很不明显"和"不太明显"的分别为24.2%和48.5%，两者合计占到72.7%。认为"非常明显"的有3.1%，"比较明显"的有9.6%；还有11.6%的被访者选择了"不好说"，有3.1%的人没有选择（缺失值）（见图18）。

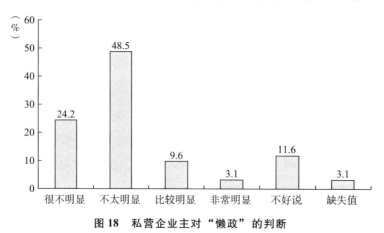

图18 私营企业主对"懒政"的判断

有超过六成（61.1%）的被访企业主认为企业内部的腐败行为"不太

严重",认为"比较严重"和"非常严重"的,只有 7.2% 和 1.3% ,两者合计占到了 8.5% 。但有意思的是,有相当大比例(26.8%)的被访者表示"不好说",有 3.6% 的人没有选择(缺失值)(见图 19)。

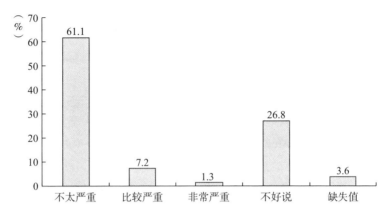

图 19　私营企业主对企业内部商业腐败是否严重的判断

被访企业主对当地的产业政策和扶持政策给予了较为积极的评价。有 35.4% 的企业主表示"当地政府给了本企业很多特殊优惠和资金扶持",有 47.3% 的企业主表示"比较充分享受了国家的各项优惠政策"。但表示"说不清"的也分别占到了 20.9% 和 21.5% (见表 95),这说明各项优惠扶持政策的落地还需要走完最后一公里,加强企业主的获得感。

有 17.6% 的企业主表示"曾经成功地劝说官员调整或修改相关政策",这个比例虽然不高,但反映了企业主不容忽视的游说能力。

虽然有超过五成(53.3%)的被访企业主表示,"当地政府领导曾经到本企业考察或现场办公",但表示与政府官员熟悉的企业主并不多。只有 27.9% 的被访企业主认为"与当地政府和有关部门领导很熟悉",有 46.9% 的人认为自己"很少接触政府官员"。这也许说明政府官员到企业考察或办公之后,企业与政府的后续联系还有进一步加强的空间(见表 95)。

表 95　私营企业主对政府官员的评价

单位:%

	符合	不符合	说不清
当地政府领导曾经到本企业考察或现场办公	53.3	30.4	14.3
曾经成功地劝说官员调整或修改相关政策	17.6	56.9	25.5

续表

	符合	不符合	说不清
当地政府给了本企业很多特殊优惠和资金扶持	35.4	43.7	20.9
比较充分享受了国家的各项优惠政策	47.3	31.2	21.5
与当地政府和有关部门领导很熟悉	27.9	47.0	25.2
很少接触政府官员	46.9	31.9	21.2

（三）私营企业主对政治、经济、社会形势的预期

继 2014 年调查之后，本次调查再次询问了被访企业主对于未来五年政治、经济和社会形势发展的预期。为了更直观比较 2014 年和 2016 年被访企业主对未来五年的信心，我们还比较了两次调查的均值。按照 1~5 分赋值后，分数越高，表明可能性越大，因此信心越低。通过 2014 年和 2016 年调查数据的对比，我们可以发现：认为经济陷入低迷的可能性在上升，均值从 2014 年的 3.24 分上升到 2016 年的 3.63 分；认为工人大规模失业的可能性在降低，均值从 2014 年的 3.65 分下降到 2016 年的 3.32；认为物价大幅度上涨的可能性在降低，均值从 2014 年的 3.72 分下降到 2016 年的 3.58；认为房地产泡沫破裂的可能性也在降低，均值从 3.54 分下降到 3.49 分（见表 96）。

这里的问题是，为什么私营企业主对具体的经济事项的危机意识都在下降，而对经济陷入低迷的总体判断却在上升呢？此外，仅就 2016 年数据内部比较来看，对经济陷入低迷的判断也要高于其他选项。对此我们有两点可能的解释。一是企业主认为经济下滑的表现并不在失业、物价和房地产，而是在其他我们没有询问到的领域，比如，对政策的预期。二是整体的市场氛围和舆论，看空和唱衰不绝于耳，也有可能影响了企业主的市场信心。

在社会领域，认为生态环境会严重恶化的可能性也在降低，对社会矛盾激化的预估也在降低。前者的均值从 2014 年的 3.45 分下降到 2016 年的 3.29 分，后者从 2.97 分下降到 2.85 分（见表 96）。

有意思的是，认为发生战争或恐怖主义灾难的可能性在上升，均值从 2014 年的 2.28 分上升到 2016 年的 3.02 分。这可能与过去两年来世界局势持续动荡等因素有关（见表 96）。

表 96　私营企业主对未来五年的信心（2014 年和 2016 年均值比较）

单位：分

	2014 年	2016 年
经济陷入低迷	3.24	3.63
工人大规模失业	3.65	3.32
物价大幅度上涨	3.72	3.58
房地产泡沫破裂	3.54	3.49
生态环境严重恶化	3.45	3.29
社会矛盾激化	2.97	2.85
战争或恐怖主义引发灾难	2.28	3.02

（四）私营企业主对统战工作的评价

表 97 表明，被访企业主对于统战部、工商联在各个方面的工作总体上是满意的。所有选项的"非常满意"都在 30% 以上，"满意"都在 38% 以上，两者合计都在 68% 以上。

在这样的情况下，盘点一下那些"不满意"较高的选项可能更有意思。我们发现，将"一般"、"不满意"和"非常不满意"合并的话，选择"组织国内外投资考察、论坛、联谊活动"的比例最高，达到了 29.9%；其次是"为企业个案提供法律援助"，达到了 28.0%；选择"协调同行业企业的经营行为"的达到了 24.6%；有 23.5% 的人选择了"引导舆论呵护尊重私营企业家"。这些方面也许为未来统战工作的"补短板"提供了参考（见表 97）。

表 97　私营企业主对统战部、工商联工作的评价

单位：%

	非常满意	满意	一般	不满意	非常不满意
代表企业共同利益，维护企业合法权益	40.8	42.6	15.5	0.9	0.2
帮助企业增加与政府有关方面的沟通	37.2	44.1	17.0	1.5	0.2
传达大政方针，提供政策解读的服务	37.9	43.8	16.7	1.3	0.3
协调同行业企业的经营行为	33.7	41.6	22.3	2.0	0.3
健全行规、行约，加强自律，维护信誉	34.7	43.6	19.7	1.6	0.3
提供信息、咨询、教育培训等服务	35.4	42.8	19.3	2.2	0.3

续表

	非常满意	满意	一般	不满意	非常不满意
为企业个案提供法律援助	31.7	40.3	24.7	2.9	0.4
组织国内外投资考察、论坛、联谊活动	31.3	38.8	26.1	3.2	0.6
引导舆论呵护尊重私营企业家	34.5	42.0	21.0	2.1	0.4

选举人大代表和推举政协委员最近也成为社会关注的热点。从表98可以看出，绝大多数的被访企业主都认为积极正面的渠道才是有效的渠道。例如，认为"加强企业自身经济实力，做强做大"非常有效和有效的合计为83.0%；认为"在爱党爱国方面做出成绩"非常有效和有效的合计达到了81.7%；认为"积极投身公益、慈善事业"非常有效和有效的合计达到了79.0%；认为"提高个人文化素质与教育水平"非常有效和有效的合计达到了76.1%。可见实力、爱国、公益、素质，也是私营企业主群体广泛认可的标准。

另一方面，认为"请客送礼，多拉点选票"非常有效和有效的合计只有19.2%，可见这并未成为主流。但在这一选项上选择"不好说"的比例也很高，达到了35.1%。

有意思的是，认为"积极联系选区/社区群众，替群众建言"非常有效和有效的合计达到了66.8%，而认为"与主要领导或统战部门密切联系"非常有效和有效的比例合计却只有49.1%，选择"不好说"的比例却高达37.7%。很可能是因为这部分被访者以小微型企业主为主，对于统战工作的了解还需要进一步加强。

表98　私营企业主对当选人大代表、政协委员途径的评价

单位：%

	非常有效	有效	不好说	不太有效	完全无效
加强企业自身经济实力，做强做大	38.0	45.0	14.9	1.6	0.4
在爱党爱国方面做出成绩	33.6	48.1	16.3	1.6	0.4
与主要领导或统战部门密切联系	16.1	33.0	37.7	10.0	3.2
成为商会、行业协会负责人	20.1	46.7	28.2	3.8	1.2
积极投身公益、慈善事业	29.2	49.8	18.6	2.0	0.4

	非常有效	有效	不好说	不太有效	完全无效
利用新闻媒体提升个人知名度	15.1	33.7	38.0	10.0	3.2
请客送礼，多拉点选票	7.3	11.9	35.1	22.0	23.7
积极联系选区/社区群众，替群众建言	21.0	45.8	25.6	5.7	2.0
提高个人文化素质与教育水平	29.4	46.7	19.1	3.7	1.1

图书在版编目(CIP)数据

中国私营企业调查综合报告：1993～2016：从高速
增长到高质量发展 / 陈光金，吕鹏主编. -- 北京：社
会科学文献出版社，2019.11
　ISBN 978 - 7 - 5201 - 4568 - 8

　Ⅰ.①中… Ⅱ.①陈… ②吕… Ⅲ.①私营企业 - 调
查报告 - 中国 - 1993 - 2016　Ⅳ.①F279.245

中国版本图书馆 CIP 数据核字(2019)第 054670 号

中国私营企业调查综合报告（1993～2016）：从高速增长到高质量发展

主　　编／陈光金　吕　鹏

出 版 人／谢寿光
组稿编辑／谢蕊芬
责任编辑／赵　娜
文稿编辑／孙智敏

出　　版／社会科学文献出版社·群学出版分社 (010)59366453
　　　　　地址：北京市北三环中路甲29号院华龙大厦　邮编：100029
　　　　　网址：www. ssap. com. cn
发　　行／市场营销中心 (010) 59367081　59367083
印　　装／三河市东方印刷有限公司

规　　格／开　本：787mm × 1092mm　1/16
　　　　　印　张：46　字　数：754 千字
版　　次／2019 年 11 月第 1 版　2019 年 11 月第 1 次印刷
书　　号／ISBN 978 - 7 - 5201 - 4568 - 8
定　　价／198.00 元

本书如有印装质量问题，请与读者服务中心（010 - 59367028）联系